EX ORIENTE ISAAK UND DER WEISSE ELEFANT

VERLAG PHILIPP VON ZABERN
MAINZ AM RHEIN

EX ORIENTE ISAAK UND DER WEISSE ELEFANT

Bagdad-Jerusalem-Aachen

Eine Reise durch drei Kulturen um 800 und heute

herausgegeben von
Wolfgang Dreßen
Georg Minkenberg und
Adam C. Oellers

Band III **Aachen**
Der Westen

Katalogbuch in drei Bänden
zur Ausstellung in Rathaus,
Dom und Domschatzkammer Aachen
vom 30. Juni bis 28. September 2003

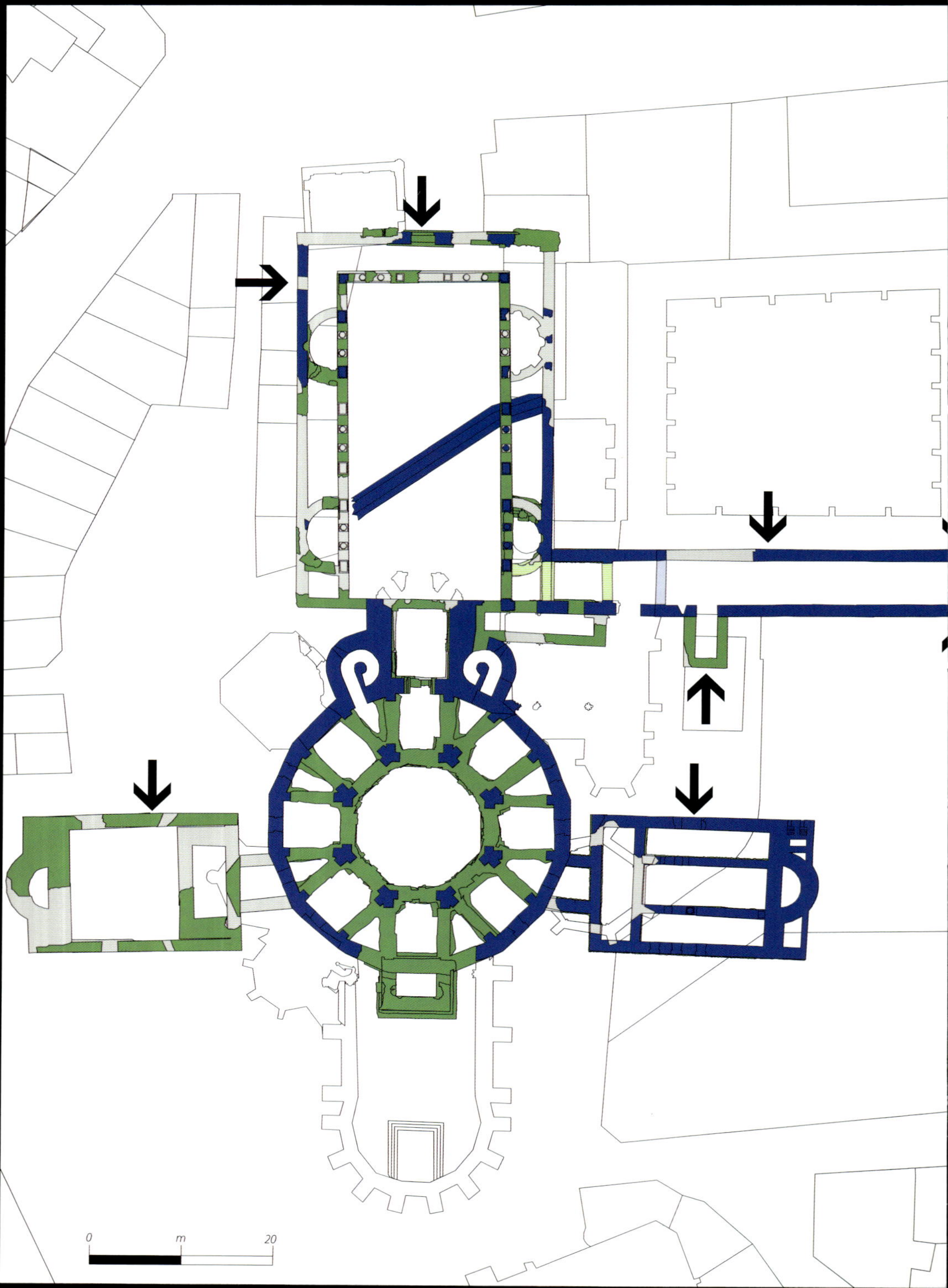
0
m
20

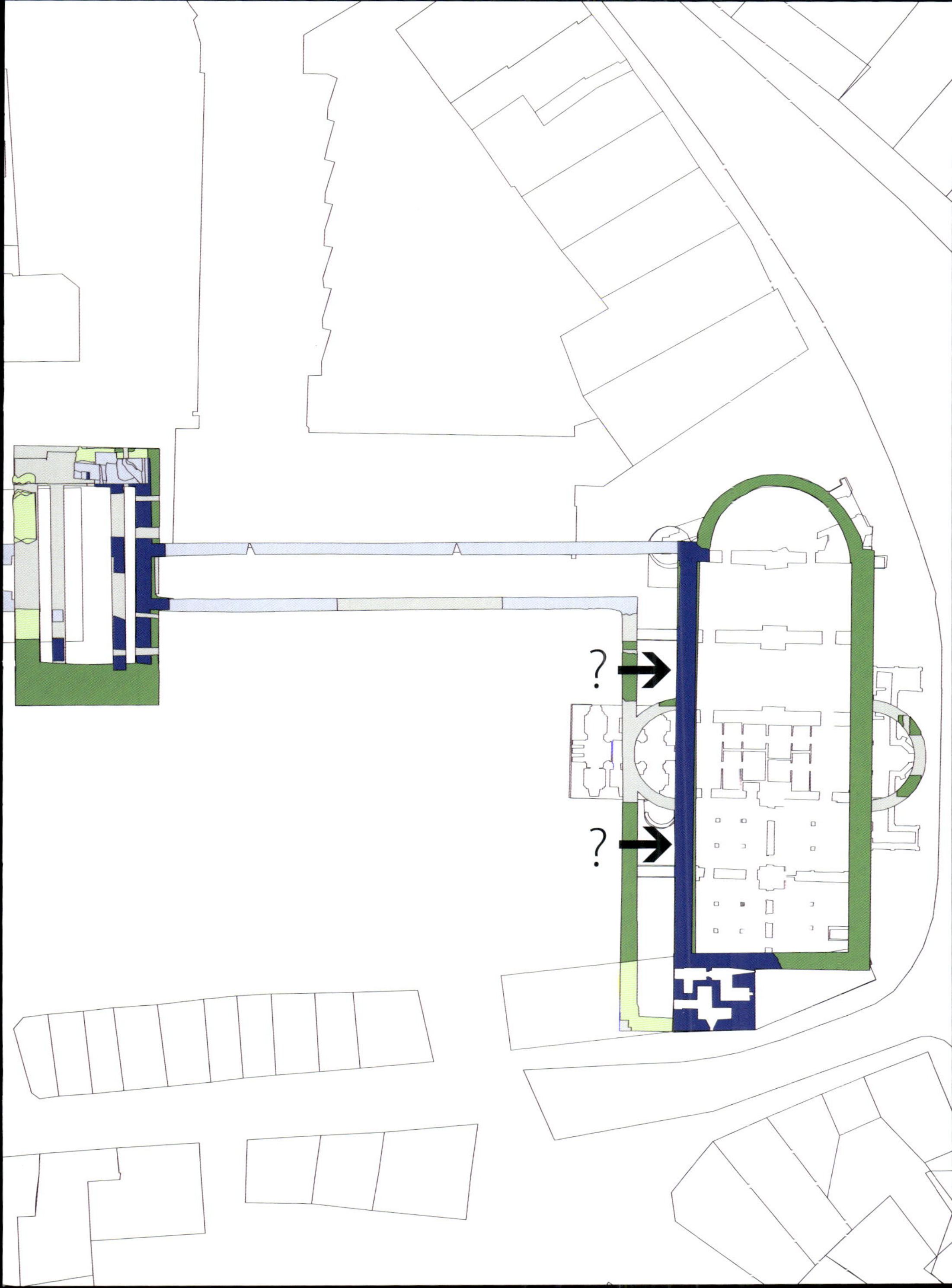

Die Aachener Pfalz.

beobachtete und erhaltene Fundamente

beobachtete und erhaltene Mauern

Ergänzungen

Türen

Die Pfalz Karls des Großen in Aachen – eine archäologische Bestandsaufnahme

765/766 überwinterte Pippin am Ostrand des karolingischen Kernlandes in einem Königshof, der in den historischen Quellen »Aquis villa« genannt wird. Obwohl der im heutigen Aachen gelegene Hof zu diesem Zeitpunkt bereits groß genug gewesen sein muß, um den königlichen Haushalt für längere Zeit unterbringen und versorgen zu können, entschied sich Karl der Große, diesen durch einen größeren Neubau zu ersetzen. Diese Bevorzugung Aachens, die sich in vielfachen Aufenthalten widerspiegelte, scheint unter anderem in den von Karl geschätzten warmen Thermalquellen begründet gewesen zu sein.

Vermutlich begann Karl die Neubaumaßnahmen vor 786, denn schon in diesem Jahr wurden Urkunden im ›palatio nostro‹ ausgestellt.[1] Auch wenn noch längere Zeit an der weitläufigen Anlage weitergebaut worden sein könnte, scheinen große Teile bereits 789 fertig gestellt gewesen zu sein, da damals die Reichsversammlung nach Aachen einberufen wurde. Die Arbeiten an der Kirche haben sich allerdings deutlich länger hingezogen, worauf ein 798 abgefaßter Brief Alkuins hinweist.

Die historischen Quellen geben auch einen Eindruck von den Bewohnern und der Struktur von Pfalz und umgebender Siedlung.[2] Während vieles, so etwa die Wohnungen und Werkstätten von Handwerkern und Händlern oder die Gästehäuser, trotz fast zweihundertjähriger Ausgrabungstätigkeit noch nicht lokalisiert werden konnte, läßt sich das Aussehen der Pfalz selbst gut beschreiben. Wenn es auf den ersten Blick so scheint, als wären lediglich Dom und Granusturm letzte sichtbare Zeugen dieser Pfalzanlage, so haben archäologische und bauhistorische Untersuchungen seit dem 19. Jahrhundert gezeigt, daß sich auch andere Bauten zu großen Teilen bis in die Neuzeit hinein erhalten haben und sich trotz Stadterneuerung und Kriegszerstörung noch immer Reste in Boden und bestehenden Gebäuden finden lassen. Allerdings fehlt bis heute noch eine abschließende Bearbeitung aller Befunde.[3] Auch wenn im Rahmen dieses Beitrages eine umfassendere Befundvorlage nicht möglich ist, sollen hier die verschiedenen Beobachtungen überblicksartig zu einem Bild der Aachener Pfalz zusammengetragen werden.

Im Jahre 1843 begann der Generaldirektor der Berliner Museen, J. M. J. von Olfers, mit wissenschaftlichen Ausgrabungen innerhalb des Aachener Münsters, nachdem zu Beginn des 19. Jahrhunderts der erste Aachener Bischof Berdolet mehrere Schürfen in der Kirche anlegen ließ.[4] War zunächst die Suche nach dem Grab Karls des Großen Antrieb für diese Untersuchungen, so rückte in der Folgezeit die karolingische Kirche und die sich anschließenden Bauten der Pfalz in den Mittelpunkt des Interesses.[5]

Bis heute ist es allerdings nicht gelungen, jenen Ort der Karlsbestattung, den auch Otto III. erst suchen mußte, mit Sicherheit zu lokalisieren. Eine Klärung der ver-

1 Zusammenfassend mit Quellenangaben: Schlesinger 1968, S. 259–261; Binding 1997/98, S. 67–77. Pick 1920, S. 17 gibt als Bauzeit 774–782 an, während Huyskens 1951, S. 30 für eine längere Periode zwischen 770 und 788 plädiert. ■ 2 Schlesinger 1968, S. 275–281; Mann 1984. ■ 3 Zusammenfassende Übersichten bei Kreusch 1962; ders. 1965a; Oswald u.a. 1966, S. 14–18; Jacobsen u.a. 1991, S. 15 f.; Kubach und Verbeek 1976, S. 1–13; dies. 1989, S. 21–29; Binding 1997/98; Untermann 1999. ■ 4 Stadtarchiv Aachen (StAA), OB 7-5-II; Diözesanarchiv Aachen (DoAA), Gvo Aachen, Dom 7al; Käntzeler 1863, S. 213–216. ■ 5 Zu den Domgrabungen bis 1962 vgl. Kreusch 1962. ■ 6 DoAA, Gvo Aachen – Dom 7al; Bonner Jahrbücher 42 (1867), 143 Nr. 9; Käntzeler 1863; Haagen 1866; Kreusch 1958, S. 38–55. ■ 7 Christ 1965, S. 8 f. ■ 8 Cüppers 1983, S. 32–37; Jacobsen u.a. 1991, S. 15. ■ 9 Trotz gegenteiliger Behauptungen hat die Dokumentation der Ausgrabung den Krieg weitestgehend vollständig überstanden und befindet sich heute im Ortsarchiv des Rheinischen Amtes für Bodendenkmalpflege (OaRAB, 703 119), dem Rheinischen Landesmuseum (RLMB, Fotobuch 1), StAA, HS 1048, HS 1048a, Pläne Q 2; OB 7-4a Bd. 1; Abstellnr. 9626/1, 37–45, 81–95; Fotoslg.), Archiv der Dombauleitung (AdblA, Photos BA I–II; Aktenordner Nachlaß H. Christ; Aktenordner Domgrabung 1910–14 Bd. I–III; Pläne BA 1), DoAA, Gvo Aachen – Dom 7al, DoAA, Nachlaß E. Schmidt, Zentralarchiv des Landschaftsverbandes Rheinland (ZA LVR, 22856; 22857) sowie im Rheinischen Amt für Denkmalpflege (RAD, Planarchiv). Trotz der umfangreichen Grabungstätigkeit sind bisher nur kurze Vorberichte erschienen: Ber. Karlsverein 1910; ebd. 1911; ebd. 1914; Römisch-Germanisches Korrespondenzblatt 9, 1916, S. 49; Clemen 1912; Faymonville u.a. 1924, S. 65. ■ 10 Zusammenfassende Beschreibung des aufgehenden Kirchenbaus: Oswald u.a. 1966, S. 14–16; Kubach und Verbeek 1976, S. 1–6. ■ 11 Käntzeler 1863, S. 217 f. ■ 12 Kreusch 1951, S. 106; Hugot 1980/81. ■ 13 Bonner Jahrbücher 167 (1967), S. 467 f.; Kreusch 1958, S. 17–19; ders. 1962, S. 34; Hugot 1980/81. ■

Ostwand des Nordannexes mit zugemauerten Rundbogenfenstern, C. Rhoen 1879 (Stadtarchiv Aachen)

schiedenen Hypothesen kann nur durch die kritische Auswertung der Grabungsbefunde erfolgen, da inzwischen sowohl der Innenraum der Kirche wie auch die Vorhalle vollständig untersucht worden sind.

Die Fortsetzung der Grabungen führte 1861 zur Freilegung des karolingischen Chores und dreier zeitlich davor gelegener Altaranlagen, die 1910 erneut untersucht und von F. Kreusch 1958 publiziert wurden.[6] Anhand mehrerer im Umfeld entdeckter Mauern rekonstruierte H. Christ einen Rundbau mit vorgelagerter, quer stehender Vorhalle und nördlich angesetzter Priesterwohnung, in dessen Mitte ein Altar mit darunterliegendem Reliquiengrab gestanden haben soll.[7] Diesen Vorschlag korrigierten Cüppers und Bandmann, als sie stattdessen einen rechteckigen Saalbau mit halbrunder Apsis rekonstruierten.[8] Diese Kirche war vermutlich Teil der Pfalz Pippins (751–768).

Über dieser Kirche entstand der karolingische Kirchenbau, der trotz verschiedener Anbauten und umfangreicher rekonstruierender Restaurierungsarbeiten des 19. Jahrhunderts bis heute in großen Teilen erhalten ist. Dank der Ausgrabungen, die E. Schmidt unter Aufsicht von P. Clemen ab 1910 durchführte, haben sich die Kenntnisse nicht nur über die Befunde im Kircheninneren, sondern auch über eine Reihe von Bauwerken unter dem Münsterplatz, dem Katschhof, der Ritter-Chorus-Straße sowie dem Domhof bedeutend erweitert.[9]

Den Kern bildet der achteckige Zentralbau, der von einem zweigeschossigen, sechzehneckigen Umgang umgeben ist.[10] Der karolingische Rechteckchor, der zu Gunsten der gotischen Chorhalle abgebrochen worden war, wurde bereits bei den ersten Ausgrabungen 1861 freigelegt.[11] Nach E. Schmidt konnte ihn F. Kreusch im Zuge der Instandsetzung der kriegsgeschädigten Kirche 1951 letztmalig untersuchen.[12] Der heute durch den barocken Abschluß veränderte Westbau öffnete sich ursprünglich mit einer tonnengewölbten Vorhalle. Auf dieser erhebt sich ein mehrgeschossiger Mittelbau, der auf beiden Seiten von runden Treppentürmen flankiert wird.

Die Kirche ruht auf einem System mächtiger Spannfundamente, die nach den nachweisbaren Baunähten in mehreren Bauabschnitten nach einem bereits vorher bestehenden Plan errichtet wurden. Sie bestehen fast vollständig aus dem für den karolingischen Pfalzbau typischen lagigen Grauwackemauerwerk. Lediglich in den beiden oberen Lagen sind große römische Spolien verbaut worden. Bekanntestes Beispiel ist der heute im Stadtarchiv aufgestellte Mercurstein, der im Fundament des Vorchorjochs entdeckt wurde. Aber auch an anderen Stellen lassen sich verschiedene Inschriftsteine, Architekturfragmente und Statuenreste nachweisen.[13]

Zumeist wurde vermutet, daß die Verwendung römischer Spolien im Fundamentbereich den Sieg des Christentums über die heidnischen Götzen symboli-

Apsis des nördlichen Annexbaus, C. Rhoen 1886 (Stadtarchiv Aachen)

sieren sollte.[14] Auffällig ist jedoch, daß sich solche Spolien nicht nur im Bereich der Kirche sondern auch in den profanen Bereichen der Pfalzanlage fanden und nicht nur Kultbilder und Inschriften, sondern auch einfache Bauplastik Verwendung fand. Die Verwendung der Spolien in den Fundamenten beschränkte sich auf die beiden oberen Quaderlagen, während die tiefer liegenden Bereiche aus Grauwacke gemauert wurden. Wenn man nicht annehmen will, daß es sich hier lediglich um die Verwendung eines leicht verfügbaren Baumaterials handelte, könnte man vermuten, daß die Verwendung der Spolien eine Anknüpfung an die klassische Antike darstellen mag, auf die die Bauten gleichsam gegründet wären.

An die Kirche schlossen sich westlich wie auch nördlich und südlich weitere Baukörper an. Als man im Zuge der Restaurierung des Münsters in den siebziger Jahren des 19. Jahrhunderts begann, die auf der Nordseite der Kirche angebauten Häuser abzubrechen, entdeckte man erste Reste dieser Annexbauten. So ließen sich auch die bereits vor 1868 in der Hubertuskapelle beobachteten Fundamente in ihren Bauzusammenhang einordnen.[15]

Während dieser Arbeiten wurden von Carl Rhoen nicht nur der Dom mit seinem Kapellenkranz, sondern auch Mauerreste fotografisch dokumentiert, die er für karolingisch hielt.[16] Wie später deutlich wurde, handelte es sich um einen Abschnitt der östlichen Außenwand des Nordannexes.

Im Vorfeld der anstehenden Pflasterarbeiten nutzte man 1886 die Gelegenheit, um die 1866 begonnenen Ausgrabungen nach Osten hin auszudehnen.[17] Unter den Fundamenten der abgebrochenen spätmittelalterlichen Bebauung legte Rhoen über den Resten der römischen Thermen ein langrechteckiges Gebäude frei. Weitere Grabungen vervollständigten 1894 den Grundriß.[18] Nachdem auch

Türschwelle in der Westwand des südlichen Annexbaus. Erhalten waren die beiden Steinplatten der Türschwelle. E. Schmidt 1911 (Stadtarchiv Aachen)

Säulen- und Pfeilerbasen auf der Nordseite des Domhofes, J. Buchkremer (?) 1897 (Stadtarchiv Aachen)

Fassade des Hauses Domhof 2 mit Resten des karolingischen Atriums vor der Restaurierung, C. Rhoen 1885 (Stadtarchiv Aachen)

E. Schmidt den inzwischen als Nordannex bezeichneten Bau untersucht hatte, vervollständigten verschiedene kleinere Notbergungen anläßlich verschiedener Baumaßnahmen 1971[19], 1973[20] und 1975[21] durch Detailbeobachtung das Bild.

Das Gebäude wies eine Grundfläche von 23 x 15 m auf und besaß auf der Nordseite eine schwach hervortretende halbrunde Apsis. Diese war fast vollständig von einem massigen Baukörper umgeben, in den mehrere kleine Kammern eingelassen waren. Abgetreppt ansteigende Mauern in diesen Räumen legten den Schluß nahe, daß es sich um Treppentürme handeln könnte.[22] Der sich an die Apsis anschließende Saal war durch Säulenreihen in drei Schiffe gegliedert. An der Südseite war ihm ein querliegender Raum vorgesetzt, der mittels eines zweigeschossigen, tonnengewölbten Ganges an das Münster angebunden war. Diese Türgewände sind bis heute als Zugänge zur Hubertus- und Karlskapelle erhalten.[23]

Das aufgehende Mauerwerk bestand aus lagig vermauerten Grauwackeplatten und war ursprünglich verputzt.[24] In der während des Abbruchs dokumentierten Ostwand waren noch zwei der ehemals fünf zugemauerten, rundbogigen Fenster erkennbar.[25] Die in Resten erkennbare, rechtwinklig abgehende Mauer trennte Saal und Vorraum. Die tief in der hoch aufragenden Seitenwand sitzenden, niedrigen Fenster könnten einen Beleg für die von Kubach und Verbeek vermuteten Emporen über den Seitenschiffen darstellen.[26]

In der 1886 ergrabenen Westwand öffnete sich ehemals eine Tür zum Katschhof hin, wie die aus Blau- und Kalksteinen gearbeiteten Türgewände zeigten. F. Kreusch konnte in der in situ erhaltenen Türschwelle Zapflöcher einer sich nach innen öffnenden zweiflügeligen Tür beobachten.[27]

Zwei Spannfundamente trennten das 4,7 m breite Mittelschiff von den beiden 1,6 m schmäleren Seitenschiffen. Die gut erhaltenen Bearbeitungsspuren auf den aus Herzogenrather Sandstein gearbeiteten Quadern des Spannfundamentes der Mittelschiffarkaden zeigten, daß sie ursprünglich von einem Fußboden überdeckt gewesen sein müssen.[28] Möglicherweise waren die im Bereich der Hubertuskapelle geborgenen Blausteinplatten Teil des Fußbodens, da die Beschaffenheit des Mörtels auf eine karolingische Verwendung hindeutete.[29] Auf Blausteinsockeln erhoben sich ursprünglich je fünf Säulen, die, anders als sonst im Bereich der Pfalz üblich, aus Formziegelsteinen gemauert waren.[30]

E. Schmidt legte auch südlich der Kirche einen in den äußeren Konturen spiegelbildlichen Annexbau frei. Soweit aus den wenigen publizierten Übersichtsplänen ersichtlich, unterschied er sich in der Innengliederung von seinem nördlichen Gegenstück. Fehlende Spannfundamente zeigen, daß es sich um einen einschiffigen Saal gehandelt hat. Anstelle des Vorraumes besaß er eine Empore, deren flacher gehaltenes Fundament u-förmig in das Geviert der Außenwände eingestellt war. Auch der südliche Annex war über den Verbindungsgang zum Münster und

14 Kreusch 1958, S. 19; Hugot 1980/81, S. 9. ■ 15 Bock 1865. ■ 16 StAA, Fotoslg. ■ 17 OaRAB, 703 119; StAA, F32d; StAA, Abstellnr. 7452, S. 121; StAA, OB 7-5-II; StAA, Planbestand A21; StAA, Nachlaß Rhoen (acc. 1972/2); StAA, Fotoslg.; Rhoen 1886; Kelleter 1895, S. 8 f.; Adenaw 1898, S. 187–189; Buchkremer und Mayer 1924, S. 312 f. ■ 18 OaRAB, 703 119; StAA, Nachlaß Rhoen (acc. 1972/2); Kelleter 1895; Adenaw 1898, S. 186–189. ■ 19 AdblA, Fotoslg. DD; Kreusch 1969/70, S. 21–23. ■ 20 Kreusch 1973/74, S. 18–21. ■ 21 Hugot 1974/75, S. 18. ■ 22 Oswald u.a. 1966, S. 16. ■ 23 Rhoen 1886, S. 38. ■ 24 Kreusch 1973/74, S. 20. ■ 25 Rhoen 1886, S. 26. ■ 26 Kubach und Verbeek 1976, S. 7. ■ 27 Kreusch 1969/70, Abb. 11. ■ 28 Kreusch 1973/74, S. 19. ■ 29 Kreusch 1973/74, S. 15. ■ 30 Kelleter 1895, S. 9; Buchkremer und Mayer 1924, S. 312; Binding 1997/98, S. 81. Reste der Säule werden heute im Domlapidarium verwahrt. ■ 31 Rhoen 1889, S. 112. ■ 32 Einhard, Vita Karoli Magni c. 32. ■ 33 Falkenstein 1966, S. 175 f. ■ 34 Untermann 1999, S. 161 weist darauf hin, daß das Bischofshaus auch eine Kapelle besessen hat, für die ein archäologischer Nachweis fehlt. Er identifiziert eines der Gebäude mit dem secretarium. Anders Hugot 1965b, S. 565. ■ 35 StAA, Abstellnr. 7452, S. 119; Rhoen 1886, S. 73. ■ 36 StAA, Planbestand F44a; StAA, Abstellnr. 7452, S. 119v; Korrespondenzblatt zur Westdeutschen Zeitschrift 5 (1886), S. 14; Adenaw 1898, S. 192–193; Buchkremer 1898a, S. 179; ders. 1898b, S. 247–248. ■ 37 StAA, Fotoslg.; StAA, Karlsverein 256; OaRAB, 703 120; DomaA, Propsteiarchiv 92; Buchkremer 1898a; ders. 1898b. ■ 38 Kreusch u.a. 1956, S. 422. ■ 39 Buchkremer 1898a, S. 180. ■ 40 Korrespondenzblatt zur Westdeutschen Zeitschrift 5 (1886), S. 14; Kreusch 1962, S. 30. ■ 41 Buchkremer 1898b, 250 f. ■ 42 Buchkremer 1898a, Fig. 2. ■ 43 Buchkremer 1898b, S. 251, 255. ■ 44 Kreusch 1951, S. 111. ■ 45 Jüngere Beobachtungen: AdblA, HA. ■ 46 Buchkremer 1898b, S. 261 f. ■ 47 Erneut 1957 freigelegt: Kreusch 1958, S. 117. Diese Beobachtung widerlegt die Zweischiffigkeit des Atriumsüdflügels, die im 19. Jahrhundert vermutet wurde. ■

Atriumfundamente
im Keller Domhof 8,
B. Päffgen 1988 (OaRAB)

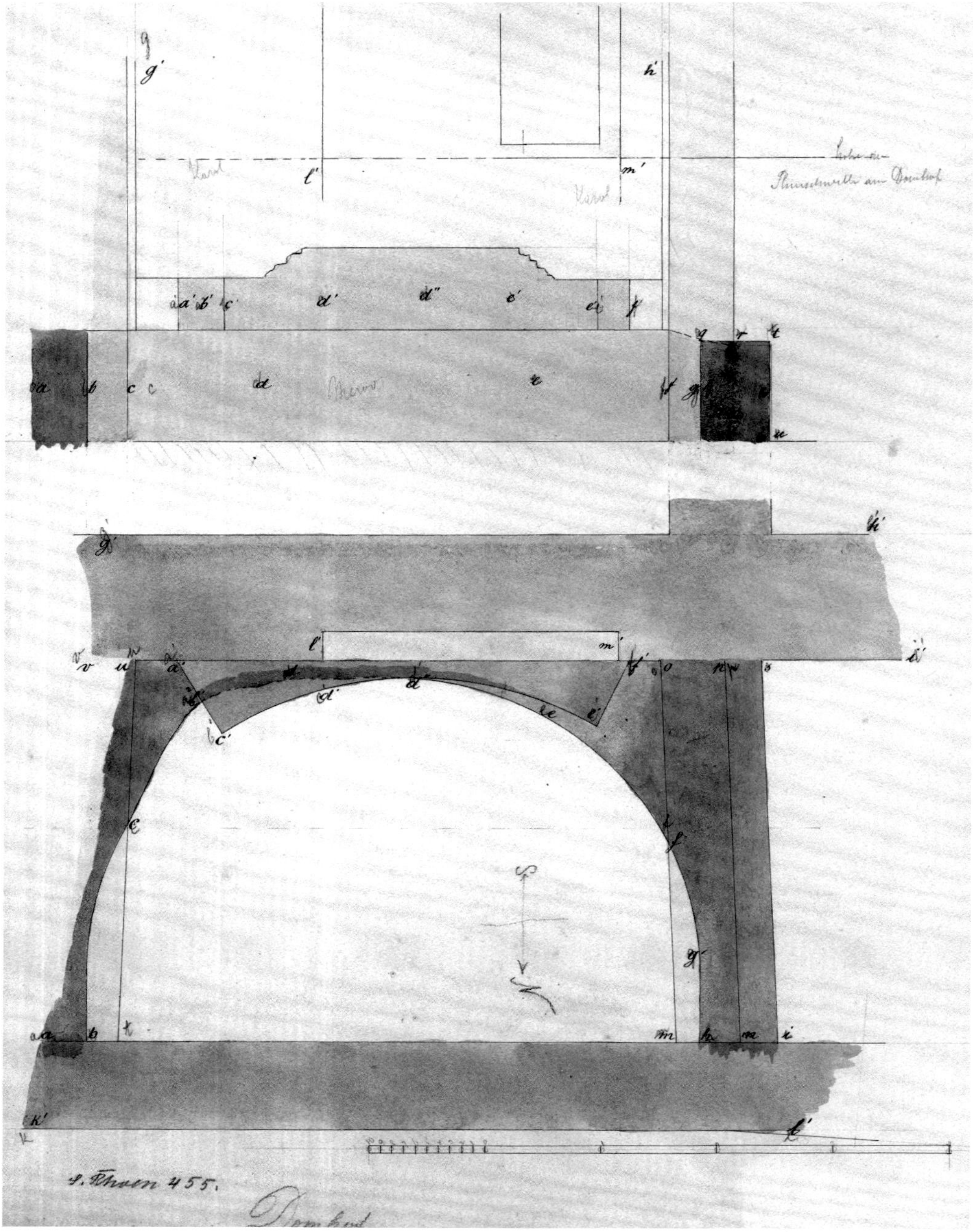

Plan der südwestlichen Konche des karolingischen Atriums, ehem. Slg. Rhoen (OaRAB)

eine Tür in der Westwand zugänglich, von der die großen Steinplatten der Schwelle bei den Ausgrabungen 1911 erhalten waren.

Die Funktion der beiden Bauten ist bis heute nicht abschließend zu klären gewesen. Bereits kurz nach der Aufdeckung nahm Carl Rhoen an, daß es sich um den aus den Schriftquellen bekannten Lateran handeln müsse.[31] Ebenfalls an der Kirche lag das von Einhard genannte ›domus pontificis‹[32], das nach Ludwig Falkenstein nicht mit dem Lateran gleichzusetzen ist.[33] Es ist nicht einmal mit Sicherheit zu klären, ob er überhaupt mit einem der Annexbauten identifiziert werden kann.[34]

Bei der Verlegung von Wasserleitungen beobachtet C. Rhoen 1879 nicht nur am Durchgang vom Domhof zum Münsterplatz Fundamentreste, vielmehr konnte er auch am Westende des Hofes eine Türschwelle freilegen.[35] Diese Schwelle wurde bald als westlicher Abschluß einer umbauten Platzanlage angesprochen, nachdem J. Baeckers Ausgrabungen 1885 zeigten, daß die Bebauung des Domhofes auf den Fundamenten eines karolingischen Atriums errichtet wurde.[36]

Aber erst die Instandsetzung des Kapitelsaales bot 1897 die Gelegenheit, vor der nördlichen und südlichen Häuserfront des Domhofes Sondageschnitte anzule-

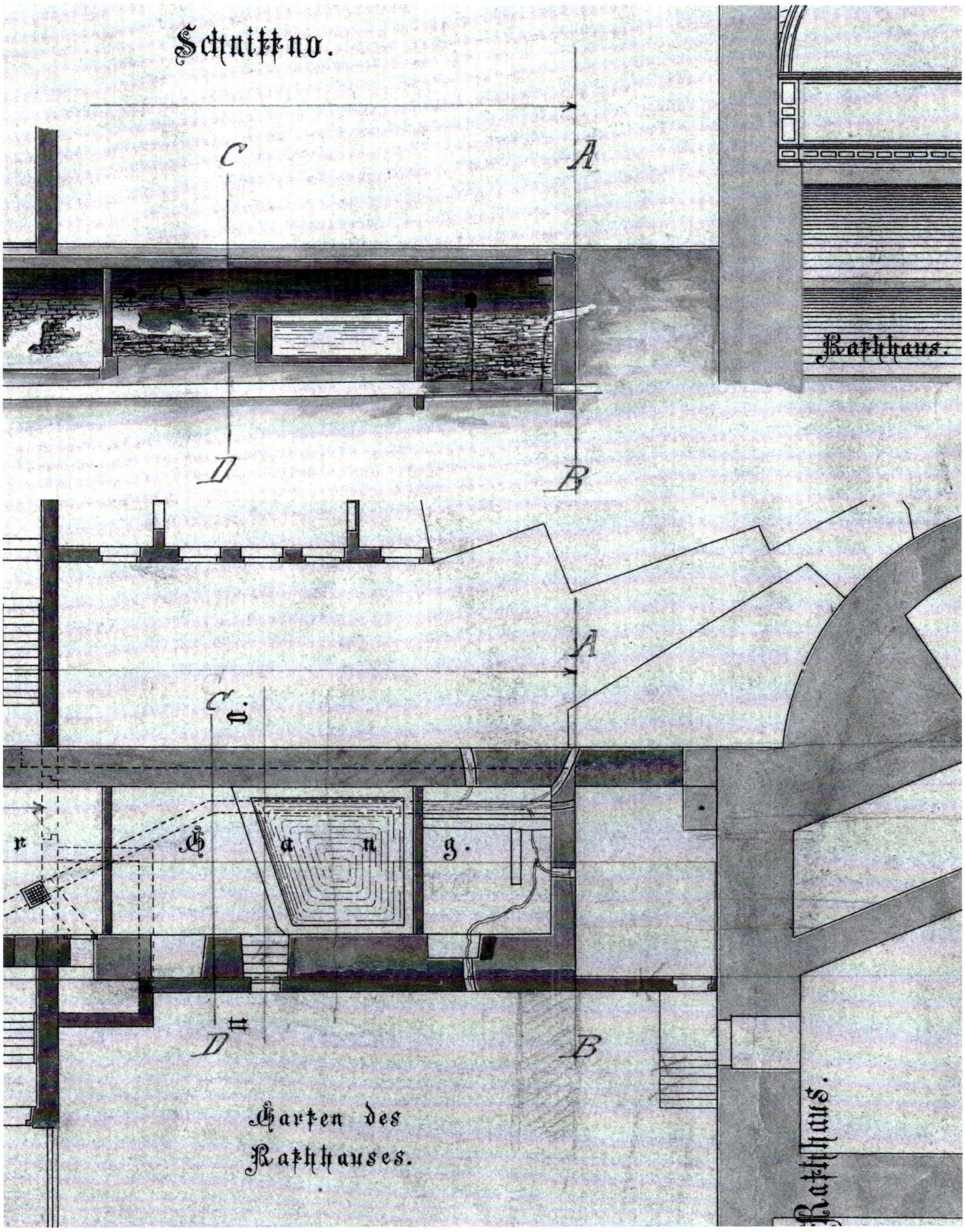

Ausschnitt aus der Bauaufnahme der karolingischen Portikus, Stadtbaumeister Tempel 1890 (OaRAB)

gen. Zusammen mit Stadtrat Schmitz gelang es Josef Buchkremer, umfangreiche Reste der karolingischen Bausubstanz freizulegen, die in die neuzeitliche Bebauung integriert war.[37]

Ein 1,6 m hohes Fundament aus lagig gemauerter Grauwacke auf einer Bruchsteinstickung bildete den Unterbau der neuzeitlichen Bebauung.[38] Zwei Lagen regelmäßiger Steinquader schlossen das Fundament als Stylobat ab. Buchkremer glaubte, daß dieser obere Fundamentabschnitt bereits auf Sicht gearbeitet war, und rekonstruierte daher eine Erhöhung des Umganges um 0,6 Meter über das Niveau des Innenhofes.[39] Entsprechend nahm er Treppenaufgänge an, die sich aber im archäologischen Befund nicht nachweisen ließen. Vielmehr ist zu vermuten, daß das Quadermauerwerk wie in Dom und Nordannex nur als oberster Abschluß der Fundamente anzusprechen ist. Lediglich die Erwähnung von Treppenstufen am Westeingang des Atriums ließe sich noch als Beleg für einen Niveauunterschied heranziehen.[40]

In karolingischer Zeit erhob sich auf dem Fundament eine Arkadenwand, deren attische Pfeiler- und Säulenbasen größtenteils in den neuzeitlichen Gebäuden erhalten waren. Die zumeist aus Marmor gearbeiteten Basen wiesen deutliche Unterschiede auf, so daß Buchkremer die Wiederverwendung römischer Spolien vermutete.[41] Sechs Pfeiler waren in alternierenden Abständen durch vier Rundbögen im Wechsel mit je drei schmäleren Bögen auf zwei Säulen verbunden.

Anhand eines erhaltenen Dübelloches wies Buchkremer Gitter zwischen den Säulen nach, die er in Anlehnung an die Gitter des oberen Oktogonumganges ergänzte. Da auch die massiv gemauerten Rückwände des Umganges streckenweise erhalten waren, ließ sich seine Breite auf 3,1 m bestimmen.

An der Ecke zum Dom waren nicht nur die Basen, sondern auch Teile zweier Pfeiler bis auf Höhe des ersten Stockwerks erhalten, die die Rekonstruktion der Fassade ermöglichten.[42] Die Pfeiler endeten in 3,1 m Höhe in schmalen Kämpfergesimsen, um sich dann als Lisenen gleicher Breite nach oben fortzusetzen und so die Obergeschoßfassade zu gliedern. Die auf den Pfeilern ruhenden weiten Bögen waren aus profiliert gearbeiteten Werksteinen gesetzt; für die engen Bögen rekonstruierte Buchkremer einen Wechsel von Ziegeln und Naturstein.

Die ursprünglich verputzten Wandflächen des Obergeschosses waren in Bruchstein ausgeführt und endeten in 10 m Höhe in einem Gesims.[43] Die von Buchkremer im rekonstruierenden Wiederaufbau ergänzten Fenster kopierten ein Fenster am Dom, ohne daß entsprechende Befunde vorhanden gewesen wären. Baubeobachtungen im kriegsbeschädigten Gebäude Domhof 1 zeigten, daß auch die nördliche Außenwand des Atriumobergeschosses massiv in Stein errichtet war.[44]

In den Untersuchungen von 1898 waren auch auf der Südseite des Domhofes entsprechende Architekturreste nachweisbar, die allerdings deutlich schlechter erhalten waren.[45] Buchkremer rekonstruierte aus den bekannten Befunden einen langrechteckigen, der Kirche vorgelagerten Hof, der auf der Nord-, West- und Südseite von einem doppelstöckigen Umgang flankiert wurde. Belege für einen überdachten Umgang auf der Ostseite fanden sich nicht.[46]

Die seitdem durchgeführten Untersuchungen haben unser Bild von der Gestalt und der Baugeschichte des Atriums bedeutend erweitert. Mit Ausgreifen der Ausgrabungen E. Schmidts auf den Münsterplatz wurde auch der Durchgang zum Domhof untersucht. Die dabei freigelegte Südostecke des Atriums zeigte keinerlei Anbauten nach Süden hin.[47] 1928 konnte J. Buchkremer beim Abbruch des Vorderhauses Domhof 6 den inneren Eckpfeiler sowie den nördlichen und westlichen Stylobat des karolingischen Atriums aufmessen, bevor sie 1957 von F. Kreusch noch einmal untersucht wurden.[48] Die Untersuchung zeigte, daß die drei Umgänge des Atriums die gleiche Breite aufwiesen. Umgang und Atriuminnenraum waren mit einem Mörtelestrich versehen.[49] Das von Felix Kreusch als westlicher Abschluß rekonstruierte Torhaus war allerdings erst staufischen Ursprungs.[50]

48 AdbIA HA 6 f., 9; AdbIA, Fotoslg. Ha; RAD, Fotoslg. Dom; Germania 12, 1928, S. 192; Buchkremer und Mayer 1926/27, S. 279–282; Hollstein 1980, S. 45; Kreusch 1958, S. 108 f. ■ 49 Germania 12 (1928), S. 192; Buchkremer und Mayer 1926/27, S. 279–282. 50 Kreusch 1973/74, S. 30; Jacobsen u.a. 1991, S. 15. 51 Kreusch 1973/74, S. 30. ■ 52 AdbIA, Fotoslg. DAc; Kreusch 1973/74, S. 22 f. ■ 53 Kreusch 1951, S. 111. ■ 54 OaRAB, 703 119; AdbIA, DAa/DAb; Bonner Jahrbücher 174 (1974), S. 660 f.; Lehmbruck 1954/55, S. 391; Kreusch u.a. 1956; Kreusch 1958, S. 115–118. ■ 55 Kreusch 1958, S. 118. ■ 56 AdbIA, HA; Oswald u.a. 1966, S. 16 f. ■ 57 Kreusch 1958, S. 117. ■ 58 AdbIA, HA 21–23, 30–35, 46–48, 51–84; Kreusch 1969/70, S. 25 f. ■ 59 OaRAB, 703 120; Koch 1986, S. 198–203; ders. 1987, S. 96–97. ■ 60 OaRAB, 703 147; Bonner Jahrbücher 190 (1990), S. 501; Franzen und Päffgen 1990. ■ 61 Buchkremer 1898b, S. 257 f. ■ 62 Germania 14 (1930), S. 100. So auch Hugot 1965b, S. 539. ■ 63 Kreusch 1958, S. 118; Oswald u.a. 1966, S. 17. ■ 64 Oswald u.a. 1966, S. 17; Jacobsen u.a. 1991, S. 15. 65 Vgl. Kreusch 1965, Abb. 20–23. ■ 66 Kreusch 1973/74, S. 29–32. ■ 67 Kubach und Verbeek 1976, S. 8. ■ 68 Käntzeler u.a. 1867, S. 158 f.; zusammenfassend Buchkremer 1949b, S. 212 f. ■ 69 OaRAB, 703 132; StAA, Fotoslg.; Buchkremer und Mayer 1926/27, S. 284. ■ 70 OaRAB, 703 118. Der Plan weist in der Darstellung der umgebenden Bebauung allerdings deutliche Abweichungen zu zeitgleichen Katasterplänen auf. ■ 71 Kreusch 1951, S. 109. ■ 72 OaRAB, 703 132; StAA, Fotoslg.; Domarchiv Aachen (DomaA), Propsteiarchiv 91; Buchkremer und Mayer 1926/27, S. 284; Kreusch 1965, Abb. 24. Viele der ebd., Fig. 14 als gesichert nachgewiesenen Fensterscharten sind nicht belegt. In der Bauaufnahme von Thempel sind keinerlei karolingische Fenster- oder Türöffnungen eingetragen. ■ 73 Untermann 1999, S. 161; Hugot 1965b, S. 568 hält sie hingegen für den Standort der Garnison; Binding 1997/98, S. 83 schließt eine tagtägliche Nutzung aus. ■ 74 StAA, Fotoslg.; Kreusch 1951, S. 110. ■ 75 Kreusch 1968, S. 42 f. ■

Portikuswestwand nach Abbruch des östlichen Kreuzgangflügels mit freigelegter Tür, J. Baecker 1890 (Stadtarchiv Aachen)

Verbindungstür vom Kapitelsaal zur Nebenportikus, E. Schmidt 1914 (Stadtarchiv Aachen)

Während sich die Wände zum Atriuminneren mittels Arkaden öffneten, war die westliche Außenwand geschlossen, wie die Reste einer Bruchsteinmauer belegen.[51] Reste aufgehenden Mauerwerks waren an mehreren Stellen in den Häusern des Domhofes erhalten. Im Dachgeschoß des Hauses Domhof 2 war an der Stirnwand zur Nikolauskapelle karolingisches Mauerwerk zu beobachten.[52] An der Stelle, wo Atrium und Portikus zusammentrafen, blieb das Mauerwerk bis zu einer Höhe von 12 m erhalten, da es in staufischer Zeit in einen Neubau zwischen Atrium und Kreuzgang integriert wurde und schließlich als Ostwand der Nikolauskapelle diente.

Das Atrium und die sich nach Norden anschließende Portikus waren im Erd- wie im Obergeschoß durch Türen verbunden.[53] Dort entdeckte Felix Kreusch bei Restaurierungsarbeiten Schwelle und Entlastungsbogen der Tür; letzterer war im Wechsel von Kalksinterquadern und Ziegeln gemauert. Durch die Bauuntersuchung konnte er belegen, daß auch die nördliche Außenwand des Atriumobergeschosses eine massive Wand gewesen war.

Bis W. Lehmbruck und F. Kreusch 1954 vor der Anlage einer neuen Bischofsgruft Ausgrabungen im Haus Domhof 2 durchführten, ging man von einer Einphasigkeit des Atriums aus. Die Entdeckung von Fundamentresten einer halbrunden Exedra, die sich zum Atriuminnenhof hin öffnete, ergab allerdings ein völlig neues Bild.[54] Vergleichbare Exedrafundamente waren zwar bereits im 19. Jahrhundert unter dem Haus Domhof 1/1a entdeckt worden, blieben aber in der Folge unbeachtet.

Die 1954 untersuchte Exedra entstand zeitgleich mit dem übrigen Atriumsbau, wie die im Verband stehenden Fundamente zeigten. Da sie nicht mit den erhaltenen Pfeilerstellungen korrespondierte und sich ein Mörtelwechsel in den Fundamenten nachweisen ließ, vermutete Kreusch zunächst eine Planänderung und die Aufgabe der Konchen noch vor Abschluß der Bauarbeiten.[55] Untersuchungen 1961 und 1965 im Domhof 4 zeigten jedoch, daß auch die Exedra ausgeführt worden sein muß, da sich in der ehemaligen Quirinuskapelle noch in bis zu fast 4 m Höhe Reste der aufgehenden Wand mit rechteckigen Nischen nachweisen ließen. Der mit Blausteinplatten ausgelegte Fußboden der Exedra lag etwa 0,42 m unter dem Fußboden des Atriumsumganges.[56]

Als spiegelbildliches Gegenstück legte Kreusch eine weitere Exedra auf der Südseite des Domhofes frei.[57] Durch die Restaurierungsarbeiten in den Gebäuden Domhof 1 und 1a bestand die Möglichkeit, im Keller nach Resten einer dritten Exedra zu suchen.[58] Es zeigte sich, daß nicht nur das Fundament, sondern auch das Quadermauerwerk des Stylobats sowie eine Pfeilerbasis erhalten waren. Entsprechend zu diesem muß auch auf der Nordwestseite eine vierte Exedra ergänzt werden, ohne daß hierfür bisher gesicherte Belege erbracht werden konnten.

Durch die von 1985 bis 1989 von W. M. Koch durchgeführten Ausgrabungen in der Taufkapelle wurde die westliche Außenwand des Atriums, die hier als Unterbau für die Kapelle diente, untersucht.[59] Ein von Kreusch ergänzter karolingischer Vorbau vor dem Atrium ließ sich nicht nachweisen, was auch durch die Untersuchungen Bernd Päffgens in den Häusern Domhof 8/Fischmarkt 10, die Fundamente der Nordwestecke des Atriums aufdeckten, bestätigt wurde.[60]

Weitestgehend ungeklärt sind das Alter und die Funktion eines Kanals, der das Atrium diagonal in Richtung Südosten durchquerte und in das Fundament der Atriumsnordwand integriert war. Da die Säulen- und Pfeilerstellungen augenscheinlich auf ihn Rücksicht nahmen, vermutete Buchkremer eine karolingische Datierung und einen Zusammenhang mit der Errichtung der Pfalzanlage.[61] Andererseits nahm er in seinem Verlauf keinen Bezug auf weitere, bisher nachgewiesene Teile der Pfalzanlage, sondern schien der Ausrichtung der römischen Baufluchten zu folgen.[62] Möglicherweise wurde ein römischer Vorgänger unter weitreichender Erneuerung in den Atriumsneubau einbezogen.

Die bauliche Entwicklung des Atriums ist nicht mit letzter Sicherheit zu klären. Die nicht zu den Konchendurchmessern passenden Arkadenabstände, der beobachtete Niveauunterschied zwischen Exedren und Atriumsumgang sowie eine im Fundament beobachtete Bauunterbrechung scheinen für eine Zweiphasigkeit zu sprechen.[63] Zuerst wäre ein offener Hof mit seitlichen Exedren gebaut worden. Dieser wurde allerdings bereits nach kürzester Zeit unter Niederlegung der Exedren zu Gunsten der zweigeschossigen Arkadenwand umgebaut.[64] Es bleibt allerdings anzumerken, daß die Erhaltung aufgehender Reste der Exedren ebenso gegen einen Abbruch spricht wie die übereinstimmenden Abstände zwischen Exedren und Pfeilerstellungen.[65]

Das Atrium wurde im Mittelalter durch den Einbau von Kapellen verändert und in der Folge teilweise abgebrochen. Baubefunde im Domhof 3 zeigten, daß diese Umbauten spätestens im frühen 13. Jahrhundert erfolgt sein mußten, da zu diesem Zeitpunkt die Hausfront auf die Taufkapelle hin in den Innenhof hinein verschwenkt wurde.[66] Auch der Einbau der Quirinuskapelle um 1230 gehörte in diese Bauphase, die möglicherweise durch den Brand von 1225 ausgelöst wurde.[67]

Bereits im 19. Jahrhundert war erkannt worden, daß ein gemauerter Gang von etwa 4,7 m Breite, der in die Gebäude des Münsterstiftes und die Wohnbebauung am Katschhof integriert war, Dom und Atrium auf der einen und die Aula auf der anderen Seite der Pfalzanlage verband.[68]

Die Pläne zur Neugestaltung des Katschhofs und seines Umfeldes sahen den umfangreichen Abbruch alter Bebauung vor, um so für neue Straßen und eine moderne Platzgestaltung Raum zu schaffen. Während zunächst nur die Bebauung auf der Nordseite des Münsters niedergelegt wurde, führte die Neuanlage der Ritter-Chorus-Straße 1894 und der an deren Nordseite gelegene Neubau eines neuen städtischen Verwaltungsgebäudes 1899–1901 zur Zerstörung der karolingischen und hochmittelalterlichen Bausubstanz.[69]

Glücklicherweise hatte zu diesem Zeitpunkt der Stadtbaumeister Thempel den als »Verbindungsgang« bezeichneten Baukörper einer Bauaufnahme unterzogen. [70] Verschiedentlich durchgeführte archäologische und bauhistorische Untersuchungen haben seit damals unser Bild dieses Gebäudes deutlich erweitert.

Die Portikuswände waren wie alle karolingischen Mauern aus lagig gesetztem Grauwackemauerwerk, das durch einen mittels Ziegelzuschlag rosa gefärbten Mörtel verbunden war.[71] Die 1,4 m starken Wände des Erdgeschosses trugen ein Tonnengewölbe. Schießschartenartige Fensterschlitze waren an verschiedenen Stellen nachweisbar.[72] Sie beleuchteten die Räume nur spärlich, weshalb sie zumeist als Keller- oder Lagerräume angesprochen wurden.[73] Verschiedene Türen, die sich am südlichen Ende nachweisen ließen, zeigten, daß sowohl nach Westen in den heutigen Kreuzgang wie auch nach Osten zum Katschhof sowie in die im Zwickel zur Kirche gelegene Nebenportikus Ausgänge vorhanden waren.[74] Entsprechend muß man davon ausgehen, daß dieser Erdgeschoßabschnitt der Portikus intensiver genutzt wurde.

An der Michaelstreppe wurden unter dem Gewölbe des karolingischen Ganges die Löcher inzwischen vergangener Ankerbalken entdeckt.[75] Die Abdrücke im Mörtel ließen sich abformen und erlaubten eine dendrochronologische Datierung in die 1. Hälfte des 8. Jahrhunderts. Fehlendes Splintholz verhinderte allerdings eine genauere Bestimmung des Fällungsdatums.

Aus der Interpretation der historischen Quellen erwuchs die Vorstellung, daß das Obergeschoß des Ganges zunächst als Holzbau ausgeführt worden sein muß.[76] Beobachtungen nach dem zweiten Weltkrieg haben gezeigt, daß der Verbindungsgang zwischen Dom und ›Aula regia‹ bereits in seinem ursprünglichen Bauzustand auch im Obergeschoß in Stein ausgeführt worden war.[77] Nach den deutlich dünneren Außenwänden zu schließen, trugen sie lediglich eine leichte Holzdecke.[78]

Anders als im Erdgeschoß waren die Bruchsteinwände des Obergeschosses von Fenstern durchbrochen, wie die Reste zweier Fenster in der über der Allerseelenkapelle gelegenen Westwand zeigten.[79] Drei hochrechteckige Fenster lagen als Gruppe unmittelbar nebeneinander und waren durch einen gemeinsamen Sturz und einen Entlastungsbogen verbunden. Die aus Travertin gefertigten Gewände hatten einen Anschlag für einen Holzrahmen. In der zum Katschhof gewandten Seite sind bisher keine Fenster nachweisbar.[80]

Die Portikus ist nach den Baubefunden gleichzeitig mit dem Atrium errichtet worden, worauf auch die dendrochronologische Datierung hindeutete. Sie war in beiden Stockwerken vom Atrium her durch Türen erreichbar. Im Norden stieß sie unmittelbar neben der Westapsis an die Aula, während die Ostwand bereits an der Wand des Solariums endete.[81]

Nachdem die Pfalz im 9. Jahrhundert nicht mehr den Lebensmittelpunkt des Kaiserhofes bildete, scheint auch die Portikus nicht mehr in ihrer Funktion als Verbindungsgang genutzt worden zu sein. Der historisch belegte Umbau einzelner Abschnitte, so der Einbau der Allerseelenkapelle im 13. Jahrhundert und die Errichtung der Michaelstreppe 1460, zeigen diese veränderte Nutzung.[82]

Im Juli 1894 wurden bei Kanalarbeiten an der Westseite des Katschhofes mächtige Fundamentreste freigelegt, deren Bedeutung zunächst nicht erkannt wurde.[83] Auch während der Durchbrucharbeiten für die Ritter-Chorus-Straße zwei Jahre später wurden weitere Abschnitte aufgedeckt.[84] Erst durch die Grabungen E. Schmidts konnte der Grundriß weitestgehend geklärt werden.[85] Beobachtungen während verschiedener Ausschachtungen in der Nachkriegszeit, bei der die Fundamente vermutlich größtenteils zerstört wurden, ließen weitere Details des Bauwerks erkennen.[86]

Das rechteckige Bauwerk ist mit einer Fundamentstärke von 2,6 m an den Lang- und 4,6 m an den Schmalseiten deutlich massiver gebaut, als die sich nördlich und südlich anschließende Portikus. Das Erdgeschoß wurde durch zwei Ost/West-gerichtete Spannfundamente gegliedert und war vermutlich tonnengewölbt. Eine Dreischiffigkeit der Obergeschosse ist analog zu vermuten. Die Westfassade wies einen risalitartigen mittigen Vorsprung auf.

Das Gebäude wurde zunächst als »Torhaus« bezeichnet, das den zentralen Zugang zum Innenhof der Pfalzanlage ermöglichen sollte.[87] Das aufgehende Mauerwerk der gegliederten Westfassade zeigte jedoch sehr deutlich, daß es sich nicht um einen im Erdgeschoß offenen Baukörper handeln konnte. Auch die deutlich über das karolingische Bauniveau hinaus erhaltenen Fundamente der West- und Ostwand sowie das Fehlen einer Türschwelle sprechen klar gegen einen Torbau.[88]

Vielmehr deuteten die massiven Fundamente auf einen steinernen Aufbau hin, der im Vergleich mit den Dimensionen der Portikus deutlich höher gewesen sein muß.[89] Nach C. Meckseper wäre das Erdgeschoß lediglich der Unterbau eines zweigeschossigen Turmes gewesen, den Karl der Große nach vergleichbaren repräsentativen Türmen in Rom und Ravenna errichten ließ. In diesem Turmbau wurden verschiedentlich die Wohnräume Karls lokalisiert.[90]

Bereits im Mittelalter war er bis auf Erdgeschoßniveau abgebrochen worden, wie die 1520 von A. Dürer gezeichnete Ansicht des Katschhofes deutlich zeigte.[91] Auf dem massiven Steinsockel erhob sich zu diesem Zeitpunkt bereits ein niedriger Fachwerkbau, dessen Dach ihn in das der Portikus einband.

76 So etwa Buchkremer 1949b, S. 227–235. ■ **77** Kreusch 1951, S. 109 f., ders. 1962, S. 36 f.; Eine etwa von Kubach und Verbeek 1989, S. 557 vermutete Zweiphasigkeit der Portikus kann bisher nicht sicher belegt werden. So läßt sich etwa in der Westwand der Nikolauskapelle keine Baufuge erkennen. ■ **78** Kreusch 1965, S. 513. ■ **79** AdblA, Fotoslg. DAc; Kreusch 1951, S. 109 f. ■ **80** Kreusch 1965, S. 514. ■ **81** StAA, Abstellnr. 7453, S. 95–97, 101 f.; Sage 1982, S. 80. ■ **82** Lediglich der untere Abschnitt der Treppe wurde 1897 im Zuge der Restaurierungsarbeiten erneuert. Loersch in: Bonner Jahrbücher 102 (1898), S. 204. ■ **83** StAA, Abstellnr. 7452, S. 119v; Abstellnr. 7453, S. 13–14; Abstellnr. 7454, S. 25. ■ **84** StAA, Abstellnr. 7453, S. 28–35; Abstellnr. 7454, S. 26 f.; Plan F 32c. ■ **85** Vgl. Faymonville u.a. 1924, S. 65. ■ **86** AdblA, DAa; Kreusch 1962, S. 38 f. ■ **87** So etwa Hugot 1965b, S. 567. ■ **88** Meckseper 1992, S. 105. ■ **89** Meckseper 1992, S. 113. ■ **90** Vgl. zusammenfassend Binding 1997/98, S. 83 f. ■ **91** Abgebildet bei Curtius 1887, Abb. 1. ■ **92** OaRAB, 703 119; AdblA, Fotoslg. DD; StAA, Pläne W 170, 172; StAA, Fotoslg.; Käntzeler u.a. 1867, S. 161 f. ■ **93** Buchkremer 1930/31, S. 175. ■ **94** Käntzeler u.a. 1867, S. 161. ■ **95** Kreusch 1958, S. 19 f.; ders. 1962, S. 35. ■ **96** Buchkremer 1949b, S. 233; Binding 1997/98, S. 81. ■ **97** Röntgen 1953, S. 109–123. ■ **98** Kunsthistorisches Seminar der Universität Köln, Institut für Baugeschichte, Archiv »Das deutsche Bürgerhaus« (Universität Köln), Nachlaß Christ. ■ **99** Eine Datierung dieses Ausbaus ist bisher nicht gelungen. Röntgen 1953, S. 111; Binding 1997/98, S. 82 plädiert für eine staufische Bauphase. ■ **100** Sage 1982, S. 78. ■ **101** Hugot 1965a, S. 40. ■ **102** Röntgen 1953, S. 112 f. ■ **103** So etwa Rhoen 1889; anders Mayer 1930/31, Abb. 1 Nr. C, der nur eine nördliche Apsis zeigt. Zusammenfassend Hugot 1965a, S. 44. ■

Bereits 1866 wurden nördlich der Nikolauskapelle bei Ausgrabungen Fundamente zweier Bauten freigelegt, die an die Portikus angebaut gewesen waren und sich zeitlich nachfolgten. Während der jüngere Bau als hochmittelalterliche Ägidiuskapelle identifiziert wurde, glaubte man zunächst, daß der ältere rechteckige Bau von der karolingischen Portikus überlagert wurde.[92] Joseph Buchkremer untersuchte die Reste 1930 erneut und kam anhand des verwendeten Mörtels zu dem Schluß, daß es sich um einen karolingischen Anbau an die Portikus handeln müsse.[93] Dafür sprach auch die Verwendung von Grauwacke für das Fundament.[94] Möglicherweise handelte es sich um eine Vorhalle, durch die man vom Katschhof in die Portikus gelangen konnte.

Auch im Bereich der Nikolauskapelle wurden 1957 Fundamentreste eines Anbaus freigelegt.[95] Dieser band an den nördlichen Treppenturm des Münsters an und könnte eine Verbindung zwischen Portikus und Kirche ermöglicht haben. G. Binding glaubte ähnlich wie Buchkremer, daß ein hölzerner Vorgänger erst in einer zweiten Bauphase durch den Steinbau ersetzt wurde.[96]

Verschiedene Grabungen auf der Außenseite wie auch im Inneren des heutigen Rathauses haben gezeigt, daß der gotische Bau auf karolingischen Fundamenten aufsaß, in seinem Grundriß den karolingischen Vorgängerbau wieder aufnahm und teilweise auch noch karolingische Mauern weiterverwendete.[97] Beobachtungen zum aufgehenden Mauerwerk lagen vor allem durch die von H. Christ durchgeführten Untersuchungen am kriegszerstörten Rathaus vor.[98]

Der Urspungsbau war ein langrechteckiger Saal mit einer Breite von 20,8 m und einer Länge von 48,2 m. An diesen schloß sich im Westen eine halbrunde Apsis an, deren karolingische Originalsubstanz heute nur noch im Fundamentbereich erhalten ist, während das Aufgehende mit dem kleinen Blendbogenfries jüngeren Datums ist.[99] Trotz der mittelalterlichen Veränderungen war es 1962 möglich, das karolingische Fußbodenniveau auf einer Höhe von 174,24 m ü. NN zu bestimmen.[100] Der Fußboden des Saales selbst muß nach Ausweis des Fundamentabsatzes bei 173,8 m ü. NN, und damit drei Stufen tiefer gelegen haben.[101] Der heute vorhandene Keller wurde vermutlich erst im Hochmittelalter eingebaut, indem man das Erdreich zwischen den karolingischen Fundamenten aushob.[102]

Die karolingische Aula besaß auch auf ihrer Nord- und Südseite jeweils eine mittig gelegene, halbrunde Konche, die spätestens im Zuge des Rathausumbaus im 14. Jahrhundert beseitigt wurden. Reste der beiden Konchen wurden bereits im 19. Jahrhundert beobachtet, doch konnte sich der von Rhoen vorgelegte Grundriß nicht als verbindlich durchsetzen.[103] Erst die von W. Sage geleiteten Sondagen legten 1964 sowohl an der Nord- als auch der Südseite Fundamente dieser Konchen frei. Unter der Rathaustreppe, die im Zuge der Restaurierungsarbeiten des 19. Jahrhunderts als neugotischer Bau errichtet wurde, konnte er in zwei kleinen Sondagen die Reste eines Halbkreisfundamentes freigelegen, welches anhand der Mauertechnik dem karolingischen Bau zuzurechnen war.[104] Auch auf der Südseite, in Richtung Katschhof, wurden Fundamentreste unmittelbar westlich des Arkschen Treppenhauses aufgedeckt, die ebenfalls zu einer Apsis gehört haben müssen. Beide besaßen einen Innendurchmesser von etwa 10 m bei einer durchschnittlichen Fundamentstärke von 1,3 m. Daraus ließ sich schließen, daß die südliche Konche in die Wand des als Solarium bezeichneten Vorbaus eingebunden war.

Die Fundamente der Aula waren aus plattigen Grauwackesteinen mit einem durch Ziegelmehlzuschlag rosa gefärbten Mörtel errichtet.[105] Ab etwa 3,3 m Höhe war das Fundament aus großen Steinblöcken gemauert, bei denen es sich zumindest teilweise um römische Spolien handelte.[106] Eine westlich des Arkschen Treppenturmes nachweisbare Baunaht zeigte, daß die Fundamente in mehreren Bauabschnitten jeweils bis zum Beginn des aufgehenden Mauerwerks errichtet worden sein mußten. Auch die drei Apsiden waren nicht im Verbund mit dem Saalfundament gemauert.[107]

Bauhistorische Untersuchungen haben gezeigt, daß unter dem westlichen Joch der neogotischen Galerie an der Rathaussüdseite noch karolingisches Mauerwerk erhalten ist.[108] Auch westlich und nördlich des Granusturmes ließen sich noch karolingische Mauerreste nachweisen. Hierbei handelte es sich um lagig vermauerte Grauwacke mit durch Ziegelschlag rötlich gefärbtem Mörtel. In der noch bis mindestens 9 m Höhe erhaltenen Wand waren zwei Gerüstlöcher, aus denen allerdings keine Holzreste mehr geborgen werden konnten.

An der Südwand ließen sich anhand von Fundamentvorsprüngen Reste breiter Lisenen nachweisen.[109] In diesen Bereichen waren große Kalk-, Sand- und Blausteinquader, zumeist römische Spolien, verbaut worden, die die Wand in 7,1 m breite Felder gliederten. In Anlehnung an die Konstantinsbasilika rekonstruierte L. Hugot Blendarkaden als oberen Abschluß in gut 20 m Höhe. In die Wand wären dementsprechend zwei übereinander gelegene, rundbogige Fenster in jedes Feld der Wandgliederung eingeschnitten gewesen. Diese Rekonstruktion nahm allerdings wenig Rücksicht auf den vorgelagerten Gang des Solariums. Möglicherweise hypothetisch war die Rekonstruktion eines rundbogigen Fensters in der Ostwand der Aula.[110] Es ist jedenfalls unklar, wann die dargestellten Mauerbefunde beobachtet werden konnten.[111] Das Dach soll nach Hugot wie bei antiken Vorbildern eine Neigung von lediglich 20°–25° gehabt haben.

Schwierigkeiten bereitet bis heute die Frage nach dem Zugang in die Halle. Da es sich um einen repräsentativen Raum gehandelt hat, in dem sich eine große Personenzahl gleichzeitig aufgehalten hat, ist zumindest ein großes Portal zu erwarten. Der Ausrichtung der Pfalz entsprechend erscheint es unwahrscheinlich, daß sich dieses auf der Nordseite befunden haben könnte. Dennoch glaubte C. Rhoen, Fundamentreste vor der Nordkonche als Treppenunterbau eines Einganges interpretieren zu können.[112] Auch ein Zugang von Westen durch die große Apsis scheint wenig wahrscheinlich zu sein. Über die östliche Giebelseite kann er ebenfalls nicht erfolgt sein, da der Granusturm einen möglichen Eingang teilweise verstellt. Daher vermuten L. Hugot und W. Sage Türen auf der Katschhofseite.[113]

In der gut erhaltenen Wandpartie unter dem westlichen Joch der neugotischen Galerie zeichnete sich allerdings kein Türgewände ab. Daher muß man davon ausgehen, daß es zumindest keinen direkten Zugang von der Portikus her in den Saal gegeben hat. Vielmehr mußte man zunächst nach Osten in das Solarium treten, um von dort aus auf noch ungeklärtem Weg in die Aula zu gelangen. Einziger Hinweis war ein aus Bruchsteinen ausgeführter Sturzbogen, der sich am östlichen Ende der Südwand im Bereich des heutigen Obergeschosses erkennen ließ.[114]

Östlich an die Aula schließt sich der Granusturm an, der erst nach dem Brand des Rathauses 1883 in das Blickfeld der Forschung gelangte. Im Vorfeld der Restaurierungsarbeiten diskutierte man, ob der Turm als ›karolingisches Monument‹ freigestellt werden sollte oder ob eine Bebauung an seiner Südseite zulässig sei.[115]

Durch den Abbruch der auf der Südseite von Granusturm und Rathaus gelegenen Häuser wurden nicht nur die Turmfundamente und seine alten Zugangstü-

104 Bonner Jahrbücher 166 (1966), S. 595; Sage 1965a, S. 241; ders. 1982, S. 81. ■ 105 Sage 1982, S. 80. ■ 106 Sage 1982, S. 80. ■ 107 Sage 1982, S. 80. ■ 108 Röntgen 1953, S. 109–123; Hugot 1965a, S. 39–42; ders. 1969; Meyer 2000. ■ 109 Hugot 1965a, S. 42–46; Sage 1982, S. 80. ■ 110 Hugot 1969, S. 10. ■ 111 Hugot 1965a, S. 39 beschreibt, daß die Ostwand von außen nicht zu untersuchen sei. ■ 112 Rhoen 1889. ■ 113 Sage 1965b, S. 328; Hugot 1965b, S. 555. ■ 114 Röntgen 1953, S. 111 & Abb. 66, 81. ■ 115 Schnock 1898. ■ 116 Laurent 1914, S. 192; erneut bestätigt durch Hugot 1969, S 9. ■ 117 Laurent 1914, S. 192: Bauaufnahme 1896/97; Christ unpubliziert: Bauaufnahme 1946/47, Universität Köln, Nachlaß Christ, StAA, Pläne E 58; Hugot 1969: Bauaufnahme 1968. ■ 118 Wohnräume Karl des Großen: Hugot 1969, S. 9; Treppenhaus und Geräteräume: Hugot 1965a, S. 43. ■ 119 Laurent 1914, S. 196. ■ 120 Hugot 1965a, S. 43. Im Gegensatz dazu Hugot 1969, S. 11. ■ 121 Hollstein 1980, S. 44. Zur Zeit werden neue dendrochronologische Untersuchungen durch das Rheinische Amt für Denkmalpflege durchgeführt. ■ 122 StAA, Abstellnr. 7453, S. 14 f., 50, 95–98, 108 f.; Adenaw 1898, S. 191. ■ 123 StAA, Abstellnr. 7454, S. 9–12; StAA, Fotoslg.; RAD, Fotoslg (Aachen, Rathaus); Laurent 1914, S. 192–199. ■ 124 Sage 1965a, S. 241; ders. 1982, S. 81. ■ 125 Dem widerspricht die Beobachtung Buchkremers von 1899, nach der das Untergeschoß der Portikus in das Solarium weitergeführt wird und daher zumindest im Westen auch ein Geschoß auf Katschhofniveau besessen haben muß. StAA, Abstellnr. 7453, S. 95–97, 101 f. ■ 126 Laurent 1914, S. 193. ■ 127 Hugot 1969, S. 9–11. ■ 128 Oa-RAB, 703 151; Hugot 1974/75, S. 26–37; Petrasch 1992. ■ 129 Binding 1997/98, S. 85. ■

ren sichtbar, vielmehr zeigte es sich, daß der Turm mit dem karolingischen Mauerwerk des Rathauses im Verbund stand und daher auch Teil der Pfalz gewesen sein muß.[116]

Obwohl der Turm mehrfach bauhistorisch untersucht und aufgenommen wurde, wurde die Nutzung der verschiedenen Räume nicht sicher geklärt.[117] Mehrere, auf verschiedene Stockwerke verteilte Räume sowie eine Latrine im Untergeschoß ließen auf Wohnräume schließen, die Treppen und Türen verbanden die unterschiedlichen Stockwerke von Solarium und Aula.[118]

Der Turm ist bis zu einer Höhe von gut 20 m über dem Aulafußboden erhalten, darüber haben gotische Umbaumaßnahmen die Gestalt stark überprägt.[119] Möglicherweise war jedoch ursprünglich ein fünftes Stockwerk vorhanden, das während der turmartigen Aufstockungen im Zuge des gotischen Umbaus errichtet wurde.[120]

Über die Treppen des Granusturmes erfolgte nicht nur der Zugang zu den oberen Stockwerken der Aula, sondern auch zur ersten Etage des südlich vorgeblendeten Solariums. Die dendrochronologische Untersuchung mehrerer Kanthölzer war auf Grund der Erhaltungsbedingungen schwierig, ließ aber die Ermittlung von Fälldaten zwischen 777 +/-10 und 801 +/-8 zu.[121]

Auf der Südseite des Rathauses wurde in 4,4 m Abstand eine parallel verlaufende, 1,7 m starke Mauer seit 1896 wiederholt angeschnitten.[122] Der östliche Abschluß wurde 1896 entdeckt, als man die südlich an den Granusturm angebauten Häuser abriß.[123] Eine nur 1,0 m starke Wand verband das Solarium mit dem Granusturm. In Baumaterial und Mauertechnik glich sie den karolingischen Fundamenten von Aula und Portikus und konnte diesem Baukomplex zugerechnet werden.

Die Untersuchungen Walter Sages im Herbst des Jahres 1962 zeigten, daß sie als Stützmauer den Geländeunterschied zwischen Markt und Katschhof ausglich.[124] Der Zwischenraum zur Aula hin war mit Erdreich aufgefüllt, während die Katschhofseite bereits ab etwa 170,5 m ü. NN glatt verputzt und damit vermutlich sichtbar war.[125]

Die Gestalt des Baukörpers ist schwierig zu rekonstruieren. Die von Laurent beobachteten Mauerreste am Granusturm zeigten, daß die Giebelwand des Solariums etwa 10 bis 11 m hoch gewesen sein muß.[126] Weitere Hinweise waren zwei Türen, die auf der Südseite des Granusturmes bis heute erhalten sind, sowie das Fehlen von Fenstern im Granusturm bis zu einer Höhe von 12 m. Entsprechend rekonstruierte L. Hugot einen doppelgeschossigen Gang, in dem er die Wohnräume Karls vermutete.[127]

Obwohl die Pfalz Karls des Großen in Aachen zu großen Teilen heute noch steht und in weiten Bereichen archäologisch und bauhistorisch untersucht wurde, lassen sich viele Fragen noch immer nicht beantworten. Die Funktionen der verschiedenen Baukörper sind vielfach unklar geblieben, und Orte, die in historischen Quellen genannt werden, sind nicht lokalisierbar. Dagegen zeigt bereits eine kursorische Auswertung der Ausgrabungsunterlagen und Ergebnisse bauhistorischer Analysen, daß durch eine Aufarbeitung aller Befunde umfangreiche Aussagen zur Lieblingspfalz Karls des Großen möglich sein werden.

Eine der Fragen, die durch eine zukünftige Bearbeitung gelöst werden müssen, ist die nach den Zugängen und Verbindungen zwischen Aula, Portikus, Atrium und Dom. So sei an dieser Stelle nur darauf hingewiesen, daß der allgemein angenommenen Westausrichung der Pfalz zumindest zwei Gräben entgegenstehen, die im Bereich der Stiftsgebäude beobachtet wurden.[128] Vielleicht wird dadurch eine Trennung des öffentlich zugänglichen Bereichs von jenem, der dem Hofstaat und dem Kaiser vorbehalten war, möglich. Daher bleibt die Forderung G. Bindings, die zuvor schon von L. Falkenstein und M. Untermann erhoben wurde, bestehen, bald möglichst eine unvoreingenommene Auswertung der historischen, bauhistorischen und archäologischen Quellen vorzunehmen.[129]

Merowingisches Reliquienkästchen, Kupferguß, Burgund, spätes 7. Jh. (Museum Het Catharijneconvent, Utrecht)

Bildteppich
Der Triumph des Ruhms,
Textil, Tours,
Anfang 16. Jh.
(Kunsthistorisches Museum,
Wien)

chastete elle a voulu venger
son pouoir comme dame estimee
Alexander
Aristote

Die Hofschule Karls des Großen · ad profectum sanctae Dei ecclesiae, et ad decorem imperialis regni Den Hof Karls des Großen hat man spätestens im letzten Jahrzehnt des 8. Jahrhunderts als das Zentrum einer in nachantiker Zeit erstmaligen und weiträumigen Bildungsreform anzusehen, die als eine europäische zu bezeichnen ist. An ihr haben die Eliten – auch des außerfränkischen Europas – mitgewirkt. Viele ihrer Leistungen haben dazu beigetragen, daß wir diese Epoche heute als eines der tragfähigsten Fundamente des modernen Europa und seines kulturellen Profils empfinden, auch wenn die meisten Menschen heute mit den Autoritäten des damaligen Bildungskanons der septem artes liberales nur mehr sehr wenig anfangen können und die Vorstellung eines zweckgebundenen und christlichen Anliegen verpflichteten Begriffs von Wissenschaft heute eher skeptisch stimmen mag. Außerdem fällt es schwer, sich eine Bildungsreform vorzustellen, die in einer Zeit stattfindet, in der es noch keine Universitäten gibt, laikale Einrichtungen der Wissensvermittlung praktisch nicht vorhanden sind und wir davon auszugehen haben, daß die Kirche, insbesondere die Klöster, faktisch längst die einzigen Orte sind, an denen die Verdichtung und die Vermittlung von Wissen noch stattfinden. Bildung ist somit zwar nicht ausschließlich aber doch in sehr hohem Maße und wohl vorwiegend ein Geistliche und Mönche betreffendes Gut; und alles, was wir über »Lehrpläne« und »Lernziele« in dieser Zeit wissen, verdanken wir Quellen aus dem Umfeld klerikaler und monastischer Unterweisung. Dies gilt letztlich auch für den Hof Karls des Großen, an dem sich die Hofschule als Gesamtheit der bildungs- und ausbildungsorientierten Zweige der Hofkapelle[1] etabliert hatte[2] – ein Institut, das in erster Linie den liturgischen Erfordernissen am Hof und der Vorbereitung künftiger Kleriker für den Hofdienst zu genügen hatte.

Ein Briefgedicht des aus York stammenden Angelsachsen Alkuin (ca. 730–804), dem man allgemein nicht nur wesentliche Impulse zur Idee der karolingischen Bildungsreform sondern sicher zurecht auch die Vermittlung ihrer Inhalte[3] zuschreiben darf, erhellt uns blitzlichtartig die Situation am Hof Karls im Frühjahr 796:[4] Karl wird darin für die Einrichtung der Hofkapelle gelobt (»Tu dignos equidem misisti sorte ministros/Ordinibus sacris iam per loca nota capellae«), deren Gliederung in mehrere voneinander unterscheidbare Unterteilungen oder Abteilungen (bezeichnet als turba, secta, agmen, ordo oder scola) sich nicht nur aus den geistlichen Weihegraden (Priester, Diakone, Subdiakone) ergibt, sondern auch aus Tätigkeiten, bei denen Alkuin diese würdigen Diener antrifft: die Ärzte (medici), die Schreiber der herrscherlichen Kanzlei (scriptores), die weißgewandete Schar der Lektoren und die Kantoren. Einige dieser Abteilungen haben über die Erfüllung ihrer täglichen Aufgaben hinaus ausdrücklich auch ausbildungsorientierten Charakter – es sind dies ausdrücklich die Kanzleischreiber unter ihrem Magister Erkambald, die Lektoren, die einem gewissen Sulpicius unterstehen und die Kantoren unter Leitung ihres Meisters Idithun.

1 Fleckenstein 1959. ■ 2 Vgl. Fleckenstein 1953. Brunhölzl 1965, S. 28–41. Schefers 1993, S. 175–203. ■ 3 An programmatische Schriften sei hier neben den Werken zu den einzelnen ›artes‹ (›Grammatica‹, ›Dialogus de rhetorica et virtutibus‹, ›De Dialectica‹) insbesondere ›De orthographia‹ genannt; belegt ist sein Interesse für Astronomie, für die Musik, aber auch für die Hagiographie und vor allem natürlich die Theologie: Wichtige Schriften sind hier vor allem ›De virtutibus et vitiis liber‹, exegetische Texte (zum Alten und Neuen Testament), ›De fide sanctae et individuae trinitatis‹ (vor dem Hintergrund der Auseinandersetzung mit dem Adoptianismus wichtig). Hinzu kommt die Mitwirkung Alkuins an der Bibeltextrevision und die Arbeit an liturgischen Schriften. ■ 4 Alkuin, MGH Poet lat 1.1, S. 245f. ■ 5 Fleckenstein 1965, siehe vor allem S. 45f. ■ 6 Schaller 1970, S. 14–36. ■ 7 Siehe Migne PL CVII, Sp. 377B. ■ 8 Stoll 1992. ■ 9 Siehe hierzu Keil 1991, und darauf aufbauend: Schefers 1993. ■ 10 Stoll 1992, S. 48/49. ■ 11 MGH Capit. 1.1, S. 121, Z. 12–18. ■ 12 Bischoff 1989. ■ 13 In diesem Zusammenhang sind wohl auch die beiden Bildungserlasse Karls des Großen, ›De literis colendis‹ und die ›Admonitio generalis‹ – beide aus den achtziger Jahren – zu sehen, deren Formulierung von Alkuin zumindest wesentlich beeinflußt gewesen sein dürfte. ■ 14 Hierzu: Beccaria 1956. ■ 15 MGH Epp. IV, S. 176, Z. 3: Ego vero Flaccus vester secundum exhortationem et bonam voluntatem vestram aliis per tecta sancti Martini sanctarum mella scripturarum ministrare satago; alios vetere antiquarum disciplinarum mero inaebriare studeo; alios grammaticae subtilitatis enutrire pomis incipiam; quosdam stellarum ordine ceu picto cuiuslibet magni domus culmine unluminare gestio; plurima plurimis factus, ut plurimos ad profectum sanctae Dei ecclesiae, et ad decorem imperialis regni vestri erudiam. ■

Sog. Schatzkammer-Evangeliar, Pergament, Aachen, 9. Jh.

Lebuinuskelch,
Elfenbein und Silber,
Aachen, frühes 9. Jh.,
Silberfassung 14. Jh.
(Museum Het
Catharijneconvent,
Utrecht)

Eine Passage dieses Gedichts legt nahe, daß Alkuin die Hofschule gleichsam in statu nascendi beobachtet, denn es gibt zumindest eine ›scola‹ (Schar, Gruppe), deren Einrichtung offenbar noch aussteht, nämlich die der ›versifici‹, denen als eine Art Patron kein geringerer als der römische Dichterfürst Vergilius Maro zugeordnet erscheint, und für deren Leitung Einhard (ca. 770–840), der spätere Biograph Karls des Großen, vorgeschlagen wird. Alkuin fragt: »Vergil – ein heidnischer Autor; was hat der Dichter Maro als einziger bei Hofe falschgemacht (Quid Maro versificus solus peccavit in aula?), daß ihm bisher im Rahmen der Hofkapelle noch keine eigene Abteilung unter der Leitung eines eigenen Magisters gewidmet wurde (non fuit ille pater iam dignus habere magistrum?), dessen Aufgabe es sein müsse, den Knaben des Palastes Beispiele hochwertiger Lyrik an die Hand zu geben (Qui daret egregias pueris per tecta camenas?).« Einhard, ein wohlbewanderter Kenner der homerischen Oden, sei doch dafür genau der richtige Mann: »Quid faciet Beleel Hiliacis doctus in odis?/Cur, rogo, non tenuit scolam sub nomine patris?«

Vielleicht auch ein poetisch kaschierter Hinweis auf eine noch abzuschließende kritische Auseinandersetzung mit der Frage, welchen Nutzen die Werke der Alten für die eigene, christliche Gegenwart, haben?

Beleel – das ist Einhards höfisches Pseudonym; auch Idithun erscheint in dem Gedicht nicht unter seinem eigentlichen Namen sondern unter dem des »Musikmeisters« König Davids. Alkuin verbirgt sich hinter dem Namen Horaz (Flaccus) und Karl ist König David. Keine poetische Maskerade, sondern ein Programm verbirgt sich hinter diesen Pseudonymen[5] – die Realität einer durch ›familiaritas‹ verbundenen höfischen Tafelrunde um Karl den Großen, die auch (nicht ausschließlich) die geistige Elite um den Herrscher versammelt: Eberhard-Nemias, Meginfrid-Thyrsis, Angilbert-Homer, Alkuin-Horaz, Einhard-Bezalel, Hildebold-Aaron, Erkambald-Zacharias, Paulinus von Aquileja-Timotheus, Gisela-Lucia, Adalhard-Antonius, Richbod-Makarios – das ist nur eine Auswahl der Pseudonyme, die ausreichen dürfte, um die gesuchten Bezüge zu verdeutlichen, die nicht zuletzt auch auf die entscheidenden Bezugspunkte für das Bildungsgeschehen am Hof Karls hinweisen: Es ist das Werk Vergils, es sind die Autoren der klassischen Antike, es sind die Bücher des Alten und des Neuen Testaments, es sind aber auch die Werke der frühchristlichen Hagiographie und das frühe Mönchtum, die als geistiger Hintergrund der am Hof und in dessen Dunstkreis versammelten Gelehrten beschreibbar werden.

Die Pseudonyme am Hofe Karls des Großen, wie sie uns nicht nur in dem bereits erwähnten Briefgedicht Alkuins, sondern in zahlreichen anderen preziösen Produkten der am Hof sehr beliebten Brief- und Zirkulardichtung[6] entgegentreten, scheinen außerdem nahezulegen, daß zumindest tendenziell der förderliche Nutzen eines auch auf heidnischen Überlieferungen aufbauenden Bildungsprogramms für ein spezifisch christlich motiviertes Bildungsideal positiv entschieden zu sein scheint. In diesem Sinn sind die »Lehrpläne« der nach höfischem Vorbild eingerichteten Klosterschulen in Tours und Lyon zu deuten, ferner die im Jahre 819 formulierten »Bildungsziele« in Hrabanus Maurus (ca. 780–856) programmatischer Schrift ›De institutione clericorum‹.[7]

Die Frage aber, wie diese Entscheidung im einzelnen getroffen wurde, welche Argumente für die Rechtmäßigkeit einer Beschäftigung insbesondere mit den heidnischen Autoren der Antike zu finden waren – und hier geht es bei weitem nicht nur um die antike Poesie – ist noch immer nicht wirklich erschöpfend beantwortbar. Aussagekräftige Hinweise aber gibt es durchaus.

So hat sich beispielsweise das gelehrte Vorwort des so genannten Lorscher Arzneibuchs[8] als wichtiges Beispiel für eine theologische und somit systemimmanente Rechtfertigung der Beschäftigung mit der heidnischen Medizin erweisen lassen.[9] Sie erscheint insofern interessant, als sie die aus der Unergründlichkeit des göttlichen Heilsplans bezogenen Bedenken und Einwände gegen die Heilkunde zwar einerseits ohne Ausnahme gelten läßt, diesen aber andererseits das Gebot christlicher caritas gegenüberstellt. Die christliche Nächstenliebe läßt eine Beschäftigung mit den Erkenntnissen der antiken Heilkunde nicht nur berechtigt, sondern geradezu geboten erscheinen, zumal sich dabei auch, so der leider unbekannte Autor mit Bezug auf Phaedrus 3,12, gleichsam Gold in einer Dungstätte finden lasse, was häufig der Fall sei (quasi aurum quod sepe contigit, in sterquilinio repperitur)[10] und die Lektüre der heidnischen Autoren somit als nutzbringend (utile) zu werten ist.

Wir stehen hier nicht nur vor einem bemerkenswerten Text, der uns tief in die theoretischen Grundlagen der karolingischen Antikenrezeption blicken läßt, sondern letzten Endes sogar vor den Anfängen der Wissenschaftswerdung der Medizin im nachantiken, christlichen Europa. Und gerade am Beispiel der Medizin läßt sich zeigen, wie diese »Antikenrezeption« funktioniert: Am Anfang steht die Hofschule; Alkuin beobachtet die Ärzte (die secta Hippocratica) bei ihrem Tun, das ausdrücklich seine Hochachtung und sein Lob findet (Haec mihi cuncta placent, iste est laudabilis ordo). Von hier, vom Hof, dessen exemplarische Bedeutung keiner besonderen Unterstreichung bedarf, wirkt das Gebot der Unterweisung künftiger Kleriker, zumindest in medizinischen Grundkenntnissen, weiter im Kapitular von Diedenhofen (805)[11] und findet sich schließlich in Hrabans Katalog von Bildungsinhalten, die er für die Klerikerausbildung empfiehlt. Das Lorscher Arzneibuch, vermutlich im letzten Jahrzehnt des 8. Jahrhunderts entstanden[12], vermittelt Begründungen und Inhalte dieses Bestrebens und ist daher als unmittelbarer Reflex der höfischen Bildungsreform zu werten, als ein höfisches Gedankengut wiederspiegelndes Kompendium zum Zweck der praktischen Umsetzung, die der Hof natürlich in erster Linie von den ihm eng verbundenen Klöstern und Kathedralschulen erwarten durfte.[13] Daß dies auch wirklich geschehen ist und nicht nur als von Zeit zu Zeit wiederholtes Postulat im Raum stand, belegt die bemerkenswert sprunghafte Vermehrung von Handschriften medizinischen Inhalts im ausgehenden 8. Jahrhundert.[14] Sie läßt sich als wichtiger Teil der Vermittlung antiker Bildungsinhalte insgesamt würdigen.

Gerade die Weitergabe der höfischen Vorgaben, gleichsam die Verbreitung höfischer Direktiven über bedeutende lokale Zentren, beansprucht unsere besondere Aufmerksamkeit. Wir wissen, daß Alkuin eine klösterliche Schule in Tours nach Aachener Vorbild organisiert hat[15]; ähnliches ist unter Leidrad (reg. ca. 797–nach 816) auch in Lyon[16] geschehen, vielleicht auch unter Einhard in Seligenstadt am Main[17], und wahrscheinlich unter Richbod in Lorsch (reg. 782–804).[18]

Von Hrabanus wissen wir, daß er sowohl Aachen als auch Tours auf seinem Bildungsweg berührt hat. Deshalb erscheint uns sein 819 entstandenes und Bischof Heistulf von Mainz (reg. 813–826) gewidmetes Werk ›De institutione clericorum‹ besonders wichtig, weil es Rückbezüge, auch auf die Hofschule Karls des Großen,

16 MGH Epp. IV, Z. 32–34: Denique postquam secundum iussionem vestram supra dictam ecclesiam suscepi, iuxta vires parvitatis meae omni industria egi, ut clericos officiales habere potuisset, sicut iam Deo favente ex magna parte nunc habere videor. Durch kasierliche Vermittlung hatte Leidrad aus Metz einen Kleriker geschickt bekommen, per quem … in Lugdunensi ecclesia restauratus est psallendi, ut iuxta vires nostras secundum ritum sacri palatii nunc ex parte agi videatur quicquid ad divinum persolvendum officium ordo deposcit. Nam habeo scolas cantorum, ex quibus plerique ita sunt eruditi, ut etiam alios erudire possint. Praeter haec vero habeo scolas lectorum, non solum qui officiorum lectionibus exerceantur, sed etiam qui in divinorum librorum meditatione spiritalis intelligentiae fructus consequantur … In libris quoque conscribendis in eadem ecclesia, unb quantum potui laboravi. ■ 17 Einhard, Brief 10 (= MGH Epp. V, Z. 6–8) an Kaiser Ludwig den Frommen: Einhard bittet den Herrscher um Unterstützung, … ut his, quos ad servitium vestrum enutrivi … adiuvare deberetis. Vgl. den Gebrauch des Begriffs enutrire bei Alkuin. ■ 18 Hierfür gibt es keinen datierbaren Beleg. Die Existenz von Schulen (scolae) belegt das sog. Lorscher Nekrolog (UB Würzburg M.p.th.f. 132), fol. 73v zum 9. April zu Adalher: hic, dum scolis nostris praefuit, libellum de miraculis sancti Nazarii composuit. Bemerkenswert ist vor allem das Epitaph eines Klosterlehrers (heute Museumszentrum Lorsch) aus dem späten 9. Jahrhundert: Scholz 1994, S. 7. ■ 19 De clericorum institutione III,1 (MPL 107, Sp. 377 B): Nec enim eis (den künftigen Klerikern) aliqua eorum ignorare licet, cum quibus vel se, vel subjectos instruere debent, id est, scientiam sanctarum Scripturarum, puram veritatem historiarum, modos tropicarum locutionum, signifactionem rerum mysticarum, utilitatem omnium disciplinarum, honestatem vitae in probitate morum, elegantiam in prolatione sermonum, discretionem in exhibitione dogmatum, differentiam medicaminum, contra varietatem aegritudinum. ■

Der heilige Gregor mit drei Schreibern, Elfenbein, Aachen, Anfang 9. Jh. (Kunsthistorisches Museum Wien, Kunstkammer)

erlaubt. Die von Hrabanus aufgeführten Bildungsziele lassen eine hierarchische Anordnung der einzelnen Bildungsinhalte deutlich werden.[19] An der Spitze steht natürlich die als oberstes Bildungsziel zu erstrebende ›scientia sanctarum scripturarum‹, die wesentlich mehr in sich schließt als nur die einfache Kenntnis der Heiligen Schrift: Über die Beschäftigung mit der (Heils-)Geschichte (pura veritas historiarum), den ›disciplinae‹, worunter wohl die ›septem artes liberales‹ in ihrem zweiteiligen Aufbau zu verstehen sind, und den ›modi tropicarum locutionum‹, worunter wahrscheinlich die Grundzüge metrischer Theorie begriffen werden können, erreicht der zu bildende Kleriker vertiefte Einsichten in die Weisheiten der Heiligen Schrift, gelangt zu der Fähigkeit, die ›significatio rerum mysticarum‹ zu ergründen und wird befähigt zur Erklärung der ›dogmata‹, der Grundsätze christlicher Glaubenslehre.

Auch hier also wieder ein an der Praxis orientierter Ansatz. Mit Bezug auf die Metrik, die übrigens ebenso wie die Erarbeitung pharmakologischer Grundkenntnisse (differentia medicaminum contra varietatem aegritudinum) ausdrücklich genannt erscheint, läßt Hrabanus recht deutlich erkennen, auf welches Kriterium es ihm bei der Rezeption der ›sapientia saecularis ankommt‹: »Wenn wir darin etwas Nützliches finden, dann wenden wir es für unsere Lehre an; Überflüssiges über Götzen, die fleischliche Liebe oder die Hingabe an Weltliches aber löschen wir aus.«[20] Die Nützlichkeit aus christlicher Perspektive (utilitas) ist also das entscheidende Merkmal.

Überhaupt lohnt es sich, die Biographien der Protagonisten der karolingischen Bildungsreform näher zu besehen. Von Hrabanus war bereits die Rede; auch Einhards Lebensweg kann für die Beschreibung der karolingischen Hofschule gewinnbringend herangezogen werden. Während Hrabanus als einer der ›pueri‹ in Frage kommt, die am Hof eine besondere Ausbildung erhielten, treffen wir Einhard spätestens 795 am Hof Karls des Großen an. Unter Abt Baugulf, dem oder einem der Addressaten des für die Beschreibung der karolingischen Bildungsreform so wichtigen Schreibens ›De litteris colendis‹, ist Einhard an den Hof gelangt, wo er, wie zahlreiche zeitgenössische Dokumente belegen, bald einen bemerkenswerten Ruf als Gelehrter und »Kunstsachverständiger« erreichen konnte und sehr bald als allseits geachtetes Mitglied der Tafelrunde Karls angehörte.[21] Anders als bei Hrabanus dürfen wir bei Einhard schon vertiefte Kenntnisse, zumindest in den ›artes‹, voraussetzen. Sowohl seine wie auch Hrabans Biographie lassen erkennen, daß die Konzentration vielversprechender Schüler oder Gelehrter am Hof des Herrschers eine Art Programm voraussetzt, das die personellen Grundlagen der Hofschule vermittelte. Notker verdichtete dieses Bemühen des Herrschers in den ›Gesta Karoli‹ in einer kleinen, natürlich nicht als tatsächliche Begebenheit aufzufassenden aber in ihrer exemplarischen Aussagekraft wichtigen Anekdote: Karl examiniert höchstpersönlich Schüler des nach Gallien berufenen Clemens Scottus, verheißt den Fleißigen ohne Ansehen ihres sozialen Herkommens glanzvolle Karrieren. Den besten ›dictator et scriptor‹ läßt er sogleich in die Hofkapelle aufnehmen (in capellam suam assumpsit).[22] Sehr wahrscheinlich waren es eher die Vorsteher der bedeutenderen Klöster, die vielleicht in den Reihen ihrer Schüler und Mitbrüder besondere Begabungen aufzuspüren und diese möglichst an den Hof zu vermitteln hatten, wo sie als Schüler aber auch als Akteure des Bildungslebens im unmittelbaren Umfeld des Herrschers begegnen.

Die Hofschule läßt sich also als Institut innerhalb der karolingischen Hofkapelle beschreiben. Das eingangs angesprochene Briefgedicht beschreibt die Hofkapelle und lenkt unser Interesse auf die ausbildungsorientierten Zweige einzelner Abteilungen. Diese meinen wir in ihrer Gesamtheit als Hofschule beschreiben zu können. Sowohl ihre Schüler (pueri) als auch die Lehrer (magistri) verdanken ihre

20 De institutione clericorum III, 18 (MPL 107, Sp. 395D – 396 A/B), hier: … quando in manus nostras libri veniunt sapientiae saecularis, si quid in eis utile reperimus, ad nostrum dogma convertimus; si quid vero superfluum de idolis, de amore, de cura saecularium rerum, haec radamus… ■ **21** Zusammenfassend siehe Schefers 1993. ■ **22** Notkeri Balbuli Gesta Karoli Magni I,3f., S. 424/325–326/327. ■

Calculus des
Victorius Aquitanus,
Musteralphabet,
Pergament,
Hessen um 836
(Burgerbibliothek Bern,
Cod. 250)

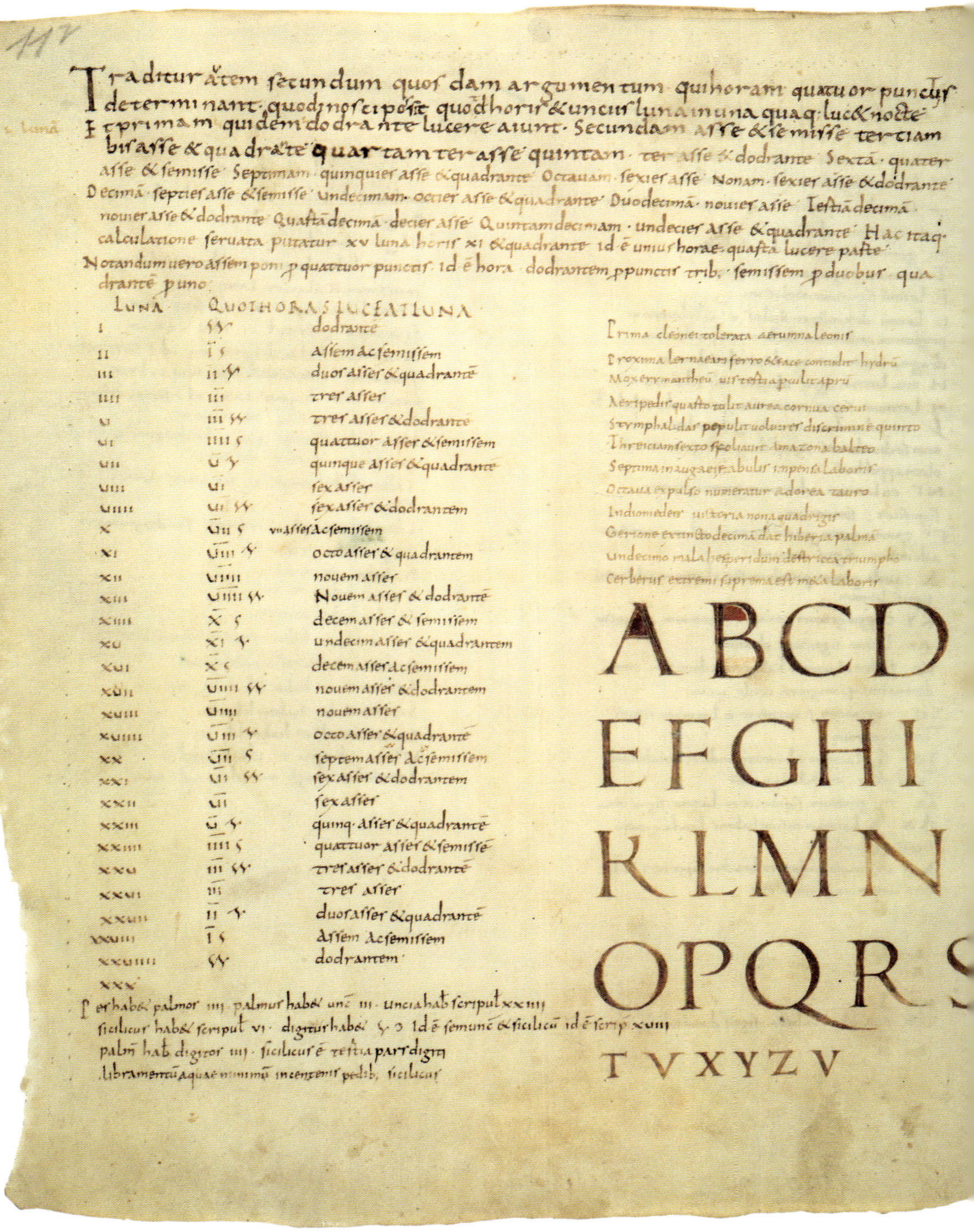

Berufung vermutlich besonderen Empfehlungen und Begabungen. Als eine Art »Kaderschmiede« bildet die Hofschule den Nachwuchs für höhere Laufbahnen heran; als »Ideenschmiede« definiert, strukturiert und vermittelt sie die Anliegen der höfischen Bildungsreform an die bedeutenderen regionalen Bildungszentren. Für manche ihrer Mitglieder ist hierfür die enge persönliche Verbindung zur »Tafelrunde« des Herrschers eine wichtige Voraussetzung.

Wenn die Hofschule, wie nach Lage der Quellen zu vermuten ist, sich in der Mitte der neunziger Jahre des 8. Jahrhunderts formierte, dann dürfen wir in ihrer Einrichtung einen wichtigen, gewissermaßen krönenden Abschluß einer ersten Phase der karolingischen Bildungsreform sehen. Wenig später scheint sich am Hof Karls auch so etwas wie ein Generationenwechsel vollzogen zu haben. Neue Gelehrte rücken nach; das Reformwerk beginnt sich über eine Vielzahl bedeutender regionaler Zentren auszubreiten, und an Tiefe zu gewinnen.

Textilien zur Zeit Karls des Großen Karl der Große wußte sie nicht zu schätzen, die gemusterten Seiden, die als Geschenk, Tributzahlung oder als Kriegsbeute in seinen Schatzkammern eintrafen. Wir wissen von ihrer Existenz, denn es blieben Beispiele dieser exotischen und technologischen Feintextilien erhalten, doch getragen hat Karl diese Stoffe nicht. Karls Biograph Einhard hat notiert, welche Kleidung sein Herr trug[1], und er fügte hinzu, daß dieser fremdländische Kleidung ablehnte und nur zweimal, auf Wunsch Papst Hadrians und seines Nachfolgers Leo, römische Kleider angelegt hat.

Notker der Stammler, der bald nach Karls Tod schrieb, erzählt, wie Karl an einem Festtag in Italien unmittelbar nach der Messe sein Gefolge in der Kleidung, die es trug, zur Jagd aufrief: »Es war aber ein regnerischer kühler Tag. Karl selbst hatte einen Schafspelz an, (...) während die Arme freiblieben. Die anderen aber, es war ja ein Festtag und sie waren eben von Pavia gekommen, in das erst kürzlich Venetianer aus den Gebieten jenseits des Mittelmeeres alle Schätze des Ostens herbeigeschafft hatten, gingen einher, gekleidet in Häute phönizischer Vögel, die mit Seide eingefaßt waren, und geziert mit Pfauenhälsen samt den Rücken und gefiederten Bürzeln mit Tyrischem Purpur oder zitronenfarbenen Streifen, andere in kostbare Tuche oder in Hermelin gehüllt. So durchstreiften sie die Wälder und kehrten dann zurück, zerfetzt von Baumzweigen, Dorngestrüpp und Stachelunkräutern, durchnäßt von Regengüssen und dann noch besudelt mit dem Blut der Tiere und dem Schmutz ihrer Häute. (...) Diesem Beispiel folgte (Karl der Große) nicht bloß einmal, (...) so daß keiner, der seiner Bekanntschaft und Unterweisung würdig schien, bei einem Heerzug gegen die Feinde etwas anderes zu tragen wagte als nur die Waffen des Kriegers und wollene Kleider neben leinenen.«[2]

Ein anderes Mal verbot Karl neumodische, kurze Mäntel, die von den Friesen teuer angeboten wurden, und soll dazu gesagt haben: »Was nützen diese kleinen Fetzen? Im Bett kann ich mich damit nicht zudecken, auf dem Pferd kann ich mich nicht gegen Wind und Regen schützen, und wenn ich austreten muß zu einem natürlichen Bedürfnis, dann sterbe ich, weil mir die Beine erstarren.«[3]

Deutlich ist, daß Karl ein sehr pragmatisches Verhältnis zu Kleidung hatte. Welche Kleidung Karl getragen hat, sieht man am besten in einer Miniatur aus dem »Lob des heiligen Kreuzes« von Hrabanus Maurus, welche um 840 in Fulda entstand. Sie zeigt Ludwig den Frommen, den Nachfolger Karls des Großen, als Verteidiger des Kreuzes. Seine Kleidung stimmt fast genau mit Einhards Beschreibung der Kleidung Karls überein: »Auf dem Leib trug er ein leinenes Hemd und leinene Unterhosen, darüber ein Wams, das mit einem seidenen Streifen verbrämt war, und Hosen; sodann bedeckte er die Beine mit Binden und die Füße mit Schuhen, und schützte mit einem aus Fischotter- oder Zobelpelz verfertigten Rock im Winter Schultern und Brust; dazu trug er einen blauen Mantel und stets ein Schwert, dessen Griff und Gehänge von Gold oder Silber war.«[4]

Dies entspricht der Wehrtracht der Franken, wie Notker sie beschreibt: »Schuhe, die außen mit Gold besetzt und mit drei Ellen langen Riemen versehen sind, scharlachfarbene Binden um die Schienbeine und darunter Leinenhosen von derselben Farbe, aber mit höchster Kunst verziert. Über diese und die Binden wurden kreuzweise innen und außen, vorne und hinten, diese langen Riemen befe-

1 Einhard, Vita Karoli, c. 23. ■ 2 Notker Balbulus, Gesta Karoli, II.17. ■ 3 Notker Balbulus, Gesta Karoli, I.34. ■ 4 Einhard, Vita Karoli, c. 23. ■ 5 Notker Balbulus, Gesta Karoli, I.34. ■ 6 Diese Beinlinge sind selten und erst in späterer Zeit auf Abbildungen zu erkennen, dennoch muß man annehmen, daß sich im Hochmittelalter aus den Beinlingen die Hose entwickelte und nicht umgekehrt. Genauere Abb. in Thursfield 2001. ■ 7 Siehe dazu Laver 1982. ■ 8 Auf dem Teppich von Bayeux sind im Hauptfries nur drei Frauen abgebildet, die alle bodenlange Kleider tragen. ■ 9 Siehe die Bibel Karls des Kahlen, Bibliothèque Nationale, Paris. Karl wird auf einem kostbaren roten Kissen mit Medaillonornamenten sitzend dargestellt. ■ 10 Quadrigastoff, Elefantenseide und Hasenstoff im Schrein Karls des Großen sind gute Beispiele für solche Sudaria. Grimme 1973. ■ 11 Rom, Ravenna, Mailand, Cividale del Friuli, Grado, Köln, Mainz, Salzburg, Trier, Sens, Besançon, Lyon, Rouen, Reims, Arles, Moutiers en Tarantaise, Embrun, Bordeaux, Tours, Bourges. ■ 12 Errera 1927, Nr. 1jj, S. 15, No. 1kk, S. 16 und No. 4, S. 20. ■ 13 Von Wilckens 1991, 1. Kapitel, Otafsky 1998. ■ 14 Grundlegend: Von Falke 1913. ■ 15 Ohne jemanden zu übergehen, möchte ich die Publikationen von von Wilckens und Otafsky erwähnen. ■ 16 Otafsky 1998, S. 159. ■

Quadrigastoff, Seide, Byzanz, um 800 (Domschatzkammer Aachen)

stigt. Dann kam das glanzweiße Hemd und darüber das Wehrgehänge mit dem Schwert. (...) Das letzte Stück in ihrer Tracht war ein graublaues Tuch, viereckig, doppelt gefaltet, so geformt, daß es, über die Schultern gelegt, vorne und hinten die Füße berührte, auf den Seiten aber kaum die Knie bedeckte.«[5]

Die Riemen, die Notker erwähnt, sind zwar auf der Miniatur mit Ludwig dem Frommen nicht zu sehen, aber durch viele andere zeitgenössische Darstellungen belegt, beispielsweise durch die sog. Metzer Reiterstatuette Karls des Großen. Die Schnüre schließen nicht nur die Schuhe, wohl eine Art Bundschuhe, sie befestigen auch zusätzlich die Beinbinden. Unter den Hosen, die beide Autoren erwähnen, muß man separate Beinlinge verstehen.[6] Diese wurden höchstwahrscheinlich mittels Schlaufen an einem Gürtel befestigt. Die Unterhose, wahrscheinlich ein zwischen die Beine hochgeschlagenes Lendentuch, und das Leinenhemd wurden wohl nur von der Oberschicht getragen.

Diese Leinenkleider sowie die Wollbinden und Mäntel könnten vor Ort gewebt worden sein, denn Webstühle, auf denen man einfache Bindungen wie Leinwandbindung und Köper herstellen konnte, waren überall in Europa verbreitet. Das Wolltuch für Mäntel, das, wie oben erwähnt, die Friesen verkauften, war von besserer Qualität und war wohl aus England importiert, woher auch im Hochmittelalter die beste Wolle kam.

Die interessante Erwähnung des »doppelten, viereckigen Mantels« bedarf noch einer Erläuterung, denn ein solcher zweilagiger Stoff und dessen Grundform sind in drapiertem Zustand auf der Miniatur kaum zu erkennen. Glücklicherweise kennen wir solche Kleidungsstücke auch aus anderen Quellen. Aus einer Ausgrabung in Antinoe stammt ein heute im Musée des Tissus in Lyon aufbewahrter, in das 2. bis 7. Jahrhundert datierter, kreisrunder Mantel, der in der Mitte gefaltet getragen wurde. So erhielt man einen doppelten, halbkreisrunden, wärmenden Mantel. Angesichts der obengenannten Bemerkung Karls, daß ein Mantel auch als Schlafdecke diente, wird die breitbemessene Größe willkommen gewesen sein. Vielleicht erklärt die doppelte Stofflage auch den sonst schwer zu interpretierenden blauen Wulst, der auf der Miniatur schräg über Ludwigs Brust verläuft. Die untere Stofflage könnte aufgedreht über die rechte Schulter, dann weiter nach rechts unten über die Brust geführt und auf dem Rücken in den Gürtel gesteckt sein.

Löwenjagdstoff, Seide, Byzanz, um 800 (Domschatzkammer Aachen)

Löwenkopfstoff, Seide, Byzanz, 8./10. Jh. (Domschatzkammer Aachen)

Zwei Textilfragmente mit Quadriga, Seide, Byzanz, 6./7. Jh. (Musées Royaux d'Art et d'Histoire, Brüssel)

Elefantenstoff aus dem Schrein Karls des Großen, Seide, Byzanz, um 800 oder 2. Hälfte 10. Jh. (Domschatzkammer Aachen)

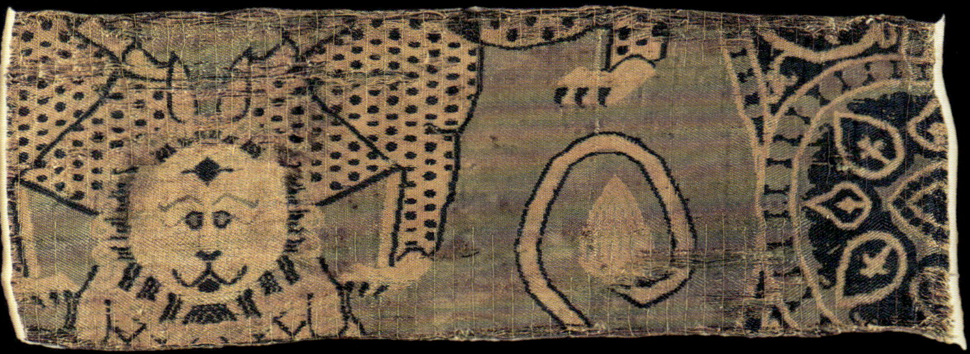

Welche Kleidung Frauen im frühen Mittelalter getragen haben, ist viel weniger gewiß. Sie wurden kaum dargestellt oder beschrieben. Die merowingische Königin Arnegundis, die vierte Frau König Clothars I., wurde um 570 in St. Denis begraben.[7] Sie trug ein Hemd aus feinem Leinen und ein Unterkleid aus violetter Seide. Beides reichte gerade bis über die Knie. Beinlinge, gehalten von gekreuzten Riemen, bedeckten ihre Beine. Zuoberst trug sie ein langes, vorne offenes Kleid aus rotbrauner Seide, mit Goldfäden in orientalisch-byzantinischen Motiven bestickt. Um die Hüfte trug sie einen Ledergürtel, an den Füßen dünne Lederschuhe, beides mit Gold verziert. Ein Satinschleier, der bis auf die Hüften herunterhing, bedeckte ihren Kopf. Ob solche Kleidung noch am Hofe Karls des Großen Sitte war, läßt sich kaum sagen. Unterschiedlich war wohl – wenn überhaupt – die größere Länge der Kleider, spätere Quellen zeigen sie bodenlang.[8] Angilbert schilderte die Frauen und Töchter Karls mit golddurchwirkten Mänteln und Haaren und mit goldenen Kronen und Diademen auf den Häuptern und Ketten aus Smaragd und Topas um den Hals. Ihre Kleider aber beschreibt er nicht. Doch ist deutlich, daß sie wie Königin Arnegundis oder die späteren Nachfolger Karls[9] den Luxus nicht mieden.

Und nicht zu vergessen: Auch wenn Karl sie ablehnte, waren seidene Luxuskleider, die über Venedig aus dem Osten kamen, zwar exklusiv, in Adelskreisen aber durchaus üblich.

Ein anderer belegter Verwendungszweck der orientalischen Seiden, der uns die meisten Beispiele erhalten hat, war der Schmuck der Reliquien. Die tatsächliche Bedeutung der verehrten, jedoch oft unansehnlichen Überreste der Heiligen wurde durch ihre kostbare Hülle ausgedrückt, die so nicht nur ihrem Schutz und der Abwehr profanierender Blicke oder Hände diente. Da Reliquien häufig auf Reisen und Kriegszügen mitgenommen wurden, kamen schwere Goldschreine damals ohnehin nicht in Frage. Hinzu kam, daß man die gemusterten Seidenstoffe, geschaffen in einer Technik, die man im Westen nicht beherrschte, und von einer Feinheit und Weichheit, die man nicht nachahmen konnte, gleich, wenn nicht höher einstufte als Gold und Edelsteine. Sie galten als Ausdruck höchster Kostbarkeit. Vollständige Leichname von Heiligen wurden deshalb mit Seiden bedeckt[10], kleinere Reliquien wurden in Seide eingenäht, in Seidenbursen gelegt oder einfach in Seide gewickelt.

Karl hinterließ in seinem Testament zwei Drittel seines Schatzes den 21 Metropolitanstädten.[11] Dies bietet eine mögliche Erklärung für einen Teil der Textilien in den dortigen Kirchenschätzen. Wahrscheinlich haben einige Hofmitglieder Karls Großzügigkeit in kleinerem Rahmen nachgeahmt, denn aus verschiedenen Abteien, die in der Karolingerzeit gegründet wurden, sind Seidenfragmente erhalten geblieben. So der Flügelpferdestoff aus der Abteikirche St. Amalberga in Susteren (NL) im Utrechter Museum Catharijneconvent, die Löwen-, Quadriga- und Tigerseiden aus den Gräbern der Heiligen Landrade und Amour in der Kirche von Munsterbilsen (B), die heute im Brüsseler Museum für Kunst und Geschichte aufbewahrt werden[12], und die Davidseide aus der im 8. Jahrhundert gegründeten Abtei in Aldeneik, jetzt in der Schatzkammer der Katharinenkirche in Maaseik (B). Alle drei Orten liegen innerhalb eines Kreises von 40 Kilometern um Aachen am Ufer der Maas.

Die fünf erwähnten Seiden sind, wiewohl alle von höchster Qualität, so unterschiedlich wie ihre Herkunft: Als Geschenke aus Byzanz oder Bagdad oder durch Kaufleute können sie von überall her entlang der Seidenstraße aus dem Osten in den Westen gelangt sein.

Quer durch Asien liefen vier Seidenstraßen. Eine vom Süden Chinas nach Indien und weiter über das Meer, eine südliche unterhalb der großen Salzwüste Takla Maklan über Afghanistan und Persien bis nach Syrien am Mittelmeer, eine nördliche oberhalb der Wüste, die ebenfalls nach Syrien führte, und eine letzte entlang der Nordseite der Binnenseen bis zum Schwarzen Meer und weiter über die Flüsse.[13] Alle diese Wege sind mindestens siebentausend Kilometer lang und berühren viele Völker, die eine Seidenproduktion besaßen.

Schon seit dem 19. Jahrhundert versuchen Fachleute, die erhaltenen Seiden zu lokalisieren und zu datieren.[14] Schwierigkeiten bereiten die weitverstreuten Aufbewahrungorte, der Mangel an Quellenmaterial und dessen Ungenauigkeit und nicht zuletzt auch die unterschiedlichen Sprachen, die große zeitliche Distanz zur Gegenwart und die Tatsache, daß es so viele Musternachahmungen gibt. Zwar sind in den letzten zwanzig Jahren durch vertiefende Studien der Gewebetechnik, durch Grabungsfunde und neue Erkenntnisse über die Geschichte der Völker entlang der Seidenstraßen große Fortschritte[15] gemacht worden, doch noch immer fehlen viele Puzzlestückchen. Nach dem heutigen Stand der Wissenschaft kannten die Chinesen die Seidenweberei seit dem dritten Jahrtausend vor Christus; von China aus hat sich die Webtechnologie entlang der Handelsstraßen ausgebreitet. In den östlichen Mittelmeerstädten muß es bedeutende Seidenwebereien gegeben haben, denn die Weber wurden verschiedene Male verschleppt, so im 4. Jahrhundert von den Persern, um ihre eigene Webereien zu beleben.[16] Die hochstehende sassanidische Hofkunst, uns am besten bekannt durch die Felsreliefs von Taq-i Bustan, hat die Muster der Seiden bis zu den entferntesten Grenzen Persiens beeinflußt, die Stoffe der Hephthaliten zeigen Ähnlichkeiten, selbst in Sogdien, Astana und bis nach China sind Einflüsse der sassanidischen Hofkunst gefunden worden. Als Persien 639–642 von den Arabern erobert wurde, behielten auch sie den Stil der Sassaniden bei. Dies zeigen die sog. postsassanidischen Stoffe noch bis in das 9. Jahrhundert. So ist der Flügelpferdestoff aus Utrecht[17], der möglicherweise von der Tunika des heiligen Alberik, des dritten Bischofs von Utrecht (777–784 n. Chr.) stammt, ein Beispiel für ein sehr persisches Motiv. Die stilisierten Vierfüßler stehen abwechselnd nach links und nach rechts gedreht, damit stehen sie einander zugewandt oder Rücken an Rücken. Neben dem Musteraufbau sind auch die Flügel mit ihren nach oben und unten eingerollten Federn sowie die Betonung der Gelenke sassanidische Stilmotive. Für eine persische Entstehung spricht zudem die Samitwebtechnik, während allerdings die geringe Abmessung des Musterrapports und die Zweifarbigkeit eher gegen eine Herkunft aus Persien sprechen.[18] Die geringe Abmessung des Fragmentes, 26 x 16 cm, läßt keine weiteren Annahmen zu.

Eindeutiger sind die Senmurvstoffe, von denen einer im Brüsseler Museum für Kunst und Geschichte aufbewahrt wird. Das Fabelwesen mit Drachenkopf, Flügel und Pfauenschwanz steht abwechselnd links und rechts gedreht in einander berührenden Medaillons. Die Ansatzpunkte der mit Perlen geschmückten Rahmen werden durch einen mit Perlen und Rosette geschmückten Kreis betont, die Zwickel sind mit dreischichtigen Rosetten besetzt.

Andere Beispiele für postsassanidische Seiden bilden einige der Fragmente in der Aachener Domschatzkammer. Der »Papageienstoff«[19] mit sehr dichter Seidenqualität zeigt drei Vögel untereinander, abwechselnd nach rechts und links gedreht, in Grün und Gelb auf leuchtendem Rot. Er läßt sich gut vergleichen mit den Felsenreliefs von Tak-i Bustan. Die beiden Entenseiden sowie das Seidenfragment mit dem Hinterteil einer Ente[20] zeigen alle drei deutlich postsassanidische Merkmale wie die Halsbinden (wesentliches Zubehör der Hoftracht), die Betonung der Gelenke, die dekorative Auffassung der Flügel und die Positionierung neben Lebensbäumen. Es ist nicht unwahrscheinlich, daß diese Seidenstoffe Geschenke Harun ar-Rašids waren.

Der Brüsseler Löwenstoff bildet mit vielen verwandten Seiden in belgischen und nordfranzösischen Kirchenschätzen eine Gruppe, die nach Sogdien oder Ostturkestan lokalisiert wird. Sie zeigen stilisierte, afrontierte Tierpaare, die auf einer gespaltenen Palmette in einem häufig mit Perlen gemusterten Medaillon und einer Korona von dreieckigen Blättern stehen. Ebenfalls charakteristisch sind die oft stark ausgeblichenen Farben. Auf dem Lämmerstoff in Huy (B) sind kaum noch Farbunterschiede zu erkennnen, aber eine Aufschrift, die diesen Stoff nach Sogdien lokalisiert[21], macht ihn als Dokument außerordentlich interessant. Spätestens seit der Mitte des 9. Jahrhunderts bis zum Anfang des 11. Jahrhunderts kamen diese Stoffe über die nördliche Handelsroute bis nach Westeuropa. Anders als bei anderen Gruppen sind hier verschiedene großformatige Seiden erhalten geblieben. Nach einem Bericht von Narashakhis[22] über eine Tirah-Werksstatt in Buchara soll es sich ursprünglich um Türvorhänge gehandelt haben. Die vollständig erhaltene Webbreite von 122 cm des Lämmerstoffes würde dem entsprechen. Ebenfalls ganzformatig erhaltene Stoffe sind der Löwenstoff aus dem Schrein der Heiligen Columba und Lupus in Sens[23] oder der Rosettenstoff aus dem Schrein des hl. Lambertus in Lüttich.[24] Der Löwenstoff im Vatikan hat zwar ein vergleichbares Muster, wird aber wegen seiner größeren Farbigkeit und besser entwickelten Mustertechnik weiter im Osten bis hin nach Westchina lokalisiert.[25]

Die Brüsseler Quadrigaseide, für die durch ihren Fund im Grab des heiligen Amour das 9. Jahrhundert als Terminus ante quem gilt, scheint auf den ersten Blick ein Musterbeispiel byzantinischer Seidenweberei: In einem Medaillon ein siegender Wagenlenker, Sonnenstrahlen um den Kopf, dem Eroten die Siegeskränze darbringen. In den Zwickeln ein anderes Wagenlenkermotiv, diesmal bekrönt durch den Mond. Das Muster des Rahmens mit herzförmigen Blüten, die Kreise gefüllt mit vegetabilen Ornamenten, die Kreuzform, die die Medaillons verbindet, die relativ realistische Wiedergabe, die bunte Farbgebung – dies alles spricht für Byzanz. Vergleicht man aber diese Seide mit dem Aachener Quadrigastoff,[26] der als Grabtuch Karls des Großen († 814) gilt, ist der letztere wesentlich »realistischer«, dreidimensionaler gezeichnet. Der Aachener Quadrigastoff, wiewohl weit stärker von antikem Realismus geprägt, zeigt andererseits in den Zwickeln persische Steinbockmotive. Die Farbgebung beider Seiden stimmt nicht überein, zweifarbig in Aachen, vierfarbig in Brüssel. Auch die Größe des Musterrapports ist nicht vergleichbar, 68,5 cm in Aachen, 26 cm in Brüssel. Beide Seiden können wohl kaum zeitgleich an einem Ort entstanden sein. Welche ist byzantinisch?[27] Donald King vermutete[28], daß beide Stoffe in verschiedenen, unter byzantinischem Einfluß stehenden Zentren des Mittelmeerraumes gewebt wurden.[29] Doch kann der Aachener Quadrigastoff wohl seiner Purpurfarbe wegen eindeutig als byzantinisches Erzeugnis betrachtet werden. Diese stand nur der kaiserlichen Familie zu, was bedeutet, daß die Seide in den Hofwerkstätten entstand und als ein Geschenk des oströmischen Kaisers gelten kann. Hat Kaiserin Irene Karl diesen kostbaren Stoff bei den (gescheiterten) Verlobungsverhandlungen für seine Tochter Rotrud geschenkt oder später ihr Nachfolger?

Auch die schon erwähnte Tigerseide in Brüssel, wie der Quadrigastoff in das 9. Jahrhundert datiert, unterliegt einer ähnlichen Problematik. Die rotgelbe Zeichnung ist wenig üblich und der Zweig unter den zwei symmetrisch einander zugewandten Tigern ist der Rest eines persischen Lebensbaumes. Eben weil die Tigerseide kein tonangebendes Muster hat, sondern eher eine Nachahmung ist, ist sie ein perfektes Beispiel für die unter vielfältigen Einflüssen stehenden Webateliers in den Hafenstädten des Mittelmeerraumes.

Auf Mosaik- und Buchmalereidarstellungen findet man bisweilen auch Seiden mit schlichtem Muster dargestellt.[30] Von Wilckens sieht sie vor allem in Syrien und eventuell in Byzanz entstanden.[31] Die beiden Seidensamite im Aachener Domschatz gehören dieser Kategorie an: Der Stoff T00111 zeigt auf einem hellen Blaugrün ein aus weißen und moosgrünen Vierecken aufgebautes Rautenmuster, die Kreuzungen werden durch größere umrahmte Vierecke betont. In den Rauten befinden sich Blüten mit je vier herzförmigen Blütenblättern. Eine andere Variante in dunkelbrauner Linienzeichnung auf Purpurgrund zeigt der Stoff T00118. Die Linien bilden rautengefüllte Vierpässe, in deren Mitte sich wiederum Rosetten aus vier Herzblättern befinden. Seitlich sowie über und unter den Vierpässen schließen sich Kreise mit achteckigen Sternen an, dann folgt der nächste Vierpaß. Im so entstehenden Gitter befindet sich ein Raute über einem Viereck, in ihr ein Kreis mit einer Rosette aus vier Herzblättern. Wenn der verwendete Pupur tatsächlich Schneckenpurpur ist, wäre dies ein wichtiges Argument dafür, daß der Stoff in By-

Drei Textilfragmente mit Löwen, Seide, Zentralasien, 9. Jh. (Musées Royaux d'Art et d'Histoire, Brüssel)

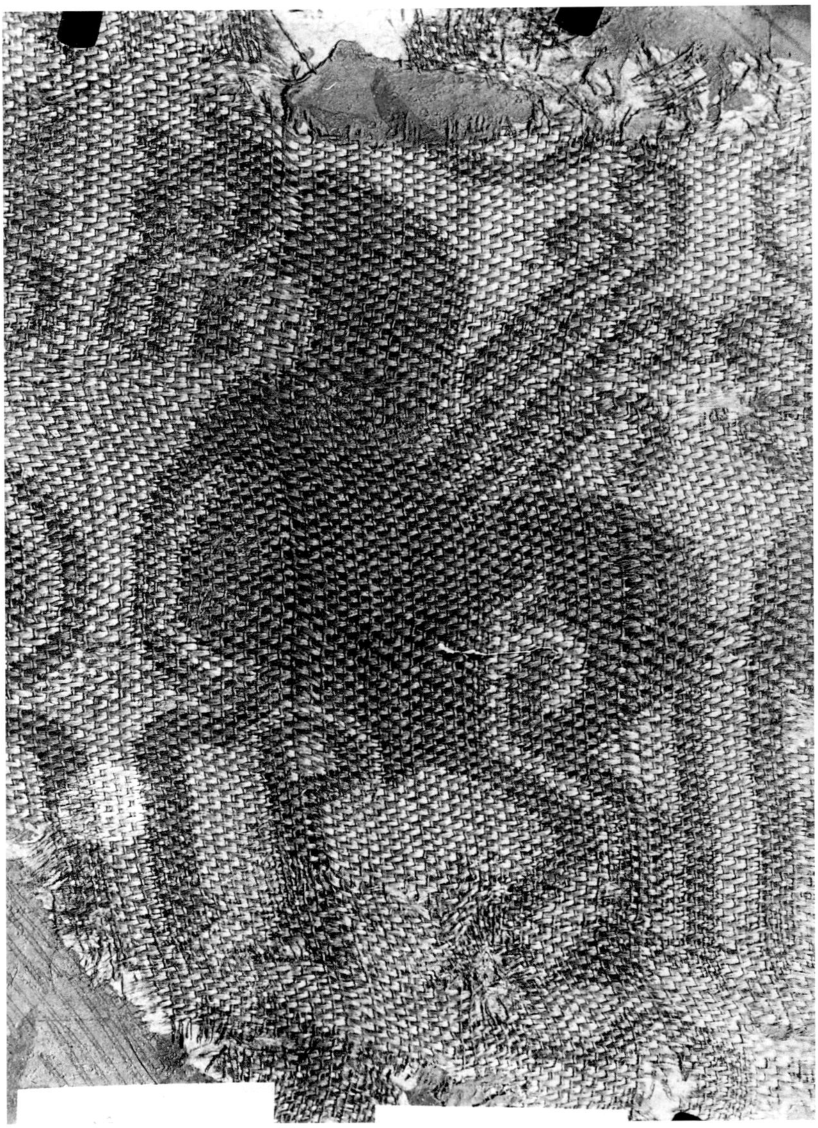

Stoff mit geflügelten Pferden, Seide, Persien, um 900 (Museum Het Catharijneconvent, Utrecht)

zanz selbst entstand. Dagegen muß der Halbmondstoff in der Lütticher Schatzkammer in islamischem Gebiet entstanden sein. Er zeigt kreuzförmige Motive wechselnd mit Halbmonden. Das eine Muster bildet um das andere ein Gitter – oder umgekehrt, je nachdem, wie man es sehen will.

Von den vielen Tiermotiven auf gemusterten Seiden wurden bereits Flügelpferde, Senmurve, Enten, Gänse, Löwen, Lämmer und Tiger erwähnt. Ihre Bedeutung, wenn sie über den dekorativen Aspekt hinausgeht, ist schwerer zu erschließen, als die oströmische Symbolik eines siegenden Quadrigaführers. Es sind entweder Tiere, die in höfischen Kreisen ihrer Eleganz, Kraft und Stärke wegen geschätzt wurden, oder Tiere mit wirtschaftlicher Bedeutung, die, wie etwa die Enten – Fruchtbarkeit und Wasser – für Wohlergehen stehen. Manche Tiere hatten auch mythisch-religiöse Bedeutung, mindestens bei den Persern.[32] In der Darstellung des Elefanten kommen wohl alle diese Bedeutungsebenen zusammen – mag das Tier selbst auch für unvorbereitete westliche Betrachter vielleicht zunächst und vor allem ein schreckerregend großes Ungeheuer gewesen sein.

Die meisten erhaltenen Elefantenstoffe werden nach Byzanz lokalisiert wie der großformatige Medaillonstoff im Aachener Karlsschrein, dessen byzantinische Entstehung durch seine Inschrift bewiesen ist. Die Forschung datiert ihn heute mehrheitlich um 1000 n. Chr. Zwei Stoffe mit Elefanten in Vierpässen mit schlichter Rahmenlinie in Riggisberg (CH) und St. Truiden (B)[33] sind dem Aachener so ähnlich, daß sie ihn als Vorbild gehabt haben müssen, sofern nicht alle drei das gleiche Vorbild gehabt haben. Sie zeigen sehr ähnliches Sattelzeug mit einem Perlenband um das Hinterteil des Tieres und die gleiche Haltung der Beine mit für den nächsten Schritt erhobenem linken Vorderbein. Auf allen drei Stoffen stehen die Elefanten vor reduzierten Lebensbäumen, die über und unter dem Tier den Vierpass bzw. das Medaillon füllen, daher werden beide Stoffe ebenfalls Byzanz zugewiesen. Hingegen bezeugt die Kufi-Inschrift des Elefantenstoffes im Pariser Louvre[34] seine Entstehung um 950 n. Chr. in Khorasan, Ostpersien. Auch die Elefantenstoffe in Berlin, Siegburg (D)[35] und Lüttich (B) werden eher Persien zugeschrieben, obwohl das Lütticher Beispiel dafür zuwenig vom Muster zeigt und theoretisch auch aus einem byzantinisch beinflußten Atelier stammen könnte.

Seiner Menschendarstellung wegen herausragend ist der Davidstoff in Maaseik (B): In einem aus verschlungenen Knoten gebildeten Medaillon, das zu den Seiten sowie oben und unten architektonische Bögen ausbildet, sitzt ein durch die lateinische Inschrift DAVID bezeichneter Herrscher auf einem Thron. Die Zwickel sind gefüllt mit geometrisch verschlungenem Rautenmuster, in dem an jeder Ecke eine Ente sitzt. Die Inschrift ist außerordentlich bemerkenswert, denn frühere Beispiele zeigen ausschließlich griechische oder arabische Inschriften. Der Name David deutet wohl auf den alttestamentarischen König David. Wenn dieser Stoff tatsächlich um 800 entstanden ist[36], kann er weder im islamischen Raum, denn dort galt seit 721 n. Chr. ein Bilderverbot für Menschen, noch in Byzanz oder im byzantinischen Raum, wo von 726 bis 843 ein ähnliches Verbot galt, gewebt worden sein. Ohnehin deutet die lateinische Inschrift auf den europäischen Westen. V. Falke dachte an eine vereinzelte, temporäre Werkstätte in Italien[37], doch weisen die Buchstabenformen insulare Einflüsse auf[38], und die verschlungenen Knoten finden sich vergleichbar in insular beeinflußten karolingischen Miniaturen. Vielleicht muß der Entstehungsort der Seide weiter im Norden gesucht werden, wie zum Beispiel in Trier, wird doch vermutet, daß im 4. Jahrhundert dorthin ausgewanderte syrische Weber in Trier eine Seidenwebtradition begründet haben.[39] Ein weiteres Argument für eine Entstehung der Davidseide in der Nähe des Hofes Karls des Großen mag sein, daß Alkuin in seinen Briefen den Gelehrten um Karl alttestamentarische Namen gab.[40] Karl nannte er den neuen David.

Andere im Karolingerreich selbst entstandene Stoffe mögen ausgesehen haben wie die Handschuhe des heiligen Germanus im Aachener Domschatz: weiße Leinengewebe mit einfarbigem, geometrischem Muster.[41] Ein Kelchtuch in den vatikanischen Museen zeigt eine andere Möglichkeit: leinwandbindiges Leinen mit eingewirkten Streifen in Wolle und Seide. Hinzu kamen Brettchengewebe; das edelste erhaltene ist wohl das aus Seide und Goldfäden gewebte Zingulum Bischof Witgars von Augsburg das um 870 datiert wird. Selbstverständlich gab es auch Stickereien. Ein Beispiel ist die Reliquienhülle mit der Geschichte des Lot[42] in Tongeren (B). Das Leinen ist mit farbigen Seidenfäden in Ketten-, Stiel- und Schlingstich und mit Goldfäden bestickt.

17 Stam, Tuuk, in: Schatkamers uit het zuiden. Ausstellungskatalog, Utrecht 1985. Weitere Fragmente bei Lessing 1900, Abb. 44, Flemming 1957, Abb 27. ■ 18 Eine technische Webanalyse wurde noch nicht vorgenommen, eine Farbstoffanalyse könnte die ursprünglichen Farben feststellen. ■ 19 Grimme 1973, Kat. Nr. 19. ■ 20 Idem, Kat. Nr. 16, 20 und 17. ■ 21 Shepherd u. Henning 1959. Siehe zuletzt Otafsky 1998, S. 200–214. ■ 22 Otafsky 1998, S. 201. ■ 23 Otafsky 1998, S. 210. ■ 24 Otafsky 1998, S. 205. ■ 25 Otafsky 1998, S. 210. ■ 26 Grimme 1973, Kat. Nr. 9. ■ 27 Die technischen Vergleiche, die ebenfalls keine Entscheidung zulassen, würden hier zu weit führen. ■ 28 King, Donald, Patterned Silks in the Carolingian Empire, in: CIETA Bulletin Nr. 23, Lyon 1966. ■ 29 Von Wilckens 1991, S. 40, denkt mehr an Syrien. ■ 30 Z. B. in den Mosaiken in Ravenna, 6. Jh. ■ 31 Von Wilckens 1991, S. 23f. ■ 32 Otafsky, S. 122. ■ 33 Ausstellungskatalog: Stof uit de kist. De middeleeuwse textielschat uit de abdij van St. Truiden. Löwen 1991. ■ 34 Von Wilckens 1991, S. 43. ■ 35 Von Falke 1913. S. 95. ■ 36 Budny u. Tweddle 1988. ■ 37 Von Falke 1913. Band II, S. 25. ■ 38 So z. B. im Vergleich mit einem einfarbigen Seidenstoff in Trier, der zwar eine einfachere Technik und ein abweichendes Muster aufweist, aber ebenfalls eine lateinische Inschrift trägt. Siehe Schorta 2001, S. 19. ■ 39 De Jonghe u. Tavernier 1977-78. ■ 40 Braunfels 2000, S. 77. ■ 41 De Jonghe 1999/2000 ■ 42 Siehe Von Wilckens 1991, S. 175. ■ 43 Martiniani-Reber 1986, S. 54–56. ■ 44 Jeroussalimskaja 1978, S. 183-211. ■ 45 Kat. Cleveland/ New York 1997/1998. Watt u. Wardwell 1997. ■ 46 Otavsky 1998, S. 210. ■ 47 Rubens 1973, 1. Kapitel. ■ 48 Borgolte 1976, S. 23. ■ 49 Cahen 1968, S. 140. ■ 50 Rubens, S. XV. ■

Glücklicherweise haben sich nicht nur mehr oder weniger große Stoffragmente in Form von Reliquienhüllen erhalten, bei Ausgrabungen sind auch verschiedene Kleidungsstücke und Gewänder aufgefunden worden. So fanden sich in der ägyptischen Wüste außer den üblichen Tuniken, meist aus Leinen und Wolle, sogar wollene, mit gemusterter Seide, z. B. an den Manschetten, verzierte Reitermäntel.[43] Sie werden in das 6./7. Jahrhundert datiert und stammen von der sassanidischen Bevölkerungsgruppe; die Seiden werden als syrisch bzw. ägyptisch betrachtet. Aus einem in das 8./9. Jahrhundert datierten Grab in Mochtchevaja Balka, Kaukasus, stammt ein aus einem Senmurvstoff gefertigter, mit Eichhörnchenfell gefütterter Kaftan.[44] Das Kleidungstück liegt dem Oberkörper eng an, erweitert sich dann aber unten auf eine Saumlänge von 200 cm. Der linke Teil des Kaftans überlappt auf der Vorderseite den rechten und wird mit drei Tressen und einer verdeckten Schließe an der Innenseite der Taille geschlossen. An beiden Seiten geben 40 cm lange Schlitze dem Träger Bewegungsfreiheit. Was wie ein warmes und praktisches Kleidungsstück erscheinen will, wird durch das Material und die überlangen Ärmel dann doch auch ein schmuckvoll-luxuriöses Statussymbol seines Trägers. Das Model des Kaftans ist wie der Senmurvstoff aus Persien übernommen. Interessanterweise sind an dem Kaftan auch vier Fragmente anderer Seidensamite verarbeitet, darunter ein sogdischer und ein byzantinischer. Das Cleveland Museum of Art[45] bewahrt ein Kinderwams und eine Kinderhose, bei denen sich den sogdischen nahestehende westchinesische Stoffe mit chinesischen verbinden. Das Wams ist aus einer Seide mit in Perlenkreisen einander gegenüberstehenden Entenpaaren geschnitten. Sie stehen auf einer gespalteten Palmette, die Zwickel sind gefüllt mit kreuzförmigen Herzblüten. Alle diese Motive finden sich auch bei sogdischen Stoffen, doch macht die Farbigkeit der Seide sie einer Gruppe von Seidenstoffen zugehörig, die an der Ostseite der Takla Makan-Wüste entstanden sein müssen.[46] Die Hosen und das Futter beider Kleidungsstücke bestehen aus Seiden mit großen Rosetten und Blumengirlanden, die typisch für die Tang-Dynastie sind. Wahrscheinlich blieben die Kindergewänder in Tibet über ein Jahrtausend aufbewahrt – auf der Südroute der Seidenstraße.

Und was hat Isaak getragen auf seiner vierjährigen Reise von Aachen nach Bagdad und zurück? Was Juden zum Gebet trugen, wird sich wahrscheinlich nie geändert haben:[47] Ein Tuch (Simlah, Kesuth oder Tallith), an dessen Ecken gedrehte Kordeln mit Quasten (Tsitsith) angenäht sind. Der ›simlah‹ war urspünglich ein Gewand für den täglichen Gebrauch, ähnlich geschnitten wie jenes Tuch, das Karl der Große als Mantel benutzte. Um den Kopf und die Arme wickelte man zum Gebet die ›Tefillin‹, Bänder mit kleinen Amuletten.

Hinweise auf die jüdische Alltagstracht der Zeit kann man in Kleiderverordnungen[48] finden, die in islamischen Gebieten für Andersgläubige ausgefertigt wurden. Eine Verordnung[49] zwang die Juden, einen Gürtel zu tragen. Da jedermann ohnehin einen Gürtel trug, um die Kleider zu ordnen und Dinge mit sich zu führen, muß dieser nicht näher beschriebene Zwangsgürtel wohl einen besonderen Charakter gehabt haben.

Wahrscheinlich hat Isaak Bundschuhe, ein Lendentuch, ein Unterkleid, keine Beinlinge, ein von einem Gürtel gehaltenes Oberkleid und einen Tuchmantel getragen; vielleicht auch eine spitze Kappe, wie sie vom Schwarzen Obelisk im Britischen Museum (841 v. Chr.) bis zu spätmittelalterlichen Tafelmalereien als jüdisches Kleidungsattribut Darstellung findet. Als gläubiger Jude wird er Bart und Seitenlocken getragen haben. Der Grund, daß wir annehmen dürfen, jüdische Alltagskleidung sei über Jahrhunderte dieselbe geblieben, ist, daß es dazu ein akzeptiertes Prinzip gab, das ›Hukkath Hagoyim‹: »Sie sollen der Praxis Ägyptens, wo sie gewohnt haben, oder des Landes Kanaan, wohin ich sie bringe, nicht nachfolgen, noch deren Gewohnheiten.« (Leviticus 18,3).[50] Oder nach Zephaniah: »Man soll keine fremden Gewänder tragen.« Karl der Große wäre damit völlig einverstanden gewesen.

Purpurstoff, Seide,
Naher Osten, 8./10. Jh.
(Domschatzkammer
Aachen)

Rauten- u. Rosettenstoff,
Seide, Byzanz,
um 800
(Domschatzkammer
Aachen)

Elfenbein,
Konstantinopel um 506
(Schweizerisches Landesmuseum, Zürich)

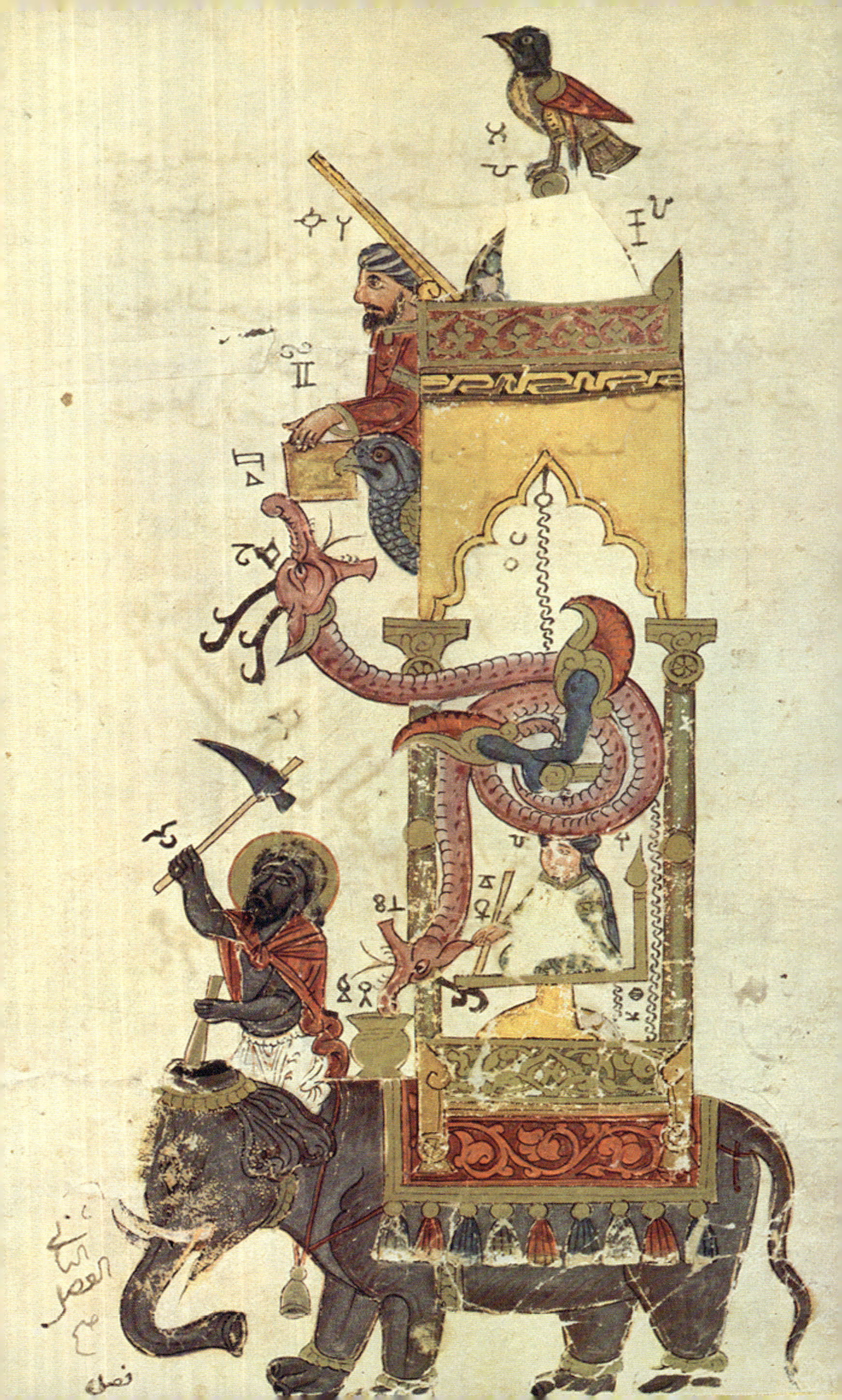

Burse aus Elefantenstoff,
Seide, Byzanz, 9.-10. Jh.
(Kerkfabriek
Onze-Lieve-Vrouw,
St.-Truiden)

Die Elefantenuhr,
ein weiteres Kunstwerk
des Al Gazari
(Istanbul, Topkapi Sarayi
Müzesi Müdürlügü,
Topkapi Sarayi
Kütüphanesi 3472)

Aachen, Byzanz und die frühislamische Architektur im Heiligen Land Die Pfalz zu Aachen und besonders ihre Kapelle, das heutige Aachener Münster, ist vielleicht der bedeutendste Bau des werdenden Abendlandes. Die karolingische Pfalzkapelle nimmt zugleich als einmalige Schöpfung eine besondere Stellung in der Architekturgeschichte des Frühmittelalters ein. Eine ähnliche Bedeutung besitzen die Harambauten in Jerusalem, nämlich der Felsendom und die al-Aqsa-Moschee für den Islam. Die Pfalzkapelle in Aachen und der Felsendom in Jerusalem sind reif entstandene Zentralbauten, die beide nicht aus der karolingischen bzw. der frühislamischen Bautradition erklärbar sind. Felsendom und al-Aqsa-Moschee entstanden unter Kalif Abd al-Malik (685–705) und dessen Sohn al-Walid (705–715) an dem Ort, wo der alttestamentliche Tempel in Trümmern lag. Das war ein historisch bewußter Akt mit der Absicht, an den jüdischen Tempel anzuschließen und die Erbfolge der Kultstätten zu begründen. Konfrontation und Wetteifern des Frühislam mit dem Christentum in Jerusalem hat dabei wesentlich die architektonische Gestaltung des Haram als einer Komplexanlage nach dem Vorbild der byzantinischen Komplexanlage der Grabeskirche angeregt. So entstand die Analogie der zwei bedeutenden Bauwerke des Christentums und des Islam in Jerusalem: der Grabeskirche mit der Anastasis-Rotunda und der sich anschließenden Martyrion-Basilika als Symbol des christlichen Jerusalem einerseits mit den Prachtbauten des Haram as-sherif, des Felsendoms und der al-Aqsa-Moschee andererseits, die bis heute den islamischen Anspruch auf Jerusalem augenfällig symbolisieren. Die außerordentliche Fähigkeit des Frühislam, sich unverzüglich und ungehemmt byzantinische Formen und Konzeptionen anzueignen, führte zur Errichtung des ersten großartigen Baus islamischer Architektur, des Felsendoms. Das bedeutete die Rezeption der Spätantike und den Anschluß an die Hochkunst, wobei gleichzeitig das eigene Kunstwollen zum Ausdruck kam. Der Felsendom wurde 691 fertig. Man darf wohl behaupten, daß die islamische Religion den in architektonischer Hinsicht traditionslosen Arabern den Weg in die Architekturgeschichte über den byzantinischen Einfluß geöffnet hat.

Die Frage der architektonischen Vorbilder der Aachener Pfalz und besonders der Pfalzkapelle ist ein viel erörtertes Problem.[1] Hier wird die These vertreten, daß der Salomonische Tempel im Kreis der Gelehrten um Karl den Großen als das ideale Vorbild der Aachener Palastkirche galt.[2] Die regen Beziehungen Karls des Großen zum Patriarchen von Jerusalem und dem Kalifen in Bagdad bilden den historischen Hintergrund für die Annäherung der Karolinger an das Heilige Land. Das führte nicht nur zur konkreten Kenntnis der ›loca sancta‹, sondern auch dazu, daß bei der Betrachtung des muslimischen Felsendoms der alttestamentliche Tempel ins christliche Bewußtsein trat. Die Auffassung, daß der Felsendom der ›Templum Salomonis‹ sei, hat ihren Anfang in karolingischer Zeit. Der Salomonische Tempel war nicht nur gedanklich im Sinne eines Topos Idealvorbild der Aachener Pfalzkapelle, sondern über die Identität zwischen Templum und Felsendom wurde letzterer auch virtuell im Sinne der mittelalterlichen Architekturkopie zum Vorbild für Aachen. Dabei ist es eine Wissenschaftsschimäre, nach dem einen und einzigen, idealen oder konkret unmittelbaren Vorbild der Aachener Pfalzkapelle zu suchen. Der Haram läßt typologische Gemeinsamkeiten mit Aachen erkennen, die nicht nur auf die Zugehörigkeit beider zur herrschaftlichen Architektur und auf die Abhängigkeit beider von byzantinischen Vorbildern hinweisen, sondern auch auf den Zusammenhang von Jerusalem und Aachen im Sinn der mittelalterlichen Vorstellung von der Nachbildung von Bauwerken.

Bei den Harambauten in Jerusalem handelt es sich, wie erwähnt, um eine Komplexanlage, die auf dem 300 x 480 m großen ehemaligen Tempelplatz von zwei Sakralbauten in axialer Anordnung gebildet wird: Dem Felsendom, einem Memorialbau, im nördlichen Teil des Areals – dem eigentliche Versammlungsraum der Gläubigen zum Gebet, und der al-Aqsa Moschee (el mesdshid el-aqsa = »das (von Mekka) am weitesten entfernte Heiligtum«).[3]

Das Innere des karolingischen Oktogons (Dom, Aachen)

Der Memorialbau ist, entsprechend spätantik-byzantinischer Tradition, ein Zentralbau. Den Kern des Felsendoms bildet eine Rotunde, die von zwei konzentrisch angelegten oktogonalen Umgängen umschlossen ist. Im Mittelpunkt der Rotunde befindet sich der heilige Felsen. An der Südostecke des Felsens führen Stufen zu einer Höhle hinab, in deren Südwand der älteste erhaltene Mihrab eingelassen ist. Der Raumzylinder rund um den Felsen mißt im Durchmesser wie in der Höhe 20 m; er wird von einer zweischaligen Holzkuppel gekrönt. Die untere Zone dieses Raumzylinders besteht aus einer Stützenfolge von vier pfeilerartigen Wandpartien in den Diagonalen, die mit vier Säulenarkaden in den Hauptachsen abwechseln. Der Lichtgaden unter der Kuppel ist durch sechzehn große Rundbogenfenster gestaltet. Zwischen der inneren Rotunde und dem äußeren oktogonalen Mauermantel ist eine oktogonale Arkade entlanggeführt. Acht Eckpfeiler wechseln mit drei Säulenarkaden ab. Der äußere Mauermantel wird durch vier Portale in die vier Himmelsrichtungen geöffnet. Am Außenbau sind die Oktogonseiten durch hohe Blendnischen gegliedert und von Fenstern durchbrochen, durch die das Licht in die Umgänge gelangt. Die Innen- und Außendekoration gehört zum Besten, was die islamische Kunst geschaffen hat.[4] Die Außenwände sind mit weißblauen Fayencen und Marmorplatten verkleidet, die in der Hauptsubstanz aus der Zeit Sultan Suleymans des Prächtigen stammen, der Palästina 1522 eroberte und den Felsendom restaurieren ließ. Das ursprüngliche Dekor bestand in der Sockelzone ebenfalls aus weißem geädertem Marmor, darüber trug die Wand jedoch Mosaiken, die denen des Innenraums, die noch vollständig erhalten sind, verwandt waren. Die Farbenpracht der auf Goldgrund ausgelegten Ornamente verleiht dem Innenraum eine majestätische Würde. Diese vollendete Mosaikdekoration ist, wie die Architektur, nur aufgrund der byzantinischen Kunsttradition Palästinas verständlich. Nicht nur die Grabes- und Geburtskirche waren mit Mosaiken und Malereien ausgeschmückt, sondern auch andere ›loca sancta‹-Kirchen Palästinas. Und in der Tat ist überliefert, daß byzantinische Künstler am Bau und an der Ausschmückung der frühislamischen Heiligtümer mitgearbeitet haben.[5]

Die al-Aqsa Moschee – das andere Hauptheiligtum des Haram – besitzt nicht die stilistische Homogenität und architektonische Reinheit des Felsendoms. Es handelt sich um einen siebenschiffigen Längsbau, der seit seiner Errichtung am Anfang des 8. Jahrhunderts wiederholt verändert und erweitert wurde.[6] Die Frühgeschichte ist ziemlich unklar, jedoch steht fest, daß die Muslime unmittelbar nach der Eroberung Jerusalems erkannten, welche politische Bedeutung die Erbauung einer Moschee auf dem Tempelplatz für die neuen Herrscher haben würde: Es galt, die Erbfolge der Kultstätten zu begründen und somit nicht nur die islamische Inbesitznahme des Tempelplatzes, sondern überhaupt die Herrschaft über Jerusalem zu legitimieren.[7] So entstand an der Südseite des Tempelplatzes die erste aus Holz errichtete Moschee. Näheres über ihre Gestalt erfahren wir aus dem Reisebericht des gallischen Bischofs Arkulf, der um das Jahr 680 das Heilige Land besuchte. Er schreibt: »Übrigens haben an dem berühmten Ort, wo vorzeiten der Tempel prächtig errichtet war, in der Nähe der östlichen Mauer gelegen, die Sarazenen jetzt ein viereckiges Bethaus gebaut, das sie mit aufrecht stehen-

1 Zuletzt zusammenfassend von G. Bandmann, 1967, 424–500. Dazu vgl. L. Falkenstein, 1970, 20ff. ■ 2 Diese These wurde zum ersten Mal von M. Buchner, 1919, 30, 34, 39 geäußert. Sie wird hier wieder aufgenommen aufgrund von neuem Quellenmaterial (Pilgerberichte des Abendlandes und der Ostkirche, die bis jetzt in diesem Kontext nicht herangezogen wurden) sowie aufgrund neuer Erkenntnisse der Kunstgeschichte seit Buchners Arbeit über das Wesen der mittelalterlichen Architekturkopie (R. Krautheimer, [1942], 1–33) und der Geschichtsforschung (die Beziehungen zwischen Karl dem Großen und dem Heiligen Land), die sie m.E. erneut diskussionsfähig macht. Methodisch öffnet auch der im Text zitierte, von Bandmann postulierte Satz den Weg zu erneuter Erwägung dieser These. Dazu vgl. auch Anm. 36. ■ 3 W. Caskel, 1963, 19; H. Busse, 1987, 1–27, bes. 21. ■ 4 0. Grabar, l973, bes. 46–63, ders., 1959, 33–62. ■ 5 H. A. R. Gibb, 1958, 224 ff.; J. Gildemeister, 1890, 22; M. van Berchem, 1969, 231. ■ 6 M. van Berchem, 1969, 373–380. ■ 7 Busse, wie Anm. 3, 16 f. ■ 8 H. Donner, 1979, 337. ■ 9 Busse, 1987, 3 ff. ■ 10 Gildemeister, 1890, 152; Caskel, 1963, 24. ■ 11 S. D. Goitein, 1950, 104–108, Busse, 1987, 2. ■ 12 Krautheimer, 1942, 8ff. ■ 13 Krautheimer, 1942, 3ff. 14 G. Dalmann, 1942. ■ 15 Alle Beispiele sind bei Krautbeimer, 1942, Pl. I, abgebildet. ■

den Brettern und großen Balken über einigen Trümmerresten aufgeführt haben.«[8] Diese einfache Moschee wurde um 715 durch einen Neubau des Kalifen al-Walid ersetzt. Besonders aufschlußreich für unser Thema ist die Tatsache, daß al-Walid seine neue Moschee bewußt in Beziehung zum Felsendom seines Vaters Abd al-Malik setzte: Der Mihrab der Moschee liegt auf der Nord-Süd-Achse des Felsendoms. Damit ist, wie in der Grabeskirche, eine axiale Verbindung zwischen dem Memorialheiligtum (bzw. der Grabesrotunde) und dem Gebetsheiligtum (Basilika) architektonisch ausgedrückt.[9] Die liturgische Bedeutung der christlichen wie der islamischen Komplexanlage besteht darin, daß durch die gegenseitige Bezogenheit von individuellem Gedenkkult (Memorialbau) und Gemeindegebet (Moschee/Kirche) im gleichen Areal eine größere Kultkonzentration und damit eine Intensivierung des Glaubens erzielt wurde. Der Wahl des Tempelplatzes für den Bau der beiden islamischen Hauptheiligtümer lag die Absicht zugrunde, an den jüdischen Tempel anzuschließen, doch waren auch andere Motive ausschlaggebend. Sie tauchen im 9. und 10. Jahrhundert bei den arabischen Geschichtsschreibern Yaqubi und Muqaddasi auf. Yaqubi vertritt die Meinung, der Omayyadenkalif Abd al-Malik habe aus politischen Gründen, um den Gegenkalifen in Mekka zu schwächen, die Kaba durch den Felsendom und die Pilgerfahrt nach Mekka durch die nach Jerusalem ersetzen wollen. Die Erklärung, die Muqaddasi für den Bau des Felsendoms liefert, ist besonders relevant für das Verhältnis Grabeskirche-Felsendom. Er berichtet in einer Erzählung folgendes: »Beachte, mein Sohn, daß er (Abd al-Malik) von Gott unterstützt [war] und ihm eine wichtige Sache enthüllt gewesen ist; er sah nämlich, daß Syrien das Land der Christen war, und daß sie darin schöne Kirchen hatten, bewundernswürdig geschmückte und weit berühmte, wie die Grabeskirche und die Kirchen von Lydda und Edessa, und unternahm, für die Muslime eine Moschee zu bauen, um damit ihre Blicke von jenen abzulenken, und dieselbe zu einem Weltwunder zu machen. Du weißt, daß Abdalmalik, als er die Größe der Kuppel der Grabeskirche und ihre schöne Form sah, aus Furcht, daß sie auf die Muslime zu großen Eindruck mache, über dem Felsen eine Kuppel errichtete, wie du siehst.«[10] Dies läßt den Schluß zu, daß die Rivalität mit dem Christentum, d.h. konkret mit der Grabeskirche und anderer Kirchen Palästinas, sowie der Geist der islamischen Mission bei der Erschaffung des Felsendoms am Werke waren.[11] Die geistige Rivalität führte also zur architektonischen Nachahmung.

Was muß nun der moderne Betrachter unter einer mittelalterlichen Kopie verstehen? Die mittelalterliche Vorstellung von einem Nachbau bezieht sich nicht auf eine exakte und getreue Nachahmung der einzelnen Architekturformen. Vielmehr wird die Gesamtidee und die vom Vorbild getragene Bedeutung »kopiert«.[12] Die Nachahmungen der Grabeskirche im Mittelalter[13], darunter viele auch in Deutschland[14], sind von ihrem Vorbild ebenso weit entfernt wie es die Kopien unter sich sind.[15] Die Ähnlichkeit zwischen Vorbild und Kopie ist also im Mittelalter sehr approximativ. Oft bezeugen die Quellen, daß man bewußt ein Vorbild nachzuahmen versuchte, ohne daß die Kopie einzelner Teile, geschweige denn des Gesamtbaus erreicht worden wäre. Unsere Feststellung, daß beim Bau von Felsendom und al-Aqsa Moschee die Grabeskirche vorbildlich war, bezieht sich somit nicht auf die einzelnen Bauten des Haram. Felsendom und al-Aqsa-Moschee sind einzeln genommen keine direkten Nachahmungen der Grabeskirche, auch wenn typologische Affinitäten vorhanden sind. Unsere Feststellung gilt für die Gesamtkonzeption der Komplexanlage, für die axiale Anordnung und für die gegenseitige liturgische Bezogenheit der Hauptheiligtümer. Die Architektur der Grabeskirche als Bedeutungsträger wurde von den Muslimen nachgeahmt, wobei man den christlichen Inhalt durch den islamischen ersetzte. Die Kopie (der Islam) sollte das Vorbild (das Christentum) übertreffen, ebenso wie ihre Plazierung auf dem Tempelplatz nicht nur den Anschluß an jüdische Traditionen, sondern auch die Überwindung des Judentums bedeutete. Der heilige Fels ist schließlich nicht nur der Ort des Isaakopfers, sondern dem Islam ist er vor allem heilig, weil

Außenansicht des

Das Innere des Felsendomes (Tempelberg, Jerusalem)

Das Innere der Grabeskirche (Jerusalem)

der Gesandte Gottes, Muhammad, auf ihm gestanden hat.[16] Durch die Lokalisierung von ›isra‹ (Nächtliche Reise) und ›mirag‹ (Himmelfahrt) des Propheten Muhammad wurde der jüdische Tempel als Ort, an dem Gott sich offenbarte, restituiert und islamisch ausgelegt. Die Nachfolgerin des Tempels in der christlichen Tradition war aber die Grabeskirche. Wollte man diese Nachfolge ersetzen, so mußte man sich mit ihr auch baulich auseinandersetzen.[17] Ein Koranvers (4. Sure, 171) über dem Umgang des Felsendoms wandte sich wie folgt an die Christen: »Ihr Leute der Schrift! Treibt es in eurer Religion nicht zu weit und sagt gegen Gott nichts aus, außer der Wahrheit! Christus Jesus, der Sohn der Maria, ist nur der Gesandte Gottes und sein Wort, das er der Maria entboten hat, und Geist von ihm. Darum glaubt an Gott und seine Gesandten und sagt nicht [von Gott, daß er in einem] drei [sei]! Hört auf [solches zu sagen! Das ist] besser für euch. Gott ist nur ein einziger Gott. Gepriesen sei er! [Er ist darüber erhaben] ein Kind zu haben. Ihm gehört, was im Himmel und auf der Erde ist. Und Gott genügt als Sachwalter.«[18]

Kommen wir nun zu Aachen. Schon vor Karl dem Großen kam das fränkische Reich in Berührung mit dem Islam. Im Jahre 732 besiegte sein Großvater, Karl Martell, die Araber bei Poitiers. Unter König Pippin, Karls Vater, wurden in den Jahren 765–768 Gesandtschaften mit dem Kalifen al-Mansur in Bagdad ausgetauscht. Ein undatierter Brief Papst Pauls des Ersten an Pippin[19] läßt den Schluß zu, daß sie eine gemeinsame Front des Papstes, der Abbasiden und der Franken gegen die Omayyaden in Spanien und gegen Byzanz zum Ziel hatten.[20] Diese Politik wurde auch für die spätere sogenannte ›Überseepolitik‹[21] Karls des Großen richtungsweisend, der sich mit dem Islam in Spanien zunächst kriegerisch auseinandergesetzt hatte (773 erfolgloser Spanienfeldzug; Überfall bei Roncesvalles). Seit 797 betrieb er dann einen regen Gesandtenaustausch mit den Abbasiden-Kalifen in Bagdad und mit den Patriarchen von Jerusalem, von dessen Erfolg die besonderen Geschenke der Kalifen und der Patriarchen an Karl – und umgekehrt – Zeugnis ablegen. Berühmt ist der weiße Elefant Abul Abas, ein Geschenk Harun ar-Rashids an Karl den Großen.[22] Der Besitz von Elefanten war seit der Antike ein Vorrecht des Herrschers und ist als dementsprechendes Symbol aufzufassen.

Auch die Geschenke des Jerusalemer Patriarchen an Karl haben keine geringe Bedeutung. Die ›Annales regni Francorum‹ berichten, daß im Jahre 799 ein Mönch als Bote des Patriarchen nach Aachen kam. Er überbrachte den Segen des Patriarchen (entweder des 797 oder 798 verstorbenen Patriarchen Elias oder seines Nachfolgers Georg) und Reliquien des Heiligen Grabes: »benedictionem et reliquias de sepulchro Domini, quos patriarcha Hierosolimitanus domno regi miserat«.[23] Genaueres über die Hintergründe und den Auftrag seiner Mission ist nicht überliefert. Angenommen wird, daß der Mönch unter anderem den Dank des Patriarchen für Almosen überbrachte, die Karl – wie in den Quellen erwähnt[24] – den notleidenden Christen im Heiligen Lande schon öfter gespendet hatte. Zu Beginn des Jahres 800 machte sich der

16 G. Le Strange, 1890, 116; Busse, 1987, 21 f.; über den Fels von Jerusalem allgemein: H. Schmidt, 1933; G. Dalmann, 1912, 110–151; Kroll, 1988, 138. ■ 17 Busse, 1987, 19f. ■ 18 H. Busse, 1977, bes. 8–24, 13. ■ 19 M. Borgolte, 1976, 34 ff.; F. W. Buckler, 1931, 3 ff.; A. A. Vasiliev, 1913, 75 ff. ■ 20 W. Björkman, 1967, 672–682, bes. 673. ■ 21 Borgolte, 1976, 45–46. ■ 22 A. A. Vasiliev, 1913, 81, 94 ff.; Borgolte, 1976, 47 f., 52 f. ■ 23 F. Kurze 1950, 108. Vgl. Borgolte, 1976, 61. ■ 24 K. Schmid, 1974, 122–142, bes. 138; L. Bréhier, 1928, 28; Vasiliev, 1913, 111. ■ 25 Die Literatur über Karl den Großen und das Heilige Land ist sehr umfangreich. In Auswahl seien hier chronologisch folgende Arbeiten aufgerührt: Vasiliev, 1913, 63–116 – ein grundlegender Beitrag mit bis heute gültigen Ergebnissen; L. Bréhier, 1919, 67–75; A. Kleinclausz, 1926, 211–333, E. Joranson, 1927, 241–361; L. H. Vincent, 1927, 237–242; L. Bréhier, 1928, 277–291; Buckler, 1931; S. Runciman, 1935, 606–619; Björkman, 1967, 672–682; H. E. Mayer, 1972, 193–208, Borgolte, 1976. ■ 26 Über Pilgerfahrten s. Exkurs; über Reliquienerwerbungen s. H. Schiffers, 1961; H. Fichtenau, 1951, 1–54, bes. 15ff.; über Handel s. Vasiliev, 1913, 67 und H. Pirenne, 1987, 105. ■ 27 Ausführlich im Exkurs. Weitere Stimmen über den Einfluß und das Wirken Karls des Großen in Jerusalem: Druthmar von Corbie, in: Migne, PL l01, col. 1486; Notker der Stammler: H. F. Haefele, 1962, und Benedikt von Monte Soracte: G. Zucchetti, 1920. Dazu vgl. Schmid, 1974, 141 und Borgolte, 1976, 127–141. Über die Bedeutung des Karlsbildes für die Kreuzzüge, B. Sholod, 1965, 33–46, bes. 37 ff., ferner G. Rauschen, 1890, 130 und A. Brecher, 1988, 151–166, bes. 152. Zum Templum Domini der Kreuzfahrer vgl. H. Busse, 1982; 19–32 und S. Schein, 1984, 175–195. Für die Auffassung Jerusalems und damit auch des Tempels im Frühmittelalter vgl. J. Prawer, 1980, 739–812. ■

Der Thron
Karls des Großen
(Dom, Aachen)

Mönch auf den Rückweg, begleitet durch den Pfalzpriester Zacharias als dem Gegengesandten des Königs. Am 23. Dezember desselben Jahres kehrte Zacharias in Begleitung von zwei neuen Sendboten des Patriarchen zurück. Sie trafen in Rom zwei Tage vor der Kaiserkrönung ein. Diesmal bestand die Gesandtschaft aus je einem Mönch vom Ölbergkloster und einem vom Sabaskloster. Da das Ölbergkloster lateinisch orientiert war, während das Sabaskloster ein Hauptzentrum des ostkirchlichen Mönchtums im Heiligen Land darstellte, war die Gesandtschaft also lateinisch-griechisch besetzt. Laut Reichsannalen überbrachten sie dem Frankenherrscher kurz vor seiner Kaiserkrönung im Namen des Patriarchen die Schlüssel des Heiligen Grabes und des Kalvarienberges sowie die Schlüssel der Stadt und des Berges (gemeint ist der Berg Zion); außerdem ein Banner, das »vexillum crucis«, das also als ein Kreuz oder ein Kreuzpartikel zu verstehen ist, als Geschenke. Die Bedeutung der aufgeführten ›signa‹ wurde in der Forschung unterschiedlich interpretiert. Die Meinungen schwanken zwischen extremen Thesen, nämlich ob der Patriarch mit diesen symbolträchtigen Gaben eine »Schutzpflicht« des Frankenherrschers über die Heilige Stadt ankündigen wollte, oder ob es nur »Ehrengeschenke« ohne politische Relevanz gewesen sind. Ohne in die Diskussion einzusteigen scheint es uns methodisch erstrebenswert, zwischen Absicht und konkreten Folgen schärfer als bisher zu unterscheiden, um zu wirklichkeitsgetreueren Schlußfolgerungen zu gelangen.[25]

Die Übertragung der Grabeskirche an Karl bedeutete keine territoriale Herrschaft über Jerusalem und das Heilige Land. Sie deutet jedoch auf eine gezielte Annäherung und Einmischung des Abendlandes in Leben und Schicksal des Heiligen Landes hin, wie sie seit Kaiser Konstantin nur vom byzantinischen Basileus in Anspruch genommen worden war. Spendenleistungen, Förderung der Christen und Unterstützung der Pilger sind realpolitische Schritte zur Ausbalancierung der islamischen Herrschaft über die Heiligen Stätten. Vor allem aber war die geistige Bedeutung der Stadt Jerusalem, ihre gleichzeitig bivalente irdische und himmlische Größe, für die Heilige-Land-Politik Karls des Großen bestimmend. Diese geistige Bindung Karls an Jerusalem führt uns zur Affinität von Pfalzkapelle und Salomonischem Tempel bzw. Felsendom. Das in karolingischer Zeit erwachte Interesse des Abendlandes an den Heiligen Stätten ist nicht nur durch den eben erwähnten Gesandtenaustausch, sondern auch durch Intensivierung der Pilgerfahrten, Aktionen zur Reliquienbeschaffung und Handel dokumentiert.[26] Die Aufnahme von Verbindungen auf unterschiedlichen Ebenen führte einerseits zur konkreten Kenntnis der ›loca sancta‹, andererseits rückte bei der Betrachtung des muslimischen Felsendoms durch die Pilger der alttestamentliche Tempel ins christliche Bewußtsein. Der fränkische Mönch Bernhard verkündigt um 870 zum ersten Mal die spätere abendländische Auffassung, daß der Felsendom der ›Templum Salomonis‹ sei, wo sich, wie er sich ausdrückt, eine sarazenische Synagoge befindet: »Ad aquilonem est templum Salomonis, habeans synagogam sarracenorum.« Damit ist auch nachgewiesen, daß die Umdeutung des Felsendoms zum ›Templum Domini‹ durch die Kreuzfahrer im karolingischen Zeitalter ihren Anfang genommen hat.[27]

Die Auseinandersetzung mit dem Alten Bund als einer Quelle und Legitimation der eigenen politischen und kulturellen Schöpfung war am Hofe Karls des Großen sehr rege. Man suchte bewußt den Anschluß an den Gedanken- und Ideenkreis des Alten Testaments.[28] Karl der Große galt bei seinen gelehrten Zeitgenossen in den Hofkreisen als der wiedererstandene Herrscher des alttestamentarischen Gottesstaates. Er wurde deshalb der ›Novus David‹ genannt.[29] Einhard, sein Biograph, er-

28 R. Kottje, 1970, P. Bloch, 1964, 735–761; E. Rieber, 1949; P. E. Schlamm, 1970, 123–143, W. Mohr, 1966, 382–409; H. Steger, 1961; K.-E. Geith, 1977, 100–106. ■ 29 Buchner, 1919, 27, 31.; Bloch, 1964, 769; Fichtenau, 1951, 25 ff. ■ 30 Buchner, 1919, 1 ff., 40. ■ 31 Buchner, 1919, 29 f. ■ 32 » . . . si prius de edificiis que cesar augustus imperator Karolus apud Aquasgrani iuxta sapientissimi Salemonis exemplum Deo vel sibi vel omnibus episcopis, abbatibus, cornitibus et cunctis de toto orbe venientibus hospitibus mirifice construxit, iuxa pauca satis et minima commemorem.« – Notker der Stammler, 1962, I, c. 27,38. Notker, Mönch in Sankt Gallen (ca. 840–912), wurde im Jahre 883 von Kaiser Karl dem Dicken, Urenkel Karls des Großen, beauftragt, die »Taten Karls« niederzuschreiben. Vgl. dazu W. Boeckelmann, 1957, 9–38, bes. 14; Buchner, 1919, 39 f. und Fichtenau, 1951, 28, 27 mit Anm. 139. ■ 33 »in Hierusalem optatae patriae, ubi templum sapientissimi Salomonis arte deo construitur, adsistere amabili conspectui vestro.« – MGH Epp. IV, 235, Nr. 145. Vgl. dazu Buchner, 1919, 40; Fichtenau, 1951, 27; Bloch, 1964, 757. ■ 34 Bandmann, 1967, 425. Die hier und auf der folgenden Seite von Bandmann geäußerten methodischen und sachlichen Erwägungen zum Problem der Vorbilder der Aachener Pfalz bilden eine wesentliche Voraussetzung für die von uns in diesem Aufsatz vertretene These. Im Sinne von Bandmanns Erörterungen beansprucht diese These freilich keinen alleinigen und absoluten Wert und will auch nicht andere Möglichkeiten, die die Genesis der Aachener Pfalz erklären, ausklammern. Im gleichen Sinne möge man die hier vertretene These über den Felsendom als Vorbild für Aachen a priori nicht ausklammern. Bandmann (426) läßt erkennen, daß die Beantwortung der Frage »welche Vorbildbauten in Karls Blickfeld gelegen haben könnten« sowie » . . . die sachliche Schwierigkeit, daß die literarische Quellenlage es nicht erlaubt, mit Sicherheit alle Bauten anzugeben, welche Karl und seine Berater direkt oder indirekt gekannt haben,« auch für die Heranziehung des Felsendoms als Vorbild für Aachen entscheidend ist. Deswegen wurde diese Frage von uns besonders berücksichtigt, und die Antwort zeigt eine unerwartet große Fülle von Beziehungen zwischen Aachen und Jerusalem, die die methodische Voraussetzung Bandmanns erfüllen. ■

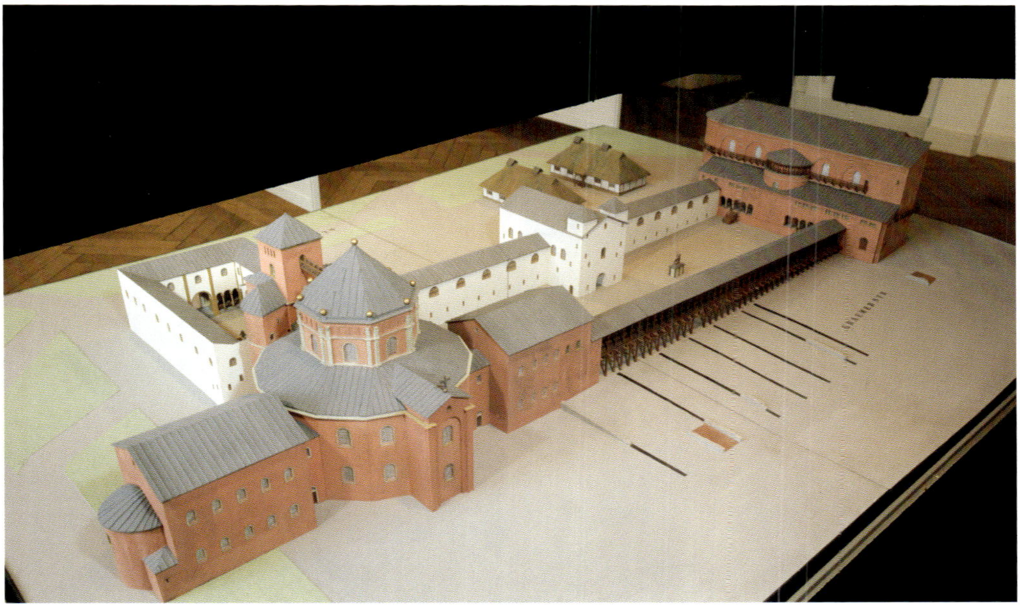

Modell der Aachener Pfalz, Holz mit farbiger Fassung, Aachen, 1965 (Museum Burg Frankenberg, Aachen)

hielt nach dem Erbauer und Ausstatter der alttestamentarischen Stiftshütte den Beinamen Bezaleel[30], weil er maßgebend an der Errichtung und Ausschmückung des neuen Tempels seiner Zeit, der königlichen Kapelle in Aachen, beteiligt war. Der Erzkaplan Hildebold, Haupt der gesamten Hofgeistlichkeit, wurde mit Aaron, dem Hohenpriester des Alten Bundes, verglichen.[31] Aber nicht nur auf Personen wurde Bezug genommen: Bezeichnenderweise wurde die Pfalzkapelle, das Hauptgotteshaus des fränkischen Reiches, gedanklich vom Vorbild des Salomonischen Tempels bestimmt. Einige karolingische Quellen, deren Aussagen keine bloßen Topoi sind, bringen den Nachweis, daß die Errichtung der Pfalzkapelle durch den Gedanken vom Wiederaufleben des Salomonischen Tempels beeinflußt wurde. So betont Notker in seinen ›Gesta Caroli‹ ausdrücklich, daß Palast und Kirche in Aachen nach dem Vorbild des weisesten Salomo erbaut wurden.[32] In einem Brief, den Alkuin 798 – also noch während der Bauzeit der Kirche – an Karl schrieb, hofft er, den König bald in »Hierusalem optatae patria« zu sehen, »wo der Tempel des sehr weisen Salomo kunstvoll mit Gottes Hilfe errichtet wird.«[33] Aachen gilt also als das Jerusalem des karolingischen Reiches und die königliche Kapelle als Salomons Tempel.

Da der ›Templum Salomonis‹ der Idee nach Vorbild der Aachener Pfalzkapelle war, taucht die Frage auf, inwieweit der Felsendom, also der Jerusalemer Tempel nach karolingischer Vorstellung auch im architektonischen Sinn Vorbild gewesen ist. Natürlich entspricht diese Fragestellung, die nach einem konkreten Vorbild forscht, nicht der karolingischen Auffassung von Vorbild und Nachahmung. Es ist nicht verwunderlich, daß die Forschung zu dem Resultat kam, der Aachener Zentralbau sei keine genaue und unmittelbare Kopie eines bestimmten Bauwerks, sondern die eigenständige Umsetzung des variantenreichen Zentralbautyps der spätantik-byzantinischen Architektur. »Es ist kein Bauwerk bekannt, das der Aachener Pfalzkapelle mit allen signifikanten Eigentümlichkeiten vorausgeht und als einziges Vorbild evident wäre. Wohl aber kennen wir mehrere Bauten, die eines oder mehrere Motive der Aachener Pfalzkapelle als stilistische oder Gattungsmerkmale vortragen oder auch gestalthaft der Aachener Anlage allgemein ähnlich sind.«[34]

Wenn wir im Salomonischen Tempel das nach mittelalterlicher Auffassung gedanklich-ideale Vorbild der Aachener Pfalzkapelle erkennen, so wird deutlich, daß Bauten wie San Vitale in Ravenna, die Sergios- und Bakchoskirche oder der Chrysotriklinos in Konstantinopel, die in der Forschung als Vorbilder für Aachen gelten,[35] Mittler zur Erreichung des neuen Tempels in Aachen waren. Gleichzeitig wird deutlich, daß beim Bau der Aachener Pfalzkapelle auch der islamische Felsendom als Medium zum Salomonischen Tempel verstanden wurde. Wie der innere Kern der

Modell der Aachener Pfalz, Holz mit farbiger Fassung, Aachen, 1965 (Museum Burg Frankenberg, Aachen)

Aachener Pfalzkapelle ein Oktogon ist, so bildet der Felsendom in seinen Außenmauern ein regelmäßiges Achteck.[36] Wie der Aachener Bau von einer Kuppel abgeschlossen wird, die auf einem von Fenstern durchbrochenen Tambour sitzt, so wird auch der Felsendom von einer mächtigen Kuppel abgeschlossen, die sich auf einen von Fenstern durchbrochenen Tambour stützt. Wie im Inneren des Felsendoms eine konzentrisch umlaufende Inschrift im Ansatzfeld des Tambours den Stifter und die Entstehungszeit nennt, so befindet sich auch im Inneren des Aachener Münsters eine (erneuerte) rundumlaufende Inschrift, die Karl den Großen als Stifter nennt. Die Maßeinheit, die den Zentralbauten in Jerusalem und in Aachen zu Grunde liegt, ist für eine ganze Reihe von Memorialbauten typisch.[37] Freilich besaß der Felsendom den Salomonischen Königsthron nicht. Der Aachener Thron mit seinen sechs Stufen ist eine deutliche Anspielung auf Salomons Thron, wie er im Alten Testament (I. Kön. 10, 18–20; II. Chr. 9, 17–19) beschrieben ist.[38] Mit diesen signifikanten Gemeinsamkeiten glaubte der mittelalterliche Mensch, in ausreichendem Maße die Identität zwischen Vorbild und Kopie erreicht zu haben.[39] Hinzu kommt noch eine wichtige Ähnlichkeit, die die Gesamtkonzeption der beiden Komplexanlagen betrifft. Ähnlich dem axialen Bezug von Felsendom und al-Aqsa Moschee, von denen letztere in der Kreuzfahrerzeit bezeichnenderweise in einen Palastsaal umfunktioniert wurde, besteht auch in der Pfalz zu Aachen eine klare axiale Nord-Süd-Verbindung zwischen der königlichen Kapelle und der Königshalle.

Trotz aller hier aufgeführter Ähnlichkeiten zwischen Jerusalem und Aachen erscheint auch eine Vielfalt von anderen Vorbildern für Aachen relevant. Unsere Ableitungsthese hat jedoch den Vorteil, daß sie von einer dreifachen Grundlage handfester gestützt wird als andere Thesen, die separat entweder nur die Aachener Kapelle oder aber nur die Pfalz berücksichtigen. Die dreifache Grundlage besteht, wie wir sahen, aus der geistigen Affinität der Karolinger mit dem Alten Bund und dem Salomonischen Tempel, aus den regen historischen Beziehungen zwischen Karl dem Großen und Jerusalem sowie aus den konkreten architektonischen Zusammenhängen der beiden Bauten.

Exkurs: Zur Frage des Tempels in den Pilgerberichten bis ins karolingische Zeitalter Was »sahen« die christlichen Pilger beim Betrachten des Felsendoms und der al-Aqsa Moschee während ihres Besuchs in Jerusalem? Welche Auffassung von diesen zentralen Stätten des Islam, die dort errichtet worden waren, wo einst der alttestamentliche Tempel gestanden hatte, läßt sich in den Pilgeraussagen erkennen?

In der Kreuzfahrerzeit ist die christliche Auffassung von den Harambauten eindeutig: Der Felsendom wird zum ›Templum Domini‹ und die al-Aqsa Moschee zum ›Templum Salomonis‹.[40] Dies bedeutet die Wiederaufnahme des Tempels unter die ›loca sancta‹ Jerusalems, ein Erneuerungsakt, der in Widerspruch zur christlichen Doktrin von der Zerstörung und dem unwiderruflichen Verschwinden des Tempels stand. Auf der Autorität der Heiligen Schrift fußend[41], erscheint

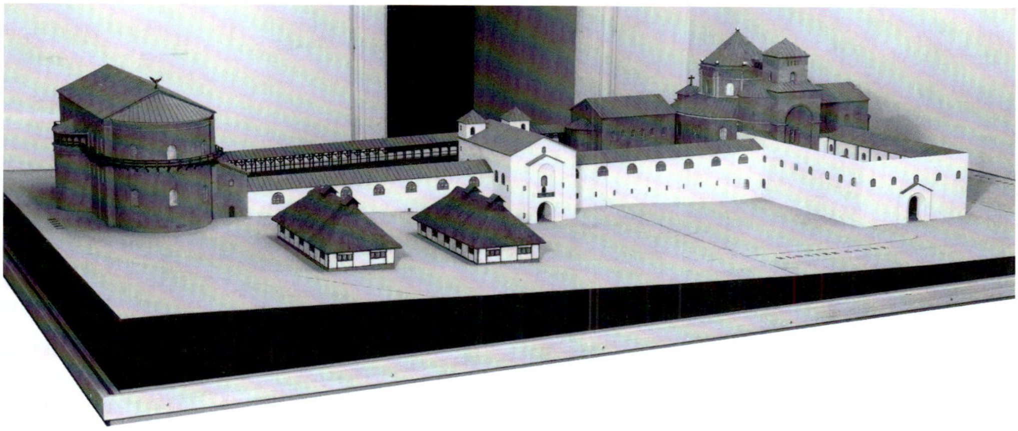

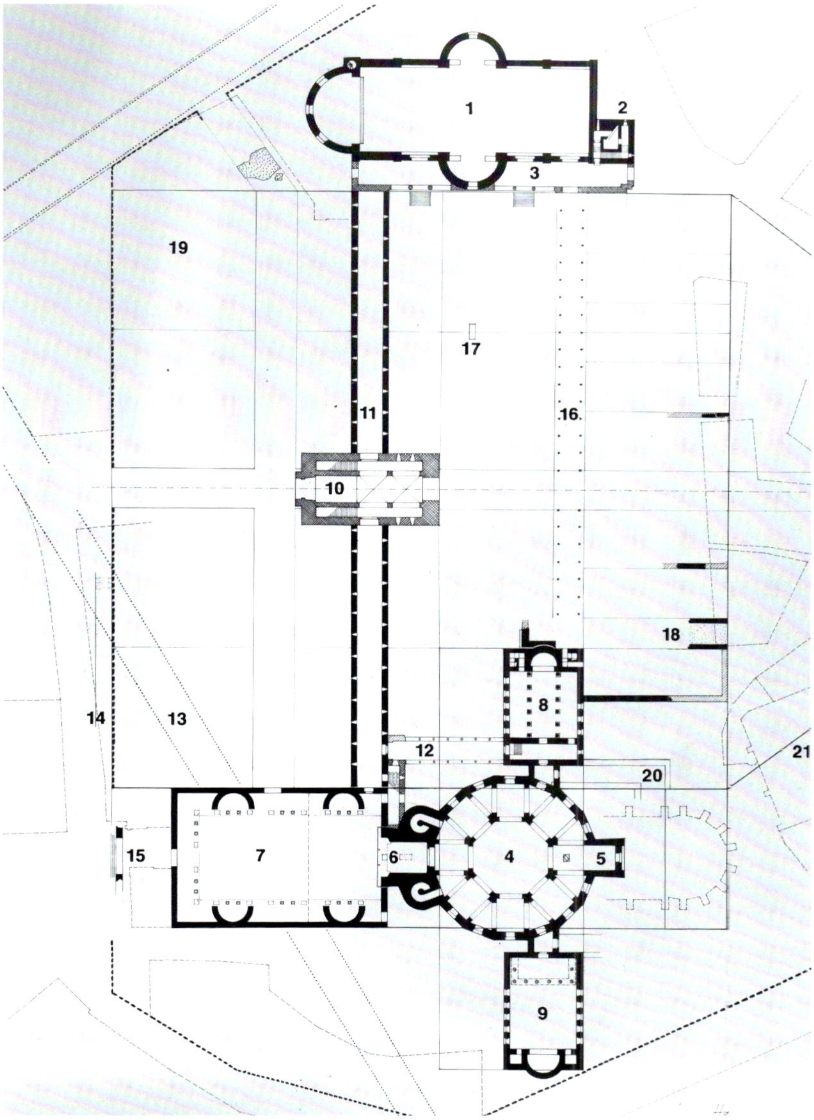

Plan der Aachener Pfalz nach Hugot (Museum Burg Frankenberg, Aachen)

die Doktrin vom Untergang des Tempels in konstantinischer Zeit bei Eusebius voll artikuliert.[42] Die Grabeskirche, das »neue Jerusalem«, ersetzt den alttestamentlichen Tempel, wobei eine Reihe von heiligen Traditionen des entweihten Tempelbergs in der Grabeskirche neu lokalisiert wird.[43] Die »eusebianische« Doktrin prägt weitgehend die christliche Auffassung vom Tempel bis hinein in die Kreuzfahrerzeit. Der große Umbruch während der Kreuzfahrerzeit war natürlich bedingt durch die neue politische Realität: Den neuen abendländischen Herrschern fielen bei der Eroberung Jerusalems (15. Juli 1099) auch die Harambauten in die

Hände. Sie werden aufgrund der alttestamentarischen Tradition christlich »getauft« und somit dem Islam entrissen. Damit ist aber auch die traditionelle christliche Doktrin vom Verschwinden des Tempels von den Kreuzfahrern in den Schatten der Realität gedrängt worden.

Hier taucht unwillkürlich die Frage auf, warum der Tempel während der byzantinischen Herrschaft über das Heilige Land, von Konstantin über Justinian bis Heraclius, nicht reinstauriert wurde. Die Gründe dafür sind zweierlei: Erstens hielt sich die byzantinische Tradition streng an die im wesentlichen selbst entwickelte Doktrin von der Abolition[44], zweitens standen die Byzantiner während der Christianisierung der Stadt ja noch nicht vor dem prachtvollsten Architekturkomplex Jerusalems, den Bauten am Tempelberg. Die Realität am Tempelberg war im 4. Jahrhundert unbedeutend: Es waren noch Reste des paganen Kults und Erinnerungsstücke an den Tempel vorhanden. Ihre Wirkungskraft sollte für ewig unter den Kehrichtschichten des von den Christen zur Mülldeponie der Stadt degradierten Tempelbergs verschwinden.

Kommen wir nun auf unsere anfängliche Frage zurück: Was »sahen« die christlichen Pilger während der islamischen Herrschaft über Jerusalem beim Betrachten der Harambauten? Die Antwort auf diese Frage wird zeigen, daß die Umbewertung in der Kreuzfahrerzeit nicht plötzlich in Erscheinung trat[45], sondern daß die kontinuierliche Auseinandersetzung der Pilger mit dem alttestamentarischen Tempel vor Ort schon in karolingischer Zeit zur Auffassung des Felsendoms als ›Templum Domini‹ führte, auch wenn diese nicht aus der tatsächlichen christlichen Herrschaft über den ›locus sanctus‹ gereift war. Am prägnantesten wird die christliche Auffassung vom Tempel in karolingischer Zeit beim fränkischen Mönch Bernard deutlich.[46] Er schreibt um 870 den letzten vollständigen abendländischen Pilgerbericht vor den Kreuzfahrern. Zwei Textstellen aus seinem ›itinerarium‹ sind für uns schlüssig: Die erste bringt ein konkretes Beispiel karolingischer Präsenz und ihrer Auswirkung in Jerusalem. Nachdem im Text beschrieben wurde, wie die Pilger nach Jerusalem gelangten, wird weiter ausgeführt: »Et recepti sumus in hospitale gloriosissimi imperatoris Caroli, in quo suscipiuntur omnes. qui causa devotionis illum adeunt locum lingua loquentes romana: cui adjacet ecclesia in honore sanctae Mariae, nobilissimam habens bibliothecam studio praedicti imperatoris, cum XII mansionibus, agris, vineis et horto in vale Josaphat.«[47] Es handelt sich also um eine große Stiftung Karls des Großen in Jerusalem, einen Pilgerkomplex, zusammengesetzt aus einem Haupthospiz, zwölf Übernachtungsheimen, einer Bibliothek und einer Marienkirche, die höchstwahrscheinlich mit St. Maria Latina zu identifizieren ist, dazu noch um Felder, Weinberge und einen Garten im Tal Josaphat. Bernards Aussage fügt sich gut in das historische Bild vom Wirken und von den Befugnissen Karls des Großen im Heilige Land ein. Dieses Bild wird auch aus anderen Quellen deutlich:

35 Vgl. Bandmann, 1967, Fig. 9–12, für S. Vitale u. Sergios- und Bakchoskirche. Ausführlich über den Chrysotriklinos als Vorbild für Aachen, Fichtenau, 1951, 1–25. ■ 36 Für diesen Vergleich sowie für die darauffolgenden s. Buchner, 1919, 52 f., der hier von uns frei zitiert wird. ■ 37 F. Kreusch, 1964, 61–82. Der Felsendom wird unter den Vergleichsbeispielen (63) im Kontext der Grabeskirche herangezogen. Für eine gründliche Analyse der Maßeinheit des Felsendoms und seine Einordnung in die klassische, bzw. byzantinische, Tradition vgl. D. Chen, 1980, 41–50. ■ 38 Buchner, 1919, 38; Bloch, 1964, 768. ■ 39 Über das Phänomen im allgemeineren Sinne s. F. Panzer, 1950; E. Lehmann, 1956/57), 213–234. ■ 40 Busse, 1982. ■ 41 Prawer, 1980, 750 f. ■ 42 Prawer, 1980, 754 f. ■ 43 J. Jeremias, 1926; Busse, 1987, 8.; Prawer, 1980, 765–768; Schein, 1984, 175 f. ■ 44 Über die Doktrin von der Abolition des Tempels s. auch H. Nibley, 1959/1960, 97–123; 229–240, bes. 113 f. ■ 45 So Schein, 1984, 175. Differenzierter urteilt Prawer, 1980, 742, 779, 781, wenn er die christliche Einstellung (»Perspektive«) zu Jerusalem und damit auch zum Tempel während der Kreuzfahrerzeit, als eine Erneuerung und nicht als eine überraschende plötzliche Änderung ansieht. Die Erneuerung kann sich nicht nur auf das Frühchristentum zurückbeziehen, sondern konkreter und unmittelbarer auf die Gestalt Karls des Großen als Kreuzfahrervorbild. Auf Seite 775 erwähnt Prawer zwar kurz die Beziehung Karls zu Jerusalem, ohne jedoch auf den Kontinuitätsfaden zwischen der karolingischen Zeit und der Kreuzfahrerzeit hinsichtlich des christlichen Jerusalembildes und besonders des alttestamentarischen Tempels einzugehen. ■ 46 Itinerarium Bernardi, Monachi Franci, 1874, 85–99, Kommentar u. Noten: 393–408. Vgl. dazu J. Wilkinson, 1977, 143, wo auf Karte 45, entsprechend der Wortbeschreibung Bernards, Salomons Tempel kartographisch erfaßt ist. Ein Parallelbeispiel dazu bildet die Karte zu Epiphanius, ebd. 116. ■

Das ›Commemoratorium de casis Dei vel monasteris‹, entstanden um 808, stellt ein im Auftrag Karls des Großen angefertigtes Verzeichnis der wichtigsten Kirchen und Klöster Palästinas während der Frühzeit der Abbasiden-Herrschaft dar.[48] Das Vorbereiten und die Durchrührung solch eines Inventars setzt Reise und Recherchen eines Gesandten sowie die Zustimmung der islamischen Behörden voraus.[49] Die guten Beziehungen zwischen den Abbasiden und Karl ließen also auch für eine solche Initiative Raum, die eine Art Schirmherrschaft des abendländischen Kaisers über die christlichen Anstalten im Heilige Land bekundet.

In der einzigen, unvollständig überlieferten Handschrift des ›Commemoratorium‹ wird der Tempel nicht erwähnt. Das ist kein Wunder, denn die Absicht des offiziellen Berichterstatters war nicht, den ›ordo peregrinationis‹ der damaligen Zeit schriftlich niederzulegen, sondern ein Inventar des tatsächlichen christlichen Besitzes aufzustellen und Zahl und Herkunft der Diener dieser ›loca sancta‹ statistisch zu erfassen. Der Tempel konnte in einem an die Realverhältnisse gebundenen, dem Zwecke nach nicht erbaulichen Schriftstück keine Erwähnung finden. Der Tempelberg und seine Bauten waren ja in muslimischer Hand. Andererseits macht das ›Commemoratorium‹ klar, wie gut und unmittelbar die Kenntnis Jerusalems und somit des Felsendoms bei den Karolingern gewesen sein muß.

Die Pläne einiger ›loca sancta‹-Kirchen, die vom gallischen Bischof Arkulf während seiner Reise ins Heilige Land (um 680) auf Wachstäfelchen geritzt wurden und in einer Reihe von Handschriften überliefert sind[50], stellen ein weiteres Indiz dafür dar, wie die Architektur des Tempels, bzw. des Felsendoms, an den Hof Karls des Großen vermittelt werden konnte. Zur Zeit Arkulfs stand freilich der Felsendom noch nicht. Ob seine Beschreibung des Tempelbergs auf eigener Besichtigung oder auf Hörensagen beruht, kann nicht mit Sicherheit entschieden werden.[51] Natürlich durften die christlichen Pilger, wie auch die Juden, normalerweise den Haram nicht betreten[52], obwohl es an Ausnahmen nicht gefehlt hat. Die große Zahl von christlichen und jüdischen Tempeldienern, die in den arabischen Quellen für die Omayyadenzeit überliefert ist[53], zählt zu diesen Ausnahmen, die zweifellos eine wichtige Rolle als Quelle des christlichen Wissens über den Felsendom im Frühmittelalter spielte.

Die Vorstellung des Felsendoms als Tempel Salomons ist bei Bernard unabhängig von einem tatsächlichen Besuch im Felsendombezirk; dies betrifft auch andere Pilger seiner Zeit. Der Blick vom Ölberg oder Zionsberg auf Jerusalem fiel damals, wie heute, auf den Tempelberg mit dem Felsendom als dem imposantesten Bau der ganzen Stadt. Was das Auge sah, wurde aufgrund dessen, was man aus der Heilsgeschichte wußte, als ›Templum Salomonis‹ verstanden. Die islamische Realität wurde ins Christliche übersetzt, und somit der Felsendom zum Tempel Salomons. Nur vor diesem Hintergrund können wir die zweite Textstelle Bernards interpretieren. Sie erwähnt den Salomonischen Tempel unter den bedeutendsten ›loca sancta‹ innerhalb der Stadtmauern. Zuerst wird die Grabeskirche beschrieben, dann werden in topographischer Rei-

47 Tobler, 1874, 91. ■ 48 Commemoratorium de Casis Dei vel Monasteriis, in: Tobler, 1874, 77–84, Kommentar u. Noten: 355–392. ■ 49 Wilkinson, 1977, 12. ■ 50 Vgl. dazu Donner, 1979, 323f. u. Abb. auf 339, 359, 365; Wilkinson, 1977, 193–197 u. Pl. I–VI. ■ 51 Donner, 1979, 337 Anm. 8, behauptet: »Er (Arkulf) berichtet vom Hörensagen und war selbst gewiß nicht auf dem Haram.« Diese Behauptung ist nicht zwingend. Busse, wie Anm. 29, 22, interpretiert Arkulfs Aussage anders: » … Arkulf sah um 680 die provisorische Moschee …,« und Donner widerspricht sich selbst, wenn er in der gleichen Anmerkung sagt: »Welches Gebäude Arkulf gesehen hat, ist nicht sicher auszumachen.« Die Geschichte des Betretendürfens des Tempelbergs nach seiner Zerstörung durch die Juden und Christen bis in die Neuzeit ist noch nicht geschrieben. Zweifelsohne sind die Ausnahmen vom Verbot des Betretens und der Besichtigung sehr zahlreich. So z. B. war es den Juden im 4. und 5. Jh. gestattet, den Tempelplatz zu betreten und am heiligen Fels Trauerriten zu vollziehen. Vgl. Wilkinson, 1977, 173; Donner, 1979, 56 u. Anm. 87. ■ 52 T. Tobler, 1853, 557; Wilkinson, 1977, 173 col. b (Photius). ■ 53 R. Hartmann, 1909, 38. ■ 54 Tobler, 1853, 93. ■ 55 Tobler, 1853, Bd. I, 547 mit Quellenangaben; Hartmann, 1909, 47; Busse, 1982, 24 f. ■ 6 Damit ist hier die Zeit bis zur Eroberung Palästinas durch den Islam im 7. Jahrhundert gemeint. ■ 57 H. Donner, 1971, 42–91, (Textstelle 83); Wilkinson, 1977, 11, 117–121, 198–199. ■ 58 Wilkinson, 1977, 117, Anm. 3. ■ 59 Donner, 1979, 55–56. ■ 60 Donner, 1979, 55. 61 Donner, 1979, 178. ■ 62 F. Nau, 1914, 120: »… allerent au temple désert de Salomon pour voir la corne du Temple où Satan avait mis notre Sauveur.« Vgl. C. Kopp, 1959, 361 Anm. 84. ■ 63 Donner, 1979, 210. ■ 64 Donner, 1979, 237. ■

henfolge Kirchen und Lokaltraditionen am Berg Zion erwähnt. Im gleichen Zuge, bevor Bernard zur Schilderung der heiligen Stätten außerhalb Jerusalems übergeht, lesen wir: »Ad Aquilonem [von Berg Zion aus] est templum Salomonis, habeans synagogam sarracenorum.«[54] Das islamische Heiligtum wird also als Synagoge bezeichnet. Das zeigt nicht nur, wie wenig damals ein Abendländer mit dem Islam vertraut war, so daß er Fremdes in Jerusalem durch Fremdes, von zuhause Gekanntes definiert, sondern auch, daß die islamischen Bauten am Tempelberg auf Bernard wie Katalysatoren wirkten, die aus dem Felsendom die Vorstellung des Tempels entstehen ließen. Es ist interessant, daß in der Kreuzfahrerzeit, als der Felsendom christlich besetzt und die Frage nach seinen Erbauern akut wurde, christliche Herrscher wie Helena, Justinian oder Heraklius als Wiedererrichter des Salomonischen Tempels auftauchen.[55]

Werfen wir zum Schluß noch einen Blick auf frühchristlich-byzantinische Pilgeraussagen.[56] War es wirklich so, daß die Abolitionsdoktrin die Erinnerung an den Tempel völlig erlöschen ließ? Epiphanius, dessen Text über den Tempel, obwohl er nach 638 und vor 691 zu datieren ist,[57] inhaltlich eher in die vorislamische Zeit gehört, schreibt: »Und nahe dabei ist das Allerheiligste, wo das Blut des Zacharias geronnen ist, und der schwebende Stein und der Tempel Salomons mit besonderem Mauerwerk.« Epiphanius »sieht«, wie Bernard, den Tempel Salomons wie gegenwärtig vorhanden. Außerdem nennt er zwei Lokaltraditionen des Tempels: Der »schwebende Stein« ist anscheinend identisch mit dem »durchlochten Stein« (lapis pertusus) des Pilgers von Bordeaux.[58] Die andere Tradition findet ebenfalls schon im 4. Jahrhundert bei dem gleichen Pilger Erwähnung: »Und in dem Gebäude selbst, wo der Tempel war, den Salomo gebaut hat, befindet sich bis zum heutigen Tag auf dem Marmorfußboden vor dem Altar das vergossene Blut des Zacharias.«[59] Es liegt auf der Hand, daß solche sichtbaren Reste des Tempels religiöse Verehrung hervorriefen. Doch war ihre Wirkung letztlich viel tiefer: die Erinnerung an den Tempel wurde durch sie wachgehalten.

Identische Wirkung hatte auch die Lokalisierung der Versuchung Jesu auf dem Tempelplatz. Die Zinne des Tempels als Ort der Versuchung ist die dominierende an den Tempel gebundene Tradition dieser Zeit. Sie ist beim Pilger von Bordeaux (333) belegt: »Dann gibt es dort den sehr hohen Eckturm, auf den der Herr hinaufstieg; da sprach der Versucher zu ihm, der Herr aber antwortete ihm: ›Du sollst Gott, deinen Herrn, nicht versuchen, sondern ihm allein dienen.‹«[60] Ferner bei Bischof Eucherius von Lyon (nach 444): »Der Tempel ... war einst ein Wunderwerk. Von ihm ist nur noch eine Art Zinne von einer in Ruinen liegenden Mauer übrig, während der Rest vollkommen zerstört ist.«[61] Der Syrer Barsauma (nach 458) besucht den »verödeten Tempel Salomons ..., um das Horn des Tempels zu sehen, auf das der Satan den Herrn gestellt hatte«.[62] Im Palästinaführer des Theodosius (zwischen 518 und 550): »Der hl. Jakobus ... ist nach der Himmelfahrt des Herrn von der Zinne des Tempels herabgestürzt ...«[63] Und im Jerusalemer-Brevier (um 550): »Danach gehst du zum Tempel, den Salomo erbaut hat; nichts ist davon übriggeblieben, außer einer Höhle. Danach gehst du zur Zinne, wo der Satan den Herrn draufstellte.«[64]

Der Tempel war nie aus der christlichen Perspektive verdrängt. Die Pilgerfahrten nach Jerusalem und die Tempelreste vor Ort hielten die Erinnerung an den Tempel wach. Das geschah im Gegensatz zur offiziellen Auffassung von der Abolition des alten Jerusalem und seines Tempels zugunsten des »Neuen Jerusalem« als dem Abbild des Himmels und der Grabeskirche als dem Inbegriff der Salvatio. Die entgegengesetzte Einstellung von volkstümlicher Pietät (Pilgertum) und gelehrter Exegese schlossen sich gegenseitig in der Praxis nicht aus. Die Pilgerbeschreibungen des Tempels spiegeln die wechselnden realpolitischen Verhältnisse in Jerusalem wieder. Wir können drei historische Phasen unterscheiden, die allmählich zu der Auffassung führten, daß der Felsendom der alttestamentarische Tempel sei. Die erste Phase entspricht der frühchristlich-byzantinischen Zeit. Der wüste und verödete Tempelplatz wird in den Pilgerbeschreibungen erwähnt, ohne daß

Modell der Aachener Pfalz, Holz mit farbiger Fassung, Aachen, 1965 (Museum Burg Frankenberg, Aachen)

er als regelrechter ›locus sanctus‹ gegolten hätte. Die Erinnerung an den Tempel erfolgt indirekt. Die Zinne des Tempels und der Felsen des Brandopferaltars sind die konkreten verehrungswürdigen Teilstücke, die die Erinnerung an den Tempel im christlichen Bewußtsein wachhalten. Die zweite Phase tritt mit der Errichtung des Felsendoms durch den Islam im Jahre 691 ein. Die neuen Prachtbauten am Tempelberg werden zum ersten Mal vom fränkischen Pilger Bernard christlich interpretiert. Der Felsendom wird zum ›Templum Salomonis‹. Dies geschieht in karolingischer Zeit und ist ein zusätzliches Indiz dafür, daß der Felsendom Idealvorbild für die Aachener Pfalzkapelle war. Die dritte Phase wird durch die Herrschaft der Kreuzfahrer im Heilige Land eingeleitet. Während der Felsendom in karolingischer Zeit nur als Gedankenbild der alttestamentliche Tempel war, wird er nun tatsächlich zum ›Templum Domini‹.

Das Judentum von der Spätantike bis zur Zeit Karls des Großen In § 21 seiner Karlsvita schreibt Einhard, der Kaiser sei immer an Fremden (peregrini) interessiert gewesen; er liebe sie geradezu und nehme sich ihrer mit großer Sorge an, und es seien so viele, daß sie dem Palast, ja dem gesamten Reich zu Recht fast lästig zu werden drohten. Bezog sich diese Neugier Karls auch auf die Juden, fielen auch sie unter die Rubrik ›Fremde‹?

Die Herrschaft Karls bedeutete jedenfalls einen ziemlich deutlichen Gegensatz zum bisherigen Umgang mit den Juden, genauer mit einzelnen Juden, weniger mit dem Judentum an sich. Denn hier stand Karl in einer römischen Tradition, die von den Westgoten noch vielfach verschärft worden war, und auch in einer merowingischen Überlieferung, die allerdings im wesentlichen von der Kirche ausging, wo aber die Beschlüsse einiger Synoden ausdrücklich vom König als weltliches Recht übernommen wurden, zum Beispiel die Beschlüsse von Paris vom Jahr 614.

Man muß zunächst die zum römischen Imperium unterschiedliche politische Konstellation berücksichtigen. Das weströmische Reich zerfiel in germanische Einzelstaaten, die durchaus nicht einer einheitlichen Form des Christentums folgten, sondern, um es schlagwortartig zu sagen, in ›Arianer‹ und ›Orthodoxe‹ zerfielen. In diese wurde das Judentum, das die einzelnen Herrscher mal so, mal so auszunützen versuchten, um ihre eigene Position zu stärken, unterschiedlich eingegliedert. Dazu kam die Rolle der ›katholischen‹ Kirche zwischen ›nationalen‹ Bedürfnissen und einer zentralen Führung in Rom als Erbe des Römerreiches.

Was bedeutete das für die Karolinger, woran knüpften sie an? Die Westgoten mit ihrem permanent sich verschärfenden Judenrecht stellten jedenfalls kein Vorbild für die Karolinger dar, zumindest praktisch nicht, eher schon die Merowinger. So lassen einige gesetzliche Bestimmungen der Karolinger durchaus den alten Geist erkennen, der auch im Frankenreich von einigen kirchlichen Repräsentanten vertreten wurde, aber das ist nur die halbe Wahrheit.

Wir müssen prinzipiell unterscheiden zwischen der Rechtslage, und diese nach kirchlichem und weltlichem Recht differenzieren, und nach der Praxis im Umgang mit den Juden.

Eine der Hauptquellen für beide Bereiche, für die Rechtslage und für den praktischen Umgang mit Juden, bilden bestimmte Briefe des Bischofs Agobard von Lyon (769–840). Sie sind zwar erst unter Ludwig dem Frommen verfaßt, treffen aber, was den Gesamttenor betrifft, ohne weiteres auch für die Zeit Karls zu. Sie zeigen, daß es nicht nur in Lyon, sondern auch darüber hinaus Juden gab, von denen einige besonders am Hof einflußreich waren. Während Schutzbriefe, die spätestens ab Ludwig dem Frommen auftauchen,[1] eher den Eindruck erwecken könnten, als handele es sich um eine recht kleine Anzahl, deutet doch die Einrichtung eines ›Judenmeisters‹ (›Magister Judaeorum‹), den vielleicht schon Karl, sicher aber Ludwig geschaffen hat, darauf hin, daß Juden relativ häufig im Karolingerreich vorkamen, wahrscheinlich als kleine Gemeinden in allen größeren Städten. Von daher ergibt sich auch Agobards Bestreben, die Juden sozial zu isolieren, der einzige Weg, so meint er, dem ›Hochmut‹ der Juden entgegentreten zu können.

Doch bevor wir uns diese Schriften Agobards näher ansehen, muß zuerst kurz auf die Entwicklung des Judentums vom Ende des weströmischen Reiches bis zu Karl dem Großen eingegangen werden.

Die Juden waren – nach wie vor – prinzipiell geschützt, hatten also, im Gegensatz zu allen anderen nichtorthodoxen Religionsformen, eine Existenzberechtigung, auch im merowingisch-karolingischen Staat. Aber ihnen stand rechtlich nur ein kleiner Spielraum zur Entfaltung ihrer Religion und ihrer damit verbundenen typischen Lebensweise zur Verfügung.

1 MGH Form. 311. 325. ■ **2** Cod. Just. 1,3,54,8. ■ **3** MGH Leg. Visig. 413–485. ■ **4** vgl. Drews 2001. ■ **5** MGH Form. 309, vgl. 640. ■ **6** MGH Epp. V, 3, 164–201. ■ **7** ep. 8, c. 21: MGH Epp. 5, 3, 195. ■ **8** MGH SS 2, 737. ■ **9** Einhard Vita Karoli c. 16. ■ **10** Annales regni Francorum zum Jahre 810. ■ **11** Einhard Vita Karoli c. 16. ■ **12** Graetz 1909, Bd. 5, 203f. ■ **13** Migne, PL 121, 478–514. ■ **14** MGH Epp. 4, 2, 230. ■ **15** MGH Cap. 1, 152. ■ **16** MGH Cap. 1, 131. ■ **17** MGH Cap. 1, 258f. ■ **18** Cod. Theod. 9,15,1. ■

Ein genauerer Blick auf die Ausgangssituation im 5./6. Jahrhundert, differenziert nach 1. weltlichem Recht, 2. Kirchenrecht und 3. der ›tatsächlichen‹ Situation, soweit wir diese eruieren können, ergibt folgendes Bild:

Zu 1: Als Quelle möge hier im Wesentlichen die Novelle 3 Theodosius' II. aus dem Jahre 438 dienen. Sie stellt eine Art Zusammenfassung der bisherigen Judenbestimmungen dar, die nur wenig aus anderen Gesetzesbestimmungen des Codex Theodosianus zu ergänzen sind, der am 1. Januar 439 in Kraft trat:

Juden dürfen keine öffentlichen Ämter und Funktionen bekleiden, um nicht Herrschaft über Christen auszuüben, auch keine Gefängnisaufseher im Strafvollzug sein, allenfalls Vollzugsbeamte in Zivilsachen; sie dürfen auch nicht als Anwalt arbeiten. Der Neubau von Synagogen ist verboten, aber alte und baufällige dürfen repariert werden. Beschneidung ist nur an den eigenen Söhnen erlaubt, nicht aber an anderen Freien noch an Sklaven. Ehen zwischen Christen und Juden sind nicht erlaubt, es sei denn, der jüdische Teil wird Christ.

Dem stehen an Zugeständnissen gegenüber: Das Judentum ist prinzipiell nicht verboten; Synagogen werden als Kultorte respektiert, ebenso jüdische Festtage inklusive des Sabbats. Juden dürfen die Preise ihrer Waren frei gestalten und genießen körperliche Unversehrtheit und Schutz vor Selbstjustiz seitens der Bevölkerung.

Der Codex Justinianus, der in seiner zweiten Auflage ab dem Jahre 534 galt, hat hier noch einige Verschärfungen gebracht wie das Verbot, überhaupt christliche Sklaven zu besitzen, sonst werden diese frei[2], und zum Christentum übertretende nichtjüdische Sklaven erhalten entschädigungslos die Freiheit (§ 9). Hinzu kommt das Verbot, orthodoxe Kinder zu enterben. Gegen Rechtgläubige haben Juden kein Zeugnisrecht, nur bei Häretikern oder untereinander, besitzen also nur eine beschränkte Prozeßfähigkeit.

Ein Grundgedanke der justinianischen Gesetzgebung war, daß Ungläubige oder Falschgläubige auch keine irdischen Reichtümer besitzen sollten, ein Grundsatz, der offenbar unter den Karolingern nicht galt, wie überhaupt der Codex Justinianus im Westen in dieser Zeit nicht bekannt war und mithin noch keine Rolle spielte.

Für das Westgotenreich ist bezeichnend, daß das dortige Judenrecht eine unmittelbare Adaption und Weiterführung, das heißt Verschärfung des kirchlichen war, insbesondere unter den Königen Rekeswinth, Sisebut, Ervig und Egica. Die einschlägigen Bestimmungen finden sich in der Lex Visigothorum 12,2 und 12,3.[3] Sie sollen hier nicht im einzelnen aufgezählt werden, da sie – in ihren schärfsten Formulierungen – nur in Spanien galten und kaum auf die umliegenden Staaten eingewirkt haben, im Gegensatz zu den kirchlichen Vorstellungen, die in einem größeren Traditions- und Wirkungszusammenhang zu sehen sind.

Zu 2: Die kirchliche Rechtslage anhand der Konzilsbeschlüsse sah wie folgt aus: Es gab Eheverbote und überhaupt das Verbot sexueller Kontakte mit Juden bzw. Jüdinnen. Man sollte keine Früchte o. ä. von Juden segnen lassen, keine Speisegemeinschaften mit Juden haben, keine gemeinsamen Feste feiern, etwa das Passah, auch nicht den Sabbat. Juden durften, hier stimmen Staat und Kirche völlig überein, nicht Richter oder Steuerbeamte über Christen sein, überhaupt keine öffentlichen Ämter bekleiden, keine christlichen Sklaven besitzen und zu bestimmten Zeiten in der Karwoche sich nicht in der Öffentlichkeit sehen lassen. Wurden Sklaven in jüdischen Diensten christlich, sollten sie von Christen freigekauft werden (wurden also nicht entschädigungslos frei), ansonsten galt ein Beschneidungsverbot nichtjüdischer Sklaven. Getaufte Juden, die rückfällig wurden, hatten vor Gericht kein Zeugnisrecht, ja es wurde unter den Westgoten die Forderung nach allgemeiner Taufe für Juden erhoben. Hier ist besonders das 12. Konzil von Toledo im Jahre 681 zu nennen, das einen umfassenden Überblick über die bisherige weltliche und kirchliche Gesetzgebung in Sachen Juden gibt und die Auswanderung untersagt, um keine Gelegenheit zur Apostasie zu bieten. Die Forderung allgemeiner Judentaufe wird auf dem 16. Konzil von Toledo im Jahre

693 wiederholt, und das 17. Konzil ebenda setzt sich im Jahre 694 mit den Folgen der Zwangstaufe auseinander, die offenbar meist nur ›Scheinchristen‹ hervorbrachte: Solche Scheinchristen verlieren ihr Vermögen an den Staat, werden verstreut angesiedelt und versklavt, dürfen dabei aber ihre alten Riten nicht wieder ausüben. Ihre Kinder werden ihnen ab dem siebten Lebensjahr genommen und christlich erzogen. Insgesamt zeigen die kirchlichen Bestimmungen eine größere Praxisnähe als die staatlichen, kamen die Kirchenmänner doch täglich mit dem Judentum vor Ort in Kontakt.

Diese westgotischen Bestimmungen, die mit der islamischen Eroberung Spaniens ihr Ende fanden, waren aber offenkundig, wie schon gesagt, kein Vorbild für die Behandlung der Juden unter den Karolingern. Wir haben es also in West- und Mitteleuropa nicht mit einer einheitlichen Entwicklung zu tun, was die Behandlung der Juden betrifft.

Noch ein Wort zu den Contra Judaeos-Schriften dieser Zeit. Diese spezielle Literaturform, die die theologische Bekämpfung des Judentums mit Hilfe seiner eigenen heiligen Schriften zum Inhalt hat, geht auf die frühe römische Kaiserzeit zurück mit dem Barnabasbrief, mit Justin, mit Melito von Sardes, Tertullian, Cyprian, Origenes, Augustin und Pseudo-Augustinus. Für die hier zu behandelnde Zeit ist vor allem ein Name wichtig, Isidor von Sevilla mit seinem Traktat ›De fide catholica contra Iudaeos‹. Dieses Werk wurde auch im Frankenreich rezipiert und stellt ein wichtiges Bindeglied zwischen Antike und Mittelalter bzw. Neuzeit dar.[4]

Zu 3: Was läßt sich nun zur Alltagspraxis der Christen im Umgang mit Juden und umgekehrt etwa vom 5. bis zum 9. Jahrhundert sagen? Als Quellen dazu können neben einzelnen Schriften außerhalb der kirchlichen und weltlichen Rechtsbestimmungen gerade aber auch diese selbst genutzt werden, um Aussagen über die tatsächliche Praxis zu machen, die ja verboten werden sollte. So zeigen insbesondere die Konzilsbestimmungen, daß es vielfältige Kontakte zwischen Juden und Christen gab, vermittelt durch bestimmte Berufe (z. B. jüdische Ärzte), durch Feste und Feiern, und durch den Synagogengottesdienst. Die Juden lebten ja nicht in eigenen Städten, sondern mit anderen zusammen, und nicht immer in einer eigentlich von beiden Seiten erstrebten gewissen Isolierung und Trennung.

Lebte die Kirche anfangs in der Hoffnung, Juden durch Missionierung bekehren zu können, so setzte sich recht bald, schon ab dem 5. Jahrhundert, zuerst beim Staat, später auch in der Kirche, die Einsicht durch, daß Missionierung zwecklos und allenfalls durch ein Wunder noch möglich sei. Die Kirche hatte es also in erster Linie mit Christen zu tun, die mit dem Judentum sympathisierten, weniger mit den Juden selbst. Deshalb bleibt vorrangig die Separierung von Christen und Juden, wie sie dann ja auch von Agobard von Lyon vorgeschlagen wird.

An dieser Stelle sei ein kurzer Blick auf Agobards Schriften erlaubt, die sich mit dem Judentum befassen und die zwischen 822 und 828 verfaßt wurden, also in die Zeit Ludwigs des Frommen gehören. Ausgangspunkt ist eine Sklavin in jüdischen Diensten, die sich von Agobard hatte taufen lassen, aber offenbar ohne Einverständnis ihres Herrn. Damit verstieß der Bischof gegen geltendes Recht[5], auch wenn Agobard es nicht glauben wollte. Das brachte dem Bischof von Lyon eine Menge Ärger: Er wurde persönlich angegriffen, und in die Angelegenheit schaltete Ludwig der Fromme den staatlichen Judenbeauftragten, den ›Magister Iudaeorum‹ Evrardus (Eberhard) ein, der Partei zugunsten der Juden ergriff. Auch Agobards Hinweis nützte nichts, daß nämlich der Kaiser, der gegen Heiden kämpft und siegt, diese dem Christentum einverleibt, aber Juden nicht getauft werden dürfen, obwohl sie es wollen, was unter anderem gegen Mt 28,19 und Mk 16,15f. verstoße. Ohne hier auf Einzelheiten eingehen zu wollen, die in den Briefen 4, 6, 7, 8 und 9 Agobards vorliegen[6] und in denen sich ausgedehnte Zeugnisse aus dem sog. ›Alten‹ und ›Neuen‹ Testament, aus den Kirchenvätern und den Konzilien insbesondere zur Taufe allgemein finden, ergeben sich für Agobard folgende Forderungen: Es darf keine gemeinsamen Mahlzeiten, ja nicht einmal eine Begrüßung der Juden stattfinden, die ja auch nicht an christlichen Feiern teilnehmen;

in der Osterzeit haben sie nicht in der Öffentlichkeit zu erscheinen; sie sollen den christlichen Geistlichen Ehrerbietung erweisen; kein Christ soll Sklave bei Juden sein, lieber soll er für 12 Solidi freigekauft werden; zwischen Juden und Christen dürfen keine Ehen geschlossen werden, neue Synagogen zu bauen ist nicht erlaubt. Das alles wird aber im Frankenreich offenbar nicht eingehalten. Die Markttage werden sogar vom Sabbat auf den Sonntag verlegt, um den Juden die Möglichkeit zum Einkaufen zu geben, während am Sonntag die Kirchen leerstehen. Zwar weiß der Bischof, daß es besonders die alttestamentarischen Patriarchen sind, die sich allgemeiner Wertschätzung erfreuen, aber damit sind die Juden keineswegs etwas Besseres als die Christen, ja nicht einmal besser als alle die anderen Völker, die ihre Abstammung ebenfalls von Abraham herleiten, wie die Agarener (= Sarrazenen), Amalechiten, Madianiten und Afrer. Sie alle haben nämlich nicht das Gesetz empfangen und rangieren insofern noch vor den Juden, zu denen die Propheten geschickt wurden, und die dennoch Gottes Sohn getötet haben.[7]

Anders Karl: Er bediente sich öfters der Juden, besonders solcher im Fernhandel, und setzte sie auch für quasi pädagogische Aufgaben ein. So ließ er durch einen Juden, der öfters ins Heilige Land reiste, den Bischof Richulf von Mainz täuschen, indem dieser von dem besagten Juden eine parfümierte Maus als angebliche zoologische Besonderheit für einen horrenden Preis erstand, und den Karl daraufhin bloßstellen konnte. So jedenfalls erzählt es der Mönch von St. Gallen (Notker Balbulus) in den ›Gesta Caroli‹ I,16.8

Und hierher gehört auch die Mission des Juden Isaak zusammen mit den Rittern Lantfrid und Sigismund im Jahre 797 zu Harun-al-Raschid (Aaron-ar-Raschid) nach Bagdad, die allerdings einzig Isaak überlebte, der wohl als Dolmetscher und Ortskundiger eine entscheidende Rolle spielte.

Die Rückkehr des Isaak wird von einer Gegengesandtschaft, einem Perser und einem Sarrazenen aus Afrika, angekündigt, letzterer ein Gesandter des Emirs Abraham (Ibrahim), Herrscher der Gegend um Tunis. Karl beauftragt daraufhin den Notar Erkanbald, in Ligurien eine Flotte für Isaak bereitzustellen. Im Oktober 801 erreicht Isaak von Afrika aus Porto Venere, verbringt den Winter wegen des Schnees in Vercelli, und kommt erst im nächsten Jahr, am 20. Juli 802, nach Aachen, um dem Kaiser die verschiedenen Geschenke, darunter einen Elefanten mit Namen Abul Abaz, zu überbringen. So berichten die ›Annales regni Francorum‹ zu den Jahren 801 und 802. Einhard[9] behauptet hingegen, Harun habe bereits einige Jahre vorher den Elefanten auf Karls Bitte hin geschickt, und es sei der einzige Elefant gewesen, den Harun damals besaß. Er soll erst 810 in Lippenheim gestorben sein[10] und ist als Geschenk Haruns verschieden gedeutet worden.

Die hier geschilderten Beziehungen des Kalifen zum Karolingerreich sind in der Forschung sehr umstritten, aber noch nicht schon deshalb unglaubwürdig, weil muslimische Quellen davon nichts wissen. Diese berichten nur von Ereignissen in Spanien und ohne Erwähnung der Karolinger. Diese Unkenntnis über den (nicht-spanischen) Westen könnte verschiedene Gründe haben: Einmal handelte es sich bei den Gesandtschaften vielleicht nicht um offizielle Kontakte. Dann müßte man Isaak wesentlich höher einstufen als nur einen Dolmetscher und Ortskundigen, vielmehr als den eigentlichen Gesandtschaftsleiter; denn es waren gerade die Fernhandel treibenden Juden, die Träger solcher Kontakte waren. Zum anderen hatte die Auseinandersetzung Karls mit den Arabern in Spanien eine ambivalente Seite. Zwar hielten sich hier die Omayyaden an der Macht gegen die Abbassiden, die im Osten herrschten, und Karl könnte sich als Vorkämpfer der Abbassiden verstanden haben, aber es war immerhin ein innermuslimischer Bruderkrieg, der nicht von ›Ungläubigen‹ ausgenützt werden sollte, weshalb man lieber über den Westen generell schwieg.

Umstritten ist die Gesandtschaft eines Mönches des Jerusalemer Patriarchen 799 nach Aachen: Bestand ein Zusammenhang mit der Gesandtschaft an Harun al-Raschid zwei Jahre vorher? Die Rückkehr einer fränkischen Gegengesandtschaft unter dem Priester Zacharias aus Jerusalem noch Ende 800, also vor Isaak, verschaffte Karl die Schlüssel zum Grab des Herrn und zum Kalvarienberg, daneben aber auch die Schlüssel der Stadt selbst und der Feste Zion nebst einer Fahne (vexillum). Der Frankenkönig wurde so eine Art Schutzherr nicht nur der heiligen Stätten, sondern von Jerusalem selbst, offenbar doch wohl im Einverständnis mit dem Kalifen. So jedenfalls deutet es Einhard[1],[1] der behauptet, Harun habe über das von Karl Geforderte hinaus ihm diesen ›heiligen Ort‹ als zu seinem Herrschaftsbereich gehörig übertragen (»...sed etiam sacrum illum et salutarem locum, ut illius potestati adscriberetur, concessit«). Wurde Karl damit zu einem ›Vasallen‹ des Kalifen? Oder war es vielleicht doch eine eigenständige Aktion des Jerusalemer Patriarchen? Die Hintergründe bleiben letztlich dunkel. Jedenfalls waren die Maßnahmen offenbar nicht gegen Byzanz gerichtet, an das 802 eine Gesandtschaft ging, um den Frieden mit Kaiserin Irene zu festigen, der in den nächsten Jahren weitere gegenseitige Gesandtschaften folgten, die 812 in der des Kaisers Michael und der Anerkennung des westlichen Kaisertums durch Ostrom ihren Gipfel fanden.

Ferner soll Karl die Gelehrtenfamilie des Kalonymos aus Lucca nach Mainz übersiedelt haben, um das Niveau der Juden im Frankenreich zu heben, wobei allerdings die Datierung strittig ist.[12] Eine ähnliche Bitte nach einem gelehrten Juden aus Bagdad soll an Harun-al-Raschid ergangen sein, der daraufhin den Rabbi Machir geschickt haben soll, der eine talmudische Hochschule in Narbonne gründete. Die Historizität ist allerdings nicht über jeden Zweifel erhaben.

Es sei hier noch kurz die etwas später stattfindende Bekehrung des Pfalzdiakons Bodo zum Judentum erwähnt. Dieser Bodo unternahm 838 eine Wallfahrt nach Rom, kehrte aber nicht mehr zu Ludwig dem Frommen zurück, sondern ging nach Spanien, wurde Jude, ließ den Bart wachsen, sich beschneiden, heiratete eine Jüdin und nahm den Namen Eleazar an. Wir kennen zwar nicht die näheren Umstände, die Bodo zu seiner Konversion bewegten, aber in dem Briefwechsel mit Paulus Alvarus von Córdoba, der Bodo-Eleazar umzustimmen versuchte, liegt eine Quelle vor, die immerhin gewisse theologische Rückschlüsse auch auf die Argumentation des Bodo-Eleazar zulassen.[13] In unserem Zusammenhang ist wichtig, daß dieser Übertritt zum Judentum keine Auswirkungen auf das gute Verhältnis Ludwigs des Frommen zum Judentum hatte.

Wenn es also im Frankenreich mit der Behandlung der – oder zumindest bestimmter – Juden so ausgezeichnet bestellt war, wie war die Rechtslage?

Es gibt nicht viele Äußerungen Karls, die auf das Verhältnis zum Judentum eingehen. In einem Brief an Alkuin[14] spricht er von den Christen, die am Sabbat das vorösterliche Fasten unterbrechen, um nicht mit diesem »jüdischen Aberglauben« (»ob superstitionem Iudaeorum«) zusammen den Sabbat zu feiern, der in den Augen des Herrschers ein Fastentag ist. Vielleicht irrt Karl hier, allerdings gab es gelegentlich den christlichen Brauch, am Sabbat zu fasten. In einem Kapitular vom Jahre 809[15] wendet sich der Kaiser gegen solche Juden, die Christen am Sonntag arbeiten lassen, wobei die Strafe in Höhe des Tageslohnes aber ziemlich milde ausfällt. Hier wird auch die Frage der Zahl der notwendigen Zeugen vor Gericht geregelt: Für Christen sind es mindestens drei, für Juden allerdings, je nach Streitwert, vier, sieben oder neun. Dies stellt eine deutliche Diskriminierung dar. Man vergleiche aber die auf beiden Seiten gleiche Zeugenzahl von drei in den oben genannten Schutzbriefen; allerdings dürfen Juden da, wo sie selbst Kläger gegen Christen sind, nur christliche Zeugen aufbieten, haben also, in Übereinstimmung mit der bisherigen Rechtsprechung, kein eigenes Zeugnisrecht gegen Christen, so wie es schon in römischen Zeiten der Fall war. Schließlich findet sich zum Jahre 806 eine Anordnung zu größerer Sorgfalt für Bischöfe, Äbte und Äbtissinen im Umgang mit kirchlichem Besitz. Händler, darunter auch Juden, rühmten sich, jeden Kirchenbesitz kaufen zu können, von wem sie wollten.[16] Dies ist eigentlich keine antijüdische Verfügung.

Schließlich schreibt die Überlieferung noch die sechs ›Capitula de Judaeis‹ Karl dem Großen zu, wenngleich dies nicht ganz sicher ist. Von der Chronologie abgesehen, enthalten sie zum Teil sehr unhomogene Anordnungen und Strafen, die Zweifel rechtfertigen.[17]

Nr. 1 verbietet Juden, sich als Pfand oder als sonstige Sicherheit bei Schulden von Christen irgendwelche Kirchengüter geben zu lassen, sonst drohen ihnen Vermögensverlust und Abhauen der rechten Hand. Diese drastische Strafe erinnert an den frühen Konstantin, der ebenfalls öfters zu Verstümmelungen gegriffen hatte. Bezeichnenderweise werden die Christen, die solche Pfänder anbieten, aber nicht bestraft.

Nr. 2 ist eine Spezifizierung von Nr. 1, insofern hier, sei es von Juden oder von Christen, als Pfand Christen selbst von Juden genommen werden. Bei Verstößen soll ein solcher Christ nach jüdischem Gesetz wieder in seinen vorigen Stand versetzt werden, und der Jude, der ihn als Pfand genommen hat, soll Pfand und Schuld in gleicher Weise verlieren.

Nr. 3 untersagt den Juden eine Münzwerkstatt und den Verkauf von Wein, Lebensmitteln und anderen Dingen in ihrem Privathaus. Wenn doch, verlieren sie diese Dinge und werden in den Kerker geworfen, so lange, bis sie dem Kaiser vorgeführt werden. Es scheint sich um verbotene Privatprägungen und Privatverkäufe zu handeln, die vielleicht an der offiziellen Marktaufsicht vorbei getätigt wurden.

Nr. 4 regelt den Eid von Juden gegen Christen: Ein Jude wird zweimal mit Sauerampfer (rumex) von Kopf bis Fuß bestreut, wo er zur Eidesleistung stehenbleiben muß, in der Rechten die fünf Bücher Mose in Hebräisch oder in Latein. Dabei hat er zu sprechen: »So wahr mir Gott helfe, jener Gott, der dem Moses auf dem Berg Sinai das Gesetz gab, und so wahr nicht über mich kommen möge die Lepra des Syrers Naaman, wie sie über ihn kam (2. Kg 5,1–27), und so wahr mich die Erde nicht verschlingen möge, so wie sie Dathan und Abiram verschlang (Nm 16, 31f.), in dieser Sache habe ich gegen dich kein Übel verdient.« Hier hat man jüdische Mitwirkung bei der Formulierung angenommen, und dasselbe soll für Nr. 5, den Eid der Juden untereinander gelten: »Ich beschwöre dich bei dem lebendigen und wahren Gott und bei jenem heiligen Gesetz, das der Herr dem seligen Moses auf dem Berg Sinai gab, und beim heiligen Adonai, und bei dem Bund Abrams, den Gott mit den Kindern Israels schloß (es muß wohl ›filiis‹ statt ›filii‹ heißen), und so wahr nicht die für den Syrer Naaman bestimmte Lepra meinen Körper umschließt, und so wahr mich die Erde nicht lebend verschlingen soll, wie sie es mit Dathan und Abiram tat, und beim Bogen des Bundes (beim Regenbogen), der sich vom Himmel her den Menschensöhnen zeigte, und beim heiligen Ort selbst, wo der heilige Moses stand, und bei jenem heiligen Gesetz, das der selige Moses dort empfing, in dieser Sache bin ich ohne Schuld.« Die Anspielung auf Adonai als einer quasi eigenständigen göttlichen Instanz (und nicht als Ersatzbezeichnung für Jachwe) scheint mir hier doch eher auf eine christliche Formulierung zu deuten denn auf eine jüdische.

Nr. 6 regelt Prozeßfragen von Juden gegen Juden und gegen Christen. Im ersten Fall läuft das Verfahren nach den Vorschriften des jüdischen Gesetzes ab. Im zweiten Fall, wenn ein Jude einen Christen verklagt, soll sich der Christ entlasten mit Hilfe glaubwürdiger Zeugen, Schwur auf Heiligenreliquien oder durch die Feuerprobe. Dem Juden aber wird eine Krone aus Brombeeren um den Hals gelegt, die Knie im Stehen gefesselt, eine hinreichend stachelige Brombeerrute von 5 Ellen Länge nach Beendigung des Eides sehr heftig durch die Hüften gezogen. So mag er sich entlasten, wenn er (dabei) unversehrt bleibt. Wenn aber ein Jude eine Straftat gegen den christlichen Glauben oder gegen einen Christen begangen hat und überführt ist, wird er entweder in den Sack für Verwandtenmord eingenäht und in einen tiefen Wasserstrudel geworfen, oder er wird verbrannt.

Die Strafe des Säckens wird z. B. auch bei Konstantin gegen Verwandtenmord angewandt, wobei in den Sack zusätzlich Schlangen mit eingenäht wurden, weil Verbrennen in diesem Fall dem Kaiser zu milde erschien.[18] Die Karolinger befinden sich damit also in einer römischen Tradition, wenngleich das eigentliche Verbrechen, das diese Strafe nach sich zieht, recht unbestimmt bleibt.

Ansonsten scheint das Ritual des Judeneides Versatzstücke des Leidens Jesu zu benutzen, die hier nun auf die Juden selbst angewandt werden. Kann man eine solche Haltung Karl zutrauen, oder stammt zumindest die Nr. 6 nicht aus seiner Zeit? Es läßt sich nicht mit Sicherheit sagen, aber wenn der Geist der Gesetze doch in dieser Art mit bestimmten negativen Traditionen behaftet war, vermag man einerseits zu ermessen, was die praktische Haltung Karls auf dem Hintergrund dieser Überlieferung bedeutete, aber auch, auf welch ›dünnem Eis‹ die Juden auch in der Karolingerzeit lebten.

Immerhin hat diese Haltung bis in die Ottonen- und Salierzeit angedauert. Erst die Kreuzzüge bringen hier einen Einbruch, bringen Verfolgungen, Folter, Mord und Totschlag.

Die Zeit Karls hebt sich davon durchaus positiv ab.

Fremde, Verbündete, Gegner? · Muslime und Juden im Verständnis Karls des Großen

Karl der Große ist im Verlauf seiner Herrschaft, insbesondere nach seiner Kaiserkrönung 800, immer wieder und unterschiedlich intensiv in Kontakt zu den beiden anderen Buchreligionen Islam und Judentum getreten. Diese Beziehungen erstreckten sich, was den Islam betrifft, sowohl auf den Orient als auch auf das muslimische Spanien. Im Gegensatz zu diesen außenpolitischen Beziehungen zum Islam blieben die Berührungen mit dem Judentum weitgehend auf den engeren Herrschaftsbereich Karls des Großen, auf religionspolitische, rechtliche und wirtschaftliche Fragen begrenzt.

Doch wie gestalteten sich nun konkret die Beziehungen Karls des Großen zum Islam, zu Harun-ar-Rashid und zum muslimischen Spanien? Welche Motive veranlaßten den karolingischen König und Kaiser vor dem Hintergrund der jeweiligen aktuellen politischen Lage in der frühmittelalterlichen Welt zum politischen, diplomatischen aber auch militärischen Eingreifen in diesen Gebieten? Wie verstand Karl der Große den Islam als Religion im Gegensatz zum Christentum? Neben diesen Fragen soll in einem zweiten Schritt nach dem Bild des karolingischen Herrschers vom Judentum gefragt werden, nach seinem persönlichen Interesse am Alten Testament im Sinne seines Selbstverständnisses sowie nach den Möglichkeiten einer freien Religionsausübung und der Stellung der Juden im Bereich des Rechts und des Handels.

Das Islambild Karls des Großen »Drei Personen nahmen auf der Welt bisher die höchste Stelle ein, nämlich der Papst in Rom, der den Stuhl des hl. Apostelfürsten Petrus als Stellvertreter innehat, dann die kaiserliche Würde und die weltliche Macht des zweiten Roms, an dritter Stelle die königliche Würde, zu der Euch, als Lenker des christlichen Volkes, mächtiger als die genannten, hehrer an Weisheit, erhabener durch die Würde des Reiches, die Gnade unseres Herrn Jesus Christus erhoben hat. Auf Dir allein beruht das ganze Wohl der Kirchen Christi.«[1] Mit seinem Brief vom Juni 799 an Karl den Großen beschreibt Alkuin die Situation des karolingischen Reichs am Vorabend der Kaiserkrönung Karls des Großen. Dabei entwirft er ein bezeichnendes Bild von der politischen Machtverteilung in der Welt im ausgehenden 8. Jahrhundert: Neben die als christliche, unmittelbar von Gott verstandene Gewalt des Papsttums und Byzanz als die Traditionsmacht des Ostens tritt gleichberechtigt das durch Expansionspolitik wie innere Reformen geschaffene Großreich Karls des Großen. Damit aber nicht genug: Für Alkuin ist Karl der Große der einzige, der als Garant für Sicherheit und Stabilität die christliche Welt zu lenken vermag, waren doch sowohl das Papsttum durch das Attentat auf Papst Leo III. im April 799 als auch Byzanz durch außenpolitische Mißerfolge gegen die Araber und Bulgaren, durch das Wiederaufflammen des Bilderstreits und den Kampf um die Alleinherrschaft bzw. die Regierung durch Kaiserin Irene geschwächt.[2] Auffällig an dieser Quelle ist weniger die Aufwertung Karls des Großen und sein gesteigertes Selbstbewußtsein gegenüber dem Papsttum und Byzanz, als die Tatsache, daß innerhalb dieser »Weltrangliste« eine Großmacht überhaupt nicht erwähnt wird: das Kalifat von Bagdad unter Harun-ar-Rashid, das trotz der – aus karolingischer Sicht – geographischen Randlage eine politisch und kulturell gleichwertige Großmacht darstellte.[3] Denn ungeachtet innenpolitischer Auseinandersetzungen mit den Barmakiden, einer mächtigen Wesirsfamilie, und den vergeblichen Bemühungen, mit Hilfe des Sunnitentums das abassidische Kalifat zu einer prophetischen Herrschaft auszugestalten, vermochte Harun-ar-Rashid nicht nur in Fragen von Verwaltung und Rechtsprechung, sondern auch im Bereich der Literatur und Koranexegese eine politische und geistige Kultur zu schaffen, die sich außenpolitisch zwar teilweise im Widerstreit mit den Nachbarn

1 Alcvini sive Albini epistolae (MGH Epp. Karol. 4,2), S. 287–289. Die deutsche Übersetzung findet sich bei Becher 1999, S. 85. ■ 2 Vgl. Classen 1985, S. 42–47 und Wirth 1976, S. 75f. ■ 3 Vgl. Classen 1985, S. 1. ■ 4 Vgl. Nagel 1998, S. 60–63 sowie Kennedy 1981, S. 115–133. An älterer Literatur ist auch heranzuziehen Brockelmann 21977, S. 98–111. ■ 5 Annales regni Francorum ad 801, S. 76f. ■ 6 Annales q. d. Einhardi ad 801, S. 190 ■ 7 Vgl. Borgolte 1976, S. 47. ■

Handschrift mit der Rekonstruktion des Triciliniummosaiks
Papier, Italien, nach 1595
(Biblioteca Apostolica Vaticana, vat. lat. 5407, fol. 186)

wie Byzanz befand, trotzdem aber mit Byzanz und dem Frankenreich konkurrieren konnte.[4]

Einen ersten Aufschluß über die Beziehungen Karls zu dieser dritten Mittelmeergroßmacht liefern die Berichte, im wesentlichen der Reichsannalen, über die erste Gesandtschaft Karls des Großen in den Orient 797, der eine Gegengesandtschaft Harun-ar-Rashids 801 folgte, sowie über die zweite karolingische Gesandtschaft von 802, die ebenfalls mit einer entsprechenden Reaktion des abassidischen Kalifen beantwortet wurde. Zum Jahr 801 findet sich in den ›Annales regni Francorum‹ der Eintrag, daß Karl der Große auf seinem Rückweg von Rom zwischen Vercelli und Ivrea zwei Gesandte, einen von Harun-ar-Rashid und einen vom Emir Ibrahim, empfangen habe, die ihn über den Stand seiner Gesandtschaft bzw. über die Rückkehr seiner Gesandten informierten.[5] Dabei erfahren wir nicht nur, daß Karl der Große vier Jahre zuvor den Juden Isaak zusammen mit Lantfrid und Sigismund, die in den Einhardannalen explizit als ›legati‹ ausgewiesen werden[6], nach Bagdad zum »König der Perser« geschickt hatte, sondern auch, daß sich Isaak aufgrund des Todes seiner beiden Begleiter nun allein mit den Geschenken Harun-ar-Rashids auf dem Rückweg befand. Offensichtlich bestanden Schwierigkeiten, das Mittelmeer zu passieren, nicht zuletzt wegen der byzantinischen Seehoheit, aber auch wegen des berühmten und Aufsehen erregenden Geschenks des Kalifen, des Elefanten Abul Abbas. Dies ist daraus zu schließen, daß Karl der Große selbst durch seinen Notar Erkanbald in Ligurien eine Flotte ausrichten ließ, die Isaak und die Geschenke sicher ins Frankenreich bringen sollte.[7] Die tatsächliche Ankunft Isaaks und damit der Abschluß der ersten Gesandtschaft zwischen

Karl dem Großen und dem Kalifen von Bagdad ist in den ›Annales regni Francorum‹ für den 20.7.802 bezeugt.[8] Genauere Informationen sind für den zweiten karolingisch-abassidischen Gesandtschaftsaustausch von 802 bzw. 806 überliefert. So deutet Einhard in seiner Karlsvita neben einem Hinweis auf die Route der Hinreise auch die Ziele der karolingischen Gesandtschaftsreise und die Reaktion Harun-ar-Rashids an: »König Karl hatte Gesandte mit Opfergaben zum Heiligen Grab und zum Orte der Auferstehung unseres Herrn und Heilands geschickt. Als diese dann vor Harun erschienen und ihm die Wünsche ihres Herrn mitteilten, ge-

Bildnisdenar Karls des Großen, Silber, Frankfurt (?), nach 800 (Staatliche Museen zu Berlin Preußischer Kulturbesitz, Münzkabinett)

währte er ihnen nicht nur alle Bitten, sondern schenkte Karl auch die Herrschaft über diesen heiligen und gesegneten Ort«[9]. Nach Einhards Angaben sowie den Einträgen in den Reichsannalen und in weiteren annalistischen Werken wie den ›Annales Mettenses Priores‹ oder den ›Annales Tiliani‹[10] war 802 unter Radbert, dem Gesandten Karls des Großen, erneut eine Mission zu Harun-ar-Rashid aufgebrochen, die über Jerusalem in Bagdad eintraf. Nach einem längeren Aufenthalt in Bagdad erfolgte die nicht ungefährliche Rückkehr über Treviso (Italien) ins Frankenreich, denn die von Karl dem Großen erlassene ›ordinatio de ducibus et populis tam Venetiae quam Dalmatiae‹, die Venetien und Dalmatien als autonome Bereiche seiner Herrschaft unterstellte, provozierte das militärische Einschreiten des byzantinischen Kaisers Niketas in diesem Gebiet.[11]

Betrachtet man die politische Gesamtsituation um 797, dem Zeitpunkt der ersten Gesandtschaft zu Harun-ar-Rashid, so fragt man sich nach dem konkreten Anlaß für diese Gesandtschaft, zumal die letzte Gesandtschaft unter Pippin in den Orient dreißig Jahre zurück lag, und Karl somit nicht an eine schon bestehende Tradition anknüpfen konnte.[12] Er dürfte denn auch weniger in den Beziehungen Karls des Großen zu Byzanz oder dem muslimischen Spanien zu suchen sein, als vielmehr in der Situation Jerusalems, das sich seit 638 endgültig in der Hand der Muslime befand, und immer wieder politischen wie religiösen Differenzen zwischen Byzanz und den Arabern ausgesetzt war, so z.B. in der Frage der Bilderverehrung, die wegen der ikonodulischen Einstellung des Patriarchen von Jerusalem die Heilige Stadt immer stärker zugunsten des Kalifats in Bagdad vom Kaiser in Byzanz entfernte. Auch in kirchlicher Sicht hatte sich Jerusalem bei der Wahl von Bischöfen und Metropoliten mehr dem Willen und Einfluß des Kalifen als dem des byzantinischen Kaisers zu unterwerfen. Den Geboten Mohammeds gemäß wurde den Christen zwar im Rahmen der schon bestehenden Gemeinden eine freie Religionsausübung gewährt, deren praktische Umsetzung jedoch oft vom jeweiligen, von Bagdad relativ unabhängigen Statthalter abhing. Spätestens ab 788 trat neben die Verletzung der Schutzpflicht durch die Willkür der Statthalter eine weitere Gefährdung der Christen in Jerusalem in Form von Räuberbanden hinzu, die Klöster im Heiligen Land verwüsteten, schließlich auch mordend nach Jerusalem vordrangen und 797 das Sabaskloster vernichteten.[13] In dieser Situation der durch

Bildnisdenar Karls des Großen, Silber, Frankfurt (?), nach 800 (Staatliche Museen zu Berlin Preußischer Kulturbesitz, Münzkabinett)

die Araber nicht mehr zu leistenden Schutzfunktion ist es wahrscheinlich, daß sich die bedrängten Christen – aufgrund der Entfremdung von Byzanz – an Karl den Großen gewandt haben. Auch wenn in den Quellen keine offizielle Kontaktaufnahme des Patriarchen von Jerusalem überliefert ist, so kann doch die Kenntnis der schwierigen Lage in Jerusalem über Händler und Pilger in das Frankenreich gelangt sein. Die Annahme, daß sich Karl der Große mit der Frage der Christen in Jerusalem, nicht zuletzt auch in Verhandlungen mit Harun-ar-Rashid auseinandergesetzt hat, wird in mehrerer Hinsicht bestätigt. Die Reichsannalen berichten zum Jahr 799, daß eine Jerusalemer Gesandtschaft Karl dem Großen die Stadtschlüssel mit anderen Geschenken wie Reliquien aus dem Heiligen Grab überbracht habe.[14] Besonders die Stadtschlüssel hätten als politische Gabe nicht ohne die Zustimmung des Kalifen oder wenigstens des Statthalters von Syrien übergeben werden können.[15] Darüber hinaus berichtet Einhard, wie bereits erwähnt, daß Harun-ar-Rashid Karl die Herrschaft über Jerusalem geschenkt habe. Man wird dies nicht als Übernahme einer protektoralen Herrschaft über Jerusalem verstehen dürfen, da zum einen das Kalifat trotz der aktuellen Schwierigkeiten, die Kontrolle im Heiligen Land zu behaupten, nicht seine Vormachtstellung in Jerusalem und Umgebung zugunsten des weit entfernten karolingischen Kaisers aufgegeben hätte, hatte es doch zuvor stets seine Hoheit über Jerusalem gegenüber Byzanz herausgestellt. Zum anderen stellt sich aus der Sicht Karls des Großen die Frage, inwieweit er aufgrund der räumlichen Distanz überhaupt die Macht besaß, im Konfliktfall in Jerusalem eingreifen zu können. Hinzu kommt, daß nur Einhard in dieser Pointiertheit die Übergabe Jerusalems an Karl den Großen beschreibt, was darauf schließen läßt, daß das Geschenk Harun-ar-Rashids eher eine symbolische Bedeutung im Sinne der Aufwertung Karls des Großen innerhalb der Christenheit besaß.[16] Auch wenn eine rechtliche und politische Machtübernahme Karls in Jerusalem unwahrscheinlich ist, zeigen verschiedene Quellen eine Interessenspräsenz des Karolingers in Jerusalem, so eine Äußerung Einhards, Karl habe sich die Gunst Haruns erworben, um den Christen im Orient finanzielle Erleichterung und Hilfe zukommen zu lassen, sowie das Kapitel 18 des ›Capitulare Missorum Aquisgranense Primum‹ von 810, das an Karls Bestimmungen über Almosen für die Jerusalemer Christen erinnert.[17] Auch die Tatsache, daß das Kloster der fränkischen Mönche am Ölberg sogar von einem fränkischen Abt geführt wurde und während der Gesandtschaften als Aufenthaltsort für die Franken diente, und die Mönche Gebetsverbrüderung mit den Christen des Kalifats suchten, zeigt das Bemühen Karls um eine Verbesserung der Lage der Christen in Jerusalem in Übereinstimmung mit dem Patriarchat und dem Kalifat.[18]

Das Bild, das die Quellen, insbesondere die Reichsannalen und Einhards ›Vita Karoli Magni‹ von dem Gesandtenaustausch zwischen Karl dem Großen und Harun-ar-Rashid vermitteln, betont die freundschaftliche Beziehung und die politisch übereinstimmenden Interessen der beiden Herrscher. So schreibt Einhard: »Seine [Karls] Beziehungen zu König Harun von Persien, der außer Indien fast den ganzen Orient beherrschte, waren so freundschaftlich, daß dieser Karls Gunst der Freundschaft aller anderen Könige und Machthaber der Erde vorzog und ihn allein seiner Ehrerbietung und Geschenke für wert hielt.«[19] Doch diese Geschenke – am prominentesten der Elefant Abul Abbas und die Herrschaft über das Heilige Land – sind nicht nur als Ausdruck einer karolingischen Gleichrangigkeit mit Harun-ar-Rashid zu sehen, sondern auch als Symbol für die karolingische Sicht erfolgreicher diplomatischer Beziehungen.[20]

Die karolingischen Quellen skizzieren eine Beziehung Karls des Großen zum Kalifen von Bagdad, die Karl nicht nur als Verfechter christlicher Interessen im Orient darstellt, sondern auch die Gleichberechtigung mit dem orientalischen Vertreter der dritten Mittelmeergroßmacht, die unproblematische und erfolgreiche Zusammenarbeit der beiden Herrscher und die gegenseitige Achtung herausstellt. Das Fehlen arabischer Quellen zu den Gesandtschaften[21] bestätigt den Eindruck, daß die Kontakte zwischen dem karolingischen und dem abassidischen Hof vor allem für die karolingische Seite von Interesse waren. Denn nicht zuletzt durch die Aussagen Einhards wird Karl der Große durch seine Freundschaft zu Harun-ar-Rashid und dessen Bekundung der ›amicitia‹ in sensationellen Prestigegeschenken nobilitiert und gegenüber Byzanz aufgewertet.

Neben den Beziehungen Karls des Großen zum Bagdader Kalifat gibt seine Politik im muslimischen Spanien Aufschluß über das Islambild des karolingischen Herrschers. Diese Politik läßt sich in zwei unterschiedliche Phasen einteilen. Die erste kürzere Zeitspanne erstreckt sich vom Paderborner Reichstag 777 bis zur Errichtung des Königreichs Aquitanien an der fränkischen Grenze zu Spanien 781 und ist gekennzeichnet von dem Versuch einer aktiven Einflußnahme im Norden Spaniens. Auf dem Paderborner Reichstag 777, unmittelbar nach der ersten Be-

8 Annales regni Francorum ad 802, S. 78f. ■ 9 Einhardi Vita Karoli Magni. Das Leben Karls des Großen. Lateinisch / deutsch, übers. v. E. Scherabon Firchow, Stuttgart 1995, c. 16, S. 35. ■ 10 Annales regni Francorum ad 806, S. 84f., Annales Mettenses Priores, S. 94, Annales Tiliani, S. 224. ■ 11 Vgl. Classen 1985, S. 92. ■ 12 Vgl. zu dieser Gesandtschaft ausführlich Borgolte 1976, S. 34–45. ■ 13 Vgl. zu den Ausführungen über Jerusalem Borgolte 1976, S. 20–26 sowie Bieberstein 1993, S. 152–173. ■ 14 Annales regni Francorum ad 799, S. 72f. Vgl. auch Björkman 1965, S. 679. ■ 15 Vgl. Björkman 1965, S. 679. ■ 16 Vgl. Borgolte 1976, S. 83. ■ 17 Einhard, Vita Karoli Magni c. 27, S. 51 sowie Capitulare missorum Aquisgranense primum ad 810 (MGH LL Capitularia regum Francorum 1), S. 154. ■ 18 Vgl. Berschin 1997, S. 163. ■ 19 Einhard, Vita Karoli Magni c. 16, S. 35. Zu der Frage nach dem Freundschaftsstatus Karls des Großen in der staatsrechtlichen Auffassung Harun-ar-Rashids vgl. Björkman 1965, S. 679 mit Hinweis auf Buckler 1931, S. 31–34. ■ 20 Vgl. Borgolte 1976, S. 58 u. 82. ■ 21 Vgl. Björkman 1965, S. 677. ■ 22 Vgl. Tremp 2002, S. 286. ■ 23 Spem capiendarum quarundam in Hispania civitatum … concipiens. Annales qui dicuntur Einhardi ad 778 (MGH SS rer. Germ. 6), S. 51. ■ 24 Vgl. Ahbar magma (=»Gesammelte Nachrichten«), S. 113. ■ 25 Vgl. Hadrian, Epist. 61 vom Mai 778 (MGH Epp. Karol. 3, 1), S. 588f. ■ 26 Vgl. hierzu Björkman 1965, S. 675 sowie Tremp 2002, S. 287. ■ 27 Vgl. das bei Einhard überlieferte byzantinische Sprichwort: »Der Franke soll dein Freund, nicht aber dein Nachbar sein«. Vita Karoli Magni c. 16, S. 35. ■ 28 Vgl. Björkman 1965, S. 675. ■

friedung der Sachsen, empfing Karl der Große Gesandte aus dem Norden Spaniens, die gegen die Omayyadenherrschaft in Spanien revoltierten. Hintergrund dieser Revolte war der Zusammenschluß aufständischer Berber mit der Abassidenpartei gegen die auch nach dem Umsturz 750 zugunsten der Abassiden immer noch in Córdoba präsenten Omayyaden. Durch die Gefangennahme des Kommandanten der Omayyadischen Truppen, die erfolglos versuchten, Suleiman, dem Statthalter von Barcelona, den Gehorsam aufzuzwingen begünstigt, bemühte sich die spanische Gesandtschaft, Karl den Großen zu einem Eingreifen in Spanien zu überreden. Die Motive Karls, zu einem Feldzug gegen die Omayyaden aufzubrechen, waren wahrscheinlich machtpolitischer, territorialer Natur, erst später wurde in den Metzer Annalen und der ›Vita Hludowici‹ eine religiöse Motivation im Sinne eines Kreuzzugsmotivs hinzugefügt.[22] So berichten die sogenannten Einhardannalen, Karl der Große habe die Hoffnung gehegt, »einige spanische Städte zu erobern«[23], eine Hoffnung, die auch arabische Quellen ähnlich beschreiben, wobei hier der Akzent ein wenig verschoben wird: Karl habe um des Statthalters von Barcelona willen Saragossa einnehmen wollen.[24] Ein weiteres Motiv mag angesichts der erfolgreichen Feldzüge Karl Martells gegen das muslimische Spanien in den 730er Jahren auch die Aussicht gewesen sein, wie sein Großvater gegen die Sarazenen vorgehen zu können. So nennt Karl der Große in einem Schreiben an Papst Hadrian I., von dem nur Hadrians Antwort überliefert ist, einen möglichen Einfall der Muslime in das südfränkische Gebiet als Motivation.[25] Vor den Toren Saragossas, dessen unproblematische Einnahme von Suleiman zugesichert worden war, mußte Karl der Große den Feldzug allerdings unverrichteter Dinge abbrechen. Auf der Rückkehr erfolgte dann bei Roncevalles der vernichtende Überfall auf Karl den Großen, der Eingang in zahlreiche legendarische Überlieferungen wie das Rolandslied gefunden hat. Der Hintergrund dieses Überfalls ist umstritten: Die arabischen Quellen geben an, die Söhne Suleimans hätten ihren Vater, den Karl für den Mißerfolg vor Saragossa verantwortlich gemacht habe, befreien wollen, während von fränkischer Seite die Angreifer als christliche Basken bezeichnet wurden.[26] Zweifellos hat das Erlebnis von Roncevalles Karl den Großen in seiner weiteren Spanienpolitik soweit beeinflußt, daß er von weiteren direkten Expansionsplänen in das muslimische Spanien abrückte und durch die Errichtung des Königreichs Aquitanien eine Institution schuf, die künftig die Vorgänge an der Grenze zum muslimischen Spanien zu überwachen hatte. Karls des Großen Berührung mit dem ›spanischen Islam‹ in dieser ersten Phase bis 781 zeigt einen anderen karolingischen Herrscher als die Berichte Einhards und der Reichsannalen über den gesandtschaftlichen Austausch mit dem ›orientalischen Islam‹. Fast überstürzt und als übermütige Reaktion auf seinen Erfolg gegen die Sachsen erscheint der Aufbruch Karls des Großen nach Saragossa. Dabei ist weniger erstaunlich, daß sich Karl in die Belange des unmittelbaren Nachbarn einmischte – zeigte er doch stets auch in territorialer Hinsicht ein Interesse an seinen Nachbarn[27] – sondern eher, daß die Araber ihn als Verbündeten in innermuslimische Angelegenheiten einschalteten und Karl dieser nicht vertraglich geregelten Verpflichtung sofort nachkam, denn die arabischen Gebiete an der Grenze standen weder unter der Herrschaft Karls des Großen, noch fühlten sie sich dem Omayyadischen Emir von Córdoba unterstellt. Im Gegenteil, je nach Situation und momentaner Beziehung zum jeweiligen Herrscher entschieden sie sich für die eine oder andere Partei. Doch trotz der Option, die karolingische Seite in die spanischen Interessen einzubinden, wurde die Rolle Karls des Großen von der muslimische Seite nicht einheitlich gewertet. Die bereits zitierte arabische Quelle vermittelt den Eindruck, daß Karl der Große ausschließlich die Interessen des Petenten vertrat bar jedes eigenen Vorteils wie es die Einhardannalen und der Brief Hadrians andeuten. Auf der anderen Seite wurde Suleimans Reise ins Frankenreich von den Arabern als Verrat am Islam angesehen.[28] Im Gegensatz zu den Beziehungen zu Harun-ar-Rashid konnte Karl der Große durch die Politik seines Großvaters in Spanien eher an eine begründete Einflußnahme in diesem

Gebiet anknüpfen als im Orient. Dennoch erstaunt Karls des Großen schnelle Reaktion und die damit verbundene Entscheidung, sich ohne vorherige Beziehungen zum muslimischen Spanien – aufgrund des Sachsenkriegs und anderen politischen Fragen – erstmalig für anti-omayyadische Interessen innerhalb der innerislamischen Schwierigkeiten um die Herrschaftsanerkennung in Spanien einzusetzen. Im Gegensatz zu den Beziehungen zu Harun-ar-Rashid ging es in der ersten Phase von Karls spontan begonnener Spanienpolitik nicht um die Frage einer Gleichberechtigung oder gegenseitigen Anerkennung, geschweige denn um ein gemeinsames politisches Ziel wie die Verbesserung der Situation der Chri-

Bildnisdenar Karls des Großen, Silber, Frankfurt (?), nach 800 (Staatliche Museen zu Berlin Preußischer Kulturbesitz, Münzkabinett)

sten in Jerusalem, sondern ausschließlich um territorialen Gewinn bzw. militärischen Erfolg, der nichts mit dem Islam als Institution oder Religion zu tun hatte, sondern in die militärischen Eroberungen nichtfränkischer Gebiete durch Karl den Großen einzureihen war.

Durch die Errichtung des Königreichs Aquitanien und dessen Übergabe an seinen Sohn Ludwig signalisierte Karl der Große eine Interessenveränderung gegenüber dem muslimischen Spanien: Er zog sich aus den aktuellen politischen Problemen des Grenzgebiets zurück, ließ aber aufmerksam die Entwicklungen in der ›Spanischen Mark‹ beobachten. Militärische Aktionen seitens der Karolinger zeigten sich von nun an meist als Reaktionen auf Einfälle der Muslime in christliches Gebiet, so z.B. die Verwüstung Nordspaniens nach anhaltenden Feldzügen der Araber gegen Asturien 796 und die Einnahme Barcelonas 801 als karolingische Grenzstadt gegen das muslimische Spanien.[29] Das Ziel eines militärisch befestigten Grenzlandes zu Spanien im Sinne eines ›limes hispanicus‹ wurde nicht nur mit solchen militärischen Maßnahmen verfolgt, sondern auch durch Bündnisse mit dem Emir von Córdoba. Sowohl die arabische wie die karolingische Seite berichten in dieser Zeit von Bemühungen um einen Waffenstillstand zwischen Karl dem Großen und dem Omayyadenherrscher in Córdoba sowie einem Heiratsbündnis. Auch wenn das Heiratsprojekt nicht zustande kam, zeigt es doch die Bemühungen um Verhandlung und um das friedliche Beilegen von Interessenskonflikten an der Grenze zu Spanien.[30]

Im Zentrum von Karls des Großen Interesse für das muslimische Spanien stand in der zweiten Phase neben der Befestigung der Grenze und einer Friedenssicherung durch militärische Eingriffe und Bündnisse die Situation der Christen in Spanien und der Adoptianismusstreit innerhalb der spanischen und fränkischen Kirche. Durch Bischof Felix von Urgel, dessen Bistum sich in der ›Spanischen Mark‹, also dem fränkischen Einflußbereich, befand, gelangten um 785 erste Ideen von der Adoption Christi durch Gott in das Machtgebiet Karls des Großen. Felix, der in Kontakt zu Erzbischof Elipandus von Toledo, einem Verfechter der Adoptianismusthese, stand, befürwortete nicht nur den Terminus ›filius adoptivus‹ als Erklärung der menschlich-göttlichen Natur Christi – im Gegensatz zum orthodoxen Begriff ›eingeborener Sohn‹ (›filius proprius‹) –, sondern verfaßte auch eigene

Bildnisdenar Karls des Großen, Silber, Frankfurt (?), nach 800 (Staatliche Museen zu Berlin Preußischer Kulturbesitz, Münzkabinett)

Schriften zu dieser Sonderform der Christologie.[31] Die Quelle des Adoptianismus ist einerseits im westgotischen Arianismus zu suchen, der nur eine ›Wesensähnlichkeit‹ und keine ›Wesensgleichheit‹ Christi mit Gott vertrat, andererseits aber auch in den Einflüssen des Islam auf das Christentum, denn der Islam lehnt die Gottessohnschaft Christi ab und formuliert im Koran, daß Gott weder gezeugt habe noch gezeugt worden sei (Sure 112, 2).[32] Auf der Regensburger Synode von 792 erfolgte dann die erste Reaktion Karls des Großen auf den spanischen Adoptianismus in Form einer Verurteilung der Thesen von Elipandus und Felix, der sich eine lebhafte, in den Quellen gut dokumentierte Debatte um das orthodoxe Verständnis der Naturen Christi anschloß. 794 wurde Felix von Urgel auf der Frankfurter Synode erneut verurteilt. Daß Karl der Große offensichtlich einen gewissen Spielraum an Toleranz und Offenheit gegenüber dem Adoptianismus gewährte, ohne jedoch von der durch Alkuin unterstützten Auffassung einer Irrlehre abzuweichen, zeigt sich darin, daß Felix von Urgel vor seinem endgültigen Widerruf seine Thesen auf dem Aachener Konzil von 799 offen vertreten konnte.[33] Nach diesem Konzil und dem Tod des Elipandus schwand die adoptianistische Lehre sowohl im Grenzgebiet als auch im muslimischen Spanien zunehmend. Dies zeigt nicht nur, wie sehr diese christologische Lehre von ihren beiden streitbaren Hauptvertretern abhing, sondern auch, wie sehr Karl der Große, unterstützt von Alkuin, in theologischen Fragen auf der Iberischen Halbinsel Einfluß nahm und auch Richtlinien vorgab.[34] Dabei war die gemeinsame theologische Basis in das Verständnis von einer politischen Gemeinschaft eingebunden: Ein einheitliches Bekenntnisses der karolingischen und spanischen Christen bildete, nicht zuletzt aus der Erfahrung der Niederlage von 778 heraus, für Karl den Großen eine Voraussetzung, um eventuelle expansive militärische Aktionen durchführen zu können. Dies erklärt sicher auch die intensive persönliche Beschäftigung des karolingischen Herrschers mit dem Adoptianismus.

Karl der Große erscheint in dieser zweiten Phase seines Spanieninteresses als Verfechter der christlichen Orthodoxie gegenüber der spanischen Irrlehre des Adoptianismus, der bemüht ist, eine gemeinsame Glaubenseinheit im Karolingerreich wie im christlichen Spanien zu schaffen, um mit einem starken Rückhalt bei Feldzügen meist reaktiver Art rechnen zu können. Für seine Beziehungen zum muslimischen Spanien bedeutet die zweite Phase ein Bemühen, um eine weitgehend friedliche Sicherung der Grenzen durch Bündnisse.

Am Schluß unserer Betrachtungen über Karl den Großen und seine Beziehungen zum Islam, zum Kalifen Harun-ar-Rashid in Bagdad sowie seiner sich verändernden Beziehungen zum muslimischen Spanien steht die Frage nach dem Verständnis Karls des Großen vom Islam als Religion. Auffallend ist, daß bei allen Berührungen mit dem Islam keine Auseinandersetzung mit den religiösen Ideen dieser anderen monotheistischen Religion stattfand. Dies erstaunt um so mehr, da doch gerade die karolingische Epoche unter Karl dem Großen sich intensiv und umfassend mit religiösen Fragen auseinandersetzte und besonders religiöse Strömungen, Tendenzen und Entwicklungen der Nachbarländer, wie z.B. in Byzanz, bei der Frage nach der Verehrung der Bilder verfolgte, kommentierte und erörterte. Bezieht man zusätzlich mit ein, daß es im 8. und 9. Jahrhundert durchaus Ansätze eines christlich-muslimischen Dialogs gegeben hat, so z.B. um 719 zwischen dem byzantinischen Herrscher Leo III. und dem Kalifen Umar II., durch den griechisch-orthodoxen Christen Johannes von Damaskus oder zwischen dem nestorianischen Patriarchen Timotheus I. und dem abassidischen Kalifen Mahdi um 781,[35] so sucht man nach Erklärungen für das anscheinende Desinteresse Karls des Großen am Islam als Religion. Ein Erklärungsansatz für das Fehlen einer geistig-kulturellen Auseinandersetzung mit dem Islam kann in der Behandlung der Christen in Spanien durch die Muslime gefunden werden. So berichten die zeitgenössischen Quellen zum Einzug Ludwigs von Aquitanien in die eroberte Stadt Barcelona 801, daß zwar einige Kirchen von Muslimen in Moscheen umgewandelt worden waren, die Bischofskirche jedoch für den christlichen Kult erhalten geblieben war und auch generell eine intakte christliche Gemeinde angetroffen wurde. In seinem panegyrischen Epos auf Ludwig den Frommen gibt Ermoldus Nigellus sogar bekannt, daß die Einwohner Barcelonas die muslimische Herrschaft der der Franken vorgezogen hätten.[36] Eine Kontinuität des christlichen Lebens schien also trotz der muslimischen Eroberungen und ihrer Machtübernahme gewährleistet gewesen zu sein. Auch die allgemeinen Verlautbarungen Karls des Großen hinterlassen keine Anzeichen für eine Bedrohung der Christen durch den Islam oder Versuche, Christen zu Muslimen zu bekehren. Nicht nur verzeichnen die Reichsannalen Begebenheiten, bei denen Christen oder Kleriker trotz Eroberungen in christlichen Gebieten verschont blieben[37], sondern auch die textreiche Auseinandersetzung mit dem spanischen Adoptianismus erwähnt keine Bedrohung des christlichen Glaubens oder eine Gefährdung des christlichen Lebens durch den Islam. Dennoch läßt die adoptianistische Christologie in Spanien am ehesten eine theologische Auseinandersetzung mit dem Islam erkennen, indem mit der Vorstellung von der Adoption Christi durch Gott die Rolle Christi innerhalb der Trinität für Muslime rational erklärt werden konnte.[38] Ein zweiter Erklärungsansatz für eine fehlende Beschäftigung

29 Vgl. Tremp 2002, S. 289. ■ 30 Vgl. zu diesem Heiratsprojekt auch Rosenthal 1930, S. 441–445. ■ 31 Vgl. Nagel 1998, S. 53f. ■ 32 Vgl. Kloft 1994, S. 56. Vgl. zum Adoptianismus auch Heil 1965, S. 96–155. ■ 33 Vgl. Tremp 2002, S. 287 sowie Nagel 1998, S. 132–134. ■ 34 Vgl. Nagel 1998, S. 137. ■ 35 Vgl. hierzu mit einer Edition der Texte Newman 1993, S. 57–275. ■ 36 Vgl. Ermoldus Nigellus (MGH Poet. Lat. 2), S. 7, vv 67f. ■ 37 Vgl. Annales regni Francorum ad 809, S. 90f. ■ 38 Vgl. hierzu Tremp 2002, S. 293. ■ 39 Vgl. Ebd., S. 288. ■ 40 Vgl. Geisel 1998, S. 376. ■ 41 Vgl. Mohr 1966, S. 400. ■ 42 Verfechter dieser These ist Mohr 1966, S. 382–409. ■ 43 Vgl. Classen 1985, S. 77ff. ■ 44 Vgl. hierzu Fischer 1965, S. 157. ■ 45 Vgl. Riché 1985, S. 155. ■

mit dem religiösen Islam kann in der Auffassung Karls des Großen vom Islam als einer anerkannten Religion gefunden werden. So ist es bemerkenswert, daß der Islam nicht als ein zu bekehrendes Heidentum oder gar als zu bekämpfende Häresie betrachtet wurde. Wurden z.B. die heidnischen Praktiken der Sachsen im ›Indiculus superstitionum et paganiarum‹ aufgeführt und erörtert, werden in ähnlichen Quellen die Muslime nicht erwähnt.[39] Dies läßt darauf schließen, daß Karl der Große keine Veranlassung sah, sich mit der Religiosität des Islam auseinanderzusetzen da er die nach dem Judentum und Christentum dritte Buchreligion als eigenständig und außerhalb des karolingischen Machtbereichs ansah, die weder das Christentum gefährdete noch die freie Religionsausübung der Christen unterband. Erst unter Ludwig dem Frommen wurde begonnen, den Islam als Häresie zu betrachten, vor der die Christen in den muslimischen Gebieten geschützt werden mußten.

Karls des Großen Bild vom Judentum Anders als bei der Frage nach den Beziehungen Karls des Großen zum Islam, die sich auf den Orient und das muslimische Spanien erstreckten und weitgehend durch ein politisches, diplomatisches und militärisches Engagement gekennzeichnet waren, steht bei der Frage nach dem Verständnis Karls des Großen vom Judentum zunächst sein persönliches Interesse an der verwandten Religion, insbesondere am Alten Testament, im Vordergrund. Davon ausgehend soll nach den Konsequenzen für die konkrete Stellung der Juden im religionspolitischen, rechtlichen und wirtschaftlichen Bereich gefragt werden.

Aus den Briefen Alkuins ist bekannt, daß sich Karl der Große im privaten Kreis der Hofgelehrten mit »David« in Anlehnung an den alttestamentarischen König anreden ließ. Auch seine engen Gesprächspartner am Hof fungierten unter Namen, die entweder Erzählungen aus dem Alten Testament oder der antiken Klassik entnommen waren.[40] Selbst bei innenpolitischen Entscheidungen griff der karolingische Herrscher alttestamentarische Ideen und Vergleiche mit bedeutenden den Personen des Alten Testaments auf. So berief er sich in der ›Admonitio generalis‹, seinem umfangreichsten Reformwerk von 789, auf das Beispiel des Königs Josia, der durch Reisen in seinem Reich das beseitigte, was der Verehrung Gottes widersprach (2 Kön 23). Josia, der im Alten Testament für ein Leben nach dem Willen Gottes gelobt wird, stellt somit in der ›Admonitio generalis‹ ein Vorbild für Karls eigene Herrschaftsausübung dar.[41] Nicht nur die geistige Nähe zum Alten Testament und die Vertrautheit mit seinen Inhalten, sondern auch die Differenziertheit, mit der verschiedene alttestamentarische Persönlichkeiten mit Karl dem Großen verglichen wurden, belegen die Anziehungskraft des Alten Testaments auf den karolingischen Herrscher. Sicherlich stand für Karl den Großen mit dem Aufgreifen alttestamentarischer Vorbilder nicht im Vordergrund, seine Herrschaft in die direkte Nachfolge der Könige des ersten Testaments zu stellen[42], wohl aber, sich im theologischen Sinne als christliche Erfüllung alttestamentarischer Präfiguration zu verstehen. Alkuins Andeutungen eines ›davidischen Königtums‹ müssen daher vielmehr als dessen persönliche, theologische Projektion verstanden werden.[43] Dennoch zeigt sich eine Verbundenheit Karls des Großen zum Alten Testament, die über die gewöhnliche christliche Anerkennung hinausging und sich im Bereich der Bibelreform auch in der Forderung Karls des Großen, sich an der ›Hebraica veritas‹ als maßgeblichem Bibeltext zu orientieren, niederschlug.[44] Auch in Fragen der Liturgie, der Moral, des Kirchenrechts und einer politisch-kirchlichen Ordnung orientierte sich Karl der Große häufig am Alten Testament.[45] So wurde er von Zeitgenossen nicht nur mit König David oder Josia verglichen, sondern durch den Bau der Aachener Marienkirche – besonders durch den sogenannten Karlsthron mit seinen sechs Stufen in Anlehnung an den salomonischen Thron – in bezug zu König Salomo und dessen Tempelbau gesetzt. Alkuin schreibt in einem Brief an Karl im Juni 798, er hoffe den Herrscher in Aachen zu sehen, »wo der Tempel durch die (Kunst-)Fertigkeit des höchst weisen Salomo für Gott errichtet wird.«[46] Dieses Motiv greift auch das nach der Kaiserkrönung Karls des Großen 800 verfaßte Aachener Karlsepos auf, nach dem Karl der Große nicht nur als Salomo den Tempel vollenden, sondern ihn auch als David beginnen konnte.[47] Ähnlich äußert sich Notker Balbulus in seinen ›Gesta Karoli Magni‹ »über die Bauten, die der Caesar Augustus Kaiser Karl zu Aachen nach dem Beispiel des höchst weisen Salomo für Gott … wunderbar erbaut hat«.[48] Welches Selbstverständnis läßt sich nun aus diesen Andeutungen über eine besondere Affinität zum Alten Testament schließen? Daß Karl der Große von Zeitgenossen mit alttestamentarischen Königen verglichen wurde und sich selbst auch durch eigene Vergleiche in diese Beziehung gesetzt hat, deutet nicht auf eine alttestamentarische Herrschaftskonzeption hin, sondern vielmehr auf das Bemühen um ein Handeln als christlicher Herrscher im Sinne der Erfüllung der im Alten Testament präfigurierten königlichen Vorbilder.

Hat nun dieses Verständnis des Alten Testaments Folgen für die religionspolitische, rechtliche und wirtschaftliche Stellung der Juden während der Herrschaftszeit Karls des Großen gehabt?

Über die Stellung des Judentums als Religion und die Möglichkeiten der freien Religionsausübung geben die Quellen zur Zeit Karls des Großen nur wenig Auskunft. Geradezu auffällig mutet das Schweigen der Konzilien zu das Judentum betreffenden Fragen an: nur marginal gestreift und unter völligem Verzicht auf jegliche Adversus-Judaeos-Motive erscheint das Thema Judentum in den Konzilsakten. Weder werden die religiösen Lebensformen des Judentums angegriffen noch beschnitten, sondern im Gegenteil höchstens gegen die christlichen abgegrenzt: »Nachdem etliche, die ihr Weg aus der hebräischen Religion [zu uns] verschlagen hat, die Gottheit Christi verspotten zu können glauben, indem sie vorgeben, Christen zu sein, ihn selbst [d.h. Christus als Gott] aber leugnen, und nachdem sie im Verborgenen und heimlich den Sabbat begehen und auch in anderer Hinsicht judaisieren, bestimmen wir, daß diese von der Kommunion, vom Gebet und von der Kirche ausgeschlossen werden; vielmehr sollen sie ganz offen nach ihrem eigenen Ritus Hebräer sein.«[49] In diesem Kanon 8 des Konzils von Nikaia 787 wird deutlich, daß sich die Kritik des Konzils ausschließlich gegen eine (Zwangs-)Judenmission richtete und den eigenständigen Glauben des Judentums betonte. Eine Vermischung beider Religionen sollte mit diesem Beschluß verhindert werden, ohne jedoch das Judentum als Religion anzugreifen, geschweige denn in Frage zu stellen.[50] Auch in den Akten des Konzils von Friaul 796/797 findet sich der Hinweis auf das Fehlen einer Trennung zwischen Judentum und Christentum in der praktischen Umsetzung beider Religionen, da von christlichen Bauern berichtet wird, die auch den Sabbat als Feiertag betrachteten.[51] Bemerkenswert an dieser Notiz ist, daß in der Bevölkerung anscheinend keine Animositäten zwischen Judentum und Christentum vorhanden waren und daß die Fortsetzung dieser Friedfertigkeit – nicht zuletzt das Fehlen eines antijüdischen Tenors in den Konzilsakten – bestätigt, daß, trotz einer strikten Abgrenzung beider Religionen auch von der höheren Geistlichkeit gewünscht wurde.[52] Die einzige antijüdische Spitze in den Konzilsakten findet man in den Statuten von Reisbach, Freising und Salzburg von 800, die im Kanon 43 festlegen, daß bei den Fürbitten für die Juden nicht das Knie gebeugt werden dürfe. Dies ist jedoch nicht als bewußte Abwertung der Juden zu verstehen, sondern vielmehr vor dem Hintergrund der von Karl dem Großen verfolgten Liturgiereform im Karolingerreich.[53] Auch Alkuin maß einem christlich-

46 Alcvini sive Albini epistolae (MGH Epp. Karol. 4,2), S. 235. ■ **47** Vgl. Ratkowitsch 1997, S. 27. ■ **48** Notkeri Balbuli Gesta Karoli Magni imperatoris, S. 362–365. Die hier zitierte Übersetzung findet sich bei Binding 1998, S. 195. ■ **49** Mansi 13, Sp. 427f. Die deutsche Übersetzung findet sich bei H. Schreckenberg 41999, S. 478. ■ **50** Vgl. Schreckenberg 41999, S. 478. ■ **51** Concilium Foroiuliense ad 796/797 (MGH LL Concilia 2,1), S. 194 ■ **52** Vgl. Geisel 1998, S. 372. ■ **53** Concilia Rispacense, Frisingense, Salisburgense ad 800 (MGH LL Concilia 2,1), S. 212. Vgl. dazu Geisel 1998, S. 372f. ■ **54** Vgl. Schreckenberg 41999, S. 479 mit Textauszügen Alkuins. ■ **55** Vgl. Schreckenberg 41999, S. 479f. sowie Riché (1981), S. 155. ■ **56** Stephani papae epistola II., PL 129. Sp. 857. ■ **57** Vgl. Chronicon Moissiacense (MGH SS 1), S. 294. ■ **58** Vgl. hierzu Bachrach 1974, S. 9–15. ■ **59** Vgl. Lewis 1987, S. 25f. sowie Geisel 1998, S. 389f. ■ **60** Vgl. Geisel 1998, S. 395 sowie zu den merowingischen Konzilienbeschlüssen Ebd., S. 98–230. ■ **61** Vgl. zu der Kontroverse um eine Mitwirkung Pippins bei der legislatorischen Initiative Geisel 1998, S. 385ff. ■

jüdischen Konflikt eine geringe Bedeutung bei und bezog Elemente des Judentums eher auf Karl den Großen und seine Herrschaft, als sie einer antijüdischen Auslegung zu unterziehen. Bis dahin typische antijüdische theologische Behauptungen, wie die der Schuld der Juden am Tod Christi, erscheinen bei Alkuin – wenn überhaupt – sehr eingeschränkt und unpolemisch.[54] Den einzigen Hinweis auf Religionsgespräche zwischen Juden und Christen gibt Alkuin in einem Brief an Karl den Großen um 800, wonach der Theologe an einer Disputation zwischen dem Juden Lullus und dem Magister Peter von Pisa teilgenommen hatte. Inhalt und Atmosphäre des Gesprächs werden durch Alkuin nicht überliefert, aus der Art seiner Erwähnung läßt sich aber eine freundschaftliche Unterhaltung zwischen den Vertretern beider Religionen ableiten.[55]

Eine ähnliche Wertschätzung der Juden ist auch in ihrer rechtlichen Situation erkennbar. Ein Brief Papst Stephans III.[56] von 768/769 an Aribert, den Bischof von Narbonne, vermittelt gleich mehrere Informationen über die faktische und die rechtliche Stellung der Juden im spanischen Grenzgebiet. Juden war es demnach im aquitanischen Raum gestattet, nicht nur pachtfreie und erbrechtlich übertragbare Ländereien zu besitzen, sondern über diese auch den Christen gleichberechtigt verfügen zu können. Die Ursache für diese Gleichstellung ist in der besonderen Situation des Gebiets um Narbonne zu suchen, das seit dem Beginn der Eroberung der Iberischen Halbinsel durch die Araber 711 immer wieder Ziel muslimischer Einfälle wurde, bis 759 – folgt man der Chronik von Moissac[57] – Narbonne zwar von den Franken erobert werden konnte, die Befriedung des gesamten aquitanischen Gebiets jedoch auch zur Entstehungszeit des Briefs Papst Stephans III. noch nicht abgeschlossen war.[58] Somit hatten sich die Juden in diesem Gebiet einerseits je nach Situation innerhalb kürzester Zeit wechselnden Herrschern unterzuordnen, andererseits ermöglichte die Einbindung der Juden in die Verwaltung und Organisation der durch die Araber eroberten Gebiete eine politisch und wirtschaftlich günstige Ausgangslage.[59] Die zweite Information, die Papst Stephan III. durch sein Schreiben überliefert, betrifft die Möglichkeit, Christen für die Bestellung der jüdischen Ländereien und sonstige Tätigkeiten anzuwerben und zu verpflichten. Bedenkt man die Beschlüsse der merowingischen Konzilien des 6. und 7. Jahrhunderts, nach denen Juden untersagt wurde, christliche Sklaven in ihren Dienst zu stellen, und den Umstand, daß der Papst in seinem Brief nicht auf einen unfreien Status der christlichen Arbeiter anspielt, muß davon ausgegangen werden, daß es sich bei den für die Juden arbeitenden Christen um freie, angeworbene Lohnarbeiter handelt, die die agrarwirtschaftlichen Interessen der Juden unterstützen sollten. Damit scheinen die aquitanischen Juden eine Lücke innerhalb des geltenden Konzilsrechtes gefunden zu haben, die ihnen ermöglichte, neben heidnischen Arbeitern auch christliche zu beschäftigen, ohne daß dies gegen Konzilsbeschlüsse verstieß.[60] Auch in sozialgeschichtlicher Hinsicht ist der Brief Papst Stephans III. für die Situation der Juden zum Regierungsbeginn Karls des Großen aufschlußreich, denn er berichtet über das Zusammenleben von Juden und Christen, das – sieht man vom antijüdischen Grundtenor des Papstes im gesamten Brief ab – anscheinend ohne größere Schwierigkeiten, vielleicht sogar über die gegenseitige Akzeptanz im Sinne eines Religionsaustauschs ablief. Schließlich bleibt nach der von Papst Stephan III. explizit erwähnten Rolle der ›Frankenkönige‹ zu fragen. Denn neben der wirtschaftlichen und der auf den Grundbesitz bezogenen Gleichstellung der Juden sowie der Möglichkeit, Christen als freie Lohnarbeiter einzustellen, fällt die von Papst Stephan III. ausdrücklich erwähnte Legalisierung durch die fränkischen Könige in Form urkundlicher Bestätigungen bzw. Privilegien auf. Karl der Große muß demnach entweder mit Bezug auf seinen Vater Pippin oder nach dessen Tod 768 zusammen mit seinem Bruder Karlmann als eine der ersten Amtshandlungen diese Begünstigung der Juden rechtlich bestätigt haben.[61] Bedenkt man die exponierte Lage der Juden im aquitanischen Raum und die durch sie gegebene Möglichkeit, einen aufgrund der arabischen Herrschaft schon begonnenen wirtschaftlichen Strukturwandel, geprägt durch wirtschaftliche Eigenständigkeit und Selbstverantwortlichkeit, zu beschleunigen, markieren die von Karl dem Großen erlassenen Privilegien nicht nur eine nachträgliche Legalisierung schon bestehender, informell geltender wirtschaftlicher und arbeitstechnischer Rechte der Juden, sondern auch den Beginn einer Politik, die erkannte, daß Juden für die Belebung der Wirtschaft unverzichtbar waren, und die daher die rechtliche Lage der aquitanischen Juden gezielt aufwertete.[62]

Auch im weiteren Verlauf seiner Herrschaft setzte sich der große karolingische Herrscher mit den Rechten der Juden in seinem Reich auseinander, wobei er sowohl an die überlieferte Judengesetzgebung der christlich-römischen Kaiser anknüpfte als auch bürgerliche und besonders wirtschaftliche Rechte aus eigener Machtvollkommenheit heraus verlieh.[63] So widmete sich das ›Capitulare missorum Aquisgranense alterum‹ von 809 unter anderem erneut der Frage nach der Beschäftigung christlicher Lohnarbeiter durch Juden und gewährte neben dem Verbot für Christen, am Sonntag zu arbeiten – ein Verbot, das bereits in der ›Admonitio generalis‹ von 789 erhalten war – indirekt die Möglichkeit, an den übrigen Wochentagen Christen als Lohnarbeiter einzustellen.[64] Die für die Verletzung des Sonntagsarbeitsverbots vorgesehene Strafe, der Verlust eines Tageslohns für den arbeitgebenden Juden, war gering im Vergleich zu den Verlusten, die durch die beiden verbindlichen arbeitsfreien Tage Samstag und Sonntag aufgrund des Sabbats und der Sonntagsruhe für den jüdischen Arbeitgeber entstanden.[65] Mit dieser gesetzlichen Anordnung weitete Karl der Große die für die aquitanischen Juden geltenden Regelungen auf das ganze Karolingerreich aus und schuf einen Modus vivendi, der nicht in Konkurrenz zu der Doktrin der Kirchenväter, keine Christen als unfreie Knechte für Juden einzusetzen stand, sondern die von den aquitanischen Juden gesehene Rechtslücke, Christen als freie Lohnarbeiter zu beschäftigen, nun formell und einheitlich schloß. Das Aachener Kapitular von 809 liefert auch Informationen über die Rechtsfähigkeit von Juden. Bei einem gemischten Rechtsstreit zwischen Juden und Christen waren Juden verpflichtet, je nach Streitwert vier, sieben oder neun Zeugen beizubringen, während Christen im gleichen Fall nur drei Zeugen aufzuführen hatten.[66] Auch wenn die Anzahl der anzuführenden Zeugen eine Benachteiligung, wenn nicht sogar eine Diskriminierung der Juden bedeutet, so verdeutlicht dieser Kapitularientext doch auch, daß Juden im Karolingerreich grundsätzlich als rechtfähig angesehen wurden und im Vergleich zur Spätantike, in der nur innerjüdische Prozesse mit jüdischen Zeugen möglich waren[67], eine Annäherung an einen gemeinsamen christlich-jüdischen Rechtsstatus versucht wurde. Das persönliche Interesse Karls des Großen an der Rechtssprechung gegenüber Juden wird besonders in den beiden überlieferten Judeneiden deutlich, die in ihrem Inhalt eine profunde Kenntnis nicht nur der jüdischen Religion, sondern auch der jüdischen Geschichte verraten und so auf eine direkte Urheberschaft des dem Alten Testament verbundenen karolingischen Herrschers schließen lassen.[68] Weiteren Aufschluß über die

62 Vgl. Schreckenberg 41999, S. 477f. ■ 63 Vgl. Schreckenberg 41999, S. 480. ■ 64 Vgl. Capitulare missorum Aquisgranense alterum ad 809 (MGH LL Capitularia regum Francorum 1), S. 152. Die betreffende Stelle der Admonitio generalis ist ediert in den MGH LL Capitularia regum Francorum 1, S. 61. ■ 65 Vgl. hierzu Geisel 1998, S. 415. ■ 66 Vgl. Capitulare missorum Aquisgranense alterum ad 809 (MGH LL Capitularia regum Francorum 1), S. 152. ■ 67 Vgl. Schreckenberg 41999, S. 481. ■ 68 Vgl. Geisel 1998, S. 424. Schreckenberg geht sogar von einer jüdischen Mitarbeit an den Eidesformeln aus. Vgl. Schreckenberg 41999, S. 482. ■ 69 Vgl. Zu der umstrittenen Rolle Ludwigs des Frommen bei diesen Kapitularien Geisel 1998, S. 426. ■ 70 So z.B. das Capitulare Haristallense ad 779 (MGH LL Capitularia regum Francorum 1), S. 49 oder das Capitulare missorum generale ad 802 (MGH LL Capitularia regum Francorum 1), S. 98. ■ 71 Vgl. Einhard, Vita Karoli Magni c. 29, S. 55. ■ 72 Vgl. Geisel 1998, S. 403f. ■ 73 Vgl. Capitula de Iudaeis (MGH LL Capitularia regum Francorum 1), S. 258f. Vgl. auch Riché 1981, S. 147. ■ 74 Vgl. Geisel 1998, S. 435. ■ 75 Vgl. Schreckenberg 41999, S. 481. Zu der vermeintlichen Ausschließlichkeit der jüdischen Berufe im Finanzwesen vgl. auch Toch 1998, S. 96, mit weiteren Literatur- und Forschungshinweisen und Schreckenberg 41999, S. 480. ■ 76 Vgl. Capitulare missorum Niumagae datum ad 806 (MGH LL Capitularia regum Francorum 1), S. 131. ■ 77 Vgl. zu der Wucherdefinition Riché 1981, S. 143 mit einer deutschen Übersetzung der betreffenden Textstelle des Nimwegener Kapitulars. Vgl. auch Caro 1964, S. 139. ■ 78 Vgl. zur Wirtschaft Karls des Großen allgemein: W. Metz 1965, S. 489–500. ■

rechtliche Stellung der Juden unter Karl dem Großen bieten die ›capitula de Judaeis‹, als deren Urheber Karl der Große und Ludwig der Fromme betrachtet werden.[69] Hiernach durften Juden weder Kirchengüter als Pfand oder Zahlungsvorschuß nehmen, noch Christen bei ausstehender Schuld in Verwahrung nehmen. Die im ersten Fall angedrohte Bestrafung des Verlusts des Besitzes und der rechten Hand ist nicht als Diskriminierung zu verstehen, da auch Christen bei gleichem Delikt diese Form der Bestrafung drohte.[70]

Im Zentrum dieser Betrachtungen zur rechtlichen Stellung der Juden unter Karl dem Großen steht die Frage, ob es sich bei den erlassenen Rechten um marginale Belange der Juden innerhalb des allgemeinen karolingischen Rechts oder um die Reste einer umfassenden ›Lex Iudeorum‹ handelte. Zwar schreibt Einhard in seiner ›Vita Karoli Magni‹, daß Karl der Große nach seiner Kaiserkrönung die ungeschriebenen Gesetze aller von ihm beherrschten Stämme sammeln und aufzeichnen ließ, auch uralte heidnische Lieder, in denen die alten Könige besungen worden seien,[71] doch fehlt ein eindeutiger Hinweis auf ein mögliches Judenrecht unter Karl dem Großen. Hinzu kommt eine erstaunliche Anzahl von fälscherischen Aktivitäten in der Zeit Ludwigs des Frommen, die die Spuren eines möglichen jüdischen Rechts in der Zeit Karls des Großen verwischen. Trotzdem zeigen insbesondere die aus der Zeit nach 800 erhaltenen Rechtstexte z.T. ein differenziertes Interesse Karls des Großen an der rechtlichen Stellung der Juden im Karolingerreich und den Versuch einer Verbesserung ihrer rechtlichen Lage gegenüber der der Christen.[72]

Auch die Kontakte Karls des Großen zu Handel betreibenden und auch sonst wirtschaftlich aktiven Juden geben Einblicke in das Verständnis und das Bild des Herrschers vom Judentum. Über das binnenländische Wirtschaftsengagement der Juden ist weniger bekannt als über ihre sich in den Mittelmeerraum erstreckenden Handelsaktivitäten. Daß bei den inländischen Tätigkeiten das finanzielle Kapital der Juden in wirtschaftlicher Hinsicht eine nicht zu unterschätzende Rolle spielte, zeigt eine Kapitularverordnung Karls des Großen innerhalb der bereits erwähnten ›capitula de Judaeis‹, die Juden untersagte, eine private Münzwerkstatt zu betreiben oder Wein und Getreide zu verkaufen.[73] Dieses Verbot, dessen Mißachtung mit dem Verlust von Besitz bestraft wurde, negierte nicht generell jüdisches Finanzkapital und jüdischen Handel, sondern wandte sich gegen die private Durchführung wirtschaftspolitisch bedeutsamer Tätigkeiten zugunsten einer persönlichen Gewinnbereicherung der Juden. Denn ein in eigener Regie und damit illegal Münzen herstellender Jude griff durch diese Handlung das staatliche Monopol der Münzprägung an und verletzte das gesamte Währungssystem der Karolinger.[74] Umgekehrt läßt sich aus dieser Information schließen, daß Juden sehr wohl offiziell im engen Umfeld des Königs und Kaisers die Funktion des amtlich bestätigten und anerkannten Münzmeisters ausübten, zu der sie wegen ihrer guten Edelmetallkenntnisse auch bevorzugt herangezogen wurden.[75] Trotzdem wäre der Schluß, Juden hätten als einzige über ein Finanz- und Handelspotential verfügt, übereilt und unzutreffend. So bezog sich eine Anweisung Karls des Großen von 806 an Bischöfe, Äbte und Äbtissinnen, keine Kirchengüter zu verkaufen, sowohl auf jüdische wie auch christliche Kaufleute. Letztere besaßen offenbar ebenfalls beachtliche Erfahrungen in finanziellen Fragen und gewisse monetäre Verfügungsmöglichkeiten.[76] Auch haben sich Juden am für die Wirtschaft des karolingischen Reichs entscheidenden Wein- und Getreidehandel beteiligt, doch nicht in der exponierten Weise eines alleinigen Monopols. Die wirtschaftlichen Verfügungen Karls des Großen, wie Ausfuhrverbote, festgesetzte Maximalpreise und Wucherdefinitionen[77], betrafen stets nicht nur den jüdischen sondern auch den christlichen Binnenhandel und zeigen sein Interesse an einer straff organisierten Wirtschaft und nicht eine diskriminierende oder repressive Einstellung gegenüber der im Rahmen des Staates nutzbaren und praktisch auch genutzten Wirtschaftskraft jüdischer Händler und Finanziers.[78]

In seinen ›Gesta Karoli Magni‹ berichtet Notker Balbulus von einem Besuch Karls des Großen an der Mittelmeerküste nahe Narbonne, bei dem auf dem Meer Schiffe gesichtet worden seien, deren Identifizierung Mühe bereitet habe: »Die einen sagten, es seien Juden (d.h. jüdische Kaufleute), andere sagten, es seien vielmehr Afrikaner (d.h. feindliche Sarazenen aus dem islamischen Nordafrika), wieder andere meinten, es handle sich um britannische Kaufleute«.[79] Nicht nur diese kurze Notiz des St. Gallener Mönches bezeugt die Präsenz jüdischer Händler im Mittelmeerbereich – bemerkt man doch, daß die Begleiter Karls des Großen zunächst an Juden und erst in einem zweiten Schritt an mögliche Feinde oder andere Kaufleute dachten –, sondern auch Urkunden bestätigen deutlich die Anwesenheit von Juden in den Mittelmeerstädten Narbonne und Marseille.[80] Die außerordentliche Stellung der Juden im Mittelmeerraum erklärt sich aus der politischen Mächteverteilung in diesem Gebiet sowie aus der kulturellen jüdischen Überlegenheit. Byzanz stand nicht nur – besonders nach der Kaiserkrönung Karls des Großen 800 – in Konkurrenz zum Frankenreich, sondern fühlte sich auch durch die Möglichkeit einer Allianz zwischen den beiden Mächten Karolingerreich und Kalifat von Bagdad bedroht. Hinzu kam die byzantinische Machtausübung über sämtliche See- und Landwege nach dem Sieg 747 über die arabische Flotte vor Zypern.[81] Neben diesem großpolitischen Faktor prädestinierte ihre Kultur die Juden für den Mittelmeerhandel und – im konkreten Fall Karls des Großen und seiner Beziehungen zu Bagdad – auch für die Leitung einer Gesandtschaft. Denn einzig das Judentum hatte sich den Folgen der durch die arabische Expansion entstandenen zerbrochenen »Einheit der Mittelmeerwelt«[82] anzupassen gewußt und seine Kultur unter wechselnden Bedingungen zu erhalten vermocht, so daß selbst eine Vermittlung zwischen den beiden weit entfernten Kulturräumen des Karolingerreichs und des islamischen Kalifats kein Problem darstellte. Berücksichtigt man zusätzlich, daß im Karolingerreich unter Karl dem Großen kein Christ über Arabischkenntnisse verfügte[83], wird deutlich, daß Karl im Fernhandel wie im Gesandtschaftsaustausch auf die profunden Kenntnisse der Juden angewiesen war. Für die konkrete Rolle des Isaak bedeutet dies, daß neben den diplomatischen Verhandlungen mit Harun-ar-Rashid sicherlich ein Austausch von Waren stattgefunden hat, durch den der karolingische Hof mit exotischen und kostbaren fremden Produkten beliefert werden konnte.[84] Karl der Große nutzte die Kenntnisse und Kontakte jüdischer Fernhändler nicht nur um für den karolingischen Fernhandel Handelswege in das muslimische Spanien und den Orient auszubauen, sondern auch, um Verbindungen mit weit entfernten möglichen Handelpartnern zu knüpfen und Luxusgüter aus dem Orient ins karolingische Reich einzuführen.[85]

Neben den religiösen, rechtlichen und wirtschaftlichen Bereichen, in denen Karl der Große mit dem Judentum in unterschiedlich intensiver Weise in Berührung kam, ist eine bei Notker Balbulus berichtete Begebenheit zwischen Karl dem Großen, einem Juden und einem Bischof von bemerkenswerter Natur, vermittelt sie doch ein »pädagogisches« Interesse des Herrscher an dem betreffenden Juden. Notker erzählt in seinen anekdotischen ›Gesta Karoli Magni‹, daß ein fernhandelnder Jude, von Karl beauftragt, einem Bischof eine mit Parfüm präparierte Hausmaus als exotische Rarität für eine bedeutende Summe Geld verkaufte. Durch den Kauf war Karl der Große in der Lage, den betreffenden Bischof seiner Habsucht zu überführen, ihn zurechtzuweisen und eines Besseren zu belehren.[86] Sieht man davon ab, daß diese Geschichte nicht durch Parallelberichte bezeugt ist und Notker nicht an einem nüchternen Faktenbericht interessiert war, wird der St. Gallener Mönch mit ihr doch den »Zeitgeist« unter Karl dem Großen darzustellen versucht haben.[87] Die Intention, durch das Verkaufsgeschick eines Juden seinem Bischof ein Fehlverhalten aufgrund weltlicher, seinem geistlichen Stand nicht angemessener Neigungen klar zu machen, zeigt nicht nur das von Notker gewünschte Idealbild

79 Notkeri Balbuli Gesta Karoli Magni imperatoris, S. 406. Die hier zitierte Übersetzung findet sich bei H. Schreckenberg 41999, S. 480. ■ 80 Vgl. Battenberg 1990, S. 51. ■ 81 Vgl. Borgolte 1976, S. 55. ■ 82 Pirenne 1985, S. 119. ■ 83 Vgl. Southern 1982, S. 20. ■ 84 Vgl. Geisel 1998, S. 465f. Vgl. in diesem Zusammenhang auch das ›Buch der Straßen und Provinzen‹ von Ibn Khordadbeh von 850, das Auskunft über den Fernhandel der Juden gibt. Vgl. Geisel 1998, S. 470–480. ■ 85 Vgl. auch Battenberg 1990, S. 51. ■ 86 Notkeri Balbuli Gesta Karoli Magni imperatoris, S. 343–345. ■ 87 Vgl. Geisel 1998, S. 449f. ■ 88 Vgl. Borgolte 1976, S. 121. ■ 89 Vgl. Toch 1998, S. 5. ■

Karls des Großen auf. Es zeugt auch von einem freundschaftlichen, unkomplizierten, fast vertrauten Umgang Karls des Großen mit Juden an seinem Hof auch wenn sicherlich die Geschichte nicht in dem Maß authentisch ist, wie Notker sie seinem Leser verkaufen möchte.

Fremde, Verbündete, Gegner? Die Betrachtungen zum Islam und zum Judentum im Verständnis Karls des Großen haben gezeigt, daß sich trotz und wegen der unterschiedlichsten Kontakte und Berührungspunkte eine hohe Wertschätzung, Achtung und Akzeptanz gegenüber beiden dem Christentum verwandten Buchreligionen durch die Herrschaftszeit Karls des Großen ziehen. Nach anfänglichen territorialen und expansiv-machtpolitischen Interessen in Spanien bemühte sich Karl der Große zunehmend um eine friedliche Sicherung der ›Spanischen Mark‹ durch Bündnisse und um die Gewinnung der Christen Nordspaniens als geistige und politische Allianz gegen mögliche und immer wieder erfolgende Feldzüge der Muslime. Auch der Austausch der Gesandtschaften mit Harun-ar-Rashid stand im Interesse der Christen, diesmal der des Heiligen Landes bzw. Jerusalems, deren schwierige Lage Karl der Große nicht nur durch Spenden, sondern auch durch diplomatische Beziehungen mit dem Bagdader Kalifen und dem Patriarchen von Jerusalem zu verbessern suchte. Welchen Hintergrund der Gesandtenaustausch mit allen Forschungskontroversen und bis heute offenen Fragen auch gehabt haben mag, wichtig für die Frage nach dem Islambild Karls des Großen bleibt, daß Karl gemäß den karolingischen Quellen Harun-ar-Rashid als gleichwertigen Verhandlungspartner ansah, mit dem auf diplomatischem Weg über eine Konfliktsituation verhandelt werden konnte, die – trotz des Fehlens arabischer oder byzantinischer Berichte über eine tatsächliche Verbesserung der Lage der Jerusalemer Christen[88] – aus karolingischer Sicht erfolgreich beendet wurde. Sicherlich kann man, auch aufgrund der z.T. schwierigen Quellenlage durch fehlende arabische Quellen im Vergleich zu den dauerhafteren und intensiveren Beziehungen Karls des Großen zum Papsttum und zu Byzanz nicht von einer konsequenten und durchdachten »Islampolitik« des Karolingers sprechen. Doch auch wenn – durch Alkuins Dreipersonenlehre angedeutet – die dritte Mittelmeergroßmacht Bagdad auf die Ereignisse um die Kaiserkrönung und die weitere Politik Karls des Großen keinen Einfluß hatte, höchstens indirekt im Sinne einer Aufwertung gegenüber Byzanz, bleibt festzuhalten, daß Karl trotz territorialer, expansiver und machtpolitischer Überlegungen um eine friedliche und besonders im Fall Harun-ar-Rashids gleichberechtigte Beziehung bemüht war und den Islam weder als Häresie noch als Heidentum, sondern als Religion ansah, die das Christentum nicht bedrohte.
Auch das Judentum zeigte sich im Verständnis Karls des Großen nicht als Konkurrenz zum Christentum, sondern als Religion, mit der eine Auseinandersetzung nur stattfand, wenn sich christliche und jüdische Lehre in der alltäglichen Praxis vermischten. Von der rechtlichen Stellung der Juden zeugen die verschiedenen Beschlüsse, die einerseits die in der spanischen Grenzregion schon vorhandenen inoffiziellen Rechte der Juden nachträglich bestätigten, andererseits darüber hinaus um eine Aufwertung des Rechtsstatus der Juden gegenüber den Vorteilen der Christen bemüht waren. Binnen- und insbesondere Fernhandel ließen das Judentum seine für Karl den Großen signifikante Bedeutung gewinnen. Durch die Kenntnisse der Juden, nicht zuletzt die der arabischen Sprache, durch ihre Kontakte in den orientalischen Raum sowie durch ihre Vertrautheit mit beiden Kulturgebieten, dem Karolingerreich wie der ›terra incognita‹ des Orients, war Karl für seine politischen und für seine Fernhandelspläne auf die Mitarbeit der Juden angewiesen. Auch wenn es verfrüht wäre, für die Zeit Karls des Großen von einer konzipierten und streng durchgeführten »Judenpolitik« oder von einer festen Etablierung jüdischen Lebens am Hofe zu sprechen[89], so bezeugen die Quellen, nicht zuletzt die Notker-Geschichte, doch eine bemerkenswerte Präsenz der Juden in der nahen Umgebung Karls des Großen.

Zwischen Expansion und Kulturkontakt · Karl der Große und das muslimische Spanien

Als im Jahr 777 eine kleine Gesandtschaft aus al-Andalus, dem maurisch-arabischen Machtbereich auf der Iberischen Halbinsel, auf einer allgemeinen Reichsversammlung in Paderborn vor Karl dem Großen erschien, war kaum zu erahnen, daß durch sie nicht nur ein blutiger Feldzug sondern auch eine neue Phase langfristiger Kriegshandlungen ausgelöst werden würde.[1] Eigentlich war die Versammlung zur Vorbereitung der Bekämpfung der aufständischen Sachsen um ihren Herzog Widukind gedacht, doch konnten die arabischen Gesandten den karolingischen König offensichtlich davon überzeugen, zuerst einen Zug in die ›Hispania‹ zu unternehmen. Nach dem Zeugnis der ›Fränkischen Reichsannalen‹ handelte es sich bei den arabischen Sendboten um »Ibin al Arabi et filius Deiuzefi, qui et latine Ioseph nominatur, similiter et gener eius«[2], unter denen man wohl den Sohn des Sulaymān ibn Yaqzān al-Arabī, des abbāsidischen Statthalters von Barcelona, sowie den Sohn und den Schwiegersohn des früheren abbāsidischen Herrschers über al-Andalus, Yūsuf ibn ʿAbd ar-Rahmān (747–756), zu verstehen hat[3] – auf jeden Fall Vertreter des abbasidischen Lagers, das sich einem steigenden Druck ihrer mächtigen omayyadischen Gegner ausgesetzt sah.[4] Sie unterbreiteten Karl ein Hilfeersuchen und eröffneten ihm die Möglichkeit, jenseits der Pyrenäen in die inneren Kämpfe des al-Andalus einzugreifen und dort Fuß zu fassen. Die Schwierigkeiten innerhalb der arabisch-maurischen Herrschaft auf der Iberischen Halbinsel waren eine direkte Folge des Sturzes der von Damaskus aus regierenden Omayyadendynastie durch die Abbasiden unter dem neuen, von Bagdad aus herrschenden Kalifen as Saffah (»dem Blutigen«), im Jahr 750, der alle Mitglieder der bisher die Macht ausübenden Familie gnadenlos töten ließ. Einzig ʿAbd ar-Rahmān I. (756–788) hatte sich als letzter omayyadischer Prätendent, der Vernichtung durch die Abbāsiden entgangen, in fünfjähriger Irrfahrt mit einem getreuen Gefolgsmann über Palästina, Ägypten und Nordafrika nach al-Andalus geflüchtet, dort schließlich den weitgehend unabhängigen abbāsidischen Statthalter Yūsuf gestürzt und sich selbst zum Emir aufgeschwungen. Seither war er bemüht gewesen, von Córdoba aus der unkontrollierbaren Selbstverwaltung ein Ende zu bereiten, den bisherigen abbāsidischen Machtbereich zu unterwerfen und seine Gegner zu entmachten – ohne sein Ziel völlig zu erreichen, da sich die Provinzstatthalter an der Nordgrenze in einer unabhängigen Stellung hielten und letztlich sogar Koalitionen mit aufständischen Berbern schmieden konnten um gegen den Zugriff aus dem Süden zu rebellieren. Zentren dieses Widerstands gegen die omayyadischen Konsolidierungsversuche waren Barcelona sowie Girona unter dem Walī Sulaymān ibn Yaqzān al-Arabī und Zaragoza unter al-Husayn ibn Yahyā al-Ansārī, einem vermeintlichen Abkömmling eines direkten Gefolgsmanns des Propheten. Als der Aufstand in eine kritische Phase geriet, schien den Verbündeten nichts anderes übriggeblieben zu sein, als die erwähnte Gesandtschaft zu Karl dem Großen zu schicken und ihm die notwendige Unterstützung durch die Aussicht auf Eroberungen in Nordspanien schmackhaft zu machen. Welche Argumente im einzelnen vorgebracht wurden, ist aus den Quellen nicht mit Sicherheit zu erschließen, doch scheint das von den sogenannten Einhardsannalen, einer angeblich von Einhard überarbeiteten Fas-

1 An neueren, ausführlichen Biographien über Karl den Großen seien nur genannt Favier 1999 und Hägermann 2000. Vgl. aber auch Kerner 2000. ■ 2 Annales Regni Francorum 1895, S. 50; Annales qui dicuntur Einhardi, ebd., S. 51. Zum Verhältnis der Karolinger zum maurischen Spanien s. nun vor allem Sénac 2002, von deutscher Seite u.a. Herbers 1988, und Kerner 1993; zur Geschichte des al-Andalus im 8. und 9. Jahrhundert aber auch nach wie vor aus der Fülle der neueren Literatur d'Abadal i de Vinyals 1986; Collins 1989; Cruz Hernández 1992; Balañà i Abadia 1993; Clot 2002. ■ 3 Vgl. Collins 1989, S. 177f., der die bisherige allgemeine Ansicht, bei dem ersteren habe es sich um Sulayman ibn Yaqzān al-Arabī selbst gehandelt, zurückweist. ■ 4 Als allg. Überblick in deutscher Sprache s. Singer 1987, aber auch Makki 1994. ■ 5 Collins 1989, S. 178; Sénac 2002, S. 51ff. ■ 6 Sénac 2002, S. 53. ■ 7 Zur Geschichte Aquitaniens in dieser Epoche s. Rouche 1979, Auzias 1937, Wolff 19673 und Collins 1990. ■ 8 Vgl. Björkman 1967[3], S. 672–682. ■ 9 Aebischer 1957, Horrent 1972, Bautier 1991, Nr. III. Zur historischen Kritik des Rolandsliedes s. Ubieto 1985. ■ 10 Vones, Zwischen Roncesvalles, Santiago und Saint-Denis. Karlsideologie in Spanien und Frankreich bis zum Ausgang des Mittelalters, in: Zeitschrift des Aachener Geschichtsvereins (ersch. 2003). ■

sung der Reichsannalen vorgebrachte Motiv, die Hoffnung auf die Einnahme einiger Städte in der ›Hispania‹, keineswegs abwegig[5], während das später auftauchende Motiv, die von muslimischer Herrschaft unterdrückten Christen zu befreien, eher fraglich bleiben muß.[6] Zumindest sah Karl die Gelegenheit, unter günstigen Bedingungen an die Politik seiner Vorgänger anzuknüpfen, die seit dem Abwehrsieg Karl Martells bei Tours und Poitiers (732) den fränkischen Einfluß immer weiter nach Süden vorgeschoben hatten, um unter Pippin I. (»dem Jüngeren«) mit der zwischen 752 und 759 endgültig abgesicherten Einnahme von Narbonne und mit der bis 768 erfolgten völligen Unterwerfung von Septimanien und Aquitanien eine feste Basis für weitere Vorstöße zu schaffen.[7] In diesen Zusammenhang gehören auch die Nachrichten in der Fortsetzung der Chronik des sogenannten Fredegar, Pippin habe 765 eine Gesandtschaft an den Abbāsidenkalifen al-Mansūr geschickt, die 768, reich beschenkt, zurückgekehrt sei und eine ebenso ehrenvolle Gegengesandtschaft des Kalifen ausgelöst habe. Allerdings findet sich in der fränkischen Annalistik ansonsten kein weiterer Niederschlag dieses Unternehmens, und die arabischen Quellen schweigen ebenfalls komplett, so daß man es schon stark in Frage gestellt, andererseits wiederum über ein Zusammenspiel der Franken, des Papstes und der Byzantiner mit den Abbāsiden nachgedacht hat.[8] Natürlich ist der Gedanke überaus verlockend, Karl der Große habe 777 aufgrund seines Verlangens, an die politischen Zielvorstellungen seines Vaters anknüpfen zu können, den desaströsen Spanienzug des folgenden Jahres angesetzt, denn dann hätten die Kontakte zur Frontstellung gegenüber den Omayyaden als gemeinsamen Feinden des Kalifats und des fränkischen Königtums gedient, doch läßt sich eine solch weitgespannte Politik nicht nachweisen.

Jedenfalls zogen im Frühjahr 778 zwei fränkische Heeresabteilungen nach Südwesten, um die Pyrenäen von Osten und Westen zu umgehen, und sich vielleicht letztendlich im Ebrodelta zu vereinen. Ziel der ersten Abteilung, die aus austrasischen, burgundischen, bayerischen, provenzalischen und lombarischen Kontingenten bestand, war Barcelona, das der zweiten Abteilung unter der persönlichen Führung Karls des Großen Zaragoza, also jeweils die Kerngebiete der arabischen Verbündeten im nördlichen al-Andalus. Das Verhängnis für die Franken begann, soweit es sich aus den spärlichen Nachrichten erschließen läßt, mit dem inneren Bruch zwischen den Verbündeten, mit der Ermordung des Sulaymān ibn Yaqzān al-Arabī, der offenbar die treibende Kraft für das Hilfeersuchen gewesen war, und dessen Sohn nun als Geisel ins Frankenreich zurückgeführt wurde, durch seinen bisherigen Koalitionspartner al-Husayn ibn Yahyā al-Ansārī und mit der Aufhebung aller in Paderborn gemachter Zusagen. Ob ein radikaler Stimmungsumschwung innerhalb des aufständischen muslimischen Lagers wegen des Vielen zu weit gehenden Angebots an Karl, einfach interne machtpolitische Auseinandersetzungen, die Furcht vor dem herannahenden omayyadischen Emir, weitgehende Versprechungen ʿAbd ar-Rahmāns I. oder eine Kombination aller dieser Faktoren dafür verantwortlich waren, muß offen bleiben, da das Ergebnis in jeder Hinsicht dasselbe war: Sowohl in Barcelona als auch in Zaragoza standen die fränkischen Heere vor verschlossenen Stadttoren, ohne in der Lage zu sein, eine langwierige Belagerung durchzuführen und die Mauern zu überwinden, weshalb sich das östliche Aufgebot von Barcelona nach Zaragoza begab und sich dort mit dem Karlsheer vereinigte. Der fränkische König hatte zwar einige Erfolge auf dem Weg über die Pyrenäen erringen können – darunter die Einnahme von Pamplona und die Stellung von Geiseln durch Abu Tāhir, den Statthalter von Huesca –, doch herrschte nun allgemeine Ratlosigkeit angesichts der unerwartet veränderten Situation, so daß man sich zum Rückmarsch über die Pyrenäen nach Aquitanien entschloß. Auf diesem Rückmarsch, der wieder über Pamplona führte, ereignete sich dann wahrscheinlich am 15. August 778 bei Roncesvalles der berühmte, mörderische Überfall der Basken auf die fränkische Nachhut unter Roland, dem Markgrafen von der Bretagne[9], der Jahrhunderte später seine ausgeschmückte literarische Gestaltung in der Chanson de Roland und den von ihr abhängigen Traditionen erleben[10], aber weder in der karolingischen Annalistik noch in den arabischen Quellen eine größere Resonanz finden sollte, wenn auch im 12. Jahrhundert der arabische Historiker ʿIzzadīn ibn al-Atīr (1105–1176) feststellte, die beiden Söhne Sulaymāns hätten den Hinterhalt gelegt, um ihren von den Franken entführten Vater zu befreien und nach Zaragoza zurückzuführen.[11] Obwohl die Chronologie der Ereignisse wegen der divergierenden karolingischen und arabischen Quellen wohl nie völlig eindeutig zu klären sein wird, bleibt festzustellen, daß die erste kriegerische Konfrontation Karls des Großen mit den muslimischen Herrschaften auf der Iberischen Halbinsel nicht zuletzt wegen der undurchsichtigen Machtverhältnisse keineswegs von Erfolg gekrönt gewesen war. In den folgenden Jahrzehnten mußte angesichts der Konsolidierung der omayyadischen Machtsphäre eine vielversprechendere, jetzt eher defensive und propagandistisch wirkungsvollere Politik eingeschlagen werden, um möglichst noch einen karolingischen Einflußbereich südlich der Pyrenäen aufrechtzuerhalten. Zwar wurde 785 Girona samt den umliegenden Grafschaften infolge der fortgesetzten Wirren endlich dem fränkischen Zugriff geöffnet, und bis 789 waren auch die Grafschaften Urgell, Cerdagne, Pallars sowie Ribagorza dem karolingischen Schutz unterstellt, doch wurden erst nach dem Tod ʿAbd ar-Rahmāns I. und der schwachen Regierungen seiner von inneren Krisen gebeutelten Nachfolger Hisam I. (788–796) sowie Al-Hakam I. (796–822) die bisherigen Strukturen wieder aufgebrochen, als 797 der Walī von Barcelona Karl den Großen erneut um Hilfe gegen die Bedrängung durch Córdoba bat und Ludwig der Fromme, seit 781 Unterkönig von Aquitanien, im Auftrag seines Vaters nach verschiedenen Feldzügen und Befestigungsmaßnahmen schließlich 801 die Übergabe Barcelonas durch seine Bevölkerung bewirken konnte, um die Stadt in der Folge zu einem festen Stützpunkt auszubauen.[12] Allerdings waren bereits 793 Girona erneut belagert und sogar Narbonne angegriffen, Urgell von den aus Septimanien zurückflutenden maurischen Kontingenten in Ruinen gelegt worden, während zwischen 804 und 809 verschiedene Gegenangriffe auf Tortosa fehlschlagen sollten, so daß man nicht von einer längerfristigen Stabilisierung der Lage zugunsten des karolingischen Ausgreifens ausgehen kann. Um seine eher instabile Einflußzone gegenüber den Mächten des al-Andalus besser abschirmen zu können, hatte demgegenüber Karl der Große nicht nur engere Kontakte zum asturischen Reich, dem zweiten christlichen Widerstandskern gegen die Araber, geknüpft[13], und wiederholt ›Hispani‹, mozarabische Flüchtlinge aus al-Andalus, im Pyrenäenraum und im südlichen Septimanien als Wehrbauern angesiedelt[14], sondern auch versucht, sich die religiösen Streitigkeiten der unter arabischem Einfluß verbliebenen Christen, die Auseinandersetzung um den Adoptianismus, nutzbar zu machen und durch Mission einen Anschluß der verbliebenen christlichen Strukturen an die römisch-fränkische Kirchenverfassung zu erreichen.[15] Gerade das Eingreifen in die inneren Angelegenheiten der noch unter maurischer Herrschaft existierenden mozarabischen Kirche, die trotz ihrer rudimentären Verfassung noch bis in den Pyrenäenraum ausstrahlte, und deren theologische Probleme 794 intensiv von einer Frankfurter Synode behandelt wurden[16], zog eher eine Abwehrhaltung gegen jede Fremdbestimmung nach sich, und die Kontakte zum

11 Björkman 1967^{3}, S. 675. ■ 12 Zur Bedeutung Ludwigs des Frommen für diesen Raum s. Boshof 1996. ■ 13 Bronisch 1999, Isla 1999. ■ 14 Sorhagen 1976. ■ 15 Zu den kirchenpolitischen Hintergründen des adoptianischen Streites s. Heil 1965, Schäferdiek 1969 u. 1970, Cavadini 1993, Nagel 1998. ■ 16 Siehe dazu Vones-Liebenstein 1997. ■ 17 Vgl. Engels 1980 und van Herwaarden 1980. ■ 18 Vgl. Sholod 1966, Fontaine 1984. ■ 19 So v. a. Borgolte 1976. Vgl. Buckler 1931. Die verschiedenen Forschungsansätze werden ausführlich diskutiert bei Geisel 1996, das Zitat auf S. 459. ■ 20 Bréhier 1919, Kleinclauß 1926, Graboïs 1981. ■ 21 Hodges 1988. ■ 22 Vgl. Hodges 2000, S. 35–67 (›Charlemagne's elephant‹) und sein vorgenannter Aufsatz von 1988. ■ 23 Hier stehen wir natürlich an der Schwelle zu jener ewigwährenden Diskussion über die Thesen des belgischen Historikers Henri Pirenne, die dieser mit seinem klassischen, posthum veröffentlichten Werk über ›Mahommet et Charlemagne‹ von 1937 angestoßen hat und die sich um die Fragen von Kulturbruch oder Kulturkontinuität beim Übergang von der Spätantike zum Frühmittelalter dreht. Vgl. dazu aus der neueren Forschung neben dem Sammelband: Mohammed und Karl der Grosse. Die Geburt des Abendlandes, Stuttgart – Zürich 1993^{2}, v. a. Hodges/Whitehouse 1983. ■

asturischen Königreich wurden ebenfalls von gegenseitigem Mißtrauen bestimmt, so daß man sich dort mit der »Entdeckung« des Grabes des Apostels Jakobus in Compostela einen eigenen Heiligen verschaffte, mit dessen Ausstrahlung die Eigenständigkeit der hispanischen Kirchenformen gewährleistet werden konnte.[17] Karl der Große selbst sollte jedenfalls nach dem Debakel von 778 keinen Fuß mehr auf die Iberische Halbinsel setzen, mögliche Eroberungspläne endgültig fallenlassen und spätestens nach dem Gewinn von Girona und Barcelona politisch nur noch auf die Festigung eines katalanischen Vorfeldes zu Aquitanien und Septimanien bedacht sein, doch kann am Interesse des Karolingers für das arabische, insbesondere das mozarabisch geprägte Spanien und seine Kultur kein Zweifel bestehen.[18]

Man hat in Anbetracht des seit 797 stattfindenden und wohl bis 808 andauernden Gesandtenaustauschs zwischen Karl dem Großen, dem Bagdader Kalifen Hārūn-ar-Rašīd und dem Patriarchen von Jerusalem geglaubt, von einer »Überseepolitik« sprechen bzw. eine Art »Orientpolitik« postulieren zu können oder zumindest »den dezidiert staatspolitischen Charakter der Unternehmung« herausstellen zu müssen[19], ja vielleicht sogar Pläne für ein Protektorat Karls des Großen über das Heilige Land annehmen zu sollen.[20] Obwohl es verlockend wäre, gerade in Verbindung mit jener berühmten Gesandtschaft, deren Ergebnis 802 die Überbringung des weißen Elefanten Abul Abbas durch den jüdischen Kaufmann Isaak im Auftrag Hārūn-ar-Rašīds nach Aachen war, eine von Bagdad bis zur gemeinsamen Gegnerschaft gegen das omayyadische Córdoba weit gespannte politische Konzeption zu vermuten, scheint eine Reduzierung auf handfeste Handelsinteressen realistischer – selbst wenn man berücksichtigt, daß der Elefant, wenngleich bereits in den Händen verschiedener Vorbesitzer, mit seinem Namen an Haruns Großvater und Vernichter der Omayyadendynastie erinnerte, die Ausstattung und der Charakter dieses Geschenkes durchaus staatsrechtliche Bedeutung haben konnte, Karl der Große es als Prestigeobjekt behandelte und fast zehn Jahre lang in einem eigens errichteten Elefantenhaus unterbringen ließ, bis er jene verhängnisvolle Strafexpedition gegen die Dänen unter König Gottfried unternahm, in deren Verlauf nicht nur der dänische König, sondern bei Lippeham auch Abul Abbas umkam, so daß wir über den Verbleib seiner Überreste nichts Genaues wissen.[21] Vielleicht sollte der weiße Elefant nicht so sehr für eine großräumige politische Konzeption Karls des Großen stehen, die sowieso angesichts der nach dem Zaragoza-Abenteuer eher defensiven Haltung gegenüber den Reichen südlich der Pyrenäen und in Anbetracht des völligen Schweigens der arabischen Quellen zu den Gesandtschaften nur schwer nachzuweisen wäre, sondern vielmehr für den Beginn umfassender Handelsbeziehungen mit dem Osten und dem Norden, vielleicht bis hin nach China, wie jüngst aufgrund archäologischer Funde postuliert.[22] Sollte dies zutreffen und sich erhärten lassen, könnte die Übersendung des indischen Elefanten an Karl den Großen eine sinnbildliche Geste für die Möglichkeit einer Kulturkontinuität sein, die ihren bedeutsamsten Niederschlag in einer Wiederbelebung der Fernhandelsinteressen fand.[23]

Reiterschlacht ,
Dachrelief des Karlsschreins,
vergoldetes Silber,
Aachen vor 1215
(Dom Aachen)

Eine karolingische Sicht der Fremden – die Anekdoten des Notker Balbulus »Sie zogen es allen Schätzen des Ostens vor, an seiner Seite zu bleiben, ihn zu betrachten und zu bewundern.« – So der karolingische Geschichtsschreiber Notker Balbulus über die Gesandten Harun ar Raschids am Hofe Karls des Großen, die in der »Weltstadt« Aachen aus dem Staunen nicht mehr herauskamen und hier Wunderdinge erlebten, wie sie sie aus dem provinziellen Bagdad nicht kannten. Eine krasse Fehleinschätzung Notkers, die sich aus seiner eingeschränkten Perspektive, aber mehr noch aus der Verklärung Karls des Großen Jahrzehnte nach dessen Tod, in der schweren Krise der 80er Jahre des 9. Jahrhunderts, erklären läßt.

Das Ende des 9. Jahrhunderts deutete auch das Ende der Karolingerherrschaft an, wenngleich die Hoffnung breiter Schichten des Adels ganz anders aussah: In Karl III. mit dem Beinamen »der Dicke« glaubten sie einen neuen Karl den Großen zu erblicken, nachdem ihm 885 durch einen dynastischen Zufall, gepaart mit Verhandlungsgeschick, als letztem Karolinger die Herrschaft im Gesamtreich zugefallen war. Römischer Kaiser, König von Ostfranken, König von Westfranken und König von Italien durfte Karl III. sich bis zu seinem Sturz zwei Jahre später nennen.

Auf dem Rückweg von seinem vierten Italienfeldzug hielt eben dieser Karl sich mehrere Tage in St. Gallen auf. Eine übliche Station auf dem Weg über die Alpen, die kaum das Interesse der Nachwelt auf sich gezogen hätte, wäre sie nicht zum Anlaß für die ›Gesta Karoli‹ Notkers des Stammlers geworden, scheint doch hier der Kaiser dem Mönch Notker persönlich den Auftrag zu deren Abfassung gegeben zu haben. Leider ist der Prolog des Werks verloren, doch auch innerhalb des Textes spricht Notker Karl III. mehrmals direkt an, schreibt gar von einem kaiserlichen Auftrag: »Ich bin sehr in Sorge, Herr und Kaiser Karl, daß ich, indem ich bestrebt bin, Eurem Befehl nachzukommen, alle Stände und besonders die hohen Bischöfe mir zu Feinden mache.«[1] Die Phantasie der älteren Forschung hat in diese dürren Worte von anregenden Kamingesprächen zwischen Notker und dem Kaiser bis hin zur karikierenden Darstellung eines senilen alten Mönchs, dem der Herrscher – um ihn loszuwerden – den Befehl gab, seine uninteressanten Geschichten aufzuschreiben, alles hineingedeutet. Tatsächlich ist aus anderen Quellen nichts über die Art des persönlichen Kontaktes oder gar einen Auftrag Karls III. bekannt, während die Autorschaft Notkers seit dem Anfang des 20. Jahrhunderts als gesichert gilt[2] und auch heute Forschungskonsens ist. Der aktuellen Forschungsmeinung nach entstanden die ›Gesta‹ von 884 an und waren 887 noch nicht abgeschlossen. Es sei dahingestellt, ob sie unvollendet blieben oder ob nur die Überlieferung lückenhaft ist.[3] Denn die ursprüngliche Konzeption der Gesta ist auf drei Bücher angelegt, wobei Notker im ersten Buch die kirchlichen Angelegenheiten Karls des Großen, im zweiten Buch seine kriegerischen und politischen Maßnahmen behandelt, während das dritte – nicht erhaltene oder nie fertig gestellte – Buch sich dem eher privaten Bereich widmen sollte.[4] Für diese drei Bücher bezog Notker sich nicht auf schriftliche Quellen, sondern gibt drei Gewährsmänner an: »Im Vorwort zu diesem Büchlein habe ich gelobt, nur drei Gewährsmännern zu folgen. (…) Das folgende Buch über die Kriegstaten des eifrigen Karl soll nach den Erzählungen des Adalbert abgefaßt werden, des Vaters des Werinbert; dieser hat mit seinem Herrn Gerold den Krieg gegen die Hunnen, die Sachsen und die Slawen mitgemacht, und als er in ziemlich hohem Alter mich als Knaben aufzog, mich über diese Dinge unterrichtet, obwohl ich widerstrebte, öfters weglaufen wollte und schließlich mit Gewalt dazu gezwungen wurde.« Der Fabulierlust dieses alten Kriegers wie der eigenen Ausschmückung Notkers verdanken wir die anekdotenhaft-karikierenden Schilderungen der Abenteuer der Gesandten Harun ar Raschids am Hofe Karls des Großen, die – ihrer inhaltlichen Zuordnung zum außenpolitisch-kriegerischen Bereich entsprechend – im zweiten Buch der ›Gesta Karoli‹ zu finden sind.

1 Notker Balbulus, Gesta Karoli I.18. Zu den übrigen Anreden Karls III. vgl. II.10, II.14, II.15, II.17. ■ **2** Vgl. dazu Winterfeld 1904. ■ **3** Vgl. zur Diskussion um die Vollendung der Gesta Karoli als Überblick Brunhölzl 1992, S. 51. ■ **4** Zu einer detaillierteren Zuordnung der einzelnen Kapitel vgl. Brunhölzl 1992, S. 53. ■ **5** Notker Balbulus, Gesta Karoli II.8. ■ **6** Notker Balbulus, Gesta Karoli II.6. ■

Sog. Gobelet de Charlemagne, Goldemailglas, Bronze, Syrien, 2. Hälfte 12. Jh. (Musée des Beaux-Arts de Chartres)

Die Gesandten Harun ar Raschids werden antikisierend als »Perser« bezeichnet. In dieser klassischen Orientierung scheint ein schwacher Abglanz der sogenannten Karolingischen Renaissance durchzuschimmern. Die in Navigation und Geographie so gewandten Araber werden als unfähig dargestellt, den Karlshof in Aachen überhaupt zu finden, sogar ihre Kenntnis des von islamischen Flotten beherrschten Mittelmeers wird in Frage gestellt. »Da sie die Lage Franciens nicht kannten, hielten sie es für eine große Sache, wenn sie die Küste Italiens erreichen könnten (...).«[5] Ein geschlagenes Jahr lang läßt Notker die Gesandten zwischen oberitalischen und süddeutschen Bischöfen und Adligen hin und her irren, bis sie endlich den Weg nach Aachen finden, wo sie passend an Ostern, zum höchsten christlichen Festtag, ankommen. Dieses Motiv des langen Weges und der geographischen Unkenntnis taucht hier in den ›Gesta Karoli‹ zum zweiten Mal auf. Eine byzantinische Gesandtschaft an Karl den Großen soll ähnliche Probleme gehabt haben, soll sogar durch Karls Boten absichtlich in die Irre geführt worden sein.[6] Das Ergebnis der künstlich verlängerten Reise ist bei Byzantinern wie Persern dasselbe: Von den Entbehrungen des Weges gezeichnet, muß ihnen die Pracht des Karlshofes um so strahlender, um so verschwenderischer erscheinen. Inmitten seines Hofstaates stellt Karl der Große alles in den Schatten: »Doch der hervorragende Karl erschien ihnen im Vergleich zu allen andern so schrecklich, als ob sie niemals einen König oder Kaiser zu Gesicht bekommen hätten. (...) Erfreut zogen sie es allen Schätzen des Ostens vor, an seiner Seite zu bleiben, ihn zu betrachten und zu bewundern. (...) (Sie) kehrten wieder zum Kaiser zurück und sagten, indem sie vor der Größe ihrer Freude das Lachen nicht verhalten konnten und in die Hände klatschten: ›Bisher haben wir nur Menschen aus Erde gesehen, jetzt aber aus Gold.‹«

Dieser Satz kann exemplarisch für das gesamte Karlsbild Notkers und für seine Sicht der Fremden stehen. Um ihn Karl III. als leuchtendes Vorbild zu präsentieren, wird der erste Karolingerkaiser in den ›Gesta Karoli‹ zur geradezu magischen Lichtgestalt überhöht, seine Herrschaft wörtlich zum »Goldenen Zeitalter« stilisiert. Diesem Ziel ist die gesamte Struktur, sind alle Erzählungen des Werks untergeordnet und Personen und Geschehnisse werden der Darstellungsabsicht entsprechend funktionalisiert.

In der Schilderung der Konfrontation mit fremden Völkern resultieren daraus zwei sich wechselseitig bedingende Notwendigkeiten: Zum einen ist das gesamte Umfeld Karls des Großen zentral auf diesen ausgerichtet, die Bedeutung seines Hofes hängt unmittelbar von seiner eigenen Größe ab, die sich wiederum in der Pracht des Hofes ausdrückt. Daher muß sein Hof zwangsläufig als der reichste und staunenswerteste der ganzen Welt geschildert werden, was eine Abwertung sämtlicher anderen Herrscherhöfe voraussetzt. Zum anderen müssen die Fremden, egal welcher Provenienz, als Gegenfolie zu Karl dem Großen dienen, denn keine andere Personengruppe eignet sich besser, um Staunen, Anerkennung und Unterwerfung zu formulieren.

Diesem Konzept entsprechend zeichnet Notker die Gäste aus dem Orient. Sie bewundern »was für sie neu war«, die Kleidung und die Waffen der Adligen des Hofes. Eine solche Aussage ist geradezu absurd vor dem Hintergrund der Geschenke, die diese Gesandtschaft aus Bagdad für Karl den Großen mitbrachte, und die uns nur einen kleinen Einblick in die technische wie kulturelle Überlegenheit des Orients im Mittelalter geben. Die in mehreren Quellen der Zeit beschriebenen Gaben[7] kann Notker nicht herunterspielen, ohne seine Glaubwürdigkeit allzu sehr aufs Spiel zu setzen, und auch nicht ohne den beschenkten Karl herabzusetzen, dessen Rang die Geschenke ja entsprechen mußten. Also zählt er sie wie folgt auf: »Die Perser brachten aber dem Kaiser einen Elefanten und Affen, Balsam, Narden, mancherlei Salben, Gewürze, Wohlgerüche und Heilmittel der verschiedensten Art.« Hier wird Abul Abbas gemeinsam mit den übrigen Geschenken Harun ar Raschids genannt, der gesamte Gesandtschaftsaustausch zwischen Harun ar Raschid und Karl dem Großen ist in den ›Gesta Karoli‹ auf diese eine orientalische Gesandtschaft zusammengeschrumpft.[8] Von der Wasseruhr, die Karl der Große 807 zum Geschenk erhielt[9] und auch von dem Juden Isaak[10] weiß der Mönch aus St. Gallen nichts oder will er nichts wissen. Schließlich kann Notker sich aber nicht enthalten, auch diese wahrhaft kaiserlichen Gaben zu relativieren, indem er folgenden Halbsatz zufügt: »es schien so, als hätten sie den Osten leergeräumt und den Westen angefüllt.«[11] Damit wird bei Würdigung der Geschenke der märchenhafte Überfluß des Orients in Frage gestellt, es können auf karolingischer Seite keine Gefühle von Unterlegenheit entstehen. Denn dieses Gefühl ist in den Ausführungen Notkers einzig den Fremden vorbehalten. So soll die Reichhaltigkeit des österlichen Festmahles sie dermaßen beeindruckt haben, daß sie beinahe vergaßen, selbst etwas zu essen. Ihre Unterwürfigkeit kulminiert darin, daß die Untertanen Harun ar Raschids – allerdings nach dem Genuß von reichlich Alkohol, was ein weiteres Mal die Unkenntnis Notkers bezüglich der muslimischen Gewohnheiten belegt – Karl den Großen als den größten Herrscher überhaupt bezeichnen und sich dabei zum Sprachrohr für sämtliche Völker des Orients inklusive der Byzantiner machen. »Wir Perser, Meder,

7 Annales regni Francorum a. 807 sowie Einhard Vita Karoli c. 16. ■ **8** Dies relativiert Notker in Kapitel II.9 seiner Gesta Karoli: »So geschah es (...) durch die Tatkraft des starken Karl, das Hin- und Herreisen seiner Gesandten und das Kommen und Gehen von Haruns Boten von Parthien nach Germanien und von Germanien nach Parthien (...).« Hier sind mehrere Gesandtschaften angedeutet, die Notker exemplarisch in einem Gesandtschaftsaustausch zusammenfaßt. ■ **9** Annales regni Francorum a. 807. ■ **10** Annales regni Francorum a. 801 sowie a. 802. ■ **11** Notker Balbulus, Gesta Karoli II.8. ■ **12** Auch Goetz 1981, S. 31–32 interpretiert diese Stelle dergestalt, daß Notker hier die Probleme des Großreiches reflektiert. Vgl. Siegrist 1963, S. 139. ■

Legendarisch gilt der Aachener Olifant als Stoßzahn des Abul Abbas, Elfenbein, sarazenisch (Unteritalien), um oder nach 1000 (Domschatzkammer Aachen)

Armenier, Inder, Parther, Elamiten und alle Völker des Ostens fürchten Euch viel mehr als unseren Beherrscher Harun. Aber was sollen wir von den Mazedoniern und den Achäern sagen? Die fürchten, daß Eure Größe sie demnächst mehr verschlingen wird als die Fluten des ionischen Meeres.« Dieser panegyrische Einschub paßt in das spätkarolingische Bild Karls des Großen, hat aber wohl kaum etwas mit der tatsächlichen Einschätzung der muslimischen Gesandten zu tun. Doch selbst diese Ausführungen steigert Notker nochmals – durch Harun ar Raschid selbst.

Nicht genug, daß Notker Karl permanent als Kaiser, Harun demgegenüber nur als König, und damit als einen unter vielen bezeichnet. Nach der Heimkehr seiner Gesandten erkennt der Kalif nach den Ausführungen der ›Gesta Karoli‹ persönlich den Karolingerkaiser als den größeren Herrscher an: »Bei diesem Anblick brach Harun, (…), indem er (…) Karl als den noch stärkeren erkannte, zu seinem Lob in die Worte aus: ›Nun erkenne ich, wie richtig ist, was ich über meinen Bruder Karl gehört habe: daß er nämlich durch sein rastloses Jagen und sein unermüdliches Streben, Leib und Seele sich zu üben, alles was auf Erden ist, zu unterwerfen gewohnt ist.‹« Als einzig würdiges Geschenk für Karl den Großen sieht Harun ar-Raschid laut den ›Gesta Karoli‹ das Heilige Land, doch diese Gabe möchte der Kalif nicht zum Danaergeschenk machen, er befürchtet, die Nachbarländer Karls des Großen könnten sich von dessen Herrschaft losreißen, wenn der Kaiser persönlich nach Jerusalem reisen müßte, um dieses Gebiet zu verwalten.[12] So sinnt er auf eine Lösung, die eine endgültige Unterordnung unter Karl den Großen bedeutet: »Ich will das Land in seine Gewalt geben und als sein Vogt darüber sein. Er selbst mag, sooft er will oder es ihm zweckmäßig erscheint, seine Gesandten an mich schicken und er wird mich als den treuesten Verwalter der Einkünfte dieses Landes sehen.« Mit einer solchen Konstruktion würde Harun ar-Raschid zum Vasallen Karls des Großen, was Notker sehr genau weiß. Es ist müßig zu erwähnen, daß sie ein reines Phantasiegespinst, ein Wunschdenken Notkers ist, sieht die orientalische Perspektive doch ganz anders aus: Das Elefantengeschenk Haruns an Karl den Großen ist sehr wohl als Einordnung Karls des Großen als Vasall Harun ar Raschids zu verstehen, war es doch in der Abbassidenzeit Tradition, daß die Vasallen vom Kalifen einen Elefanten zum Geschenk erhielten. Von dieser Tradition wußte Notker mit Sicherheit nicht, kehrt sie eher aus Zufall ins genaue Gegenteil um. Ihm war klar, daß Karl der Große das Heilige Land, an dem er faktisch großes Interesse zeigte, niemals realiter hätte verwalten können. Das historisch faktische Interesse Karls des Großen an Jerusalem, seine Kontakte zum Patriarchen von Jerusalem und die Gründung der Kirche St. Maria Latina werden hier in einen imaginären Kontext gestellt, wiederum zum Ruhme des ersten Karolingerkaisers.

Daß der Kalif überhaupt so reagierte, ist nach Notker auf die Geschenke Karls des Großen zurückzuführen. Die Gaben Haruns sind in den Reichsannalen breit geschildert, doch für die Gegengeschenke sind die ›Gesta Karoli‹ unsere einzige Quelle, so daß die folgende Aufzählung mit größter Vorsicht zu genießen ist: »An den Perserkönig aber schickte der unermüdliche Kaiser spanische Maulesel und Pferde, sowie friesische Tuche von weißer und grauer Farbe, gemustert und saphirfarben, die, wie er erfuhr, in diesen Gegenden selten und sehr teuer waren; auch Hunde, die sich durch ihre Schnelligkeit und Kühnheit auszeichneten, wie jener selbst sie vorher verlangt hatte (…).«[13] Inwieweit die spanischen Maulesel und Pferde eine Anspielung auf die in Spanien residierenden Omayaden darstellen sollen, muß dahingestellt bleiben. Überraschend sind die friesischen Tuche, bedeutete Stoffe in Richtung der Seidenstraße zu exportieren doch vermutlich, Eulen nach Athen zu tragen. Bleiben die Jagdhunde, die Karl der Große quasi »auf Bestellung« an Harun ar Raschid liefern läßt. Häufig als Mißverständnis des Elefantengeschenks nach dem Motto »Tiere gegen Tiere« interpretiert, entfalten sie in Bagdad eine für den Kalifen fatale Wirkung. Am Tag nach der Ankunft der fränkischen Gesandtschaft treibt ein Löwe in einer Schafherde sein Unwesen, eine willkommene Gelegenheit, die von den Franken großspurig angepriesenen Hunde auf die Probe zu stellen. Harun befiehlt: ›Hetzt Eure Hunde auf den Löwen!‹ Die Franken folgten seiner Weisung, und mit größtem Eifer herzueilend, töteten sie den von den germanischen Hunden festgehaltenen persischen Löwen mit ihren Schwertern aus hyperboreischem Erz, die im Blut der Sachsen gehärtet worden waren.

Diese Szene trägt eine plakative Symbolik in sich: Der als »persisch« bezeichnete Löwe, Signet der herrscherlichen Macht, der durch die »fränkischen« Hunde besiegt wird, meint nichts anderes als eine Überlegenheit des Westens gegenüber dem Osten, Karls des Großen gegenüber Harun ar Raschid. Entsprechend reagiert in Notkers Erzählung auch der Kalif: »Bei diesem Anblick brach Harun, der tapferste Träger seines Titels, indem er an der Kleinigkeit Karl als den noch stärkeren erkannte, zu seinem Lob in die Worte aus: ›Nun erkenne ich, was ich über meinen Bruder Karl gehört habe: daß er nämlich durch sein rastloses Jagen und sein unermüdliches Streben, Leib und Seele sich zu üben, alles, was auf Erden ist, zu unterwerfen gewohnt ist.‹«

In diesen Worten kulminiert die Erzählabsicht Notkers, kristallisieren sich Sinn und Zweck der Darstellung des Gesandtenaustausches zwischen Aachen und Bagdad in den ›Gesta Karoli‹ heraus. Wie schon eingangs formuliert, geht es Notker nicht um historiographische Berichterstattung als Selbstzweck, sondern um die Erhöhung Karls des Großen in einem fürstenspiegelartigen Werk. Der erste Karolingerkaiser wird zum übermächtigen Ahnen Karls III. stilisiert. Dabei kommen die fremden Gesandten, die den Hof Karls des Großen ja tatsächlich besuchten, gerade recht, um eine staunende Projektionsfolie abzugeben. Diese literarische Stilisierung hat nichts mit einer tatsächlichen historischen Sachlage gemein, wie schon ein kurzer Blick in die jeweiligen Quellen belegt: In der karolingischen Geschichtsschreibung, d.h. bei Einhard, in den offiziösen Reichsannalen oder eben auch bei Notker hat der Gesandtenaustausch zwischen Harun ar Raschid und Karl dem Großen breiten Niederschlag gefunden, wie auch die später legendarisch mit diesem Ereignis verbundenen Insignien wie der sogenannte Säbel Karls des Großen, der »Gobelet de Charlemagne« aus Chartres, das »Gewand Harun ar Raschids« in Durham oder das sogenannte Schachspiel Karls des Großen aus der Domschatzkammer Osnabrück unterstreichen. Im Westen wird der Gesandtenaustausch zu einer wirkmächtigen Legende, entfaltet in der Tradition des Notker Balbulus ein breites Nachleben – in orientalischen Quellen findet sich keine Nachricht darüber. Für den historischen Harun ar Raschid war Karl der Große nicht sonderlich interessant.[14]

13 Notker Balbulus, Gesta Karoli II.9. ■ 14 Als vertiefende Literatur zu Notker Balbulus vgl. Eggert 1971, der den Kaiser- und Reichsgedanken in den Vordergrund stellt, Haefele 1959, der die Gesta Karoli insgesamt analysiert, Löwe 1970, der die Gesta in ihren zeitgeschichtlichen Kontext einordnet, als literaturwissenschaftlichen Ansatz Reischmann 1984 und als »Klassiker« von den Steinen 1948. Die Editionsproblematik wird bei Haefele 1967 ausgeführt.

Eroberung von Pamplona, Dachrelief des Karlsschreins, Silber vergoldet, Aachen, vor 1215 (Dom, Aachen)

AROLVS·ORAVIT·ME·SICVT·A
PAM

Fliesenfragment mit der Darstellung eines Hahnes, Lüsterfayence, Samarra (Irak), Mitte 9. Jh. (SMPK Museum für Islamische Kunst Berlin)

Hängelampe/Ampel,
Glas, Iran, 9.–11. Jh.
(SMPK Museum für
Islamische Kunst Berlin)

Karl und die Christen im Heiligen Land Im Zentrum der Interpretation Karls des Großen als dem Begründer eines neuen »christlichen Reiches im Abendland« steht meist eine kirchenpolitische Weichenstellung: seine bereits von seinem Vater Pippin begonnene Ausrichtung auf die römische Kirche und das Papsttum, welche mit der Kaiserkrönung in Rom am Weihnachtstag 800 ihren Abschluß gefunden habe; mit dieser Zuwendung würde sich dann auch eine neue Praxis in kirchendiplomatischer wie in kultischer Hinsicht einstellen. Die vorausgegangene Tradition der fränkisch-pippinischen Kirchenpolitik hatte sich noch vornehmlich auf gallische und lokale Heiligtümer bzw. Persönlichkeiten konzentriert, auch wenn sich bereits in dem unter Karl nach Aachen übertragenen pippinischen Reliquienschatz bereits eine Anzahl Heiligtümer biblischen Ursprungs befanden.[1] Die zunehmende politische Bindung Karls des Großen an Rom fand nunmehr auch in den Zeugnissen der Kunst wie in denen des Sakralkultes ihren eigenen Niederschlag. Dokumentiert wird letzteres nicht zuletzt durch große Reliquienübertragungen der Päpste – namentlich erwähnt sind hier die Schenkungen von Stephanus und Candidusreliquien – ins fränkische Reich, weiterhin durch die im Jahr 796 erfolgte Übergabe von zwei Schlüsseln aus der Petruskrypta mit Resten der Kerkerkette (zusammen mit dem Banner Roms).[2] »So förderten nicht nur Freundschaftsbündnisse und Taufpatenschaften engere Bindungen zwischen den Päpsten und den Frankenkaisern, sondern maßgeblich auch Schenkungen von Reliquien: Sie stifteten Gemeinschaft, Schenker und Empfänger unterstellten sich der Wirkmacht und dem Schutz ihres gemeinschaftlichen Heiligen … Noch mehr als bisher wurde die Stadt (Rom) zum Hort der authentischen Tradition.«[3]

Ein Blick auf die vielfältigen kulturellen Strömungen am Aachener Hof zeigt aber, daß neben der römischen Kirche auch andere religiöse Tendenzen dort präsent gewesen waren, wobei die damaligen Anhänger des spirituellen irischen Mönchtums heute kaum noch erwähnt werden. Es ist andererseits wohl Alkuin zu verdanken, daß mit der Zuwendung zur römischen Kirche aber auch ein weiterer Schritt impliziert ist: Rom ist zwar das neue Haupt der christlichen Kirche des Westens, ist aber andererseits nur die Fortsetzung und das Erbe der Gemeinschaft des Urchristentums. Somit würde der Schutzherr Roms zugleich auch zum Schutzherrn seines Ursprungs: Auf diese Weise rückt politisch wie kultisch Jerusalem als weiterer authentischer Ort, als wichtigste biblische Stätte neu in die Interessenssphäre Karls des Großen; in Aachen wird damit die Errichtung eines Neuen Jerusalem – einer ›sedes davidica‹ – zu einem eigenen, über Rom hinausgehenden Programm.[4]

Doch faktisch lagen die Dinge vor Ort anders als in Europa: Als Kalif Omar 638 Jerusalem eroberte, ging die Stadt von byzantinischer in islamische Herrschaft über, was jedoch keine Verfolgung der »Nicht-Gläubigen« beinhaltete. Jerusalem hatte seit der Konstituierung der Heiligen Stätten durch Helena und Konstantin (ab 326) immer wieder einzelne Pilger auch aus dem Westen angezogen, die in Schriften über ihre Wallfahrt berichteten und der Idee der ›imitatio Christi‹ möglichst authentisch nachkommen wollten. Im Zusammenhang des von Adamnan von Hy herausgegebenen Pilgerberichts des gallischen Bischofs Arculf (um 680) sind dessen Beschreibungen auch einzelne Kirchengrundrisse, u.a. von der Grabeskirche und der Himmelfahrtkirche beigegeben worden; hier findet sich auch ein früher Hinweis auf die zentrale Heliossäule, in der sich die Vorstellung von Jerusalem als »Nabel der Welt« manifestierte.[5]

Es ist davon auszugehen, daß auch die lateinischen Christen für die Betreuung ihrer Pilger gewisse institutionelle Infrastrukturen hervorgebracht haben – wohl

1 Über Herkunft und Vermittlungswege dieses älteren, biblische und römische Reliquien enthaltenden Schatzes ist wenig bekannt; anscheinend war auch am Aachener Hof die Praxis der Zerteilung und Weiterversendung (u.a. in die Abteien von Prüm und St.Riquier) bekannt (vgl. Schiffers 1937, S. 98ff.). An den allgemeinen Reliquientranslationen aus Jerusalem waren aber auch Kaufleute beteiligt, wie aus der Genesiuslegende und der Heiligenüberführung durch den Grafen von Treviso (799) hervorgeht (Schmidt 1974, S. 127). ■ 2 Schiffers 1937, S. 97f. ■ 3 Zit. Herbers 1999, S. 603. ■ 4 Borgolte 1976, S. 121. 5 Zu Arculf vgl. Donner 1979 und Niehoff 1985, S. 54 6 Laut Borgolte 1976, S. 32f. wohl fraglich. ■ 7 Zit. ebda., S. 34. ■

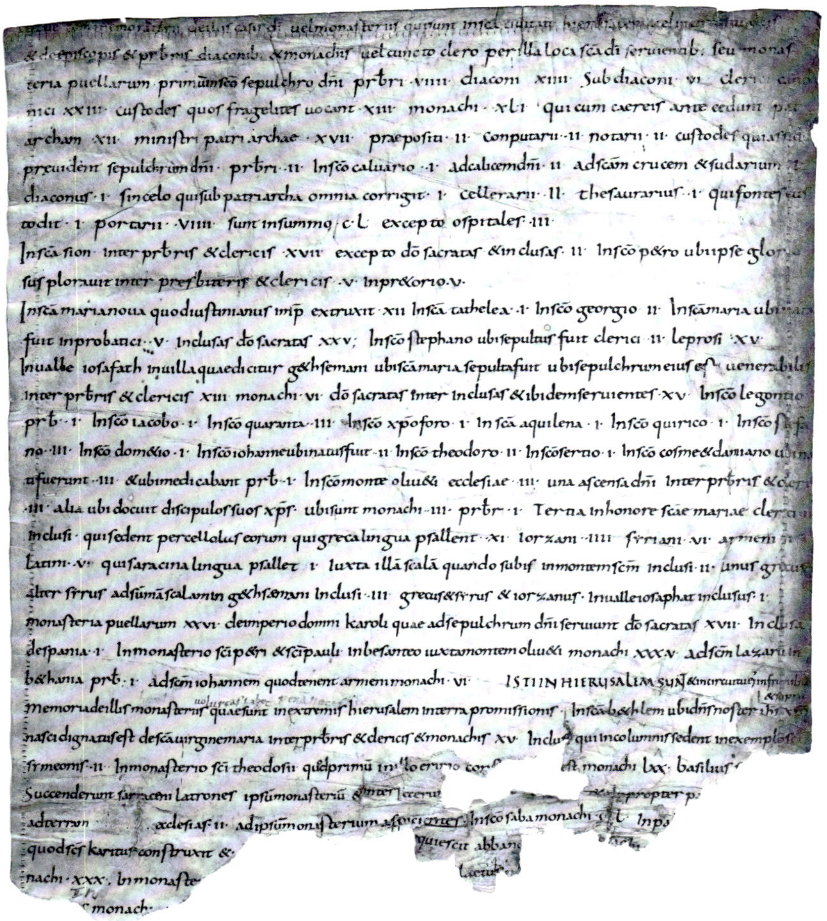

Commemoratorium de casis Dei vel monasteriis. Pergament, Oberrhein, 2. Viertel 9. Jh. (Öffentliche Bibliothek und Universität Basel)

spätestens seit dem 6. Jahrhundert ist von der Existenz eines Hospizes auszugehen. Ob damit bereits eine benediktinische Klostergründung auf Veranlassung von Papst Gregor verbunden war, ist quellenmäßig nicht gesichert.[6] Im Gegensatz zu den dominierenden griechisch-byzantinischen Christen spielten die lateinischen, ähnlich wie die syrischen oder die armenischen Konfessionen, eher noch eine untergeordnete Rolle.

Für den westlichen Herrschaftsbereich waren die Kontakte nach Palästina aufgrund der Entfernung und der unsicheren Reisewege immer mit einem höheren Aufwand verbunden gewesen. In dieser Situation blieb die Vermittlungstätigkeit von einzelnen vertrauenswürdigen Personen unumgänglich: Neben den weiterhin eintreffenden Mönchen und Wallfahrern, die allerdings in unruhigen Zeiten immer wieder des Verdachts der Spionage ausgesetzt waren, waren hier auch die jüdischen Händler, die entlang der nordafrikanischen Küste nach Westen zogen und im karolingischen Reich keine Verfolgungen zu erleiden hatten, eine wichtige Informationsquelle: »So blieb zugleich die Möglichkeit bestehen, daß sich die Frankenherrscher im Umgang mit den weitgereisten Händlern gelegentlich über die Situation der Christenheit im Heiligen Land unterrichteten.«[7]

Die Situation der Christen unter den Omayyaden war ambivalent: Einerseits verschoben sich die Dauerkämpfe mit den Byzantinern nach Kleinasien, andererseits waren die Lebensbedingungen oft der persönlichen Willkür der Statthalter ausgesetzt – vor allem seit unter den Abbasiden die Hauptstadt von Damaskus ins fernere Bagdad verlegt worden war. Rechtlich waren die »schriftgläubigen« Nicht-Mohammedaner (d.h. die Christen und die Juden) den »Gläubigen« zwar nicht gleichgestellt, aber sie erhielten gegen gewisse Verpflichtungen eigene Schutzverträge: Meist handelte es sich dabei um erheblich höhere Kopf- oder Bodensteuern, auch durften sie keine höheren Häuser als die Muslime bauen. In kultischer Hinsicht bestand zwar das Verbot der Neuerrichtung von Kirchen, Klöstern und Synagogen in den Städten, allerdings gab es gleichzeitig eine Beibehaltung der kirchlichen Personen und Institutionen. Außerdem wurde noch von Mohammed selbst die Hilfe beim Wiederaufbau zerstörter Kirchen empfohlen.

Die auf den Koran zurückgehenden Schutzverträge waren je nach politischer Situation oft wenig wert. Gerade Jerusalem hatte im späten 8. Jahrhundert durch muslimische Bürgerkriege und durch marodierende Räuberbanden, die sich gerne der reichen, außerhalb der Mauern liegenden Klöster »annahmen«, viel zu leiden; eine Hilfe dagegen sollte u.a. eine eigene Bürgerwehr sein. Während die christlichen Quellen und Pilgerberichte häufig, aber nicht durchgängig von allerlei Unterdrückungen sprechen und so manche Märtyrer entstehen lassen (z.B. nach den grausamen Überfällen von Beduinen auf das im Kidrontal gelegene Sabaskloster 797), berichten die muslimischen Quellen vornehmlich von gewährten Steuernachlässen und besonderen Erlaubnissen zum Kirchenbau.

Eine besondere Zwischenstellung besaß der Patriarch von Jerusalem: Gewählt vom Klerus von Jerusalem unter Mitwirkung von Bischöfen des Heiligen Landes besaß er neben der neuen politisch-geographischen Abtrennung gegenüber Byzanz zugleich auch eine theologische Eigenständigkeit, die ihn häufig in Gegensatz zur Lehrmeinung der Ostkirche brachte. So wandte er sich 730 zusammen mit den benachbarten Patriarchen von Antiochia und Alexandria entschieden gegen die Bilderfeinde; Johannes von Damaskus schrieb in den Mönchszellen des in der Nähe von Jerusalem gelegenen Klosters des Hl. Sabas seine berühmten drei Reden gegen die Ikonoklasten. Weiterhin war auch verständlich, daß der Patriarch in dieser Haltung mit dem Wohlwollen der Mohammedaner zu rechnen hatte.

Es zeugt von diplomatischem Weitblick, daß sich der Patriarch von Jerusalem von Anfang an in die neuaufgenommene Gesandtschafts-Tätigkeit zwischen Karl dem Großen und Harun-ar-Raschid einbrachte und die Interessen der beiden Herrscher in Ost und West erkannte. Während anläßlich des eher be läufigen Gesandtenaustauschs zwischen Pippin und Al-Mansur (765–68) von Jerusalem nicht einmal als Reisestation die Rede ist, kann man bei den Missionen Karls durchaus von einer planvollen »Überseepolitik« sprechen.[8] Während also seit 797 die fränkisch-jüdischen Abgesandten Karls über Jerusalem in Richtung Bagdad unterwegs sind, trifft bereits Ende 799 ein griechischer Mönch im Auftrag des Patriarchen in Aachen ein. Wahrscheinlich gehörte er zum Personal der Grabeskirche, denn er brachte neben Geschenken auch Reliquien vom Heiligen Grab mit (ob in diesem ersten Gesandtenbesuch bereits Kreuzreliquien mitgebracht worden sind, wird in der Forschung eher bestritten); einzelne Stücke der mitgebrachten Reliquien hat Karl anschließend an seine Klöster weiterverschenkt (Flavigny).[9] Die Segenswünsche und die Geschenke galten als Dank an Karl den Großen für seine Unterstützungen für notleidende Christen im Heiligen Land und sollten zugleich für Wohlwollen bei den Verhandlungen zwischen Karl und Harun sorgen. Daß der Patriarch von Seiten des Kalifen akzeptiert wurde, läßt sich bereits aus der Genehmigung seiner diplomatischen Mission ablesen.

Wie wichtig Karl die Angelegenheiten im Heiligen Land waren, machte er damit deutlich, daß er den Mönch zusammen mit einem seiner Pfalzpriester namens Zacharias und mit Geschenken und Geld beladen Anfang 800 nach Jerusalem entlassen hat. Postwendend kam die Antwort des Patriarchen, als in Rom am 23. Dezember 800 Zacharias mit zwei Mönchen aus Jerusalem eintraf: An diesem Tag hatte auch der Papst Leo III. den Reinigungseid geleistet, der ihn im Anschluß an eine Kirchensynode in Karls Gegenwart von allen innerkirchlichen Vorwürfen freisprach. Initiator der neuerlichen Gesandtschaft war der neue Patriarch, der ehemalige Synkellos Georgius, nachdem der frühere Patriarch Elias anscheinend gestorben war. Bedeutungsvoll ist auch, daß je ein griechischer Mönch vom Sabas-

8 Die Darstellung der Gesandtenschaften folgt im wesentlichen Borgolte 1976 und Schmidt 1974. ■ **9** Schiffers 1951, S. 7f. ■ **10** Ausführlich bei Borgolte 1976, S. 67ff. ■ **11** Vor allem in der französischen Forschung im 19. Jahrhundert, als darin Vorbild und Legitimation für ein eigenes Protektorat in Syrien gesehen wurde (Borgolte 1976, S. 4ff.). ■ **12** Zit. Grabois 1981, S. 805. ■ **13** Zit. Borgolte 1976, S. 88f. ■

kloster und ein lateinischer Mönch vom Ölbergkloster mit der Mission betraut wurden. Daß die beiden Mönche auch Reliquien mitgeführt hatten (u.a. vom Heiligen Kreuz), behauptet die kurz nach 812 niedergeschriebene Vita des Guilelmus. In den Reichsannalen findet sich der vieldiskutierte Satz über die beiden Boten, »qui benedictionis causa claves sepulchri Dominici ac loci calvariae, claves etiam civitatis et montis cum vexillo detulerunt.« – ergänzend angeführt auch Einhards eine Generation später niedergeschriebener Bericht von der Überlassung der Heiligen Stätten durch den Perserkönig Aaron: »sed etiam sacrum illum et salutarem locum ut illius potestati adscriberetur concessit.« Die genannten Gegenstände – die Schlüssel vom Heiligen Grab bzw. der Kalvarienstätte (Golgotha), dann die Schlüssel der Stadt und des Berges sowie das Banner – haben zusammen mit der erweiterten Deutung einer ›concessio‹ Haruns zugunsten einer ›potestas‹ Karls zu den verschiedensten Ausdeutungen Anlaß gegeben.[10] In wenig später verfaßten Berichten ist topographisch präzisierend noch vom »mons Sion« und vom »vexillum crucis« die Rede.

Umstritten und ideologisch manipulierbar sind vor allem die Bedeutungen der Stadtschlüssel und des Banners (Fahne). Wird durch diese Gaben Karl zum neuen Schutzherrn Jerusalems mit Schutzpflicht, oder handelt es sich nur ein symbolisches Ehrengeschenk – die Deutung reichte hier immerhin bis zur Vorstellung eines Protektorats von Karl über das Heilige Land.[11] Auch eine Vergleichbarkeit mit den bereits vorausgegangenen Banner- und Schlüsselübergaben seitens der römischen Päpste (Gregor III. und Leo III.) an die karolingischen Herrscher (Karl Martell 739 bzw. Karl der Große) wird eher abgelehnt; zu uneindeutig ist die Frage, wie diese aus unterschiedlichen politischen Positionen heraus erfolgten Übergaben in Reliquienschenkungen, Ehrengaben oder staatspolitische Symbole zu differenzieren sind.

Sowohl die hohe Repräsentanz, welche den Jerusalemer Gesandten in den Quellen zuerkannt wird, als auch die schon eingangs genannte geistesgeschichtliche Ausrichtung auf Jerusalem als Ursprungsort, bzw. auf das Vorbild des Reiches von König David, gaben dem Historiker Aryeh Grabois die Veranlassung, eine bisher wenig rezipierte neue These über Karls Beziehungen zum Heiligen Land aufzustellen. Danach ist sein Engagement nicht lediglich als eine allgemeine Fürsorge für die Christen in aller Welt zu verstehen, sondern besitzt auch einen realen politischen Hintergrund, der im Rahmen der ersten Gesandtschaft nach Bagdad über Jerusalem dem dortigen Patriarchen erstmals angetragen worden sei. Grabois zielt auf das Aachener Konzept eines davidischen ›Imperium Christianum‹ ab, dessen Führer sich nicht mehr im Konflikt mit Byzanz um die Nachfolge des römischen Kaisers sehen würde, sondern der seine kirchliche Legitimation aus dem Segnungsakt durch die Repräsentanten der West- und der Ostkirche erhalten würde. Als Ersatz oder Alternative für den möglicherweise unabkömmlichen oder ablehnenden Patriarchen aus Konstantinopel bot sich jener aus Jerusalem an. Für die Proklamation dieses neuen christlichen Reiches sollte sich jene für 800 geplante Weihnachtssynode in Rom anbieten, welche zugleich als ein Verteidigungsverfahren gegen die Anklagen des Papstes angesetzt worden war. Der Prozeß der Erhebung würde fränkische Herrschaftstraditionen und kirchliche Rituale miteinander vereinen: »A formula combining the acclamations of the Frankish warriors with the benedictions of the pope and the patriarch of Jerusalem might legitimate the new imperial title, as an expression of the universal idea.«[12] Die diplomatischen Aktivitäten erreichten laut Grabois letztlich aber nicht ihr Ziel; die beiden Gesandten aus Jerusalem kamen erst kurz nach dem Ende des Tribunals und des päpstlichen Eides in Rom an, und der in seiner Position gestärkte Papst konnte Karl bereits zwei Tage später die Krone als »römischer Kaiser« aufsetzen. Karl hat sich aber, unter welchen Absprachen und Bedingungen auch immer, gegenüber dem Patriarchen von Jerusalem und den Christen im Heiligen Land auch weiterhin erkenntlich gezeigt. Als der Kaiser dann im Jahr 802 seine zweite Gesandtschaft nach Bagdad unter Leitung von Radbert abschickte, führte deren Weg wieder über Jerusalem. Sie lieferte wiederum besondere Geschenke für das

Heilige Grab ab. Als Reaktion schickt Patriarch Georgius 803 erneut zwei Mönche als Gesandte zu Karl, um für die Geschenke zu danken, und um möglicherweise seine Zustimmung zu den Verhandlungen in Bagdad zu überbringen. Die beiden Mönche begleiteten Karl bei seinen Reisen von seinem Feldlager Saltz an der Saale bis nach Bayern und Salzburg.

Nachdem nun auch Radbert 806 von seiner Bagdad-Mission reich beschenkt nach Aachen zurückgekehrt war, trifft bereits im nächsten Jahr, 807, im Frankenreich eine neue Gesandtschaft aus dem Orient ein. Sie überrascht zunächst durch eine neue Konstellation der Teilnehmer, denn es handelt sich um eine Zusammenreise von Abdallah, dem Gesandten des Kalifen, und den Mönchen Felix und Georg im Auftrag des neuen Patriarchen Thomas aus Jerusalem. Diesmal entstammten beide Mönche vom lateinischen Ölbergkloster, wobei Georg (Egilbald), der als ›peregrinus‹ aus dem Frankenland stammte, in seiner Funktion als Abt des Klosters auftrat. Das Auftreten der Gesandtschaft ist insofern interessant, als jetzt nur noch die Vertreter der westlichen Christenheit zu Karl geschickt werden und als nunmehr auch Christen und Muslime gemeinsam auftreten können. »Damit wird sinnfällig, daß die drei zuvor stets bilateral verhandelnden Geschäftspartner nun über die Rolle des Patriarchats einig geworden waren. Vor Karl, dem Kaiser des Westens, bekundete ein Gesandter des Kalifen von Bagdad neue Achtung seines Herrn für das Oberhaupt der Christen im Heiligen Land, während der Kaiser des Ostens zu solcher Vermittlung nicht in der Lage war.«[13]

Dokumentiert diese Mission, wie günstig sich die Bemühungen Karls um die Lage der Christen entwickelt haben, so diente sie gleichzeitig wieder der Überbringung reicher Geschenke – vor allem aus Bagdad (u.a. die legendäre Wasseruhr). Ob auch von den beiden Gesandten aus Jerusalem Gaben übermittelt worden waren, ist quellenmäßig nicht belegt; eine spätere Legende (Adhemar, Anfang 11. Jahrhundert) berichtet hier wiederum über eine Kreuzpartikel, welche von Karl dann an das Kloster Charroux weiterverschenkt worden ist.

Bei der letzten, wohl 808 erfolgten Jerusalemer Gesandtschaft an Karl den Großen, ging es mehr um theologische Auseinandersetzungen, und zwar um den sogenannten ›filioque-Streit‹ (d.h., daß der Heilige Geist auch vom Gottessohne ausgehen solle). Zwei fränkische Mönche waren damals mit einem Schreiben des Patriarchen an Papst Leo III. unterwegs – mit der Bitte um Stellungnahme und einer Weiterempfehlung an Karl den Großen. Bei den immer wieder auch außerhalb des byzantinischen Herrschaftsbereiches vom Zaun gebrochenen theologischen Streitereien[14] blieben auch die Jerusalemer Christen nicht verschont. Die lateinischen Klosterbrüder mußten sich hier wegen ihrer Akzeptanz des ›filioque‹ massiver Vorwürfe der Griechen erwehren, welche sich bis zur einer auf alle Franken ausgedehnten Anklage der Häresie bzw. sogar auf Prügeleien ausdehnte. Als dann eine theologische Stellungnahme auf dem Aachener Konzil im November 809 erfolgte, setzte Karl der Große – im Gegensatz zum stärker auf ökumenische Positionen bedachten Leo III. – nach dem Affront durch die Sabas-Mönche den in seinem Reich vertretenen theologischen Standpunkt kompromißlos durch, was wiederum das fränkische Ansehen in Jerusalem eher geschwächt hat.[15] Auch politisch gesehen hatte sich die Situation verändert, da mit dem Tod des Kalifen (807) seitens der Schutzherrschaft eine unsichere Epoche begann.

Die rege Diplomatie Karls, die grundsätzlich auf den Schutz der christlichen Pilger und der Förderung bedrängter Christen in fremden Ländern ausgerichtet war, hatte hinsichtlich der Christen in Palästina auch besondere praktische Auswirkungen: Bereits frühzeitig gelangten Gaben und Geschenke (womit wohl in erster Linie Spenden von Geld und Wertgegenständen gemeint waren) nach Jerusalem. Diese finanziellen Förderungen kamen auch den bereits in Jerusalem existierenden lateinischen Mönchsgemeinschaften und Kirchen zugute bzw. führten anscheinend auch zu wichtigen Neueinrichtungen.

Eine interessante zeitgenössische Quelle hierzu ist das ›Commemoratorium de casis Dei vel monasteriis‹, ein fragmentarisch erhaltener Rotulus (Seiten einer Roll-

Der sog. Servatiusschlüssel stammt aus der gleichen Werkstatt wie die Aachener Bronzegitter, Silber vergoldet, Aachen, Anfang 9. Jh. (Schatzkammer der Basilika St. Servatius, Maastricht)

schrift) des frühen 9. Jahrhunderts; er berichtet in Kurzform über die Anzahl der Kirchen und Klöster von Jerusalem und Umgebung, nebst einer Aufzählung der dort geistliche Dienste verrichtenden Menschen sowie einer Aufführung der Steuerabgaben. Es wurde vermutet, daß es sich hier um eine fränkische Aufstellung im Zusammenhang der Almosenverteilungen Karls handelte (um 808 ?). Von besonderem Interesse ist auch die angefügte Aufstellung einiger, jetzt durch Maßangaben ausgezeichneter Kirchengebäude: die Marienkirche (laut Text durch Erdbeben zerstört), die Kirche in Bethlehem, der Komplex um die Grabeskirche und die Kirche auf dem Berg Sion. Aufschlußreich ist auch die differenzierte Personalbeschreibung der Grabeskirche, die mit allen Priestern, Mönchen, Kanonikern, Dekanen, Küstern und Sekretären immerhin 150 Personen ausmachte.

Weiterhin berichtet die Schrift vom Ölberg mit seinem Aufstieg von 537 Stufen, wo die Auferstehungskirche mit ihrer in der Mitte geöffneten Rotunde, eine Marienkirche und St. Eleona, d. i. die Ölbaumkirche am Ort der Unterweisung der Jünger erwähnt werden; außerdem war der Heilige Berg mit zahlreichen Einsiedlerzellen übersät (bewohnt von griechischen, georgischen, syrischen, armenischen, lateinischen sowie einem arabisch-sprachigen Eremiten). Mit Lateinern waren Angehörige der römischen Kirche gemeint, und diese finden sich auch bei der Beschreibung des Josaphat (Kidron-)tales wieder, wo neben einer spanischen Klausnerin auch eine Gemeinschaft von 17 Frauen (sogenannte Sanktimonialen) »aus dem Reiche Karls des Großen« ansässig war, welche für den heiligen Dienst am Grab Christi tätig waren. Letzteres dürfte jedoch erst seit der Übertragung der Besitz- oder Schutzrechte an Karl möglich geworden sein.

Unmittelbar anschließend wird das St. Peter und Paulskloster »in Besanteo iuxta montem Oliveto« genannt; mit seinen 35 Mönchen war es wohl die Kongregation der Lateiner – jene Gemeinschaft des Ölbergklosters, die sich unter den Aktivitäten Karls von einer Vereinigung von Pilgermönchen (peregrini), von einem der Nachfolge Christi verpflichteten, asketischen Mönchtum, zu einer theologisch versierten Glaubensgemeinschaft verändert hatte.[16] Daß die ›congregatio Montis Oliveti‹ zur Zielscheibe der byzantinischen Griechenmönche wurde, kündet von einer neuen Bedeutung und einer theologischen Repräsentanz, zu der sicherlich auch die für das Karlshospiz erwähnte Zusammenstellung einer Bibliothek bzw. die Übersendung von westlichen Büchern (u.a. die Homilien des Hl. Gregor und die Benediktsregeln) durch Karl den Großen beigetragen haben. Inwieweit das Kloster als ein reines Benediktinerkloster zu bezeichnen ist, läßt sich durch diese Schenkungen aber nicht eindeutig belegen. Generell ist zu beachten, daß die Ansiedlung von »peregrini«, also von nicht einheimischen christlichen Mönchen und Frauen, einer besonderen Fürsprache und Unterschutzstellung seitens des Patriarchen wie des Kalifen bedurfte. Ungeklärt ist auch die Bezeichnung »in Besanteo«: Da die exakte Lage des Klosters archäologisch nicht bestimmt ist, weil sich im Lauf der Epochen mit ihren vielen Zerstörungen, Umbauten und Erdbeben zahlreiche Überlagerungen vollzogen haben, gibt vielleicht die Ortsbezeichnung einen Hinweis. Es könnte sich auch um die Übernahme eines ehemaligen Ölbergklosters der Byzantiner aus dem 6. Jahrhunderts gehandelt haben.[17]

Die Kosten für den Unterhalt der Kirchen und Institutionen waren nicht unerheblich: Die zentrale Jahresabrechnung des Patriarchen für das gesamte kirchliche Personal der Grabeskirche betrug 630 Gold-Solidi, hinzu kamen u.a. Kosten für das Dienstpersonal (540 Solidi), für Material (300), für die Stadtkirchen (140) und schließlich die muslimischen Steuerabgaben (580 Solidi), die vom Patriarchen als Kollektivsteuer für die christlichen Institutionen geleistet wurde.[18]

14 In der Passio des Galaters Romanus (gest. 780) wird berichtet, daß in einem »Gefangenenlager bei Bagdad« dem von griechischen Ikonoklasten bedrohten Romanus mit Sarazenen viele Christen, Syrer und »Franken« zu Hilfe gekommen seien (Schmid 1974, S. 137). ■ 15 Borgolte 1980, S. 424. ■ 16 Schmid 1974, S. 138ff. ■ 17 Vgl. Schmid 1974, Anm. 60. ■ 18 Peters 1985, S. 220. ■ 19 Vgl. Borgolte 1976, S. 94. ■ 20 Ebda, S. 95f.; Kühnel 1995, S. 53. ■ 21 Abbn. vgl. Kat. Ornamenta Ecclesia, III, 1985, S. 73–77. ■ 22 Einhard, cap. 27; in »Karls Testament« (cap. 33) werden konsequenterweise auch nur noch die 21 im eigenen Lande gelegenen Städte mit Sitz eines Erzbischofs bedacht. ■

Bei diesen hohen Belastungen flossen die Geld- und Sachspenden aus dem Frankenland auch weiterhin: Noch 810 wurde diese Praxis im 18. Kapitel des ›Capitulare Missorum Aquisgranense Primum‹ festgehalten, wo ein Anteil der Almosen »ad Hierusalem propter aecclesias Dei restaurandas« geschickt werden sollte.[19] Hintergrund könnten die Kämpfe der Söhne Haruns um die Herrschaft sein, die 809 ausbrachen und vor allem in Syrien und den Nachbarländern zahlreiche Zerstörungen hinterließen. Außerdem wurden von den muslimischen Statthaltern die Steuern manchmal extrem angehoben.

Wozu im einzelnen Karls Gelder verwendet worden sind, ist in zeitgenössischen Quellen nicht überliefert. Wenn das Commemoratorium aber verfasst wurde, um eine finanzielle Gesamtsituation vor Ort zu übermitteln, dann ist eine Beobachtung von besonderer Bedeutung: Weder bei den Kirchenauflistungen noch bei der Steuererklärung ist ein Hinweis auf eine Differenzierung hinsichtlich der unterschiedlichen christlichen Richtungen erkennbar, welche ja bereits um 800 – wie an den Beschreibungen der verschiedenen Einsiedler zu sehen ist – in aller Vielfalt in Jerusalem präsent waren. Im Grundsatz schien für Karl die Erhaltung und Förderung der heiligen Stätten unabhängig von der Zugehörigkeit ihrer Betreuer festgestanden zu haben, allerdings mit deutlichen und häufigen Erwähnungen der Grabeskirche.

Es existieren jedoch noch zwei Berichte aus den 60er Jahren des 9. Jahrhunderts, welche von einer spezielleren Förderung »heimischer« Institutionen durch Karl Zeugnis ablegen:[20] Zum einen berichtet der Mönch Bernhard anläßlich einer Pilgerfahrt um 870 innerhalb seiner ausführlichen Ortsbeschreibungen auch vom Aufenthalt im »Hospiz des berühmten Kaiser Karl«, das neben der Kirche Sancta Maria (Latina) liegt, und für das der Kaiser selbst eine reiche Bibliothek eingerichtet hatte. Vor dem Hospiz erstrecke sich der Markt, wo jeder gegen eine Gebühr seine Geschäfte abwickeln könne. Zu dem Komplex gehörten schließlich auch 12 Herbergshäuser, Äcker, Weinberge und Gärten im Josaphattal. In einem weiteren Bericht wird außerdem auch ein Pilgerfriedhof zu diesem erstmals in Karten des 12. Jahrhunderts verzeichneten fränkischen Bereich hinzugerechnet, der später, nach der Eroberung durch die Kreuzfahrer, zum Quartier der Ritterorden wurde (›Muristan‹). Eine archäologische Rekonstruktion von Kirche und Kloster zur Zeit Karls des Großen liegt bisher nicht vor; das Gebiet ist heute neuzeitlich stark überbaut (u.a. mit der protestantischen Erlöserkirche des 19. Jahrhunderts).[21]

Spätere Legenden über eigene Bautätigkeiten in Palästina sind nicht beweisbar, zumal sie auch im Widerspruch zu den genannten Festlegungen der Kalifen gestanden hätten; wenn überhaupt, so könnte es sich lediglich um die Wiederherstellung von Klöstern und Kirchenbauten (wie z.B. von Santa Maria Latina) gehandelt haben. Bei dem vorgegebenen Reichtum von kirchlichen Stätten, der ab 326 mit der Errichtung byzantinischer Kirchen über den gefundenen oder vermeintlichen biblischen Stätten eingesetzt hatte, erscheinen in islamischer Zeit weitere Neugründungen unrealistisch. Möglicherweise sind sogar von Griechen aufgegebene Bauten neu übernommen worden, wie die Klosterbezeichnung »in Besanteo« oben bereits vermuten ließ. Bei aller überlieferten Freigebigkeit Karls ist jedoch zu berücksichtigen, daß Jerusalem als Ort der Passion wie als Stadt Davids eine Sonderstellung innehatte; bei Einhards Elogen auf Karls Geldsendungen an bedürftige Christen »weit übers Meer« nach Syrien, Ägypten und Afrika, nach Jerusalem, Alexandria und Karthago ist zu fragen, ob seine Einstellungen gegenüber der erstgenannten Stadt auch auf andere Orte übertragbar sind. Vielleicht handelte es sich in den genannten, nichtchristlich beherrschten Ländern doch um eine gezielte Förderung der lateinischen Gemeinden[22], was z.B. bei dem in frühen Pilgerberichten als »Ketzerstadt« verurteilten Alexandria durchaus verständlich wäre.

Daß der Patriarch die Ausweitung der römischen Kirche in Jerusalem zuließ, spricht für eine geschickte Politik des Ausgleichs zwischen den politischen und kirchlichen Machtblöcken, die in Jerusalem aufeinandertrafen. »Da es den Franken durch Gesandtschaften an den Kalifenhof offensichtlich gelang, Beziehungen zur islamischen Herrschaft in Bagdad herzustellen, die wegen des Austauschs von reichen Geschenken zumindest als aufgeschlossen gelten können, konnte der Patriarch keine besseren Hüter des Heiligen Grabes und keine besseren Botschafter in eigener Sache gewinnen als Männer und Frauen ›de imperio Karoli‹, die der ›peregrinatio pro Christo‹ in der Heiligen Stadt leben wollten.«[23] Die tolerante Haltung der Parteien fand nach dem Tode der Protagonisten Harun und Karl und nach einer Zwischenphase abbasidischer Nachfolgerkämpfe später wieder eine gewisse Fortsetzung, denn trotz des Verzichts auf eine planvolle Orientdiplomatie unter Ludwig dem Frommen erschien noch 831 eine gemeinsame christlich-muslimische Gesandtschaft von Al-Mansur in Aachen, um über »Friedensschlüsse« zu verhandeln. Über weitere Geldspenden in Richtung Heiliges Land finden sich allerdings keine Hinweise mehr.

Über Karls politisch-religiöse Konzepte hinaus existierten noch weitere enge persönliche Verbindungen mit den Christen im Heiligen Land: Zu erwähnen ist vor allem ein Brief Alkuins an Georgius, den Patriarchen von Jerusalem, mit Glückwünschen zu seiner Ernennung und dem Angebot einer Gebetsbrüderschaft, wobei er im Gegenzug vom Patriarchen einen Gebetseinschluß für einige angelsächsische Geistliche erbittet. Eine solche Brüderschaft erfolgte 807 durch die schriftliche Aufnahme des Patriarchen Thomas und der Mönche Georg und Felix in das Verbrüderungsbuch des Salzburger Klosters St. Peter (dort fungierte Arn, ein Freund des 804 gestorbenen Alkuin, als Abt). »Damit war die von Alkuin angestrebte, wahrhaft universelle und alle Verschiedenheiten römischer und orientalischer Theologie übersteigende Gebetsverbrüderung Wirklichkeit geworden.«[24]

Ein späterer Eintrag im Verbrüderungsbuch der Abtei Reichenau dokumentiert noch einmal diese gängige mittelalterliche Praxis einer Verbindung im Geiste: Nachdem 836 in Jerusalem eine große Synode zu einer Stellungnahme gegen den wiederaufgelebten Ikonoklasmus des Kaisers Theophilus zusammengekommen war, hatte anschließend eine Delegation der Teilnehmer dem Papst und dem Frankenkaiser wohl über die Ergebnisse genauen Bericht erstattet. In diesem Zusammenhang dürfte auch die Gebetsverbrüderung zu sehen sein, durch welche sich die Repräsentanten der Synode, die Patriarchen von Jerusalem, von Alexandrien und wohl auch von Antiochia, nebst Mönchen und Äbten des Ölberg- und des Sabaskloster zusammen mit ihren fränkischen Brüdern des Klosters Reichenau veranlaßt sahen, mit ihrem namentlichen Bucheintrag ihre religiöse Verbundenheit zu dokumentieren.

Wenn sich die politischen und religiösen Verbindungen zwischen Karl und den Jerusalemer Christen in den zeitgenössischen Quellen als ein bedeutendes geschichtliches Konzept herauskristallisieren lassen, so bleibt dennoch im weiteren die Frage zu beantworten, inwieweit nun auch reale kulturgeschichtliche Zeugnisse und Gegenstände in diesen Transfer zwischen dem Heiligen Land und dem Westen einbezogen gewesen waren. Im Gegensatz zur genaueren Beschreibung der Kalifengeschenke ist der Tenor der Quellen bezüglich der Jerusalemer Gaben eher allgemeiner Art. Ausgetauscht wurden im wesentlichen wohl nur Geld und Reliquien, das einzige Exportprodukt der Stadt, mit denen vor allem seit dem 8.

23 Zit. Schmidt 1974, S. 139. ■ 24 Zit. Borgolte 1980, S. 406. ■ 25 Zit. Schiffers 1951, S. 11f; ein weiterer Umweg wurde über Spanien und den Westen konstruiert: Aus der für 799 bezeugten Übersendung der Stadtschlüssel von Huesca nebst Reliquien durch Hassan (Azan) an Karl entstand dann in der späteren Reichenauer Hl. Blut-Legende (um 950) die Geschichte um den Jerusalemer Präfekt Azan, der in Korsika mit biblischen Heiligtümern (u.a. einer Hl. Blut-Reliquie) festsaß und auf eine kaiserliche Übernahme wartete. ■ 26 Schiffers 1951, S. 10. Zwei Aachener Exemplare der Handschrift: Stadtarchiv, Hs 173, 15. Jh. sowie Domarchiv, Hs 12, 14. Jh. (vgl. Rauschen 1890); ein Holzschnitt »Karl mit Reliquien vom Hl. Grab« von L. Beck, 1517/18, im Museum Burg Frankenberg Aachen; Abb: Oellers 1986, o.S.) ■ 27 Vgl. Müller 1999, S. 280 sowie Rauschen 1890, S. 141–147. ■ 28 Vgl. die Dachreliefs vom Karlsschrein (Grimme 1972, S. 66f.); außerdem befand sich noch zu Zeiten des barockisierten Aachener Domes im oberen Umgang ein großes Barock-Fresko mit der Darstellung der Reliquienschenkung durch den oströmischen Kaiser (vgl. das Bild von Frans Vervloet von 1818 im Museum Burg Frankenberg Aachen, Abb. in: Kat. Aachener Heiligtumsfahrt 1993, S. 29). ■

Jahrhundert mehrfach Bischöfe, Mönche und von Fürsten ausgesandte Geistliche bedacht worden waren. Dem einfachen Pilger war dagegen die Möglichkeit zum Erwerb von billigeren Devotionalien (z. B. gläserne Pilgerfläschchen, Steine oder Erde vom Heiligen Land) gegeben.

Die in der Nachfolge Karl dem Großen zugedachten Reliquien werden zwar in allen Berichten summarisch erwähnt, ihr exakter Bestand ist bei den Übersendungen aber kaum genauer bezeichnet worden; als pars pro toto galt hier meist die Bezeichnung »vom Hl. Grabe«. Möglicherweise war bei den Schenkungen mehr die Masse maßgebend als die Einzigartigkeit, denn die berühmtesten biblischen Reliquien aus dem Reliquienschatz der Pfalzkapelle erhielt Karl bereits von den Zweitbesitzern – von den Herrschern aus Konstantinopel. Die reservierte Einstellung des oströmischen Kaiserhauses gegenüber der Bilderverehrung mag hier eine derart bedeutende Reliquienschenkung an den Frankenkaiser durchaus erleichtert haben. »Jedenfalls darf man annehmen, daß Karl der Große für seine Reliquienerwerbungen aus dem Bilderstreit der orientalischen Kirche Nutzen gezogen hat, und daß auf solche Weise seit den letzten Jahrzehnten des 8. Jahrhunderts manche bedeutsame Reliquie aus Konstantinopel und dem sonstigen Orient nach Aachen gelangt ist.«[25]

Ähnlich wie die Gesandtschaften behielten auch die Reliquienschenkungen aus dem Orient in den Darstellungen des Nachlebens Karls des Großen ihren Stellenwert, fanden aber erst im nachhinein zu einer bildhaften Ausformulierung. Die um 1170/80 verfasste Aachener Karlslegende, die in mehreren Aufzeichnungen aus dem 14. bzw. der Mitte des 15. Jahrhunderts erhalten ist, weiß u.a. zu berichten, daß der Kalif Aaron mit anderen Pfändern heiliger Märtyrer auch Reliquien des Hl. Cyprianus zu Karl dem Großen geschickt habe.[26] Die weiteren Erzählungen dieser Aachener Vita Caroli, welche die Heerfahrt Karls des Großen über Konstantinopel nach Jerusalem, die Besiegung der Heiden, die Wiedereinsetzung des vertriebenen Patriarchen sowie die mit Heiligtümern beladene Rückkehr behandeln, sind schon deutlich durch die Thematik der Kreuzzüge geprägt.[27] Die laut Karlslegende aus Dankbarkeit erfolgte Reliquienschenkung seitens des Kaisers von Konstantinopel war wiederum seit der Aufstellung des Karlsschreines (1165–1215) im Aachener Dom optisch präsent[28] – dort aber bereits parallel gesetzt mit der Legende von Karl als dem Bezwinger der (spanischen) Mauren.

Diese Ambivalenz ist Resultat einer ideologischen Pervertierung des fränkischen Engagements im Heiligen Lande: Aus der ursprünglichen Fürsorge und dem Wunsch nach Teilhabe an den christlichen Stätten Palästinas wurde in einem nächsten Schritt die Legende einer persönlichen Pilgerfahrt. In der Chronik des Mönchs Bernhard vom Monte Soracte (968) zieht Karl selbst mit Schiffen, aber noch als Pilger nach Jerusalem und erhält von Harun die dortige Schutzherrschaft. In einem weiteren Stadium wird Karl schon zu einem Vorkämpfer der Kreuzzugsidee umgedeutet. Neben einer Heroisierung seiner eher bescheidenen Erfolge in Spanien (vor allem im Pseudo-Turpin) entsteht nun der große Mythos des wiederkehrenden Kaisers: In den Legenden und Pilgerbüchern des späten 11. Jahrhunderts erscheint Karl jetzt als mythisches Vorbild, als aus dem Grabe aufsteigender Vorkämpfer für die Eroberung Jerusalems bzw. als Wiederhersteller des christlichen Regiments in Palästina (u.a. bei Benzo von Alba, bei Ekkehard von Aura oder, wie oben genannt, in der Aachener Karlslegende).[29] Daß bei den Kreuzzügen selbst und bei den Massakern nach der Eroberung Jerusalems kaum nach Religionszugehörigkeit der Einwohner unterschieden wurde ist ein Indiz dafür, daß die relative Toleranz vorausgegangener Epochen nunmehr ihr Ende gefunden hat.

Die am wenigsten gültig zu beantwortende Frage richtet sich auf mögliche Erkenntnisse über eine künstlerische Beeinflussung zwischen den Kultbauten des Orients und des Westens[30] – und hier im besonderen auf die Konzeption der ersten bedeutenden Architektur des frühen Mittelalters, der Aachener Pfalzanlage. Gemäß den oben genannten Überlegungen von Grabois, die bei einer karolingi-

Flucht aus Bethlehem,
Fresko, 785-795,
St. Johann, Müstair

schen Reichsgründung auf christlicher Basis Rom und Jerusalem gleichermaßen eingeschlossen hatten, sind gegenüber dem undifferenzierten, zuweilen auch negativ besetzbaren Bild einer Architekturrezeption aus dem Orient[31] einige ikonologische Unterscheidungen zu treffen. Die verbreitete Darstellung, daß hier in Konkurrenz oder Nachahmung eine Beeinflussung durch die imperialen Zentralbauten Ostroms stattgefunden habe, würde durch die religiöse Fundierung auf den Ursprungsraum des Christentums an Stichhaltigkeit verlieren. In den Vordergrund rücken damit die Versuche anderer Forscher, Vorbilder auch aus Jerusalem und Palästina zu zitieren: Als gedankliches (weniger als kopiertes) Vorbild werden sowohl die ursprüngliche Kuppelbau-Rotunde der Grabeskirche genannt, aber auch der sich mit dieser unter dem Aspekt eines zentralisierten sakralen Memorialbaues auseinandersetzende Felsendom (als vermeintliches Nachbild des Tempels Salomos) genannt.[32] Bezüglich der Aachener Pfalz ist immer wieder das neuartige Zusammenführen von herrscherlicher Palastkapelle und übergreifendem christlichen Symbolbau als Charakteristikum genannt worden. Doch gerade G. Bandmann scheute sich dabei, über die unmittelbar mögliche formale Kenntnis von San Vitale in Ravenna hinaus die hier zugrunde liegenden, geistesgeschichtlich aber viel näher kommenden Vorbilder als realiter rezipierte Bauwerke anzuerkennen. Auf diese Weise wird z.B. einer der bedeutendsten Kirchenbauten des Vorderen Orients, das »goldene Oktogon« von Antiochia, über das lediglich spärliche Schriftquellen vorhanden sind[33], nur mittelbar mit Aachen in Beziehung gesetzt. Dabei war die 341 von Konstantin errichtete Bischofskirche zugleich einem Palast zugeordnet, Christus und der Concordia Homonoia geweiht und trug den Titel »Haupt aller Völker« – eine Konstellation also, welche in der »Einheit des Reiches und des Glaubens« die oberste sakrale Aufgabe der Kirche sah und welche ein hervorragendes Gründungskonzept für die Aachener Pfalz beinhaltet hätte – wenn denn direkte architektonische Überlieferungen Ex Oriente (d.h. über Italien hinaus) nicht ausgeschlossen wären.

Immerhin kann im Westen von einer gewissen Kenntnis einzelner christlicher Bauten Palästinas ausgegangen werden: Es war neben der Himmelfahrtskirche und der Zionsbasilika vor allem die Grabeskirche mit dem Heiligen Grab bekannt, wie über die Grundrisse Arculfs hinaus auch aus dem frühesten gebauten Nachweis einer Heiligen Grabkopie, dem Narbonner Modell des 5. Jahrhunderts[34] oder den Bauten des 9. Jahrhunderts (Fulda, Acquapendente) ersichtlich ist. Auch weitere Bauten aus dem Orient sind bereits vor den Karlischen Gesandtschaften (also schon vor dem Fortgang der Aachener Pfalzbauten) rezipiert worden. So zeigt z.B. die Szene der Flucht nach Ägypten aus dem Freskenzyklus im schweizerischen Müstair (785–795) unterhalb der Idealstadt Jerusalems ein gekuppeltes Bauwerk, dessen Bedeutung noch umstritten ist (Abb.). Während Linus

29 Folz 1973, Kap. III, I, III, S. 134–142. ■ 30 Ein nachantiker westlicher Einfluß auf die arabische Baukunst läßt sich wohl nur in Spanien aus der westgotischen Architektur nachweisen (z. B. im Hufeisenbogen). ■ 31 In der Nazizeit ist der Aachener Dom noch als feindlich orientalisch und blutsfremd diffamiert worden (vgl. Oellers 1993, S. 11, Anm. 2). ■ 32 Vgl. Bandmann 1965, S. 452. Zu den zusammenhängenden Baukonzepten zwischen Tempel, Grabeskirche und Felsendom, welche eine axiale, gerichtete Gesamtstruktur aus zentralisiertem Memorialbau, Binnenhof, Annexbauten und großer Basilika auszeichnet, vgl. die Aufsätze von H. Busse 1987 sowie von G. Kühnel, 1995. Verwandt ist dieses Konzept, das mit Arculfs Planzeichnung des Grabeskirchenkomplexes seit 680 auch im Westen bekannt geworden ist, der Bauform nach (aber unter anderen Funktionen) letztlich auch mit der Aachener Pfalzanlage. Problematisch ist Kühnels auf dem Bernhards-Bericht von 870 aufgebaute Interpretation, wonach speziell der Felsendom bereits in karolingischer Zeit als »templum Salomonis« angesehen wurde und als »Medium« für die Aachener Pfalzkapelle gilt. ■ 33 Vgl. Bandmann 1965, S. 449 und Kleinbauer 1997/98, S. 144ff. Für Jerusalem sind auch die archäologischen Befunde zur ehem. Himmelfahrtskirche mit einem früheren Rundbau und einem späteren größeren Oktogon (8. Jh.) sowie der doppelstöckige Zentralbau über dem Mariengrab zu erwähnen (Donner 1979, S. 363, A. 67); daneben existierten in Palästina weiterhin zahlreiche frühe Zentralbauten, z. B. die Marienkirche am Berg Garizim, die Kirche von Capharnaum, die Maria-Ruh-Kirche zwischen Jerusalem und Bethlehem. Untersuchenswert wären auch mögliche Bezüge zwischen dem achteckigen architektonischen Grundplan und verschiedenen aus theologischen Schemata entwickelten Diagrammen aus spätantiken Handschriften: vgl. dazu ein persisches Diatesseron (Evangelienharmoniebild), das die vier Evangelisten an ein Viereck mit eingeschriebener doppelter Kreuzform und Kreis anbindet (Nordenfalk, Art Bulletin, 50, 1968, S. 119ff.). ■

Birchler hier noch eine stilisierte Darstellung des Felsendoms vermutete, geht Marese Sennhauser neuerdings von einer Deutung des Bildes als »Flucht aus Bethlehem« mit einer Wiedergabe des nahegelegenen Grab Rahels aus.[35] Der im Ursprung spätantike Kuppelbau ist in Erinnerung an die bei der Geburt ihres Sohnes Benjamin gestorbene Frau Jakobs errichtet worden und gilt bis heute als ein gemeinsamer Pilgerort vor allem für christliche, jüdische und muslimische Frauen. Durch das Architekturzitat in Müstair ergäbe sich auch hier der interessante Nachweis, daß der orientalische Gedanke eines zentralisierten Memorialbaues bereits frühzeitig in der Kunst des Westens bekannt geworden ist.

Unter den zahlreichen Bildern einer Herrschermetaphorik, durch die das bekannte, anonyme Karlsepos des frühen 9. Jahrhunderts in eine antike Tradition gestellt ist, fallen einige in unserem Zusammenhang wichtige Topoi auf: Mehrfach wird die Persönlichkeit Karls des Großen mit der Vorstellung von Europa bzw. eines ›pater Europae‹ in Beziehung gesetzt – einem Begriff, der vielleicht aus seinem antiken Ursprungsverständnis heraus nie zu einem Reichstitel geworden ist; ergänzend wird auch eine Schiffahrtsmetapher angeführt, in welcher der Südost-Wind Euros Karls Schiff gen Westen treibt. Die Interpretation sah hier eine bildhafte Legitimation von Karls Kaisertum, in welchem als Erbe Roms und in Ablösung von Byzanz ein neues christliches Reich mit einer ›Roma secunda‹ errichtet ist.[36] Es bleibt allerdings die Frage offen, ob dieses neue »christliche Abendland« jenseits von Byzanz mit dem »alten Europa« der Antike in Deckung zu bringen ist, zumal letzteres ja eher den östlichen, wenn nicht gar den gesamten mittelmeerischen Raum umfaßt hatte. Unter diesem Aspekt gewinnt neben der Anspielung auf König David eine weitere Bezeichnung Karls, seine Charakterisierung als ›Europae veneranda pharus‹, als verehrungswürdiger Leuchtturm Europas, eine konkrete Ortsbeziehung: Seit der Antike galt der Leuchtturm auf der Halbinsel Pharos als Wunder des östlichen Mittelmeeres und als Symbol der Weltstadt Alexandria.[37] Er wurde zu einer Wegweisung für die Handelsschiffe, aber auch für die Kulturströme des gesamten mediterranen Raums. Sein Name wurde in den romanischen Sprachen die etymologische Bezeichnung für die Funktion schlechthin. Solche weitreichenden Gedankenbrücken mögen sich noch bis zu dem Zeichner eines späten Karlsstiches aus dem 18. Jahrhundert tradiert haben, der Karls Brustbild wie einen Clipeus über einer Meeresansicht mit Schiffen und einen mächtigen Leuchtturm erhebt und sinnigerweise zugleich Karls Verdienste als Förderer der Christenheit aufzeigt.[38]
Nachzudenken wäre darüber, ob die Zeitgenossen ihren verehrten Schutzherrn und Förderer eines christlichen Europa nur in jener neuzeitlichen, auf den abendländischen Raum verengten Vorstellung beschreiben wollten. Mit den Christen und den moslemischen Herrschern im Vorderen Orient in engem Kontakt zu stehen, andererseits aber den zitierten Europa-Begriff lediglich mit den Grenzen des fränkischen Reiches gleichsetzen zu wollen,[39] hieße in der Konsequenz, den geistesgeschichtlichen Horizont des Karolingers nur im Spannungsfeld funktionsorientierter Machtpolitik betrachten zu wollen.[40]

34 Kötzsche S. 65f.; Krüger 2000, Abb. S. 52. ■ 35 Mitt. M.S. an Verf.; die Zuschreibung an den Felsendom (erstmals 1951) durch Linus Birchler. ■ 36 Feuster 1999, S. 99f. ■ 37 Eine ausführliche Beschreibung auch in Arculfs Pilgerreise (um 680), vgl. Donner 1979, S. 404f. ■ 38 J.D.Hertz, Besitz Museum Burg Frankenberg Aachen (Abb. Hugot/Oellers 1981, o.S.). Weitere Bildmotive zeigen Karls Bestätigung des Exarchats von Ravenna, einen Zentralkirchenbau im Arm des Papstes sowie das legendäre Alphabet Karls des Großen, wonach er laut der Legende aus Conques für jede seiner über 20 von ihm erbauten Klöster ein aus dem Alphabet abgeformtes Reliquiar stiften wollte: Das erste für Conques war das dort erhaltene Reliquiar A. ■ 39 Erkens 1999, S. 3; der Autor weist zugleich auf das Verschwinden des Begriffs im Rahmen des karolingischen Reichsniederganges hin. ■ 40 Zur weiteren Vertiefung vgl. Schiffers 1951, Schiffers 1937, Rauschen 1890, Folz 1973, Borgolte 1976, Borgolte 1980, Schmid 1974, Prawer 1996. The Real and Ideal Jerusalem in Jewish, Christian and Islamic Art 1997/98, Busse 1987, Bahat 1990, Naredi-Rainer 1994, Kleinbauer 1997/98, Kötzsche S. 64ff, Grabois 1981, Niehoff 1985, Herbers 1999, Donner 1979, Oellers 1986, Erkens 1999, Hugot/Oellers 1981, Oellers 1993, Bandmann 1965, Kat. Die Aachener Heiligtumsfahrt 1993, Kühnel 1995, Krüger 2000, Müller 1999, Feuster 1999. ■

Das Vermächtnis und die Legende Karls des Großen in hebräischen Schriften des Mittelalters[1] Die Epoche der Karolinger gilt als eine der wichtigsten Perioden in der Entwicklung des europäischen Judentums. Die politische und soziale Konsolidierung der karolingischen Herrscher beeinflußte auch die jüdische Lebenswelt: Dies zeigte sich an der Herausbildung eines neuen Zentrums in einer bislang auf der Karte der Diaspora eher peripheren Region, am Aufbau von Gemeinden und ihren Institutionen und schließlich an der Gründung neuer Schulen. Die Ereignisse des 8. und 9. Jahrhunderts bildeten den Rahmen für die Entstehung der jüdischen Zivilisation in Europa, einer Zivilisation, die ihrer eigenen Bestimmung folgte.[2] Die Aufnahme von Beziehungen zwischen der königlich-kaiserlichen Macht und den Juden basierte auf gegenseitigen Interessen und war für beide Seiten gleichermaßen von Vorteil. Dies äußerte sich unter anderem in dem Schutz, den die Herrscher sowohl jüdischen Gemeinden als auch Individuen gewährten, oder zeigt sich am Beispiel der Tätigkeit des Juden Isaak am Hof Karls des Großen.[3] Die wohlwollende Haltung der Dynastie war unter Ludwig dem Frommen (814–840) besonders ausgeprägt. Sie kommt in den Kapitularen[4] sowie in Urkunden, die Privatpersonen verliehen wurden, zum Ausdruck.[5] Die Herrschaft Ludwigs gilt zu Recht als eine Periode, in der die Juden im Karolingerreich besonders begünstigt wurden. Zeitgenössische Quellen belegen dies ebenso wie die harsche Kritik des Erzbischofs von Lyon, Agobard.[6]

Es versteht sich von selbst, daß diese Epoche der Eintracht und des Wohlstands in den Erzählungen späterer Generationen, vor allem ab dem Ende des 11. Jahrhunderts, festgehalten wurde. Als sich die Lage der Juden in Westeuropa zur Zeit der Kreuzzüge verschlechterte, als Verfolgungen und sogar Vertreibungen zum Schicksal von einzelnen und von Gemeinden wurden, mußte die Erinnerung an das »Goldene Zeitalter« der Karolinger das Entstehen von Legenden beflügeln. Sie dienten einerseits als Erklärung für den Ursprung der Privilegien – die Ruhe und die Sicherheit, die die Vorfahren der Verfolgten früher genossen hatten – und andererseits als Beispiele für die Notwendigkeit der Verteidigung dieser Privilegien. Diese Tendenz, die karolingische Vergangenheit zu glorifizieren, fand zeitgleich mit der wieder aufkommenden Popularität der Legende von Karl dem Großen in Frankreich und im Kaiserreich statt.[7] Die Gründe für die Entstehung der karolingischen Legende bei den Juden waren jedoch andere; auch ihre Ausprägung unterschied sich von der in der christlichen Welt bekannten Legende. Der Hauptgrund für diese Unterschiede muß in den Lebensbedingungen der europäischen Juden selbst gesucht werden. Mit ihren religiösen Bräuchen blieben sie stets eine eigenständige kulturelle Einheit innerhalb der Völker, unter denen sie lebten, und sie behielten ihr eigenes nationales Bewußtsein. Deshalb konnte das karolingische Vermächtnis jener Zeit

1 Unsere Studie ist von den Arbeiten inspiriert, die der legendären Figur Karls des Großen gewidmet sind, wie sie in epischen Gedichten, Erzählungen und in Dokumenten der Völker des Westens hervorgebracht wurde. Die Legende Karls des Großen konnte den jüdischen Gemeinden, die unter den Völkern lebten, unter denen sich die Erinnerung an den Kaiser verbreitete, nicht fremd bleiben. Mit unserer Untersuchung, wie die Legende die westlichen Juden gewonnen hat, kommen wir auf das Gebiet der gegenseitigen Abhängigkeit von Juden und Christen bei der Herausbildung der westlichen Zivilisation. Wir sind unserem Lehrer, Professor R. Folz, bei dieser von seinem Werk ›Le Souvenir et la Légende de Charlemagne dans l'Empire Germanique médiéval‹ beeinflußten Studie für seinen außerordentlich wertvollen Rat und für seine Hilfe, die er uns während unseres Aufenthalts in Frankreich hat zukommen lassen, zu großem Dank verpfichtet. ■ 2 Vgl. Baron 1957, S. 44–53. ■ 3 Annales Regni Francorum a 801–802. ■ 4 Die karolingische Gesetzgebung gegenüber den Juden wurde von Baron 1957, S. 48–53 und von Blumenkranz 1960, S. 301–303, 319–320, 344–360 behandelt, der die Unterscheidung zwischen echten Kapitularen und falschen Texten trifft, die in der Zeit Karls des Kahlen Karl dem Großen zugeschrieben wurden. Die Texte der Kapitulare, die die Juden betreffen, wurden von Aronius 1887 gesammelt und veröffentlicht. ■ 5 Vgl. z. B. die Urkunde Ludwigs des Frommen vom 22. Februar 839 (Devic u. Vaissete, col 211). ■ 6 Siehe Brief IV, VI, VII, VIII u. IX des Agobard von Lyon, 1899, S. 164–166 u. 179–201. ■ 7 Vgl. Bédier 1926, S. 9ff. und Folz 1950, S. 15 u. 161 ff. ■ 8 Ein Abriß der gesamten jüdischen Literatur des Mittelalters findet sich in Baron 1957, S. 152–234 (ch. XXVIII, Homilies and Histories). ■ 9 Die Tendenzen der mittelalterlichen jüdischen Chronographie, vor allem der Chroniken des 12. Jahrhunderts, werden von Ben-Sasson 1962, S. 29–49 in seinen Erinnerungen (in hebräischer Sprache) aufgezeigt, die auf dem Congrès de la Société Historique Israelienne 1961 vorgestellt und im Kongreßband abgedruckt wurden. Der Autor beschränkt sich auf die Studie der Tendenzen, die die interne Geschichte der Juden betreffen. ■

nicht in das nationale jüdische Erbe eingehen oder deren epische Legenden beeinflussen. Andererseits waren für die Überlieferungen alle im Namen Karls des Großen unterzeichneten Urkunden und Diplome wichtige Dokumente. Die Erstellung und Nutzung solcher Dokumente war in der christlichen Gesellschaft gebräuchlich und blieb den hebräischen Autoren fremd, sei es, weil sie mit den Praktiken der christlichen Kanzleien nicht genügend vertraut waren, sei es, weil sie sich aus ihrem religiösen Gefühl heraus weigerten, Ausdrucksweisen und Symbole anzuwenden, die typisch für die christlichen Kanzleien waren.

Die einzigen hebräischen Quellen, die die karolingische Legende behandeln, sind deshalb Chroniken und apologetische Werke. Jedoch sind diese Texte quantitativ und qualitativ ungleich ärmer als die entsprechenden christlichen Texte.[8] Der jüdische Chronist, dem die westlichen Völker fremd waren, konnte nicht von den Großtaten eines Hofes oder einer Herrschaft berichten.[9] Er hatte weder den Frieden noch die tägliche Ruhe eines Klosters, die es ihm erlaubt hätten, große Werke zu verfassen, wie die ›Histoire Ecclésiastique‹ eines Orderic Vital, um nur ein Beispiel zu nennen. Es war auch nicht sein Anliegen, eine Gesamtgeschichte seiner Zeit zu schreiben; die allgemeinen Ereignisse waren für ihn nur im Zusammenhang der internen Geschichte seines Volkes von Interesse. Daher haben diese Chroniken oft mit zeitgenössischen Werken von lokaler Bedeutung Ähnlichkeit – die Informationen des Chronisten über die »große Geschichte« weisen mangelnde Kohärenz auf, beruhen auf Hörensagen und entstammen meist Volkserzählungen, die ihrerseits nicht wahrheitsgetreu waren.[10] Es muß auch betont werden, daß die mittelalterliche jüdische Geschichtsschreibung keine Einheit bildet und keine Kontinuität aufweist. Aufgrund der Umstände der historischen jüdischen Entwicklung im Westen war es unmöglich, den klösterlichen Annalen vergleichbare Werke zu verfassen oder gar eine Zusammenfassung von Chroniken zu schreiben, wie sie den ›Grandes Chroniques de France‹ von Saint-Denis vergleichbar wären. Die Werke der jüdischen Geschichtsschreibung sind nicht zahlreich, und sie erscheinen zudem als fragmentiert. Die erhalten gebliebenen Werke stammen vor allem aus drei Perioden:

a) Aus dem 10. Jahrhundert: Texte aus Süditalien und aus Spanien.

b) Aus dem 12. und 13. Jahrhundert: Texte aus Deutschland, Südfrankreich und aus dem christlichen Spanien.

c) Aus dem 16. Jahrhundert: damals lagen die Zentren der jüdischen Geschichtsschreibung in Italien, in Nordafrika und im Osmanischen Reich.

Weitere vereinzelte Chroniken, die zwischen diesen Perioden verfaßt wurden, stellen weder eine Überlieferung der historischen Traditionen dar, noch enthalten sie Erkenntnisse, die für spätere Autoren hilfreich gewesen wären.[11]

Von dieser Ausgangsposition aus erscheint es als wenig sinnvoll, in den jüdischen Texten nach historischen Zeugnissen zur karolingischen Epoche zu suchen. Selbst wo die Texte sich auf bestehende Überlieferungen beziehen, deren historische Grundlagen geklärt werden können, erscheinen die Berichte über die karolingische Zeit in den uns bekannten Texten erst spät, d.h. erst ab der zweiten Hälfte des 12. Jahrhunderts. In den Chroniken des 10. Jahrhunderts finden sie keine Erwähnung.[12]

10 Man muß jedoch die jüdischen Chronisten für diese Leichtfertigkeit rechtfertigen. Ihr ganzes Augenmerk richtete sich auf Ereignisse, die die jüdische Gesellschaft betrafen, und sie waren speziell damit beschäftigt, die Großtaten der Vorsteher der Gemeinden und berühmter Rabbiner zu berichten. Genau wie ihre Zeitgenossen, die christlichen Chronisten, beschäftigten sie sich weder mit der systematischen Untersuchung der Geschichte, noch mit der Kritik ihrer Quellen. Die Ungenauigkeit, teilweise auch Fantasie, und Bestätigungen, die sich auf Hörensagen stützten, vor allem bei weiter entfernt gelegenen Ereignissen, sind für die mittelalterliche Chronographie im Allgemeinen charakteristisch, und die Juden bildeten hier keine Ausnahme.

11 Vgl. Ben-Sasson 1962, S. 30. Wir nehmen von dieser Klassifizierung Werke aus, die in Mesopotamien und in Ägypten verfaßt wurden, deren Autoren mit unserem Thema nicht befaßt waren.

12 Es muß betont werden, daß diese Chroniken peripher sind. Das Interesse der Autoren in Fouille oder in Andalusien richtete sich vorwiegend auf ihr jeweiliges Land. Die süditalienischen Chronisten erwähnten jedoch häufig Ereignisse und Persönlichkeiten des Byzantinischen Reiches, was nicht verwunderlich ist, wenn man bedenkt, daß sich Süditalien in dieser Zeit im byzantinischen Einflußbereich befand.

Deshalb haben alle Informationen, die aus den hebräischen Schriften über die zweite Frankendynastie hervorgehen, eher legendenhaften Charakter. Sie beziehen sich vor allem auf die Texte früherer Autorengenerationen, wobei die erinnerte Vergangenheit zu den wirklichen jeweils aktuellen Verhältnissen in Beziehung gesetzt wird.

Wie alle Schriften, die Legenden abbilden, konzentrieren sich auch die hebräischen Texte auf eine königliche Persönlichkeit, auf den großen Helden und Monarchen, dem sie alle Taten und Wohltaten zuschreiben. In der Person dieses Helden werden alle Taten vereinigt, auch die der anderen Herrscher der Epoche, die ungeachtet ihrer Wohltaten vollständig vergessen werden. Entgegen aller Erwartungen beziehen die hebräischen Schriften die Taten Ludwigs des Frommen zugunsten der Juden, die sicherlich bekannt waren, überhaupt nicht ein. Der Sohn Karls des Großen wird von der mittelalterlichen jüdischen Chronographie so wenig beachtet wie dessen Vorfahren Karl Martell und Pippin der Kleine. Karl der Große ist die Figur, die alle Erinnerungen auf sich zieht; seine Regierungszeit symbolisiert die ganze Dynastie. Sowohl wegen seiner Bedeutung für die Gesamtgeschichte im Westen, als auch aufgrund der zahllosen Legenden in den Ländern des ehemaligen karolingischen Reiches fiel die Wahl der jüdischen Chronisten des 12. Jahrhunderts fast zwangläufig auf seine Person.[13] Es war für Juden schwierig, in Klosterbibliotheken zu gehen und die dort aufbewahrten Manuskripte und Chroniken zu studieren, aber sie konnten mühelos durch epische Gesänge oder durch Volkserzählungen, die die Legenden über den Herrscher und seine Getreuen verbreiteten, erfahren, wie stark die Erinnerung an ihn überall präsent war. Durch ihre alltäglichen Kontakte mit Christen in Städten und an Fürstenhöfen war ihnen bewußt, wie sehr diese Erinnerung genutzt wurde, um Besitztitel zu begründen und das Recht auf verschiedene Privilegien zu erklären, indem diese von kaiserlichen Konzessionen hergeleitet wurden. Man mußte den Text einer falschen Urkunde nicht kennen, da aufgrund von Gerüchten im Volk bekannt war, daß eine solche Urkunde existiert und daß sie in einem kirchlichen Gebäude[14] aufbewahrt wurde. So fügten die jüdischen Chronisten der in der westlichen Welt bereits verbreiteten Legende über Karl den Großen einen neuen Aspekt hinzu, den Aspekt der Beziehungen des Herrschers zu den Juden und der ihnen gewährten Wohltaten. Daß die jüdische Seite der Legende aus Quellen der westlichen Heldenvolksdichtung entstammt, erklärt, warum die Schriften des 10. Jahrhunderts über die karolingische Dynastie schweigen. Die Verherrlichung Karls des Großen durch jüdische Autoren konnte erst nach dem Aufkommen seiner Legende in Frankreich und damit erst im Kaiserreich des 12. Jahrhunderts stattfinden.[15]

Welche Themen behandelte die jüdische Legende von Karl dem Großen? Man könnte vermuten, daß der Ausgangspunkt der Legende die Episode des Juden Isaak war, jenes Händlers, der am kaiserlichen Hof eine bedeutende Rolle spielte, und der die Beziehungen zwischen Karl dem Großen und dem Kalifen Harun-ar-

13 Vgl. Bédier 1929, S. 402 u. 438–446 und die Anmerkungen von Lot 1958. Zum Kaiserreich vgl. Folz 1950, S. 11,22,137. ■ **14** So stützt Meir ben Simon (aus Narbonne und Verfasser einer Polemik, ›Der Heilige Krieg‹ – um 1240) seine Behauptungen auf eine Urkunde, die im ›Haus des Gehorsams‹ (Kirche oder Kloster) in Narbonne aufbewahrt wurde. ■ **15** Vgl. Bédier, a.a.O. u. Folz 1950, S. 15. ■ **16** Annales Regni Francorum, S. 116–117. Zur Rolle Isaacs in der Entwicklung der Beziehungen zwischen dem Frankenkaiser und dem Kalifen von Bagdad vgl. Buckler 1931. Interessant ist anzumerken, daß dieser Isaak in den orientalisch-jüdischen Quellen nicht erwähnt wird. ■ **17** Vgl. z. B. die Glorifizierung der jüdischen Berater der Omayyaden-Kalifen in Spanien, von der Abraham ben David in seinem Buch der Überlieferung (um 1160) berichtet, hg. Neubauer 1887, S. 71–72. Wir beziehen uns auf denselben Chronisten, der die Beziehungen zwischen Karl dem Großen und den Juden Narbonnes beschreibt. ■ **18** Sefer Ha-kabalah, ›Das Buch der Überlieferung‹ ist eine Zusammenstellung von Abraham ben David aus Toledo, die sich hauptsächlich mit der Geschichte der Juden in Spanien befaßt. Der Abschnitt, der die Juden in Frankreich betrifft, ist losgelöst vom Hauptbericht und bildet einen Appendix an diese Chronik. Die Zusammenfassung basiert auf Legenden, vor allem wo sich der Autor auf weiter zurückliegende Zeiten bezieht. Die Berichte zur Zeitgeschichte des Autors sind dagegen authentisch und haben den Wert von Zeugnissen. Das gilt vor allem für die Beschreibung der Unruhen in Narbonne zur Zeit der Minderjährigkeit der Vizegräfin Ermengarde (1134–1148), die der Text auf die Rivalität der Häuser in Toulouse und in Barcelona zurückführt. Das hier übersetzte Stück wird nach Neubauer 1887, S. 82 zitiert. ■

Rashid hergestellt hat.[16] Diese Episode drängt sich vor allem deshalb als Kern der Legende auf, weil die Stellung der Juden am königlichen Hof und deren Rolle in der Entwicklung der Beziehungen zwischen der Macht und den jüdischen Gemeinden ein wichtiges Thema in der jüdischen mittelalterlichen historischen Literatur war, insbesondere in Spanien.[17] Die Geschichte von Isaak wird jedoch in den hebräischen Schriften nicht erwähnt, weil ihre Verfasser die Königlichen Annalen nicht kannten.

Gleichwohl wurden die Beziehungen zwischen Karl dem Großen und dem Kalifat der Abbasiden von den jüdischen Chronisten erwähnt. Diese Tatsache diente der Entwicklung der kaiserlichen Legende. Abraham ben David, ein jüdischer Chronist aus Toledo (auch unter seinem arabischen Namen Ibn Daoud bekannt), erwähnt diese Beziehungen in seiner Chronik, die um 1160 unter dem Titel Sefer Ha-kabalah (Buch der Überlieferung) verfaßt wurde. Der Teil, der die Geschichte der Juden in Frankreich behandelt, konzentriert sich vor allem auf das Leben der jüdischen Gemeinde von Narbonne, deren Vorsteher, der ›nassi‹, eine privilegierte Stellung einnahm. Der Autor, der über die Ereignisse in Narbonne gut unterrichtet war, schreibt die Herkunft dieser Privilegien Karl dem Großen zu:[18]

»...Wir haben erfahren, daß Narbonne eine bedeutende Tradition von ›nassis‹ und berühmten Rabbinern in der Gelehrtengeschichte hat. König Karl hatte den König von Babylon darum gebeten, ihm einen seiner Juden zu schicken, der aus dem Hause Davids stammen und königlicher Abstammung sein solle. Dieser habe der Bitte zugestimmt und ihm einen seiner Juden, Rabbi Makhir, geschickt, einen sehr berühmten und gebildeten Mann. Der König bestimmte Narbonne zu dessen Wohnsitz, siedelte ihn dort an und gewährte ihm ein großes Anwesen, das er den Sarazenen abgenommen hatte.[19] Makhir heiratete die Tochter eines Granden der Stadt. Und als die Stadt erobert wurde, teilte der König sie in drei Teile: den ersten gab er Don Aymeric, den er zum Verwalter der Stadt bestimmte. Der zweite Teil war für den Bischof der Stadt bestimmt. Der dritte Teil war ein Geschenk an Rabbi Makhir, den er freiließ; und aus Neigung zu ihm vergab er gute Privilegien an alle jüdischen Bewohner der Stadt – so ist es in einer christlichen Urkunde, die bis heute aufbewahrt wird, aufgeschrieben[20] und mit dem Siegel von König Karl versehen. Dieser ›nassi‹, Rabbi Makhir, und seine Nachkommen, die ihm als Gemeindevorsteher nachfolgten, hatten Zugang zum König und zu dessen Nachfolgern. Wer immer sie wegen ihrer Besitztümer oder ihrer Privilegien verfolgte[21], wurde von der Macht des Königs von Frankreich bestraft. Sobald ein Raub beim König angezeigt wurde, ordnete der König an, daß das Gut zurückerstattet werden müsse. Dieser Befehl wurde unmittelbar ausgeführt, ohne Berufungsmöglichkeit. Denn Narbonne gehört dem König von Frankreich ...«

Dieses Fragment ist also ein Versuch, den Ursprung des großen allodialen Vermögens der Vorsteher der jüdischen Gemeinde von Narbonne zu erklären, die in der Volkssprache des 12. Jahrhunderts die »Jüdischen Könige von Narbonne« genannt wurden.[22] Der Autor bezieht sich auf eine lokale Überlieferung, die auch unter den Christen der Provinz Narbonne[23] verbreitet war, nach der der »jüdische König« aus dem königlichen Hause Davids abstamme, aus dem babylonischen Exil. Sein Eintreffen im Westen gegen Ende des 8. Jahrhunderts wurde der Initiative Karls des Großen zugeschrieben und mit den Beziehungen zu den abbasidischen

19 Der hebräische Text verwendet den Begriff ›Ismaeliten‹, ein Synonym für Sarazenen. ■ 20 d.h. »lateinischen«. ■ 21 Der Autor verwendet den Begriff ›Ehre‹, den wir lieber mit Vorrecht übersetzen, weil der Begriff der ›Ehre‹ im Sprachgebrauch des Feudalismus eine spezifische Bedeutung hat. ■ 22 Gesta Karoli Magni ad Carcassonam et Narbonam, 1898, S. 179 (provenzalische Fassung, mit gegenüberstehender lateinischer Fassung veröffentlicht, S. 178). Dieser Name war auch Peter, dem ehrenwerten Diener Gottes, dem Abt von Cluny bekannt (PL, CLXXXIX, 560). Die Geschichte der Juden von Narbonne wurde untersucht von Régné 1910. Das Kapitel zur Karolingerzeit wurde veröffentlicht in der ›Revue des Etudes Juives‹, LV (1908), S. 1–35. Der Autor befaßt sich vor allem damit, der Wahrheitsgehalt unserer Quellen zu widerlegen. Zu einer neuen Interpretation der authentischen Grundlagen der erwähnten Texte, siehe Baron 1957, S. 46–47 und Anmerkung sowie Schwarz-Fuchs 1957, S. 7–16. ■ 23 Gesta Karoli Magni ad Carcassonam et Narbonam, 1898, S. 178–181. ■

Herrschern in Bagdad in Zusammenhang gebracht. Diese Tradition der Überlieferung läßt sich auch auf die Vermischung mit historischen Ereignissen zurückführen, welche hinsichtlich der Kriege der Franken gegen die Muslime und der Eroberung Septimaniens erfolgte, die unter Karl Martell und Pippin dem Kleinen stattgefunden hatten (letzterer eroberte 759 Narbonne[24]), und die man ebenfalls Karl dem Großen zuschrieb, der als der Stifter der territorialen Besitztümer des jüdischen ›nassi‹ von Narbonne dargestellt wird.

Es ist ganz offensichtlich, daß die Legende, nach der Karl der Große Narbonne erobert und die Stadt geteilt hat, keine Erfindung der jüdischen Bewohner Narbonnes im 12. Jahrhundert war. Die Überlieferung dieser Ereignisse war damals in der westlichen Welt verbreitet. Die Präsenz des Herrschers und seines Gefolges in Septimanien wurde im 9. Jahrhundert in der ›Gesta Karoli Magni‹ von Notger, einem Mönch aus Sankt Gallen, auch schriftlich festgehalten[25]; das Werk wurde im 12. Jahrhundert wiederentdeckt. Das Lied ›Aymeri aus Narbonne‹ des 12. Jahrhunderts gründet ganz auf der Überlieferung der Eroberung Narbonnes durch Karl den Großen und der Belehnung seiner Grafschaft an Aymeri.[26] Der Text Abraham ben Davids benutzt dieses Thema, und wir vermuten, daß, auch wenn er diese Dichtung selbst nicht kannte, die Erzählung in der Bevölkerung des Languedoc so verbreitet war, daß die Juden von ihr hörten.

Andererseits ist klar, daß die Überlieferung von der Teilung der Stadt zwischen dem Grafen, dem Bischof und dem »Judenkönig« nicht aus derselben Quelle stammt. Tatsächlich basiert der Bericht Abraham ben Davids auf zwei unterschiedlichen Überlieferungen, die miteinander verknüpft wurden. Die Analyse des Texts ermöglicht es, diese beiden Quellen zu unterscheiden: aus der ersten, die aus der Überlieferung des Gedichtes ›Aymeri von Narbonne‹ stammt, ist die folgende Passage: »Der König wählte für ihn Narbonne zum Wohnsitz aus … er gab ihm große Ländereien, die er den Sarazenen abgenommen hatte.« Auch der Titel Aymeris als »Statthalter der Stadt«, ein Adelstitel, stammt von dort. Die zweite Quelle nimmt die Erzählung von der Eroberung der Stadt auf, die, nach der erwähnten Passage, bei der Ankunft Makhirs bereits erobert war: »Und als die Stadt erobert war, teilte er sie in drei Teile …«

Um den Ursprung dieser zweiten Überlieferung zu finden, müssen wir auf einen Text zurückgreifen, der dem Kloster La Grasse in der Diözese von Narbonne entstammt. Dieses Kloster war im Midi ein Zentrum für die Verbreitung der Legenden über Karl den Großen. Wichtig für uns ist die Schrift ›Gesta Karoli Magni ad Carcassonam et Narbonam‹ und ihre provenzalische Fassung, die unter dem Titel ›Philomena‹ oder ›Pseudo-Philomena‹[27] veröffentlicht wurde. In der Tat war der Bericht ›Philomena‹ in der Provence bereits verbreitet, als Abraham ben David seine

24 Vgl. Régné 1910, S. 13. ■ **25** Gesta Karoli Magni, MGH SS, II, S. 757. Über die Bedeutung dieser Zusammenstellung Saint-Galls und zum Schicksal des Manuskripts, vgl. Folz 1950, S. 13–15. ■ **26** Aymeri de Narbonne, 1887, S. 690 ff. vgl. hierzu Bédier, a.a.O., S. 29–35 u. 176. ■ **27** Diese Zusammenstellung, ohne jegliche historische Grundlage, ist wahrscheinlich nach falschen Chroniken erstellt, wie der des Pseudo-Turpin (vgl. Paris 1863, S. 90–91). Gaston Paris hat sie auf das 12. Jahrhundert datiert. Jedoch deutet die Einführung des lateinischen Texts darauf hin, daß sie in der Amtszeit von Abt Berhard verfaßt worden ist. Die Überprüfung der Abfolge der Äbte des Klosters führte den Herausgeber des Texts, Schneegans, dahin, sie auf den Beginn des 13. Jahrhunderts zu datieren (Einführung, S. 39). Gleichwohl erwähnt der Autor der lateinischen Version, Paduanus, seinerseits (Text, S. 6), seine Fassung beruhe auf einem früheren Text eines gewissen Philomena. Wir können im Anschluß an Bédier, a.a.O., Bd. IV, S. 420, festhalten, daß der Text im 12. Jahrhundert entstanden ist. Die Überprüfung der Namen der Stadtstaaten, die Aymeri von Narbonne von Karl dem Großen zugestanden wurden, bringt uns zu dem weiteren Schluß, daß diese den Lehnsgütern Raimonds V. von Toulouse um 1160 entsprachen, die entweder in seinem Besitz waren oder von ihm beansprucht wurden: »Ayssi com noble avetz respost e per amor d'aisso recebetz ne ades guasardo: per la una de las partz davant ditas vos doni Besers ciutat e per l'autra Acde e l port de la mar. Encara vos doni mais Magalona, Usest, Nemze, Arlbe, Avinho, Aurenca, Vivaretz; Valentia es de voste oncle, per que no la us puesc donar e Viana; e doni vos may Leon, qu'es sobre-l fluvi de Roser, Rodes, Lodeva, Caortz, Tholosa, Albi, Carcassona, Regnas, Heuna, Empurias, Cogliure, Girona, Barssalona, Terragona, et ayssi autretz XXIII. regnes de Sarrasis e per Narbona seretz dux, per Tholosa comtes e per las autras ciutatz marquis; … (éd. citée, S. 191) Zur Stellung der Grafen von Toulouse und zu ihren Ansprüchen, vgl. Higounet 1951, S. 313–322, siehe v.a. S. 318 ff. Es muß erwähnt werden, daß Raimond V. von Toulouse folgende Bezeichnungen führte: dux Narbonae, comes Tolosae, marchio Provinciae (RHF, XVI, 55). Vgl. hierzu die Studie von Léonard 1932, die seinem »Catalogue des actes de Raimond V., compte de Toulouse« vorangestellt ist. ■

Chronik verfaßte, und wir vermuten, daß er den Juden in Narbonne gut bekannt war. Er beschreibt die Eroberung von Narbonne durch Karl den Großen und berücksichtigt die in ›Aymeri von Narbonne‹[28] besungenen Großtaten; der Text ist vom Lied aber unabhängig. Hier spielt Roland die entscheidende Rolle; er befehligt die Angreifer und erobert die Stadt.[29] Der für unsere Studie entscheidende Punkt liegt in der Überlieferung, wie sie in den ›Philomena‹ über die Lage der jüdischen Gemeinde während der Belagerung von Narbonne festgehalten ist. Der Bericht schreibt die Ereignisse während der Belagerung und Eroberung der Stadt durch Pippin den Kleinen um – vor allem die Übergabe der Stadt an die Franken durch die Goten[30] – und gibt zweifellos eine lokale Überlieferung wider, die sowohl unter den Christen als auch unter den Juden verbreitet war.

In den ›Philomena‹ wird erzählt, daß es den Juden während der Belagerung durch Karl den Großen bewußt geworden sei, daß es keine Hoffnung mehr auf Widerstand gab. Nachdem sie vergeblich versucht hätten, den sarazenischen König Mantran zur Aufgabe zu überreden, hätten sie eine Botschafterdelegation zu Karl dem Großen geschickt, die von einem gewissen Isaak geleitet wurde, und die aus zehn Notabeln bestand. Die Gesandschaft habe dem Kaiser die Übergabe der Stadt vorgeschlagen: Seine Armeen könnten an dem Mauerabschnitt in die Stadt eindringen, an dem sie die Wache stellten. Im Gegenzug baten sie ihn, die Privilegien der Gemeinde zu bestätigen, unter anderem das Privileg, ihren »König« aus der Linie Davids und ursprünglich aus Bagdad stammend, behalten zu können. Für den Erhalt dieses Privilegs boten sie ihm 70.000 Silbermark an: »Und sie traten vor Karl, und sie grüßten ihn, und als erster sprach Isaak zu ihm: Herr und König, wir wissen sehr wohl, daß Narbonne nicht länger eurer Belagerung widerstehen kann. Wir sind Juden, und wir erbitten Gnade für uns wie für alle in der Stadt. Was auch immer euch gefällt, wir wollen es tun. Und er antwortete ihnen: Wer Gnade erbittet, dem soll Gnade widerfahren. Ich nehme euch in meine Gerichtsbarkeit auf und unterstelle euch meinem Schutz. Und Isaak antwortete ihm: Herr, glaubt nicht, daß wir Verrat begehen, denn Mantam besitzt bei uns nichts, noch erhalten wir etwas von ihm, außer daß wir ihm eine jährliche Summe Geldes an Steuern bezahlen. Deshalb bitten wir euch, daß in Narbonne immer ein König unseres Volkes sei, so wie es heute ist. Er gehört zu unserer Delegation, die zu dir gekommen ist, und stammt aus dem Geschlecht Davids und Baldachs und schickt euch durch uns 70.000 Silbermark, und wenn ihr mehr verlangt, werdet ihr mehr bekommen. Und was uns gehört, wird euer sein. Sodann bestürmt von unserem Teil der Stadt aus Narbonne und nehmt sie ein. Wir halten Wache an einem Mauerabschnitt der Stadt. Dort könnt ihr in die Stadt eindringen, ohne einen Stein zu versetzen, und ohne Verluste an Männern. Und Karl stimmte allem zu was sie verlangten, und nahm das Geld an. Und sie übergaben ihm die Stadt.«[31] Nachdem sie Roland die Stadt übergeben hatten[32], erhielten die Juden von Narbonne die ihnen versprochenen Privilegien. Tatsächlich hielt der Kaiser am folgenden Tage feierlich Einzug in die Stadt, hielt Hof, setzte

28 Schneegans 1898, Einführung, S. 9. ■ 29 Gesta, S. 186. ■ 30 Vgl. hierzu Lévi 1904, S. 197 – 203. ■ 31 Gesta…, S. 179–181. Wir geben hier auch die lateinische Version wieder: Qui coram Karolo venientes salutaverunt eum et Ysaac primo locutus fuit dicens ei: Domine rex, bene cognoscimus quod Narbona non potest vobis ulterius resistare et nos sumus Judei et petimus misericordiam tam pro nobis quam pro omnibus de villa et, quicquid vobis placuerit, faciemus. Et ille respondit ei: Qui misericordiam petit, misericordia consequi debet; et ego vos recipio in mei juridictione et custodia. Et Ysaac dixit: Domine, non credatis quod nos aliquam proditionem faciamus. Nam Matrandus nichil habet in nobis nec aliquid tenemus ab ipso, nisi quia pro amparancia dabamus ei certam pecuniam annuatim. Preterea rogamus vos ut semper sit in Narbona rex de gente nostra, quoniam ita debet esse et est hodie. Et ex parte ipsius nos ad vos venimus et est de genere Davidis et Baldachi et mittit vobis per nos LXX milia marchas argenti et, si plus vultis, plus habebitis et quidquid habemus vestrum erit. Preterea ex parte ville nostre impugnetis Narbonam et capietis eam: nam C. brachias de muro tenebimus et plus et, quod nullus vobis erit ausus lapidem prohibere nec inferre aliquod nocumentum. Et Karolus concessit eis omnia, que peterant, et recepit pecuniam. Et ipsi in civitatem redierunt et aliis Judeis omnia, que karolus eis dixerat, retulerunt, de quorum responsione fuerunt omnes quamplurimum gratulati (Id., S. 178 u. 180). ■ 32 E Rotlan e tota la ost vengron vays los Sarrasis e defora Porta Reg auciron mais de VII. m. Pueys vengron a Porta Reg los crestias e ls Jusieus laixeron los intrar. Et Aymeric venc al palaytz del rey e ls Jusieus rendero:l li e pauseron la senhieyra de Karles desus (Id., S. 187). ■

Thomas aus der Normandie als Erzbischof ein und teilte die Stadt in drei Teile auf: unter dem Erzbischof, den Juden, denen er einen König nach ihrem Gefallen gab, und Aymeri: »Und Karl ... hielt großen Hof und teilte die Stadt. Er ernannte Thomas aus der Normandie zum Erzbischof und unterstellte ihm 10 Bischöfe. Und er gab ihm ein Drittel der Stadt und errichtete die Kirche der ›Heiligen Maria‹. Er gab dann den Juden das zweite Drittel der Stadt, weil diese sie ihm übergeben hatten, und er gab ihnen einen König nach ihrem Willen. Schließlich ... rief er Aymeric aus Narbonne zu sich und sprach: ›Aymeric, ein Drittel der Stadt habe ich dem Erzbischof gegeben, das zweite Drittel den Juden, der dritte Teil ist für Euch‹.[33]«

In der Überlieferung des Klosters La Grasse finden wir also eine andere Erklärung für die jüdischen Besitztümer in Narbonne und für die privilegierte Stellung des jüdischen ›nassi‹. Der Autor dieser Legende kannte, wie wahrscheinlich die gesamte christliche Bevölkerung in der Gegend, die genealogische Tradition des Vorstehers der jüdischen Gemeinde von Narbonne, seine Herkunft aus Bagdad und seine Abstammung aus der Dynastie Davids. Im Gegensatz zur hebräischen Überlieferung bei Abraham ben David berichten die ›Philomena‹ von seiner Existenz in Narbonne bereits vor der Eroberung der Stadt durch die Franken. Die jüdische Überlieferung geht wahrscheinlich auf ein historisches Ereignis zurück – auf die Ankunft eines der Mitglieder der nach Mesopotamien vertriebenen jüdischen Familien, Natronai ben Zabinai[34], um 771 in Spanien – und macht die Ankunft von Makhir im Westen zum Ergebnis einer Anfrage Karls des Großen.[35] Interessanterweise erhalten wir aus diesem Text eine zweite Bestätigung dafür, daß der »Judenkönig« in der Stadt Güter mit vollem Eigentumsrecht besaß, für die er nur den Zins bezahlen mußte. Das trifft wohl auch auf die Juden von Narbonne zu, die bis zu Beginn des 14. Jahrhunderts bedeutende allodiale Ländereien in der Grafschaft besaßen.[36]

Ein Vergleich zwischen dem Bericht der ›Philomena‹ und dem Text Abraham ben Davids bringt uns zu dem Schluß, daß die jüdische Überlieferung von der Teilung Narbonnes aus derselben Quelle stammt wie die Überlieferung des okzitanischen Klosters. Ihr Ursprung muß in der Umgebung der Erzbischöfe von Narbonne in der ersten Hälfte des 12. Jahrhunderts gesucht werden.[37] Die Erzbischöfe von Narbonne hatten zu dieser Zeit guten Grund zu beweisen, daß die lokalen Vizegrafen nicht die einzigen Lehensherren der Stadt und der Grafschaft waren. Sie mußten auch ihre Ansprüche auf die Schenkungen aus karolingischer Zeit unterstreichen, wie sie es 1157 Ludwig VII. gegenüber getan haben. Indem sie die drei lokalen Hauptpersonen, den Erzbischof, den Vizegrafen und den »jüdischen König« auf die gleiche Stufe stellten, verliehen sie auch einer Volksüberlieferung von der Eroberung durch Karl den Großen und der Teilung der Stadt in mehrere Lehenswesen Glaubwürdigkeit. Die Darstellung der Grundbesitzrechte der Juden als althergebrachter Rechte (was

33 Ibid., S. 189. Die lateinische Version wurde von Du Mège mit der Präambel zu einer Urkunde verwechselt, von deren Existenz er im Kloster von La Grasse vor der Revolution erfahren hatte (vgl. seinen Aufsatz, Mémoire sur quelques inscriptions hébraiques à Narbonne 1829, S. 340). Dieser Text, nur ein Fragment der Gesta, lautet: »In capite vero octo dierum captionis Karolus tenuit curiam suam generalem et divisit civitatem. Constituit namque archiepiscopum nomine Thomam de Normandia et X. episcopos ei submisit. Dedit pretera ei terciam partem civitatis et construxit ecclesiam Beate Marie et possessiones alias et redditus quam plurimos ei dedit. Similiter aliam tertiam partem civitatis dedit Judeis, qui eam reddiderant, et dedit eis regem ad voluntatem eorum. Postea sedens in palatio in sede regali ceptrum eciam tenens circumdatus infinita multitudine virorum nobilium Aymericum de Narbona fecit coram se venire dicens ei: Aymerice, terciam partem civitatis dedi archiepiscopo, aliam terciam Judeis, reliqua pars erit vestra« (Iid., S. 188). ■ **34** Der babylonische Exilant Natronai ben Zabinai mußte 771 Bagdad verlassen. Er fand in Spanien Zuflucht, wo er dank des Prestiges seiner Familie das jüdisch-spanische Studienzentrum gründete. (Igereth Sherira Gaon, d.h. ›Der Brief des Chérira‹, 1926, S. 104). Der Text ist ein rabbinisches Gutachten, das für den Gebrauch in den westlichen Gemeinden verfaßt wurde. Chérira (936–1004) war einer der letzten Gaonim (großen Schriftgelehrten) in Mesopotamien vor dem Niedergang des jüdisch-babylonischen Zentrums, der um 1050 begann. Der Brief ist aufgrund seiner Informationen zur Entwicklung dieses Zentrums seit der talmudischen Zeit bis in seine Zeit ein Dokument von allergrößter Bedeutung für die jüdische Geschichte. ■ **35** Abraham ben David, a.a.O., S. 82. ■ **36** Vgl. Régné 1910, S. 60–63 u.172. Nach dem Invertar der jüdischen Besitztümer in Narbonne stellt Régné fest, daß die Juden der Stadt entsprechend ihrer finanziellen Verpflichtungen dem vizegräflichen Adel oder der erzbischöflichen Hoheit zugeteilt waren. ■

der historischen Wahrheit entsprach) scheint uns deshalb in den Text eingefügt worden zu sein, um gegen Einwände argumentieren zu können, die Papst Etienne III um 768 vorgebracht hatte.[38] Die Kreise des Erzbischofs von Narbonne mußten die päpstlichen Bulle berücksichtigen, die, an Erzbischof Aribert adressiert, vor allem die Juden beschuldigte, den königlichen Schutz erkauft zu haben.

In seiner Chronik greift Abraham ben David drei Themen der Legende von Karl dem Großen auf, die in Narbonne und vermutlich im Languedoc und in der Provence verbreitet waren.[39] Diese drei Themen, die auf den Varianten der französischen und provenzalischen Überlieferung von der Eroberung Narbonnes durch Karl den Großen basieren, beziehen sich speziell auf die jüdische Geschichte, auch wenn sie Gemeinsamkeiten mit der Legende von Karl dem Großen in der christlichen Gesellschaft aufweisen.

a) Die Beziehungen Karls des Großen zu den Kalifen in Bagdad Aufgrund der freundschaftlichen Beziehungen zum Kalifen konnte der Kaiser diesen darum bitten, ihm nicht nur Geschenke zu schicken, sondern auch einige seiner vornehmsten Personen, wie Makhir, der aus dem Hause Davids, der königlich-jüdischen Linie stammte. Man muß an dieser Stelle nicht ausdrücklich betonen, welches Prestige eine Abstammung von David in allen monotheistischen Religionen hatte. Diese genealogische Tradition, die von lokalen Texten festgehalten wurde, hatte auch außerhalb des inneren Kreises der jüdischen Gemeinden Einfluß und trug dazu bei, das Ansehen der Vorsteher der Narbonner Gemeinde bei den christlichen Bewohnern der Stadt zu erhöhen, denn die Gebildeten kannten die Verbindung, die bereits zu Lebzeiten des Kaisers zwischen Karl dem Großen und David hergestellt wurde.[40]

b) Der jüdische Aspekt in der karolingischen Renaissance Weder der Beitrag der Juden zur karolingischen Renaissance noch Alkuins Beziehungen zu den Juden in Italien[41] oder die Verbindungen der Juden zu Raban Maur[42] hinterließen in der Überlieferung der jüdischen Gemeinde von Narbonne Spuren. Jedoch ist die Erinnerung an die Gründung der Schulen durch den Kaiser in der Region lebendig geblieben und hat in die jüdische Tradition Eingang gefunden. Da die karolingische Renaissance mit der Gründung der Talmudschulen in Spanien zeitlich zusammentraf, die nach der Ankunft eines Mitglieds einer Familie des babylonischen Exils[43] entstanden, wurden beide Ereignisse im Lauf der Jahrhunderte zusammengebracht. Vor dem Hintergrund, daß die Rabbinerschule von Narbonne großes Ansehen in der jüdischen Welt des 12. Jahrhunderts genoß[44], war es für ihre Gelehrten leicht, auf die historische Tradition hinzuweisen und ihren Ursprung mit den kulturellen Bewegungen des ausgehenden 8. Jahrhunderts zu verbin-

37 Im 12. Jahrhundert bestand eine offene Konkurrenz zwischen den Erzbischöfen und den Vizegrafen von Narbonne, die zu Beginn des Jahrhunderts in einen blutigen Kampf ausartete. Der Erzbischof, der in seinen Stadtteilen die Grundherrenrechte hatte, besaß zu dieser Zeit nur die niedere Justiz und war deshalb nicht so mächtig wie der Vizegraf, der ein Vassal des Grafen von Toulouse war (Histoire du languedoc 1112). Siehe vor allem die Klage des Erzbischofs Richard von Millau um 1119, a.a.O., col. 860–865, in der er seinen Streit mit der vizegräflichen Herrschaft zur Sprache bringt. Vgl. Dupont 1942, S. 553–556. Aber während der Unruhen infolge der Minderjährigkeit der Vizegräfin Ermengarde hatte Erzbischof Arnaud de Lévezon (1121–1149), protegiert vom Grafen von Toulouse Alphonde-Jourdain, die Gelegenheit, die Grundlagen für sein herrschaftliches Gebiet zu errichten, nachdem er die Ehrerbietung der Vizegrafen erhalten hatte (Vgl. Dictionnaire d'histoire et de géographie ecclésiastique, S. 430–432, sub verbo Arnaud de Lévezon). Diese Entwicklung zugunsten der erzbischöflichen Macht nahm unter Erzbischof Bérenger (1156–1162), dem jüngsten Sohn der Familie des Vizegrafen und zuvor Abt von La Grasse, zu. Nachdem dieser Erzbischof geworden war, wandte er sich an Ludwig VII. und erhielt von diesem eine Urkunde (1157), die ihm die königliche Anerkennung aller Güter, Privilegien und Ansprüche bescheinigte, d.h. die Hälfte des »comitatus« (H.L., V, preuves 618; A. Luchaire, Catalogue des actes de Louis VII, No. 387).

38 JL.2389 (PL CXXIX, 857). Régné 1910, S. 172 kommt zu dem Schluß, daß der Ursprung des jüdischen Landbesitzes in Narbonne in die gallo-römische Zeit zurückreicht.

39 In ihrer historischen Entwicklung waren die jüdischen Gemeinden des Languedoc und der Provence in dieser Zeit eng miteineinander verbunden und bildeten eine kulturelle Einheit.

40 Zu weiteren Vergleichen Karls des Großen mit König David vgl. Folz 1950, S 2, 32, 104 u. 210–211.

41 Vgl. Ducket 1951, S. 260 ff.

42 Siehe die Briefe von Hrabanus Maurus an Ludwig den Frommen, MGH, Epistolae Karoli Aevi, V, S. 403. Vgl. dazu Baron 1957, S. 44–45.

43 Vgl. Anm. 34 u. Schwarz-Fuchs 1957, S. 9.

44 Vgl. Schwarz-Fuchs 1957, S. 12–13.

den. Auf diese Weise wurden in Narbonne zwei Ereignisse vermengt und ließen eine Erinnerungslegende entstehen, nach der die lokale Talmudschule von Karl dem Großen gegründet worden sei. Diese Legende beschränkte sich nicht darauf, die Gründung des neuen jüdischen Zentrums im Westen als eine Gründung der Gemeinde mit königlicher Zustimmung, ratifiziert durch ein Privileg des Herrschers, darzustellen. Sie wies die Initiative dafür Karl dem Großen persönlich zu, der in Mesopotamien einen berühmten Meister gesucht habe. Der Kaiser habe persönlich diesen Gelehrten, Makhir, in Narbonne eingesetzt und sei deshalb der Begründer der Rabbinerschulen im Westen. Auch die Legende, wie sie Abraham ben David berichtet, nimmt das Motiv der karolingischen Renaissance auf und ergänzt es um den jüdischen Anteil. Wir müssen auf die große Bedeutung der Entstehung dieser Legende im 12. Jahrhundert hinweisen, exakt in einer Zeit, in der die Universitäten entstanden, die frühzeitig unter die Schirmherrschaft des heiligen Karl des Großen gestellt wurden.

c) Karl der Große und der Ursprung der Landprivilegien Der in der mittelalterlichen Gesellschaft verbreitete Brauch, Karl dem Großen die Schenkung von Gütern und die Vergabe von Privilegien zuzuschreiben, der unter anderem im erzählenden Text der ›Gesta‹ aus dem Kloster La Grasse zum Ausdruck kommt und mit Hilfe einer Urkunde belegt werden kann[45], hatte auch in der jüdischen Gesellschaft seine Auswirkungen. Der Text Abraham ben Davids erwähnt eine lateinische Urkunde über die Schenkungen Karls der Großen an Makhir und an die Juden von Narbonne, die von der Gemeinde noch zu seiner Zeit aufbewahrt wurde. Ein solches Dokument ist uns unbekannt; das Bestehen der Texte auf diesem Punkt erlaubt uns aber, seine Existenz anzunehmen. Da die Behauptung der hebräischen Chronik vom Text der ›Philomena‹ bestätigt wird, müssen wir eine gefälschte karolingische Urkunde vermuten, die vom Erzbischof von Narbonne, vom Kloster La Grasse oder sogar von der narbonnischen Schule der ›nassi‹ verfaßt worden ist. Es ist jedoch schwer vorstellbar, daß ein jüdischer Gelehrter ein Dokument erfunden hat, das den ›nassi‹ herrschaftliche Rechte in Narbonne verlieh. Das Interesse der Juden beschränkte sich darauf, einen Besitztitel für die Güter zu haben, die ihnen in der Region gehörten. Ein weiteres indirektes Zeugnis kann hier Klarheit bringen. Eine Bulle Papst Etiennes III. an Erzbischof Aribert von Narbonne um 768[46] greift genau das Recht der Juden an, in Septimanien Grundbesitz zu haben, ein Recht, das sie vom König erkauft hätten. Der Papst, der auf den Schutz des Königs von Frankreich angewiesen war, ist vorsichtig und nennt den Namen des Königs nicht, der dieses Privileg verliehen hat. Daher kann man nicht wissen, ob es sich um eine Urkunde Karls des Großen, Karlmanns oder Pippins des Kleinen handelt, wobei es sich bei der letzteren Hypothese um die wahrscheinliche handelt. Es ist schwer vorstellbar, daß sich die beiden Söhne Pippins schon vom ersten Jahr ihrer Herrschaft an um die Angelegenheiten in Septimanien kümmerten, wohingegen sich ihr Vater aktiv um die Region, die er erobert hatte, gesorgt hat. Könnte er nicht dabei das Los der jüdischen Besitztümer geregelt haben? Wir vermuten daher, daß sich Abraham ben David auf eine Urkunde Pippins des Kleinen bezieht. Im Text findet sie nur Erwähnung, um die folgende

45 Eine Studie zu dieser Frage findet sich in der Einleitung von Schneegans zu seiner Herausgabe der Gesta, S. 2 ff. ■ **46** JL. 2389. Es ist möglich, daß es sich bei der von Abraham ben David in seinem Text erwähnten Urkunde um das königliche Privileg gehandelt hat, das den Juden Septimaniens das Besitzrecht an ihrem Grundbesitz einräumte, ein Privileg, das von Etienne III bestritten wurde. Vgl. hierzu Baron 1957, S. 46 und Anmerkung 59, S. 259. ■ **47** Régné hat diesen Beziehungen im Kapitel IV seines Werks eine gründliche Studie gewidmet. ■

48 Ein kurzer Gesamtabriß findet sich im Werk von Angel 1946, S. 101. Das Thema ist bisher jedoch nicht umfassend behandelt worden. ■ **49** Rigord, Gesta Philippi Augusti Regis 1882), S. 24–25. ■ **50** Wir beschränken uns hier auf den Hinweis auf Artikel 3 des Friedensvertrags von Paris, 1229 (H.L., VIII, col. 883–884). ■ **51** Vgl. Belperron 1945, S. 382 ff. ■ **52** Vgl. Régné 1910, S. 186, 190, 199–200. ■ **53** Der Text wurde von Neubauer 1885, S. 98–99, herausgegeben, der ihn in L'Histoire Littéraire de France, Bd. XXVII, S. 561 analysiert hat (dort finden sich auch Hinweise auf seinen Verfasser). Er ist als Gedächtnishilfe für die Vorsteher der jüdischen Gemeinde in Narbonne verfaßt und sollte ihnen bei ihren Eingaben helfen. Wie man sehen kann, folgt unser Autor nicht der Tradition in den ›Gesta Karoli Magni ad Carcassonam et Narbonam‹. ■

Passage zu erklären: »das Recht für die Nachkommen von Makhir, die unter dem Schutz des Königs von Frankreich standen, beim königlichen Hof vorgelassen zu werden.« Daher rührt seine im 12. Jahrhundert, also zu seiner Zeit, formulierte Beteuerung, daß »Narbonne dem König von Frankreich« gehöre. Zweifelsfrei bedeutete diese Formulierung für die Juden von Narbonne die Wiedererrichtung der königlichen Autorität im Midi unter Ludwig VII.
Die Privilegien des Kapetingers für die Kirchen im Süden, die nach seiner Pilgerfahrt nach Saint-Jacques de Compostella anläßlich einer Reise im Languedoc seit 1155 verliehen wurden, und schließlich sein Eingreifen 1158 in Toulouse mit dem Ziel, die Angriffe Heinrichs II. Plantegenet zurückzuschlagen, hatten eine erhebliche Auswirkung auf die Denkweisen im Süden, auch die der Juden. Wir wissen nichts über die möglichen Beziehungen zwischen Ludwig dem VII. und der jüdischen Gemeinde von Narbonne in dieser Zeit. Auch interpretieren wir den Text über »den Befehl des Königs, die geraubten Besitztümer zurückzuerstatten« eher als einen Ausdruck des Gefühls der Juden des Midi gegenüber der königlichen Präsenz und seiner Intervention – vor allem, weil die Beziehungen zwischen der jüdischen Gemeinde und den Vizegrafen von Narbonne im Lauf der Jahrhunderte nichts zu wünschen übriggelassen hatten.[47] Auf alle Fälle hatten die Unruhen, die mit der Minderjährigkeit der Vizegräfin Ermengarde in Zusammenhang standen, die Brüchigkeit der vizegräflichen Macht gezeigt. Das Einwirken der königlichen Autorität schien alle Probleme lösen zu können. Diese im Volk vorherrschende Vorstellung, die sich im Midi verbreitete, wurde auch von den Juden hoffnungsvoll aufgenommen – vor allem, weil die Haltung des Königs ihnen gegenüber im Königreich freundlich war.[48] Nach Rigord soll der Kapetinger sogar die Erweiterung des jüdischen Grundbesitzes in Paris begünstigt haben, bis diesen die Hälfte der Stadt gehörte.[49]

Der Kreuzzug gegen die Albingeser hatte die vollständige Umwälzung der politischen, sozialen und religiösen Strukturen im Languedoc zur Folge. Die Einführung der feudalen Sitten aus dem Norden wirkte sich auf die Lebensumstände der Juden in der Provence aus. Während die Krone ihren Ausschluß von öffentlichen Ämtern verlangte[50], fühlten sie sich im Besitz ihres Grundeigentums von der feudalen Revolution bedrängt, die die sozialen Strukturen des Landes veränderte.[51] Diese Verschlechterung der Lage der Juden im Süden wirkte sich auch in Narbonne aus, wo sich die privilegierte Stellung von Mitgliedern der Gemeinde, die der Steuerpflicht des Erzbischof unterlagen, verschlechtert hatte.[52] Die neue Lage rief zahlreiche Untersuchungen über die Herkunft dieser Privilegien auf den Plan. Wir vermuten, daß die von Abraham ben David berichtete Überlieferung im 13. Jahrhundert nicht in Vergessenheit geraten war. Diese Legende reichte aber zur Verteidigung nicht mehr aus. Der Text, der am ehesten helfen konnte, war der Bericht der ›Philomena‹, der schließlich auf Latein unter dem Titel ›Gesta Karoli Magni ad Carcassonam et Narbonam‹ verfaßt worden war, und der die Episode von der Übergabe der Stadt durch die Juden enthielt sowie das Privileg bezeugte, das ihnen Karl der Große verliehen hatte.

Unter den Juden in Narbonne entsteht um 1240 die Legende von Karl dem Großen neu; sie stützt sich auf den Bericht des Klosters La Grasse. Die Übersetzung wurde mit Umarbeitungen von einem lokalen »Apologeten«, Meir ben Simon, in eine hebräische Fassung mit dem Titel »Der heilige Krieg« (milk-hémeth Mitsva) aufgenommen:[53]

»**W**ir sagen vor allem, daß jeder sein Bündnis und seine Treue aufrechterhalten muß, auch dann, wenn er nicht dieselbe Religion hat wie der König. Und diejenigen, die ihm gehorchen, sollen uns gegenüber ihr Bündnisversprechen und die Treue halten, die seine Vorfahren uns gegenüber hielten. Denn unsere Vorfahren, die Söhne Israels, sind in sein Königreich gekommen, weil er uns versprochen hat, unser Leben, unseren Besitz und unsere Ländereien vertraglich zu schützen. Und dieses Versprechen hatte seit langer Zeit Gültigkeit für uns; seit der Herrschaft König Karls bis heute. Er hat, wie seine Nachfolger auch, dank und mit Hilfe der Söhne Israels, die ihnen treue Verbündete waren und die ihnen mit ihrem Leben und mit ihrem Geld geholfen haben, viele Länder erobert. Sie haben sich ins Schlachtgetümmel gestürzt und ihr Leben geopfert, um den König zu retten und seine Magnaten. Dies ist eine bekannte Tatsache und es ist (in Texten in unserem Besitz) an mehreren Stellen schriftlich niedergelegt, auch im Hause der Obedienz[54], daß während des Krieges zwischen König Karl und den Sarazenen, bei der Eroberung von Narbonne, die Sarazenen das Pferd getötet haben, das er vor dem Tor der Stadt bestiegen hatte. Zu Boden geworfen, wäre er in ihre Hände gefallen und getötet worden; und keiner der Krieger, die er mit sich gebracht hatte, war bereit, vom Pferd zu steigen, um ihn aufsitzen zu lassen, weil alle fürchteten, sie würden sterben, wenn sie von ihren Pferden abstiegen. Jedoch ein beherzter Jude, der dort war, stieg von seinem Pferde und ließ den König aufsitzen. Er selbst blieb zu Fuß und wurde von den Sarazenen getötet.

Nachdem König Karl die Stadt erobert hatte, gewährte er in Anerkennung dieser großen Treue seinen Schutz für dessen Nachkommen. Er gewährte ihnen einen bedeutenden und ehrenvollen Platz in der Stadt Narbonne und ihrer Umgebung. Und nach einer alten Überlieferung gab er ihnen ein Drittel der Stadt und ihrer Umgebung. Er verlieh den Juden Güter und ehrenvolle Privilegien mit Zustimmung der Bischöfe und der Priester, die ihn begleiteten. Nach seinem Tode bewahrten die ihm nachfolgenden Könige dieses Bündnis bis heute. Und während der ganzen Zeit, in der sie das Bündnis und die vereinbarte Treue bewahrten, waren sie erfolgreich in ihren Kriegen und haben ihre Feinde besiegt. Aus diesem einzigen Grunde, von dem wir berichtet haben, daß der König Karl von einem Juden aus der Hand der Sarazenen gerettet wurde, der sein Leben für dessen Wohl geopfert hat, taten der König und alle seine Nachfolger immer Gutes an allen Juden in ihrem Königreich und schützten deren Leben und deren Besitz.«

Dieser Text präsentiert uns also neue Elemente der Legende von Karl dem Großen. Zusätzlich zum bereits bekannten Thema der Eroberung der Stadt durch den Kaiser und ihrer Aufteilung, das den ›Gesta‹ aus dem Kloster La Grasse entlehnt ist, verfaßte unser Autor einen neuen Bericht, der bis dato in Narbonne nicht bekannt war. Er gab das übliche Thema der jüdischen Chronisten auf, wie es sich im Werk von Abraham ben David spiegelte, nämlich die Geschichte und Darstellung der rabbinischen Linien und der Talmudschulen. Es fehlt auch die Geschichte von Makhir aus Bagdad, der von König David abstammt und der von Karl dem Großen nach Narbonne gebracht wird, um dort eine Schule zu begründen. Die Vorsteher der Gemeinde in Narbonne sind nach der Überlieferung des 13. Jahrhunderts Nachkommen eines jüdischen Kriegers. Ihre privilegierte Stellung verdanken sie der Anerkennung durch den Kaiser für die Aufopferung ihres Vorfahren, seinen Retter, als der Kaiser während der Belagerung von Narbonne gestürzt war.

Welche Quelle hat diese Legende? Offensichtlich hat unser Autor, als er sein Werk verfaßt hat, in den lokalen Überlieferungen keinen Anhaltspunkt dafür gefunden.

54 Im Text: obediencia. Wir vermuten, daß der Autor auf die Gesta des Klosters von La Grasse Bezug nimmt. Die Suche nach einem urkundlichen karolingischen Text blieb ohne Erfolg. Du Mège glaubte, die Existenz eines solchen Textes in den Archiven von La Grasse vor der Revolution bestätigen zu können (Mémoires de la Société Royale des Antiquaires de France, VIII 1829, S. 340). Es hat sich hingegen als sicher herausgestellt, daß es sich bei jenem Text nur um ein Exemplar der Gesta gehandelt hat (vgl. Lévi 1904, S. 201). Die Vermutung von Baron 1957, S. 46, wonach sich Méir ben Simon auf das von Etienne III kritisierte Privileg bezogen habe, würde eher auf das Fragment Abraham ben Davids zutreffen. Siehe auch Anm. 33. ■ 55 Thietmari Merseburgensis 1889, S. 61: Imperator autem cum Ottone prefato caeterisque effugiens ad mare venit, vidensque a longe navim Salandriam nomine, Calonimi equo Iudei ad eam properavit. Sed ea preteriens suscipere hunc recusavit. Ille autem littoris presidia petens invenit adhunc Iudeum stantem seniorisque dilecti eventum sollicite exspectantem. Vermutlich kannte Méir ben Simon diesen Bericht durch eine mündliche Überlieferung, die aus dem Kaiserreich stammte, und hat den Namen des Herrschers ausgelassen. Die Überlieferung war von jüdischen Händlern, die zwischen der Provence und dem Rheinland reisten, nach Narbonne gebracht worden. Zu den Beziehungen zwischen den jüdischen Gemeinden siehe Schwarz-Fuchs 1957, S. 15. Auch: Aronius 1888, S. 82–87. ■ 56 Albert d'Aix, Bd. III, S. 520–521. ■ Vgl. Bédier, a.a.O., Bd. IV, S. 466–467. ■ 58 Aymeri von Narbonne, S. 581 und s. u. besonders S. 617–621: Quant vos ventez en France, en Orlenois, | En douce France tot droit en Loonois, | S'on vos demande ou est Charles li rois, | Si respondez, por Deu, seignor Francois, | Que le laissastes a siege en Narbonois. ■

Hat er die Legende in allen Teilen erfunden? Das scheint eher unwahrscheinlich. Die Geschichte trägt gemeinsame Züge mit der Episode, die Thietmar von Merseburg erzählt, wonach Otto II., der 982 in Cortone von den Sarazenen besiegt wurde, gerettet wurde, indem er das Pferd bestieg, das ihm der Jude Calonymos[55] gegeben hatte. Die Erinnerung an diese Episode, die den Bewohnern von Narbonne wahrscheinlich von den Juden des Kaiserreichs berichtet worden war, wurde zum Anlaß einer Überlieferung, deren historischer Ursprung im Lauf der Jahrhunderte verlorengegangen ist, um der Legende Platz zu machen. Die Persönlichkeit des sächsischen Kaisers, der den Juden im Süden Frankreichs nichts sagte, wurde mit Karl dem Großen vermischt und schließlich durch diesen ersetzt; die Handlung wurde von Calabrien nach Narbonne verlegt. Um aber dieses neue Thema aufgreifen zu können, mußte Meir ben Simon die Legende der ›Philomena‹ aufgeben, d.h. die Übergabe Narbonnes durch die Juden und den Erwerb der kaiserlichen Privilegien.

In diesem Text können wir eine interessante Neuerung feststellen: Die Hervorhebung der militärischen Qualitäten der Juden, die den Königen nicht nur ihr Geld zur Verfügung stellten, sondern die auch am Kampf teilnahmen. Daraus folgt, daß die Herstellung von Beziehungen zwischen der königlichen Macht und der Gemeinde von Narbonne auf der Tradition der Bündnisse und auf gegenseitiger Treue aufbaut. Hier handelt es sich zweifelsfrei um den Einfluß feudaler Konzeptionen, die unseren Autor dahin führen, ein Bild gegenseitiger Verpflichtungen zu entwerfen – eine Grundlage in den Beziehungen zwischen Lehnsherr und Vasall. Die Erzählung zeigt unter anderem, in welchem Maße die südliche Denkweise die Sitten aus dem Norden angenommen hat. Zur Zeit des letzten großen Feldzugs gegen die Albingenser war dieser den Juden in Narbonne bereits bekannt. Um die militärischen Qualitäten seiner Religionsgenossen besser hervorheben zu können, mußte Meir ben Simon sie als aktive Krieger darstellen, die an den Eroberungen teilnahmen. Das Bild von den Juden, die in den ›Philomena‹ eine belagerte Stadt verteidigen, die die Berichte über die Eroberung von Haifa durch die Kreuzzügler um 1100 in der westlichen Welt bekannt gemacht hatten[56], reichte für die Legende nicht mehr aus.

Indem Meir ben Simon das feudale Vokabular gegenseitiger Verpflichtungen entlieh, zog er daraus moralische Schlußfolgerungen. Die traditionelle Verbindung zwischen dem französischen Königtum und den Juden, wie sie in seinem Bericht konzipiert wird, bildete seiner Ansicht nach den Grund für den Erfolg der Monarchie der Kapetinger. So stellt der Schluß seines Texts eine Warnung an den heiligen Ludwig und an dessen Prälate dar, sich nicht der Treueverpflichtung zu entziehen, die Karl der Große seinerzeit mit den Nachkommen des Kriegers, der ihm das Leben gerettet hatte, vertraglich geregelt hat.

Schließlich betrifft eine letzte bedeutende Neuerung die Art der Darstellung des Kaisers. Die epischen Legenden hatten einen »majestätischen Karl den Großen« geschaffen, der die Leute seiner Umgebung handeln ließ, während er selbst wie erstarrt in einer bestimmten Unbeweglichkeit verharrte, die der Definition seiner Persönlichkeit entsprach.[57] Diese Hochachtung gegenüber der Person Karls des Großen findet sich im Werk von Meir ben Simon nicht: Er beschreibt ihn uns wie einen gewöhnlichen Soldaten, der die Risiken des Krieges auf sich nimmt. Sicherlich, diese Figur eines Königs im 13. Jahrhundert entspricht in keiner Weise dem Bild von einem »Karl dem Großen à la barbe fleurie«, wie es die mittelalterliche öffentliche Meinung geschaffen hatte und das sie liebte. Selbst in ›Aymeri von Narbonne‹, als der Kaiser seine Heerführer wegschickt und verspricht, die Belagerung solange nicht aufzugeben, solange noch Heiden in der Stadt sind, zeigt ihn der Dichter wütend, weil er keinen einzigen Gefolgsmann findet, der bereit ist, die Schlacht zu führen. Er trauert Roland und Olivier nach, seinen unverzagten Gefährten, wobei er seinen übrigen Vasallen Schwäche vorwirft.[58] Wir vermuten, daß der jüdische Autor aus dieser Episode das Thema der Furcht bewußt aufgegriffen hat, die alle christlichen Krieger handlungsunfähig machte und sie daran hinderte, dem König zu Hilfe zu kommen. Um die Bedeutung der Ergebenheit des anonymen jüdischen Ritters zu verdeutlichen, beschreibt unser Autor Karl den Großen, wie er selbst die Belagerung führt. Auf diese Weise auf die Erscheinung eines feudalen Königs reduziert, der höchstpersönlich an der Schlacht teilnahm, verletzbar wie jeder andere Ritter, ein Fürst, dessen Königreich von einem Pferd abhing, verdankte der Monarch die Rettung seines Lebens, also sein ganzes Königreich, einem jüdischen Kämpfer. Diese Ergebenheit verlangte nach einem Ausgleich, nach der privilegierten Stellung der Nachkommenschaft dieses Helden.

Karl der Große war aber nicht nur König von Frankreich. Als Kaiser des Westens ist die Erinnerung an ihn in den germanischen Ländern des Reiches lebendig geblieben. Welche Auswirkungen hatte die Legende von den Karolingern auf die historische Literatur der Juden Germaniens? Wie verband sich die Erinnerung an den Kaiser mit der historischen Tradition des kontinentalen Judentums? Bevor wir diese Fragen beantworten können, müssen wir zunächst an den besonderen Charakter der Probleme der historischen jüdischen Entwicklung im Kaiserreich erinnern. Im Gegensatz zu den Bedingungen der Juden im Languedoc, wo es einen gewachsenen jüdischen Grundbesitz gab und wo es eine privilegierte Familie wie die der ›nassi‹ von Narbonne gab, führten die deutschen Gemeinden ein Leben, das sich mehr den Gemeinschaften der Städte orientierte. Ihre Entwicklung war in gewisser Weise mit der der Städte vergleichbar. Sie mußten ihre Privilegien, sei es für die Gemeinde als Ganzes, sei es für den einzelnen, kaufen.[59] Angesichts der späten Entwicklung der städtischen Tradition (im Vergleich mit den ans Mittelmeer angrenzenden Regionen), und auch weil sich die deutschen Städte (mit Ausnahme Aachens)[60] relativ spät der karolingischen Legende öffneten, konnte sich die jüdische Literatur, anders als in Narbonne, nicht auf in der Bevölkerung verbreitete Erzählungen über Karl den Großen und seine Dynastie stützen. Die Werke, die sich mit den Verfolgungen beschäftigten, denen die Juden zur Zeit der Kreuzzüge ausgesetzt waren[61], haben den Schutz hervorgehoben, den Heinrich der IV den Juden gewährt hat[62] und erinnerten deshalb vor allem an die Wohltaten (die real waren) aus der unmittelbaren Vergangenheit der salischen Kaiser.

Man kann dennoch die Existenz einer bestimmten karolingischen Tradition unter den Juden des Kaiserreichs feststellen, mit einigen Verzweigungen nach Frankreich. Sie bezieht sich auf den Ursprung der Gemeindeorganisation und vor allem auf den Unterricht. Die jüdischen Gelehrten in den Ländern des alten karolingischen Reiches standen vor dem Problem, die Ursprünge der Rabbinerschulen im Westen zu erklären um auf diese Weise die historische Tradition ihrer Ausbildung und der Gerichtsbarkeit der Rabbiner vom alten Frankenreich auf die Nachfolgestaaten fortzuführen.

Die rabbinische Literatur auf dem Kontinent schreibt frühzeitig die Gründung der Rabbinerschulen im Westen (genau in den Rheinlanden) einem gewissen Rabbi-

59 Für eine knappe Gesamtdarstellung der historischen Entwicklung der Juden im mittelalterlichen Deutschland und weitere bibliographische Angaben siehe Kisch 1949. ■ **60** Vgl. Folz 1950, S. 341–342, 357 ff. Offensichtlich ist der Fall von Aix (a.a.O., S. 229–231) eine Ausnahme; die Gründe für die Entstehung und Entwicklung der Legende von Karl dem Großen waren hier besondere. ■ **61** Alle diese Chroniken und weitere literarische Quellen wurden von Habermann 1945 herausgegeben. ■ **62** MGH, Diplomata, VI, 2, No. 411, S. 548–549. ■ **63** Responsa du Rachi 1943. ■ **64** Ebend. id.: … und ich Unwürdiger, ich habe in den Antworten des Rabbi Eliézer ben Yehoudah und in den Antworten unseres Rabbi Calonymos des Älteren aus Rom, die er gegeben hat, als er in Worms ankam, Unterstützung für diese Behauptung gefunden … ■ **65** Vgl. Schwarz-Fuchs 1957, S. 31. ■ **66** Mitsraph le-Khokhmah 1870, S. 42. Eléazar von Worms einer der bedeutendsten jüdischen Moralprediger in Deutschland, ist vor allem unter seinem Beinamen ›Ha-Rokéakh‹ bekannt, dem Titel seines berühmtesten Buches. ■ **67** Responsa de Rabbi Salomon Louria (le ›Maharchal‹) 1786, No. 29. Louira stammte aus einer berühmten jüdischen Familie aus Deutschland und gilt als einer der großen Meister, die das jüdische religiöse Zentrum im 16. Jahrhundert in Polen gegründet haben. ■ **68** Zu den Einzelheiten der Kaiserkrönung Karls des Dicken vgl. Halphen 1949, S. 449–450 u. 458. ■ **69** Damit folgten die Juden Deutschlands der generellen Angewohnheit im Kaiserreich, die Erinnerung und die Überlieferung bzgl. Karls des Dicken im Lauf der Zeit mit der Karls des Großen zu vermischen. Vgl. hierzu Folz 1950, v.a. S. 446. ■ **70** Emek Ha-Bakha 1852, S. 12–13. Der Autor gehört zu den Chronisten, die zur Renaissance der hebräischen Chronographie im Italien des 16. Jahrhunderts beigetragen haben. ■

ner Calonymos zu, der aus Italien stammt. Dieser Calonymos, den wir seit dem 11. Jahrhundert in den Texten erwähnt finden, ist offensichtlich in Lucca geboren, hat jedoch in Rom gelehrt. Auf alle Fälle bildete seine Aktivität in Rom den Höhepunkt seiner Karriere in Italien. Nach Rachi (Salomon Itshacki) war er berühmt, bevor er sich in Mainz niederließ: »Rabbi Calonymos der Ältere aus Rom kam nach Mainz und gründete dort eine Schule.«[63]

Offensichtlich hat dieser Text nicht die Bedeutung eines vollständigen historischen Zeugnisses, er ist das Fragment eines Gutachtens, das die Traditionslinie der Unterrichtung im Talmud erstellen sollte und auf dessen Grundlage der Rachi seine Antworten gab.[64] Tatsächlich gibt der bedeutende Schriftgelehrte aus Trier, der in der zweiten Hälfte des 11. Jahrhunderts schrieb, den genauen Zeitpunkt der Ankunft von Calonymos in Mainz (nach anderen Berichten in Worms) nicht an, genausowenig wie die Umstände, die seinen Weggang aus Rom verursacht haben. Die Schule von Mainz bestand bereits im 10. Jahrhundert und war unter den Juden des Westens sehr bekannt.[65] Die Ankunft von Calonymos dem Älteren in Mainz oder in Worms muß also auf das Ende des 9. oder auf den Beginn des folgenden Jahrhunderts datiert werden. In jedem Fall war das Ereignis bedeutend und begründete die Tradition einer Legende, auf die einer der Nachfolger des Schriftgelehrten aus Lucca bezug nahm. In seinem Buch ›Reinheit der Weisheit‹ (Mitsraph Lekhokhmah) erwähnt Eléazar von Worms, genannt der ›Rokéakh‹ (1140–1225), dieses Ereignis und leitet die Ankunft seines Ahnen von der Initiative Königs Karls ab: »Der König Karl brachte den Rabbi Moise, den Sohn des Rabbi Calonymos aus den Landen von Lucca nach Worms.«[66]

Eléazar präzisiert nirgendwo, auf welchen Karl er sich in dieser Passage bezieht. Der polnische Rabbi Salomon Luria, der im 16. Jahrhundert diesen zitierten Text in eines seiner Gutachten aufgenommen hatte, war der Ansicht, das Ereignis auf das Jahr 917[67] datieren zu können. Jedoch regierten in diesem Jahr weder ein Kaiser noch ein König Karl. Wir nehmen an, daß die Familientradition Eléazars von Worms gut überliefert war, und daß das Ereignis in der Zeit der Regierung Karls III. (des ›Dicken‹) stattgefunden haben muß, der im Jahr 881 in Rom zum Kaiser gekrönt wurde.[68] Es ist sehr gut möglich, daß unter den Italienern, die den neuen Kaiser nach seiner Krönung auf die andere Seite der Alpen begleitet haben, auch ein jüdischer Rabbiner war, wahrscheinlich auf Einladung der rheinländischen Gemeinden, um ihnen das Einhalten der Gesetze zu erklären. Diese Hypothese ist um so verlockender, als daß nach demselben Text Eléazars Calonymos der Ältere der Schüler Abou Aharons, eines berühmten babylonischen Schriftgelehrten gewesen sein soll, der, nachdem er Mesopotamien verlassen hatte, in die Lombardei gekommen sei und dort Calonymos im Talmud unterrichtet habe.

Der Bericht Eléazars von Worms war unter den Juden des Kaiserreichs seit dem Ende des 12. Jahrhunderts verbreitet und wird durch das Zitat des Rachi bestätigt. Der Bericht wurde zur Quelle einer Legende, die den Ursprung der Talmudschulen im Rheinland mit der Ankunft von Calonymos aus Lucca in Worms erklärt. Doch mußte die Erwähnung des Namens von König Karl als dem Schutzherrn von Calonymos dem Älteren notwendigerweise zur Verwechslung mit seinem Ahnen führen, mit Karl dem Großen, und darüberhinaus diesem die Schutzherrschaft über das Aufblühen der jüdischen Schulen im Westen zuschreiben. Die Verwechslung kann nicht überraschen; sie entstand auch im christlichen Umfeld.[69] Leider ist diese Überlieferung wahrscheinlich nur eine mündliche Überlieferung geblieben. Sie hat in Deutschland, soweit es uns bekannt ist, keine schriftlich fixierten Legenden hervorgebracht, die dieses Thema behandelt hätten. Diese Lücke in der Überlieferung läßt es nicht zu, daß wir die Traditionslinien untersuchen, die auf diesem Weg unter den Juden des Kaiserreiches zur Entstehung der Legende von Karl dem Großen geführt haben. Wir haben jedoch einen Text aus dem 16. Jahrhundert, in Italien verfaßt, der seine Informationen aus der Legende, die bereits Gestalt angenommen hatte, gezogen hat. Es ist ein Werk Joseph Ha-Cohens (1496–1575), der zu einer Gruppe jüdischer Chronisten der Renaissance gehörte. Das Werk ist eine Geschichte des jüdischen Volkes seit der Zerstörung des Zweiten Tempels im Jahre 70 bis ins 16. Jahrhundert. Sein Titel ›Emek Ha-bakha‹ (›Tal der Klagen‹)[70] erklärt deutlich seine Interpretation der Geschichte der jüdischen Diaspora. Trotzdem hat er neben den Berichten über die Verfolgungen, die die jüdische Geschichte ausmachen, auch einige positive Episoden mit aufgenommen, die wie Lichtpunkte in einem Zeitalter voller Klagen sind. Eine dieser Episoden wird der Herrschaft Karls des Großen zugeschrieben:

»Im Jahre 4575 (der Schöpfung), das bedeutet im Jahre 810, führten Christen und Sarazenen gegeneinander einen großen Krieg. Hünen sind gefallen, und diese Zeit war eine schlechte Periode für Jacob.[71] Viele Juden mußten aus dem Lande der Ashkenaz fliehen[72], und sie fanden in Spanien und England Zuflucht. Und viele Gemeinden, die diese Flucht zu spät antraten, haben das Martyrium Israels erlitten, weil sie sich weigerten, ihre Religion aufzugeben. Und damals ist keiner im Lande der Ashkenaz übrig geblieben ...

Jedoch hatte der Herr Mitleid mit denen, die überlebt hatten und er schickte Karl den Großen dorthin, den Kaiser, König von Frankreich, dem alle Völker dienten. Und der nahm den Rabbiner Calonymos aus Lucca mit sich, einen Schriftgelehrten aus Rom. Der brachte die überlebenden Juden ins Land der Ashkenaz zurück und versammelte die Verstreuten Yehaudahs, und Karl der Große gewährte ihnen sein Bündnis. So wurden die Schulen für den Unterricht des göttlichen Rechts in Ashkenaz gegründet, wie sie früher bestanden hatten, und eben dieser Rabbi Calonymos, dessen Andenken Gott segnen möge, war dort der Meister. Die Juden wurden zur gleichen Zeit auch in Italien verfolgt, und Karl der Große, dessen Gedenken Gott segnen möge, kam dorthin um ihnen zu helfen, und um sie zu beschützen.«

Der Text Joseph Ha-Cohens basiert, wie wir leicht sehen können, auf der vom Rachi und von Eléazar von Worms berichteten Tradition. Er enthält auch die Überlieferung, die die Ankunft von Calonymos am Rhein mit den italienischen Expeditionen Karls des Dicken in Verbindung gebracht, und die den Luccener Schriftgelehrten als ein Mitglied der Gefolgschaft des Kaisers dargestellt hat. Wir haben festgestellt, daß diese Überlieferungen bereits im 12. und im 13. Jahrhundert sehr bekannt waren. Das Problem, das wir lösen müssen, ist die Epoche oder den Ort zu bestimmen, in der und an dem diese Ereignisse Karl dem Großen zugeschrieben wurden, oder, um die Frage anders zu stellen, von welchen Quellen Joseph Ha-Cohen beeinflußt wurde. Kann man vermuten, daß er die Geschichte selbst erfunden hat, und daß deshalb er der Autor der Legende ist? Oder hat er den Text Eléazars von Worms interpretiert und den Namen des Königs Karl mit Karl dem Großen vertauscht? Wenn es so ist, woher hat er die Geschichte über die Verfolgungen, die die Vertreibung und den Tod der deutschen Juden zur Folge hatten?

Wir glauben nicht, daß Joseph Ha-Cohen die Legende, die er erzählt, in allen Teilen erfunden hat. Wenn er die Absicht gehabt hätte, seinen Religionsgefährten in seiner Chronik einen Abschnitt über die Karl dem Großen zugeschriebenen Wohlta-

71 Synomym für Israel, bezeichnet in der hebräischen Literatur das jüdische Volk. ■ **72** »Ashkenaz« – im strengen Wortsinn Germanien, wird mitunter zur Bezeichnung aller Länder verwendet, die zum Karolingischen Reich jenseits der Alpen gehörten, wohingegen der Begriff ›Tsarfath‹ Frankreich im engeren Sinne bedeutet. ■ **73** Es ist interessant festzustellen, daß die Episode die Thietmar (vgl. Anm. 55) hinsichtlich der Beziehungen Ottos II. zum Juden Calonymos erzählt, von der historischen jüdischen Tradition im Kaiserreich nicht festgehalten wurde. Wir stimmen der Schlußfolgerung von Aronius 1888, S. 82–87, nicht zu, wonach eine Konfusion zwischen dem wirklichen Ereignis, das unter Otto II. stattgefunden hat und der jüdischen Überlieferung hinsichtlich der Gründung der rheinländischen Schulen durch Calonymos den Älteren entstanden sein muß, die zum Entstehen der von Joseph ha-Cohen erzählten Legende geführt habe. Der Calonymos (ein bei europäischen Juden im Mittelalter geläufiger Familienname) von Thietmar war ein Krieger, wohingegen die Person gleichen Namens in der rabbinischen Literatur, der Begründer der Schulen im Rheinland, ein als Lehrer berühmter Rabbiner war, der mit einem brillianten Ruf nach Deutschland kam. Sein Nachfolger Eléazar von Worms beschreibt ihn als Schüler des berühmten babylonischen Rabbiners Abou Aharon, einen Sohn des »nassi« Shmuel, der sich aus Mesopotamien vertrieben in Lucca niederläßt. Der Bericht Thietmars paßte, mit den notwendigen Anpassungen und Überarbeitungen, den Juden von Narbonne, weil er den Ursprung ihres Grundbesitzes erklärte, er konnte aber für das historische Gedächtnis der deutschen Juden keine Rolle spielen, die unter anderen Bedingungen lebten. ■

ten gegenüber zu widmen, hätte er zu diesem Thema Informationen in den Quellen finden können. Man darf die Hypothese wagen, daß er entweder eine mündliche Überlieferung kannte, wie sie im 13. Jahrhundert entwickelt wurde, oder aber später verlorengegangene Manuskripte. Er schöpfte aus einer dieser Quellen, ohne den Versuch zu unternehmen, ihre Authentizität kenntlich zu machen. Auf diese Weise wurde diese mittelalterliche Legende bewahrt, die Karl den Großen nicht nur zum Zeitgenossen des Calonymos machte, sondern auch zum Restaurator der jüdischen Gemeinden in seinem Reich und zum Bündnispartner der Juden.[73]

Die Überlieferung der Geschichte der Juden im Kaiserreich führt also zu dem Ergebnis, daß sich eine Legende über die Ursprünge der jüdischen Bevölkerung im Reich der Franken bildete. Dieser Bericht, dessen Legendencharakter man nicht erst betonen muß, stellt Karl den Großen in einer anderen Rolle dar als derjenigen, die wir in den Legenden der Juden von Narbonne gefunden haben. In Deutschland wird der König nicht mehr gerettet; er ist der Retter. Man verwechselt ihn mit seinem Vorfahren, Karl Martell. Sein Aufstieg zum Kaiser des Westens wird als das Ergebnis eines erbitterten Krieges zwischen Christentum und Islam beschrieben, eines Krieges, dessen Auswirkungen für die jüdische Bevölkerung in den von den Franken besetzten Gebieten zerstörerisch waren. Die Thronbesteigung Karls des Großen zur höchsten Macht, derjenigen des Kaisers und des Königs von Frankreich, brachte die Wiederherstellung der Ordnung und war für die Juden von Vorteil: Der Kaiser, in Begleitung und unterstützt von Calonymos, den er von Rom an den Rhein brachte, wird uns als jemand dargestellt, der das jüdische Gemeindeleben in seinem Reich persönlich wiederherstellt, sowohl in Ashkenaz als auch in Italien. Gleichzeitig wird er zum Beschützer der jüdischen Schulen. Die Passage über das Wiederentstehen der jüdischen Schulen charakterisiert sehr gut die karolingische Wiedergeburt, und in der Person und der Tätigkeit von Calonymos erkennen wir mühelos eine Art jüdischen Alkuin.

Die Entstehung dieser Variante der Legende von Karl dem Großen durch die Juden des Kaiserreichs hatte ihren Grund: Sie unterstrich das Interesse, daß die Juden an der Aufrechterhaltung einer starken und organisierten Herrschaft hatten – um ihre persönliche Sicherheit zu erhalten und um den Aufschwung der Schulen zu gewährleisten, der von der Sicherheit und der Stabilität der Gemeinden abhing. Und weil die Erinnerung an Karl den Großen in Deutschland dazu führte, ein Bild des universellen Imperiums und damit des imperialen Friedens zu schaffen, haben sich die Juden dieses Bildes bedient und die Vorstellung vom »Goldenen Zeitalter« in ihre eigene Geschichte eingebaut.

Beim Studium der Themen der Legende von Karl dem Großen in den mittelalterlichen hebräischen Texten haben wir festgestellt, daß diese Themen nicht auf historischen Handlungen Karls des Großen gründen. Die hebräische Literatur hat sich zum Sprachrohr der Legende vom Kaiser gemacht, so wie sie in den literarischen Werken der europäischen Völker ihren Ausdruck fand. Erst nachdem die legendäre Figur Karls des Großen in den christlichen Ländern entstanden war, konnte dieses Bild auf jüdischer Ebene aufgegriffen werden. Die Entfaltung der karolingischen Legende, insbesondere im 12. Jahrhundert, trug zum Entstehen einer starken Tradition bei, die, ohne die epische Seite dabei zu vernachlässigen, die Betonung auf das »Goldene Zeitalter« seiner Herrschaft mit ihrem inneren Frieden legte, auf seine stabile und starke Regierung, wobei gleichzeitig die Rolle des Kaisers als dem Beschützer der Wissenschaft und der Schulen hervorgehoben wurde. Diese Tradition diente den jüdischen Autoren dazu, ihre eigenen Themen in der Legende des Kaisers zu entwickeln, die mit der besonderen Entwicklung der Juden in den Ländern des alten karolingischen Reiches verknüpft waren.

Die uns vorliegenden Texte erlauben die Unterscheidung zweier Zentren der Verbreitung der Legende von Karl dem Großen unter den Juden: a) Narbonne und das Languedoc, und b) das Rheinland. In beiden Regionen waren die Motive für die Entstehung der Legende charakteristisch für die Bedürfnisse der lokalen Gemeinden, und sie beantworteten die Fragen, die von den spezifischen Bedingungen des jüdischen Lebens aufgeworfen wurden. So schrieb die Legende in Narbonne, die aus epischen Quellen über die Kriege gegen die Muslime stammte, Karl dem Großen den Ursprung der Grundbesitzprivilegien zu, die die jüdischen Einwohner der Metropole des Languedoc hatten. Gleichzeitig war der Kaiser auch der Ursprung der Vorrechte der lokalen ›nassi‹ (oder der »jüdischen Könige«). Jedoch hat sich die Erklärung für das Handeln des Kaisers zugunsten des ›nassi‹ entwickelt und an die sich verändernden Bedingungen angepaßt: In der Legende des 12. Jahrhunderts ging die Stellung des ›nassi‹ auf die Initiative Karls des Großen zurück, der aus Bagdad einen Schriftgelehrten kommen ließ, einen Nachkommen Davids, und sie war damit mit der Renaissance der Schulen verbunden. Im 13. Jahrhundert wurde die Erklärung der Vorrechte des ›nassi‹ mit dem Eindringen des Feudalregimes in den Midi verknüpft, und die Vorsteher der Gemeinde in Narbonne wurden als Nachfahren eines jüdischen Ritters dargestellt, der Karl dem Großen das Leben gerettet hatte. Anders im Kaiserreich – dort brachte die Legende, viel später als in Narbonne, das Thema der karolingischen Renaissance hervor. Die Erinnerung an die Verfolgungen, besonders an die blutigen Pogrome zur Zeit der Kreuzzüge im Rheinland, ging in die Legende ein. Diese Verfolgungen, die im Kontext eines allgemeinen Krieges zwischen Christentum und Islam gesehen wurden, trugen dazu bei, Karl den Großen als Retter der Juden darzustellen, als ihren Beschützer und als Wiedererrichter der Talmudschulen.

Obwohl Beziehungen zwischen den Gemeinden des Midi und denen des Rheinlands bestanden, können wir feststellen, daß beide Überlieferungen, diejenige von Narbonne und die des Kaiserreichs, voneinander unabhängig waren. Diese Unabhängigkeit voneinander kann nur aus den Unterschieden in den Lebensbedingungen der Juden in den beiden Ländern erklärt werden – und damit durch die Existenz eigener Motive in jeder der beiden Gemeinden. Diese Unabhängigkeit ist bei der Geschichte des Thietmar besonders deutlich wahrnehmbar, die aus dem Kaiserreich stammte, und die von Meir ben Simon in Narbonne benutzt wurde, die aber keinerlei Einfluß auf die Entwicklung der jüdischen Legende im Rheinland hatte. Hierauf gibt es keinen Hinweis in der Chronik des Joseph Ha-Cohen.

Es stellt sich noch die Frage, warum die Legenden aus Narbonne in der späteren deutschen Überlieferung und im Werk von Joseph Ha-Cohen fehlten. Die einfachste Lösung wäre anzunehmen, daß nach der Vertreibung der Juden aus Narbonne im Jahr 1306 die Werke verlorengegangen oder in Vergessenheit geraten sind. Diese Annahme wäre jedoch nur in bezug auf das Werk von Meir ben Simon möglich; wobei die Entdeckung seines Manuskripts in Parma[74] zumindest dessen Verbreitung in Italien gegen Ende des Mittelalters belegt. Die Chronik von Abraham ben David war ihrerseits in Spanien gut bekannt, und die Erzählung wird von Abraham Zaccutto in seiner Chronik ›Die Genealogien‹ (Yokhassin) Anfang des 16. Jahrhunderts zitiert.[75] Wir glauben, daß der Grund für das Fehlen der Überlieferungen aus Narbonne in der rheinländischen Legende nur mit den Unterschieden in der historischen Entwicklung der beiden jüdischen Zentren erklärt werden kann. Die Herausbildung und die Verbreitung einer Legende ist immer eine Antwort auf die Bedürfnisse der aktuellen Öffentlichkeit, an die sie sich wendet. Die Juden mußten im Kaiserreich und in Nordfrankreich die Herkunft von Grundbesitz nicht erklären. Sie mußten weder ihr Recht verteidigen, Grundbesitz behalten zu können, noch mußten sie ihre Privilegien mit einem Stammbaum belegen. Umgekehrt konnten sie die Geschichte von Abraham ben David nicht verwenden, um mit ihr die Renaissance der Schulen im Westen zu erklären, ohne der

74 vgl. Neubauer 1885, S. 98. ■ 75 Yokhassin, hg. Filipowski 1875, S. 84. Abraham Zaccuto (1452–1515) war Astronomie-Professor an der Universität von Salamanca, wo er auch studiert hatte. Später war er als Astronom am Hof Juan II., des Königs von Portugal. Seine Tätigkeit bei der Vorbereitung von Expeditionen, die zu geografischen Entdeckungen führten, war bedeutend. Er perfektionierte das Astrolab indem er Kupfer statt Holz verwendete (vgl. Levy 1935–1936, S. 385 ff.). Daneben war er auch in den jüdischen Disziplinen versiert. Nach der Vertreibung der Juden aus Portugal (1497) lies er sich in Tunis nieder, dort verfaßte er seine ›Genealogien‹. ■

Überlieferung von der alten Herkunft und der Originalität ihres kulturellen Zentrums zu schaden. Die Überlieferung über die Gründung der rheinländischen Schulen durch Calonymos aus Lucca bestand bereits und war verbreitet, wohingegen die Tradition Narbonnes aus einer anderen Quelle schöpfte.

Karl der Große erscheint uns in der Sichtweise der jüdischen Legenden des Mittelalters als sehr positiv dargestellt. Der Kaiser der Franken wird von den Texten, die wir analysiert haben, als Restaurator des Schicksals der Juden in der westlichen christlichen Welt bewertet, und er gilt in den Texten als der eigentliche Begründer des europäisch-jüdischen Milieus. Es ist klar, daß dieses Bild eines »Goldenen Zeitalters«, für das die Herrschaftszeit Karls des Großen Symbol ist, der Sehnsucht der Juden nach einem idealen Regime entsprach, einer Herrschaft, die hauptsächlich von Stabilität, Ruhe und Prosperität gekennzeichnet war, weil sie kaiserlichen Schutz gewährte, der sich nicht auf Erklärungen und gute Absichten beschränkte. Karl der Große, der den Juden seine Allianz und seinen Schutz gewährte, personifizierte eine Herrschaft, in der Ordnung herrschte, in der die kaiserliche Macht wirksam war. Folglich waren das Entstehen und die Verbreitung seiner Legende eine Antwort auf die unmittelbaren Bedürfnisse der Denkweise der Juden in der Diaspora. Diese Legende konnte sich nicht mit dem nationalen Heldenepos verbinden, weil sie sich auf unmittelbare Ziele beschränkte. In anderen Worten, sie war gegenwartsorientiert, wohingegen das messianische Ideal, das nationale Heil und die Renaissance des Heiligen Landes sich auf eine unbestimmte Zukunft bezogen, auf das »Ende aller Zeiten«.

Da die Persönlichkeit Karls des Großen in allen westlichen Ländern die Herrschaft der Ordnung und die wirksame Macht des Herrschers repräsentierte, war die jüdische Mentalität bereit, in ihm das Bild des »guten Monarchen« zu sehen und ihre eigenen Wünsche um die legendäre Person herum zu scharen. Andererseits symbolisierte die Person Kaiser Ludwigs des Frommen, der historisch den Juden am wohlsten gesonnenen war, eine schwache Persönlichkeit, sie stand für eine anarchische Herrschaft und Aufstände der Magnaten. Daher konnte der Sohn Karls des Großen nicht zum legendären Helden für ein verstreutes Volk werden, das auf die Gnade der Macht angewiesen war. Auch wenn diese Überlegung keinen direkten Einfluß auf die Propagandisten der Legendengeschichten in den jüdischen Zentren in Frankreich und in Deutschland hatte, so spielte sie zweifellos unbewußt eine Rolle und beeinflußte die Gemüter. Und dies verstärkt, als die jüdischen Legenden von Karl dem Großen seit dem 12. Jahrhundert auftauchten, also nach den Verfolgungen des Jahres 1096, als sich der Schutz durch die kaiserliche und königliche Macht als unwirksam herausgestellt hatte.

Die jüdische Legende von Karl dem Großen folgt der »großen Geschichte« nicht. Sie war weder ein Beitrag zur Entwicklung der Reichsidee oder zum politischen Denken noch zur Organisation der Institutionen oder der sozialen Strukturen, wie es die französischen und deutschen Legenden waren. Interessant wird sie vor allem durch ihre Anpassung der regional verbreiteten Legenden an die spezifischen Bedingungen der Juden in den europäischen Ländern.

Übersetzt aus dem Französischen von Hans Schiler

Bergkristallelefant mit Salzfaß,
Bergkristall, Gold, Email, Schliff
Indien, spätes 15. Jh., Fassung Lissabon 1550
(Kunsthistorisches Museum Wien, Kunstkammer)

lefant, Cervera Bibel,
300
Biblioteca Nacional,
issabon)

Zwei Elefanten,
Buch über die Nützlichkeit der Tiere
(Manafi'ye hayavan)
von Abu Sa'id 'Ubayd
Allah ibn Bakhtishu,
Persien 1294–1299
(Pierpont Morgan
Library New York, Ms.

Zum Aachener Tiergehege zur Zeit Karls des Großen[1] Als der Jude Isaak im Jahr 802 von seiner langen Reise[2] als einziger von drei Gesandten Karls des Großen nach Aachen – das er 797 verlassen hatte – aus Bagdad zurückkehrte, brachte er eine besondere Attraktion mit: A'bul Abbas – einen Elefanten. Auf die meisten Menschen, die im damaligen karolingischen Aachen lebten, dürfte dieses exotische Tier großen Eindruck gemacht haben. Kaum jemand wird zuvor etwas ähnliches gesehen haben. Entsprechend war in Aachen der Elefant am Hofe Karls des Großen eine Attraktion.[3] Der Ire Diculi berichtet 825 rückblickend aus eigener Anschauung in seinem ›Liber De Mensura Orbis Terrae‹, daß »populi communiter regni Francorum elephantem in tempore imperatoris Karoli« gesehen hätten.[4] Daher wundert es kaum, daß selbst die Normannen zutiefst von diesem beeindruckenden Tier eingeschüchtert gewesen sein dürften. Karl der Große hatte den Elefanten wohl sogar als Waffe gegen die einfallenden Dänen eingesetzt, wo er später auf einem Feldzug gegen diese in Lippeham verstarb.[5] Jedoch stellt sich die Frage, wo dieses seltene und exotische Wesen zuvor in Aachen untergebracht war. Allgemein wird dabei zur Zeit Karls des Großen von einem Tiergehege bei der Aachener Pfalzanlage ausgegangen, das auch als Wildbann bezeichnet wird. Die Frage ist, was ist ein Tiergehege in karolingischer Zeit, was weiß man über das Aachener Tiergehege und wo hat dieses in Aachen existiert?

Das Aachener Tiergehege wird in der älteren Forschungsliteratur immer wieder, allerdings nur kurz, erwähnt. Kritische Betrachtungen existieren nur wenige, und die meisten verwenden hierzu ausschließlich die drei literarischen Quellen, die über den Aachener Wildbann berichten: das Karlsepos und zwei Gedichte von Ermoldus Nigellus und Walahfrid Strabo. Diese Texte sind die einzigen Quellen für das Aachener Tiergehege.

Das älteste Werk stammt von Cornelius Peter Bock aus dem Jahr 1839.[6] Von besonderem Interesse ist der Versuch Bocks, den Wildbann Karls des Großen zu lokalisieren, zumal er sich dabei auf alte karolingische Mauerreste bezieht, die vielleicht zur Umgrenzungsmauer des Tiergeheges gehört haben könnten und im 19. Jahrhundert wohl noch sichtbar waren. Es ist bemerkenswert, daß weder Karl Hauck[7] noch der ehemalige Aachener Stadtarchivar Walter Kaemmerer[8] diesen Beitrag für ihre Thesen verwendet haben. Hauck setzt sich auch in erster Linie mit der These von Rudolf Schützeichel[9] auseinander, der in Frage stellt, daß es sich bei dem Wildbann immer um ein Gebiet handelte, bei dem sich auch Gebäude für den Aufenthalt des Königs befunden haben.[10] Als letzter Literaturhinweis wäre der Aufsatz von Dieter Schaller[11] zum Aachener Karlsepos zu nennen, in dem er sich der Frage der Umgrenzungsmauer des Aachener Wildbanns widmet. Er fragt, ob sich der lateinische Begriff murus im Karlsepos auf den Moorgrund bei Aachen bezieht, wie Walter Kaemmerer meint, oder doch eher mit Mauer übersetzt werden muß, womit dieser Begriff auf die Umgrenzungsmauer des Wildbanns verweisen würde.[12]

Zunächst muß nach einer Definition des Begriffs ›Wildbann‹ gefragt werden. Der Wildbann wird in den mittelalterlichen Quellen als ›brogilus‹ bezeichnet, ein Begriff, der, wie das ›Capitulare de Villis‹ überliefert, aus der Volkssprache stammt: »Ut lucos nostros, quos vulgus brogilos vocat …«[13] Mit der Festigung der königlichen Zentralgewalt, verbunden mit den feudalen Produktionsverhältnissen, entstand im 8. und 9. Jahrhundert in Westeuropa ein fränkisches Großreich. Grundlage der

1 Der Aufsatz ist aus einem Hauptseminar hervorgegangen, das unter der Leitung von Prof. Dr. Dietrich Lohrmann am Historischen Institut der RWTH Aachen im Sommersemester 1998 stattgefunden hat. An dieser Stelle möchte ich mich auch bei Gabriele Meyer für gute Hinweise und Ratschläge bedanken. ■ 2 Zu dieser Reise des Juden Isaak vgl. Borgolte 1976, S. 46–58. ■ 3 Vgl. Hauck 1963, S. 45ff. ■ 4 Diculi, Liber De Mensura Orbis Terrae, cap. VII, 35, S. 85. ■ 5 Annales regni Francorum a. 810, MGH SS rer. Germ. [6], S. 131. ■ 6 Bock, C.P. 1839, S. 61–79. ■ 7 Hauck 1963, S. 30–74. ■ 8 Kaemmerer 1980, S. 38–41. ■ 9 Schützeichel 1956/57, S. 105–124. ■ 10 Vgl. ebd., S. 123. Vgl. hierzu auch bei Hauck 1963, S. 32f. und 38. ■ 11 Schaller 1977, S. 160–179. ■ 12 Auf diese Auseinandersetzung wird im folgenden noch näher eingegangen. ■ 13 Vgl. Capitulare de Villis, ed. MGH Capit. I, c. 46 ■ 14 Vgl. Metz 1971, S. 1 ff. ■ 15 Ebd., S. 1. ■ 16 MGH Capit. II, Nr. 77, diese Edition des Capitulare de Villis werde ich auch im weiteren immer zitieren. ■ 17 Vgl. Bosel 1963, S. 1–29, hier S. 2ff. und Metz 1971, S. 78–80. ■ 18 Ebd., vgl. auch Lindner 1940, S. 189. Diese Differenzierung wird auch in ottonischer Zeit, im 10. Jahrhundert, beibehalten. ■

Physiologus Bernensis, Pergament, Reims, um 830 (Burgerbibliothek Bern, cod. 318)

königlichen Hausmacht bildete dabei der gewaltige Grundbesitz, insbesondere der der Karolinger, der auch als Reichsgut bezeichnet werden darf.[14] Zahlreiche Edikte, Kapitularien und Regalien sorgten für eine straffe Handhabung der Naturalienwirtschaft im Rahmen der karolingischen Feudal-Grundherrschaft. Besonders hervorzuheben ist in diesem Zusammenhang die »einmalige Verwaltungswirtschaft«.[15] Der ›brogilus‹ gehört zu diesem karolingischen Grundbesitz und wird, wie erwähnt, im ›Capitulare de Villis‹[16] besonders behandelt. Dabei übernimmt die lateinische Verwaltungsvorschrift des ›Capitulare de Villis‹ die volkstümliche Bezeichnung ›brogilus‹ für den Wildbann.

Zunächst unterscheidet sich dieser ›brogilus‹ von der fränkischen ›forestis‹. Bei dieser ›forestis‹ handelt es sich um Gebiete geschlossener Königsherrschaft, ein Immunitäts- und Banngebiet. Die ›forestis‹ untersteht einem königlichen Exklusivrecht, demnach obliegt die Nutzung ausschließlich dem König und ist damit der allgemeinen Nutzung entzogen.[17] In erster Linie nutzte der König dieses Gebiet der ›forestis‹ zur Jagd, aber auch zur Viehmast, Holzgewinnung, Fischfang sowie zur Rodung, das heißt zur Gewinnung von Nutzflächen. Zur Zeit Karls des Großen gehörte dieses Gebiet zu einem Königshof, zu einer Pfalz. Dabei ist zu beachten, daß sich die Begriffe ›silva‹ und ›forestis‹ nicht ausschließen. Im Gegenteil, beide Begriffe können problemlos im gleichen Text nebeneinander genannt werden, da die ›forestis‹ die ›silva‹ einschließt. Die silva ist dann das Gebiet innerhalb der ›forestis‹, welches zum Holzschlag, zur Rodung und zur Schweinemast genutzt wurde und sich im geschlossenen Gebiet der ›forestis‹ befindet.[18]

Karl Hauck unternimmt eine deutliche Unterscheidung zwischen der ›forestis‹ und dem ›brogilus‹.[19] Obwohl auch in der ›forestis‹ ein Wildbestand zur Jagd existiert, kann nach Meinung von Hauck hier noch nicht automatisch von einem ›brogilus‹ gesprochen werden. Für Hauck zeichnet sich der ›brogilus‹, im Gegensatz zur ›forestis‹, durch eine gesonderte feste Einzäunung oder Ummauerung aus. Einen sicheren Beleg findet Hauck hierzu im ›Capitulare de Villis‹, in dem von einem gesondertem Wildgehege, einem ›lucos‹ die Rede ist, das im Volksmund ›brogilos‹ genannt wird.[20] Der ›brogilus‹ ist ein Bereich der nach den Weisungen des ›Capitulare de Villis‹ gut beaufsichtigt und umzäunt sein soll.

Bereits 1883 hat Georg Waitz zum Wildbann (›brogilus‹) festgestellt: »Ausserdem gab es eigene Thiergärten, eingehegte Räume, wahrscheinlich für edleres Wild. Damit verbunden fanden sich Gebäude auch für den Aufenthalt des Königs.«[21] Karl Hauck schließt sich 1963 dieser These an. Für ihn steht fest, daß es unabhängig von der ›forestis‹ wichtiger Königspfalzen darüber hinaus auch gesonderte Tiergärten gab, die mit dem Begriff ›brogilus‹ bezeichnet wurden.[22] Damit distanziert sich Hauck entschieden von Richard Schützeichel. Schützeichel räumt zwar 1957 die Existenz solcher besonderen Wildbanngebiete ein, allerdings handelte es sich bei dem ›brogilus‹ um Einzel- oder Sonderfälle.[23] Dagegen ist der Aachener Wildbann für Karl Hauck keine karolingische Besonderheit.[24]

Folglich kann festgestellt werden, daß der ›brogilus‹ nach den Definitionen von Georg Waitz und Karl Hauck ein Gebiet ist, welches neben der ›forestis‹ existierte und zum Aufenthaltsort des Herrschers gehörte. In karolingischer Zeit handelte es sich dabei um ein bestimmtes Gebiet innerhalb der Grundherrschaft, das künstlich umschlossen war, sei es durch einen Zaun oder sogar durch eine feste Mauer. In erster Linie diente es zur sicheren Verwahrung von besonderen Tierbeständen. Das ›Capitulare de villis‹ fordert das zuständige Dienstpersonal sogar dazu auf, diese künstliche Umzäunung immer rechtzeitig auszubessern und nicht unnötig mit dieser Arbeit zu warten, damit nicht ein neuer Zaun errichtet werden muß.[25] Dieser Wildbestand wurde wiederum für ausgedehnte Jagden herangezogen. Der ›brogilus‹ sicherte dem König so einen ständigen Bestand an Wild, der vor äußeren Einflüssen, wie beispielsweise vor Wilddieben, geschützt war. Aber nicht nur heimisches Wild wurde hier geschützt. Auch exotische Tiere wurden in solchen Tierparks gehalten. Dies kann zumindest für den Wildbann von Aachen in karolingischer Zeit vermutet werden. Hier dürfte der berühmte Elefant Karls des Großen gehalten worden sein[26], das Geschenk des Kalifen Harun-al-Rashid aus Bagdad.

1. ›De Karolo rege et Leone papa‹ Der erste Text, aus dem wir etwas über den Aachener Wildbann erfahren, ist das Aachener Karlsepos. Im Gegensatz zu den beiden noch vorzustellenden Quellen ist nicht bekannt, wer das Epos verfaßt hat.[27] Dieter Schaller schließt nicht aus, daß es sich bei dem Verfasser um Einhard handeln könnte.[28] In jedem Fall muß der Verfasser am Aachener Hof Karls des Großen gelebt haben.[29] Ähnlich problematisch stellt sich die Datierung dar. So nehmen Carl Erdmann und Helmut Beumann[30] an, das Epos könne im Hochsommer

19 Vgl. Hauck 1963, S. 32f. ■ **20** MGH Capit. I, c. 46: »Ut lucos nostros, quos vulgus brogilos vocat, bene custodire faciant et ad tempus semper emendent et nullatenus expectent, ut necesse sit a novo raedificare. Similiter faciant et de omni aedificio.« ■ **21** Waitz 1885, S. 132. ■ **22** Hauck 1963, S. 32f. ■ **23** Vgl. Schützeichel 1956/57, S. 122–124. ■ **24** Hauck 1963, S. 38 ■ **25** siehe Anm. 20 ■ **26** Hauck 1963, S. 45. ■ **27** Vgl. hierzu auch Schaller 1977, S. 163–168. ■ **28** Erdmann 1951, S. 21 und Anm. 5, Schaller 1977, S. 168: »..., daß Einhard in Versuche zur Lösung des Verfasserproblems des (...) Aachener Karlsepos, (...) vorrangig einbezogen werden muß.« und ders. 1983, Sp. 1043f. ■ **29** Vgl. Manitius 1951, Bd. 1, S. 546, Wattenbach und Levison 1953, S. 244, von den Steinen 1965, S. 92, und Schaller 1977, S. 164. ■ **30** Beumann 1966, S. 7f. ■ **31** Vgl. Schaller 1983, Sp. 1043. Zweifel auch bei von den Steinen 1965, S. 89 und Anm. 2. ■ **32** Vgl. Erdmann 1951, S. 22 und Anm. 5, der auf den ›Augustus‹-Titel hinweist »dessen kaiserliche Bedeutung auch jener Zeit bewußt war«. ■ **33** Auch Beumann 1966, S. 16f. verweist auf die wechselnde Bezeichnung, kommt deswegen jedoch nicht zu dem gleichen Schluß wie Schaller 1977. Vgl. ebenfalls von den Steinen 1965, S. 91f. Ebert 1971, S. 61, datiert das Epos ebenfalls unmittelbar auf die Zeit nach der Kaiserkrönung, wie auch Wattenbach und Levison 1953, Bd. 2, S. 244. ■ **34** Zur Beschreibung der St. Gallener Handschrift vgl. Brunhölzl 1966, S. 57–59. Brunhölzl hat diese Handschrift zur Edition des Karlsepos verwendet, S. 60–97. ■ **35** Vgl. Brunhölzl 1966, S. 57, Anm. 2. ■ **36** Schaller 1983, S. 1042 und Lehmann 1959, S. 160. ■

799 entstanden sein. Dieter Schaller lehnt diese Datierung ab.[31] Für ihn spricht die im Karlsepos verwendete »Mischtitulatur«, das heißt die wechselnde Bezeichnung von ›rex‹ und dem Epitheton ›Augustus‹[32] für Karl den Großen, für eine Entstehung nach dem Jahr 800.[33] Sicher scheint das Epos aber bereits zu Lebzeiten Karls des Großen entstanden zu sein.

Das Karlsepos ist lediglich in einer St. Gallener Miszellan-Handschrift des späten neunten Jahrhunderts überliefert[34] und wird heute in der Züricher Zentralbibliothek unter der Signatur Cod. C78, f. 104r–114v aufbewahrt.[35] Darüber hinaus sind in der Handschrift keinerlei Incipit- oder Explicit-Vermerke zu finden. Aus den 536 Hexametern können wir heute ersehen, daß es sich bei dem erhaltenen Werk nur um ein Fragment, vielleicht das dritte Buch, handelt. Ursprünglich scheint das Epos vier Bücher umfaßt zu haben, die allerdings nicht überliefert oder verloren gegangen sind.[36]

Bei dem erhaltenen Teil des Karlsepos handelt es sich in erster Linie um einen Bericht in epischer Form über die Zusammenkunft Karls des Großen mit Papst Leo III. (795–814) in Paderborn.[37] Darüber hinaus berichtet es aber auch über Aachen. Nach einer einleitenden panegyrischen Huldigung[38] auf Karl den Großen[39] werden in aller Ausführlichkeit die Bauarbeiten in Aachen geschildert.[40] Unmittelbar an diese Schilderung schließt sich der Textabschnitt an, der für das Thema des Aachener Wildbanns von Interesse ist. In den Versen 137 bis 152 wird von einer Hofjagd Karls des Großen berichtet. Diese findet im Wildpark statt, nahe der Aachener Pfalzanlage. Die Verse über das Wildbanngebiet bilden die Einleitung zur prächtigen Beschreibung einer sich anschließenden großen Hofjagd[41], die mit viel Lärm am frühen Morgen beginnt:

»**U**nweit der hohen Stadt liegt ein Wald mit reizvollen Lichtungen, grünen Auen und frischen Wiesen, durch die sich ein Bach zieht; in der Mitte liegt eine Stadt, umsäumt von langen Mauern. Da umflattern den Fluß Vögel aller Art, lassen sich am Ufer nieder und suchen nach Futter mit ihren Schnäbeln, bald tauchen sie, weit weg vom Ufer, mitten in den Fluß mit ihren Schnäbeln, bald tauchen sie im Steilflug dem Ufer zu. Am grasgepolsterten Ufer entlang äst ein Rudel Hirsche auf lieblicher Au im langgezogenen Tale. Hierhin und dorthin läuft zagenden Schrittes das Rehkitz, ungeschützt vom deckenden Laubwerk. Wild aller Art verbirgt sich da und dort im Gehölz. Hier im Schatten des Waldes pflegt Vater Karl, der ehrwürdige Held, sich auf freier Bahn im geliebten Spiele zu tummeln, hier jagt er das Wild mit der Meute und erlegt mit schwirrendem Pfeile das Rotwild im Tann.«[42]

Das Epos beschreibt den Aachener Wildbann als ein Waldgebiet, das sich mit einer reizvollen Lichtung, grünen Auen und frischen Wiesen auszeichnet und in einem langgezogenen Tal lag. Durchquert wird dieses Waldstück von einem Bach (rivis).[43] Karl Lindner vermutet, daß mit ›rivis‹ vielleicht der Fluß Wurm gemeint sein könnte.[44] Eine Vermutung, die nahe liegt. In der Mitte liegt die Stadt, umsäumt von langen Mauern.

Nach dieser topographischen Orientierung beginnt der Autor des Karlsepos die Tierwelt des Wildbanns zu präsentieren. So sind am Fluß Vögel aller Art zu finden. Auf genaue Arten geht der unbekannte Autor jedoch nicht ein. Dies scheint ihm

37 MGH SS 2, V. 463–536, S. 401–536 und bei Brunhölzl 1966, S. 93–97, V. 463–536. ■ 38 Vgl. von den Steinen 1965, S. 91 und Ebert 1971, Bd. 2, S. 59. ■ 39 MGH SS 2, V. 1–93, S. 393–395 und bei Brunhölzl 1966, S. 60–67, V. 1–93. ■ 40 MGH SS 2, V. 94–136, S. 395 und bei Brunhölzl 1966, S. 67–69, V. 94–136. Hier ist auch die berühmte Passage zu finden, wo die Entstehung Aachens als zweites Rom (roma secunda) interpretiert wird, vgl. V. 94 und auch Beumann 1966, S. 19 und 23f. ■ 41 Vgl. hierzu auch Lindner, K. 1940, S. 392–395. ■ 42 Übersetzung nach Brunhölzl 1966, S. 68f., MGH SS 2, S. 395f., V. 137–152: »Non procul excelsa nemus est et amoena virecta / Lucus ab urbe virens et prata recentia rivis / Obtinet in medio, multis circumsita muris. / Hic amnem circumvolitat genus omne volucrum; / In ripis resident rimantes pascua rostris: / Nunc procul in medio summergunt flumina sese, / Nunc quoque praecipiti properant ad littora cursu; / Hosque toros iuxta cervorum pascitur agmen / Riparum in longa per amoenaque pascua valle. / Huc illuc timido discurrit dammula gressu: / Fronde retecta vacat; passim genus omne ferarum / His latet in silvis. Etenim nemora inter opaca / Hic pater abside Karolus, venerabilis heros, / Exercere solet gratos per gramina ludos, / Atque agitare feras canibus tremulisque sagittis / Sternere cornigeram nigraque sub arbore turbam.« ■ 43 MGH SS 2, S. 395, V. 137f.: » Non procul excelsa nemus est et amoena virecta / Lucus ab urbe virens et prata recentia rivis / ...« und bei Brunhölzl 1966, S. 68f. ■ 44 Lindner, K. 1940, S. 393; vgl. dort auch die Karte von Kaemmerer 1965. ■

nicht wichtig genug. Wahrscheinlich handelt es sich daher um einheimische Vogelarten, die nicht weiter erwähnenswert sind. Den einzigen Unterschied macht er in der Unterscheidung von Raub- und Wasservögeln. Dies geschieht wahrscheinlich, um dem Leser die unterschiedlichen Jagdmöglichkeiten vorzustellen. Aufgrund der Beschreibung der Wasservögel könnte es sich vielleicht um Entenarten handeln. Die Einteilung wird deutlich durch die beschriebenen Arten der Nahrungsaufnahme. Zum einen tauchen einzelne Vögel im Wasser nach Nahrung, andere jagen steil auf das Ufer zu.

Ein wenig anders verhält es sich bei der Erwähnung des Wildes. Das ist nicht überraschend, da es sich bei der Gesamtschilderung der Textpassage um eine Jagd handelt, bei der das Wild im Zentrum steht. Es werden als einziges Großwild ein Rudel Hirsche, das am grasgepolsterten Ufer äst, sowie ein ängstliches Rehkitz genannt. Dieses hat sich vom schützenden Laubwerk entfernt. Dort soll sich nach Ansicht des Autors weiteres Wild aller Art befinden, das aber zunächst nicht genannt wird.

Nun folgt die wohl wichtigste Passage über den Aachener Wildbann. Denn im Schatten dieses Waldes ist es Vater Karl – gemeint ist Karl der Große –, der hier der Jagd nachgeht. Karl wird nicht nur als Vater, sondern auch als ehrwürdiger Held bezeichnet.[45] Bei dieser Jagd handelt es sich nach der Beschreibung um bloße Unterhaltung, um ein Spiel. Ohne Zweifel war Karl ein engagierter Jäger. Denn die Jagd endet, indem Karl der Große selbst einen Eber mit einer Lanze erlegt[46], ein Symbol für das »herrscherliche Vorrecht auf die Erlegung des vornehmsten Tieres«.[47] Beides, die Titulaturen für Karl den Großen als Vater und Held, wie auch die eigenhändige Erlegung des Ebers sollen Karl als mächtigen und mutigen Herrscher darstellen und betonen.

Im zitierten Textausschnitt werden darüber hinaus zwei weitere Jagdtechniken hervorgehoben: mit Pfeil und Bogen und mit der Hundemeute (canibus). Beschrieben wird, wie Karl in einem für einzig ihn reservierten Gebiet eine Treibjagd mit Hunden unternimmt und das gehetzte Rotwild anschließend mit Pfeil und Bogen erlegt.

Der Kontext der Erzählung und die Beschreibung des Aachener Wildbanns dienten hier wohl in erster Linie der Macht- und Herrschaftsrepräsentation Karls des Großen, der insbesondere durch die Jagd im Wildbanngebiet Ausdruck verliehen wird.

2. ›De gestis Ludovici Caesaris‹ des Ermoldus Nigellus Der zweite Text ist von Ermoldus Nigellus. Ermoldus Nigellus[48] stammte aus Aquitanien, war aber wohl kein Mönch, wie Walter Kaemmerer behauptet[49], sondern Weltgeistlicher. Dem königlichen Hof stand er wohl nahe.[50] Zumindest stand er in engem Kontakt zum Königssohn Ludwig des Frommen, Pippin I. von Aquitanien († 838). So begleitete Ermoldus Nigellus Pippin auf einem Feldzug Ludwig des Frommen 824 gegen die

45 MGH SS 2, S. 396, V. 149 und bei Brunhölzl 1966, S. 70f.: «Hic pater absidue Karolus, venerabilis heros, …« ■ 46 MGH SS 2, S. 398f. V. 300–308 und bei Brunhölzl 1966, S. 80f. ■ 47 Hauck 1963, S. 42 ■ 48 Ausführlicher Literaturhinweis über Ermoldus Nigellus vgl. bei Szövérffy 1970, S. 550, Anm. 1. Für meine Ausführungen beschränke ich mich auf Ebert 1971, Bd. 2, S. 170–178, Manitius 1951, S. 552–557 und Szövérffy 1970, S. 550–556. ■ 49 Kaemmerer 1980, S. 39. Sowohl Manitius 1951, S. 553, als auch Szövérffy 1970 (S. 550) besagen, daß Ermoldus Nigellus zwar Geistlicher war, jedoch kein Mönch. ■ 50 Manitius 1951, S. 553. Ludwig der Fromme scharte Berater aus Aquitanien um sich, die in den ersten Regierungsjahren großen Einfluß hatten (vgl. Schieffer 1992, S. 114f.). Ob auch Ermoldus Nigellus darunter fällt, kann nicht eindeutig gesagt werden. ■ 51 Bereits 818 war Ludwig der Fromme gegen die Bretonen von Vannes aus vorgegangen. 824 unternahm er einen weiteren Feldzug, bei dem ihn sowohl Pippin, als auch sein zweiter Sohn Ludwig begleitete. Vgl. Schieffer 1992, S. 124 und Langosch 1990, S. 64. ■ 52 Manitius 1951, S. 553 und Szövérffy 1970, S. 550 ■ 53 Im Gegensatz zum Karlsepos und dem Gedicht des Walahfrid Strabo hat das Werk von Ermoldus Nigellus keinen konkreten Titel. Ich habe daher hier den Titelvorschlag von Ebert 1971 übernommen, Bd. 2, S. 171. ■ 54 Szövérffy 1970, S. 551, vgl. hier auch Anm. 8. Langosch 1990 (S. 64) relativiert eine solche Bewertung, »weil es dem Dichter im ganzen nicht in erster Linie auf Zuverlässigkeit im Realen ankam, sondern darauf, den Kaiser ruhmvoll zu erheben.« ■ 55 Szövérffy 1970, S. 550, MGH Poet. lat. II, S. 1, Schieffer 1992, S. 135, Langosch 1990 (S. 64) vermutet, daß er wohl keinen Erfolg mit seinem Versuch hatte, aus dem Exil zurückzukommen. ■ 56 Vgl. Ebert 1971, Bd. 2, S. 171–173, der hier kurze Inhaltsangaben zu den verschiedenen Büchern gibt. ■ 57 Ebert 1971, Bd. 2, S. 171, s. hier auch Anm. 1 und Kaemmerer 1980, S. 39, der wohl die Datierung von Ebert 1971 übernommen haben dürfte. ■ 58 MGH SS 2, V. 543, S. 499 und MGH Poet. lat. II, V. 543, S. 56, vgl. auch bei MGH SS 2, S. 499, Anm. 69. ■ 59 Manitius 1951, S. 557. ■ 60 MPL 105, Sp. 551–640. ■ 61 MGH SS 2, S. 466–523. ■

Bretonen.[51] Im Zeitraum von 824 bis 828 scheint Ermoldus dann aber in Ungnade bei Kaiser Ludwig gefallen zu sein. Wahrscheinlich auf Betreiben Dritter, die ihn bei Ludwig anklagten, ist Ermoldus, ähnlich wie der Dichter Theodulf von Orléans, den Intrigen des Hofes zum Opfer gefallen.[52] Ermoldus Nigellus wurde nach Straßburg zum Bischof Bernold verbannt. Aus dieser Zeit des Straßburger Exils stammt nun das umfangreiche Gedicht an Ludwig den Frommen: ›De gestis Ludovici Caesaris‹.[53] Nach Meinung von Josef Szövérffy hat das Werk »trotz des übertriebenen panegyrischen Glanzes historischen Quellenwert«.[54] Mit Hilfe des Gedichtes versuchte Ermoldus Nigellus, sich aus seinem Exil zu befreien. Ob ihm dies gelungen ist, ist nicht bekannt. Ebenfalls unklar bleibt, ob er tatsächlich mit dem Kanzler Hermoldus identisch ist, der 838 an der Seite Pippins bei Kämpfer mit dessen Vater erscheint.[55]

›**D**e gestis Ludovici Caesaris‹ umfaßt vier Bücher[56] und einen Prolog aus 35 Hexametern. Das Gedichtwerk ist wohl Ende 826 oder Anfang 828 entstanden.[57] Für die Frage nach dem Aachener Wildbann ist hier das dritte Buch von Interesse. In ihm geht Ermoldus ausführlich auf den ersten Feldzug Ludwig des Frommen gegen die Bretonen ein, bei dem er den Bretonenfürsten Morman 818 besiegt und dieser ums Leben kommt. Erst gegen Ende des dritten Buches, in den Versen 583 bis 593, geht Ermoldus Nigellus auf den Aachener Tierpark ein. Zuvor – ab Vers 543 – berichtet er von einem Zweikampf zwischen dem Grafen Bera von Barcelona, einem ehemaligen Getreuen Ludwigs, und dem Grafen Sanila. Dabei handelte es sich um ein Gottesurteil, das 820 auf dem Reichstag in Aachen vollstreckt wurde.[58]

Bereits Max Manitius verweist auf das Problem, daß die handschriftliche Überlieferung spärlich ist. So existiert lediglich eine Handschrift, die das Gedicht an Ludwig den Frommen überliefert hat: Vindob. 614 s. X. Hiervon scheint nur eine Kopie überliefert zu sein, die im British Museum mit der Signatur Mus. Brit. Harlei. 3685 s. XV, f. 55–92 aufbewahrt wird. In dieser Handschrift sind auch die beiden Bücher an Pippin enthalten.[59] Sowohl die Paul Migne-Ausgabe[60], als auch die MGH-Ausgabe[61] von Pertz haben die Handschrift Vindob. 614 s. X von Muratori verwendet. Die entsprechende Passage lautet in der deutschen Übersetzung nach Walter Kaemmerer:

»Liegt da ein herrlicher Ort ganz nah der Halle des Königs,
Weithin als solcher berühmt, Aachen wird er genannt,
Glänzend in Marmorgestein, auch ist er von Wäldern umgeben,
Und mit Bäumen bestellt, dort grünt frisches Gras,
Auch ein Bach fließt mitten hindurch in langsamer Strömung,
Darin Geflügel und Wild tummelt verschiedenster Art.
Wenn es dem König gefällt, dann zieht er mit wenig Begleitung
Öfters hinaus zur Jagd, wenn ihn die Lust dazu packt,
Um zu stechen geweihstolzer Hirsch mächtige Leiber
Oder zu treffen mit dem Speer Damwild und Rehe (nach Wahl),
Auch wenn Glatteis den Boden streift zu Zeiten des Winters
Aufzuscheuchen zum Fang Vögel durch kralligen Falk.«

Daß Ludwig ein begeisterter Jäger war, zeigen die zahlreichen schriftlichen Hinweise auf ausgedehnte Jadgunternehmungen.[63] Ähnlich wie im Karlsepos wird zunächst nachgezeichnet, wo sich der Aachener Wildbann befindet. Dabei nennt Ermoldus Nigellus den Wildbann einen herrlichen Ort, der nahe der Königshalle liegt, womit er die Pfalzanlage gemeint haben dürfte. Er berichtet ausdrücklich von einer Begrenzungsmauer, die um den Wildbann gezogen ist. Eine derartige technische Umgrenzung war für ein solches Gebiet durchaus üblich. Nach Ermoldus Nigellus soll diese Mauer sogar aus glänzendem Marmor gewesen sein. Vielleicht könnte mit der Marmormauer aber auch nur ein besonders prächtiges Portal oder ein Eingangsbau gemeint gewesen sein.[64] Zudem ist der Wildbann von Wällen, also künstlichen Erdaufschüttungen, umgeben.

Mit der Beschreibung der Vegetation im Wildbann hält sich Ermoldus Nigellus eher zurück. Er berichtet lediglich vom frischen grünen Gras und von Bäumen. Ähnlich wie im Karlsepos fließt auch bei Ermoldus Nigellus ein Bach durch das Gebiet des Wildbanns. Allerdings nennt Ermoldus ihn nicht ›rivis‹ sondern ›fluvius‹[65]. Im Vergleich zum Karlsepos ist dies durchaus als eine Steigerung zu verstehen, so daß es sich aus der Sicht des Ermoldus Nigellus um einen etwas größeren Bach handeln muß. Berichtet Ermoldus Nigellus weniger über die Pflanzenwelt, so widmet er sich mehr den Tieren, die im Wildbann gehalten werden. Die genannten Tiere spielen eine zentrale Rolle in der Jagdszene Ludwigs des Frommen. Auch hier wird die Jagd als Vergnügen geschildert, denn Ludwig der Fromme betrieb des öfteren die Jagd, wenn ihn die Lust dazu packte.[66] Im Gegensatz zum Karlsepos reitet Ludwig der Fromme nur mit einer kleinen Gruppe von Begleitern zur Jagd aus.[67]

Interessant ist, was er jagte und wie er das Wild erlegte. So erlegte er den »geweihstolzen Hirsch«, Damwild[68] und Rehe. Dabei ging er nicht mit Pfeil und Bogen vor, sondern mit einem Speer, um die mächtigen Leiber zu durchstoßen. Ohne Zweifel handelt es sich hierbei um nicht ungefährliche Jagdformen. So soll der Mut des Herrschers hervorgehoben werden, der in geringer Begleitung und mit wenig Schutz zu gefährlicher Jagd ausritt, um prächtige Tiere zu erlegen, ähnlich wie bei der Jagdszene Karls des Großen im Karlsepos. Auch das Wetter hielt Ludwig nicht von der Jagd ab. Ermoldus Nigellus betont, daß der Kaiser auch bei Glatteis und im Winter der Jagd nachgegangen ist. Nicht ohne Grund wird Ermoldus dies erwähnt haben, da diese klimatischen Rahmenbedingungen für eine Jagd zu Pferd oder auch zu Fuß eine erhebliche Erschwerung und Verletzungsgefahr darstellen. Darüber hinaus berichtet Ermoldus Nigellus auch von der Falkenjagd.

Parallel zum Karlsepos steht auch dieser Text in der Tradition von Macht- und Herrschaftsrepräsentation. Hier ist jedoch nicht Karl der Große, sondern sein Sohn, Ludwig der Fromme, gemeint. Die Jagd spielt die gleiche Rolle wie im Epos. Sie ist Ausdruck der Macht und Herrschaft des Herrschers, die in seinem eigens für ihn selbst reservierten Jagdgebiet durch das Erlegen des gefährliches Wildes demonstriert wird.

3. ›Versus in Aquisgrani palatio‹ des Walahfrid Strabo Der letzte der drei Texte zum Aachener Wildbann ist von Walahfrid Strabo.[69] Er ist von geringer Herkunft und um 808 oder 809[70] in Alemannien geboren. Zur Zeit des Abtes Heito (806–822) ist Walahfrid ins Kloster Reichenau eingetreten. 827 ging er nach Fulda, wo er Schüler des Hraba-

62 Übersetzung nach Kaemmerer 1980, S. 39, MGH SS 2, S. 500, V. 582–593 und in MGH Poet. lat. 2, V. 583–594, S. 57: »Est locus insignis regali proximus aulae, / Fama sui late, quae vocitatur Aquis, / Marmore praecinctus lapidum sive aggere septus, / Consitus arboribus, quo viret herba recens. / At fluvius medium praelambit gurgite lento, / Hunc volucres variae incolitantque ferae. / Quando placet regi, paucis comitantibus illuc / Venandi studio saepius ingreditur, / Figere cornigerum praegrandia corpora ferro / Cervorum, aut dammas percutere atque capras, / Seu glatie stringente solum sub tempore brumae, / Unguigeris volucres exagitare capis.« ■ 63 Vgl. Lindner, K. 1940, S. 398ff. ■ 64 Hauck 1963, S. 40, Anm. 58. ■ 65 MGH SS 2, S. 500, V. 586. ■ 66 MGH SS 2, S. 500, V. 589: »Venandi studio saepius ingreditur« ■ 67 MGH SS 2, S. 500, V. 588, vgl. Hauck 1963, S. 430. ■ 68 Nach Meinung von Lindner, K. 1940 (S. 396f.) ist es nicht sicher, ob bereits in karolingischer Zeit Damwild in dieser Region existiert hat. ■ 69 Vgl. Szövérffy 1970, S. 571, Anm. 1 mit ausführlicher Literaturangabe zu Walahfrid Strabo. Im folgenden habe ich mich auf die biographischen Angaben von Ebert 1971, Bd. 2, S. 145–166, Manitius 1951, 1. Bd. S. 302–314, Langosch 1953, Bd. 4, Sp. 734–769 und Stoffler 1996, S. 10–12 beschränkt. ■ 70 Ebert 1971, Bd. 2, S. 146 zieht 809 als Geburtsjahr vor. ■ 71 Langosch 1953 (Sp. 737) bezweifelt dies jedoch und vermutet, daß Walahfrid mit Hilfe seines ehemaligen Lehrers Grimald an den Hof gekommen ist, da sich dieser dort bereits seit mehreren Jahren befand. ■ 72 MGH Poet. lat. II, S. 275ff. und S. 350ff., Langosch 1953, Sp. 735. ■ 73 Visio Wettini, ed. MGH Poet. lat. II, Nr. 3, S. 301ff. und MPL 2, 302ff. ■ 74 vgl. Szövérffy 1970, S. 572; MGH Poet. lat. II, Nr. 23a, 24, 26, S. 378ff. ■ 75 Da weder ein Erdbeben noch die Schäden an Pfalz und Marienkirche erwähnt werden, nimmt Langosch 1953 (Sp. 759) an, daß das Gedicht vor Ostern 829 entstanden sein könnte. Bereits Däntl 1930 vermutet dies (S. 23). Vgl. hierzu auch die Annales Regni Francorum a. 829, MGH SS rer. Germ. [6], S. 176ff. und Astronomus, MGH SS 2, S. 604–648, c. 43. Diese melden in der vierzigtägigen Fastenzeit, wenige Tage vor Ostern, ein Erdbeben. ■ 76 Däntel 1930 zieht die Autorenschaft von Walahfrid Strabo in Zweifel und vermutet, daß ein späterer Autor das Gedicht verfaßt haben könnte. Langosch 1953, Sp. 759 widerspricht dieser These. ■ 77 Zur Überschrift vgl. auch bei Däntl 1930, S. 3. Däntl weist darauf hin, daß »de imagine Tetrici« lediglich ein Untertitel ist, der von einem Abschreiber stammt. Darüber hinaus verweist er auf das Wortspiel »Tetricus«. Siemes 1966, S. 114 hat dies weiter ausgeführt: »Theoderich = Tetricus bedeutet nichts anderes als

nus Maurus war. Zwei Jahre später, 829, wird er auf Empfehlung des Erzkapellans Hilduin[71] am Hofe Ludwig des Frommen Erzieher von Karl dem Kahlen. Bis 838 war Walahfrid dort als Prinzenerzieher beschäftigt, als er dann selber Abt der Reichenau wurde. Hatte er bereits auf der Reichenau seine dichterische Tätigkeit begonnen, setzte er sie am königlichen Hof in Aachen fort. Bereits im Alter von 15 Jahren verfaßte Walahfrid Gedichte.[72] Mit 18 Jahren hatte Walahfrid Strabo – der Schieler – die Visionen des alten Mönches und Lehrers Wetti[73], eine umfangreiche Versdichtung vom Heil und Unheil der Seele, angefertigt. Am Hof Kaiser Ludwigs des Frommen stand er der Kaiserin Judith nahe, weshalb er ihr drei Gedichte widmete.[74]

Für das Thema des Aachener Wildbanns kommt ein Werk in Frage, das Walahfrid Strabo 829[75] sogar in Aachen verfaßt haben dürfte[76]: ›Versus in Aquisgrani palatio editi anno Hludovici imperatoris XVI de imagine Tetrici‹.[77] In den Versen 116 bis 127 berichtet Walahfrid Strabo über den königlichen Wildbann in Aachen. Der Text ist lediglich in einer Handschrift überliefert. Diese St. Gallener Handschrift 869 kann auf das Ende des neunten Jahrhunderts datiert werden.[78] Ob es sich hierbei um eine vollständige Überlieferung des Walahfrid-Textes handelt, scheint ungewiß. So vermuten sowohl Däntel wie auch Siemes, daß 17 bis 34 Verse verloren sein könnten.[79]

Die 263 erhaltenen lateinischen Verse hat Ernst Dümmler ediert.[80] Bei diesem Gedicht handelt es sich um einen fiktiven Dialog zwischen Walahfrid und Scintilla, seinem Dichtergenius. Das Gedicht kann in zwei Blöcke aufgeteilt werden. Die ersten 90 Verse widmen sich einem Gespräch über Theoderich und dessen Laster. Den zweiten Teil leitet Scintilla mit einem Lob auf Kaiser Ludwig den Frommen ein, das übergangslos ab Vers 147 durch Walahfrid persönlich fortgesetzt wird.[81] Daß Walahfrid eine »souveräne Kenntnis«[82] der antiken Poesie und ihrer Dichter besitzt, zeigt schon der kleine Ausschnitt über den Aachener Tierpark in den Versen 116 bis 127.[83] Das panegyrische Gedicht auf Kaiser Ludwig den Frommen setzt sich in erster Linie mit der Reiterstatue des Theoderich auseinander, die Karl der Große 801 von Ravenna nach Aachen bringen ließ.[84] Anhand dieser Statue – die zwischen der Pfalzanlage und der Marienkirche errichtet wurde – baut Walahfrid seine gesamte Kritik an den bestehenden politischen Verhältnissen auf und stellt sie antithetisch der Lobpreisung Ludwigs des Frommen gegenüber. Insgesamt handelt es sich nicht nur um ein panegyrisches, sondern auch um ein polemisierendes Gedicht. Anhand der Reiterstatue projiziert Walahfrid Strabo seine Kritik an den bestehenden politischen Verhältnissen seiner Zeit. Walahfrid, der in seinem Gedicht Partei für Kaiser Ludwig den Frommen ergreift, will mit den Vorwürfen gegen Theoderich und dessen Reiterstandbild den weltlichen Hochadel und dessen geistliche Anhänger treffen.[85] In diesem Kontext geht Walahfrid auf den Tierpark ein, der aufgrund der Beschreibung Walahfrids unmittelbar an der Aachener Pfalzanlage gelegen haben könnte:

»Hier ist Salomons gewaltiges Werk, ein Tempel,
Schimmert hier vergleichbar den herrlichsten Bauten, die Fenster
Geben den Blick hinunter auf einen prächtigen Hain
Und auf ein eilendes Murmeln der Bäche in grünender Wiese.

›taeter Arianus‹, der ekelerregende Arianer – der Häretiker!« ■ 78 Langosch 1953, Sp. 759 und Däntl 1930, S. 3. ■ 79 Däntl 1930, S. 14 und Siemes 1966, S. 109, Anm. 1. ■ 80 Walahfrid Strabo, Versus in Aquisgrani palatio editi anno Hludovici imperatoris XVI de imagine Tetrici, ed. Dümmler, MGH Poet. II., Nr. S. 350ff. ■ 81 Siemes 1966, S. 109 sieht den Übergang von Scintilla zu Walahfrid Strabo erst bei V. 149. Ich halte mich hier allerdings an die Angabe von Däntl 1930, der dies anhand der St. Gallener Hs. angibt (vgl. hierzu auch bei Däntl 1930 (S. 2). Demnach ist der Übergang durch einen Initialbuchstaben angezeigt. ■ 82 Siemes 1966, S. 110. ■ 83 Vgl. MGH Poet. lat. II, S. 374, V. 116 –127 und hierzu die Anm. 1– 4 und Däntl 1930, S. 12. ■ 84 Vgl. Hoffmann 1965, S. 318–335, besonders hier S. 321, Anm. 21 mit ausführlichen Literaturangaben über die Herkunft und das Aussehen der Theoderichstatue. Zur Reiterstatue vgl. bis heute am ausführlichsten Falkenstein 1966, S. 53–62. Zur genauen Lage des Reiterstandbildes vgl. dort die S. 59 u. die Anm. 89 mit dem zusammenfassenden Forschungsstand und der Ablehnung der bisher vorgeschlagenen Aufstellungsorte für die Figur durch Falkenstein. Falkenstein nennt keinen genauen Standort für die Statue. ■ 85 MGH Poet. lat. II, S. 371 V. 34f.: »Quamquam thermarum vulgus vada praeparet olli, / Hoc sine nec causa, nam omni maledicitur ore,/« ■

Es spielt dort zahmes und wildes Getier, die Rinder
Mit Hirschen, das Reh mit dem scheuen Damwild.
Wenn du dann noch willst, werden springen auch Löwen,
Bär, Eber, Panther, der Wolf, die Luchse und Elefanten.
Kommen werden Nashorn und Tiger und eingefangene Schlangen,
Um sich zu teilen in gleiche Weide mit Rindern und Schafen,
Alle Tiere im selben Gehege dann friedlich beisammen,
Vögel des Himmels singen aus frohen Kehlen vom Gipfel der
Eichen und zwitschern in lieblichen Tönen ihr Liedchen.«[86]

In den Versen 116 bis 127 schreibt er von einem Tempel, von wo der Wildbann gesehen werden konnte. Wahrscheinlich ist damit die Aachener Marienkirche gemeint, von deren Fenster es Walahfrid möglich war, einen Blick auf das Gebiet zu werfen.[87] Zudem wird die Marienkirche auch als Salomons gewaltiges Werk bezeichnet. Der alttestamentalische König Salomon aus dem 10. Jahrhundert vor Christus steht im Mittelalter als Inbegriff von königlicher Weisheit, Gerechtigkeit, Macht und als Typus Christi.[88] Wenn daher die Aachener Marienkirche bei Walahfrid Strabo als Salomons Werk bezeichnet wird, so hat dies mit Sicherheit zwei Bedeutungen: Zum einen soll damit vielleicht Karl der Große als eine Art Salomon geehrt werden, der die Marienkirche hat erbauen lassen. Zum anderen strahlt eine solche Bezeichnung, auf Karl den Großen projiziert, auch auf dessen Nachfolger und insbesondere auf dessen Sohn aus. Das wird besonders dadurch deutlich, in welcher Form Walahfrid Strabo vom Wildbann in Aachen berichtet.

Walahfrid Strabo spricht ebenfalls nur von einem Bach, der durch die grüne Wiese fließt. All dies gehört nach Walahfrid zu einem prächtigen Hain (prato). Mit diesem Bild vermittelt Walahfrid eine idyllische Natur.[89] Interessant sind in diesem Zusammenhang die aufgeführten Tiere. Scheinbar mit viel Phantasie zählt Walahfrid Strabo zahlreiche Tierarten auf, die friedlich nebeneinander im Aachener Wildbann leben: Hirsche, Rehe, Damwild, Bär, Eber, Panther, Wolf, Luchs, Elefanten, Nashorn, Tiger, Schlangen, Rinder und Schafe. Das mag ungewöhnlich klingen. Aber bereits Helena Siemes verweist darauf, daß Walahfrid diese Tiere nicht bloß aufzählt.[90] Er hat dafür eine gezielte Systematik gewählt, die entscheidend für eine Interpretation der Textstelle ist. So differenziert Walahfrid im Vers 119 zwischen den zahmen (pecudes) und wilden (ferae) Tieren. Diese stellt er dann auch gegenüber: So spielen an dem vorweg beschriebenen Ort, dem ›prato‹, Rinder mit Hirschen und das Reh mit dem scheuen Damwild. Nun macht Walahfrid einen weiteren Schritt. Hat er bereits eine Idylle beschrieben, die nach seiner Beobachtung bereits existiert, so zählt er nun auch die ungezähmten Wildtiere auf: »leones, ursus, aper, panthera, lupus, linces, elephanti, rhinoceros, tigres, domitique dracones.«[91] Vor dieser Aufzählung setzt Walahfrid allerdings einen wesentlichen Zusatz vorweg: »Si quoque deinde velis, …«[92] Walahfrid spricht damit Kaiser Ludwig den Frommen direkt an und bringt damit zum

86 Übersetzung nach Kaemmerer 1980, S. 41, MGH Poet. lat. II, S. 374, V. 116–128: »Hinc magnum Salomonis opus, hinc templa supremis / structuris aequanda micant, specularia subter / dant insigne nemus viridique volantia prato / murmura rivorum: ludunt pecudesque feraeque / uri cum cervis, timidis cum capera dammis. / Si quoque deinde velis, salutabunt rite leones, / ursus, aper, panthera, lupus, linces, elephanti; / rhinoceros, tigres venient domitique dracones, / soriti commune boumque oviumque virectum, / omnia pacatis animalia litibus assunt, / aeriae summo quercus de vertice laetis / commodulantur avec rostris et suave susurrant.« ■ 87 MGH Poet. lat. II, S. 374, V. 116–118 ■ 88 Vgl. Sachwörterbuch der Mediävistik, S. 725. Die Bedeutung Salomons kann man beispielsweise auch an der Reichskrone ablesen, die zwar deutlich später entstanden ist, aber auf einer der Kronenplatten neben dem biblischen König David auch Salomon zeigt. ■ 89 Vgl. Siemes 1966, S.158. ■ 90 Siemes 1966, S. 158. ■ 91 MGH Poet. lat. II, S. 374, V. 121f. ■ 92 MGH Poet. lat. II, S. 374, V. 121 ■ 93 Vgl. Bezold 1924 S. 391f. ■ 94 Vgl. Siemes 1966, S. 158f. ■ 95 Vgl. MGH Poet. lat. II, S. 374, Anm. 2, Hauck 1963, S. 41 und Siemes 1966, S. 158f. ■ 96 Hauck 1963, S. 41. ■ 97 Siemes 1966, S. 160. ■ 98 MGH Poet. lat. II, S. 374, V. 125. ■ 99 MGH Poet. lat. II, S. 374, V. 124. ■ 100 Vgl. Schieffer 1992, S. 112–138. ■ 101 Schieffer 1992, S. 119. ■ 102 Schieffer 1992, S. 125. ■ 103 MGH Poet. lat. II, S. 829, V. 250–255, Siemes 1966, S. 161f. ■ 104 Der einzige, jedoch wage Hinweis auf Funde ist bei Bock, C. P. 1839 (S. 74) zu finden, der auf karolingische Mauerreste hinweist. Ob es sich dabei tatsächlich um karolingische Mauerreste handelte und ob diese Teile der ehemaligen Grenzmauer des Wildbanns waren, ist nicht mehr nachzuweisen. ■

Ausdruck, daß die beschriebene Idylle bereits existiert, er sich jedoch einen Idealzustand wünscht, der noch nicht erreicht ist. Damit erhebt Walahfrid eine deutliche Forderung an Ludwig den Frommen: Zwar liegt bereits ein friedlicher Zustand vor, aber ein wirkliches Friedensreich auf Erden ist noch nicht erreicht. Das zu erlangen liegt an Ludwig selbst. Wenn er will, dann kann es dazu kommen, dann könnten alle friedlich nebeneinander leben.[93] Geschickt unterstreicht Walahfrid dies, indem er auch den Modus vom Indikativ in den Konjunktiv ändert.[94] Es ist daher leicht zu erkennen, daß diese Darstellung ein Vorbild hat. Es ist ohne Zweifel eine Anspielung auf eine Passage aus dem Buch des Propheten Jesaja[95] 11,6–8: »**D**a werden die Wölfe bei den Lämmern wohnen und die Panther bei den Böcken lagern. Ein kleiner Knabe wird Kälber und junge Löwen und Mastvieh miteinander treiben.

Kühe und Bären werden zusammen weiden, daß ihre Jungen beieinander liegen und Löwen werden Stroh fressen wie die Rinder.

Und ein Säugling wird spielen am Loch der Otter, und ein entwöhntes Kind wird seine Hand strecken in die Höhle der Natter.«

Der Prophet Jesaja berichtet aus der Perspektive der Erwartung des kommenden Messias und des nahenden Friedensreiches. So zeigt die Jesaja-Stelle die Vision eines vollkommenen Friedensreiches auf Erden. Auch bei Walahfrid ist nicht die Rede von einem existierenden himmlischen Paradies auf Erden, wie es Karl Hauck verstehen will.[96] Walahfrid schildert eine Vision. Dieser Zustand könnte erreicht werden, wenn es denn Ludwig der Fromme so wollte. Wird also diese Passage auf die aktuelle politische Situation bezogen, so ist in diesem panegyrischen Gedicht auf Ludwig den Frommen auch eine indirekte Mahnung an diesen zu erkennen, vielleicht sogar ein »Schatten«[97] auf seiner von Walahfrid gerühmten Regentschaft, oder sogar eine Form der Herrscherkritik. Es ist an Ludwig gelegen, daß zwischen allen Frieden herrscht (»pactis animalia litibus«[98]), so daß sich alle die gemeinsame Weide (»sortiti commune boumque oviumque virectum«[99]) teilen können.

Da es sich um ein Widmungsgedicht an Ludwig den Frommen handelt, kann davon ausgegangen werden, daß Walahfrid Strabo ihn als gerechten Friedenskönig ansieht, von dem er sich wünschen würde, daß dieser eine weltliche Paradiesherrschaft errichtet. Walahfrid blickt jedoch eher auf eine politisch turbulente Zeit[100], auf eine Verschwörung von 817/818 und auf die – auch in den Quellen immer wieder erwähnten – »ruchlosen« Ratgeber und »prominenten Mitverschwörer.«[101] So zeigt die Realität ein anderes Bild von Unfrieden und Gefahr. Aber auch außenpolitisch mehren sich die Rückschläge, die »im Jahre 827 fast gleichzeitig in Pannonien, in Spanien und bei den Dänen eintraten«.[102] Walahfrid scheint sich nach Frieden zu sehnen, und dies kommt noch mal deutlich am Schluß, in den Versen 250 bis 255 seines Gedichtes, zum Ausdruck[103], wo die äußeren Feinde aufgezählt werden: Bulgaren, Sarazenen, Bretonen, Dänen und Afrikaner.

Im Gegensatz zu den vorhergehenden Texten beinhaltet das Gedicht nicht ausschließlich ein Herrscherlob. Der Aachener Wildbann wird mit fiktiv-paradiesischen Vorstellungen verknüpft, die Ludwig den Frommen zu einer besseren Regentschaft ermahnen sollen.

Zur möglichen Lage des Aachener Wildbanns aufgrund der literarischen Quellen: Der Versuch, sich über die exakte Lage des Aachener Wildbanns zu äußern, führt automatisch in den Bereich der Spekulation. Wenn auch deutlich wird, daß ein solcher Tierpark tatsächlich bei Aachen in karolingischer Zeit existiert hat, so bleibt es dennoch schwer, diesen zu lokalisieren. Archäologische Funde, die ein solches Gebiet belegen könnten, gibt es bisher keine.[104] Lediglich literarische Quellen können für die Lage des Wildbanns in Aachen herangezogen werden. In erster Linie dienen dazu das Aachener Karlsepos sowie die Lobgedichte des Ermoldus Nigellus und des Walahfrid Strabo. Alle drei Quellen bieten jedoch keine eindeutigen Angaben zur Lage des Wildbanns, da dies auch nicht das Ziel dieser literarischen Passagen war. Allerdings ist aufgrund einzelner topographischer Äußerungen und indirekter Hinweise ein Versuch der Lokalisierung möglich.

Das Aachener Karlsepos berichtet, daß der Wildbann unweit der Stadt Aachen gelegen haben soll. Dabei handelte es sich um einen Wald mit einer Lichtung, auf der sich grüne Auen und frische Wiesen fanden.[105] Zudem wurde das Gebiet von einem Bach durchzogen.[106] Der Hinweis auf einen Bach ist ebenfalls bei Ermoldus Nigellus[107] und Walahfrid Strabo[108] zu finden. Walahfrid Strabo erwähnt sogar »murmura rivorum«,[109] was auf mehr als einen Bach hinweist. Dieser besagte Bach kann als Konstante bei der Suche nach dem Wildbann sehr hilfreich sein. Es ist bekannt, daß zum einen der Johannisbach, wie auch die Pau/Ponell und die Wurm durch oder an Aachen vorbei flossen. Alle drei Bäche trafen sich letztlich in dem ehemaligen großen Moorgebiet, das östlich von Aachen lag, und sich dort verbanden.[110] Die von Walahfrid Strabo gebrauchte Bezeichnung »murmura rivorum«[111] könnte auf das Gebiet hindeuten, wo die eben erwähnten Bäche sich treffen. Karl Lindner sieht in dem namenlosen Fluß der drei Dichtungen die Wurm, begründet diese Feststellung jedoch nicht näher.[112] Da die Wurm jedoch der größte von allen genannten Flüssen ist, liegt diese Vermutung nahe.

Einen ähnlichen Hinweis auf eine östliche Lage kann eventuell auch das Karlsepos bieten. Das Epos berichtet, daß der Wildbann von »multis circumsita muris«[113] sei. Der ehemalige Aachener Stadtarchivar Walter Kaemmerer übersetzte nun ›muris‹ mit Moor.[114] Dabei hatte er die ehemaligen Moorgebiete im Blick, die östlich bei Aachen gelegen haben. Ausgehend von dieser Interpretation ließe sich der Wildbann, unter Berücksichtigung der erwähnten Bäche, ebenfalls im Gebiet östlich von Aachen vermuten. Schließlich läßt sich dort mit Hilfe älterer Bodenkarten ein umfangreiches Moorgebiet nachweisen.[115] Dieser Interpretation widerspricht jedoch Dieter Schaller.[116] Er hält die Möglichkeit, ›muris‹ mit ›Moorgrund‹ zu übersetzen, für wenig wahrscheinlich. Schaller versteht ›muris‹ als Hinweis auf die befestigte Mauer, die den Wildbann umgeben haben muß: »Bei der durchweg klassizistischen Lexik des Epos ist ein solches germanisch-vulgärsprachliches Einsprengsel nicht zu erwarten.«[117] Ähnlich übersetzten auch Schützeichel[118], Lindner[119] und davor bereits Bock.[120] Für die Lage des Wildbanns und die These, daß der Wildbann von einer Mauer umgeben war, sprechen ebenfalls zwei spätere Urkunden Heinrich II. (1002–1024) aus dem Anfang des 11. Jahrhunderts. Auf diese Urkunde macht Bock 1839 aufmerksam.[121] In der Schenkungsurkunde Heinrich II. an das Kloster Burtscheid aus dem Jahr 1018 ist sogar von einem Gebiet die Sprache, das volkssprachlich Brühl genannt wird: »… qui vulgo vocantur Bruel, ….«[122] Ein deutlicher Hinweis auf den ehemaligen Wildbann.[123] Bei den Schenkungsurkunden an die Abtei Burtscheid dürfte es sich zumindest um ein Teilgebiet des ehemaligen karolingischen Wildbann gehandelt haben, der zu dieser Zeit wohl nicht mehr existiert

105 MGH SS 2, S. 395, V. 137f.: »Non procul excelsa nemus est et amoena virecta; Lucus ab urbe virens et prata recentia rivis« ■ 106 Ebd. ■ 107 MGH SS 2, S. 500, V. 5878: »At fluvius medium praelambit gurgite lento, …« ■ 108 MG Poet. lat. 2, S. 374, V. 119: »murmura rivorum: ludunt pecudesque feraeque …« ■ 109 MG Poet. lat. 2, S. 374, V. 119. ■ 110 Vgl. Kaemmerer 1965, S. 336f. Kaemmerer hat hier anhand älterer Bodenkarten die Ausdehnung des Aachener Sumpfgebietes dargestellt. Vgl. hierzu auch die Karte bei Kaemmerer. Das Gebiet wurde nach Angaben von Kaemmerer von den Bächen der Pau/Ponell und des Johannesbaches bewässert. ■ 111 MGH Poet. lat. 2, S. 374, V. 119. ■ 112 Lindner 1940, S. 393, vgl. auch Bock, C. P. 1839, S. 74. ■ 113 MGH SS 2, S. 395, V. 139. ■ 114 Vgl. Kaemmerer 1965, S. 336, Anm. 98 und Hauck 1963, S. 39, besonders Anm. 57. ■ 115 S. die Karte bei Kaemmerer 1965, S. 336f. ■ 116 Vgl. Schaller 1977, S. 167–169. Auf S. 169, Anm. 31 ist besonders der Widerspruch Schallers' gegenüber der Theorie von Hauck 1963, S. 39, Anm. 57 zu beachten, wonach Schallers Auffassung des Begriffs »circumsita« (V. 139) aus dem Karlsepos besser auf eine Mauer als auf ein Moor hindeutet. ■ 117 Schaller 1977, S. 169. Bereits Schützeichel 1956/57, S. 123f., Anm. 6 hat diese Interpretation vorgezogen, wonach er die Übersetzung mit ›Moorgrund‹, anstatt mit Mauer als »irregeführt« betrachtet. So wird nämlich im Urkundenbuch für die Geschichte des Niederrheins (Nr. 152, S. 93) bereits für ›Moorgrund‹, anstatt für ›Mauer‹ als Übersetzung plädiert. ■ 118 Schützeichel 1956/57, S. 123f. ■ 119 Lindner 1940, S. 393. ■ 120 Bock, C. P. 1839, S. 62f, 70 (»… so bildet der Park ein weites, von mehreren Mauern und einem Wall umzogenes Gehege in unmittelbarer Nähe des Palastes.«) und 73–75. ■ 121 Bock, C. P. 1839, S. 62f., MGH HD II. Nr. 380, S. 484f. und MGH HD II. Nr. 392, S. 504f. ■ 122 MGH HD II. Nr. 380, S. 484f. ■ 123 vgl. hierzu auch Bock, C. P. 1839, S. 63. ■ 124 vgl. Bock, C. P. 1839, S. 62f, 70, 73–75 und 77f. ■ 125 MGH Poet. lat. 2, S. 374, V. 117f.: »structuris aequanda micant, specularia subter / dant insigne nemus viridique volantia prato« ■ 126 Vgl. Hauck 1963, S. 41f. ■ 127 Vgl. Hoffmann 1965, S. 322f. ■ 128 Vgl. hierzu auch Bock, C. P. 1839, S. 69. ■

haben dürfte, aber dennoch als Gebiet mit ›Bruel‹ weiterhin bezeichnet wurde. Von Interesse sind die in den beiden Heinrichsurkunden beschriebenen Grenzen, die eine mögliche Lage erahnen lassen. Sie umschreiben ein Gebiet, das östlich der Pfalzanlage gelegen haben muß und in dessen Zentrum sich der Fluß Wurm befand. Somit wären die Urkunden Heinrichs II. ein späterer Beleg für die mögliche Lage des ehemaligen karolingischen Tierparks.[124]

Nun gibt es darüber hinaus bei Walahfrid Strabo einen weiteren bemerkenswerten Hinweis. Er berichtet von dem prächtigen Bau, von dessen Fenster sein Blick auf einen prächtigen Hain freigegeben wird.[125] Mit dem Bau dürfte die Aachener Marienkirche gemeint sein, und der Hain ist wahrscheinlich der Wildbann.[126] Für die Lokalisierung des Wildbanns ist nun die Erwähnung der Reiterstatue des Theoderich von Interesse, die im Zentrum des gesamten Gedichtes steht. Diese soll nämlich zwischen der Marienkirche und der Königshalle gestanden haben[127], also auf dem heutigen Katschhof. Da nun aufgrund der Schilderung sowohl das Reiterstandbild wie auch der Tierpark vom Kirchenfenster gesehen werden können, kann geschlossen werden, daß der Tierpark nördlich oder wohl eher nordöstlich gelegen haben muß.[128]

Ausgehend von diesen Überlegungen spricht die Mehrheit der genannten Argumente, die die drei Gedichte und die Urkunden Heinrichs II. bieten für eine tatsächliche Existenz des Wildbanns und für eine mögliche nordöstliche Lage in Sichtweite der Marienkirche. Insbesondere die beiden Schenkungsurkunden Heinrichs II. aus dem 11. Jahrhundert scheinen eine solche Lage des karolingischen Tierparks zu bestätigen.

Fazit Festzuhalten ist, daß bei keinem der Autoren das Gebiet des Tierparks im Zentrum der Darstellung stand. Keinen der Autoren interessierte es wirklich, welche Pflanzenwelt oder Tierarten dort existierten, auch wenn diese zum Teil genannt wurden. Besonders die Darstellung von Walahfrid Strabo mit seiner umfassenden Auflistung der exotischsten Tieren zeigt, daß es nicht nur darum ging, einen realistischen Bericht über den Wildbann wiederzugeben. Die Autoren verfolgten ganz andere Intentionen, die eng mit dem Herrschaftsbild zusammenhingen. Der Wildbann und insbesondere die Darstellung der Jagd wurden als bildliche Darstellung der Macht und des Mutes der jeweiligen Herrscher funktionalisiert. Lediglich Walahfrid Strabo nimmt mit seiner Wildbanndarstellung eine etwas gesonderte Form ein, da er sie nutzt, um Ludwig den Frommen zu ermahnen, daß dieser eine Art »endzeitlichen Frieden« herbeiführen möge.

Aufgrund der Tatsache, daß alle drei Autoren sowohl Zeitzeugen und in Aachen vor Ort waren, kann durchaus davon ausgegangen werden, daß der beschriebene Wildbann weniger eine Erfindung der Autoren war, sondern tatsächlich existiert haben dürfte. Seine Existenz dürfte die Anregung gewesen sein, ihn im jeweiligen literarischen Text zu verwenden. Mit nahezu sicherer Wahrscheinlichkeit dürfte daher dort das Geschenk des Kalifen Harun al-Rashid, der Elefant A'bul Abbas, untergebracht gewesen sein.

Karl der Große und der Islam als Thema der orientalistischen Kunst seit dem 19. Jahrhundert Große geschichtliche Ereignisse gehörten schon immer zu den bevorzugten Bildthemen der Kunst des 19. Jahrhunderts, da sich in ihnen die politischen Systeme der Epochen und Staaten häufig ein Zeugnis ihrer historischen Legitimation auszustellen glaubten. Bei der Darstellung der islamischen Länder, ihrer Herrscher und ihrer Gebräuche ging es allerdings weniger um Ursprungsmythen europäischer Politik als um einen Vergleich der differierenden Erscheinungsbilder, um die staatsgestaltende Überlegenheit der eigenen christlich-abendländischen Kultur herauszustellen. Nicht diffamierende Äußerungen gegenüber einem historisch kaum noch greifbaren Gegner, sondern der hervorgehobene Gegensatz zu einer faszinierenden, aber ungebändigten Fremdkultur konnte die geschichtliche Größe, die zivilisatorische Kraft und internationale Bedeutung der eigenen Hofhaltung noch am besten dokumentieren. Unter diesen Umständen wird verständlich, daß im Orientbild nicht die kulturelle Wegweisung zu Beginn des mittelalterlichen Europa, sondern die überzeitlichen Genrethemen aus der arabischen Welt im Vordergrund der künstlerischen Darstellungen standen.

In der mittelalterlichen und neuzeitlichen Karls-Rezeption dominierten aufgrund des auf europäische Entwicklungen fokussierten Geschichtsbilds lange Zeit seine stark beschönigt präsentierten Unternehmungen im maurischen Spanien. Erst mit dem Aufkommen der illustrierten Geschichtsbücher und ihrem Anspruch auf eine gewisse historische Redlichkeit weitete sich auch der geographische Horizont in Richtung Orient. So ist es auch nicht verwunderlich, daß, abgesehen von einem flandrischen Gobelin des 17. Jahrhunderts, Abbildungen von orientalischen Gesandten erstmals in einem deutschen Geschichtswerk von 1823 auftauchen: in Johann Michael Mettenleiters (1765–1853) Stich ›Die Gesandtschaft Harun-ar-Raschids am Hofe Karls des Großen‹ (1823).[1] Diese Art der Darstellung wurde zum Vorbild für eine Vielzahl von historischen Illustrationswerken: Karl der Große hat sich von seinem Herrscherthron erhoben, während vor ihm auf den Stufen ein orientalischer Diener die Geschenke ausbreitet. Daß es sich hier um einen diplomatischen Staatsakt gegenüber einem Herrscherhaus handelt, wird durch den repräsentativen Rahmen sichtbar: Eine hoheitsvolle Palastarchitektur, zahlreiche Zuschauer und gerüstete Wächter bilden den Rahmen für die seitlich in ehrerbietiger Haltung herantretende Gesandtschaft. Der Holzstich von Moritz von Schwind ›Die Gesandten Harun-ar-Raschids vor Karl dem Großen‹ (1856)[2] zeigt als eine andere Variante Karl majestätisch auf seinem Thron sitzend; zugleich reduziert er die Personen und steigert so die Erscheinung und den differenzierten Ausdruck der ehrerbietig vor Karl niederknienden Gesandten. Ähnliche Anordnungen zeigt ein weiterer Holzstich des 19. Jahrhunderts mit einer maurischen Gesandtschaft.[3]

Im Lauf des 19. Jahrhunderts rückt immer mehr das illustrative, erzählerische Moment, vor allem der Weiße Elefant, in den Mittelpunkt der Darstellung: In der anonymen Lithographie ›Carl der Große empfängt Geschenke von Harun Al Raschid‹ (Mitte 19. Jahrhundert, bei L. Oeser Neusalza) ist der Zug der vor Karls Palast ankommenden Gesandten noch additiv und bühnenhaft hintereinandergestellt[4] – interessanterweise mit einem nirgendwo erwähnten, als Geschenk überbrachten Modell einer Moschee. Bei Alexander Zicks (1845–1907) koloriertem Holzstich ›Karl der Große und die Gesandtschaft Harun-ar-Raschids‹ (um 1882) wird dagegen eine bewegte Gruppenkomposition innerhalb einer Palasthalle wiedergegeben. In der ersten Darstellung ist der Elefant in die eher additiv aufgefaßte Abfolge des heranziehenden Zuges eingereiht, bei Zick bleibt er ein aus dem Hintergrund hervorragendes Bildelement. Gerade bei Zick ist zu bemerken, wie sehr in der bewegten Haltung der Figuren und in den reichen Draperien schon der Einfluß einer orientalistischen Atmosphäre die späteren Geschichtsillustrationen bestimmt hat. Ikonologisch interessant ist die Situation bei Alfred Rethels Karls-

1 Illustration in: Schreiber 1823. ■ 2 Illustration in: Bülau 1856. ■ 3 Abb. in: Orlandi 1968, S. 41. ■ 4 Vgl. Titelabb. des biographischen Romans von Eli Abrahami, Aachen 2003. ■ 5 Vgl. Fusenig 1999, S. 98. ■

fresken für den Krönungsfestsaal, der im Rahmen der mittelalterlichen Rekonstruktion und Erneuerung des Rathauses zu Aachen mit einem historistischen Bildprogramm ausgestattet werden sollte. Rethel, der seit 1839 unter Beratung von Historikern an den mehrfach geänderten Entwürfen arbeitete, legte im Ursprungsprogramm von 1840 u.a. die Konzeption zur ›Schlacht bei Córdoba‹ vor, schuf dann 1845 anläßlich einer Programmerweiterung noch eine weitere Zeichnung: ›Die Reichsversammlung zu Aachen und die Ankunft der Gesandtschaft Harun-ar-Raschids im Jahr 802‹.

Von der letztgenannten, aus lokalpolitischen Gründen eingeforderten Darstellung wurde aber wieder Abstand genommen, während das Grundkonzept des Zyklus, Karl als Retter und Gründer des christlichen Abendlandes darzustellen, nie zur Disposition stand. So oblag es einigen der Fresken auch, die theologischen Leitlinien des 8. Jahrhunderts wie die damaligen Herrschaftssysteme im Mittelmeerraum aus der Sicht des 19. Jahrhunderts zu kommentieren: So wie die religiösen Eiferer im Orient die Götzenstandbilder zerstörten, so stürzte Karl der Große auch die sächsische Kultsäule ›Irminsul‹ um. Der Unterschied im Westen liegt darin, daß hier die heidnischen Kultsäulen (bei Rethel übrigens vom Naturkultobjekt zur antiken Bildsäule stilisiert) nicht durch Ikonen, sondern durch christliche Standbilder ersetzt werden. So wie – nun auf der politischen Ebene – der Sieg über die Langobarden bei Pavia bzw. die päpstliche Kaiserkrönung in Rom die neugewonnene Position Karls gegenüber Byzanz dokumentieren sollte, so mußte die ›Schlacht bei Córdoba‹ (1840–1849/50) dazu dienen, den Widerstand und die Ansprüche Karls gegenüber dem vordringenden Reich der Araber zu manifestieren. Da das gerade zu ungeahnter Blüte aufsteigende Emirat (später Kalifat) von Cordoba selbst nie in direkten kriegerischen Auseinandersetzungen mit Karl gestanden hatte, geschweige denn in einer wilden Schlacht von ihm besiegt worden wäre, erscheint angesichts der neuen Entwicklungen in der Geschichtswissenschaft eine derartige Übernahme der legendären Chroniken des ›Pseudo-Turpin‹ (übermittelt durch Friedrich Schlegels Romanze) als Bildvorlage geradezu anachronistisch und reaktionär. Wenn auch versucht worden ist, solche Tendenzen durch Hinweise auf Rethels »rein künstlerische Vorlieben für Schlachtenszenen« in gnädigem Licht erscheinen zu lassen[5], ist nicht zuletzt durch die Einbeziehung von Kreuz- und Reichsbanner der Rückgriff auf jene Ideologien offensichtlich, welche in Karls eher bescheidenen Maurenfeldzügen ein Vorbild für den späteren Kreuzzugsgedanken sahen.

Der nicht ausgeführte, der Chronik von Moissac folgende Entwurf Rethels zeigte dagegen ein größeres Maß an historischer Einfühlung. Karl thront auf einem Podest in der Aachener Königshalle, durch deren Arkaden die Pfalzkapelle sichtbar wird. Er ist, umgeben von seinen Beratern und Schreibern (mit römischen und sächsischen Gesetzesbüchern), als Staatsmann und Gesetzgeber distanzierend ins Profil gesetzt; der aus der Ferne ankommende Zug der Gesandten nähert sich von der Seite her seinem Thron. Die Rituale der Audienz bleiben jedoch gewahrt, vor dem unbewegten Antlitz des Kaisers bieten die arabischen Gesandten und Isaak (wohl durch seine besondere Kopfbedeckung gekennzeichnet) ehrfürchtig niederkniend ihre Geschenke und Verträge in Schriftrollen dar – und zu diesen dürfte wahrscheinlich auch die Verfügung über die Schutzherrschaft der christlichen Stätten im Heiligen Land gehören. Der Elefant folgt mit seinem Treiber auch hier teilweise verdeckt im Hintergrund der Gruppe; in der Ferne sind Standarten mit arabischen Schriftzeichen zu sehen.

Während in einigen (wesentlich kleinformatigen) Illustrationen das Thema der Ankunft in Aachen ein vielfältiges Interesse gefunden hat, so ist das umgekehrte Thema, die Ankunft der Gesandten in Bagdad, kaum rezipiert worden, wenn hier nicht das monumentale Bild von Julius Köckert ›Harun-ar-Raschid empfängt die Gesandten Karls des Großen‹ (1864) existieren würde. Das einer Serie von Historienbildern für den bayrischen Landtag zugehörige Gemälde folgt, da es zum geschichtlichen Ereignis keinerlei verwertbare Quellen gibt, ganz dem Stil der

Orientalisten-Bilder. Köckert verlegt die Szene in die freie Natur: Harun sitzt ganz rechts im Profil mit langem schwarzen Bart und weißem Gewand auf einem drapierten Podest, vor ihm eine arabische Familie, die sich vor den von links heranstürmenden, waffenschwingenden fränkischen Reitern mit ihren Hunden ängstigt. Die Rolle des Vermittlers bildet der hinter dem Kalifen stehende, ebenso weiß gekleidete Mönch, der mit der Rechten auf die wilde Reiterhorde weist, mit der Linken sich unter das stark hervorgehobene Brustkreuz greift und seinen Blick Harun-ar-Raschid zuwendet. Auffallend bleibt, daß der arabische Herrscher ohne besondere Machtinsignien dargestellt ist und nur durch seine markante Erscheinung dominiert, während Kreuz, Flügelhelm und Streitaxt als Attribute der Franken ausgewiesen werden. Die Figur des Kalifen hat motivisch wohl spiegelverkehrt Anregungen aus dem Bild ›Der Tod des Sardanapal‹ von Eugène Delacroix von 1827/28 übernommen.

Daß die Legenden und Geschichtsereignisse um Karl den Großen für die deutschen Orientalisten – genannt seien hier nur Carl Haag, Gustav Bauernfeind, Wilhelm Gentz, Ludwig Deutsch oder Leopold Carl Müller kein künstlerisches Thema waren, mag am Interesse der bürgerlichen Auftraggeber an vorwiegend genrehaften Ausstattungsstücken gelegen haben. Außerdem galt hier das politische Interesse mehr der Darstellung von Ereignissen aus der engeren deutsch-nationalen Geschichte. So war für das Thema des Orients auch eine Darstellung wie Wilhelm Gentz' ›Einzug des preußischen Kronprinzen in Jerusalem‹ 1869 (Nationalgalerie Berlin) von größerer Bedeutung, da sich hier ein partieller Anspruch des preußischen Herrscherhauses (und der evangelischen Kirche) auf die Ursprungsstätte des Christentums manifestieren sollte. Ikonographisch interessant ist dabei die Tatsache, daß sich Gentz hier tradierten Darstellungstypen des einziehenden Herrschers bedient: Neben den in der älteren Literatur bereits aufgeführten Verweisen auf den Einzug des Messias in Jerusalem müssen hier aber auch profane Vorbilder genannt werden – z.B. Karls des Großen Einzug in Pavia in den Aachener Karlsfresken oder die Historienbilder vom Einzug Ottos von Bayern in Griechenland (Peter von Heß).

Wie auch im Bereich der Stadtveduten zu sehen ist, gewannen Ansichten und illustrierte Geschichten aus Palästina eine immer größere Bedeutung.[6] Speziell Jerusalem als die ferne, unbekannte und noch in ihrer ursprünglichen Rolle gesehene Geburtsstadt des Christentums erlangte gegenüber den in politischen Bildprogrammen festgeschriebenen Geschichtsdarstellungen von Rom eine eigenständige Faszination in der Historienmalerei. Dies betraf aber nicht nur die christlichen Denkmäler und Heiligtümer, sondern auch Darstellungen z.B. der Klagemauer (Gustav Bauernfeind, 1890) oder des Felsendomes (Carl Haag, 1891).

Im Rahmen des Historismus begegnet uns die Geschichte Karls der Großen auch in Jerusalem: In einer Partie des Deckengemäldes von St. Madeleine in Paris, wo Jules-Claude Ziegler 1837 eine grandiose Apotheose des christlichen Abendlandes anfertigte, erhält der Frankenkaiser von einem Abgesandten Harun-ar-Raschids die Schlüssel von Jerusalem. Als Boten des Kalifen benennt hier die Ortstradition den legendären Giaffar, der im Sagenkreis um Harun-ar-Raschid als Wesir in Bagdad, aber auch als Erfinder einer bewunderten, später zu Karl dem Großen übersandten Orgel auftaucht. Die rein symbolische Geste der Schlüsselübergabe, die historisch ohne größeres politisches Gewicht blieb, rief ideologisch etwas anderes in Erinnerung: die Verantwortung und Verpflichtung des fränkischen Herrschers als Schutzherr der Christenheit. An diese scheinbare Kontinuität ließen sich später die Legitimationen der Kreuzzüge anschließen oder ließen die

6 Z.B. bei J. L. Cassas, Rev. C. Willyams, Charles F. M. Texier, David Roberts oder Caspar Scheuren. ■ 7 Version als Großreproduktion im Museo Vivo de Al-Andalus, Torre de Calahorra in Cordoba (Original im Besitz der Universität Barcelona). ■ 8 Version bei Hattstein 2000, S. 231. ■ 9 Abb. auch in: Gröning/Saller 1998 (vgl. Setton 1962). ■ 10 Album mit Texten in der Bibliothek der RWTH Aachen; vgl. Rappmann 2000. ■ 11 Abgedruckt u.a. in: Festschrift 1996 (Illustrationen Penny Williams). ■ 12 Vgl. Delassus 2002 – u.a. mit einem langen fiktiven Zwiegespräch zwischen Karl und Isaak. ■ 13 Zur weiteren Vertiefung, vgl. Fusenig 1999, Hattstein/Delius 2000, Gröning/Saller 1998, Rappmann 2000, Orlandi 1968. ■

Julius Köckert, Harun-al-Raschid empfängt die Gesandten Karls des Großen, Ölgemälde, 1864 (Maximilianeum München)

mittelalterlichen Legenden von Karl als erstem Kreuzfahrer entstehen. Bemerkenswert ist die Tatsache, daß die Rolle des Islam in Spanien bzw. sein kultureller Einfluß auf Mitteleuropa im 19. Jahrhundert kaum künstlerisches Interesse gefunden hat; als markantes Beispiel bleibt lediglich das Monumentalbild des Katalanen Dionis Baixeras (1862–1943) zu erwähnen, das allerdings schon die Epoche von Abd-Ar-Rahman III. behandelt: Als dargestelltes Motiv werden zwei Versionen genannt – einerseits soll der Kalif im Palast von Medina Al-Zahara von einem griechischen Mönch überbrachte botanische Bücher als Geschenk des byzantinischen Kaisers erhalten,[7] zum anderen soll er dort Abt Johannes von Gorze, den Abgesandten des deutschen Königs Ottos I., empfangen.[8]

In der Kunst des 20. Jahrhunderts schwindet mit der zunehmenden Distanz zum Realitätsgehalt der Bilder das Interesse an historisierenden Geschichtsdarstellungen. Ein später, schon stark vom Historienbild Hollywood'scher Monumentalfilme geprägter Mittelalter-Bilderzyklus erschien noch 1962 in der Zeitschrift ›National Geographic‹ – hier ist unter dem Thema der Gesandten am Hofe Karls ein ganzes Panorama der Klischees vom blonden Frankenkaiser über verschlagene Orientalen, halbnackte schwarzafrikanische Diener, basarhafte Präsentation der Geschenke bis hin zum riesigen Elefanten Abul Abas aufgebaut.[9]

Unabhängig von den allgemeinen kunstgeschichtlichen Entwicklungen brach aber im folkloristischen und im lokalspezifischen Bereich das Interesse am Thema nie ab: So veranstaltete z.B. zum 1100jährigen Todestag Karls des Großen der Aachener Kunstmaler Hermann Krahforst vom 1.–8. Februar 1914 im Kurhaus eine Ausstellung mit acht »Lebenden Bildern«. Die vierte Szene stellte unter dem Titel ›Maurische Gesandtschaft‹ den Empfang der orientalischen Gesandten vor Karl dem Großen nach. Die Anordnung der Personen vor architektonischer Kulisse scheint Moritz von Schwind zu folgen, wird allerdings um zahlreiche Statisten ergänzt. An der Darstellung des Gewands ist auch deutlich die Person Isaaks zu erkennen. Die den Bildern zugeordneten Balladen von Will Hermanns rühmen in vorliegender Szene »Karl als Diplomat«, welcher die Mauren durch Eingreifen in deren innere Zwistigkeiten schließlich gänzlich zu verdrängen glaubte: »Abassiden im Christenzug/Gegen die Ommijaden!/Wenn der Maure den Mauren schlug/Erntet der zaudernde Franke klug/Nutzen aus ihrem Schaden.«[10]

Als lokalspezifisches Dokument der Karlsverehrung um die Jahrhundertwende ist wohl auch ein Motiv aus einer Serie von historischen Tischkarten der Aachener Mineralwasserfirma Kaiserbrunnen zu verstehen, welches ebenso die Ankunft der arabischen Gesandtschaft in Aachen zeigt. Von den verschiedenen illustrierten (Kinder-)Büchern über die orientalische Gesandtschaft und den Weißen Elefanten seien hier nur das Buch von Hannelore Kühl/Brigitte Erm, ›Abul Abas: Die Geschichte des weißen Elefanten am Hofe Karls des Großen‹ (Aachen 1985) und die Erzählung von Jon Mandeville, ›Ein Elefant für Karl den Großen vom Hofe Harun-ar-Raschids‹[11] erwähnt. Daß die Geschichte um Karl, Isaak und die Gesandtschaft des Kalifen auch in der Musik (C. M. von Webers Oper ›Oberon‹ von 1826 nach Wielands Epos von 1780), in der Volkspoesie (Aachener Puppenspiel von Peter Mennicken) bzw. im historischen Dokumentarfilm[12] Eingang gefunden hat, vermag die breite Rezeption des Kernthemas der Ausstellung nur zu untermauern.[13]

Jules Claude Ziegler,
Karl der Große erhält
von einem Gesandten
Harun-al-Raschids

Der Anfang des christlichen Antijudaismus Vor zehn Jahren veranstalteten Christen und Juden in einer deutschen Stadt eine Konferenz über die Folgen des Holocaust. Zur Eröffnung sagte ein evangelischer Bischof: »Es sind hier alle gleich willkommen; wir sind alle miteinander verbunden, denn Christus ist für alle Menschen gestorben.« Darauf bezog sich ein israelischer Historiker zu Beginn seines Vortrags: »Für mich ist Christus nicht gestorben. Ich kenne ihn nicht; er kannte mich nicht. Wie sollte er für mich sterben?« Der Bischof wollte eine Atmosphäre schaffen, die geeignet wäre, die Fremdheit zwischen den Völkern und Religionen zu überbrücken. Er berief sich dazu auf die Begründung des christlichen Glaubens: »Siehe, das ist Gottes Lamm, das hinwegnimmt die Sünde der Welt« (Ev. Joh. 1, 29). Die Sünden der ganzen Menschheit sind durch den Tod Christi gesühnt. Fortan muß keine Schuld mehr die Menschen einander entfremden. Die Botschaft der Vergebung schließt alle Menschen ein. Aber der israelische Historiker begegnete dieser Suggestion mit Befremden und sah sich nicht eingeschlossen. Die jüdische Religion erkennt die Begründung des christlichen Glaubens nicht an; sie sieht sich von dem christlichen Blick, der alle Menschen einen soll, nicht einbegriffen. Wenn das Christentum universal gelten würde, so wäre das jüdische Volk aus der Menschheit ausgeschlossen.

Daß Christus für die Sünden der Menschen gestorben sei, ist einer der ersten Grundsätze des christlichen Glaubens: Paulus zitiert in seinem ersten Brief an die Korinther die älteste Tradition der Kirche: »Denn vor allem habe ich euch überliefert, was auch ich empfangen habe: Christus ist für unsere Sünden gestorben, gemäß der Schrift, und ist begraben worden. Er ist am dritten Tage auferweckt worden, gemäß der Schrift, und erschien dem Kephas (d. i. Petrus), dann den Zwölfen.« (1. Kor. 15, 3–5) Sein Tod wird danach grundsätzlich als Opfertod gedeutet – nach dem Vorbild eines Hymnus aus dem Jesaja-Buch, der den Tod eines Propheten als Opfer versteht: »Der Herr lud auf ihn die Schuld von uns allen. Er wurde mißhandelt und niedergedrückt, aber er tat seinen Mund nicht auf. Wie ein Lamm, das man zum Schlachten führt, und wie ein Schaf angesichts seiner Scherer, so tat auch er seinen Mund nicht auf. Durch Haft und Gericht wurde er dahingerafft, doch wen kümmerte sein Geschick?« (Jes. 53, 6 – 8)[1] Der Prophet war an der allgemeinen Ungerechtigkeit nicht beteiligt. Er war davon frei. Allein durch seine Distanz von ihr machte er das Volk auf die allgemeine Schuld aufmerksam. Damit erregte er dessen Unwillen, und es verwechselte Aufdeckung und Ursache der Schuld. Es machte ihn zum Sündenbock, und er wurde hingerichtet. Doch wer war es, der ihn hinrichtete? Wenn ein Jude die christliche Urbotschaft hört, wird er unwiderstehlich an eine andere Aussage des Paulus erinnert: »Die Juden haben sowohl den Herrn Jesus als auch die Propheten hingerichtet und uns verfolgt; sie mißfallen Gott und sind Feinde aller Menschen. Sie hindern uns daran, zu den Heiden zu sprechen, damit sie gerettet werden. Dadurch machen sie unablässig das Maß ihrer Sünden voll. Aber der Zorn hat sie schon vollkommen ereilt.« (1. Thess. 2, 15–16) Die Schuld am Tod Jesu trifft demnach nicht die jüdischen und römischen Behörden, sondern die Juden allgemein, sie als solche. Diese Verallgemeinerung ist der Ursprung des christlichen Antijudaismus. Von der Gesinnung, die Jesus ans Kreuz brachte, könnte ein Jude sich demnach nicht distanzieren. Die Kreuzigung brachte zwar die Möglichkeit des Heils für alle Völker hervor, doch den Juden brachte sie den vollkommenen Zorn. Gott ist gegenüber dem jüdischen Volk ganz zum Zorn entschieden; an seiner Entscheidung kann nicht gerüttelt werden. Die Schuld, den Sohn Gottes getötet zu haben, ist unsäglich. Sie kann nicht gesühnt werden, wenn auch ihr Resultat

1 Vgl. Apostelgeschichte 8, 26–40. ■ 2 Die betroffene Verbform ist das Kausativ von hebr. ›pg‹ – schlagen. ■ 3 So die genaueste Übersetzung des hebräischen Wortes ›avon‹. ■ 4 Nach den Passionsberichten bei Markus und Matthäus wurde Jesus ausschließlich wegen Gotteslästerung zum Tode verurteilt. ■ 5 Ebenso deutlich im ›Brief an die Hebräer‹, der, von einem ebenfalls unbekannten Autor, in derselben Zeit (zwischen 90 und 100 n.Chr.) verfaßt wurde. Im 9. Kapitel dieses Briefes wird der Tod Jesu in den Himmel versetzt; Christus, der Hohe Priester des himmlischen Tempels, habe sich selbst dort Gott zum Opfer gebracht und damit die irdischen Opfer ein- für allemal überboten und außer Kraft gesetzt. ■

der ganzen Menschheit Sühne bringt. So hat das jüdische Volk sich aus der Menschheit ausgeschlossen.

Die Juden haben den Herrn hingerichtet – aber es war Gottes Wille, daß er geopfert würde zur Sühne der Welt. Gott hat sich seiner Feinde als eines Werkzeugs bedient. Diese Auffassung wird im Johannes-Evangelium am deutlichsten ausgesprochen: »Ihr wißt nichts«, sagt Kaiphas, der Hohe Priester, zu seinen Kollegen im Hohen Rat (der obersten jüdischen Behörde, in der die kultischen, juristischen und politischen Funktionen vereinigt waren), »und bedenkt nicht, daß es euch nützt, wenn ein Mensch für das Volk stirbt und nicht das ganze Volk zugrunde geht« (Joh. 11, 50). Kaiphas will die dem Staat gefährliche Bewegung um Jesus auslöschen, indem er ihren Rädelsführer zu Tode bringt. Sein Gedanke ist, daß ein Mensch für das Volk sterben soll – dieser Gedanke ist derselbe wie der Gedanke Gottes. »Das sagte er nicht aus sich selbst«, fährt das Evangelium fort, »sondern er redete prophetisch, weil er in jenem Jahr der Hohe Priester war – daß Jesus für das Volk sterben werde.« (Joh. 11, 51) Der prophetische Sinn seiner Rede ist dem Kaiphas nicht bewußt; zwischen der priesterlichen Staatsraison und dem Willen Gottes klafft ein Abgrund. Die Staatsführung sieht in Jesus den Sündenbock: Ist er vernichtet, so vergeht mit ihm die Gesinnung, die das Gemeinwesen bedroht. Gott aber sieht in Jesus das unschuldige Opfer, dessen Tod dem Volk und aller Welt Sühne bringen wird. Der Hohe Priester redet vom Volk zunächst als ›laós‹; das griechische Wort übersetzt das hebräische ›am‹, mit dem nur das jüdische Volk bezeichnet wird. Danach springt er freilich zum Wortgebrauch des Evangelisten, der, wenn er den Gedanken Gottes wiedergibt, vom Volk als ›éthnos‹ redet. Mit diesem Wort übersetzt das griechische Alte Testament das hebräische ›goj‹, mit dem jedes Volk außer dem jüdischen bezeichnet wird. Gott will das jüdische Volk nicht qua jüdisches retten, sondern als Volk überhaupt – alle Völker. Der Sprung in der Rede des Hohen Priesters zeigt an, daß ihm die prophetische Bedeutung seiner Rede nicht bewußt ist.

II Doch haben nicht Jesus und seine Anhänger versucht, die vornehmen Juden von seiner Unschuld zu überzeugen? Gewiß, und ihre Versuche blieben auch nicht ohne Erfolg. »Dennoch kamen sogar von den führenden Männern viele zum Glauben an ihn«, berichtet das Johannes-Evangelium; »aber wegen der Pharisäer bekannten sie es nicht offen, um nicht aus der Synagoge ausgeschlossen zu werden« (Joh. 12, 42). Diese Versuche konnten jedenfalls die Verurteilung und Hinrichtung Jesu nicht verhindern. Und folgerichtig fügt der christliche Gedanke hinzu: Sie durften sie auch nicht verhindern, denn der Tod Jesu war Gottes Wille. Wäre es Jesus und seinen Anhängern gelungen, die Juden von seiner Unschuld zu überzeugen, so wären diese an der Ausführung des Willens Gottes gehindert worden. Was aber Jesus und seinen Jüngern verwehrt war, um wie viel mehr sollte es nicht den Erben ihrer Botschaft verwehrt sein, der Kirche? Wenn fortan ihre Bemühung scheitert, die Juden von der heilbringenden Macht des Todes Jesu zu überzeugen, so hat sie demnach diesen Mißerfolg nicht nur als unerklärliches Schicksal hinzunehmen, sondern muß darin ein Gericht erkennen: Sie darf den Versuch gar nicht unternehmen. Handelt sie diesem Gebot zuwider, so kann sie wissen, warum solches Handeln scheitern muß – es verstößt gegen den Willen Gottes. Folglich wäre die Kirche darauf festgelegt, das Judentum als die böse Kehrseite des Heils anzusehen. Die Juden sind sozusagen negativ geheiligt; sie tragen das Kainszeichen des Gottesmordes an der Stirn. Es ist kein anderes als das Kreuz – das Zeichen des Heils; darum kann sich in den Christen nicht die Absicht regen, es auszulöschen. Diese Absicht wäre ein Abfall vom christlichen Glauben. Und wenn ein Jude zum Christen werden will, so muß seine jüdische Identität zuvor ganz ausgelöscht werden – durch die Funktion, die Paulus der Taufe zuerkannte: »Wir wurden mit Christus begraben durch die Taufe auf den Tod; und wie Christus durch die Herrlichkeit des Vaters von den Toten auferweckt wurde, so sollen auch wir als neue Menschen leben« (Röm. 6, 4).

III Aber dies Ergebnis scheint unerträglich. Man kann die Konsequenz nicht hinnehmen, daß man sich um des Heils willen irgend jemandem gegenüber des Versuchs enthalten müsse, ihn von der Wahrheit zu überzeugen. Jemandem die Wahrheit vorzuenthalten, bedeutet moralisch nichts anderes als Lüge. Soll der Besitz des Heils an Lüge gebunden sein? Sollen Heil und Wahrheit einander ausschließen? Das kann nicht sein, wenn anders das Heil selbst nichts anderes ist als die Wahrheit, so wie der Prolog des Johannes-Evangeliums sie proklamiert: »Und das Wort ward Fleisch und wohnte unter uns, und wir sahen seine Herrlichkeit, eine Herrlichkeit als des eingeborenen Sohnes vom Vater, voller Gnade und Wahrheit.« (Joh. 1, 14) Wir treffen hier auf den schuldhaften und darum pathologischen Kern des christlichen Antijudaismus, der ihn von den anderen Arten der Judenfeindschaft unterscheidet. Er zwingt uns zu der Frage, auf welche Weise die Anhänger Jesu nach seinem Tod zu der Überzeugung kamen, mit ihm sei der Messias, der Sohn Gottes, nach dem Willen Gottes als Opfer gestorben. Sie deuteten, wie erwähnt, sein Schicksal nach dem Vorbild des Hymnus aus dem Buch des Jesaja, in dem dargestellt wird, wie ein Prophet unschuldig für alle gestorben sei, um ihre Schuld zu sühnen. Darin heißt es nach der Übersetzung Luthers (Jes. 53, 6): »Der Herr warf unser aller Sünde auf ihn.« Diese Übersetzung folgt dem griechischen und lateinischen Alten Testament (der ›Septuaginta‹ und der ›Vulgata‹), aber nicht dem hebräischen Text. Der wäre genauer wie folgt zu übersetzen: »Der Herr ließ geschehen, daß unser aller Schuld auf ihn schlug.« Oder, einfacher: »Der Herr ließ die Schuld von uns allen auf ihn schlagen.«[2] Diese Übersetzung ermöglicht ein genaueres Verständnis der Art, wie hier vom Willen Gottes gesprochen wird: Der Herr ließ das blinde, reaktive Wesen der Projektion geschehen. Es konnte dazu kommen, daß »wir« unsere Schuld auf den Propheten projizierten, der sie durch seinen Abstand von ihr als solche kenntlich machte. Das heißt aber nicht, daß Gott sich mit dieser Projektion identifiziert, daß er sie zu seiner Sache gemacht hätte. Er ließ sie geschehen, wie er eben das Falsche, das Ungerechte geschehen läßt.

»**U**nsere« Verkehrtheit[3] schlug auf den leidenden Propheten ein: In dieser Formulierung drückt sich sowohl der aggressive Zug der Projektion als auch ihr subjektloser Charakter aus. Auf ihn wurde geschlagen; doch nicht wir schlugen ihn, sondern unsere Schuld. »Unsere« Verkehrtheit befiel ihn und blieb an ihm hängen, ohne daß wir dessen Herr gewesen wären. »Wir« waren dieses Ereignisses nicht mächtig, es war uns unbewußt. Es kennzeichnet allgemein »unsere« Schuld, und daß wir ihrer nicht mächtig sind. »Das Ich ist nicht Herr im eigenen Haus« (Freud). Die Projektion ist nicht damit verträglich, daß »wir« Bundespartner Gottes sein sollen (der ›Bund‹ ist der wichtigste Begriff in der Theologie der hebräischen Bibel – die Annahme eines vertragsähnlichen Verhältnisses zwischen Gott und seinem Volk). Die Projektion verwirrt und verdunkelt die Verhältnisse des Bundes und der Verantwortung (das zeigt sich besonders daran, daß man zwischen der Aggression, mit der das Bild vom Sündenbock erzeugt wird, und der anderen, die auf das Bild reagiert und durch das Bild legitimiert wird, nicht unterscheiden kann) – und: wenn »wir« vom Bund abfallen, so erscheint und handelt auch Gott außerhalb des Bundes. Dann müssen durch Erneuerung des Bundes »unsere« und die Verantwortung Gottes wiederhergestellt werden. Es wäre also eine Zuspitzung der Verkehrtheit, wenn man Gott die Verantwortung für die Projektion zusprechen wollte. Es ist im Gegenteil »unsere« Verantwortung, den gestörten Bund zu erneuern. Dabei kommt uns die Erinnerung an die Unschuld des leidenden Propheten zu Hilfe. Diese Erinnerung vergeht nicht, wenn er gestorben ist, sondern wird durch seinen Tod verstärkt. Sie kann gegenüber Angst und Aggression, die durch seinen Tod hervorgerufen wurden, als Bild einer neuen Verbindung mit Gott erscheinen. Sie zeigt, daß auch in der Zeit der Verwirrung und Angst der Bund mit Gott möglich blieb. Gott war nicht verschlungen in die Verwirrung und Angst. Darum müssen und dürfen wir ihn nicht damit identifizieren, sondern davon unterscheiden.

Aus dem Schicksal des leidenden Propheten kann ohne die Einsicht des Ungerechten daran kein Heil entstehen. Nichts anderes als diese Einsicht ist die Sache des Hymnus. Er spricht die Schuld derer aus, die den Propheten ins Unglück brachten und zu Unrecht Gott für den Urheber seiner Leiden hielten. »Fürwahr, er trug unsere Krankheit und lud auf sich unsere Schmerzen. Wir aber hielten ihn für den, der geplagt und von Gott geschlagen und gemartert wäre.« (Jes. 53, 4) Es handelt sich um eine fälschlich im Namen Gottes betriebene Schuld-Projektion. Die Anhänger Jesu haben seinen Tod im Sinne dieses Hymnus verstanden; sie haben seine Ursache in der Projektion von Schuld auf ihn als ›Sündenbock‹ erkannt. Daraus erwächst ihnen die Aufgabe, alle, die an der Projektion beteiligt sind, davon zu überzeugen, daß in Wirklichkeit in ihr die Schuld lag. Diese Aufgabe kann glaubwürdig jedoch nur erfüllt werden, wenn die, die sie in Angriff nehmen, einsehen, daß auch sie an der schuldhaften Projektion beteiligt sind.

IV Doch worin hätte die Mitschuld der Anhänger Jesu an seinem Tod gelegen? Auch sie, nicht nur die politisch Verantwortlichen, müßten ihn falsch verstanden haben; auch an ihrer Auffassung von Jesus müßte schuldhafte Projektion beteiligt gewesen sein. Sie hielten ihn für den Messias, während die Oberen in seinem Messias-Anspruch die Todesschuld erkannten. Waren im Streit um die Messianität Jesu beide Parteien in schuldhafter Projektion befangen? Die Jünger hofften auf ihn als einen anderen König David, den Gott zu seinem Sohn erklärt und damit beauftragt hätte, durch die Aufrichtung eines neuen Reiches die Gerechtigkeit für Israel wiederherzustellen. Doch die Oberen meinten, in der Art, wie sich diese Hoffnung mit Jesus verband, nichts als Lästerung sehen zu dürfen. Er war mit nichts gerüstet, den zur Errichtung eines solchen Reiches notwendigen Kampf gegen die Römer zu bestehen. Sein Anspruch wurde, als er mit einer formlosen Masse von Anhängern nach Jerusalem kam, zu einer Gefahr für die öffentliche Sicherheit – und spätestens als er den Römern in die Hände fiel, war er widerlegt: Der Messias hätte nicht unterliegen können; die Macht Gottes wäre mit ihm gewesen. Darum war ihr Urteil gegen ihn nur ein Echo seiner Niederlage. Und als er festgenommen wurde, flohen seine Jünger, nicht nur aus Angst, sondern mehr noch, weil sie von ihm enttäuscht waren. Ihre Verbindung mit ihm schien jedes Recht verloren zu haben. Er hatte verloren, also war er nicht der Messias. Was die Anhänger Jesu und die politisch Verantwortlichen zu Gegnern machte, einte sie zugleich: das Idealbild des Messias, das kollektive Ich-Ideal des jüdischen Volkes. Beide Parteien maßen Jesus daran und gaben ihn verloren, als entschieden war, daß er ihm nicht entsprach.

V Diese Enttäuschung wird im 8. Kapitel des Markus-Evangeliums deutlich genug reflektiert. Jesus, vor dem Zug nach Jerusalem mit seinen Jüngern außer Landes in die Gegend von Cäsarea Philippi gereist, eröffnet mit ihnen eine Diskussion über seine Bedeutung: »Wofür halten mich die Leute?« »Einige für Johannes den Täufer, andere für Elia, wieder andere für einen von den Propheten.« »Und wofür haltet ihr mich?« Petrus antwortete: »Du bist der Christus.« Und er verbot ihnen, mit irgendjemandem über ihn zu sprechen. (Warum das Verbot?) »Und er begann, sie zu lehren, der Sohn des Menschen müsse viel leiden, verurteilt werden von den Ältesten, Hohen Priestern und Schriftgelehrten (den politisch Verantwortlichen), hingerichtet werden und nach drei Tagen auferstehen. Und er sprach offen darüber. Und Petrus nahm ihn an und wollte es ihm verbieten. Und er drehte sich um, sah seine Jünger an und verbot das dem Petrus: »Weiche hinter mich, du Satan (d.h. »Ankläger«), denn du denkst nicht auf Gottes Art, sondern nur nach der Weise der Menschen.« (Mark. 8, 27 – 33) Die Jünger sollen ihre Überzeugung, er sei der Messias, nicht verbreiten. Demgegenüber spricht er unbefangen von sich selbst als dem leidenden Menschensohn, der verurteilt, hingerichtet werden und auferstehen würde. Damit erregt er den Grimm des Petrus, der ihm solches Reden verbietet. Den Grimm weist er denkbar scharf – als satanisch – zurück; Petrus habe nicht die Sache Gottes im Sinn, sondern sehe Jesus nur auf menschliche Art.

Wer Jesus für den Messias hält, sieht ihn menschlich; er gebraucht ihn im Sinne seiner Größen-Phantasie. Die soll nicht gelten und nicht verbreitet werden. Wer hingegen Jesus mit den Augen Gottes sieht, wird in seinem Leiden und Sterben den Lebens-Sinn (»Auferstehung«) erkennen. Dagegen empört sich Petrus; er verteidigt seine Größen-Phantasie. Sie macht ihn blind gegenüber dem Lebenssinn des Todes Jesu. Doch worin besteht dieser Lebenssinn? Er wird durch den Begriff des ›Menschensohnes‹ angezeigt. In dieser zentralen Gestalt der jüdischen Apokalyptik sollen die Intentionen der Propheten ganz zusammengefaßt sein. Nach dem Buch des Propheten Daniel (entstanden um 165 v.Chr.) wird, wenn die Reiche der Welt gestürzt sind, »mit den Wolken des Himmels einer kommen, der aussieht wie ein Mensch« [und vor Gott treten; und] »ihm werden Herrschaft, Würde und Königtum gegeben. Alle Völker, Nationen und Sprachen werden ihm dienen. Seine Herrschaft ist eine ewige, unvergängliche Herrschaft« (Dan. 7, 13–14).

Die Apokalyptik redet von einem neuen Weltzustand, in dem die Prinzipien staatlicher Herrschaft nicht mehr gelten. An ihre Stelle tritt ein menschlicher Geist, der, »in den Wolken des Himmels kommend«, dessen kosmische Autorität universal in Anspruch nimmt. Und das Markus-Evangelium deutet das Schicksal Jesu, auch sein Leiden, im Sinne dieses Geistes. Die Jünger sollen Jesus nicht Christus nennen; sein Schicksal wird als das des ›Menschensohns‹ verständlich. Dieser Begriff ist in der Lage, auch die prophetische Deutung seines Leidens, die vom Hymnus in ›Jesaja 53‹ ausgeht, zu integrieren. Es ist nichts anderes, als der Konflikt zwischen der Staatsgewalt und dem neuen, menschlichen Geist, der sich über die Welt verbreiten wird. Jesus wurde hingerichtet, weil er diesen Geist verkörperte und frei war von den Prinzipien staatlicher Herrschaft. Der Staat konnte nur Hybris, Lästerung[4] in dieser Freiheit sehen und befand ihn darum für des Todes schuldig. Der Hohe Rat sah in Jesus nur den, der »Christus« (Messias) sei, d.h. die alte Staatsgewalt für sich in Anspruch nehmen wollte. Doch dieser Christus hatte verloren. Blieb er angesichts seiner Niederlage gleichwohl bei seinem Anspruch, so war es nichts als Hohn – Hohn auf den Staat und auf den Gott, der ihn legitimierte. Der Hohe Rat sah nicht den »Menschensohn« – die Möglichkeit eines Lebens, das frei wäre von den Prinzipien der Staatsgewalt. Indem der Hohe Rat den von Jesus im Augenblick seiner Niederlage festgehaltenen Anspruch nur als Hohn (als »Lästerung«) deutete, verweigerte er dessen Deutung als Freiheit – aus Angst. Er hätte sich aber vor der Freiheit Jesu nicht gefürchtet, wenn er sie nicht unbestimmt, vorbewußt dennoch verstanden hätte. Indessen war er nicht in der Lage, sich seine Angst – und mit ihr das Verständnis der Freiheit Jesu – einzugestehen. Er schirmte sich davon ab, indem er seinen eigenen Machtwillen in Jesus hinein projizierte: »Er will – lächerlich – der Christus, der andere König David sein!« Die Entscheidung des Hohen Rates war von einem Ver-

6 Die Kirche wurde an dem Schnitt zwischen der prophetischen (geschichtlichen) und der kultisch-mythischen Deutung des Schicksals Jesu, den, wie ich zu zeigen versucht habe, das Bedürfnis nach einer geschlossenen Gruppen-Identität nahelegte, aus inneren Gründen gehindert. Wenn Jesus – als Sohn Gottes – unsterblich war, wie konnte er dann sterben? Indem er sich selbst Gott zum Opfer gab, antwortet die Kirche. Doch warum forderte Gott sein Opfer? Wenn in ihm ein unendlicher Reichtum an Gnade und Erbarmen war, konnte er dann nicht auch ohne dieses Opfer die Sünden der Menschen vergeben? Es zeigt sich, daß der Mythos vom Gottessohn rein aus der ihm immanenten Struktur nicht plausibel gemacht werden kann, sondern nur als Interpretation eines geschichtlichen Ereignisses – des Todes Jesu. Diese Rücksicht erzwang den Rekurs auf dessen prophetische Deutung (nach Jes. 53). Freilich entstand auf diese Weise eine folgenschwere Zweideutigkeit in der Christologie: War sein Tod die »Strafe« für eine besondere Treue zum Leben – die zum Bund –, oder steuerte er selbst von vornherein auf seinen Tod als Opfer hin, um dadurch die »Reinheit« des Lebens wiederherzustellen? Die Christologie hält diese Zweideutigkeit in der Schwebe. So kann sich der prophetische Begriff der Gerechtigkeit in den kultischen der Reinheit transformieren, und sein historisch-politisches Moment wird an den Rand gedrängt. Das Vorbild Jesu ermutigt zum Leiden, aber nicht mehr zum Widerstand. Und der für Jesus charakteristische Zusammenhang zwischen Ergebung in Gott und Treue zu sich selbst wird verdunkelt. Er kann nicht in Vergessenheit geraten, und muß doch beständig kultisch umgedeutet werden. Der Versuch einer Verständigung mit dem Judentum müßte diesen Zwang aufgeben. ■

ständnis Jesu bestimmt, das sich aus Angst in ein Mißverständnis verkehrt hatte. »Die Römer haben ihn gefangen, und er will immer noch der Christus, der König sein? Sinnlos, lächerlich, ein Verstoß gegen den Realitätssinn und gegen Gott!«

VI Und nun mußte die entstehende Kirche sich fragen, wie sie gegenüber diesem Selbst-Mißverständnis des Hohen Rates den apokalyptischen Geist Jesu als des »Menschensohns« zur Geltung bringen sollte. Von der Antwort auf diese Frage würde fortan ihre Stellung zu den jüdischen Autoritäten – und somit ihre Stellung im jüdischen Volk – abhängig sein. Sollte sie sich auf den prophetischen Charakter der Lehre Jesu konzentrieren? Dann würde sie den Konflikt zwischen ihm und dem Staat samt der ambivalenten, schuldhaften Verwicklung der Jünger offenlegen müssen. Diese Entscheidung wird vom Markus-Evangelium repräsentiert; ihr folgen das Matthäus- und das Lukas-Evangelium. Oder sollte sie das Leben und den Tod Jesu kultisch deuten – als Opferprozeß? Diese Entscheidung wird vom Johannes-Evangelium repräsentiert.[5] Auch die Reflexionen des Paulus (deren Zeugnisse, seine Briefe, etwa 30 Jahre älter sind als die ersten drei Evangelien) stellen sich auf diese Seite. Danach wurde Jesus, der Sohn Gottes, vom Himmel in diese Welt herabgesandt um durch sein unschuldiges Opfer die Sünden der Welt aufzuheben. Der »Glaube« daran begründet die neue Kultgemeinschaft und trennt ihre Mitglieder unwiderruflich von ihren früheren ethnischen und religiösen Identitäten, namentlich der jüdischen. Die historische Erinnerung an Jesus wird in den Mythos transformiert, der der christlichen Kultgemeinschaft entspricht. Darin gilt das Leben Jesu insgesamt als heilig. Alles, was durch und an ihm geschah, entsprach unmittelbar und ohne Unterschied dem Willen Gottes, auch die Schuld derer, die ihn verfolgten und hinrichteten. An der Heiligkeit dieses Lebens prallt historische Urteilskraft ab. Die Frage, wie man die Motive der Gegner Jesu menschlich und politisch verstehen könne, verliert ihren Sinn. Sie wird einem religiösen Tabu unterworfen. Die Schuld der Feinde Jesu erscheint als »unsägliche« Schuld; sie kann nicht menschlich erörtert werden. Alle Anhänger Jesu waren Juden. Wenn erkannt werden mußte, daß auch sie an seinem Tod mitschuldig waren, so erschien nach ihrem Eintritt in die neue Weltzeit (die nach der Tradition definitiv mit der Auferstehung Jesu beginnt) der Schluß unwiderstehlich, daß ihre Mitschuld durch nichts als durch ihre – nun überwundene – jüdische Identität begründet war. Waren sie von ihr nun getrennt, so waren sie auch von der Mitschuld am Tod Jesu entlastet. Danach konnten sie über die Identität des jüdischen Volkes und die Schuld am Tode Jesu nicht mehr getrennt nachdenken. Sie hatten ihre eigene Mitschuld in die jüdische Identität projiziert, und der christliche Antijudaismus war vollendet.

VII Und doch hat die Kirche es nicht für richtig gehalten, die »markinische« Entscheidung aus ihrem Gedächtnis auszuschließen. Die ersten drei Evangelien sind im 2. Jahrhundert n.Chr. in den Kanon der heiligen Schriften aufgenommen worden. Sie kann Jesus bis heute nicht nur kultisch als Opfer – das »Lamm Gottes, welches der Welt Sünde trägt« – im Sinne von des Evangelium des Johannes (Joh. 1, 29), sondern muß ihn auch geschichtlich (Jes. 53 folgend) als Propheten und, (nach Dan. 7), als Verkörperung des Menschensohns ansehen.[6] Hier liegt die Basis für ihre Verständigung mit dem Judentum. Sie müßte die jüdische Theologie um einen Kommentar zu der Auffassung bitten, das Schicksal Jesu sei am Ende deshalb unvergessen, weil daraus eine Energie zur Erneuerung des Bundes mit Gott hervorgehe. Jesus habe in einer Zeit, in der der Bund durch falschen Glanz der Staatsmacht verstört gewesen sei, an der Treue zu ihm festgehalten und damit Gott in ihn zurückgerufen. Sein Tod sei nicht, in der Logik des Opfers, auf den Willen Gottes, auch nicht auf seinen eigenen Willen, sondern auf die Verstörung des Bundes zurückzuführen. Er sei von ihr frei geblieben und habe auf seine Weise das Gottes-Bewußtsein davor bewahrt, in ihr unterzugehen.

Die deutsche Vergangenheit und der Nahostkonflikt »Ex Oriente« werden uns heute Bilder der Zerstörung geliefert. Wir haben die Bilder und den Mord selber produziert. Allerdings wollen wir in unserem alltäglichen Funktionieren nicht allzu sehr dadurch gestört werden.

Die folgenden Anmerkungen sind ein Versuch, den Folgen der Moderne und dann speziell der deutschen Moderne für heutige Konflikte nachzuspüren. Sie sind unvollständig und beschäftigen sich eher mit verdrängten Fragen als mit Forschungsergebnissen. Der »Westen« hat seit dem Beginn der Moderne die Welt mit einer bis dahin beispiellosen Zerstörungswut besetzt. Völkermord ist ein Produkt dieses Westens. Nach den Kolonialkriegen wurde mit dem Ersten Weltkrieg ein weiteres Stadium in einem Kreislauf von Fremd- und Selbstzerstörung erreicht. Auschwitz bezeichnet ein Ende bisheriger Geschichte. Die deutsche Moderne in der Gestalt des Nationalsozialismus versuchte eine »endgültige« Auslöschung aller Menschen, die angeblich oder wirklich der Utopie reiner Funktionalität im Wege standen. Die Juden waren das bevorzugte Opfer, denn in sie wurde die Gefahr projiziert, nicht mit einem Ganzen identisch sein zu müssen und trotzdem zu überleben. Ein solches Beispiel könnte »ansteckend« wirken und mußte vernichtet werden. Gegenüber einer solchen umfassenden Bedrohung blieb auch den Opfern nichts anderes übrig, als sich zu anzupassen. Wir leben auch im Jahre 2003 immer noch in dem 20. Jahrhundert, das 1914 begann. Mit der gegenwärtigen umfassenden Kriegserklärung des Westens gegen die übrige Welt wird jetzt endlich alles so gleich gemacht, daß nichts mehr seinen Interessen im Wege steht. Die folgenden Seiten verstehe ich als einen Versuch, unseren eigenen Opferzusammenhang zu verstehen.

Thesen Das Menschenopfer sollte auch im 20. Jahrhundert noch nicht beendet werden. Wie auch, wenn die alltägliche Industrialisierung, die Verfleißigung und Selbstbeherrschung das individuelle Opfer täglich einfordert. Wenn ich nicht zugestehen will, daß ich es schließlich selbst bin, der sich beherrscht, dann brauche ich einen »anderen«, den ich dafür verantwortlich machen kann. Und um meinen eigenen Zwangszusammenhang zu unterbrechen, werde ich ihn opfern müssen. Dieses scheinbare Aufbegehren bestätigt und verstärkt den allgemeinen Zwang, gerade wenn er sich als Befreiung ausgibt. Die Befreiung kann ich nur aufrecht erhalten, wenn ich behaupte, der »andere« opfere, er begehe den »Ritualmord«. Eine solche individuelle Machtkonstruktion bindet den einzelnen an das Kollektiv. Das Opfer basiert auf der kollektiven Konstruktion eines »anderen«, der für alles verantwortlich gemacht wird, das mir und uns zustößt. An diesen »bösen« anderen aber muß ich fest glauben. Ich brauche eine Ursprungserzählung, die mir einen Leitfaden schenkt um die Welt, wie sie mir zustößt, zu interpretieren. Die Konstruktion wird versteckt, unsichtbar und zur Wahrheit hinter der institutionalisierten Religion oder ihren säkularisierten Formen, dem »Volk«, dem »Staat« oder der »Wissenschaft«. Endlich weiß ich, wer ich bin und wer mich bedroht.

Diesen Konstruktionen ist gemeinsam, daß Befreiung in ihnen immer daran gebunden bleibt, einen Ursprungsauftrag zu erfüllen, der das Opfer des »anderen« einfordert. Zwang kann auf diese Weise als Freiheit ausgegeben werden, die aber nie erreicht werden kann. Die Suche nach dem »bösen anderen« kann kein Ende finden. Da es um Befreiung geht, bleibt diese Opferung allerdings problematisch. Ich halte sie nur aus, wenn sie als eine »traurige Notwendigkeit« interpretiert wird, die mich selber nicht berühren darf. Die Opferung wird versachlicht. Dies gelingt nur schwer, wenn die Opfer sichtbar werden. Das Grauen vor dem Leid läßt keine Verdrängung zu. Wenn das Täterkollektiv sich retten will, muß es die Opfer nach dem Mord bedauern. Das Kollektiv erinnert sich nicht mit Grauen an sich selbst, sondern gedenkt der früheren Opfer. Die Mörder verschwinden in den »Denkmalen« für die Opfer. Der Zwangszusammenhang der bürgerlichen Gesellschaft bleibt auf diese Weise unhinterfragt, der Arbeitsprozeß wird nicht unterbrochen. Allerdings muß sich das Kollektiv auf die Suche nach einem neuen »Bösen« machen, das jetzt für die alltägliche Selbstbeherrschung verantwortlich gemacht wird.

Die Deutschen der Bundesrepublik versuchten diese »Bewältigung«. Die unmittelbare Konfrontation mit dem Grauen der Shoa ließ zunächst nur zu, die Augen zu schließen. Diese Leugnung blieb vergeblich. Die Strategie einer Verlagerung der Schuld auf »andere«, auf die »Kriegsverbrecher«, auf »Hitler«, auf einen »Rückfall in die Barbarei« war dagegen möglich und ließ das Kollektiv unbeschädigt. Das Kollektiv, das sich an den Opfern bereichert hatte, legal und profitabel, wurde in den gesperrten Archiven versteckt. Auf den verbreiteten Bildikonen sind plündernde SA-Männer zu sehen, brennende Synagogen, »Barbaren«, aber keine »Volksgenossen«, die auf den öffentlichen und legalen Versteigerungen das Hab und Gut der Opfer an sich brachten. Denn diese bürgerliche Normalität würde das Kollektiv in Frage stellen. Sichtbar würde der Opferzusammenhang dieser Gesellschaft selber. Statt dessen wurden die »dunklen Jahre« so weit entrückt, daß sie mit uns nichts zu tun haben. Die Nazis waren die »Barbaren« und nicht wir. Hilfreich sind dabei die »Neonazis«, die in ihrem »barbarischen« Auftreten genau bei dieser Verdrängung helfen. Vor allem aber half eine Umarmung der ehemaligen Opfer, die aufzeigen soll, das wir sie nie verfolgt haben, sondern immer schon retten wollten. Allerdings wurde genau darauf geachtet, welche Opfer hier umarmt wurden. Sie mußten schon in die bürgerliche Gesellschaft passen. Während jüdische Aussiedler aus den Staaten der ehemaligen Sowjetunion in Deutschland willkommen sind, bleibt dies den Roma aus Osteuropa trotz der weiter bestehenden Verfolgung verwehrt. Kommunistische Opfer blieben von vornherein ausgeschlossen. Andere Opfer, wie die Homosexuellen, mußten erst innerhalb der bürgerlichen Gesellschaft anerkannt werden, ehe auch sie betrauert werden durften. Deserteure aus dem Massenmord des Zweiten Weltkrieges gehören bis heute nicht dazu.

Die jüdischen Opfer waren so gut wie nicht mehr im eigenen Land vorhanden. Was ihnen von den Antisemiten vorgeworfen wurde, mußten die Deutschen kaum mehr glauben, weil das Kollektiv die Juden schon ermordet hatte. Daß die Juden die bürgerliche Gesellschaft »zersetzten«, das konnte auf andere Feinde, auf die Kommunisten und ein anderes Volk »ex oriente«, auf »den Russen« verschoben werden. Daß die Juden Träger der bürgerlichen Gesellschaft seien, unter der man litt, dieser antisemitische Vorwurf wurde jetzt umgekehrt bewertet. Beklagt wurde der Verlust, den das Kollektiv doch durch den Massenmord erlitten hätte. Die Täter litten also, aber nur, wenn das Einverständnis herrschte, »andere«, die »barbarischen« Nazis hätten die Tat begangen. Eine Identifikation mit der bürgerlichen Gesellschaft gelang über die schließliche Identifikation mit jüdischen Opfern. Einfühlung war gefragt, nicht Analyse, das ›Tagebuch der Anne Frank‹ oder ein Wohnzimmer-Hollywood, wie die Holocaust-Serie, erleichterten eine Verdrängung, die sich jetzt »Aufarbeitung der Vergangenheit« nannte und doch nur daran arbeitete, die »dunklen Jahre« so fern zu rücken, daß die Täter sich gar nicht mehr selbst erkennen mußten. In den »Gedenkstätten« wurden allerorten die Opfer ausgestellt, damit die Täter unsichtbar bleiben konnten. Eine Mehrfachverwertung der Opfer noch über ihre Ermordung hinaus, die allerdings von überlebenden Opfern auch erleichtert wurde. Während der Zusammenhalt eines Kollektivs durch die Opferung des »Bösen« gelingt, auf den der eigene Zwangszusammenhang projiziert werden konnte, blieb den auserwählten Opfern gar nichts anderes übrig, als durch Widerstand, Flucht, aber auch durch Anpassung an das Täterkollektiv der Verfolgung zu entkommen.

Die Assimilationsdebatten der jüdischen Deutschen (und jetzt der eingewanderten »anderen« aus muslimischen Ländern) belegen die berechtigte Furcht und den Wunsch, auch selbst endlich in der deutschen bürgerlichen Gesellschaft einen Platz zu finden. Die Erfahrungen des deutschen und des osteuropäischen Antisemitismus ließen am Erfolg zweifeln, auch lange vor 1933. Viele jüdische Intellektuelle und die jiddische Arbeiterbewegung in Osteuropa durchbrachen den Anpassungszwang. Sie erkannten in der bürgerlichen Gesellschaft selbst die bleibende und alltägliche Bedrohung. Der Zionismus dagegen entwarf das Modell einer kollektiven Assimilation, allerdings außerhalb der antisemitischen Verfolgerkollektive. Der Entwurf einer jüdischen Ursprungserzählung in Palästina säkularisierte die Religion im »Volk« und paßte sich den Antisemiten spiegelverkehrt an, die schon immer behauptet hatten, die »anderen« Juden gehörten gar nicht hierher. Die Zionisten folgten den Argumentationslinien der Mehrheit und interpretierten den deutschen nun als jüdischen Idealismus. Fichtes »Reden an die deutsche Nation« konnten umgedeutet werden, mit einem anderen, jetzt biblischen Ursprungsmythos. Der jüdische Zionist und Rassehygieniker Max Nordau verdammte die »Entartung« und feierte den »Muskeljuden«, als ob er den Antisemiten beweisen müßte, wir sind wie ihr. In fast jedem israelischen Ort ist heute eine Straße zu finden, die nach Nordau benannt ist.

Die »zu spät« gekommenen bürgerlichen Gesellschaften mußten ihren Zwangszusammenhang in kürzerer Zeit nachholen als die klassischen Kolonialgesellschaften, um das Kollektiv zu schaffen. Die bürgerliche amerikanische Gesellschaft konstituierte sich im 19. Jahrhundert durch den Massenmord an der indianischen Bevölkerung, die russische Gesellschaft maskierte sich als »Kommunismus« – der Gulag produzierte die innere Disziplinierung einer Weltmacht. Die Deutschen erfanden sich in ihren Weltkriegen und dann als widerspruchslose Einheit in den Massenmorden der Volksgemeinschaft.

Der zionistische Ursprungsmythos verpflichtete zur Landnahme in Palästina. Er war vor der Shoa unter den jüdischen Europäern nicht mehrheitsfähig. Zu groß blieb das Vertrauen in die jeweiligen bürgerlichen Gesellschaften. Die Shoa aber ließ daran verzweifeln. Der zionistische Weg, Anpassung, aber außerhalb der bestehenden bürgerlichen Gesellschaften, erschien als Ausweg. Aber auch diese »eigene« israelische bürgerliche Gesellschaft basiert auf der andauernden Vertreibung der »anderen«, der Palästinenser.

Der erlittene Mord wird von den israelischen Nachfahren der Opfer, wie von den deutschen Nachfahren der Täter, in eine »barbarische« Ferne gerückt, um die eigene bürgerliche Gesellschaft nicht in Frage stellen zu müssen: Wenn der Nationalsozialismus als eine mögliche Konsequenz des Zivilisationsprozesses erkannt würde, dann müßte auch der eigene Zivilisationsprozeß in Frage gestellt werden. Um diese Gefahr abzuwehren, werden für die Opfer Gedächtnisstätten aufgebaut und jeder Zwang in der Gegenwart wird in das »böse«, arabische »andere« projiziert. Die Palästinenser wiederum sehen in der Gründung des israelischen Staates die »Katastrophe«. Die Erzählungen über den Massenmord, den die Juden erleiden mußten, können ihnen nur zu leicht als Rechtfertigungen ihres Leidens erscheinen.

Ein solcher Zwangszusammenhang kommt dem Täterkollektiv der Deutschen gerade recht. In der Identifikation mit der israelische Gesellschaft entkommen sie den Fragen nach dem normalen deutschen Täter und erfinden einen neuen »Untermenschen«, der jetzt als »antisemitischer« Araber auftritt. Die israelische und die deutsche Gesellschaft sind mit dem »gefährlichen« »Islamisten« konfrontiert, der jetzt mit den früheren antisemitischen Stereotypen belegt wird. Nur eines kann dieser »andere« nicht leisten, er steht für die Bedrohung, aber nicht für den Zwangszusammenhang der bürgerlichen Gesellschaft. Dafür steht außerhalb Israels immer noch »der Jude«, der nicht arbeitet, aber auf »unsere Kosten« lebt. Das Geld wird immer noch mit »dem Juden« identifiziert. Das macht den latenten Antisemitismus in der deutschen Gesellschaft aus. Daraus folgt aber auch eine Projektion, die schon im Wort »Finanzkapital« den Antisemiten heraushört und schließlich gleich den Zwangszusammenhang der bürgerlichen Gesell-

1 Max Horkheimer, Zur Genealogie des Mythos, in: Max Horkheimer, Gesammelte Schriften, Bd. 12, Frankfurt/M. 1985, S. 314 ■ 2 Dazu: Benedict Anderson, Die Erfindung der Nation. Zur Karriere eines erfolgreichen Konzepts, Frankfurt/M/New York 1993 ■ 3 Patrick J. Geary, Europäische Völker im frühen Mittelalter. Zur Legende vom Werden der Nationen, Frankfurt/M. 2002, S. 41ff ■ 4 Peter Berghoff, »Der Jude« als Todesmetapher des »politischen Körpers« und der Kampf gegen die »Zersetzung des nationalen Lebens«, in: Pete Alter u.a. (Hg.), Die Konstruktion der Nation gegen die Juden, München 1999, S. 162 ■ 5 Dazu: Ernest Gellner, Nationalismus und Moderne, Berlin 1991 ■ 6 Mario Erdheim, Die Psychoanalyse und das Unbewußte in der Kultur, Frankfurt/M. 1988, S. 250 ■

schaft leugnet. Es darf in dieser Projektion gar keine israelische Interessenvertretung in den USA geben. Jeder Krieg, den die israelische Regierung befürwortet, ist gerechtfertigt. Alles andere wird mit dem Verdikt »Antisemitismus« belegt. Aber gerade durch eine solche Projektion sehen sich die Antisemiten bestätigt. Bereits ein solcher Satz wiederum fällt unter den Antisemitismusverdacht.

Durchbrochen werden kann dieser Zwangszusammenhang nur innerhalb einer Gesellschaft, in der ich mich nicht mehr »verkaufen« muß, um zu überleben. Die weltweite, auch militärisch durchgesetzte Liberalisierung der Ökonomie fordert die bedingungslose und allgemeine Unterordnung unter einen Arbeitsmarkt, auf dem jeder einzelne sich nach den Bedingungen des Profits bewertet. Solche Entfremdung ist nur auszuhalten, wenn ein Schuldiger gesucht und verantwortlich gemacht wird. Das beliebte Gegenbeispiel – der »Kommunismus« habe doch gezeigt, daß die liberale Ökonomie besser sei – übersieht, daß dieser »Kommunismus« nichts anderes war als eine nachgeholte bürgerliche Entwicklung. In allen bürgerlichen Gesellschaften wurde zunächst unmittelbarer Zwang ausgeübt, um die entfremdeten Arbeitsbedingungen durchzusetzen. Wozu die englische Gesellschaft etwa zwei Jahrhunderte gebraucht hat, das sollte in der Sowjetunion in einem Jahrzehnt, in Kambodscha sofort durchgesetzt werden. Ein Ausweg aus dem Opfer wäre eine Selbstbestimmung, die in der Ökonomie beginnt. Ohne sie bleibt eine angebliche politische Selbstbestimmung nur Propaganda und diskutiert höchstens über die Auswahl und Behandlung der nächsten Opfer.

Opfer Die »Nation« ist das Ergebnis einer politischen Konstruktion, die sich als Ursprung ausgibt und Einheit fordert. Wie alle Mythen fordert auch der nationale Mythos Gehorsam ein. Max Horkheimer: »In den Mythen wird Gehorsam eingeübt – gegenüber dem Kollektiv oder dem partikularen Gewalthaber.«[1] »Völker« werden als objektive Tatsachen dargestellt, aus denen sich politische Institutionen ableiten. Das »Volk« ist das Ergebnis einer politischen und kulturellen Konstruktion. Der bürgerliche Markt erforderte einen gesicherten Rechtsraum, der auf einer möglichst einheitlichen »imaginierten Gesellschaft« basiert.[2] Das »Volks-« oder »Brauchtum« wurde im 19. Jahrhundert erfunden und wird seitdem »gepflegt«. Es beruht auf einer Enteignung: Verschiedene besondere Lebensformen werden innerhalb allgemeiner, auch mentaler »Verfleißigung« unterdrückt oder als »Rohstoff« benutzt, um eine »Heimat« zu konstruieren. Die verwaltungstechnischen Einheiten des »Staatskörpers« werden als eine »Heimat« ausgegeben, als ein gleichsam familiärer Schutz, der behütet und Grenzen zieht. Die jeweilige nationale »Normsprache« wird gegen alle anderen besonderen Sprachen durchgesetzt und als ein »Urspung« in die Vergangenheit zurückprojiziert. In einer solchen virtuellen Vergangenheit wurde dann das »Deutsche« schon im 8. Jahrhundert »entdeckt«. Dem entspricht eine »Ethnoarchäologie«, die politische Gebietsansprüche in Ausgrabungen sucht und behauptet, das jeweils eigene »Volk« sei schon immer hier gewesen.[3] Peter Berghoff: »Um die fragwürdige Ursache der kollektiven Substanz zu versichern, wird der Mythos von der kollektiven Natur, vom Nationalcharakter oder Volksgeist, der vom Kollektiv innerhalb der Zeit handelt, auf eine die Zeit umfassende heilige Wirklichkeit zurückbezogen; das Säkularisierte wird resakralisiert.«[4]

Mehrheitskultur und Staat müssen in Übereinstimmung gebracht werden; Minderheiten stören, bestenfalls werden sie mit Assimilationszumutungen konfrontiert.[5] Wenn eine solche »Heimat« den Schutz nicht bieten kann, dann suche ich einen »Fremden«, den ich für alles verantwortlich mache. Anderenfalls würde durchschaut, daß die Opfer, die ich mir abfordere, überflüssig sind. Die konstruierte Natur der Nation basiert auf der Konstruktion des Fremden. Mario Erdheim: »Das Verhältnis zum Fremden ist in erster Linie ein Macht- und Verteidigungsverhältnis.«[6]

Zu unterscheiden ist hierbei zwischen den Fremden, die ich außerhalb des mir selbst aufgezwungenen Zivilisationsprozesses sehe, und den Fremden, die ich für den Zwang dieses Prozesses verantwortlich mache. So stehen die »Zigeuner« für alle Eigenschaften, die ich mir nicht mehr erlauben darf, die »Juden« dagegen verkörpern alles, dem ich selber folge, unter dem ich aber leide. Sie stehen für das »Geld«, den allgemeinen »Tauschwert«, für einen Kapitalismus, dem ich mich ausgeliefert sehe, dem ich aber folgen muß, und gegen den Rebellion nicht erlaubt ist. Aus dieser Nähe zum »fremden Juden« folgt, daß er zum Todfeind wird, den ich schließlich vernichten muß, um den Zwängen zu folgen und in ihnen nicht mich selber zu erkennen. Wenn ich umgekehrt den Antisemitismus überwinden will, indem ich den Zwang des Zivilisationsprozesses selbst verteidige, dann muß ich einen anderen Feind finden und bleibe doch dem Rückfall in den Antisemitismus weiterhin ganz nah. Denn das Legitimationsdefizit besteht weiterhin, wenn ich trotz meiner Opfer leide. »Der Jude« ist der Fremde, der mir ganz nah und deshalb so gefährlich bleibt. Anknüpfen kann ich hierbei an den christlichen Antijudaismus, für den »der Jude« so gefährlich erscheint, weil der Christ selber in seinen eigenen Ursprungserzählungen den jüdischen Schriften folgt. Dieser Fremde ist wie ich, aber auch ganz anders. Er verkörpert damit eine Ambivalenz, die ich mir selber versagen muß. Zygmunt Bauman: »Der typisierte Jude ... symbolisierte die grauenhaften Folgen der Grenzüberschreitung, die jedem drohten, der nicht an seinem Platz blieb und versuchte, bedingungsloser Loyalität oder eindeutiger Entscheidung auszuweichen; der Jude war Prototyp und Urbild von Nonkonformismus, Heterodoxie, Anomalität und Verirrung.«[7]

Auf diesen nahen Fremden »mitten unter uns« kann ich deshalb jeden Zwang projizieren. Er opfert meine Kinder, während ich doch selber mich unterwerfe. In seinem Aufsatz über ›Erziehung nach Auschwitz‹ schrieb Theodor W. Adorno über diesen Zusammenhang von Fremd- und Selbstopfer: »Erst haben die Menschen ... sich selber gewissermaßen den Dingen gleichgemacht. Dann machen sie, wenn es ihnen möglich ist, die anderen den Dingen gleich.«[8]

Wenn Antisemiten als Menschen bezeichnet werden, die sich »barbarisch« nicht beherrschen können, so wird das Problem verschoben. Fremdenfeindlichkeit folgt gerade aus Selbstbeherrschung, aus einer postulierten »Unvereinbarkeit von Triebanspruch und Kulturentwicklung«, die ich nur aushalte, wenn ich den »Trieb« nach außen projiziere und ihn dort bekämpfe.[9] Das »Böse« wird gebraucht um alles zu bezeichnen, was die eigene Ordnung gefährdet. Das »Diabolische« (von griechisch dia-ballein = durcheinanderwerfen, entzweien) steht »für die zugeschriebene, imaginierte Ursache des (drohenden) Zerfalls der symbolischen Ordnung ...«. Peter Berghoff schreibt in diesem Zusammenhang von einem destruktivem Kampf um Selbsterhaltung: »Bildung des politischen Kollektivs als profane Transzendenz ... das sinnerfüllende und die Individuen transzendierende Überleben«.[10]

7 Zygmunt Bauman, Dialektik der Ordnung. Die Moderne und der Holocaust, Hamburg 1992, S. 53 ■ 8 Theodor W. Adorno, Erziehung nach Auschwitz, in: Adorno, Erziehung zur Mündigkeit, Frankfurt/M. 1971, S. 98 ■ 9 Arno Gruen, Der Wahnsinn der Normalität. Realismus als Krankheit: Eine Theorie der menschlichen Destruktivität, München 1989, S. 35f ■ 10 Berghoff, a.a.O., S. 167ff ■ 11 Michel Foucault, Sexualität und Wahrheit 1. Der Wille zum Wissen, Frankfurt/M. 1983, S. 168 ■ 12 Das Generalgouvernement. Reisehandbuch von Karl Baedeker, Leipzig 1943, S. 10ff ■ 13 Götz Aly, Hitlers Volksstaat. Notiz zum Klassencharakter des Nationalsozialismus, in: Götz Aly, Rasse und Klasse. Nachforschungen zum deutschen Wesen, Frankfurt/M. 2003, S. 242 ■ 14 Otmar von Verschuer, Der Erbarzt an der Jahreswende, in: Der Erbarzt 10, 1942, S. 1ff ■

Zivilisationsbruch? Im zu spät gekommenen Deutschland nach dem verlorenen Ersten Weltkrieg wurde seit 1933 eine gegenüber den westlichen bürgerlichen Gesellschaften nachholende Entwicklung versucht. Jedes Besondere der einzelnen Menschen und ihrer Kulturen sollte innerhalb einer konstruierten rassistischen Einheit überwunden werden, die sich als Gemeinschaft verstand, eins in ihrer kollektiven Gesundheit. Solche Gesundheit verstand sich zugleich medizinisch und ideologisch: ein funktionaler Kollektivkörper, ein exemplarischer kollektiver Mensch. Alles Störende muß, wie auch in anderen bürgerlichen Gesellschaften, pathologisiert werden, eine »Bio-Macht«, die sich bis auf den Körper und die behauptete »Gesundheit« ausdehnt. Michel Foucault: »Die Abstimmung der Menschenakkumulation mit der Kapitalakkumulation, die Anpassung des Bevölkerungswachstums an die Expansion der Produktivkräfte und die Verteilung des Profits wurden auch durch die Ausübung der Bio-Macht … ermöglicht. Die Besetzung und Bewertung des lebenden Körpers, die Verwaltung und Verteilung seiner Kräfte waren unentbehrliche Voraussetzungen.«[11]

Die biologischen und medizinischen Kategorien ordnen das »Fremde« ein, aus der »verdienten Strafe« wird die notwendige »Ausmerzung«, um die kollektive Gesundheit zu erreichen. »Leben« basiert jetzt auf der Definition des »lebensunwerten Lebens«. Die Erlösung wird in dieser medizinischen Utopie säkularisiert. Alles »Ungesunde« mußte beseitigt werden. Deshalb wurde das Gas zunächst gegen die als »pathologischen Schädlinge« definierten Menschen eingesetzt. Und deshalb war Auschwitz auch ein medizinisches Versuchslabor, zum großen Teil finanziert von der Deutschen Forschungsgemeinschaft (DFG). Hier forschte Dr. Dr. Josef Mengele in der genetischen Zwillingsforschung. Die Leitung dieser Forschungsreihe hatte Prof. Dr. Otmar von Verschuer vom Kaiser-Wilhelm-Institut in Berlin-Dahlem, der späteren Max-Plank-Gesellschaft. Verschuer war und blieb eine Koryphäe der internationalen Humangenetik: 1949 wurde er Korrespondierendes Mitglied der American Society of Human Genetics, 1951 erhielt er den Lehrstuhl für menschliche Genetik an der Universität Münster.

Zur Belehrung der Reisenden an die Orte des Massenmords hatte Baedeker 1943 einen ›Baedekers Generalgouvernement‹ herausgebracht, mit traditionellem roten Einband und seidenem Lesezeichen, mit Hinweisen auf Hotels und Restaurants, und auf den ›Fremdenverkehrsverband Generalgouvernement‹ in Krakau. Unter der Routenbeschreibung ›Von Wien über Perau nach Krakau und Warschau‹ ist zu lesen: »Die Bahn nach Krakau führt nordöstlich weiter über (348 km) Auschwitz, eine Industriestadt von 12.000 Einwohnern, ehemals Hauptort der Piastenherzogtümer Auschwitz und Zator (Hotel Zator) …« Im Artikel über Litzmannstadt, das im Ortsindex auch mit dem früheren Namen Lodz bezeichnet wird, kann die bereits begonnene Utopie der Gesundheit bewundert werden: »Seit 1940 ist eine großzügige Neugestaltung nach modernen städtebaulichen und sozialhygienischen Grundsätzen im Werden.«[12]

Die gesunde und effiziente Einheit beruht auf Unterdrückung und Vernichtung. Gleichwohl bietet sie die Aussicht auf ein besseres Leben, auf Kosten der anderen. Der ›Generalplan Ost‹, ebenfalls mit der Hilfe der Deutschen Forschungsgemeinschaft finanziert, sah die Ansiedlung von Deutschen in den »bereinigten« Gebieten vor. Die Siedlungspläne waren ausgearbeitet, »Wehrdörfer«, besiedelt von Menschen, denen es »besser« gehen sollte, und die sich dann in eine Mischung von Bauer und Soldat verwandelten. Das »Volkswohl« war ein wichtiges Ziel, schon um eine versuchte Revolution wie 1918/19 zu vermeiden. Götz Aly schreibt deshalb von einer »volkstümlichen Einheit von Wirtschafts-, Sozial- und Rassenpolitik«.[13] Die Volksgemeinschaft braucht den »anderen«, um sich an ihm zu bereichern, und sie braucht ihn, um jeden Mißerfolg auf dem Weg zur Einheit zu erklären. Der »andere« wird zur Todesgefahr. Deshalb radikalisierte die drohende Niederlage der Deutschen ihre Vernichtungswünsche und schmiedete sie über die Niederlage hinaus zusammen. Der Humangenetiker Otmar von Verschuer Ende 1942 in der Zeitschrift ›Der Erbarzt‹: »Gesamteuropa … steht im Kampfe gegen die durch das Judentum gemeinsam geführte englisch-amerikanisch-russische Weltmacht.«[14]

Dieser eliminatorische Rassismus konstituierte die Volksgemeinschaft als gesunden Volkskörper. Erst wenn die »Todfremden« genau definiert waren, wurde in der Arbeit an ihrer präzisen Vernichtung die gesunde Einheit erreicht. Wenn die Opfer Juden waren, dann konnte diese Einordnung auch noch als eine Überwindung der bürgerlichen Gesellschaft ausgegeben werden, die sich doch gerade durch den Massenmord am Leben erhielt. Auch das Leiden an der allgemeinen Austauschbarkeit erhielt im Massenmord an den Juden einen akzeptablen Ausweg. Das Opfer brachte Sicherheit, endlich das Richtige zu tun, obwohl wie nie zuvor die Leistungsfähigkeit und die Intensität der Arbeit gesteigert wurden. Den Opfern, den Juden, erging es noch schlechter – mehr brauchte man nicht zu wissen. Zumindest konnte man sich auf den öffentlichen Versteigerungen an den Juden bereichern; an wenigen Dingen der verarmten Juden in Deutschland – aber man nahm auch einen Sack Zwiebeln an, mehr von den Juden aus den im Westen gerade erst eroberten Gebieten.[15] Die Gelegenheit, die Wut gegen sich selbst in den Mordaktionen an den Opfern auszutoben, wurde massenhaft geboten. Peter Berghoff: »Die Opfer werden zu Projektionsobjekten für das eigene Scheitern, das mit der Stigmatisierung, Verfolgung und Vernichtung abgewendet werden soll.«[16] Bereicherung oder Mord – die Deutschen waren zufrieden, daß es dem »Feind«, der ihnen alles angetan hat, jetzt schlecht ging, und daß der innere Frieden gesichert blieb. Auschwitz war eine Fabrik zur restlosen Verwertung und zugleich eine Fabrik zur Legitimitationsproduktion. Peter Berghoff: »Die christliche Enterbungstheologie, die die Juden als verstockt, sich der angebrochenen Heilsgeschichte entgegenstellend betrachtete, wird in der nationalisierten Ekklesia des Volkes zu einem Glauben an das der werdenden Heilsgeschichte widerstrebende ›jüdische Wesen.‹«[17] Für die Zukunft hat Auschwitz die »Unmöglichkeit« bewiesen, »daß das System funktioniert, ohne sich in eine tödliche Maschine zu verwandeln«.[18]

Bewältigungsversuche in Deutschland Nicht alle Juden waren ermordet worden. Die wenigen Rückkehrer und die Juden, die vor den Verfolgungen in Osteuropa nach 1945 flüchteten, waren unbeliebt. Sie verlangten zurück, was ihnen legal und profitabel geraubt worden war.[19] Die Beweislast fiel den Opfern zu. Die Täter wollten duch eine Rückzahlung nicht an sich selbst erinnert werden. Ohne den Zwang der Alliierten und später den Druck des Staates Israel wären die Täter zu keiner Rückgabe bereit gewesen. Die »Kollektivschuld« wurde zum Begriff, der warnend und beschwörend eingesetzt wurde um die eigene Geschichte abzuwehren. Dies reicht bis in die Gegenwart, bis zur sogenannten »Walserdebatte« oder den Diskussionen um die ›Wehrmachtsausstellung‹.

Erst 1992 wurde das ›Haus der Wannseekonferenz‹ als Gedenkstätte eröffnet; zuvor diente es als Schullandheim. Es bleibt bis heute ein unbeliebtes Haus der Täter, in dem auch ihre Nachkriegskarrieren dokumentiert sind. Wenn an die Täter erinnert wurde, dann am 9. November, der »Reichskristallnacht«, wie schon der Nazibegriff lautete. Denn hier wurden Täter besichtigt, die brandschatzten und plünderten. Jeder normale Deutsche konnte sich davon distanzieren. Hier waren »Barbaren« am Werk. Die Täter mit akademischem Titel und Umgangsformen blieben dagegen im öffentlichen Gedächtnis ausgespart. Dagegen wurden jüdische Überlebende gleich nach Kriegsende in die Nähe der »Barbarei« gerückt. Viele wohnungslose Juden, besonders aus Osteuropa, waren von den Alliierten in Lagern untergebracht. Der Stuttgarter Polizeipräsident konnte im November 1945 die »herumlungernden ausländischen Elemente« beklagen; die deutsche Bevölkerung und die Polizei wehrten sich gegen eine Auflösung der Lager, eine »sicherheitspolizeiliche Kontrolle‹ sei nicht mehr gewährleistet. Im März 1946 wurde ein Auschwitz-Überlebender bei einer

15 Dazu: Wolfgang Dreßen, Betrifft: Aktion 3. Deutsche verwerten jüdische Nachbarn. Dokumente zur Arisierung, Berlin 1998 ■ 16 Berghoff, a.a.O., S. 171 ■ 17 A.a.O., S. 172 ■ 18 Giorgio Agamben, Homo sacer. Die souveräne Macht und das nackte Leben, Frankfurt/M. 2002, S. 184 ■ 19 Dazu: Dreßen, a.a.O.; Christian Pross, Wiedergutmachung. Der Kleinkrieg gegen die Opfer, Berlin 2001 ■ 20 Julia Schulze Wessel, Die neue Gestalt des Antisemitismus in der deutschen Nachkriegsgesellschaft. Eine Analyse deutscher Polizeiakten der Jahre 1945–1948, in: Jahrbuch für Antisemitismusforschung 8, 1992, S. 177– 194 ■ 21 Dazu: Y. Michael Bodemann, Gedächtnistheater. Die jüdische Gemeinschaft und ihre deutsche Erfindung, Hamburg 1996 ■ 22 Dazu: Norbert Frei, Vergangenheitspolitik. Die Anfänge der Bundesrepublik und die NS-Vergangenheit, München 1996 ■ 23 Walther Hofer, Die Entfesselung des Zweiten Weltkrieges. Eine Studie über die internationalen Beziehungen im Sommer 1939, Stuttgart 1954, S. 11 ■ 24 Institut für Zeitgeschichte (Hg.), Das Dritte Reich und Europa, München 1957, S. 155 ■ 25 Percy Ernst Schramm, Deutschland und der Osten, 1958, zitiert in: Sebastian Conrad, Auf der Suche nach der verlorenen Nation, Göttingen 1999, S. 391 ■ 26 Gerhard Ritter, Europa und die deutsche Frage. Betrachtungen über die geschichtliche Eigenart des deutschen Staatsdenkens, München 1948, S. 116 ■

Razzia im Stuttgarter Lager von einem deutschen Polizeibeamten getötet. Die deutschen Polizisten waren von amerikanischer Militärpolizei begleitet worden.[20] Die Wochenzeitung ›Die Zeit‹ griff seit 1946 Robert M. W. Kempner, Chefankläger im Nürnberger Kriegsverbrecherprozeß, immer wieder an: Ein »frecher Jude«, diesem »Schädling muß das Handwerk gelegt werden«.[21] Die nach den Alliierten von den Deutschen weitergeführte »Entnazifizierung« bedeutete in Wirklichkeit eine »Entnazifizierung« der Geschichte. Mit wenigen Ausnahmen wurden die Täter rehabilitiert. Stationen auf diesem Weg waren die Straffreiheitsgesetze von 1949 und 1954 und die Rehabilitierung der Beamten, schließlich die »Wiederbewaffnung« unter Führung der Wehrmachtsoffiziere.[22]

Der bis in die heutigen Fernsehserien andauernde »Hitlerzentrismus« erleichterte die Verdrängung. 1954 schrieb Walther Hofer von »der unglückseligen und furchtbaren Persönlichkeit Hitlers, ohne welche der zweite Weltkrieg undenkbar ist«. Er schiebt »dem wirren Gehirn und dem krankhaften Gemüt des deutschen Diktators« die Schuld zu: »Immer wieder endet so die Suche nach dem Urgrund von entscheidenden und verhängnisvollen Entschlüssen notwendig in psychologischen, ja psychiatrischen Untersuchungen.«[23] Eine solche Medikalisierung entsprach in ihrer Denkstruktur genau dem Verurteilungsdiskurs der Euthanasie. Jeder »normale« Bürger konnte sich auf diese Weise distanzieren; sein vergangenes Selbst wurde nur soweit beschädigt, als es einer »Verführung« erlegen war. Er war selbst zum Opfer geworden. Das Volk blieb »rein« oder »unschuldig«, wie die »tapferen Soldaten«. Die Worte solcher Historiker klangen wie die Inschriften auf den bis heute in Deutschland gepflegten Kriegerdenkmälern, auf denen das Kollektiv sich selbst als Opfer stilisiert. In einer Publikation des Instituts für Zeitgeschichte wurde gelobt: » … der beispiellose Heroismus und die Einsatzbereitschaft der Soldaten … die beispiellose Opferbereitschaft der Heimat …«[24] Diese Feier der beliebig einsetzbaren Sekundärtugenden verrät sich selbst; die »Opferbereitschaft« war beispiellos im Massenmord. Solche Verdrängungen waren nur möglich, wenn die Zeit zwischen 1933 und 1945 als »dunkle Jahre« aus der deutschen Geschichte herausgesprengt wurden, eine Zeit, in der vor allem die Deutschen selbst gelitten und zum Opfer geworden wären.

Dieser »Opferkonzeption« entsprachen die »Persilscheine«, die sich die akademischen oder juristischen Täter gleich nach 1945 gegenseitig ausstellten. Historiker wie Gerhard Ritter bemühten sich schon kurz nach 1945 darum, den deutschen Nationalstaat zu retten und vom Nationalsozialismus zu trennen. Wenn das »Böse« schließlich in den Marxismus projiziert wurde, der »ursprünglich« dem Nationalsozialismus vorausging, wie Ernst Nolte später schreiben wird, dann blieb jeder Widerspruch gegen die bürgerliche Gesellschaft in der Nähe zum Nationalsozialismus. Der Feind stand weiterhin im »Osten«, der »deutsch« oder »gesamteuropäisch« wiedergewonnen werden sollte. Auch nach 1945 wurde das »deutsche« Mitteleuropa als überlegen gezeichnet, bis hin zum notwendigen »Bevölkerungstransfer«. Percy Ernst Schramm schrieb 1958: »Seit dem 4. Jahrhundert war Europa durch eine Gefahr bedroht, die sich zu Fug und Recht mit Springfluten vergleichen läßt …« Die Verteidigung und der anschließende Kulturexport »würde jedoch fragwürdig geblieben sein, wenn nicht vom ersten Jahrhundert an ein binnendeutscher Bevölkerungsüberschuß nach neuen Sitzen verlangt und den Raum zwischen Alt-und Neugrenze ausgefüllt hätte«.[25] Umgekehrt kann selbst der Antisemitismus auch nach 1945 mit einem »falschen« Transfer, wenn auch bedauernd, verständlich gemacht werden. Gerhard Ritter 1948: »Ein politischer Antisemitismus größeren Stils ist erst nach dem Weltkrieg entstanden, im Zusammenhang mit dem massenhaften Einströmen jüdischer Bevölkerung aus dem Osten.«[26] Wenn die deutsche Volksgemeinschaft dagegen doch als eine bürgerliche Gesellschaft verstanden wurde, so entdeckten die Historiker den Feind im Westen. Die Französische Revolution und die ihr folgende Moderne waren verantwortlich. Der Antisemitismus schließlich war gar nicht »deutsch«: Er stammte viel eher aus den Federn französischer oder englischer Theoretiker. Gerhard Ritter: »Was sollte das Massenmenschentum der modernen Industriegesellschaft mit den liberalen Freiheitsrechten anfangen?«[27] Damit blieben diese Historiker dem Vorbild treu, dem die meisten selber bis 1945 gefolgt waren. Hier wurde eine Modernisierung propagiert, die an einen konstruierten »Ursprung« gebunden blieb. Die Dialektik der Moderne zwischen individueller Befreiung und fremdbestimmter Arbeit wurde in einer Volksgemeinschaft machtsichernd angehalten. Damit war die deutsche Gesellschaft für jede Feinderklärung anfällig. Und wenn im bürgerlichen Westen »der Erbfeind« bekämpft wurde, wenn die bürgerliche Gesellschaft sich durchsetzte in der Distanz zur bürgerlichen Gesellschaft selbst, dann lag es allzu nahe, gerade »den Juden« für die negative Seite einer Moderne verantwortlich zu machen, die doch auf dem erhofften Weg zur Weltherrschaft angestrebt wurde. Das »Geld« war jüdisch, aber »Arbeit macht frei«.

27 A.a.O., S. 177 ■ 28 Tom Segev, Die siebte Million. Der Holocaust und Israels Politik der Erinnerung, Reinbek 1995, S. 336 ■ 29 H. G. Adler, Der verwaltete Mensch. Studien zur Deportation der Juden aus Deutschland, Tübingen 1974 ■ 30 Dazu: Dreßen, a.a.O. ■ 31 Leon Poliakov/Joseph Wulf, Das Dritte Reich und die Juden, Berlin 1955, S. 3f ■ 32 Zitiert in: Georges Corm, Europa und der Nahe Osten. Modernisierung und Barbarei, Bad Honnef 1997, S. 147 ■ 33 Zitiert in: Manfred Voigts, Wir sollen alle kleine Fichtes werden! Der Judenfeind J. G. Fichte als Prophet der Kultur-Zionisten, Berlin 2003, S. 11 ■ 34 Zitiert in: ebd. ■ 35 Theodor Herzl, Der Judenstaat, Augsburg 1986, S. 51 ■ 36 Ziziert in: Voigts, a.a.O., S. 12 ■ 37 Theodor Herzl, Briefe und Tagebücher, Bd. 2, Berlin 1983, S. 117 ■ 38 Moshe Zimmermann, Wende in Israel. Zwischen Nation und Religion, Berlin 1996, S. 19 ■ 39 Zitiert in: Voigts, a.a.O. ■

Da die Volksgemeinschaft sich über den Massenmord konstituiert hatte, brauchte sie nach 1945 gar keine Revolution mehr; sie hatte schon in der Vernichtung stattgefunden. Die Volksgemeinschaft konnte als Sozialpartnerschaft oder neuerdings als »Bündnis für Arbeit« im Korporatismus der institutionell eingebundenen Kräfte überleben. Noch wird der Vorwurf des »Sozialmißbrauchs« gegen die Menschen benutzt, die sich als nicht mehr profitabel verwertbar bewiesen haben und die trotzdem auf ihren Rechten bestehen. Ausgedehnt wird dieser Begriff aber auch auf die »Fremden«, die nicht erwünscht sind, weil sie das nationale Einheitsbild stören und zudem ökonomisch nicht gebraucht werden. In dem Maße, wie die strukturelle Krise allgemein bewußt wird, liegt es nahe, trotz der deutschen Vergangenheit, wiederum den »Juden« verantwortlich zu machen, der für den Antisemiten das Geld verkörpert, das uns »ausbeutet«. Gerade deshalb haben die Deutschen Rückzahlungen an ihre Opfer immer wieder antisemitisch besetzt. Tom Segev hat 1991 diese Zahlungen im Verhältnis zu den einzelnen Deutschen und zu den Toten berechnet: Wenn bis zum Jahre 2030 etwa 120 Milliarden Mark bezahlt werden mußten, war dies »die Summe, die sich ergab, wenn ungefähr 60 Millionen Deutsche 75 Jahre lang ca. 26 DM pro Jahr entrichteten – etwa 50 Pfennig pro Woche. Ein Großteil des Geldes war als Entschädigung für enteigneten Besitz vorgesehen, der in der Hand der Deutschen verblieben war. Einige der Zahlungsempfänger hatten ohnehin Anspruch auf Renten als deutsche Staatsangehörige gehabt.« Eine andere Rechnung, bezogen auf die Ermordeten: »120 Milliarden Mark für 6 Millionen Opfer sind 20.000 Mark pro Person.«[28]

Beliebt war allerdings »Einfühlung« auch in die jüdischen Opfer, bei Gelegenheit genau so gut in die deutschen »Bombenopfer« oder die »Vertriebenen«, womit immer die Deutschen gemeint waren, die an ihren Wohnorten die Juden vor ihrer Ermordung noch ausgeplündert hatten. Das Textbuch für die »Einfühlung« der Deutschen wurde das »Tagebuch der Anne Frank«: »Ich glaube an das Gute im Menschen«, so war auf dem Umschlag 1955 zu lesen. Über die Identifikation mit der Heldin wurde schließlich das »Böse« ausgemacht, ohne jede kritische Folge für die Gegenwart. Begriffe wie »Extremismus« oder »Gewalt« wurden aus jedem Kontext gelöst und auf die Zeit zwischen 1933 und 1945 projiziert. Diese Zeit widersprach in jeder Hinsicht dem »Guten«, dem man doch folgte. Anpassung an die gesellschaftlichen Verhältnisse konnte auf diese Weise als Vergangenheitsbewältigung ausgegeben werden. Wenn die Täter allerdings in Publikationen einen Namen erhielten, besonders wenn sie auch noch wichtige Stellen in der Bundesrepublik bekleideten, dann wurden solche Dokumentationen höchstens als Sensation wahrgenommen, ansonsten aber an den Rand des Bewußtseins gedrängt. Zu denken ist hier vor allem an die seit 1955 erschienen Bände zu den »Denkern«, Künstlern oder Publizisten im »Dritten Reich«, herausgegeben von Leon Poliakov und Joseph Wulf. Raul Hilbergs Gesamtdarstellung der Shoa fand in Deutsch and über Jahre keinen Verleger. H. G. Adlers Dokumentation einer deutschen Bevölkerung, die sich am Eigentum der Juden bereicherte, stieß bei den Historikern auf kein Interesse, obwohl Adler aufgezeigt hatte, daß die Finanzbehörden diese Akten nach wie vor führten.[29] Die dort dokumentierte »Volksgemeinschaft als Zugewinngemeinschaft« wurde und wird bis heute von den Historikern verdrängt, ging es doch bei der massenhaften Bereicherung um alle Schichten, die sich hier zusammenfanden – sei es, um einen Sack Zwiebeln oder einen Konzern zu »arisieren«.[30] Die breite und begeisterte Teilnahme, die überhaupt erst »das komplizierte Räderwerk« ermöglichte, das waren Tatsachen, deren Erforschung mit Schweigen oder Angriffen beantwortet wurden.[31] Joseph Wulf, der Auschwitz überlebt hatte, wurde von der Historikerzunft geächtet; seine Bemühungen, die »Wannseevilla« als einen Ort der Anklage zu eröffnen, blieben in seiner Lebenszeit vergeblich. Joseph Wulf wurde auch in ein soziales Abseits gedrängt: Er nahm sich im Oktober 1974, völlig verarmt, das Leben.

»Herstellung der nationalen Würde«: Zionismus 1862 schrieb Moses Hess, daß die anderen Nationen die Juden »niemals respektieren, solange wir selbst unsere große nationale Tradition mißachten …«[32] Ein »russischer Jude« veröffentlichte 1882 einen Aufruf, der die »nationale Würde« der Juden wiederherstellen sollte: ›Autoemanzipation. Mahnruf an seine Stammesgenossen‹. Der Autor, Leo Pinsker, beklagte, daß die Juden »jeden Vaterlandsgedanken« verlassen hätten, sie seien »vaterlandsvergessen«.[33] Deutlicher wurde acht Jahre später Nathan Birnbaum in seiner Schrift ›Selbst-Emanzipation‹. Er schreibt gegen die »in der Assimilationsepoche anerzogenen Vorurteile«; erkannt werden sollte dagegen die »Richtigkeit und Durchführbarkeit der zionistischen Idee«.[34] 1896 schrieb dann Theodor Herzl im ›Judenstaat‹, die »Judenfrage« sei eine »nationale Frage«: »Wir sind ein Volk, Ein Volk.«[35] Auf dem 1. Zionistenkongreß 1897 in Basel wurde schließlich »die Schaffung einer öffentlich-rechtlich gesicherten Heimstätte« in Palästina gefordert.[36] Herzl wollte ausdrücklich keine Widerstandsbewegung gegen die bürgerliche Gesellschaft organisieren. Die »zionistische Idee« sollte in Zusammenarbeit mit den Regierungen gelöst werden. In seinem Tagebuch schrieb Herzl 1895 ganz im Sinne der bürgerlichen Gesellschaft über die Behandlung der Menschen, die bereits im zukünftigen Israel lebten: »Die arme Bevölkerung trachten wir unbemerkt über die Grenze zu schaffen, indem wir ihr in den Durchzugsländern Arbeit verschaffen, aber in unserem eigenen Land jederlei Arbeit verweigern.«[37]

Hier war schon zu Beginn des Zionismus das Assimilationsprogramm vorgezeichnet. Die Juden sollten dem Weg des »Nationalen« folgen, den die anderen bürgerlichen Gesellschaften vorgezeichnet hatten. Zu gewinnende Bündnispartner waren die Regierungen der bestehenden bürgerlichen Gesellschaften. Assimilation wurde gefordert, in der endlich eigenen »Heimstätte«. Der konstruierte Ursprung einer »Heimat«, den die anderen Gesellschaften für sich beanspruchten, wurde auch von den Zionisten zur Legitimation »öffentlich-rechtlichen« Handelns benutzt. Moshe Zimmermann bezeichnet in diesem Zusammenhang den Zionismus als eine »europäisch-jüdische Version des europäischen Nationalismus«.[38]

Wie genau Zionisten dem Programm J. G. Fichtes folgten, besonders seiner »Reden an die deutsche Nation« aus dem Jahre 1808, hat Manfred Voigts analysiert.[39] Das »Volk« wird hier sakralisiert. Fichte: »Der natürliche, nur im wahren Falle der Not aufzugebende Trieb des Menschen ist der, den Himmel schon auf dieser Erde zu finden und ewig Dauerndes zu verflößen in sein irdisches Tagewerk … Was könnte es nun sein, das dieser Aufforderung und diesem Glauben … die Gewähr zu leisten vermöchte? … Eine solche Ordnung aber ist … das Volk, von welchem er abstammt, und unter welchem er gebildet wurde, und zu dem, was er jetzt ist, herauswuchs.«[40]

Eric Voegelin sah in solcher Sakralisierung des Volkes eine Anlehnung an die christliche Kirche: » … an die Stelle Gottes« rücke eine »innerweltliche Kollektivexistenz«, das »corpus mysticum des Kollektivums«.[41] Der aus der Revoution stammende Begriff der französischen Nation war nicht exklusiv, die Erfindung des »Deutschen« konstruierte dagegen einen ausschließenden Kollektivkörper, der sich gerade gegen die anderen Nationen definierte. Genau hierin werden die Zionisten dem deutschen Vorbild folgen. In den »Befreiungskriegen« gegen Napoleon wurde eine deutsche Nation erfunden, die sich selbst zurückprojizierte in eine behauptete Vergangenheit. Dieser »deutsche Idealismus« wurde bestätigt auf dem Schlachtfeld. Die Soldaten dieses »Idealismus« sollten von den Truppen Napoleons lernen. Kein äußerer Zwang sollte sie in die Schlacht treiben, wie noch die friderizianischen Heere, sondern Begeisterung. Sie sollten, wie die französischen Revolutionstruppen, für »ihre Sache« kämpfen. Diese »Sache« war das Ergebnis einer nationalen Konstruktion, nationaler Propaganda. Geschichte wird konstruiert, um einen Ursprung zu behaupten, der zur Heimat wird und erkämpft werden muß. In einer solchen Projektion sollten sich die Soldaten aus preußisch/deutscher Sicht als »Germanen« fühlen, die noch einmal mit Arminius die »Römer«, also die Truppen Napoleons besiegten. Tacitus' ›Germania‹ wird zum Textbuch einer virtuellen Realität, die jedes Opfer rechtfertigt. Nicht mehr nur der äußere Mensch soll mit solcher Disziplinierung erreicht werden, sondern eine Überzeugung wird erschaffen, für die auch das eigene Opfer begeistert bejaht wird. So konnte Clausewitz über die neuen Kriege schreiben: »Die Mittel, welche aufgeboten worden sind, hatten keine sichtbare Grenze, sondern diese verlor sich in der Energie und dem Enthusiasmus der Regierungen und ihrer Untertanen.«[42] Damit bleibt dieser »deutsche Idealismus« im Programm des Zivilisationsprogramms der Industrialisierung. Diese »Verfleißigung« besetzt den inneren Menschen. Er wird überzeugt, daß die Arbeit, die er leisten soll, die Einordnung, die von ihm verlangt wird, seine eigene Sache ist.[43] Um eine solche fremdbestimmte Einordnung auszuhalten, wird ein »anderer« gebraucht, der für das Selbstopfer verantwortlich gemacht wird.

Der europäische Nationalismus richtete sich gegen einen »Pluralismus der Identitäten«, um in dieser Homogenität das Herrschaftssystem einheitlich zu strukturieren. 1914, zu Beginn des 1. Weltkriegs, hat Paul Michels in der ›Jüdischen Rundschau‹ gefordert, wie die Deutschen im Geist ihrer Sprache gesiegt hätten, sollten »stolz-jüdischer Geist und hebräische Sprache« in »Erez Israel« wiederbelebt werden: » … dann wird unser Düppel, Königgrätz und Sedan gekommen sein«.[44] Auch wenn Michels über die Juden schreibt, so folgt er doch den deutschen »Ideen von 1914«, die aus dem deutschen Idealismus stammen.[45] Der »andere«, der »Erbfeind« wird gar nicht erst genannt. Jenseits konkreter Auseinandersetzungen folgt unmittelbar aus der geistigen Konstruktion der Heimat die militärische Auseinandersetzung. Diese Heimat basiert auf einer geistigen Konstruktion, die sich nur bestätigen kann im »anderen«, der besiegt wird. Das »Böse« ist dieser »andere«, das »Eigene« wird als »Volk« interpretiert, das einen göttlichen Auftrag

40 J.G. Fichte, Reden an die deutsche Nation, Hamburg 1978, S. 126ff ■ 41 Eric Voegelin, Die politischen Religionen, München 1993, S. 54f ■ 42 Zitiert in: Wolfgang Dreßen, Die pädagogische Maschine. Zur Geschichte des industrialisierten Bewußtseins in Preußen/Deutschland, Frankfurt/M. u.a. 1982, S. 267f ■ 43 Dazu: Dreßen, Die pädagogische Maschine, a.a.O. ■ 44 Zitiert in: Voigts, a.a.O., S. 100 ■ 45 Dazu: Jeffrey Verbey, Der »Geist von 1914« und die Erfindung der Volksgemeinschaft, Hamburg 2000 ■ 46 Agamben, a.a.O., S. 187 ■ 47 Zitiert in: Voigts, a.a.O., S. 100 ■ 48 A. D. Gordon, The Nation and the Work, o.O. 1916, S. 244 ■ 49 Dazu: Tom Segev, a.a.O. ■ 50 Dazu: Wolfgang Dreßen, Mobilisierung der Seele. Jugend in Deutschland: 1880–19. In: Gerd Gültemann (Hg.), Die Seele, Weinheim 1991 ■ 51 Hans Kohn, Bürger zweier Welten, Ein Land und zwei Völker. Frankfurt/M. 1964 ■ 52 Dazu: Martin Buber, Ein Land und zwei Völker. Zur jüdisch-arabischen Frage, Frankfurt/M. 1993 ■ 53 Dazu: Edward W. Said, Culture and Imperialism, New York 1993, u.: Ders., Orientalism. Western Conceptions of the Orient, London 1991 ■

erhalten hat. Damit wird das eigene Volk zum Ursprung jeder Sittlichkeit. Giorgio Agamben: »Das »Volk« ... ist die reine Quelle jeder Identität, die sich jedoch fortlaufend mittels der Ausschließung, der Sprache, des Blutes redefinieren und reinigen muß.«[46] Von den Zionisten wird eine solcher »deutscher Auftrag«, der auch antisemitisch verstanden wurde, assimilatorisch benutzt für den eigenen jetzt »jüdischen Auftrag«. Dabei konnte auf der anderen Seite eine Assimilation abgelehnt werden, die das »Eigene« nicht betonte. So wandte sich Samuel Schocken 1913 gegen das »Nachahmen der anderen Art« gegen eine »schillernde Zwiefältigkeit«.[47] Diese Ablehnung des »anderen«, die Feier der Einheit, allerdings folgte genau dem deutschen Vorbild. Die Betonung des »Hebräischen«, die Neukostruktion einer Sprache aus einem behaupteten gemeinsamen Ursprung, mußte andere jüdischen Sprachen, wie etwa das Jiddische, rigoros ablehnen. Religion wird dabei zum nationalistischen Vehikel, um den Ursprung als Wahrheit zu behaupten.

1916 schrieb der Zionist A. D. Gordon, eine der wichtigsten Persönlichkeiten in der zionistischen Arbeiterbewegung: »Wir haben ein historisches Recht auf das Land ... Unser Land war einmal das ›Land von Milch und Honig‹. Es brachte eine hohe Kultur hervor, es ist zur Wüste geworden, arm ... und fast leer. Es ist wie ein Zeichen, daß das Land auf uns wartet, eine Versicherung unseres Rechtes auf das Land.«[48] Das »Land ohne Volk« wehrte sich gegen die zionistische Kolonisation. Die palästinensischen Bauern versuchten, 1911, 1919, zwischen 1936 und 1939 ihre Rechte zu behaupten.

Tom Segev[49] hat die ersten fast freundschaftlichen Kontakte zwischen Nationalsozialisten und Zionisten beschrieben. Beide lehnten eine jüdische »Ambivalenz« ab, die für die Zionisten in einer jüdischen »Heimat« außerhalb Deutschlands überwunden werden sollte. Zionistische Jugendgruppen ähnelten in ihrer Ästhetik, vom braunen Hemd des Betar- bzw. Herzlia-Jugendbundes bis zur Rhythmik ihrer Lieder und ihrer Fremdenfeindlichkeit, hier gegen die Araber, einer deutschen Jugendbewegung, einer Erziehung zum gemeinschaftsfähigen Menschen, für den »Natur« Selbstüberwindung bedeutete.[50] Diese »Normalisierung« setzt sich fort in der Mythologie des »neue Juden«, des Pioniers, der in Israel geboren wurde (Sabra), der mit der Waffe in der Hand kolonisiert. Zugleich sollten die bisherige jüdische Identität der Diaspora (Galutiut) und das Land selber gereinigt werden. Genau hat rückblickend Hans Kohn die Nähe zum »Völkisch-Deutschen« 1964 beschrieben: »Blut, Schicksal und die lebendige Volksgemeinschaft spielten damals eine große Rolle im nationalistischen deutschen Denken ... Nur übertrugen wir ihre Bedeutung vom deutschen auf den jüdischen Nationalismus.«[51] Der Aufbau einer solchen jüdischen Volksgemeinschaft ließ kein zweites Volk in Palästina zu, trotz vieler jüdischer Versuche, gerade aus der Verfolgungsgeschichte zu lernen, jede nationalistische Konstruktion zu vermeiden. So der 1925 in Jerusalem gegründete »Friedensbund« (Brit Schalom), der einen »Zwei-Völker-Staat« anstrebte.[52] Statt dessen verschwanden die Palästinenser in der Wahrnehmung. Palästina wurde zum Land ohne Volk, das vom Volk ohne Land besiedelt werden sollte. Die europäischen Einwanderer reduzierten den »Orient« auf eine Leerstelle, mit vielleicht ruhmreicher Vergangenheit, aber ohne jede Gegenwart. So hatten schon christliche Kolonisatoren wie Conrad Schick im 19. Jahrhundert Palästina gesehen, ihre »Mission« und ihre Ansiedlungen sollten vor allem im »rückständigen« Palästina eine Moderniserung erreichen. Das »Land« mußte in dieser Projektion allererst erschlossen werden. Sie folgten damit den Projektionen eines Westens, einem »Orientalismus«, der kulturell missionieren wollte und notfalls auch zu Mord und Zwangsumsiedlung griff, um eine »Entwicklungsstufe« durchzusetzen, die seinen Interessen diente.[53] Nur folgerichtig verdrängt die jüdische Stadtverwaltung von Haifa heute die arabische Geschichte und Gegenwart der Stadt; mit großem Aufwand wurde dagegen die Siedlung der christlichen ›Templer‹ erst kürzlich restauriert. Eine folgenschwere Konstruktion, die sich nur in der realen Vertreibung der wirklichen Menschen und in Siedlungen bestätigen konnte, die sich als völkische Bastionen verstehen. Eine andere jüdische Tradition wurde in diesem Zionismus beiseite gedrängt: Die autonomistischen Bewegungen in Osteuropa betonten zwar eine jiddische kulturelle Autonomie, aber innerhalb der bestehenden Gesellschaften und als eine Kritik zur Überwindung der bürgerlichen Gesellschaft, so vor allem der ›Bund der jüdischen Arbeiter‹. Der Nationalsozialismus bedeutete das physische Ende der meisten Vertreter dieser Politik.

Für die Juden nach der Shoah, wollten sie nicht an der bürgerlichen Gesellschaft verzweifeln, bot sich dieser nationalistische Weg an, der sogar kurz nach dem Krieg seine Stereotypen auch in Europa wiederholte. Kennzeichnend ist ein offener Brief des Berliner Juden Heinz Galinski gegen den liberalen Reformjuden Erich Simon aus dem Jahre 1950: »Europa hat uns ... grausam ausgestoßen. Darum sind wir heute nur Juden ... Heute, da Hebräisch wieder die Sprache eines lebendigen Volkes ist ... muß jeder, der noch daran interessiert ist im Schritt mit seiner Religion und Volksgemeinschaft zu bleiben versuchen, sich diese Sprache anzueignen.«[54] Der dem europäischen Nationalismus entlehnte Opfermythos wird in Israel wiederholt und in die Geschichte projiziert: »Masada darf nie wieder fallen.« Dieser Satz bezieht sich auf einen Ort, an dem im Jahre 73 Juden nach einem gescheiterten Aufstand gegen die Römer den Tod ihrer Auslieferung als Sklaven vorgezogen hatten. »Gamla wird nicht noch einmal aufgegeben.« Gamla war eine jüdische Festung, die von den Römern erobert worden war. Damit wird die weitere Besetzung der Golanhöhen gerechtfertigt, eine der wichtigsten Wasserquellen Israels. »Gut ist es, für unser Land zu sterben.« Mit diesem Satz soll Joseph Trumpeldor im Kampf gegen Araber 1917 gestorben sein, als diese sich gegen weitere Besiedlungen wehrten, ein Satz, der den Rufen folgt, mit dem die deutschen Soldaten in den Ersten Weltkrieg zogen. Nach seinem Tod wurde ›Gedud Ha´avoda‹ gegründet, das »Regiment der Arbeit«, das »Arbeit«, »Verteidigung« und »Landesaufbau« miteinander verband. Der Name Trumpeldor ist noch heute in vielen Straßennamen Israels zu finden. Solche Sätze gehören in der Gegenwart bereits in die Alltagsüberlieferung jedes Schulkinds. Die Volksgemeinschaft benutzt Geschichte als einen Steinbruch, aus dem die Mythen einer opferbereiten »Nation« gebaut werden. Eine solche Einheit braucht den bedrohlichen »anderen«, um eine solche selektierte Geschichte aufrecht zu erhalten. Jede Erinnerung an eine Opposition gegen die geforderte Einheit wird ausgeschlossen. Die Gewerkschaftsbewegung verzichtete inzwischen auf den 1. Mai als staatlichem Feiertag, ersetzte ihre rote Fahne durch die Nationalflagge und verlegte ihren Sitz von Tel Aviv nach Jerusalem.[55]

Solcher Einheit widerspricht allerdings real die soziale Differenzierung: weitgehende Privatisierung, Abbau des Sozialstaats und verbreitete Armut auch unter den jüdischen Israelis. 1983 hat Michael Wyschogrod, inzwischen Professor für Religiöse Studien in Houston, ein Buch verfaßt, das sich schon in der Einleitung gegen einen »unverwurzelten internationalen Ethizismus« wendet, dies sei eine »Reduktion des Judentums«, eine »Verunglimpfung des Volkseins Israels«.[56] Wyschogrod entwirft eine Ethik, die auf den »mythologischen Volksgemeinschaften« beruht und ein »universales Moralsystem« ablehnt.[57] In seinem Buch kann die »Weiterentwicklung« des bisherigen Zionismus in einen sich religiös fundierenden Faschismus nachgelesen werden. Nationen bestehen für ihn allein »in ihrem jeweiligen korporativen Charakter«.[58] Nicht das Individuum, die Nation sei Basis der Geschichte. Daraus folgt: »Bei den Juden ist die ethische Beziehung zu den jüdischen Genossen nicht identisch mit der ethischen Beziehung zu Nichtjuden.«[59] Aus einem religiösen Ursprung entwickelt Wyschogrod das »Land«

54 Zitiert in: Bodemann, a.a.O., S. 30f ■ 55 Zimmermann, a.a.O., S. 51f ■ 56 Michael Wyschogrod, Gott und Volk Israel. Dimensionen jüdischen Glaubens, Stuttgart 2001, S. 13 ■ 57 A.a.O., S. 27 ■ 58 A.a.O., S. 69 ■ 59 A.a.O., S. 189 ■ 60 A.a.O., S. 196 ■ 61 A.a.O., S. 206 ■ 62 A.a.O., S. 215 ■ 63 A.a.O., S. 236 ■ 64 A.a.O., S. 235 ■ 65 Berghoff, a.a.O., S. 172 ■ 66 Dazu: Ammon Raz-Krakotzkin, Geschichte, Nationalismus, Eingedenken, in: Michael Brenner/David N. Myers, Jüdische Geschichtsschreibung heute, München 2002, S. 181–206 ■

zur »geographischen Epiphanie«: »Der jüdische Anspruch auf das Land kann daher nicht im Widerspruch zum Ethischen stehen.«[60] Wobei er nicht verschweigt, daß »der konkurrierende Anspruch an das Land« von einem anderen Volk ausgeht. Die besetzten Gebiete werden zu »Judäa und Samaria« erklärt, »in biblischer Hinsicht ein integraler Bestandteil des Landes Israel«.[61] Für Jerusalem bedeutet eine solche Ursprungsmythologie: » ... der Wiederaufbau des Tempels wird mit der Zeit denkbar werden«[62]; »auf dem Tempelberg in Jerusalem, den Gottes Gegenwart nie verlassen hat«.[63] Im Nachwort zur zweiten Auflage seines Buchs vom August 1995 äußert er tiefes Verständnis für einen »messianischen Zionismus« und distanziert sich von »einem übermäßig ethisierten Judentum«. Er nennt die Namen Buber, Rosenzweig, Cohen und Levinas. Und dann folgen Sätze, die das Opfer des »anderen« offen einfordern, auch wenn von einer relativen, taktischen Berechtigung von Friedensprozessen gesprochen werden müßte, »widerwillig«, wie der Autor hinzufügt: »Für messianische Zionisten sind Araber Feinde Israels, die Juden töten und der messianischen Erlösung im Wege stehen. Sie lehnen ab, Israels gottgegebenes Recht auf das Land anzuerkennen, und je erfolgreicher sie darin sind, Juden vom Land oder irgendeinem Teil des Landes zu trennen, desto mehr spotten sie des Gottes Israels, und dies kann nicht geduldet werden.« Nach diesen Sätzen schreibt der Autor über die Shoa: »Der Antisemitismus der Nazis ... war der Angriff des Bösen auf Gott durch den Körper Israels.«[64] Auschwitz wird hier zum Mythos des Bösen, aus dem die Legitimation zur umfassenden Feinderklärung folgt. Dieser Zionismus folgt nach wie vor einem Assimilationsprogramm, das sich dem Aggressor angleicht. Nur geht es jetzt nicht mehr um einen deutschen Idealismus, der auch antisemitisch war, sondern um die Erfahrung mit dem deutschen Nationalsozialimus. Das »Böse«, das für Auschwitz verantwortlich gewesen sein soll, kann in jedem »Feind« gefunden werden, der den Ansprüchen Israels im Wege steht.

Walter Benjamins ›Thesen zur Geschichte‹ bezogen Begriffe wie »Exil«, »Messianimus« oder »Erlösung« auf den unerlösten Zustand der Welt, mit dem zusammen die Juden und alle anderen Menschen erlöst werden sollten. Ein nationalistischer »Fortschritt« wurde bei Benjamin gerade ausgeschlossen. Der Zionismus hat diese Begriffe nationalisiert, das Exil sei beendet in der Gründung einer eigenen bürgerlichen Gesellschaft. Damit assimilierte sich die »Erlösung« an das christlich-nationale Narrativ. Die Gegenwart wird auch als Nicht-Exil verstanden, die Erlösung ist »auf dem Weg«. Dies ist verständlich, wenn der Messias bereits erschienen ist und nur zurückzukehren braucht, denn er ist bereits erkannt – eine Vorstellung, die bis dahin Christen und Juden getrennt hat, für die die Welt bis zur Ankunft des Messias nur »falsch« sein konnte, Mythologie und Götzenverehrung. Auch die Protestanten, die Nordamerika besiedelten, sahen sich als Menschen, die »ihr« Land gefunden hatten, als »Gottes eigenes Volk«; deshalb konnten die Indianer fast ausgerottet werden. Die Gegenwart der »Erlösung«, das »Neue Jerusalem« legitimierte den Massenmord. Jenseits ökomischer Interessen liegt hier eine tiefe Verwandtschaft zwischen diesem Protestantismus und dem Zionismus. ›Corpus Christi‹ wurde nationalistisch interpretiert. Nur folgerichtig, daß die USA ein atomgetriebenes Unterseeboot auf den Namen ›Corpus Christi‹ tauften.

In ihrem nationalistischen Diskurs haben die Zionisten die Perspektive angenommen, aus der die Juden selbst verfolgt wurden. Denn sie selbst hatten einmal die Einheit des Volkes und die »Heilsgeschichte der Nation«[65] gestört. Das Exil war jetzt den Palästinensern bestimmt. Das Land konnte als »Land ohne Volk« gesehen werden, wenn dieses selber unerlöst war.

Der Staat wird auf diese Weise sakralisiert, bis hin zur Definition des »Jüdischen«. Zurückgekehrt nach Israel wird Pessach zu einem christlichen Ostern, das »Exil« des Leidens und des Todes ist überwunden im Wunder einer Landnahme, die als Auferstehung gefeiert wird. Eine »politische Theologie« (Carl Schmitt) wird entworfen, die zutiefst christlich ist.[66]

Palästina/Israel In Konkurrenz mit den Palästinensern zeichneten Israelis eine Ursprungslandkarte, auf der die Bibel zum Beweis der Machtlegitimation diente. Seit 1968 begannen national-religöse Siedler ihre in den besetzten Gebieten gegründeten Orte mit biblischen Namen zu belegen, die palästinensische Westbank hieß jetzt »Judäa und Samaria«. Moshe Zuckermann schreibt von diesem Land als dem »Objekt einer ideologischen, theologisch-religiös aufgeladenen Begierde.«[67] »Jerusalem« wurde zum Brennpunkt national-religiöser Ursprungsmythen, die eine planmäßige Vermehrung des jüdischen Bevölkerungsanteils legitimierte. Konzentriert wurde dieser Mythos in den wenigen hundert Metern des »Tempelberges«, dem geographischen Kern des Ursprungsmythos. Die » Religiösen« stellen schließlich zu Beginn des Jahres 2003 auch den Bürgermeister. Die Diskriminierungen der arbaischen Bevölkerung in Jerusalem zielen letzthin auf ihre Vertreibung. 1948, im »Unabhängigkeitskrieg« der Israelis, flüchteten Palästinenser schon deshalb, weil sie befürchten mußten, bei israelischen Überfällen erschossen zu werden. Die Erschießungen auch von Frauen und Kindern, die Vertreibungen, der Beschuß der arabischen Viertel von Akko und Haifa sollten den Mythos eines »Landes ohne Volk« verwirklichen. Allerdings übernahmen die jüdischen neuen Besitzer alles, was übrig und brauchbar geblieben war, von den Häusern bis zu den Möbeln.[68] Diese Juden waren aus dem Europa der Shoa geflüchtet, ohne Besitz. Erst die Vertreibung der Araber bot ihnen Wohnraum. Araber wurden von ihnen in der orientalistischen Projektion Europas wahrgenommen. Die europäische Verfolgungssituation wurde in die arabische Geschichte und Gegenwart verlängert, obwohl das »Ghetto« eine europäische Erfindung war und Juden seit der Vertreibung der europäischen Kreuzfahrer in Palästina lebten, ohne Antisemitismus, wie schon zuvor in anderen muslimischen Ländern.

Im palästinensischen Gedächtnis sind diese Katastrophen gegenwärtig. In Israel werden sie erst seit dem Ende der 80er Jahre von »neuen Historikern« berichtet, allerdings ohne Auswirkungen im offiziellen israelischen Gedächtnis.[69]

Für die Palästinenser bleibt die Katastrophe (Nakbah) alltäglich, sie hat bis heute nie aufgehört, – von den Lebensbedingungen, den Greueltaten in den Lagern, an denen die israelische Seite direkt oder indirekt beteiligt war, der erweiterten Besetzung nach 1967, der kontinuierlichen Verdrängung durch neue jüdische Siedlungen, bis zu den wechselnden Grenzziehungen und Aufenthaltsverboten. Eine nationale Aufrechnung bietet in solchen Konflikten allerdings keinen Ausweg, sondern nur die gegenseitige umfassende Anerkennung, die sich gerade nicht über die Festlegung von Grenzen erreichen läßt, sondern nur über die gleichberechtigten Lebensmöglichkeiten auch der jeweiligen anderen Seite im eigenen Gebiet. Ein Staat, der sich im Sinne der Mehrheit ausschließend definiert, bleibt auf Feinderklärungen angewiesen. Dies trifft sowohl auf ein »arabisches« Palästina wie auf ein »jüdisches« Israel zu, wobei nur die israelische Seite zur Zeit die Macht besitzt, diese Definition durchzusetzen. »Jüdisch« bleibt hier eine Definition, die nicht aus Selbstbestimmung folgt, sondern aus der Definition des Rabbinats, das auf diese Weise, von den Ehegesetzen angefangen, die »Staatsangehörigen« ausschließenden religiösen Definitionen unterwirft.

Die jeweils andere Seite wird die Forderung, die Ausschließlichkeiten aufzugeben, mit Hinweisen auf den »Terror« der Gegenseite beantworten, zunächst müsse über die alltägliche Unterdrückung der Palästinenser oder über die »Selbstmordattentate« gesprochen werden. Auf der nächsten Ebene werden die Palästinenser die von ihnen erlittene »Katastrophe« anführen. Die israelische Seite wird an die Shoa erinnern und mit Recht auf der Unvergleichbarkeit dieser Vernichtung bestehen. Der historische Antisemitismus wird dabei nicht mit gesellschaftlichen Machtstrukturen in Verbindung gebracht, um keine Fragen an die Gegenwart zu stellen. Als Legitimationsfigur bleibt der Antisemitismus »ewig«,

67 Zimmermann, a.a.O., S. 68 ■ 68 Segev,a.a.O., S. 220 ■ 69 Dazu: Benny Morris, The Birth of the Palestian Refugee Problem 1947–1949, New York 1988 ■ 70 Erdheim,a.a.O., S. 362 ■ 71 Zitiert in: Segev, a.a.O., S. 525ff ■

unerklärbar wie das »Böse« schlechthin, eine Spielmarke, die dann gegen jeden beliebigen Gegner eingesetzt werden kann. Die Opfer bisheriger Geschichte werden auf diese Weise ausgenutzt um eine nationale Macht zu begründen, die doch am Beginn des Opfers stand.

Bewältigungsversuche Palästina/Israel »In Verbindung mit Deutschland war immer wieder von ›Vergangenheitsbewältigung‹ die Rede; dabei übersah man jedoch, daß sich auch das Opfer – und nicht nur der Täter – dagegen sträubt, das Geschehene in seine Identität aufzunehmen. Mit der Verdrängung kam auch der Wiederholungszwang zum Zuge. Als Israel sich zum Staat deklarierte und fest entschlossen war, die Verfolgungen der Vergangenheit nie wieder zu erdulden, schuf es gleichzeitig durch die Vertreibung der Palästinenser die Voraussetzungen für die Wiederholung der Verfolgungen. Seine eigene Geschichte vergessend, schlüpfte Israel in die Rolle des Täters und wies den Palästinensern die Rolle zu, die es in anderen Staaten hatte übernehmen müssen.«[70]

Erst der israelische Druck zwang die Deutschen zu Reparationen. Es waren vor allem Sachlieferungen, die dringend für den Aufbau einer Infrastruktur benötigt wurden. Eine solche Erfahrung verstärkte die Berechtigung eines eigenen staatlich organisierten Nationalismus. Für die Palästinenser bedeutete dieser Transfer eine Weiterentwicklung ihrer Unterentwicklung. Der israelische Tourismus zu den europäischen Vernichtungsstätten der Shoa, der praktisch schon in das Schulprogramm gehört, vereinnahmt die Ermordeten als Zionisten post mortem. Der verzweifelte jüdische Widerstand gegen die deutsche Okkupation und gegen die deutschen Mörder wird aus der israelischen Gegenwart als eine Art Gründungsakt der Israelischen Armee interpretiert. Mit einer drohenden Shoa werden die verschiedenen Angriffskriege gerechtfertigt. So erklärte Begin vor dem Einmarsch in den Libanon, den Jeschajahu als »judeonazistische Politik« angriff: »Glauben Sie mir, die Alternative ist Treblinka, und wir haben entschieden, daß es kein Treblinka mehr geben wird ...«. Kritik wird abgewehrt widerum mit dem Hinweis auf die Shoah; Begin: »Kein Mensch auf der ganzen Welt darf unserem Volk Moralpredigten halten.«[71] Beliebt bis in heutige Kriegsbegründungen hinein ist der Hinweis auf »München«: die Appeasementpolitik habe erst den Angriffskrieg der Deutschen und dann die Shoa ermöglicht. Auf der einen Seite wird die Shoa in einer Unerklärbarkeit des »Bösen« verdrängt, auf der anderen Seite kann dieses »Böse« dann in jedem Feind ausgemacht werden. Die Shoa wird aus dem Zivilisationsprozeß ausgeklammert und zur Letztbegründung für die jeweiligen Feinderklärungen. ›Amalek‹, der Name für ein biblisches Nomadenvolk wird zum Synonym für das »Böse« schlechthin, ob nun Nationalsozalismus oder heute die Palästinenser. Der Shoa-Gedenktag ist auf den Tag gelegt worden, der zuvor an den Beginn der Zerstörung des Ersten Tempels erinnern sollte. Der Tag, an dem die Juden des Warschauer Ghettos ihren bewaffneten Widerstand gegen die Deutschen begannen, gliedert sich nun als nationaler Gedenktag in eine Kontinuität israelischer Geschichte ein.

In den beiden Kriegen gegen den Irak wurde das »Gas« als Angstmetapher benutzt, die unmittelbar die Bedrohung durch ein Auschwitz anmahnen sollte. Daß dieses Gas auch noch in Deutschland produziert war, verstärkte diese Angstprojektion in die Geschichte. Moshe Zuckermann: »Juden, die Gasmasken anlegten und Wohnräume abdichteten, abgedichtete Wohnräume, die sich für sie wie ›Gaskammern‹ ausnahmen – all das ließ den Holocaust ›aufleben‹.«[72] Während des Kriegs gegen den Irak im Frühjahr 2003 bestand die Verpflichtung, Gasmasken mit sich zu tragen. In ganzseitigen Anzeigen warben Firmen für Gasmaken selbst für Haustiere. Eine solche Angst war ebenfalls in den USA verbreitet. Auschwitz wird zum nationalistischen Code zur emotionalen Verstärkung der Feinderklärungen. Diese israelische Geschichtsinterpretation kann den Palästinensern nur als ein Angriff auf die eigene erlittene Geschichte erscheinen, die vom offiziellen Israel wiederum verdrängt wird. Sie interpretieren, parallel zum »Holocaust-Diskurs« der Israelis ihren »Nakbah-Diskurs« mit einem eigenem Gedenktag. Gegenüber der Shoa bestehen sie darauf, daß sie in der Gegenwart die Opfer sind. Edward Said: »Es gibt in diesem Konflikt kein Gleichgewicht … Hier ist nur eine Seite schuldig und die andere ist das Opfer. Die Palästinenser sind das Opfer.« (Ha'aretz, 18,8.2000).

Israelis, die aus dieser Spirale aussteigen wollen und zumindest den Militärdienst in den besetzten Gebieten verweigern, werden verfolgt und inhaftiert. Eine generelle Wehrdienstverweigerung kann es in dieser militarisierten Volksgemeinschaft nicht geben. Erschüttert worden war in den 50er Jahren eine solche nationalistische Vergangenheitsbewältigung durch den Eichmann-Prozeß und durch den Bericht Hanna Arendts, die gerade den Zusamenhang zwischen dem modernen Zivilisationsprozeß und der Shoa betonte. Selbst die Opfer waren für Arendt ein Teil dieser Struktur. Das Buch konnte viele Jahre nicht in Israel erscheinen, denn es stellte Fragen, die nur gestellt werden durften, wenn das zionistische Assimilationsprogramm selbst angezweifelt würde. Die zentrale Gedenkstätte Israels, Yad Vashem, fungiert als zentraler Ort der Verbindung zwischen der Shoa und dem Staat Israel, ein Pflichtbesuch für alle Israelis, wiederholt, in verschiedenen Lebensstadien. »Yad Vashem« – diese Worte stammen aus ›Jesaja‹56: »Ewiger Name«, der von Gott verliehen wird: »Den Verschnittenen, die meine Sabbate halten und das erwählen, was mir gefällt, die festhalten an meinem Bunde.« Eine besondere Regierungsbehörde wacht über das korrekte Gedächtnis (Mosad Yad Vashem). Bereits damit wird die Verbindung zwischen Shoa und Israel in einen religiösen Ursprung verlegt, der »Innen« und »Außen« festlegt und sakral legitimiert. Yad Vashem wird in staatlichen Zeremonien benutzt wie in anderen Staaten das jeweilige »Grabmal des unbekannten Soldaten«. Die Trauer soll eine Basis abgeben für staatliches Handeln. Das Gelände von Yad Vashem schließt sich an den benachbarten nationalen Militärfriedhof an. Die gegenwärtigen militärischen Auseinandersetzungen Israels werden unmittelbar auf die Verfolgungen während der Shoa bezogen. Yad Vashem ist die Stätte einer politischen Theologie (Carl Schmitt), in der das Leiden der Vergangenheit auf aktuelle Macht bezogen wird, eine zentrale Weihestätte für die Soldaten. Die Märtyrer der Vergangenheit und die »Gefallenen« der Gegenwart, – ihre Opfer, realisieren die staatliche Ordnung. Sie ist dafür verantwortlich, daß dieses Leiden für die Zukunft verhindert wird. Eine christliche Interpretation der Geschichte: Aus dem Opfer folgt die Erlösung, Macht fungiert als »Aufhalter« gegenüber den Kräften des »Bösen«. James E. Young: » … eine derartige Heiligung integriert, legitimiert und mobilisiert eine Gesellschaft nicht nur, sondern macht auch bestimmte Interpretationen der Ereignisse heiliger als andere.« Young bezeichnet deshalb Yad Vashem als »sich selbst rechtfertigendes Nationalheiligtum par excellence«.[73]

Israelische Kritiker einer solchen Entwicklung und besonders einer nationalistischen Geschichtsdarstellung der Gründungszeit Israels, wie etwa die »neuen Historiker«, stoßen oft auf eine Kritik, in deren Sprache auch aktuell die ideologischen Hintergründe des Zionimus deutlich werden. Den »neuen Historikern« etwa wird eine »Privatisierung des Gedächtnisses«, »Entfremdung« vorgeworfen. Diese Historiker seien nur eine Folge einer Entnationalisierung, die sie wiederum förderten. Beklagt wird die Gefährdung der Volksgemeinschaft: »Privatisierung der Erziehung«, Akzentverschiebung von der »Armee des Volkes« zur »Berufsarmee«, Ausdehnung der Freistellung von Dienstpflicht und Reservedienst, verstärkte Vielzahl der Kanäle und das »Zappen« (ein solcher Mediengebrauch verhindere »ein gemeinschaftliches corpus durch Einmischung der Eltern«), »Individualisierung des kulturellen Konsums«, »Privatisierung der Politik durch das

72 Zimmermann,a.a.O., S. 98 ■ 73 James E. Young, Formen des Erinnerns. Gedenkstätten des Holocaust, Wien 1997, S. 350 ■ 74 Daniel Gutwein, »Neue Historiographie« oder die Privatisierung des Gedächtnisses, in: Barbara Schäfer (Hg.), Historikerstreit in Israel, Frankfurt/M./New York 2000, S. 254f ■ 75 Moshe Zuckermann, Zweierlei Holocaust. Der Holocaust in den politischen Kulturen Israels und Deutschlands, Göttingen 1999, S. 35 ■ 76 A.a.O., S. 175 ■ 77 Dazu: Faruk Mordame-Bey; Elias Sanbar (Hg.), Le Droit au Retour. Le Probleme des Refugies Palestinians, Paris 2002 ■ 78 Erdheim, a.a.O., S. 58ff ■

erweiterte Anrufungsrecht des obersten Gerichts«. Damit würde die »Legitimität des kollektiven Erlebnisses« in Frage gestellt.[74] Diese Aufzählung verfaßte nicht zufällig ein Lehrstuhlinhaber für »Jüdische Geschichte«, die als kollektives Legitimationserlebnis aufrecht erhalten werden soll. Dies allerdings ist nur möglich in umfassender Feinderklärung, zu der nicht nur die Palästinenser gehören, sondern auch jeder einzelne Israeli, der sich diesen kollektiven Zwängen entzieht.

Der Israeli Moshe Zuckermann zieht einen anderen Schluß aus der Geschichte Israels und aus der Shoa. Auch er schreibt über »das jüdische Kollektiv im Staate Israel«, das allerdings bei ihm »der entsetzlichen Wahrheit nicht entkommen kann, daß … jeder Akt brutaler Repression, der sich … aus dem Tatbestand der Israelischen Okkupation ableitet, es … von der sittlich-humanen, ihm von den Holocaust-Opfern als verpflichtendes Erbe auferlegten Identität entfernt, um es in zunehmendem Maße an eine der Mörder-Identität verschwisterten Identität zu ketten.«[75] Gegenüber Israelis, die in der Eigen- wie Fremdwahrnehmung nach Auschwitz auch als Täter Opfer bleiben, können die Palästinenser sich kaum verständlich machen. Sie werden es auch nicht wollen. Denn die Erinnerung an die Shoa erscheint ihnen so lange als Bedrohung, als aus dieser Erinnerung eine »Opfer-Ideologie« folgt, obwohl »immer mehr Juden bei den in ihrem Land herrschenden Gewaltverhältnissen zu Tätern werden.«[76]

Solange die Israelis das »Recht auf Rückkehr« für die vertriebenen Palästinenser, die oft noch den Schlüssel ihres enteigneten Hauses aufbewahren, soweit ausblenden, daß nicht einmal die Tatsache der Vertreibung angesprochen werden darf, wird es kaum eine Möglichkeit des Dialogs geben.[77] Der arabische Nationalismus wiederum benutzt diese Ausblendung, um die Leerstelle mit antisemitischen Schriften zu besetzen, die aus Europa stammen. Auch diese Modernisierung folgt den europäischen Vorbildern, selbst wenn sie sich »islamisch« drapiert. Wie auf der israelischen Seite wird das Leid in religiöser Mythologie interpretiert, die nationalistische Interessen unangreifbar machen soll. Edward Said hat in einem Interview im Jahre 2000, das in der israelischen Zeitung ›Ha'aretz‹ erschien, eine solche Mythologie abgelehnt:

»I guess that part of my critique of Zionism is based on ist overestimation of a home. It claims that we need a home, that we will do anything to appropriate a home, even if it means to make others into homeless … I never understood the claim that this place is mine and you get out. I dislike also the drive to ones roots, to the pure origin. I believe that the great intellectual and political disasters of the twentieth century were actualized by condencing movements which attempted to simplify and purify. They said that we have to build here the tenants or the Kibuzzim or our army and start all over again. I would not like it even for myself … Even if I had been a Jew I would struggle against it.« Das Exil ist für Said nicht national begründbar. Deshalb kann er als Palästinenser folgern: »I am a Jewish Palestinian.« (Ha'aretz, 18.8.2000).

Antisemitismus Rassismus und Fremdenfeindlichkeit schwankten schon immer zwischen der Abwehr des gefährlichen Barbaren und der Verehrung des edlen Wilden. Im Barbar wird alles gesehen, was nicht erlaubt ist, was schon immer verboten war, was man sich schließlich nicht leisten kann. Der edle Wilde verkörpert alles, was in einem Zivilisationsprozeß verloren ging, nach dem ich mich aber zurücksehne.[78] In diesen »projektiven« Begriffen werden von der positiven wie der negativen Seite die Eigenschaften verdammt oder gefeiert, die ich mir selber nicht erlauben darf, oder über deren Verlust ich trauere. Deshalb wird der »Barbar« so schnell zum »edlen Wilden« und umgekehrt. Der »Orient« verkörperte im europäischen Bewußtsein beides. In jedem Fall bleibt der »Orientale« außerhalb unseres Kulturzusammenhangs. Dafür wird er gefürchtet und zugleich bewundert. In solchen Projektionen bleibe ich aber in meinem eigenen »inneren Ausland« (Sigmund Freud) gefangen, auch wenn ich den Antisemitismus mit einem »Rückfall in die Barbarei« erklären will. Ich folge damit einer Anthropologie, die gerade in der NS-Zeit herangezogen und weiterentwickelt wurde um Macht zu begründen: Die in mir selbst drohende Gefahr der Barbarei erfordert Institutionen, um mich selbst in Schach zu halten. Arnold Gehlen entwickelte deshalb ein Programm der »Freiheit« gerade aus der »Entfremdung«, Konrad Lorenz schrieb vom ursprünglichen Aggressioninstinkt. Beide basieren auf einer an Thomas Hobbes geschulten Vermeidung von Gewalt, die jede Macht akzeptiert, die einen die bürgerliche Gesellschaft absichernden Frieden garantiert. Beide Anthropologen konnten deshalb sowohl vor wie auch nach 1945 gefeiert werden. Mit ihnen ließen sich auch Änderungen der politischen Machtstruktur rechtfertigen, wenn dadurch der innere Frieden bewahrt wurde. Und der Widerstand gegen den Nationalsozialismus wurde nach 1945 zunächst auf diejenigen beschränkt (»die Männer des 20. Juni«) die ihm zwar gefolgt waren, dann aber erkannten, daß der innere Frieden im drohenden Verlust des Kriegs durch das Machtsystem bedroht wurde. Zygmunt Bauman hat für diesen konstruierten Frieden das Bild des »Gartens« angeführt: »Es geht um eine ›Natur‹, die ›beherrscht‹, ›gebändigt‹, und ›gebessert‹ oder ›umgestaltet‹ werden muß wie ein Garten, dessen Planung gewaltsam durchzusetzen und zu sichern ist (in der Terminologie des Gärtners besteht eine enge Trennung zwischen ›Kulturpflanzen‹ und ›Unkraut‹, das ausgemerzt werden muß).«[79] Dieses Bild des Gartens verweist auf eine Intensivierung der Hobbesschen Machtstruktur in der europäischen Aufklärung. Bei Jean-Jacques Rousseau blieb die Disziplinierung nicht auf den äußeren Menschen beschränkt, sondern verlängerte sich in sein Inneres. Keine »Barbarei« sollte mehr übrig bleiben; Erziehung formte eine Welt, die sich als »Natur« ausgab, aber als Ergebnis von Machtbeziehungen entstanden war.[80] Wenn allerdings die Erziehung mißlang, so konnte dafür nur eine »schlechte« Natur verantwortlich gemacht werden, der Erzieher verwandelte sich in einen Rassisten, der diese »schlechte« Natur aufspüren und vernichten muß. Der Antijudaismus wurde zum Antisemitismus, wenn »der Jude« mit einem Kapitalismus identifiziert wurde, der den inneren Frieden bedrohte. Der deutsche »Generalplan Ost« sah einen solchen Garten im eroberten und von den überflüssigen Menschen »gereinigten« Osteuropa vor, – eine gesäuberte »Natur«, die gerade in ihrer Reinheit als eine neue Heimat ersehnt wurde.

Wenn ich heute den Antisemiten als »Barbaren« bezeichne, dann folge ich genau der Denkstruktur, die den Antisemitismus ermöglicht hat und rette mich mit solcher »barbarischen« Naturgegebenheit vor jeder weiteren Analyse einer Kontinuität der auf Rassismus basierenden Machtstrukturen. Ich fordere von mir nur meine eigene Anpassung, damit ich der angeblichen »Barbarei« entkomme. Zygmunt Bauman schreibt dagegen: »Unter dem Eindruck des Holocaust wurden Justiz und Moraltheologen mit der Problematik konfrontiert, daß die Moral sich im Ungehorsam gegenüber sozial reglementierten Prinzipien manifestieren kann oder auch in Handlungen, die sozialer Solidarität und sozialem Konsens zuwiderlaufen.«[81] Im Anschluß an Goldhagens Buch über »Hitlers willige Vollstrecker« wurde erneut über die »Barbarei« diskutiert.[82] Denn Goldhagen betonte die breite soziale Basis eines eliminatorischen Antisemitismus, beharrte aber auf der »Barbarei«, dem sadistischen und quasi krankhaftem Verhalten der Mörder. Damit trennte er den Zusammenhang zwischen diesem Rassismus und dem Zivilisationsprozeß auf; er lieferte keine Analyse des spezifischen Zivilisationsprozesses in Deutschland, der zu Auschwitz geführt hatte. Er sah nicht die Barbarei in dieser Zivilisation selbst; Antisemitismus wurde nach rückwärts »verewigt«. Goldhagen folgte damit der in Israel beliebten These eines grundsätzlichen Antisemitismus, dem nur mit eigener militärischer Stärke zu begegnen sei, mit einer Assimilation an den nationalistischen Zivilisationsprozeß.

79 Bauman, a.a.O., S. 32 ■ 80 Dazu: Dreßen, Die pädagogische Maschine, a.a.O. ■ 81 Bauman, a.a.O., S. 192 ■ 82 Daniel Jonah Goldhagen, Hitlers willige Vollstrecker. Ganz gewöhnliche Deutsche und der Holocaust, Berlin 1996 ■ 83 Max Horkheimer/Theodor W. Adorno, Dialektik der Aufklärung, Amsterdam 1947, S. 204ff ■ 84 Dazu: Wolfgang Dreßen, Gesetz und Gewalt. 1848: Revolution als Ordnungsmacht, Berlin 1999 ■

Der barbarische Wahnsinn des Antisemitismus wird bei Adorno/Horkheimer gar nicht geleugnet, nur wird er entwickelt aus einer Analyse der bürgerlichen Gesellschaft:

»Im Verhältnis des Lohnes zu den Preisen erst drückt sich aus, was den Arbeitern vorenthalten wird. Mit ihrem Lohn nahmen sie zugleich das Prinzip der Entlohnung an. Der Kaufmann präsentiert ihnen den Wechsel, den sie dem Fabrikanten unterschrieben haben. Jener ist der Gerichtsvollzieher fürs ganze System und nimmt das Odium für die anderen auf sich. Die Verantwortung der Zirkulationssphäre für die Ausbeutung ist gesellschaftlich notwendiger Schein.« Diese Zirkulationssphäre wird den Juden zugeschoben; »sie waren allzu lange in sie eingesperrt«. Und schon zuvor waren sie die »Vermittler«, die »als Kaufleute römische Zivilisation im gentilen Europa verbreiten halfen«: »Der Bankier wie der Intellektuelle, Geld und Geist, die Exponenten der Zivilisation, sind das verleugnete Wunschbild der durch Herrschaft Verstümmelten, dessen die Herrschaft sich zu ihrer eigenen Verewigung bedient.«[83] Dieses »Wunschbild« wurde vom Antisemiten im »Juden« verkörpert. Am Antisemitismus verdiente die Volksgemeinschaft nicht schlecht; die jüdischen Opfer wurden buchstäblich restlos verwertet, aber dieser ökonomische Nutzen blieb nur das Produkt eines Hasses, der den Kapitalverhältnissen folgte und in Deutschland zur Produktion einer von oben durchgesetzten und, im Vergleich zu den anderen bürgerlichen Gesellschaften, zu spät gekommenen Volksgemeinschaft diente. Eine »Dialektik der Aufklärung« fand im revolutionslosen Deutschland nicht statt, aus der Modernisierung wurde individuelle Befreiung ausgeklammert.[84] Die Juden erinnerten dagegen genau an diese Dialektik. Dies wird ihnen nicht verziehen. Eine Aufklärung gegen festgelegte Identitäten, die Rolle des Vermittlers, zieht den Haß der normalisierten Menschen auf sich. Die von Zygmunt Bauman eingeforderte Ambivalenz gibt die Verantwortung an jeden einzelnen zurück und »untergräbt« jede eingeforderte Identifikation. Solche Ambivalenz stört den Frieden. Naheliegend ist deshalb besonders in Deutschland, dem Land der Täter, ein Umschlag aus dem Anti- in den Philosemitismus. Das Objekt der Beurteilung bleibt gleich, die identifikatorische Gewißheit ebenso. Der Rassismus wird nicht verlassen. Zum Opfer wird jetzt das Opfer meines früheren Feindes erklärt. Der »Islamist« übernimmt die Züge des jüdischen Feindes, der allerdings nicht alles leisten kann. Die Suche nach der »jüdischen Weltverschwörung« geht weiter, um die abstrakten, in den Tauschwerten steckenden Machtverhältnisse zu erklären. Der Philosemit versucht dem zu entgehen, indem schon jede Kritik am globalisierten Kapitalismus als antisemitisch denunziert wird, auch wenn nur einige Namen genannt werden, die zur »israelischen Lobby« zählen. Für den Philosemiten darf es jede Lobby geben, aber keine israelische. Ein solches rassistisches Vorurteil überwindet nur scheinbar bisherigen Antisemitismus. Es bleibt ihm zutiefst verhaftet. Ob »der Jude« nun hinter allem steckt oder nirgends seine Interessen vertritt, beide Aussagen stutzen »den Juden« so zurecht, daß er zu dem Abstraktum wird, das die Antisemiten verabscheuen.

Durchbrechen Kann das Opfer endlich abgeschafft werden, wenn ich anerkenne, daß der »andere« so ist wie ich? Damit würde ich nur in einem Aufklärungsdiskurs bleiben, der Gleichheit nur für die Gleichen anerkennt. Wenn die Erziehung zur Gleichheit mißglückt, wird der enttäuschte Erzieher zum Rassisten, der seine Kategorien nur retten kann, wenn er im nicht erziehbaren »anderen« die »böse Natur« erkennt. Dagegen hat Pierre-Andre Taguieff einen »nicht-imperialen Universalismus« gefordert, der keine Gleichheit einfordert, um Anerkennung zu erreichen.[85] Ich begegne dem »anderen« nicht um ihn zu vernichten, zu vertreiben oder zu belehren, auch nicht um mit ihm auf dem Markt zu handeln. Ich begegne ihm, wenn ich von ihm lerne.[86] Aber auch eine solche Anerkennung reicht nicht aus – vielmehr muß ich mich selbst in Frage stellen, so Levinas: »Dieses Infragestellen bedeutet die Verantwortung des Ich für den anderen.«[87] Diese

Aufforderung bedeutet keine Überwältigung des anderen durch das eigene Ich, sondern seine bedingungslose Anerkennung. Eine solche Anerkennung ist nicht möglich, wenn sie gebunden bleibt an den Tauschwert, an der marktfähigen Nützlichkeit der einzelnen und der Kulturen. Adornos Forderung, »ohne Angst verschieden zu sein« ist erst recht in einer globalisierten bürgerlichen Gesellschaft nicht zu verwirklichen.[88] Denn sie setzt weltweit die Identität des Tauschwerts durch, wenn es sein muß auch militärisch – Krieg als eine Fortsetzung des Handels mit anderen Mitteln. Der »andere« wird schließlich, verzweifelt, gegen diese terroristische Einheit real zum »Terroristen«, der den weltweiten Marktfrieden stört. Die pure Austauschbarkeit allerdings kann keine Machtstrukturen so begründen, daß ich sie auf Dauer ertrage. Das Verfahren allein kann nicht auf Dauer handlungsbestimmend bleiben. Das »Wozu« des alltäglichen Opfers muß beantwortet werden. Deshalb brauchten die »Bürokraten« des Massenmords auch den »arischen« und den antisemitischen Mythos, um sich und ihre tägliche »Arbeit« auf Dauer ertragen zu können.

Auch die globalisierte Marktwirtschaft braucht den Mythos des »Bösen« um sich durchzusetzen. Dieser Mythos wird in der Gegenwart über »Auschwitz« begründet. Hier hätte sich »das Böse« gezeigt. Vor den Angriffskriegen der Gegenwart wird regelmäßig daran erinnert, Kränze werden an den Orten der Befreiung niedergelegt, so vom amerikanischen Präsidenten in der Normandie. Das »Gas« wird zum Angstmythos, unter dessen bedrohlichem Bild alle einig sind, jetzt endlich das »Böse« zu besiegen. Die »Gasmaske‹ wird zum Ausweis, zu den »Guten« zu gehören. Solche Mythologisierung des realen Grauens von Auschwitz mißbraucht die Ängste der Opfer um Macht zu begründen. Jeder Mythos gründet in der realen Angst. Die Bewältigungsversuche fordern das machtbegründende Opfer, das alles erklärt und endlich erlöst. Gegen die Illusionsmaschine des Mythos hilft nur eine Phantasie, eine Entwirklichung der Realität, die frei macht gegen die alltäglichen Ansprüche, eine Phantasie der Menschen, die auch real in ihrem alltäglichen Leben versuchen, sich nichts mehr »vormachen zu lassen«. Dies allerdings ist nur global möglich. Denn eine Feier des »Ethnischen« wird nur benutzt, um bisherige Nationalstaaten aufzulösen und sie dem Diktat des globalisierten Marktes einzuordnen. Eine Gleichzeitigkeit von ökonomischer, militärischer und staatlicher Machtkonzentration auf der einen Seite und ethnischer Zersplitterung auf der anderen Seite erlaubt es, auch noch die scheinbare Befreiung aus bisherigen Zwängen zu benutzen, um Unterwerfung zu erreichen. Auch das besondere »ethnische« Leben, die bisher unterdrückte Sprache oder Religion, werden zu Mythen um nützliche Feinderklärungen aufzubauen.

Im klassischen Kolonialismus beutete ein Nationalstaat die kolonisierten Länder aus – politisch, kulturell, vor allem ökonomisch. Wir sind auf dem Weg zu »einer Kolonisierung, bei der es … nur noch Kolonien und keine kolonisierenden Länder mehr gibt – die Kolonialmacht ist nicht mehr ein Nationalstaat, sondern gleich das ›globale Unternehmen‹.

Dieser globale Kapitalist erkennt alle Kulturen an, aber nur auf der Basis des globalisierten Marktes, als Eingeborene, deren Sitten sorgfältig studiert und ›respektiert‹ werden müssen, damit ihr Markt erfolgreich erobert werden kann.«[89] Er benutzt seine »multikulturelle« Universalität des Marktes, um sich selber gegenüber allem »Besonderen«, »Rückständigen« zu privilegieren. Über den bloßen Tauschwert allein läßt sich kein Opfer einfordern. Auch der globale Kapitalist braucht in der Auseinandersetzung mit »rückständigen« anderen, die sich ihm nicht unterwerfen wollen, eine ideologische Basis, einen Ursprungsmythos, der Unterwerfung rechtfertigt. Deshalb muß die amerikanische Regierung vom »Bösen« reden, wenn sie ihre ökonomischen Interessen meint. Und »Europa« muß sich auf »sich

85 Pierre-Andre Taguieff, Die Macht als Vorurteil. Der Rassismus und sein Double, Hamburg 2000, S. 377 ■ 86 A.a.O., S. 388 ■ 87 Emmanuel Levinas, Die Spuren des Anderen, Frankfurt/M. 1992, S. 224 ■ 88 Theodor W. Adorno, Minima Moralia, Frankfurt/M. 1986, S. 114 ■ 89 Slavoj Zizek, Das rassistische Schibboleth, in: Peter Weibel/Slavoj Zizek (Hg.), Inklusion: Exklusion, Probleme des Postkolonialismus und der globalen Migration, S. 165f ■ 90 Hannah Arendt, Elemente und Ursprünge totaler Herrschaft, München 1986, S. 470 ■ 91 Arno Gruen, a.a.O., S. 78 ■ 92 Horkheimer/Adorno, a.a.O., S. 234 ■

selbst besinnen«, wenn ökonomische Interessen gegenüber den USA behauptet werden sollen. Auf diese Weise kann auch der multikulturelle Bürger seine Grenzen schließen und, wenn nötig, einen überflüssigen Menschen definieren, der außerhalb jeder Rechtsordnung steht. Hannah Arendt hat über diese Menschen geschrieben und damit den Zusammenhang von Zivilisation und Barbarei betont: »Es ist, als ob eine globale, durchgängig verwebte zivilisatorische Welt Barbaren aus sich selbst heraus produzierte, indem sie in einem inneren Zersetzungsprozeß ungezählte Millionen von Menschen in Lebensumstände stößt, die essentiell die gleichen sind wie die wilder Volksstämme oder außerhalb der Zivilisation lebender Barbaren.«[90] Diese überflüssigen Menschen sind nicht nur überall dort zu finden, wo sie daran gehindert werden sollen, Grenzen zu überschreiten. Sie sterben in den Kriegen, die weltweit gegen diejenigen geführt werden, die sich der von ihnen verlangten Einordnung widersetzen. Eine neue Stufe wurde am 13.11.2001 erreicht. An diesem Tag erließ der amerikanische Präsident eine »Militärverordnung«, mit der die »unbefristete Inhaftierung« von nichtamerikanischen Bürgern angeordnet wird, die sich des »Terrorismus« auch nur verdächtig gemacht haben. Giorgio Agamben: »Das Neue … besteht darin, daß sie den Rechtsstatus eines Individuums sowohl mit Rücksicht auf das internationale Recht wie auf die amerikanischen Gesetze radikal suspendiert und ein juristisch nicht benennbares und klassifizierbares Wesen schafft.«
Die Gefangenen auf dem amerikanischen Militärstützpunkt auf Kuba, die bei Aktionen gegen »mutmaßliche Terroristen« Getöteten, die Menschen, die gefoltert werden, die Toten des völkerrechtswidrigen Angriffskrieges gegen den Irak gehören in diese Kategorie der überflüssigen Menschen. Agamben: »Der einzig mögliche Vergleich ist der mit der juristischen Lage der Juden in den nationalsozialistischen Lagern, die mit der Staatsbürgerschaft jede juristische Identität verloren hatten …« (Frankfurter Allgemeine Zeitung, 19.1.2003).

Dagegen hilft nur eine globalisierte Befreiung; die »eigene« Befreiung ist nur möglich in einem Prozeß der gegenseitigen Anerkennung, in einem nicht mehr durch den Markt beschränkten Pluralismus der Identitäten. Wenn sie sich auf »sich selbst«, auf eine aufgezwungene oder anerzogene ausschließende Identität beschränken, unterdrücken sie sich selbst und »andere«. Der Wiederholungszwang der Geschichte wird dann nicht durchbrochen. Arno Gruen: »Die wirklich ›Angepaßten‹ … morden jene, die sie daran erinnern, wie sie sich selbst verraten haben.«[91] Die »eindimensionalen« Menschen (Herbert Marcuse) der Moderne produzieren ökonomisch, ideologisch, militärisch, polizeilich, rechtlich und sozial weltweit die überflüssigen Menschen. Die Definition legitimer Gewalt folgt taktischen Machterwägungen. Illegitime Gewalt wird als »Terrorismus«, wie die überflüssigen Menschen selbst, in den Bereich des »Bösen« und »Barbarischen« verbannt. Eine »Dialektik der Aufklärung« ist hier nicht mehr zu erkennen, sondern nur eine repressive, rein technische und nach Profitkriterien organisierte Modernisierung, die Menschen nach Nützlichkeitserwägungen akzeptiert oder vernichtet. Daß im überfallenen Irak zwar die Öleinrichtungen sofort geschützt, die Museen aber der Plünderung und der Schnäppchenjagd des privaten Antiquitätenmarktes überlassen wurden, kennzeichnet an Dingen, was den Menschen alltäglich weltweit angetan wird: eine profitorientierte Usurpation des Gedächtnisses. Horkheimer und Adorno erinnerten daran, was die Antisemiten im »Juden« einmal verachteten. Bezeichnet wird damit zugleich die Utopie einer Welt des »anderen«, alles das, was die Deutschen in Auschwitz vernichten wollten, eine Welt »des Glückes ohne Macht, des Lohnes ohne Arbeit, der Heimat ohne Grenzstein, der Religion ohne Mythos«.[92] Diese Utopie steht unter dem Bilderverbot; sie kann nicht positiv bestimmt werden, sondern bezieht ihre Kraft allein aus der Negation des Bestehenden. Gerade damit folgt sie einer ausstehenden Erlösung, die nur im Widerspruch mit der Wirklichkeit möglich ist und nicht erneut einem Identitätsprinzip verfällt. Denn jeder reine Ursprung ist Mythos, wie jede reine Machbarkeit.

Mehr als ein Fragezeichen · Die Zukunft der Jüdischen Gemeinden in Deutschland

Die Anfänge des organisierten jüdischen Gemeindelebens nach der Befreiung 1945 liegen im dunkeln. Stellt man sich auf den Standpunkt des Unrechtsstaates, so haben jüdische Gemeinden in Deutschland am 28. Januar 1943 mit der Überführung in die ›Reichsvereinigung der Juden in Deutschland‹ aufgehört zu existieren. Mißt man jüdisches Gemeindeleben jedoch an seinen traditionellen Aufgaben, so hat es z.B. mit dem Wirken Rabbiner Martin Riesenburgers auf dem jüdischen Friedhof in Weißensee[1] und der kleinen jüdischen Kolonie auf der Krankenstation der Gestapo in den Räumen des ehemaligen Jüdischen Krankenhauses[2] in Berlin wohl zu keiner Zeit eine Unterbrechung jüdischer Gemeindetätigkeit gegeben.

Als 1945 die aus den Konzentrationslagern Befreiten und die im Untergrund überlebenden Juden sich z.B. in Berlin zusammentaten, um wieder jüdische Gemeinden zu gründen, war dies zunächst von den Alliierten nicht vorgesehen. Statt dessen hatten Roosevelt, Churchill und Stalin, die auf der Teheran-Konferenz im November 1943 die Teilung Deutschlands beschlossen, die Vorstellung, daß die Holocaust-Opfer in andere Länder als Deutschland auswandern müßten, weil sich keiner vorstellen konnte, daß mit der von den Nationalsozialisten fanatisierten deutschen Bevölkerung ein Zusammenleben möglich schien.

Offenbar sprachen bereits im Mai 1945 aus dem Untergrund auftauchende Juden beim sowjetischen Stadtkommandanten vor, um die Erlaubnis zu erhalten, die Jüdische Gemeinde neu gründen zu dürfen. Dies war gegen ursprünglich von den Alliierten verabredete Regelungen, nach denen überlebende Juden wie alle anderen verschleppten Personen (›displaced persons‹) in ihre Heimatländer repatriiert werden sollten, also polnische Juden nach Polen, niederländische nach Holland etc., deutsche Juden aber expatriiert werden sollten, da man sich nicht vorstellen konnte, daß in Deutschland jemals wieder jüdisches Leben möglich werden könnte.[3] Wenn also Stadtkommandanten in den einzelnen besetzten Zonen solchen Ersuchen überlebender Juden nachgaben, so handelten sie gegen die noch im Zweiten Weltkrieg gemeinsam beschlossene Linie.

Eine zweite Linie der Entstehung jüdischen Lebens bildeten die Lager für ›displaced persons‹, die in den westlichen Besatzungszonen und Berlin angelegt wurden, um eben die befreiten Juden in geschützten Zonen vor ihrer Repatriierung bzw. ihrer Emigration unterzubringen, solange dies nötig war. In Berlin gab es solche Lager nur bis zu Beginn der Blockade 1948, in den westlichen Besatzungszonen etwa bis zur Mitte der 50er Jahre.

Zu Beginn der 50er Jahre wurde das jüdische Leben in Berlin und im Osten Deutschlands vom entstehenden Antisemitismus in der Sowjetunion geprägt. Im März 1948 wurde Erich Nehlhans, zu dieser Zeit Kultusdezernent im Vorstand der Gemeinde, von der NKPD deportiert, und es begann eine systematische Ausgrenzung jüdischer Offiziere aus der sowjetischen Besatzungstruppe.

In Ostdeutschland begann eine Kampagne gegen jüdische Funktionäre der zur SEW mutierten KPD. Julius Meyer, zusammen mit Heinz Galinski, Vorsitzender der Jüdischen Gemeinde in Berlin, mußte Anfang 1953, trotz seines Mandats in der

1 Vgl. Martin Riesenburger: ›Das Licht verlösche nicht. Ein Zeugnis aus der Nacht des Faschismus. Predigten‹, 2. Auflage, Berlin 1984, S. 53f ■ 2 Bruno Blau: ›Vierzehn Jahre Not und Schrecken‹, in: Monika Richarz (Hg.), ›Jüdisches Leben in Deutschland. Selbstzeugnisse zur Sozialgeschichte 1918–1945‹, Bd. 3, Stuttgart 1982, S. 474 ■ 3 Archiv Stiftung Neue Synagoge – Centrum Judaicum, Berlin, 5 A Be 1 (unsigniert). Zu den offenbar spontan entstandenen Bezirksgemeinden und ihrer Zentralisation vgl. Hermann Simon: ›Die Jüdische Gemeinde Nordwest. Eine Episode aus der Zeit des Neubeginns jüdischen Lebens in Berlin nach 1945‹, in: Andreas Nachama/Julius Schoeps (Hg.): ›Aufbau nach dem Untergang. Deutsch-jüdische Geschichte nach 1945‹, Berlin 1992, S. 274–284 ■ 4 Vgl. Schoeps, Julis H: ›Mein Weg als deutscher Jude. Autobiographische Notizen‹, Zürich 2003, S. 260f ■ 5 ›Pessach haggadah‹ bearbeitet von Robert Rafael Geis, Düsseldorf 1954, S. 7 ■ 6 Nachama, Andreas; Schoeps, Julis H. (Hg.): ›Aufbau nach dem Untergang. Deutsch-jüdische Geschichte nach 1945. In memoriam Heinz Galinski‹, Berlin 1992, S. 64ff ■ 7 Nachama, Andreas; Sievernich, Gereon (Hg.): ›Jüdische Lebenswelten, Dokumentation der Ausstellung‹, Frankfurt 1992 ■ 8 Eckhardt, Ulrich; Nachama, Andreas (Hg.): ›Jüdische Berliner LEBEN nach der Schoa. 14 Gespräche‹, Berlin 2003, S. 284 ■

Volkskammer, nach Westberlin flüchten. Die Jüdische Gemeinde in Ostberlin und der DDR spaltete sich endgültig von der Westgemeinde ab und wurde für viele Jahre zu einem Instrument der kommunistischen Herrschaft. Die Westgemeinde unter Leitung Galinskis begann sich als ein selbständiges Element zu etablieren und folgte der politischen Teilung Deutschlands.

Im Mai 1953 erschien Nahum Goldmann zur Eröffnung eines Gemeindesaals in der Joachimsthaler Straße und übermittelte zu diesem freudigen Ereignis die guten Wünsche des Jüdischen Weltkongresses. Dies war die erste offizielle Anerkennung des wiedererstandenen jüdischen Lebens in Deutschland durch eine bedeutende jüdische Organisation des Auslandes. Die jüdischen Nachfolgeorganisationen erkannten im Wiedergutmachungsabkommen von Luxemburg 1953 an, daß die von den jüdischen Gemeinden betriebenen Gemeindeeinrichtungen wie Synagogen und Gemeindehäuser im Besitz der Gemeinden bleiben sollten und nicht an die Jüdischen Nachfolgeorganisationen zum Veräußern übergeben werden sollten. Am Beispiel des 1959 eingeweihten jüdischen Gemeindehauses in der Fasanenstraße wird deutlich, was dies bedeutet. 1956 nicht in Betrieb, wurde es von der ›Claims Conference‹ wie alle anderen zu diesem Zeitpunkt nicht in Betrieb befindlichen Liegenschaften im Westteil Deutschlands und Berlins abgeräumt und veräußert. Der Senat von Berlin wollte hier einen Parkplatz errichten. 1957 wurde schließlich der Grundstein für ein neues Gemeindehaus gelegt. Erst 1963 wurde die Liegenschaft vom Senat an die Gemeinde zurückübertragen.

Die jüdischen Gemeinden im Osten Deutschlands waren zwischenzeitlich zu Propagandainstrumenten der DDR mutiert. Gleichwohl haben etwa 800 Juden in der DDR das jüdische Leben mit Gottesdiensten und einem sich langsam entwickelnden Kulturleben aufrecht erhalten. In der Bundesrepublik Deutschland und im Westteil Berlins entwickelte sich langsam eine sich stetig vertiefende Beziehung zu den christlichen Kirchen. Remigranten aus Nord- und Südamerika, zuweilen auch aus Israel, sorgten dafür, daß die Gemeinden einen ständigen Zuzug verzeichnen konnten und sich so ihre Zahl nicht reduzierte, sondern etwa bei der gleichen Zahl von ca. 30.000 verblieb – ganz im Gegensatz zu den Gemeinden in Ostdeutschland. Gleichzeitig entwickelte sich, noch vor der Aufnahme diplomatischer Beziehungen zum Staat Israel, eine vertiefende Freundschaft zum Jüdischen Staat. Ab 1965 begannen auch einzelne deutsche Kommunen Städtepartnerschaften zu israelischen Kommunen. Dies wuchs zu einer deutsch-israelischen Freundschaft heran, die ihren Niederschlag nicht nur in ökonomischen Beziehungen, sondern auch in einer großen Zahl kommunal angelegter deutsch-israelischer Gesellschaften ab Anfang der 70er Jahre fand. Sie führten ebenfalls zu einer deutsch-israelischen Parlamentariergruppe im Bundestag. 1969 führte der damalige Regierende Bürgermeister von Berlin, Klaus Schütz, ein Programm ein, das ehemaligen Berliner Juden auf Einladung des Senats ermöglichte, die ehemalige Heimat zu besuchen. Bis heute haben auf diesem Weg über 30.000 Verfolgte des Naziregimes Berlin besucht. Seit Ende der 70er Jahre haben auch andere bedeutende Kommunen derartige Programme entwickelt.

1971 schloß der Berliner Senat, ebenfalls unter der Leitung von Klaus Schütz, als erste deutsche Kommune einen Vertrag mit der jüdischen Gemeinde zu Berlin, der die Existenz der jüdischen Gemeinde auch durch direkte finanzielle Unterstützung sicherte und das Vorbild für staatsvertragliche Absicherung jüdischer Gemeinden in fast allen Bundesländern vor 1989 bildete. Dieser Vertrag wurde nach Aufhebung der alliierten Vorbehalte in Berlin 1995 ebenfalls durch einen Staatsvertrag ersetzt, der jedoch nun, nach dem Wegfall des Vier-Mächte-Regimes, nicht mehr nur ein Verwaltungsabkommen war.

Nach dem Fall der Mauer 1989 und der Vereinigung Deutschlands 1990 konnten Juden aus der UdSSR als Kontingentflüchtlinge einwandern – dies war bereits ab dem Frühsommer 1990 als Beschluß der, dann demokratischen, DDR-Regierung möglich gewesen und hatte Ende der 70er Jahre mit einem durch den Viermächtestatus bedingten »Loch« in der Berliner Mauer seinen Vorläufer gehabt, so daß die jüdische Gemeinde zu Berlin-West 1989 bereits von ihren 6.000 Mitgliedern ca. 2.000 ursprünglich russischsprachige Juden als Mitglieder zählen konnte.

Ende der 50er Jahre kam es zu einer Reihe von antisemitischen Anschlägen und Schmierereien in der Bundesrepublik. 1959 gründeten Heinrich Böll und andere daraufhin die Germania Judaica mit inzwischen über 40.000 Bänden. Wie wir heute wissen, waren diese Anschläge von der Stasi (Ministerium für Staatssicherheit der DDR) initiierte Provokationen, die das Ziel hatten, die Bundesrepublik im Kontext des Mauerbaus international zu diskreditieren, um die DDR ihrem menschenfeindlichen Mauerbau zum Trotz als antifaschistischen Staat zu legitimieren.

Ein weiterer Markstein der deutsch-jüdischen Beziehungen war die Verjährungsdebatte im Jahr 1965. Nach damals gültigem Recht wäre Mord, also auch der Nazi-Völkermord, nach 20 Jahren verjährt. Darüber wurde im Bundestag und in der Öffentlichkeit kontrovers diskutiert – mit dem Ergebnis, daß die Verjährungsfrist zunächst um fünf Jahre verlängert und die Verjährung später gänzlich aufgehoben wurde. Seit 1967 begann in Deutschland, verstärkt in Berlin die, auch im Kontext des Vietnamkrieges zu sehende Studentenrevolution. »Unter den Talaren, der Muff von 1000 Jahren« richtete sich nicht nur gegen das Establishment und die Traditionen der deutschen Universitäten, sondern insbesondere, in Anspielung auf das »1000jährige Reich«, gegen diejenigen, die womöglich keine Nazimörder, aber überzeugte Mitläufer des Dritten Reiches waren. Die Studentenrevolution stellte die Frage des »wie war der Faschismus möglich« und hatte damit durchaus auch Sympathien in den Jüdischen Gemeinden. Axel Springer, ein führendes und prominentes Mitglied der deutsch-jüdischen und deutsch-israelischen Aussöhnung, zugleich zur damaligen Zeit bedeutendster Zeitungsverleger, geriet zwischen die Fronten, weil er einerseits überzeugter Fürsprecher der Aussöhnung, gleichzeitig aber vehementester Kritiker der Studentenbewegung war.

Zu Beginn der 70er Jahre geriet der Vorsitzende der Jüdischen Gemeinde zu Berlin, Heinz Galinski, auf die Targetliste der, zwischenzeitlich zu einer terroristischen Vereinigung degenerierten linksextremistischen Baader-Meinhof-Gruppe, deren Mitglied Hans-Joachim Klein bei seinem Ausstieg aus dieser Vereinigung dem Magazin ›Der Spiegel‹ in einem Bekennerbrief mitteilte, daß er die geplante Ermordung »des Vorstehers der Jüdischen Gemeinde zu Berlin« nicht mittragen könnte. Seit dieser Zeit stehen die Einrichtungen der Jüdischen Gemeinden in der Bundesrepublik Deutschland unter verstärktem Polizeischutz, wird der jeweilige Vorsitzende der Jüdischen Gemeinde zu Berlin wie des Zentralrats der Juden in Deutschland von einem Personenschutzkommando begleitet.

Zu Beginn der 80er Jahre, etwa zur Zeit des Libanon-Feldzuges, entwickelte sich eine antizionistische und antiisraelische Kampagne der bundesdeutschen Medien, der Heinz Galinski als damaliger Vorsitzender vehement entgegen trat, wie er auch als Vermittler in der damals aktiven Hausbesetzerszene und der virulenten ausländerfeindlichen Kampagne in vom Senat eingerichteten Gremien auftrat.

In der Nachfolge der nach der Ausstrahlung der amerikanischen Fernsehserie ›Holocaust‹ sich etablierenden Geschichtswerkstätten begann, insbesondere im Jahr 1983, 50 Jahre nach der »Machtergreifung« der Nationalsozialisten – eine intensive Forschung von »Turnschuhhistorikern«, die nicht mehr die Frage der 68er nach den faschistischen Strukturen im allgemeinen, sondern nach den nationalsozialistischen Umständen in der jeweiligen Wohnumgebung stellten. Judenverfolgung in Schöneberg oder anderen Bezirken oder Straßen, in denen man lebte, wurde zum Thema von Ausstellungen oder Buchpublikationen. Daraus ergab sich eine große Zahl von Ausstellungen, Gedenktafeln, Publikationen und Forschungen – nach dem Motto der ursprünglich aus Schweden stammenden, Nachbarschaftshistoriker: »Grabe, wo Du stehst«.

Eine Wende in der regierungsamtlichen Politik ereignete sich in Folge der Ereignisse in Bitburg im Jahr 1985, als Bundeskanzler Helmut Kohl mit dem amerikanischen Präsidenten Ronald Reagan dort auf einem Soldatenfriedhof, auf dem auch

Waffen-SS Angehörige begraben sind, aufgetreten war, und als eine stärkere Kampagne gegen die Bundesregierung die Versöhnungspolitik der Bundesrepublik in Mißkredit gebracht hatte. Als der damalige Bundestagspräsident Philipp Jenninger anläßlich des 50. Jahrestages der Novemberpogrome in Anwesenheit von Heinz Galinski eine mißverständliche Rede im Deutschen Bundestag gehalten hatte, wurde deutlich, daß die deutsche Öffentlichkeit solche Äußerungen nicht hinzunehmen bereit war, und eher dem Bundespräsidenten Richard von Weizsäcker folgte, der drei Jahre zuvor, anläßlich des 40. Jahrestages des Kriegsendes, im Deutschen Bundestag eine Rede hielt, die bis heute ihrer Auflage nach die am meisten rezipierte Rede eines Bundespräsidenten überhaupt ist, und in der er unter anderem sagte: »Das Vergessenwollen verlängert das Exil, und das Geheimnis der Erlösung heißt Erinnerung.«

Anläßlich des 6-Tage-Krieges 1967 fanden beispielsweise in der Berliner Synagoge Pestalozzistraße Bittgottesdienste statt, an denen der protestantische Bischof Scharff und Monsignore Clausener teilnahmen. Zum Standardprogramm evangelischer und katholischer Kirchentage gehört der jeweilige christlich-jüdische Dialog, an dem ganz selbstverständlich Rabbiner teilnehmen, und der auch christlich-jüdische Gottesdienste einschließt. Aber auch im Bereich der Ausbildung an Hochschule, Priesterseminar und Predigerseminar gehören jüdische Dozenten genauso zum Alltag, wie nichtjüdische Judaisten jüdische Gemeinden bei der Erstellung von Lehrplänen für den jüdischen Religionsunterricht beraten.

Die jüdischen Gemeinden in der Bundesrepublik hatten 1989 etwa 30.000 Mitglieder, rund 800 kamen nach der Vereinigung von seiten der DDR hinzu. Heute haben die jüdischen Gemeinden etwa 100.000 Mitglieder, davon ca. 60.000 aus den Staaten der ehemaligen Sowjetunion. Es gibt nahezu 80 Gemeinden, die sich im Zentralrat der Juden in Deutschland zusammengeschlossen haben und etwa 95% der durch Mitgliedschaften organisierten Juden in Deutschland ausmachen. Die restlichen fünf % verteilen sich auf etwa 40 Kulturvereine und insbesondere auf liberale, also nicht orthodoxe Gemeinden, die in dem ursprünglich als Dachorganisation aller religiösen Strömungen gedachten Zentralrat der Einheitsgemeinden deshalb keinen Platz mehr haben, weil die Einheitsgemeinde als einheitlich orthodox mißverstanden wird.[4] Neben den in Religionsgemeinden oder Kulturvereinen organisierten Juden mag es noch einmal 40.000 jüdische Einwohner in Deutschland geben, die, aus unterschiedlichsten Gründen, nicht Mitglied in einer Jüdischen Gemeinde sind, oder weil sie nach traditionell jüdischer Definition nicht Mitglied der Gemeinden werden können. Nur wenige Tausend sind bewußt nicht organisiert.

Mit Ausnahme der Jüdischen Gemeinde in Berlin, die acht Synagogen unterhält, die, vom orthodoxen bis zum egalitär-progessiven Gottesdienst unter einem Dach, tatsächlich eine Einheitsgemeinde darstellt, sind fast alle anderen Gemeinden ›non observing orthodox‹.

Der christlich-jüdische Dialog entwickelte sich in der gesamten Bundesrepublik. Organisierte Höhepunkte sind die jeweils in der ersten Märzwoche bundesweit stattfindenden Wochen der Brüderlichkeit, in denen Ende der 40er oder zu Beginn der 50er Jahre gegründete ›Gesellschaften für christliche-jüdische Zusammenarbeit‹ vorwiegend mit Vortragsveranstaltungen versuchen, die christliche Gemeinde und einzelne jüdische Persönlichkeiten miteinander in Kontakt zu bringen. Der Dialog ist allerdings einerseits durch die, gemessen an den protestantischen oder katholischen Gemeinden, kleine Zahl jüdischer Gemeinden beschränkt. Andererseits gibt es in den jüdischen Kultusgemeinden auch nicht genügend zu solchen meist theologisch fundierten Dialogen vorgebildete und bereite Personen.

In Deutschland gibt es nach Israel und den Vereinigten Staaten den größten Buchmarkt für jüdische Bücher – sie werden zum überwiegenden Teil von interessierten Nichtjuden gekauft. So gibt es auch ein nahezu unübersehbares Feld von Ausstellungen zur Geschichte der Juden bzw. lokale Gedenkstätten, die die

Geschichte jüdischer Institutionen oder Menschen am jeweiligen Ort thematisieren.

Jetzt könnte man meinen, alles sei in bester Ordnung. Und doch gibt es, neben der auf hohem Niveau geführten Mahnmalsdebatte auch Fremdenfeindlichkeit und Antisemitismus, der gerade an den Orten Deutschlands am virulentesten sind, an denen es kaum – oder gar keine – Juden gibt. Antisemitische Friedhofsschändungen und ausländerfeindliche Übergriffe gehören ebenso zur Alltäglichkeit jüdischen Lebens in Deutschland wie zu Festungen ausgebaute Gemeindehäuser, Kindergärten und Synagogen, die von Polizisten wie Hochsicherheitstrakte bewacht und beschützt werden. Aber es würde das sich entwickelnde, vom interreligiösen Dialog bestimmte Alltagsleben, das ganz selbstverständliche Nebeneinander von Juden und Nichtjuden auf den Kopf stellen, wenn man diese außergewöhnlichen Vorkehrungen als Charakteristikum jüdischen Alltagslebens in der Bundesrepublik bezeichnen würde. Jüdisches Gemeindeleben findet unter diesen Umständen statt; jüdisches Alltagsleben ist aber nicht von ihnen gekennzeichnet, weil am Arbeitsplatz, in Schulen oder an Universitäten Antisemitismus keine Rolle spielt. Denn diese polizeilichen Sicherungen sind eher gegen den international vagabundierenden Terrorismus gerichtet, als gegen einen bodenständigen militanten deutschen Antisemitismus. Gleichwohl bleibt angesichts dieser festungsähnlichen Synagogen und Gemeindehäuser mehr als ein schaler Geschmack.

Die jüdischen Gemeinden in der Bundesrepublik haben in den vergangenen fünf Jahrzehnten mit den Rabbinern und Gebetbüchern gelebt, die vor der Schoa ausgebildet bzw. gedruckt wurden. Das religiöse Erbe Leo Baecks (1878–1956) auf der progressiven Seite und Samson Raphael Hirsch (1808–1888) auf der konservativen Seite prägte das religiöse Leben. Bestenfalls wurden die Gebetbücher durch unzählige Auflagen von Reprints »erneuert« und die Rabbiner durch Nachzügler ergänzt, die in den ersten Nachkriegsjahren in den USA, in England, Budapest oder in Israel ihre rabbinische Ausbildung, die sie oft noch im nationalsozialistisch besetzten Europa oder im Nazi-Berlin begonnen hatten, abgeschlossen hatten.

Die jüdischen Gemeinden in der Bundesrepublik leben in einer religiösen Situation, die eigentlich von einem Stand anno 1935 geprägt ist. Alle »Neuerungen«, die sich auf orthodoxer und konservativer Seite in den USA oder in Israel ereigneten, also das orthodoxe Revival, ging an den jüdischen Gemeinden genauso vorbei wie die Veränderungen des progessiven Judentums »made in USA or England«. Das führte dazu, daß ein areligiöser Israelismus und ein auf historische Rezeptionen der Schoa bezogenes Gemeindeleben das Jüdische in der Bundesrepublik weit mehr kennzeichnete als spirituelles, religiöses Erleben.

Ohne Zweifel hat für die Identität jüdischen Lebens in aller Welt die Entstehung des Staates Israel, wie auch Errungenschaften dieses Staates – wie z.B. die Kibbuz-Erziehung – und das aufrechte Gehen jüdischer Menschen durch die bloße Existenz des Staates eine größere Bedeutung gehabt als religiöse Fortentwicklung. Nicht wenige Mitglieder jüdischer Gemeinden messen säkularen Ereignissen wie dem Unabhängigkeitstag des Staates Israel, dem Gedenken an die Opfer des Holocaust an Jom Haschoa, dem Tag des Ausbruchs des Warschauer Ghetto-Aufstands, oder dem 9. November mehr Bedeutung zu als der Einhaltung des Sabbats oder anderer religiöser Traditionen. Erst seit Beginn der 80er Jahre findet auch eine religiöse Renaissance statt – vielleicht am besten dokumentiert durch die Einrichtung jüdischer Ganztagsschulen 1986 in Berlin und 1988 in Frankfurt am Main sowie einer jüdischen Oberschule 1993 (ebenfalls in Berlin).

Die chassidisch-jüdische Bewegung Chabbat-Lubawitsch begann 1996 ihre ›outreach‹-Arbeit in Berlin. Die erste außerhalb der Berliner Einheitsgemeinde gegründete Reformsynagoge wurde 1997 in München eingerichtet. 1953 schrieb der Rabbiner Imanuel Geiss in einer Haggadah (zum Pessachfest gelesenes Geschichts- und Gebetbuch): »Hätte in den Jahren der Verfolgung einer behauptet, in diesem Land würde jemals wieder eine Haggadah herausgegeben werden, man hätte ihm nicht geglaubt. Daß es nun doch so sein kann, mutet uns wie ein Wunder, wie ein Triumph des Lebens über den Tod an.«[5] Dem ist, entgegen der Tatsache, daß für die liberale Synagoge in Berlin erst 1997 ein, dem Einheitsgebetbuch von 1929 nachfolgendes Gebetbuch konzipiert und gedruckt wurde, nichts hinzuzufügen.

Jüdisches Gemeindeleben in der Bundesrepublik ist auch dadurch bestimmt, daß der langjährige Vorsitzende der Jüdischen Gemeinde zu Berlin, Heinz Galinski, nicht müde wurde zu betonen, daß eine jüdische Gemeinde im Nachkriegsdeutschland wegen der Erfahrung der Schoa immer eine politische Gemeinde sein wird und sein muß. Er meinte damit keineswegs eine parteipolitische Ausrichtung, sondern die politische Herausforderung auf Antisemitismus, Demokratie- und Ausländerfeindlichkeit mit der durch die Verfolgung der Gemeinden eingeräumten moralischen Autorität, mit allen Möglichkeiten der Öffentlichkeitsarbeit und Politik zu widerstehen, indem durch klare und eindeutige Statements jedweden Anfängen von Intoleranz und Rechtsradikalismus gewehrt wird. Diese klare und kompetente Haltung hat der Jüdischen Gemeinde und ihrem Vorsitzenden ein politisches Gewicht zugeordnet, das weit über die zahlenmäßige Bedeutung der Jüdischen Gemeinde hinausgeht, aber auch in der jüdischen Welt die Grundlage für die Akzeptanz ihres Bestehens in einem vom Nazideutschland sich programmatisch abhebenden Nachkriegsdeutschland (Ost wie West) bildete. Heinz Galinski, von 1949 bis zu seinem Tod 1992 ununterbrochen Vorsitzender der größten Jüdischen Gemeinde Deutschlands in (West-)Berlin, schildert den Aufbau nach dem Untergang:

»[…] wir [waren] der Meinung, daß wir keine Liquidationsgemeinschaft seien [..], daß jeder jüdische Mensch das Recht hat zu leben, wo er glaubt leben zu müssen oder zu wollen. So haben wir damals die ersten Voraussetzungen geschaffen für die Wiederbegründung einer Jüdischen Gemeinde, und dies wurde zunächst von der jüdischen Gemeinschaft in der Welt draußen nicht verstanden. […] Vielleicht hätte ich ähnlich reagiert, wenn ich emigriert wäre. Trotz allem, der Weg, den wir damals beschritten haben, nicht nur hier in Berlin, sondern auch an anderen Orten in Deutschland, Jüdische Gemeinden wiederzubegründen, war ein richtiger Weg. Denn ich erinnere mich noch sehr wohl an ein Wort von General Clay bei einem Besuch hier im Jüdischen Gemeindehaus, er sagte: ›Die Existenz einer Jüdischen Gemeinde ist der Gradmesser für die Bewährung der neuen Demokratie in Deutschland.[…]. Es [war] viel leichter, die Trümmer der Institutionen oder der ausgebombten Häuser zu beseitigen als die seelischen Trümmer unserer Menschen. Hoffnungslos, die wenigen, die zurückkamen, überlebt hatten, suchten nach anderen Überlebenden aus ihrer Familie; die wenigen, die überlebt hatten durch den Schutz des nichtjüdischen Ehepartners […].‹ Seit dieser Zeit habe ich mich den Problemen dieser Gemeinde gewidmet. Ich habe für die Rechte unserer Menschen gekämpft, ich habe mich schon in der Stadtverordnetenversammlung für unsere Menschen eingesetzt, als hier noch die SED vertreten war: für eine angemessene Entschädigung aller Verfolgten, also nicht nur der politisch Verfolgten, was damals überhaupt nicht selbstverständlich war. Wir haben politische Veranstaltungen durchgeführt – ich habe alle Regierenden Bürgermeister erlebt; Ernst Reuter, Louise Schroeder, Dr. Schreiber, Otto Suhr, Willy Brandt, Heinrich Albertz, Klaus Schütz, Dietrich Stobbe und jetzt auch den neuen Regierenden Bürgermeister, Richard von Weizsäcker. Mit Bundeskanzler Konrad Adenauer verband mich vieles, auch mit dem Bundespräsidenten Theodor Heuss, der dazu beigetragen hat, daß dieses Gemeindehaus in der Fasanenstraße Wirklichkeit wurde. Das größte Erlebnis war, wie ich, ein ehemaliger Auschwitz-Häftling, im Gemeindehaus Fasanenstraße, das mit seinen alten Fassadenteilen noch die Spur des in der Pogromnacht Zerstörten beinhaltet – das muß man sich vorstellen –, den israelischen Ministerpräsidenten begrüßen konnte. Es war Yitzhak Rabin – wer hätte es damals für möglich gehalten, daß israelische Politiker die Bundesrepublik besuchen würden und dann eine Jüdische Gemeinde besuchen könnten. Für mich war auch ein ungeheures historisches Ereignis der Besuch von Golda Meïr im Jüdischen Gemeindehaus; wenn ich daran denke, wie sie hier vor der Gedenkstätte niedergekniet ist, nichts gesagt hat, kein Wort. Das sind Bilder, die ich nie vergessen werde. Und die Ansprachen des vormaligen Außenministers Allon, der das Jüdische Gemeindehaus mehrfach besucht hat, waren ein Erlebnis für Juden und Nichtjuden. Denn Abba Ebban war nicht nur ein großer und bedeutender israelischer Politiker, sondern auch ein bedeutender Historiker.«[6]

Die Rolle und Funktion Jüdischer Gemeinden in der DDR soll an dieser Stelle nur ansatzweise gestreift werden. Sie waren in ihrer religiösen Existenz in einem atheistischen Staat geduldet und wurden in Teilen für Propagandazwecke in ihrer politschen Funktion mißbraucht.

Als im Jahre 1978 in Heidelberg eine Jüdische Hochschule eingerichtet wurde, ging man davon aus, daß hier der religiöse Nachwuchs zu Führungspositionen, wie Rabbiner, Kantoren oder Religionslehrer, geschult werden sollte. Bis heute sind mehr als 75% der Absolventen dieser Hochschule Nichtjuden. Alleine ein Rabbiner, der sein Diplom (Semicha) am Jewish Theological Seminary in New York erlangte und seinen Dienst als Rabbiner nicht in der Bundesrepublik, sondern in den USA vollbringt, ist Absolvent dieser Hochschule. Das heute in den Jüdischen Gemeinden tätige Kultuspersonal stammt nahezu ausschließlich aus Israel, England oder den USA. Es blieb der Ronald-S.-Lauder-Foundation vorbehalten, in Berlin 1998 ein Lehrhaus einzurichten, um hier neue Perspektiven zu eröffnen. Ob das Experiment gelingen wird, wird erst die Zukunft zeigen. Im Frühjahr 2001 wurde schließlich an der Universität Potsdam das Geiger Institut zur Ausbildung liberaler Rabbiner von der ›World Union for Progressive Judaism‹ gegründet.

Religiöses jüdisches Leben in der Bundesrepublik wird aber auch geprägt von einem akademischen interreligiösen Dialog. In den späten 60er Jahren haben sich z.B. das an der Freien Universität Berlin von Jacob Taubes geleitete Institut für Judaistik, das von Helmut Gollwitzer und seinem Nachfolger Friedrich Wilhlem Marquardt geleitete Institut für evangelische Theologie und das zu dieser Zeit von Fritz Steppard geleitete Institut für Islamwissenschaften zu einer wissenschaftlichen Einrichtung zusammengeschlossen um in einer akademischen Atmosphäre interreligiöse Fragestellungen aufzuarbeiten. Seine Fortsetzung findet diese Arbeit in der evangelischen Akademie Berlin Brandenburg.

Jüdisches Leben in Deutschland ist seit Mitte der 80er Jahre durch ein wachsendes Selbstbewußtsein gekennzeichnet. Seit 1983, dem 50. Jahrestag der Regierungsbildung Hitlers, wird durch Geschichtswerkstätten, lokale Initiativen, aber auch durch große von Landesmuseen oder Staatsarchiven organisierte Ausstellungen und Publikationen in den sich professionalisierenden Gedenkstätten, an Volkshochschulen und an anderen außerschulischen Einrichtungen die Geschichte des nationalsozialistischen Terrors gegen die Juden der jeweiligen Gebietskörperschaft publikumswirksam erforscht und dargestellt. 1987 fanden in Berlin anläßlich der 750-Jahr-Feier der Stadt erstmals Jüdische Kulturtage in Ost und West getrennt und voneinander unabhängig statt. 1992 wurde die weltweit bisher größte Judaica-Ausstellung im größten Ausstellungsgebäude Berlins, dem Martin-Gropius-Bau eröffnet, die in drei Monaten mit allen Rahmenprogrammen eine halbe Million Besucher anzog.[7]

Jüdische Museen und Jüdische Kulturtage wurden von jüdischen Gemeinden oder den jeweiligen Kommunen in großen wie in kleinen Städten der Bundesrepublik eingerichtet und finanziert und tragen nicht unwesentlich dazu bei, daß jüdische Kultur zum Alltagserleben jüdischer wie nichtjüdischer Menschen in Deutschland gehört und ganz wesentlichen Anteil an der Erneuerung jüdischen Lebens in der Bundesrepublik hat. Was im jüdischen Gemeindeleben oftmals keine Berücksichtigung finden kann, wie z.B. das erste Auftreten einer Rabbinerin in Berlin 1993, leisten Jüdische Kulturtage, aus denen dann ein Gottesdienst hervorging, der 1998 zur Einrichtung einer für Männer und Frauen gleichberechtigten Synagoge in der Oranienburger Straße in Berlin führte. 1998 konzertierte in der Synagoge Pestalozzistraße die Kantorin Rebecca Garfein zusammen mit dem seit über 50 Jahren an gleicher Stelle tätigen Oberkantor der Jüdischen Gemeinde zu Berlin, Estrongo Nachama. Zwischenzeitlich hat die Berliner Gemeinde auch eine Kantorin in den Reihen ihrer Liturgen.

Wohin sich jüdisches Leben im wiedervereinigten Deutschland in Zukunft entwickeln wird, ist einerseits offen, anderseits durch ständigen Zuzug – auch von internationalen Organisationen wie dem European Jewish Congress, dessen erster aus den Reihen der jüdischen Nachkriegsgemeinden Deutschlands stammender Vorsitzender Ignatz Bubis bis zu seinem Ableben war, der Ronald S. Lauder Foundation oder des American-Jewish Committee gekennzeichnet. Deutschland ist wieder ein Punkt auf der Karte jüdischer Gemeinden.

Die seit Herbst 1998 gewählte Bundesregierung bemühte sich, eine abschließende, umfasssende und großzügige Regelung der bis dahin nicht entschädigten Opfer des Nationalsozialismus zu finden. Wie alle seit Beginn der 50er Jahre aufgelegten Wiedergutmachungsregelungen fanden sie wenig Verständnis in der Bevölkerung, wurden aber doch mit klaren Mehrheiten durch den poltischen Entscheidungsprozeß gebracht. Sie schienen scheinbar viel Geld zu kosten, waren aber für die Opfer meist eher Almosenregelungen als tatsächliche Entschädigungen. Eigentumsrückerstattungen nach den als ›Arisierung‹ bezeichneten Raubzügen der 30er Jahre haben bei Immoblienbesitz am ehesten zur Rückgabe oder zum finanziellen Ausgleich geführt. Fast sechs Jahrzehnte nach dem Ende des Dritten Reiches noch offene und die Öffentlichkeit beschäftigende Rückgabeprozesse belegen, das auch hier geschehenes Unrecht weder abschließend noch gänzlich befriedigend zu Recht umgewandelt werden konnte.

Als ich 1964 Barmitzwa (eingesegnet) wurde, sagte der damalige Berliner Rabbiner, ich würde im Jahr 2000 einer von 800 Juden in Berlin sein. Er hat nicht Recht behalten. Jüdisches Leben hat sich allen skeptischen Prognosen zum Trotz wieder etabliert. Und doch bleibt mehr als ein Fragezeichen über den Zukunftsperspektiven. Anläßlich einer Ausstellung über Jüdisches Leben im Nachkriegsdeutschland zieht die 1914 geborene Herta Wolff eine eher kritische Bilanz: »Wenn ich zurückblicke von heute, vom Jahr 2002, auf die letzten fünfzig Jahre, auf die Nachkriegszeit in Berlin, so hat sich mehr zum Schlechten als zum Guten entwickelt. [...] Vieles ist doch schrecklich, was sich heute abspielt. Das ist für mich schwer zu ertragen. Solange Juden auf der Welt sind, werden sie Angriffen ausgesetzt sein. Wir sind den anderen ein Dorn im Auge. Aber wir dürfen trotzdem nicht resignieren. Die Existenz jüdischer Menschen in Deutschland ist auch ein Prüfstein für die Demokratie.«[8]

Zusammenleben mit Muslimen im europäischen Raum Zum Aufbau des heutigen Europa trugen Muslime fast in allen Bereichen sehr viel bei. Sowohl beim Wiederaufbau Europas nach dem 2. Weltkrieg als auch beim Aufbau Europas als wirtschaftliche Weltmacht waren Muslime beteiligt. In den Geisteswissenschaften, in Literatur, Kunst, Soziologie und Politik vermissen wir jedoch heute eine spürbare Beteiligung der Muslime in fast allen europäischen Ländern. Mitwirkung und Beeinflussung des öffentlichen Lebens sowie die politische Partizipation seitens der Muslime entsprechen nicht ihrem Bevölkerungsanteil in den verschiedenen Ländern. Dies hängt nur zum Teil von den gesetzlichen Voraussetzungen ab. Sehr oft fehlt bei den Muslimen die Motivation, das Bewußtsein, der Sinn für die Mitverantwortung in dieser Gesellschaft. Dazu kommen exogene Faktoren durch Behörden und Politik.

Der Islam ist in Europa als zweitgrößte Religion heimisch geworden. In Gesamteuropa leben schätzungsweise 34 Millionen Muslime. In einigen europäischen Ländern leben mehr Muslime als in manch einem »islamischen Land«. Die Muslime Europas sind nicht nur ein Teil der europäischen Vielfalt, sie sind auch in sich selbst ein Abbild der harmonischen Vielfalt islamischer Kultur. Die europäischen Verfassungen garantieren die Grundrechte, die aus islamischer Sicht für das Leben einer islamischen Religionsgemeinschaft als Minderheit nötig sind. Die Mehrheit der in Europa lebenden Muslime bekennen sich zur geltenden Staats- und Gesellschaftsordnung, versuchen im Rahmen der Verfassungen ihre islamische Identität zu bewahren und sich als muslimischer Teil dieser Gesellschaft zu entfalten.

Die innereuropäischen sozialen und politischen Konflikte der heutigen Zeit sind in der Tat eine Herausforderung für die Religionsgemeinschaften und für die gesamte europäische Gesellschaft. Der gesellschaftliche Friede in Europa kann nicht erreicht werden, wenn man gleichzeitig die Probleme einer solch großen Minderheit wie der islamischen Minderheit ignoriert. Durch den ernsten Willen zur partnerschaftlichen Zusammenarbeit auf Basis der gegenseitigen Achtung und des Vertrauens kann man aus diesen friedfertigen muslimischen Mitbürgern Freunde und Partner machen. Vor allem durch die Einbeziehung der Muslime in den demokratischen Prozeß kann ihnen das Gefühl der Zugehörigkeit vermittelt, und kann ihre Abschottung verhindert werden.

Die islamische Identität integrierter Bürger In Deutschland leben heute etwa 3,4 Millionen Muslime. Unterdessen gibt es schätzungsweise mehr als 500.000 deutsche Muslime: Jährlich erwerben mehr als 150.000 ausländische Muslime die deutsche Staatsbürgerschaft. Die meisten ausländischen Muslime möchten laut Umfrage auf Dauer in Deutschland bleiben. Muslime bilden hinter den Christen in Deutschland die zweitgrößte Religionsgemeinschaft, und die Verbundenheit dieser Muslime mit Deutschland besteht ohne Zweifel. Das Deutsche Grundgesetz stellt keinen Widerspruch zur eigenen islamischen Überzeugung dar, seine Respektierung bedeutet nicht die Aufgabe der eigenen religiösen Identität.

Die Mehrheit der Muslime in Deutschland ist in ihrer Religion tief verwurzelt. Laut einer Veröffentlichung des Zentrums für Türkeistudien in Essen (ZfT) vom Februar 2002 definiert sich die Mehrheit der türkischstämmigen Migranten (73%) selbst als religiös bis sehr religiös. Der längere Aufenthalt dieser Migranten in einer nichtislamischen Gesellschaft führte nicht zur Aufgabe ihrer religiösen Bindung, sondern eher zu deren Festigung. Das ZfT stellt fest: »Je länger die Befragten in Deutschland leben, um so eher fühlen sie sich religiös. Ein langer Aufenthalt in einer nichtmuslimischen Umgebung führt folglich nicht zur Loslösung von der ursprünglichen Religion.« Bei näherer Betrachtung der Alltagspraxis sticht eine deutliche Frömmigkeit der Muslime ins Auge. So fasten 78,7% der Befragten, 39,1% von ihnen besuchen das Freitagsgebet, 79,5% geben die vorgeschriebenen Almosen ab, 61,3% planen die Wallfahrt nach Mekka, 79,5% beteiligen sich am Opferfest und 88,7% halten die Speisevorschriften ein. Beim Altersvergleich bestehen keine gravierenden Unterschiede zwischen der jüngsten und der ältesten befragten Altersschicht. Die Studie überrascht mit der Feststellung, daß der Organisationsgrad der Muslime 36% beträgt – und nicht, wie früher geschätzt, nur 10%–15%.

Diese wenigen Zahlen zeigen uns, welche Bedeutung die religiöse Tradition im Alltag der Muslime hat. Jeder Integrationsplan, der darauf abzielt, ihnen diese Werte zu nehmen ist zum Scheitern verurteilt. Der Versuch, ihnen die verfassungsrechtlich garantierten Entfaltungsmöglichkeiten als Muslime durch bürokratische Hindernisse oder behördliche Vorschriften zu versagen, ist ein Rückschritt auf dem Weg der Integration. Die oft grundlos inszenierten Streitigkeiten um Moscheebau, islamischen Religionsunterricht, Schächten oder Kopftuch betreffen nicht einzelne, sondern Millionen Bürgerinnen und Bürger, verletzen sie tief in ihrer Seele und tasten ihre Würde an. Die Sorge um den gesellschaftlichen Frieden und die Integration verpflichtet zu einem anderen Umgang mit den Minderheiten, bei dem die Priorität nicht darauf liegen darf, ihre Rechte zu beschneiden und ihr Leben in der Rechtsstaatlichkeit Europas zu erschweren, sondern ihr jede gesetzlich mögliche Entfaltungsmöglichkeit zu gewähren.

Ghettos verhindern Die Reaktion auf eine gegnerische Haltung der Gesellschaft ist zwangsläufig die Ghettoisierung der Minderheit, die ohnehin reichlich endogene Faktoren der Abschottung in sich trägt. In Deutschland ist diese Entwicklung längst in Gang. Ganze Straßenzüge, ja Stadtviertel in Berlin, Duisburg, Essen und Köln sind deutliche Beweise des Mißerfolgs der Integrationspolitik – oder sagen wir besser: des bisherigen Fehlens jedweder konzeptionellen Integrationspolitik. Fast in jeder Stadt sind Ansätze einer solchen Ghettobildung zu verzeichnen. Die deutsche Sprache wird überflüssig – man spricht türkisch, arabisch oder urdu. In einer solcher Umgebung nimmt nicht nur die Beherrschung der Sprache der Mehrheitsgesellschaft ab; dort schwindet das Interesse für jeglichen Kontakt, für den Dialog und jede Zusammenarbeit mit ihr. Das Bildungsniveau nimmt ab, die Kriminalität nimmt zu. Diese Enklaven beherbergen oft Keime nationalistischer und rassistischer Gewalt in sich. Man lebt nicht miteinander, sondern nebeneinander. Daraus entsteht irgendwann ein Gegeneinander.

Die Öffentlichkeit ist für dieses Problem sensibler geworden, auch wenn viele noch nicht die Notwendigkeit der Berücksichtigung der religiösen – sprich islamischen – Besonderheiten einsehen. Viele Parteien erklären deutlich, daß sie die Zuwanderer so schnell wie möglich in die Lage versetzen wollen, ihren Platz in der hiesigen Gesellschaft einzunehmen. Sie sehen ein, daß Integration nicht für den Nulltarif zu bekommen ist, und daß wer sie fordert, sie auch fördern und bezahlen muß. Man scheut sich jedoch immer noch davor, spezifisch islamische Probleme beim Namen zu nennen und diese gezielt anzugehen Man versucht nicht, die fehlende Bereitschaft bei den Muslimen durch den Abbau gegenseitigen Mißtrauens zu reduzieren. Vertrauensbildende Maßnahmen, wie die Gleichstellung der Muslime in der europäischen Gesellschaft und die Gleichbehandlung des Islam werden nicht programmatisch konzipiert und konsequent durchgeführt.

Zur Lösung von Integrationsproblemen werden oft Ausländer- und Flüchtlingsorganisationen zu Rate gezogen, islamische Organisationen jedoch ignoriert, wobei sehr viele dieser Probleme einen religiösen Hintergrund haben. In dem sonst zu begrüßenden Gesetzentwurf der CDU-Fraktion im Landtag von Nordrhein-Westfalen zur Verbesserung der Integration schlägt man Folgendes vor: »Bei der Stadterneuerung ist der Entstehung von Wohngebieten mit einem überproportional hohen Anteil an Zuwanderern durch integrationsfördernde Maßnahmen entgegenzuwirken. Die Landesarbeitsgemeinschaft der Ausländerbeiräte, die Landesarbeitsgemeinschaft der Vertriebenen-, Flüchtlings- und Spätaussiedlerbeiräte, die örtlichen Ausländerbeiräte vor Ort sowie sachkundige Bürger mit Migrationshintergrund sind bei der Stadtentwicklungsplanung zur Berücksichtigung von Integrationsbelangen einzubeziehen.« Wohl gemerkt: Von islamischen Organisationen ist hier keine Rede. Das Vorhaben des SPD-geführten Schulministeriums zur Einführung eines Schulversuchs zur Unterrichtung der Islamkunde in deutscher Sprache wird an dutzende Stellen zur Begutachtung geschickt, unter anderem an Gewerkschaften, Umwelt- und Tierschutzverbände sowie andere unbetroffene Verbände, nicht aber an die islamischen Organisationen.

Die Beteiligung islamischer Vertretungen kann bei Berücksichtigung ihrer Interessen im Rahmen der Stadtplanung effektive Ergebnisse zur Lösung der Integrationsproblematik hervorbringen. Beispielsweise kann die Zuweisung von Flächen für den Moscheebau in verschiedenen Vierteln nicht nur das Problem des Moscheebaus lösen; dies kann gleichzeitig der überproportionalen muslimischen Konzentration in einem oder wenigen Vierteln entgegenwirken. Erfahrungsgemäß bilden die Moscheen Kristallisationspunkte, um die herum Muslime siedeln – eine Erfahrung, die Städteplaner seit Jahrhunderten machten. Ein Umzug aus den vorhandenen Ghettos würde so den Familien erleichtert, was zur Entschärfung der Ghettosituation führen könnte.

Der Muslimische Beitrag zum Dialog Die Versäumnisse seitens der Gesellschaft rechtfertigen nicht die Defizite seitens der Muslime. Sie müssen den Weg der Begegnung vom anderen Ende her beschreiten und ihren Beitrag zur eigenen Integration leisten. Hier wurde sehr viel versäumt – teils aus jahrelangem Desinteresse, aber auch aus mangelnder Anerkennung der Notwendigkeit des Dialogs und der Begegnung, teils wegen fehlender Möglichkeiten und finanzieller Schwierigkeiten. Das Resultat war eine mangelhafte Dialogbereitschaft und eine mangelhafte Dialogfähigkeit auf muslimischer Seite. Zentrale islamische Verbände versuchen seit den achtziger Jahren diese Defizite zu beheben. Auf drei Achsen betätigt sich in diesem Sinne der Zentralrat der Muslime in Deutschland (ZMD): Kontakte anbahnen, für Verständnis sorgen und Konflikte bewältigen.

1. Kontakte anbahnen Der Kontakt muß mit allen Teilen der Gesellschaft gesucht und gepflegt werden. Ohne diesen Kontakt kann kein Dialog stattfinden. Ohne Dialog können die Standpunkte nicht erklärt, Mißverständnisse nicht geklärt, Gemeinsamkeiten nicht erkannt und Möglichkeiten der Zusammenarbeit nicht erarbeitet werden. Die Ebenen dieser Kontakte sind sowohl die einzelnen Bürger als auch die anderen Religionsgemeinschaften, Medien, Politiker, Gewerkschaften und Behörden. Durch die langen guten Beziehungen zu diesen Stellen konnten im Lauf der letzten Jahre beachtliche Projekte realisiert werden: In Zusammenarbeit mit der Arbeitsgemeinschaft christlicher Kirchen in Deutschland (ACK) und dem Zentralrat der Juden in Deutschland riefen wir die einzelnen Bürger zum Projekt ›Lade deine Nachbarn ein‹ auf, bei dem die Begegnung auf der untersten und gleichzeitig wichtigsten Ebene erfolgen sollte. Hier sollten Barrieren in der Nachbarschaft zu Brücken und Freundschaften umgewandelt werden. Der ZMD rief im Jahre 1997 die Initiative ›Tag der offenen Moschee‹ ins Leben. Seit diesem Datum öffnen mehr als tausend Moscheen ihre Tore am 3. Oktober, dem Tag der Deutschen Einheit, für ihre nichtmuslimischen Besucher. Dieses Jahr traten am ›Tag der offenen Moschee‹ mehr als 200.000 Besucher mit den Muslimen in Dialog, besuchten ihre Moscheen und knüpften direkte Beziehungen zu ihren muslimischen Mitbürgern. Der Runde Tisch der Weltreligionen bringt seit Jahren nicht nur Muslime mit Vertretern der beiden großen Kirchen zusammen. Hier begegnen sie Vertretern aller anderen Religionsgemeinschaften und appellieren gemeinsam an ihre Basis für Toleranz und gegenseitiges Verständnis. Sie veranstalten Friedensgebete und erarbeiten gemeinsame Lösungen für Probleme der Gesellschaft. Seit Jahren wird das Projekt ›Begegnung mit Muslimen‹ auf den Evangelischen Kirchentagen und den Katholikentagen gemeinsam mit dem ZMD geplant und durchgeführt. Bei diesen großen Veranstaltungen werden nicht nur Bibel- und Koranstudien angeboten – Konfliktthemen werden öffentlich diskutiert und Gotteshäuser besucht. Beim ›Interkulturellen Rat in Deutschland‹, den ›Interkulturellen Wochen‹, dem ›Forum gegen Rassismus‹, dem ›Netz gegen Rassismus‹, um nur einige wenige zu nennen, findet eine enge Zusammenarbeit mit den Gewerkschaften und vielen anderen NGOs und Bürgerinitiativen statt. Hier werden Projekte prämiert, Aktionen vorbereitet und Stellungnahmen herausgegeben.

2. Für Verständnis sorgen Das Verständnis der Mehrheitsgesellschaft für Anliegen und Bedürfnisse der muslimischen Minderheit kann nur durch ihre eigene Öffnung erzielt werden. Offenheit im Verhalten, Ehrlichkeit in den Worten und Transparenz in jeder Hinsicht sind die Wege zur Gewinnung der anderen. So ange die Muslime sich in ihrer Verschlossenheit verbergen, können sie kein Verständnis für ihre elementaren Bedürfnisse erwarten. Dies führte zu unserem offensiven Verhalten den Medien gegenüber, die wir spontan mit unseren Stellungnahmen, auch zu heiklen und aus islamischer Sicht unangenehmen Ereignissen belieferten. Am 20. Februar 2002 veröffentlichte der ZMD die Islamische Charta und artikulierte sein Verhältnis zum deutschen Staat konkret mit den Worten: »Ob deutsche Staatsbürger oder nicht, bejahen die im Zentralrat vertretenen Muslime daher die vom Grundgesetz garantierte gewaltenteilige, rechtsstaatliche und demokratische Ordnung der Bundesrepublik Deutschland, einschließlich des Parteienpluralismus, des aktiven und passiven Wahlrechts der Frau sowie der Religionsfreiheit. Daher akzeptieren sie auch das Recht, die Religion zu wechseln, eine andere oder gar keine Religion zu haben.« Das Verhältnis zum islamischen Staat, zu den Menschenrechten, zur Gleichbehandlung von Frauen, zum Dialog und zur Gewaltablehnung sowie zu den Defiziten im Alltag der Muslime fanden ausführliche Behandlung in den restlichen 21 Artikeln.

3. Konfliktbewältigung Das Konfliktmanagement war ein am Runden Tisch der Religionen erarbeitetes Papier, in dem die Religionsgemeinschaften gemeinsame Schritte in Krisensituationen vereinbarten. Gelegenheit zur Umsetzung gab es nach dem 11. September 2001. Nach seiner ersten Stellungnahme, in der der ZMD die Terrorakte als unislamisch verurteilte, wandte er sich in vielen Aufrufen an die eigenen Gemeinden, mit der Aufforderung, sich vom Terrorismus zu distanzieren, für Aufklärung zu sorgen und mit den Sicherheitsorganen des Staates zur Bekämpfung des internationalen Terrorismus zu kooperieren. Das Schlimmste konnte in dieser Krise durch die Politik der Öffnung und der Aufklärung verhindert werden.

Das Zusammenleben in europäischen Städten ist zwar eine Herausforderung für europäische Politiker, für die bürgerliche Gesellschaft und Glaubens- und Überzeugungsgemeinschaften. Doch diese Herausforderung kann Europa durch den Dialog und durch das Festhalten an den eigenen Prinzipien der Rechtsstaatlichkeit meistern. Diese Herausforderung können die Muslime Europas meistern, wenn sie an den Werten und der Moral ihrer Religion festhalten und ihr Vertrauen in die europäische Gesellschaft nicht aufgeben.

Orient und Okzident als Wahrnehmungsdifferenz in der zeitgenössischen Kunst

Während sich die gegenseitige kulturelle Einflußnahme seit dem frühen Mittelalter als ein genuines Produkt politischer und ökonomischer Entwicklungen einstellte, hat der europäisch-christlich geprägte Kulturraum erst in der Neuzeit damit begonnen, sich aus bewußten enzyklopädischen und künstlerischen Interessen heraus mit dem Orient zu beschäftigen. Damit sind allerdings jene Tendenzen nicht mehr zu vergleichen, die im 19. Jahrhundert zu einer Pervertierung des Blicks, zu einer Instrumentalisierung der Kunst führten, in welcher der sogenannte »Orientalismus von den Europäern als Projektionsfläche für eurozentrisch fixierte Topoi wie Herrschaft, Willkür, Gewalt und Tod benutzt wurde«.[1] Diese »Kopfgeburt der Europäer« (E.W. Said), diese »Phantasmagorie von Sexualität und Gewalt, von Eros und Tod«[2], in der die ganzen politischen (und moralischen) Widersprüche des frühkapitalistischen Europa sublimiert werden konnten, legitimierte gleichzeitig die wirtschaftlichen Orient-Interessen der Kolonialländer, was umgekehrt in den abhängigen arabischen Herrschaftsschichten wiederum zur Förderung eines Okzidentalismus führte.[3] Die relativ spät auftretende Kolonialmacht Deutschland hatte an diesem Genre allerdings erheblich geringeren Anteil; in Deutschland überwog vielmehr das wissenschaftliche und philologische Interesse.

1 Zit. Bopp 1995. Vgl. auch Günther, 1990. ■ 2 Zit. Koppelkamm, in: Kat. Exotische Welten – europäische Phantasien 1987, S. 355; hier auch Linda Nochlins Vorwurf an die Kunstgeschichte, die eine entpolitisierende Orientalismus-Forschung betreibe, S. 172. ■ 3 Vgl. Texttafel in der Ausstellung über den Forscher und Orientalisten Max von Oppenheim, Köln 2001/02 (darin ist von okzidentalistischer Mode und Lebensstil im Gefolge der wirtschaftspolitischen Abhängigkeit vom Westen die Rede, während aber das traditionell im Islam verankerte Kunsthandwerk kaum Einflüsse zuließ). Zur Abhängigkeit der Bildenden Kunst vgl. Taufiq, 2002. ■ 4 Zit. Brüderlin, Kat. Ornament und Abstraktion, 2001, S. 27 ■

Unabhängig von allen imperialistischen Interessen und kulturpolitischen Motivationen des Bürgertums widmeten sich bereits im 19. Jahrhundert zahlreiche Künstler einer individuellen Erweiterung ihrer ästhetischen Wahrnehmung mit Hilfe fremder Kulturen. Dem in der offiziellen Salonkunst geadelten Orientalismus setzen spätestens die Expressionisten und Kubisten eine Kunst entgegen, welche eigene künstlerische Freiheit auch als eine freie Verarbeitung fremder Kulturen begriff. Dieser in einem anderen Sinne einseitigen Sicht, dieser »Beschäftigung mit dem Fremden als formaler Inspirationsquelle« wollte z.B. die Ausstellung ›Ornament und Abstraktion‹ (Basel 2001) ein »eigenes Modell des Dialogs der Kulturen« entgegenstellen, indem sie »das Ornamentale als eine mögliche Brücke des Verstehens« herausstellte.[4] Ornamentik und Abstraktion als west-östliche Wahlverwandtschaft (Oleg Grabar) zielt bei allen kritischen Vorbehalten auf ein übergeordnetes geistiges Konzept, eine verbindende Idee der Kunst.

Daß die Anleihen bei der fremdartigen Kultur zuweilen auch als Fluchtbewegungen zu Zeiten erstarrter Gesellschaftssysteme zu deuten sind, bleibt nachvollziehbar – zuletzt auch für die Epoche der nach-68er Jahre, als die Suche nach den »individuellen Mythologien« bereits eine ganze documenta-Abteilung bestimmen konnte (1972). Am Ende des 20. Jahrhunderts ist mit dem ökonomischen, kommunikativen und touristischen Zusammenwachsen der Staaten ein Rückzug in antizivilisatorisch bestimmte Lebensbereiche immer schwieriger geworden. War in den 70er und frühen 80er Jahren die Auseinandersetzung des Westens mit dem Orient nur von individuellen künstlerischen Interessen getrieben, so führte das Aufbrechen der »Westkunst« zugunsten einer »Weltkunst« zu einer immer hektischer werdenden Kulturdiplomatie, welche ein weltweites Austauschprojekt ans andere reihte. Unabhängig von den ökonomischen und kulturpolitischen Hintergründen bleibt doch festzuhalten, daß z.B. Präsentationen von Pop-Art in Tel Aviv oder Teheran, bzw. Ausstellungen mit jüdischer, arabischer oder iranischer Kunst in Deutschland sowie irakischer Kunst in Paris zunächst einmal für die Besucher auf beiden Seiten neue, unmittelbare Seherfahrungen beinhalteten – Sichtweisen einer Originalität, welche noch das Flair einer fernen, aus der Fremde angereisten Kunstkarawane umgab. Diese Faszination des Fremden, aber auch die dahinter verborgenen Interessen gehen jedoch mit der Globalisierung und der Angleichung der Kunst, vor allem durch das Internet, verloren. In der Folge beginnen die Vertreter der ökonomischen Interessen sich neue mediale Propagandisten zu suchen.

In der Orientalismus-Ausstellung von 1998 in San Sebastian ist der Aspekt einer gefühlsmäßigen Annäherung an die ästhetische Faszination des Fremden noch einmal aufgegriffen worden. Hier ist dargestellt, wie – in der Nachfolge der klassischen Moderne – seit den 70er Jahren Künstler wie Alighiero Boetti, Francesco Clemente, Wolfgang Laib, Bill Viola, Marina Abramovic und Ulay oder auch Sigmar Polke neue und alte Stätten im Orient aufgesucht haben, um ihren künstlerischen Blick zu erweitern. Doch diese Haltung scheint jetzt an einem Endpunkt zu stehen: »The admiration shown by these artists has a varied, uncertain future at the end of this century (Gloria Picazo).«[5] In dem aufgrund unserer heutigen globalisierten Informationssysteme sich immer stärker ausbreitenden Multikulturalismus liegt die Gefahr einer kulturellen Standardisierung verborgen. Diese verhindert jedoch den differenzierenden Blick auf die jeweiligen Identitäten und führt zu einer übersteigerten Verteidigung der eigenen Kultur. Picazo verweist weiterhin auf ein von Eugenio Trias entworfenes Bild: Er erhofft sich ein Zusammenfinden von Ost und West in einem Grenzbereich, in welchem ein gleichzeitiges Ausgehen und Zurückkommen möglich ist; dadurch eröffne sich ein weltweiter »ökumenischer Horizont« – so wie es schon Goethe gelungen war, mittels seiner Dichtungen einen Dialog (oder Diwan) herstellen zu können.

Daß die Auseinandersetzungen um den Stellenwert der fremden Kulturen im Westen zu keiner Lösung führten, wurde durch die ambivalente Ausstellungsthematik in den 90er Jahren nur noch bestätigt. Die Pariser Weltkunst-Schau ›Magiciens de la terre‹ (1989) mit ihrem angeblichen Aufbrechen des Westkunst-Ghettos wurde zu einem heimlichen Verteidiger der kulturellen Verwertungsstrategien des Westens: Der Konservator wählte die Werke aus den fremden Kulturkreisen allein aufgrund subjektiver »künstlerischer Intuition« aus; sie seien in ihrer Bedeutung »für uns nur solange relevant, wie sie sich uns vermitteln lassen«, sagte Jean-Hubert Martin.[6] In Konsequenz ist damit ausgesagt, daß nicht die Bedeutung des (fremden) ursprünglichen Schaffenszusammenhangs, sondern eine (durch einen neuen Sachbearbeiter) übermittelte (Zweit-)Bedeutung unsere Bewertung und Behandlung des fremden Kunstobjekts prägt.

Es mag dort aber als richtig erkannt worden sein, daß dem westlichen Betrachter hier eine Einfühlung in primäre Rezeptionszusammenhänge kaum möglich ist. Solche Einsichten bewirkten in der Vergangenheit einerseits eine Zurückhaltung gegenüber fremden Kulturen, um (wie in der genannten Basler Ausstellung) dem Vorwurf des Ethnozentrismus zu entgehen, konnten andererseits aber auch nicht verhindern, daß es unter dem Diktum des Relativismus manchmal zu einer hemmungslos freigesetzten Verwertung und Instrumentalisierung des Andersartigen kam (z.B. als späte Nachfolge die ›Altäre-Ausstellung‹ in Düsseldorf 2002).

Der Orient in der Kunst des Westens Aus dem indifferenten Konglomerat der »Individuellen Mythologien« der 60er Jahre, in denen sich subkulturelle Elemente mit Naturmystizismus und Exotismus verbanden – erinnert sei nur an die großen Environments von Paul Thek, Michael Buthe oder Etienne Martin, schälte sich in den 70er/80er Jahren eine künstlerische Tendenz heraus, das andere der fremden Kultur, speziell der orientalischen, möglichst intensiv am eigenen Leibe zu erfahren – sei es durch individuelle Reisen, sei es durch längere Landesaufenthalte. Nicht immer standen im Gefolge der Hippiekultur hedonistische Prinzipien, ein asketisches Suchen nach Ursprünglichkeit oder sektiererische Ansätze im Vordergrund – auch die Neugier, ihre Erfahrungen auf künstlerischen, landschaftlichen oder ethnographischen Gebieten zu erweitern, trieb manche Künstler in die arabischen Länder.

Fast schon als konträre Positionen sind die Lebensweisen von Michael Buthe (1944–1994) und Alighiero Boetti (1940–1994) während ihrer Orientaufenthalte zu sehen. Buthe genießt das gefühlsmäßige Eintauchen in die fremde Kultur, das Schwelgen in ihrer reichen, sinnlichen Pracht und decouvriert sein Verhalten zugleich als bewußte Überhöhung, als Pervertierung eines postkolonialen Ethno-Folklorismus. In seinen großen Installationen oder theatralischen Performances, aber auch in manchen seiner kleinen Studienblätter ironisiert er mittels der ursprünglichen Sinnenhaftigkeit des Orients den künstlischen Pomp und die überhöhte Geschichtsbeladenheit des Westens. Ein kleines Beispiel ist eine unbetitelte Collage von 1975, auf der rosettenartige gezackte Papierplättchen zusammen mit dem bunten Deckblatt einer Dattelschachtel das Faksimile einer mittelalterlichen Handschrift (Bibel des Abtes Frowin von Engelberg, 12. Jh.) künstlerisch »entwerten« oder versinnlichen. Auch Buthes blauen Elefant berühren kulturelle Hierarchien, Abhängigkeiten und Hegemonien wenig, denn er wartet unbewegt darauf, in seiner Bahn weiterzuziehen, um an den tanzenden Beduinen vorbei in das diffuse, dunkle Feld am oberen Bildrand zu gelangen (Ersöl dö Tuarec, 1970).[7]

Einen ganz anderen Umgang mit der fremden Kultur kennzeichnet das Werk von Boetti, der sich auch weniger dem Maghreb, als der herben afghanischen Landschaft verbunden fühlte. Boetti lebte lange Zeit ganz unambitioniert in Kabul, war Mitinhaber eines Hotels, pflegte jenseits von Anpassung und Ausschweifung einen möglichst natürlichen Umgang mit der einheimischen Bevölkerung und widmete sich der Wahrnehmung ihrer spezifischen kulturellen Ausdrucksformen. Der Respekt gegenüber der fremden, jeweils eigenständigen Entäußerung führte zu einer bemerkenswerten Durchdringung. Der konzeptionelle Bildansatz des Europäers und die auf eine serielle kunsthandwerkliche Produktion ausgerichtete Teppichkunst der Afghanen ließen über lange Jahre hinweg ein immenses gemeinsames Werk entstehen, welches sich motivisch gesprochen über die geknüpften bzw. gestickten Darstellungen von Land- und Weltkarten, Patterns mit Zahlen, Schriftzeichen, oder Bildsymbolen aller Art erstreckte.

Boetti verwandte die traditionelle Technik nicht im Sinn einer Reaktivierung und Modernisierung eines kulturgeschichtlichen Phänomens, sondern bediente sich ihrer als innovatives Element für seine persönliche Bildsprache, welche unsere gezeichneten, konzeptionell-geometrischen Ordnungssyteme aus Schriften, Buchstaben und Zahlen in eine von Nadel und Faden bestimmte Welt übertrug. In der Vermischung von lateinischen Buchstaben mit arabischen Gedichten des Sufi-Meisters Berang Ramazan (1988/89) suchte Boetti später aber auch eine interkulturelle Verbildlichung – damals sicherlich auch als eine Hilfestellung für die Bewahrung der afghanischen Kultur in der Kriegszeit zu verstehen. Die Politisierung der afghanischen Bildteppiche während der russischen Besatzung hängt vielleicht mit seinem Werk zusammen, lag aber als reines Bildprogramm für die Befreiungskämpfe eines Volkes nicht mehr in seiner Intention. In der Reduktion des Interesses auf die ästhetische Struktur vor allem des Ornaments bzw. die handwerklich-technische Gestalt würdigt Boetti die Einzigartigkeit des kunsthandwerklichen Produkts und legitimiert sich zugleich die Freiheit zu ihrer Übertragung auf seine eigene Arbeit.[8]

5 Zit. Picazo, Kat. Orientalismos, 1998, S. 238. ■ 6 Zit. Martin, Visuelle Schocks als Katalysator, Kunstforum 118, 1992, S. 198/200. ■ 7 Kat. M. Buthe, Düsseldorf 1999, Nr. 32 (Elefant) und 84 (Collage); ob Buthe die Geschichte von Abul Abbas bekannt war, ist nicht dokumentiert. Bei Kat. 64 auch eine Abb. seiner Lebend-Inszenierung »Le Dieux de Babylon«, 1972/73 zu sehen. ■ 8 Boetti könnte auch ein zeitgemäßes Symbol für seinen interkulturellen Dialog gefunden haben: Ein Foto zeigt ihn auf ein einfaches Grundmodell von den berühmten bemalten Lastwagen vom Khyber-Paß gestützt; in ihm konnte er den Transport der bunten Zeugnisse der Volkskunst bei ihrer realen oder medialen Reise in den Westen künstlerisch-imaginativ begleiten, ohne sich dabei dem Gefühl einer folkloristischen Romantisierung oder Kommerzialisierung auszusetzen (Abb. Kunstzeitung, Nr. 65/Jan. 2002; vgl. auch A. Sauzeau Boetti, A. Boetti, Turin 2001). ■ 9 Z.B. in den frühen Teppichübermalungen von Horst Gläsker oder Aldo Mondino bzw. in der Film-Installation von Jeroen de Rijke/Willem de Rooij, oder in der Überlagerung von Straßenplakat, Teppichmuster und arabischem Texten bei Rasheed Araeen. ■

Michael Buthe, Ersöl dö Tuarec, 1970, Collage, Wasserfarbe, Goldbronze, Farbpigmente (Privatsammlung Düsseldorf)

In den Versuch, sich als westlicher Künstler den fremden Kulturerscheinungen anzunähern, blieb Boettis Ansatz richtungsweisend. Denn gerade am Thema der Orientteppiche wird die Gegenentwicklung sichtbar, Vorbilder nicht mehr intensiv und authentisch zu durchdringen, sondern nur als formale Stoffsammlung bzw. für mediale Fragestellungen zu nutzen.[9] Ein anderer, mehr auf die gemeinsamen formalen Prinzipien verweisender Ansatz erscheint bei Heinz Mack, der arabische Ornamentstrukturen in verschiedene Medien, vom Aquarell über Keramikobjekte bis zu technoiden in der Wüste aufgebauten Großformen zu übersetzen suchte. Mack sah sein Werk seit den frühen Zero-Arbeiten als einen konsequenten Weg der »Wahlverwandschaften« zwischen orientalischer Ornamentik und seriellen Formkontinuitäten im Westen.

Was sich bei Mack noch streng formanalytisch als Suchen nach Gemeinsamkeiten visualisierte, läuft auf der assoziativen Ebene leicht Gefahr, in eine entfunktionalisierte, mehr spielerische Verwendung von Motiven und Inhalten zu geraten. In Raffael Rheinsbergs Installation ›Orient und Okzident‹ (1992) waren es verschiedene Einzelwahrnehmungen (eine Sammlung zerbeulter Kupferkessel bzw. eine Reihe von Luftschutzsirenendeckeln), welche sich zu einem Konstrukt aus dem visuellen Gedächtnis zusammenschlossen und Ausstellung wie Titelgebung begründeten. Von zahlreichen assoziativen, meist im Rahmen persönlicher Kunstkonzepte umgesetzten Anleihen aus dem Orient mag auch die Ausstellung ›Ex Lux‹ in Hall in Tirol (2000) geprägt gewesen sein.

Begegnung und Gegensatz der Kulturen könnten auch hinter den modell- oder symbolhaften Konfrontationen von Johannes Brus aufscheinen: Zeugnisse aus Natur und Industrie werden hier assoziativ zu skulpturalen Antipoden – eine rostige Stahlgußform (Kokille) erhebt sich wie ein Festungsturm inmitten einer Trümmerlandschaft aus gipsernen Gußteilen; gegenüber ist ein Elefantenkopf von Elektroden, Kurbelwellenresten und stählernen Fehlgußblöcken umgeben, die an antike Säulentrommeln erinnern. Klaus Gallwitz erweitert den möglichen historischen Reflex zu einer verallgemeinerten Situation: »Kokille und Elefant sind die Antagonisten. So begegnen sich Abend und Morgen, der Okzident und der Orient. Der Elefantenkopf ist im Begriff zu versinken. Ihm gegenüber behauptet die Kokille ihren Stand, wie ein Gebilde, das sich gerade aus seinen Schalen befreit hat. Rudimentäre Positionen auf der einen Seite, eine Art Phoenix aus der Asche auf der anderen.«[10] Der Elefant, jenes von Brus immer wieder ausgeformte, anachronistische Tier, das Fremdheit, Intelligenz, Stärke und Güte symbolisiert, scheint hier seinen Weg durch die Geschichte beendet zu haben; der neue Heros ist der starre Klotz aus Stahl.

Ambivalent ist die Auseinandersetzung mit den Fremdbildern auch im Bereich der neuen Medien: Die weite Dimension des Orients mit seinen großen geschichtlichen und religiösen Themen übt im Westen fast wie zu Zeiten der Orientalisten wieder eine besondere Faszination aus – jetzt jedoch nicht mehr als vergegenwärtigte Allegorie im Ölbild, sondern als virtuelle Präsenz auf dem Bildschirm. Die ständigen Dokumentarberichte über islamische Kultur vor Ort, die Features über Kontinuitäten von Herrschaftsritualen in Bagdad, oder die auf exotische Phänomene ausgerichteten Kulturvergleiche aus dem vorderen Orient, selbst der direkte Kontakt über eine Webcam zur Klagemauer in Jerusalem suggerieren dem Betrachter im Westen eine Authentizität, eine gleichzeitige Orts- und Zeitpräsenz, ohne daß er aber der Substanz der Ereignisse teilhaftig ist.

Die Medienkünstler versuchen diesem Dilemma, das die nur sich selbst verpflichteten Gemälde und Skulpturen nicht kennt, zu entkommen, indem sie Themen des Orients nicht einfach medial reproduzieren, sondern in ihrer Wesensstruktur verändern. Auf den ersten Blick scheint Jeffrey Shaws im ZKM in Karlsruhe installiertes Werk ›The Golden Calf‹ (1995) nur eine spielerische Umsetzung des alttestamentarischen Themas zu sein: Besucher können durch eigene Bewegungen mit dem LCD-Monitor in den Händen die Ansicht des dort sichtbaren Goldenen Kalbes verändern. Es könnte aber in zweiter Ebene schon gar nicht mehr das sichtbare »Götzenbild« gemeint sein, um das der Besucher herumtanzt, sondern das bilderproduzierende Medium selbst, das hier vom Besucher angebetet wird.

Auch die Komplexität religiöser Schriften hat manche Medienkünstler herausgefordert: Thomas Zitzmann hat für die Kernbotschaft des Neuen Testaments, die ›Bergpredigt‹, ein offenes Computerprogramm entwickelt, das sich laufend zu einem breiten Bild- und Textforum erweitert (The.Mount.net). In David Smalls auf der documenta 11 vorgestelltem ›Talmud Project‹ (2000) wurde ein umgekehrter Weg eingeschlagen: Statt der Möglichkeit, Textstellen der jüdischen Gesetzeslehre aufzurufen oder zu kommentieren, geht es Small hier nicht mehr um die individuelle Produktion und die Weitergabe von Wissen und Erkenntnis, sondern um strukturelle Fragestellungen, um interaktive Zusammenhänge zwischen Text, Typografie und räumlicher Wahrnehmung, die sich des »Systems Talmud« bedienen.

Auf die ursprünglichen Ansätze weist uns Bill Viola in seinem frühen Video ›Schott El'Djerid‹ (1979) zurück; er bleibt in einem ganz anderen, geographisch-landschaftlichen Sinn »dem Orient treu«. Ohne große inhaltliche Interpretationen und ohne Zwang zum »displacement«[11] suchte er lediglich die visuelle Umsetzung realer optischer Phänomene in ein nur mäßig bewegtes Bild: das allmähliche Auflösen der Wahrnehmungsgrenzen in einer heißen, lichtdurchfluteten Wüstenzone.

Einen spürbaren Bruch der künstlerischen Sicht bewirkten seit dem Ende der 80er Jahre die kriegerischen Auseinandersetzungen infolge der islamischen Re-

10 Zit. Kat. J. Brus, Zollverein Essen 2000, S. 32. Die Konfrontation von Elefant und Industrieform erscheint auch in Brus' Fotomontagen; andere Skulpturen wiederum zeigen den Elefant, begleitet von einer menschlichen Figur, auf kapitellartigen Sockeln. ■ **11** Displacement war Jan Hoets zentraler Begriff der documenta IX. Ein heutiges, »verrückendes« Gegenbild zu Viola ist Betty Leirner mit ihrem Video »Political Mistakes«, welches Ansichten von kahlen, steinernen Regionen Jordaniens mit dreisprachigen Worteinfügungen und angeschnittenen Bildern japanischer Touristen kombiniert. ■ **12** Zit. Siegmar Gassert, März 1991 (www.kvb.com). ■ **13** Vgl. »Parallele Orte«, 2002, in: Kat. Ökonomie der Zeit, 2002. Fends Projekte sind vor allem im Internet (www.ocean-earth.com) publiziert. ■

Felix Droese, Priesterbetrug, 2003, Collage, Scherenschnitt (Besitz des Künstlers)

volutionen. Bei vielen Künstlern richtete sich ein neuer kritischer Blick auf die Analyse der ökonomischen Interessen des Westens, aber auch auf die unterschiedlichen kulturellen und religiösen Traditionen. Es waren nicht zuletzt die mit den neuen Medien arbeitenden Künstler, die erkannten, daß die Legitimation des Machtkampfs innerhalb bzw. gegen die arabischen Länder auch eine über die Medien geführte Angelegenheit ist. Vor allem Ingo Günther und Klaus vom Bruch zeigten in ihren vielfältigen Installationen immer wieder die Zusammenhänge von Herrschaft, Ökonomie und Technik auf. Auf über 300 mittels graphischer oder textlicher Analysen überarbeiteten Leuchtgloben stellte Günther eine Enzyklopädie weltpolitischer Zusammenhänge dar – z.B. Flüchtlingsströme oder aktuelle Konfliktzonen, Flächendifferenzen zwischen Ländern und ihrem Bruttosozialprodukt oder Länder mit religiös motivierter Unterdrückung; desweiteren projizierte er kontroverse Reden von Staatschefs und Videosequenzen aus der politischen »Wetterlage« auf wehende Fahnen. Daneben untersuchte er in verschiedenen Installationen die Verwendung der Satellitentechnik zur Kriegsführung (z.B. in ›K4(C3I)‹), schließlich arbeitet er seit 1996 am Langzeitprojekt einer ›Refugee Republic‹ – einer (noch) imaginären Heimstätte für die Flüchtlinge der Welt.

Klaus vom Bruchs Installation ›Brattain & Bardeen‹ (1991) zeigt, wie eine wenig spektakuläre Entwicklung von zwei unbekannt gebliebenen Nobelpreis-Trägern heute als bahnbrechend für alle Bereiche moderner Technologie anzusehen ist: die Erfindung des Transistors. Er ermöglichte nicht nur das Radio im Miniformat, sondern auch die moderne Waffentechnologie z.B. mit ihren unbemannten Flugkörpern. Die beiden über Kopfhöhe aufgehängten aggregat- oder röhrenartigen schwarzen Rundkörper enthalten auch konsequenterweise Fernsehbildschirme mit Parallelsequenzen aus dem Golfkrieg in der Endlosschleife eines » ›closed circuit‹ von Technik und Destruktion und von Kultur und Macht.«[12] der berühmte Bunker von Bagdad im Fadenkreuz, Kriegsberichterstatter und Raketentreffer.

Hinter Günthers und von Bruchs Arbeiten verbirgt sich auch ein Kommentar zu einer makaberen Geschichtsentwicklung: Sie besteht darin, daß die einst aus Bagdad verbreitete Naturwissenschaft im Mittelalter den Westen beflügelt hat, hier dann eine rasante Weiterentwicklung genommen hat, und heute wiederum bei der kriegerischen Einmischung gegenüber eben jenen Herkunftsräumen eingesetzt wird.

Die sich hier anschließende Frage nach der Realität der uns übermittelten Nachrichten-Bilder hatte besonders Fritz Rahmann in seiner umfangreichen Installation ›Fernsehen (Natur der Bilder) Reportage 5.–28.2.91‹ beschäftigt – einer kontinuierlichen Sammlung von 2250 Bildern aus CNN-Sendungen über den Golfkrieg, die wie ein Endlos-Band Köpfe, Gesichter, Karten, Kriegsgerät oder Straßenszenen aneinanderreiht. Aus dem wie zufällig erscheinenden Rohmaterial gelingt es nur dem versierten Betrachter, bestimmte Strukturen, Trailer, Symbolbilder u.a. herauszulesen; in ihrer massenhaften Fixierung auf den Ausstellungswänden wirken sie aber wie das unvermittelte kollektive Reservoir unserer jüngsten Geschichte.

Reale Machtstrukturen analytisch zu ergründen und in die Richtung visionärer, auf der Grundlage ökologischer und geographischer Zusammenhänge entwikkelter Programme zu verändern, ist das Ziel der intermedialen künstlerischen Arbeit von Peter Fend. In einer seiner jüngsten Untersuchungen verglich er die historisch-geographischen Strukturen wie die Öko-Systeme zwischen dem Golf und der New Yorker Bucht, um zu einer von fossilen Brennstoffen unabhängigen Energieversorgung zu kommen.[13] Fend und seine ›Oceanearth.corp‹-Projekte zielen auf global-architektonische und landschaftliche Neukonzeptionen und nutzen konsequent die neuen Medien als einen skulpturalen Raum.

In einer scheinbar direkten künstlerischen Form argumentiert Felix Droese auf die Frage der politischen Strukturen zwischen dem Orient und dem Westen: Eine seiner großen Scherenschnitt-Arbeiten trägt den Titel ›Die Dummen sterben niemals aus‹ (2001) – wandfüllend ist dort hinter zwei Ölfässern ein in den Vorderläufen eingeknicktes Kamel zu sehen, scheinbar zusammengebrochen unter der Last dreier Symbole: des Kreuzes, des Krummsäbels und der Menorah. Die monumentalen, hölzern ausgeschnittenen Gegenstände könnten wie eine simple Botschaft in einem volkstümlichen Medium wirken, doch durch seine bewußt rohe, antiästhetische Ausführung stellt sich ein vordergründiger Inhalt wieder selbst in Frage. Die Dinge erscheinen wie materialisierte Schattenrisse der Wirklichkeit, Schattenseiten des Lebens – und man muß laut Kierkegaard erst durch dies äußere Bild hindurchschauen, wenn man das »dahinter« liegende innere (d.h. seelische) Bild bemerken will. So ist jenseits des scherenschnittartig vereinfachten »Pamphlets« über die geschundene Kreatur, über den Kampf um Land und Öl, oder über die Last der Religionen (deren Symbole eher Kampfwerkzeugen gleichen) auch eine tiefere Sinn- oder Seelenhaftigkeit verborgen, von der die reale Gegenwart nur einen groben Widerschein abbildet. Diese Mehrschichtigkeit ist ein Arbeitsprinzip Droeses, welches sich auch in den graphischen Arbeiten fortsetzt: So z.B. in den verschiedenen, mit dem Psalm 85,12 überdruckten Zeitdokumenten, oder schließlich in einer jüngsten Gruppe von Papierarbeiten, welche sich einer Kartonvorlage aus aufgedruckten Trauben bedient[14], um in ihr Wörter auszuschneiden, die zu einer Art Begriffs-Matrix zwischen Terror und Demokratie angeordnet sind und die wiederum auf einem neuen Bildträger fixiert wurden.

14 Die Trauben spielen auf die Paradiesverheißungen im Koran an (die Belohnung des Gläubigen mit der Traube als einer Gabe der Reinheit, welche dann später in eine Belohnung mittels reiner Jungfrauen umgedichtet wurde). Auch die den Schriftblättern unterlegten Bilder können wiederum politische Implikationen enthalten: u.a. hat dort eine Abbildung des vergitterten Holocaustdenkmalplatzes in Berlin Verwendung gefunden. ■ 15 Vgl. Kat. HeimatKunst, 2000, S. 7f. Der Versuch, in einer wandernden Gesellschaft den Begriff der Heimat portativ zu definieren (um ihn partiell in der HeimatKunst anzusiedeln) kann nur gelingen, wenn dieser formal-soziologisch und anti-spirituell bestimmt wird (vgl. dagegen unten die Darstellung der Beziehung zwischen Mensch und (Heimat-)Erde bei israelischen Künstlern). ■

Im Gegensatz zu einer bildlichen Kommentierung internationaler Kapitalverflechtungen ist es für westliche Künstler sehr viel schwieriger, sich einer analysierenden Darstellung orientalischer Lebensverhältnisse selbst anzunehmen. Die Differenz der Sitten, die unterschiedliche Bedeutung von Tradition, das andere System von Akzeptanz und Opposition – all dies bedarf einer langen Zeit der Wahrnehmung, wenn nicht die eigenen gewohnten Reflexionsmuster vorschnell übergestülpt werden sollen. Dabei müssen sich nicht nur die Ängste gegenüber dem Fremden bemerkbar machen – dies gilt ebenso für westliche Klischee-Vorstellungen darüber, wie denn innerislamische Kritik und Opposition auszusehen habe. Gegen derartige Erwartungshaltungen haben sich nicht zuletzt einige kritische arabische Künstlerinnen selbst verwahrt.

Bei der längere Zeit vor Ort in Kairo gewesenen Künstlerin Lisa Lukas ist eine Ideologisierung des Blicks jedoch nicht erkennbar, obwohl sie sich u.a. auch mit dem Thema des Frauenlebens im Islam beschäftigt hat. Dies mag nicht nur an der weitgehend neutral beobachtenden Einstellung zur Umwelt, sondern auch an der Herleitung und Einbindung ihres künstlerischen Vokabulars in die einheimische Form- und Farbenwelt liegen. ›Mashrabiya – Fenster der Frauen‹ (2000) zeigt auf den ersten Blick die kühle Rekonstruktion eines Fensterkorbs in reichster Ornamentik, wobei hinter den Transennen noch einmal ein schillernder Glanz farbiger Fenster aufscheint. Bei näherer Betrachtung werden die allmählich erkennbaren Bilder jedoch trügerisch: Der Betrachter erkennt Aufnahmen alltäglicher Straßenszenen, Kameltreiber, Marktplätze und Ähnliches; alles Ansichten, die die Welt eines Fensterausblicks widerspiegeln könnten. Der nachfolgende Gedanke läßt diese lebendige Außenwelt für eine Frau aber als etwas Abgeschottetes erscheinen; eine Teilnahme an dieser Welt ist nur ganz bedingt möglich, die persönliche Freiheit der Bewegung und der Betrachtung (z.B. ohne sich verschleiern zu müssen) ist hier nur hinter einem kunstvollen Gitter möglich. Die Ironie der Arbeit ist dabei, daß der Betrachter selbst in der Außenwelt steht, daß ihm der Einblick in das Frauengemach verwehrt ist, und daß er als möglicher »Voyeur« nur seine eigene Welt zurückgespiegelt erhält. Als ungeschauter, geheimnisvoller Ort der Phantasie gewinnt der Raum hinter dem Fenster auf diese Weise ein anderes, unseren Vorstellungen fremdes Reich der Freiheit zurück.

Tradition und Avantgarde im Orient Anders als bei den westlichen Künstlern, wo das Aufgreifen des Fremden und des Andersartigen immer nur ein fakultatives, interessengesteuertes Element ihrer Kunst beinhaltete, blieb mit dem Blick des Künstlers aus dem Orient in Richtung Westen eine existentielle Einstellung, eine unmittelbare Frage nach der persönlichen oder nationalen Identität verbunden. Dies macht es ungleich schwerer, ein halbwegs vermittelbares, nach unseren Vorstellungen gegliedertes Gesamtbild zu entwickeln. Nicht nur die großen politischen Gegensätze zwischen fundamentalistischen Ländern, diktatorischen Regimes und westlich orientierten Nationen, auch die entsprechenden kulturellen Auseinandersetzungen zwischen religiös motivierter Traditionskunst, ideologisch bedingter Affirmation und Angleichungstendenzen an die Westkunst bringen ein kaum überblickbares Geflecht an kulturellen Phänomenen hervor. Hinzu kommt das Problem der starken Migrationen im Kulturbereich, deren Gründe nicht nur in der persönlichen Opposition gegen die Unfreiheit in den Herrschaftssystemen der Heimat liegen. Sicherlich kann bei einem erzwungenem Heimatverlust (infolge Flucht oder Ausweisung) eine Mitnahme und ein Festhalten an den eigenen kulturellen Traditionen die Bewahrung eines nationalen Bewußtseins stärken – und angesichts dieser Zwangslage ist auch die aktuelle Neudefinition eines »portativen Heimatbegriffs« im Zeichen einer »Deterritorialisierung« (Heimat als ein ortsunabhängiges Netzwerk soziokultureller Strukturen)[15] nur ein Trost von Theoretikern.

Ein anderes Motiv für den Umzug – meist in die multikulturellen Metropolen des Westens – ist die Suche nach künstlerischen »Erfolg«. Hierbei besteht die Gefahr eines Heimatverlusts anderer Art: Als Fremdem bleibt ihm nur die Möglichkeit, sich den kapitalistischen Verwertungsstrukturen des Kunstmarkts zu unterwerfen (die nicht seine eigenen sind), oder sich mit seiner ethnischen Besonderheit zu profilieren, denn die moderne Industriegesellschaft sucht ihren scheinbaren Freiheitsgehalt gern über eine multikulturelle Spielwiese zu dokumentieren, und fordert von den Fremden dafür zugleich »authentische« (d.h. exotische Klischees reproduzierende) Werke ein.[16] Es sind vor allem die Künstler aus den Ländern, die freie Arbeitsmöglichkeiten unterdrücken, die solche westlichen Praktiken durchschauen und sich rechten aber auch linken Instrumentalisierungsversuchen (z.B. dem Klischee einer basiskritischen Religionsablehnung) verweigern. Im anderen Fall, dem einer West-Angleichung, drohen kulturelle Identitätsbildung im Rahmen einer »neuen Heimat« und das Begründet-Sein von Heimat aus autochtongenuinen Verwurzelungen auseinanderzufallen.

In orientalischen Ländern mit fundamentalistischen oder auch nicht-demokratischen Staatssystemen ist das Erscheinungsbild der Kunst ambivalent: Statt einer (nur geduldeten oder strikt verbotenen) »Moderne« dominieren hier die traditionellen, aus dem Kunsthandwerk entwickelten Arbeiten, wie z.B. Kalligraphie, Buchkunst oder Wanddekoration. Auffallend ist aber, daß zugleich auch ein typisch westliches, eher unislamisches Kunstprodukt, das Standes- und Repräsentationsporträt, eine gigantische Ausbreitung gefunden hat, welche sich nicht nur auf Präsidenten, sondern auch auf Religionsführer ausgebreitet hat.[17] Bezüglich des Kunsthandwerks kann aber nicht davon gesprochen werden, daß es sich hier nur um eine konservative, und damit um eine als solche akzeptierte Ausdrucksform handelt. In der Kalligraphie haben sich formal wie inhaltlich zahlreiche Veränderungen vollzogen: Der türkische Künstler Abuzer Güler aus Berlin z.B. kalligraphierte 1995 in einer Installation die Geschichte der Gesetzgebungen vom Koran bis zu den modernen Demokratien, um auf eine notwendige Erneuerung der Gesetze in seiner Heimat zu verweisen.[18] Religiöse Texte, Begriffe oder auch Schriftfragmente werden von Ishan Adham Al-Ghanemi oder Shakir Hassan El-Said in malerisch-bewegter, fast informeller Darstellung wiedergegeben, während Kamal Boullata sie als moderne seriell-geometrische Schriftelemente begreift (›Allah nür‹ – Gott ist Licht, 1983).[19] Auch die Keramik ist nicht nur reiches, dekoratives Kunsthandwerk; Mahbuba Maqsoodi z.B. bringt auf eine Schale ein Muster in der Art eines Kreuzworträtsels mit besetzten und leeren Feldern auf, welche Anfangsbuchstaben und die ständig wiederkehrende arabischen Zahl 1371 (dem Beginn der fundamentalistischen Machtübernahme in ihrer afghanischen Heimat, 1992) enthalten. Der innere Konflikt um die beginnende Leidenszeit des Landes, der für die Künstlerin nicht mehr figural erfaßbar ist, wird durch die Präsentation auf einem Gebrauchsobjekt noch verstärkt.[20] Über die Aufnahme von Kriegsmotiven in der afghanischen Teppichkunst war schon berichtet worden.

Das seit einigen Jahren herrschende politische System des Irak zeichnet sich dadurch aus, daß in seiner kulturellen Darstellung Begriffen wie ›Tradition‹ oder ›Ortskontinuität‹ wieder eine besondere ideologische Bedeutung zukommt. So erwuchs aus dem Erbe der kosmopolitischen und pluralistischen Metropole Babylon die prächtige Weltstadt Bagdad: »La Bagdad des Abassides était donc l'incarnation des memes forces qui avaient jadis crée Babylone, et qui plus tard édifièrent les grandes villes des temps modernes.«[21] In ähnlicher Weise werden auch die modernen Künstler in eine volkstümlich-organistische Betrachtungsweise, in

16 Ebda, S. 10/16. Übrigens zeigte auch der neue multikulturelle Anspruch der letzten documenta (Nr. 11) bei manchen nicht-westlichen Künstlern (vielleicht ungewollt) ein ungewohntes und unkritisches Zusammenfallen von Ästhetisierung und exotischem Authentizitätsdruck. ■ 17 Z.B. im Iran (im säkularisierten Irak lässt sich neuerdings auch Saddam Hussein als Betender darstellen); andererseits gilt noch ein Porträtverzicht bei religiösen Führern der Vergangenheit, vgl. Lucas, in: Kat. Iconoclash, 2002. ■ 18 Ausstellung ›Zeit der Tinte‹, Museum Kreuzberg, Berlin 1998 ■ 19 Abb. Boullata in: L'Art du livre arabe, 2001/02, S. 181. Zu Shakir Hassan vgl. Khatibi, 1995, S. 228. Al-Ghanemi stellt Kalligraphien parallel zu ›Ex Oriente‹ in der Bibliothek der RWTH Aachen aus. ■ 20 Vgl. Kat. WegZiehen 2001/02, S. 218. ■ 21 Zit. in: Kat. Entre le Tigre et l'Euphrate 1989 (ebenso die folgenden Zitate). ■

einen Traditions-Wurzelstrang eingereiht: »Parallelement, les artistes irakiens découvraient la peinture arabe des Abassides: non seulement les arabesques géometriques des mosquées et des manuscrits enluminés, mais aussi la représentation effective et figurative de la vie, avec toutes ses activités, sa flore et sa faune, dans un style qui n'appartenait qu'à eux – un style remarquable pour ses lignes vigoureuses et son emploi imaginatif de la couleur (J.I.Jabra).« Zugleich wird die Rückbesinnung auf eigene Traditionen als ein Resultat der Auseinandersetzungen mit ausländischen Kulturen (vor allem Europas) gedeutet, welche immer dann in einem dialektischen Prozeß zu einer neuen künstlerischen Qualität führe, wenn in den Hoch-Zeiten arabischer Geschichte ein intensiver Austausch stattfinde.

Dem verbalen Spagat, aus der Geschichte die kulturpolitische Bedeutung der Gegenwart zu legitimieren, vermag die in der Pariser Ausstellung von 1989 vorgestellte künstlerische Produktion aus dem Irak nur schwer nachzukommen – allzu eng bewegen sich die Künstler in den Grenzen, die von der alten Volkskunst bis hin zur ›École de Paris‹ aufgerichtet worden sind. Merkwürdigerweise kann sich aber gerade das neue Bagdader Denkmal für die Opfer des Iran-Irak-Kriegs mit seinen monumentalen, offen gegeneinander gesetzten Halbschalen aus dieser Ambivalenz heraus zu einem künstlerisch auffallenden Bauwerk erheben, »qui rejoint la grande tradition de l'art musulman, par la noblesse de sa conception spatiale et sa pureté métaphorique.« (Claude Schweisguth)

Während der Katalog noch von der Unabhängigkeit der Künstler gegenüber Eingriffen und Vorschriften des Staates spricht, und dessen Aufforderung zu künstlerischer Vielfalt als Bekenntnis zur Freiheit der Kunst lobt, hat sich die Situation allmählich verschärft: Statt einer gemäßigten Moderne sind in der Öffentlichkeit nur noch affirmative Staatskunst und traditionelle Folklore sichtbar übriggeblieben. Im ›Saddam Hussein Art Center‹ dominiert jetzt ein reiner Personenkult um die Porträts des Stifters, und in der Ehrenhalle unter dem Gefallenendenkmal fallen Bildcollagen wie das »Shakehands« zwischen Nebukadnezar und Saddam ins Auge. Viele Künstler haben das Land verlassen; wenige arbeiten unter schwierigsten künstlerischen wie ökonomischen Bedingungen auf rein privater Ebene weiter.[22]

Somit vollzog sich im Irak ein gegenläufiger Prozeß zu vielen anderen arabischen Staaten, wie z.B. den Emiraten am Golf, wo eine gezielte Kunstförderung unter Einschluß westlicher Strategien begonnen worden ist (u.a. durch die Errichtung moderner Museen mit Westkunst-Sammlungen und entsprechenden Wechselausstellungen).[23] In den Golfstaaten entwickelte sich unter den Rahmenbedingungen des Ölbooms sehr rasch eine künstlerische Avantgarde, welche die langwierigen Emanzipationsprozesse in den »alten« arabischen Ländern überspringen konnte: Die jungen Künstler »beachteten bestimmte Tabus nicht mehr« und verarbeiteten westliche Erfahrungen zu »eigenen Ausdrucksformen«.[24]

Selbst im Iran ist in den letzten Jahren in einer Phase gemäßigter Politik ein engagiertes modernes Kunstleben entstanden, welches wiederum in einem konkurrierenden Austausch mit den zahlreichen im Westen arbeitenden Landsleuten steht, und das seinen Niederschlag in verschiedenen modernen Galerien und Museen findet.[25]

Es mag mit einer bereits älteren Tradition zusammenhängen, daß Künstler aus Persien kulturelle Einflüße aus Ost und West zu besonders qualitativen, breit gefächerten Verbindungen steigern konnten. Schrift und Ornament spielen auch hier eine besondere Rolle – sei es in stark politisch engagierten, häufig die Situation der Frauen aufgreifenden Arbeiten – z.B. in Shirin Neshats ›Rapture Series‹ (1999) – oder in den streng minimalistischen Skulpturen von Shirazeh Houshiary (London). Magisch verschlossen sind die Berge von Bilder- und Papierrollen, von

22 Vgl. die Bildhauerdarstellungen im Irak-Film von Ingelis Gnutzmann (Phoenix-TV, Juli 2002). ■ **23** Z.B. die Westkunst-Ausstellung »Wasser-Sand-Weite« im New Sharjah Art Museum (Ver.arab.Emirate) 2002 ■ **24** Zit Taufiq, S. 17. ■ **25** Z.B. in Teheran das Museum of Modern Art (Honarhaye Moaser). Die mittlerweile aufgegebene Barg-Gallery bekam jedoch Schwierigkeiten, als dort u.a. eine junge Künstlerin mit Koran-Collagen experimentierte (vgl. FAZ, 13.4.2002) ■ **26** Zit. M. Pitzen, in: Kat. WegZiehen, 2001/02, S. 14. ■

Alighiero Boetti, Ohne Titel, 1972, Stickerei (Galerie Kaess-Weiss, Stuttgart)

Kästen und Behältnissen, welche Chohreh Feydzjou, die als Jüdin im Iran aufgewachsen ist, als künstlerische Sammlung hinterlassen hat: Ein Vergleich zur jüdischen Tradition des aufbewahrenden Ablegens von Schriftstücken und Dokumenten mag hier nicht abwegig sein.

Die wechselnden politischen Situationen in Persien wie auch in vielen arabischen Ländern bewirken immer wieder eine Ideologisierung der Kunst, eine Polarisierung zwischen Affirmation und Widerstand, die oft zur Emigration zwingt. In diesem Flüchten aus der geistigen Enge kann der Kunst eine neue Aufgabe zufallen: »Kunst als Therapie, als Mittel gegen Heimweh, als Erinnerungskultur, als friedensstiftende und grenzüberschreitende Disziplin.«[26] Sehr konsequent hat sich hier Parastou Forouhar dem Thema der Heimat in der Fremde gewidmet: Die arabische Schrift wurde ihr zu einer Erinnerungskonstante ihrer iranischen Herkunft: ganze Räume und Gegenstände überzog sie mit einem Netzwerk aus ornamentalen Schriftzügen und gab ihnen damit eine neue, ihr selbst gemäße Identität. In ihren jüngsten Fotoarbeiten durchleuchtet sie die Abhängigkeitsverhältnisse, die sich in den Strukturen der Religion und des Alltagslebens aufdecken lassen.

Kritische Arbeiten zum Thema Sexualität sind in traditionellen islamischen Ländern besonders tabuisiert. Ghada Amer, geb. 1963 in Kairo, widmet sich in ihrer ›Encyclopedia of Pleasure‹ den Schriften des Dichters Ali Ibn Nasr Al Katib, der schon im 11. Jahrhundert die Lust der Frauen besungen hat. Seine sorgsam auf Baumwollhüllen gestickten Verse umkleiden nun 54 willkürlich im Raum aufgebaute Kuben; aus der lebendigen altorientalischen Sinnenfreude ist eine erstarrte geometrische Boxen-Landschaft geworden, in der die Schriften wie archäologische Erinnerungen wirken.[27]

Shirin Neshat, Rapture Series (Woman with Writings on Hands), 1999, Farbfotografie (Privatsammlung)

Auffallend blieb in den bisher genannten Arbeiten, daß die existentiellen Fragestellungen zur kulturgeschichtlichen Einbindung, wie zu Herkunft und Identität, noch in spontaner und direkter künstlerischer Umsetzung angegangen worden sind; sie sind noch nicht von rein kunstimmanenten Problemstellungen überlagert. Dennoch sind hier aber auch alternative Tendenzen festzustellen, in denen das Thema Orient mehr als Folie, als eine Art Arbeitsebene im Rahmen eines übergreifenden künstlerischen Konzepts zu werten ist. Konzeptionell angelegt im Sinn einer Befragung der verarbeiteten Medien sind sicherlich die Arbeiten von Fareed Armaly: Die documenta 11 zeigte im Foyer seine große Boden-Installation ›From/To‹ (2002): Radiale, aus der Digitalisierung eines Felsens entwickelte Linien, welche die Namen palästinensischer Orte trugen, erstreckten sich im Raum, während in den Segmenten Monitore für TV-Filmaufnahmen aus dem heutigen Palästina von Raschid Masharawi aufgebaut waren. Eine frühere, sehr komplexe Installation ›(re-)Orient‹ (Sammlung Schürmann) widmete sich der strukturellen Parallelität der Bilder und Wahrnehmungssysteme aus dem Westen und dem Orient.

Als junge, ebenso im Westen lebende Künstlerin ist Shirana Shabazi (geb. 1974 in Teheran) in ähnlicher Weise an zeitgenössischen Fragen nach der Differenzierung von Bildwahrnehmungen im globalen Medienzeitalter interessiert, vor allem an der Frage nach einer heutigen Existenz (oder nur einer Vorstellung) von geschlossenen Bilderwelten für Gemeinschaften. In ihrem vielteiligen Projekt ›Der große Garten/Goftare Nik‹ (2000–02)[28] werden einer fotografischen Bildersammlung aus ihrer Heimat reale gemalte Filmreklame-Wandbilder gegenübergestellt. Gibt sich bei letzteren die Bildrealität sogleich als Traum- und Klischeewelt zu erkennen, so scheint eine weitergehende Differenzierungsfähigkeit unserer Wahrnehmungen gegenüber ihren wie wahllos gesammelten Aufnahmen aus einem »fernen Land« stark in Frage gestellt: Unser selektierender Blick folgt klischeehaften Bilderwartungen.

Für einige der im Westen lebenden Künstler erschloß sich eine Vorstellung über ihre geschichtliche Herkunft erst im Rahmen ihrer Beschäftigung mit den neuen Medien: Es gibt hier neben zahlreichen Fotografen (z.B. Samer Mohdad, Ikhlas Abbis)

■ 27 Abb. Amer, in: Elle, Juni 2002, S. 31 (ausgestellt in Gal. de Appel Amsterdam 2002; vgl. auch ihr ähnliches Werk ›Liebeslegende von Madjnûn‹, 1996/97). Die von islamischen Orthodoxen u.a. als Feministin kritisierte Künstlerin lebt heute in New York. ■ 28 Vgl. Installation und Katalog Shirana Shabazi, Bonner Kunstverein 2002 ■ 29 Vgl. Witte de With Rotterdam 2002: History: Contemporary Arab Representations, Beirut/Lebanon. ■ 30 Vgl. auch die Dis-ORIENTation-Ausstellung im Haus der Kulturen der Welt (Berlin 2003), in der fast alle arabischen Künstler Videoarbeiten präsentieren. ■ 31 Jack Persekian, Kat. Neue palästinensische Kunst, Ifa 2002, S. 8. ■

Shirin Neshat, Rapture Series (Group of Women, One in Profile), 1999, Farbfotografie (Privatsammlung)

auch sehr konsequent arbeitende Filmemacher, etwa den 1955 in Bagdad geborene Samir. Er produzierte u.a. die Installation ›(It was) just a job‹ (1991–99) – eine Darstellung zum 2. Golfkrieg aus der US-Wohnzimmerperspektive – sowie den Dokumentarfilm ›Forget Bagdad‹ (2002).

In Richtung Neue Medien und Kommunikationstechnologien zielt schließlich auch das u.a. von Catherine David initiierte Langzeitprojekt ›Contemporary Arab Reprensentations‹, das seit 2001 mit Wanderausstellungen, Diskussionsforen und Publikationen arabische Künstler vorwiegend aus dem Libanon vorstellt. Neben Fotografien und Videoinstallationen zu Gegenwartsphänomenen zog eine Arbeit von Jalal Toufic die Aufmerksamkeit auf sich, der mittels heutiger Bilder den Märtyrertod und die Gedächtnisfeiern von Al-Hussein (680) bzw. das Versprechen der Wiederkehr des zwölften Imam thematisiert hat (›Ashura‹, 2002).[29] Daß die Arbeit mit den neuen Medien auch in der arabischen Welt eine derartige Verbreitung gefunden hat[30], ist nicht zuletzt auch ein Ergebnis der weltweit verfügbaren und leicht rezipierbaren Sprache der Technik, die zudem, entsprechend der Notwendigkeit der Künstler zur Mobilität, einen erheblich geringeren Produktions- und Transportaufwand erfordert.

Aus einer ganz anderen Situation heraus ist die Kunst der Palästinenser zu verstehen. Als Staatenlose und Entwurzelte haben sie laut E. Said mit einem Wahrnehmungsdefizit und einer schwierigen Identitätsfindung zu kämpfen. Trotzdem entsteht gerade hier eine existentiell-expressive Kunst. Jack Persekian: »In der Vergangenheit war die palästinensische Kunst häufig durch die Notwendigkeit geprägt, ihre nationale Identität mittels eindeutiger Symbole auszudrücken«, dagegen arbeiten manche heutige Künstler »mit subtileren und suggestiven Materialien. Mit diesen rufen sie sowohl persönliche Erinnerungen als auch kollektive kulturelle Strukturen ins Bewußtsein, die sie in der künstlerischen Gestaltung nahtlos ineinander übergehen lassen.«[31] So werden Alltagsgegenstände zu subtilen Botschaften des Terrors und der Verletzung verändert, teilweise in der Tradition des »objet dangereux« weitergeführt, wie z. B. Mona Hatoums Krankenrollstuhl ›Wheelchair‹ (1998), dessen Griffe durch Fleischermesser ersetzt sind, oder ihre beiden Geh-Krücken ›Crutches‹ (1991/2001), die aus weichem, zusammengesunkenem Material geformt sind. In manchen Performances wird die Situation der Frau in islamischen Ländern in einer radikal ästhetischen Verfremdung dargestellt (Raeda Sadeeh). Auch Mona Hatoums Installationen der 80er Jahre reflektierten häufig eine persönliche Befindlichkeit vor dem Hintergrund politischer

Unterdrückung. Es erscheinen immer wieder Situationen in Kellern, Käfigen oder hinter Gittern (u.a. ›Short Space 2‹, Aachen, Sammlung Ludwig). Eine besonders beklemmende Arbeit war ›The Negotiating Table‹ (Der Untersuchungstisch, 1983), auf dem die Künstlerin, in einen blutigen Plastiksack verpackt, drei Stunden regungslos liegend verharrte, während aus Lautsprechern Kriegsberichte und Friedensworte von Staatschefs zu hören waren.

Mona Hatoums Bodenarbeit ›Present tense‹ (Gegenwart) von 1996 verbindet Objekte der Realität mit einer künstlerischen Programmatik, die trotz ihrer politischen Brisanz eine besondere poetische Ausstrahlung besitzt. Auf Olivenseifenblöcken aus Nablus erscheinen, mittels roter Perlen eingedrückt, die Grenzen der autonomen Palästinensergebiete nach dem Osloer Vertrag von 1995 – ein zerstückelter Flickenteppich mit Mustern, die zweideutig zu betrachten sind: als traditionelle ornamentale Stickerei oder als eine von Tränen aus Blutstropfen gezeichnete Landkarte. Die Naturqualität der Seife ist heute durch synthetische Produkte verdrängt, der lebenserhaltende Reichtum des Exportartikels ist nicht mehr zu erwirtschaften, die Seifenblöcke liegen wie ein historisch-archäologischer Komplex gedrängt nebeneinander, ihre Energiequalität (vergleichbar den ›Olive-Stones‹ von Joseph Beuys) liegt brach. Im Titel deutet sich aber auch an, daß das zur Auflösung bestimmte Material keinen Zustand für die Ewigkeit festzuschreiben hat.[32]

Das gefährliche, dornenreiche Recht auf eine eigene Geschichte thematisiert auch Khaled Rabah, wenn er ein von Nägeln übersätes, englisches Lexikon aufschlägt, das nur den Eintrag über ›philistine‹ sichtbar läßt – d.h. über das Volk der ›Philister‹, von denen sich der Name Palästina abgeleitet hat. Seine Installation ›Jerusalem the Golden‹ (1995) widmet sich der Ambivalenz von wirtschaftlicher Basis, eigener handwerklicher Kultur und politischer Unterdrückung: Rabah konfrontiert einen Wald aus vergoldeten Stacheldrahtrollen mit einer flachen Schale mit Olivenöl, in die Spulen mit buntem Stickgarn gestellt sind – ein handgreiflicher Hinweis auf die unmittelbare Lebenssituation der Palästinenser.[33] Auch für die zeitgenössische Fotografie ist die spezielle existentielle Situation Kern und Grundlage des künstlerischen Schaffens, was u.a. in den Arbeiten der Palästinenserinnen Rula Halawani und Emily Jacir sichtbar wird.

Heutige Versuche der Zusammenarbeit zwischen israelischen und palästinensischen Künstlern (nach dem Vorbild verschiedener Friedensbewegungen) gestalten sich extrem schwierig – so scheiterte beispielsweise die gemeinsame Ifa-Ausstellung mit dem Titel ›Focus Nahost‹.[34] Auch im Deutschland der Jahre 2002/03 werden die stark forcierten Überblicksausstellungen über den Nahen Osten noch säuberlich getrennt, separiert zwischen einerseits arabischer Kunst (›DisORIENTation‹, Berlin, Haus der Kulturen der Welt, 2003), Künstlerinnen aus dem arabischen Raum (Ifa-Galerie Stuttgart 2003), ›Frauen im Orient – Frauen im Okzident‹ (westeuropäisch-arabische Fotoausstellung, Karlsruhe 2003), und andererseits der Kunst aus Israel (›Nashakia‹, Museum Goch 2002 bzw. ›Chilufim‹, Museen Bonn/Krefeld 2003) sowie moderner jüdischer Kunst (Museum Bochum 2003). Zu dieser Praxis noch eine Nachbemerkung anderer Art: Im Vorwort zu ›DisORIENTation‹ wird den Künstlern ein Widerstand gegen kollektive Vereinnahmungen (d.h. Orientalisierungen) attestiert, zugleich aber wird durch die Ausstellungsbegrenzung das eigene Konzept wieder aufgehoben: Die angestrebte Integration in ei-

32 Vgl. Ankori 1997/98, S. 583f. (dort auch eine weitere Arbeit von Mona Hatoum von 1996, die mit Stecknadeln gespickte Seifenblöcke zeigt, S. 584). ■ **33** Ebda., S. 581f. (der Titel bezieht sich auf einen israelischen Song aus dem Kriegsjahr 1967). ■ **34** Zu den später als getrennt durchgeführten Projekten vgl. KulturAustausch, Heft I/2002, S. 120f. (Der palästinensische Kurator Jack Persekian spricht hier von einer mittlerweile so weiten Entfernung beider Völker, »daß es keinen gemeinsamen Nenner mehr gibt, der die Grundlage für einen Dialog bieten könnte«). Die Ausstellung ›West-östlicher Diwan – Wiener Künstler aus dem Orient‹ (2000) konnte immerhin arabische, türkische und jüdische Künstler, die in einer westlichen Stadt zusammenleben, in einer gemeinsamen Präsentation vorstellen. Ein positives Beispiel lieferte der ›LennonOno-Friedenspreis‹ von 2002, der von Kofi Annan gemeinsam Khalil Rabah und Zwi Goldstein überreicht wurde. ■ **35** D. Harten, Kat. Israelische Kunst, 1991/92, S. 9. (vgl. dort auch den Aufsatz zur Entwicklung der israelischen Kunst von Sarah Breitberg-Semel). ■

ne globalisierte Moderne will dennoch nicht darauf verzichten, sich ein gesondertes (und anschließend direkt wieder verleugnetes) Prädikat zuzulegen. So bleiben auf jeden Fall schon einmal die Öffentlichkeitsmechanismen des westlichen (Kunst-)Markts gewahrt.

Israelische oder jüdische Kunst In einer komplizierten, zahlreichen widerstrebenden Einflüssen ausgesetzten Situation befinden sich die heutigen Künstler in Israel: Die vordergründige westliche Rezeption subsumiert sie noch unter einen geographisch vorgefaßten Orientbezug; dem widerspricht aber die natürliche künstlerische Suche nach einem eigenen Standort, nach einer besonderen Identität, die sich in Ermangelung politischer und kultureller Kontinuität aber nicht auf eine lange, ortsgebundene Tradition gründen kann. Der fehlende Rückhalt in der Vergangenheit evoziert aber einen wachen kritischen Blick aus den engen nationalen Grenzen heraus in die Richtung der internationalen Kunstszene: Auf die erste Orientierung nach Europa (vor allem nach Paris) folgte spätestens in den 70er Jahren eine starke Auseinandersetzung mit der amerikanischen Kunst (vor allem in New York). Trotz aller stilistischer Verbindungslinien zum Westen ist aber eine inhaltliche Bezugnahme zur lokalen Situation virulent geblieben.

Es existiert jedoch eine weitere identitätsbildende Fragestellung, welche gleichermaßen die in Israel selbst arbeitenden Künstler wie auch die zeitgenössischen Künstler jüdischer Herkunft überhaupt betrifft: Es ist jene Konfrontation mit einem Erbe aus der Vergangenheit, mit der historisch bedingten Frage nach einem genuinen jüdischen Element in ihrer Kunst. Diese Frage impliziert eine mögliche Antwort in zwei Richtungen: Fließt in die künstlerische Arbeit etwas vom Bewußtsein über die allgegenwärtige Geschichte und den besonderen Leidensweg des jüdischen Volkes ein? Zum zweiten: Lassen sich in dem spezifischen Erscheinungsbild der Kunst noch Begründungen auf eine religiöse Basis (im besonderen auf den Aspekt des Bilderverbotes) nachweisen? Obwohl ähnlich wie im Westen, die meisten zeitgenössischen Künstler und Intellektuellen in Israel in einer Art säkularisiertem Zustand leben, verführt der Traditionsdruck aus Religion und Geschichte dazu, »die Wirksamkeit des visuellen Mediums im eigenen Kulturbereich kompensatorisch rechtfertigen zu müssen«.[35] Der Zwang zur Westorientierung, das Fehlen einer nationalen modernen »Kunstszene« sowie die genannten kulturellen Identitätsprobleme veranlaßten viele Künstler, zu Wanderern zu werden, was sich häufig in langen Auslandsaufenthalten oder generellen Übersiedlungen in den Westen manifestierte.

Die Suche nach einer aus Religion und Geschichte begründeten »jewishness« war nicht nur in Israel, sondern auch in der westlichen Kunstkritik ein beherrschendes Thema, in das vor allem auch die zeitgenössische Kunst einbezogen wurde. So gab es z.B. den Versuch, Ursprungsmythen zu konstruieren und Epochen der israelischen Moderne auf die frühe archaische Kunst der Kanaaniter zurückzuführen (was stilistisch jedoch nur eine Angleichung an den internationalen Monumentalismus der 30er Jahre gewesen war). Schwieriger zu beurteilen sind die Auseinandersetzungen um die jüdischstämmigen Künstler der abstrakten New Yorker Avantgarde – namentlich um Mark Rothko, Adolph Gottlieb und Barnett Newman (Helen Frankenthaler wäre hier noch anzufügen). Unter der Definition, daß die Tendenz zur Bilderlosigkeit ebenso wie das empfindungshafte oder reale Hervortreten einer jüdischen Identität charakteristisch für ein Vorhandensein von jüdischer Kunst sei, konnten jene Werke als höchster Ausdruck jüdischer Geisteshaltung, als Ausdruck des Sublimen gefeiert werden. Auch Grace Cohen Grossman suggeriert dem Leser in diesen Arbeiten noch einen »jewish intent« und spricht davon, daß durch die Entdeckung jüdischer Identität den Werken ein eigenes jüdisches Bewußtsein eingegeben worden ist.[36] Andere Autoren, wie z.B. Anthony Julius, möchten aber in der heutigen Forschung nachweisen, daß trotz gelegentlicher Bezugnahmen (vor allem in den Bildtiteln) Maler wie Rothko und Newman keinen Sonderweg gehen, sondern in die allgemeine Entwicklung der abstrakten Kunst mit gelegentlichen Zugängen zum Allgemein-Religiösen und Numinosen eingebunden sind.[37] Der Autor weist auch die bekanntesten Deutungen über eine jüdische Kunst zurück: daß sie keine Eignung zur bildenden Kunst habe, nur Teil einer universalen Kunst bzw. ein aufzulösendes Konstrukt sei, oder gar die Geschichte eines Triumphes darstelle. Er propagiert »jewish art« als ein offenes Konzept mit zur Verfügung stehenden Kontexten aus Geschichte, Bildinhalten und Grundregeln.[38]

In umgekehrtem Sinn könnte es sich schon um eine konterkarierende Methode der Selbstaufhebung handeln, wenn Ronald B. Kitaj in seiner eigenen Werkbiographie eine »Jüdische Periode« konstatierte: Diese beschrieb er dann als eine von Kritikern verfolgte Periode – und stilistisch stellte sie sich ihm zu alledem auch noch als eine »verwickelte, scheinbar konturlose Abstraktion« dar. Kitaj erklärte dieses gestalterische Manko schließlich damit, daß es »das Geheimnis des Jüdischen Modernismus ist, daß es keine große jüdische ikonoklastische Vaterfigur in der Kunst gibt.«[39] Wenn Kitaj seinem Interviewpartner die begierige Frage nach seiner »jewishness« nur als etwas Defizitäres, als ein Sich-selbst-Negierendes erläutert und ironisch die erwarteten Klischees bedient, so könnte hier aber auch wieder ein echtes Stück jüdischen Witzes verborgen sein.

In einem solchen Geflecht theoretischer und praktischer Konditionierungen hatte es die sich gerade entwickelnde israelische Kunst nicht einfach, ihren eigenen Weg zu finden. Dennoch ist es erstaunlich zu sehen, daß dort bereits Ende der 60er Jahre einige kritisch-engagierte Künstler mit Aktionen und Happenings zu arbeiten begonnen hatten – mit der Besonderheit pointierter Ortsbezüge: Einer der bedeutendsten Aktionskünstler, Avital Geva, widmete sich vor allem ökologisch-sozialen Projekten – sei es die Gründung einer Arbeitsgemeinschaft zwischen Künstlern, Kibbuzim und palästinensischen Dorfnachbarn (1972), was u.a. in der Errichtung einer »Ortsbücherei« aus alten Recycling-Büchern kulminierte[40], sei es die Errichtung einer Mauer aus Büchern und Beton im Tel Aviv Museum (1978), oder sei es die Arbeit an der Konstruktion des ›Greenhouse‹, einem Forschungs-Treibhaus im Kibbuz Ein-Shemer, das auch auf der Biennale Venedig gezeigt wurde (1993). Den 1972 von Avital Geva mit seinen Buchprojekten erarbeiteten gesellschaftspolitischen Ansatz vollzog Micha Ullman gleichzeitig durch seine Erdübertragungen auf jeweils israelisches und arabisches Gebiet.

Auch der 1936 im Libanon geborene Benni Efrat war in den 70er Jahren mit verschiedenen fluxusartigen Aktionen an die Öffentlichkeit getreten; 1986 folgte dann eine seiner bekanntesten Performances, der ›Ararat-Express 2034‹. Mit sechs laufenden Fernsehmonitoren und einem Generator versehen zog eine Pferdekarawane durch die Straßen der Städte wie durch die freie Natur und transportierte so die künstlich sichtbaren Bilder der TV-Geräte an die realen oder imaginären Orte ihres Entstehens zurück. Moderner Bildertransfer, die Vermischung von realer und inszenierter Bilderproduktion, und daneben noch die geradezu archaische Form der Übermittlung machten diese Aktion von Efrat, welche später im Israelbeitrag auf

36 Grossman, 1995. In diesem Sinne auch Wieland Schmied, der u.a. B. Newmans Bilder mit der alten Vorstellung des ›makom‹ (des heiligen Ortes) in Beziehung setzt (Kunst und Kirche, 4/1996). ■ 37 Julius, 2000, S. 42f. Auch D. Harten beurteilt die Religiosität bei Rothko u.a. nicht jenseits einer allgemeinen Zeittendenz zur Spiritualität (S. 259f.). ■ 38 Julius, 2000, S. 96ff. ■ 39 Zit. Kat. Kitaj, 1998, S. 40. ■ 40 Abbn. in: art annual 73–74, S. 88f.; im Kat. Geva, The Israeli Pavillion, Venedig 1993 sind auch Abbn. des zugehörigen »Buch-Friedhofs« bzw. »Buch-Bruthauses«, 1972 zu sehen (S. 91). ■ 41 Harten, in: Kat. Bilder sind nicht verboten, 1982, S. 255 (Abb. S. 210). ■ 42 Harten, Kat. Israelische Kunst, 1991/92, S. 10. ■ 43 Besitz: Jewish Museum New York (vgl. Ausst.Kat. In the Shadow of Conflict: Israeli Art 1980–1989). Dieser Konflikt ist auch mit Piktogrammen und Wörtern (jewish men – arab men) darstellbar: siehe die Arbeit von Yael Katz Ben Shalom (a.a.O., Anm. 34, S. 118f.). ■ 44 Zu Rainer vgl. zuletzt seine ›Bibelübermalungen‹ (1995/98); H. Falken schuf 1997 ein Bild mit der doppelten (d.h. in lateinischer und hebräischer Schreibrichtung lesbaren) Aufschrift GOTT, welche sich zugleich in den mittleren Buchstaben (TT) zu einem stilisierten gemeinsamen Haus zusammenschloß (vgl. Gerhards, Regensburg 1999, S. 44ff.). ■ 45 Abbn. von Klasmer und Ben-David (Kat. Israelische Kunst, 1991/92, S. 172–177 und S. 84, 121–126). ■ 46 Vgl. Thiel, Kunst und Kirche, 4/1996, S. 240. Andererseits wollte z.B. die Ausstellung ›Heaven‹, Düsseldorf 1999 belegen, daß permutierte Formen und Rituale der Religion in unserer heutigen säkularen Gesellschaft bildbestimmend geworden sind. ■

der Biennale Venedig 1995 unter dem Generaltitel ›Invisible Borders‹ wiederholt worden war, zu einem rätselhaften, die Reflexion anregenden Werk.

Eine eher bedrückende Performance war Motti Mizrachis selbstinszenierter Leidensweg ›Via Dolorosa‹ (1973): Als selbst körperbehinderter Künstler trägt er – in langem Gewand und auf Krücken gestützt – ein auf den Rücken gebundenes Großfoto mit seinem Selbstporträt jene Straße in Jerusalem hinauf, über welche der Tradition nach auch Jesus mit seinem Kreuz gezogen ist. Im Unterschied zum selbstauferlegten christlichen Leidens- und Erlösungsweg trägt Mizrachi gezwungenermaßen sein Bild als Zeichen seiner selbst: Er »hat sich nicht ausgesucht, Opfer zu sein, doch sein Bild zwingt ihn in diese Rolle«[41] – auf eine ›via dolorosa‹ ohne Ende und Erlösung. Vermittelt über seine eigene Person geht es Mizrachi hier auf visueller wie auf theologischer Ebene um Vergleichbarkeiten, und zugleich auch um die Unterschiede im christlichen wie im jüdischen Gottesbild.

Obwohl der israelischen Kunst im allgemeinen eine stark wortorientierte Tendenz (das »Wort als die letzte imago«)[42] und in jüngster Zeit auch ein Hang zur konsequenten Anwendung neuer Medien zuerkannt wird (vielleicht wiederum als Reflex obengenannter Konditionierungen), gibt es auch Künstler, die sich immer wieder in einer malerisch-expressiven Art und Weise mit der politischen und sozialen Realität bzw. dem gegenwärtigen Menschenbild auseinandergesetzt haben, so z.B. David Reeb, Moshe Gershuni oder Gabi Klasmer. Reeb legte in seiner ›Map of Israel‹ (1984) die breit aufgetragenen, grünen Grenzlinien Israels (aus der Zeit vor 1967) über ein farbiges, bewegtes Geflecht aus Zickzacklinien und Farbflecken – quasi ein Hinweis auf die vielfältige, unruhige Situation des Landes und seiner verschiedenen Ethnien.[43]

Wenn Klasmer eine »Porträtserie« mit quasi ausgelöschten Gesichtern erschafft, mag hier die Schwierigkeit aufscheinen, der eigenen Umgebung eine Identität oder ein Gesicht zu geben. Es erinnert zugleich aber an ähnliche künstlerische Fragestellungen, die auch westliche Künstler wie z. B. Arnulf Rainer und Herbert Falken in ihren übermalten oder verborgenen Menschen- und (dahinterstehenden) Christusbildern entwickelten.[44] Die Undarstellbarkeit Gottes ist als Grundelement des jüdischen Glaubens nie zu einem Thema für die Moderne geworden, auch wenn ein anderes religiöses Tabu, die Nicht-Nennbarkeit, verschiedentlich zu einer Gegenposition herausforderte – bei Michal Na'aman und Arnon Ben-David z.B. war es der hebräische Buchstabe He (die nicht auszusprechende Bezeichnung für Gott). Letzterer hat ihn als Bildelement in eine Serie seiner ausgesägten geometrischen Holzplattenbilder eingeschrieben – zusammen mit ungegenständlichen Malereien, motivischen Verweisen (u.a. dem Totenkopf) oder auch politischen Aufschriften (»P.L.O.«)[45] Für die säkularisierte Gesellschaft in Israel gilt jedoch, daß religiöse Darstellungsfragen in der heutigen modernen Kunst weitgehend ausgeschlossen sind. Weil diese in Israel nur an die Orthodoxie gebunden seien[46], ist ähnlich wie im Westen die Religion aus der Kunstszene in Randzonen verdrängt.

Eine sehr eindrucksvolle Verbindung von jüdischem Mythos, Bild und Sprache schuf schließlich die Künstlergruppe von Valery Gerlovin, Mark Berghash und Rimma Gerlovina in ihrer Arbeit ›Golem II‹ von 1987: Die Figur des künstlichen Riesen und Erretters der Juden ist hier zusammengesetzt zu einer modernen Collage aus verschiedenen, in der Art der Aktfotografie erfaßten Körperteilen, die wiederum mit hebräischen Buchstaben übermalt sind. Sie enthalten typische sinnhafte Wortbezüge wie Wahrheit, Tod oder Mensch. Bezeichnenderweise gelangte auch diese Arbeit in die zeitgenössische Kunstabteilung des ›Jewish Museum‹ in New York und wurde somit wieder zu einem musealisierten Geschichtsdokument.

Wendet man sich der aktuellen Thematik der Künstler in Israel zu, so finden auch dort künstlerische Auseinandersetzungen statt, die sich der weltweiten Probleme wie der Ökologie, der Vernichtung der Ressourcen und dem politischem Terror annehmen – allerdings gleichzeitig gespiegelt in der extremen (nationalen) Lebenssituation. Da beteiligen sich die Künstler am Kampf gegen die Zubetonierung von Tel Aviv im ›Green, not Cement‹-Projekt[47], widmen sich dem israelisch-palästinensischen Konflikt (Tsibi Geva, David Reeb), der Frage der Landnutzung, oder dem System der Gewalt als Mittel der Politik.[48] Interessant ist beim Aufgreifen dieser Gegenwartsfragen, daß sie zu einer Überwindung oder Generalisierung programmatischer nationaler Positionen geführt haben: Während z.B. die älteren Generationen das Thema Landschaft noch als Suche nach einer Heimatidentität begriffen, ist für Avital Geva (›Greenhouse‹-Projekt, 1993) oder für Ariane Littmann-Cohen (›Land for Sale‹) die gerechte ökologische bzw. nicht-militärische Nutzung des Bodens zum Thema geworden. Dem nationalen Interesse an der Verwertung des Bodens antwortet auf der anderen Seite ein geradezu ritualisiertes Festhalten an traditionell sakralisierten oder politisch belasteten Landstrichen. Solche Widersprüche werden z.B. in einer Bodeninstallation von Gal Weinstein thematisiert, wenn er die landwirtschaftlichen Produktionsstrukturen des Jezreeltals – jenes »mythologischen Tals«, das eine »landschaftliche Ikone« der frühen zionistischen Siedler war[49] – zu einem Flikkenteppich aus synthetischen Billigmaterialien zusammenlegt (2001).

Viel archaischer ist der Umgang mit dem Material bei dem Bildhauer Micha Ullman, der die Bedeutung der Landschaft aus der Stofflichkeit der Erde herleitet. Ullman arbeitet – eingedenk des Archetyps von Adam als »Mann aus Erde« – mit dem Material selbst, formt es im Boden aus, füllt architektonisch-plastische Modelle mit Erde aus rotem Sand, oder bildet aus Ton grabähnliche Körper mit verschlossenen Türen aus (›Dunkelraum‹ 1990). Landschaft, Raum und Menschenkörper (›Kopfhaus‹) gehen eine stille metaphysische Symbiose ein, ermöglichen es, daß dort ein ›makom‹, ein Ort voll Assoziationen (»da, wo Gott ist«), entstehen kann. »Erde ist für die Israelis, was Blut für die Juden ist«, erläutert Doreet LeVitté Harten.[50] Die auch bei Ullman wiederkehrende Verbindung von Substanz und Schrift zeigt sich deutlich in seinen 2001 entstandenen ›Sandbüchern‹, einer Reihe von fünf verschieden geöffneten bis geschlossenen Buchkästen, deren Eisenrahmen mit Sand ausgefüllt sind. Neben der religiös-substantiellen Anspielung verweisen die »fünf Bücher« (mit ihren unterschiedlichen Zuständen der Erkenntnis) auch auf Profanes, denn im Begriff des Sandes verbirgt sich im Hebräischen auch die Zeit der Tage außerhalb des Sabbats.

Selbst ein jüngerer Künstler wie Uri Tzaig, der durch konzeptionelle Videoarbeiten bekannt geworden ist und jene verstärkte Hinwendung zu den Neuen Medien repräsentiert[51], bindet auch das Motiv der heimatlichen Landschaft in seine Werke ein: Ein Video mit dem bezeichnenden Titel ›Alla Acbar‹ (2001) verstand Tzaig als »mantra for the beauty of nature« – aufgenommen in Landschaftsbildern und Naturdetails aus seiner unmittelbaren Wohnumgebung in Israel. Ein weiteres Video, ›Crystal‹, gibt den Blick durch eine Art gleicher kreisrunder Zwillungsokulare frei – ein verfremdeter, überzeitlicher Blick auf die Jugend vor dem Hintergrund des Toten Meeres. »Ist es nicht das ursprüngliche, wesentliche des Lebens, Gott zu ergreifen und die Schönheit des Lebens zu feiern?« fragt Tzaig mit optimistischem Zukunftsblick.

So wie sich in der Wahrnehmung eine unmittelbare Veränderung eingestellt hat, so vollzieht sich auch in der politischen und geschichtlichen Thematik ein Wandel zur Gegenwart. Spätestens seit den 90er Jahren ist hier eine starke Veränderung zu bemerken, welche die symbolische oder illustrative künstlerische Verarbeitung direkter historischer Kontexte, vor allem des Holocausts, ablöst bzw. den öffentlichen Monumenten an Plätzen und in Museen überläßt (z.B. in den Arbei-

47 Vgl. Doron Polak, Green, not cement, Artists follow Poet H. N. Bialik (www.artistsonline.co.il/greencement). ■ **48** Symptomatisch Arnon Ben Davids Gemälde mit einem Maschinengewehr und der Aufschrift »Jewish Art«, 1988 (Kat. Israelische Kunst, 1991/92, S. 123). In der sehr politisch ausgerichteten Ausstellung ›Nashakia – Junge Kunst aus Israel‹ (Museum Goch 2002) ist das MG bereits mit Werbesymbolen westlicher Massenkultur übermalt worden (vgl. Artefact, Heft 10/2, 2002, S. 4). ■ **49** Vgl. Kat. Chilufim 2002/3, S. 142. ■ **50** Zit. in: Kat. Israelische Kunst, 1991/92, S. 224. ■ **51** Zu Tzaig vgl. Video Works, Guiness Storehouse Dublin 2002. Siehe auch Kat. novalog 2001 tel aviv-berlin, new media experience. ■

Micha Ullman,
Sandbücher I - V, 2001,
Eisen, roter Sand
(Galerie Cora Hölzl
Düsseldorf/Heinrich-
Heine-Institut
Düsseldorf/
Privatsammlung)

ten von Larry Rivers, Menashe Kadishman, Dani Karavan, George Segal oder Daniel Libeskind).

Dieser Wandel ist auch innerhalb einer besonders in der jüdischen Kunst verbreiteten Richtung ablesbar, der sogenannten ›Spurensicherung‹, die sich hier als eine individuelle künstlerische Aufarbeitung jüdischer Geschichte und Identität darstellt. Als geradezu klassische Vorbilder sind in diesem Bereich Christan Boltanskis parabelhafte Installationen der 80er Jahre, vor allem die Arbeiten zu den ›Klagegesängen‹ oder zum ›Purimfest‹ zu nennen. Seine Werke sind stark vom atmosphärischen Eindruck einer untergegangenen, vernichteten Geschichte, von den Symbolen eines massenhaften Todes geprägt: In ›Monument: La Fête de Pourim‹ (1988) stellt er über einer Batterie von rostigen Keksblechkästen eine Galerie von verwischten, dämmrig beleuchteten Porträtfotos jüdischer Kinder auf; in ›Réserves: La Fête de Pourim‹ (1989) sind massenhaft Kleider im Raum verstreut – Überbleibsel von verschwundenen Körpern, über die der Besucher »zwischen Entsetzen und Vergnügen« hinwegsteigen muß. Es sind die Ambivalenzen des Todes, oder konkreter, die unentschiedenen Erfahrungen, den Ort als Opfer oder als Mörder zu begehen, die Boltanski interessieren – er arbeitet nicht über, sondern nach dem Holocaust, wie er selbst einmal sagte.[52]

Eine ganz aktuelle ›Spurensicherung‹ realisierte dagegen Sigalit Landau 1995 in ihrem vielschichtigen Performance- und Installations-Projekt im Israel-Museum zu Jerusalem.[53] Grundgedanke war die Konfrontation der politisch belasteten Begriffe von Säuberung und Konservierung, die in ihren historischen wie gegenwärtigen Implikationen untersucht wurden: bereinigt konservierte Geschichte im Museum versus jüdische Müllabfuhr in die Palästinenser-Gebiete (eingeschlossen der Künstlerin selbst); historische Reinigung des Tempelbergs für die drei Religionen im 7. Jahrhundert versus Vertreibung durch die christlichen Kreuzritter und die israelischen Befehlshaber von 1967; Koexistenz der alten Museumsgründungen für die verschiedenen Volksgruppen versus Davidturm-Museum von 1988 mit seiner gesäuberten Geschichtsdarstellung. Das Einbringen eines Pilzes als Wachstumselement, der die Müllhalden zersetzt und auflöst, ist ihr im Israel-Museum nicht möglich gewesen (bzw. nur in einem isolierten Behältnis); dort baute sie aber den heiligen Fels des Tempelbergs als eine virtuelle Konstruktion nach – ein Verweis darauf, daß sich das Heilige jeglicher realen Herrschaft entzieht, und daß jedes Besetzen nur den Befehlssignalen eines heutigen Computerspiels vergleichbar ist. Der Scheideweg für die Zukunft Jerusalems wird gemäß Sigalit Landaus Begriffsbildern ein Vorgehen im Sinne der Entsorgung oder im Sinne des Recycling sein.

Schon an der Thematik der ›Spurensicherung‹ ist abzulesen, wie unterschiedlich die israelischen und die im Westen lebenden jüdischen Künstler auf die Auseinandersetzung mit der eigenen Geschichte reagieren: für die ersteren war sie eine Aktualisierung auf die unmittelbare politische Gegenwart Israels, für die anderen verlagert sie sich wieder in die Ebene einer persönlichen Stellungnahme gegenüber Erinnerungen, Dokumenten und Relikten aus der Vergangenheit. So errichtete z.B. Ronnie Golz aus Berlin 2001 ein leicht makabres Stuhl-und-Galgen-Arrangement zur Hinrichtung von Eichmann (›Reise nach Jerusalem 1961‹). Mit seiner illustrativen Theatralik und mit seinem ironischen Verweis auf das bekannte Kinderspiel stellte sich allerdings das Werk auf den zweiten Blick wieder selbst

52 Vgl. Schneede, 1991, S. 18. ■ **53** Darstellung nach einem Internet-Text von Ariella Azoulay, Saubere Hände; eine weitere Performance von Sigalit Landau ist das Video ›TV Loup‹, in dem sie beim Hula-Hoop-Tanz mit einem Ring aus Stacheldraht zu sehen ist. ■ **54** Vgl. Ausstellung: Like a Prayer: A jewish and christian Presence in contemporary Art, Spirit Square Gallery/Tryon Center for Visual Arts, NC, 2001. ■ **55** Zu Mona Yahia und Andrea Morein siehe Kat. Ambivalenzen, 2002. ■ **56** Zit. B. Roschanzamir, ebda, o.S. Werke mit ähnlichem Hintergrund finden sich auch bei Leila Danziger und Barbara Edelstein (vgl. Kat. WegZiehen, 2001/02). ■ **57** Ausstellung im Jüdischen Museum Fürth 2002. Zur Zeit arbeitet Anna Adam mit Caman Baziz und Andreas Rasch an einem gemeinsamen Ausstellungsprojekt zum »interreligiösen Dialog«, das parallel zu ›Ex Oriente‹ in Kunst an St. Peter, Aachen gezeigt werden soll. ■

58 Vgl. die FilmemacherInnen Rivka Rinn, Eran Schaerf, Tanja Ury oder die Videokünstler Dana und Boaz Zonshine (u.a. mit einer Gegenüberstellung von Klagemauer und Strandleben in Tel Aviv). ■

oder sogar die Sinnhaftigkeit des dargestellten Ereignisses in Frage bzw. gab sie der Lächerlichkeit preis. Aufgrund der Hilflosigkeit der Kunst, allgemeinverbindliche Gegenbilder des Grauens zu erschaffen oder derartige Bewältigungs- und Bestrafungsversuche zu kommentieren, suchten manche Künstler einen individuellen Ausweg zwischen der Banalisierung der Bilder, Schocktherapie und kühler Analyse. Mit makaberer Ironie richteten etwa Julie Dermansky und George Steinbeck anläßlich einer christlich-jüdischen Ausstellung in den USA ein ›Café Auschwitz‹ ein.[54]

Im Zwiespalt von schockierender Botschaft und geschichtlicher Anekdote angesiedelt sind auch die ›Spurensicherungen‹ von Mona Yahia, in denen ein alltäglicher Umgang mit den »Betroffenheitssymbolen« in Deutschland fotografisch aufgeschlüsselt worden ist: Da bleibt dem Besucher laut Hinweisschild der Zutritt in das »wegen Erdarbeiten geschlossene Krematorium« im Dachauer KZ verwehrt (»...Wir bitten um Ihr Verständnis.«); in einem anderen Fall sieht man die Künstlerin selbst von weihnachtlichen Zimtsternen kosten, die als Gebäck in Form von Judensternen in einer Schüssel vor ihr auf dem Tisch stehen. Die wie Mona Yahia in Köln ansässige Andrea Morein widmet sich in ihren Installationen, die stark von der Symbolkraft der Objekte und Zeichen geprägt sind, u.a. der heutigen sozialen und politischen Situation in Israel (in ›Border-Line‹ z.B. ist eine verdichtete Spur aus zerschnittenen Stadtplänen Jerusalems zwischen wechselnde Häufchen aus Mehl und Minzeblättern gelegt).[55] In solchen Arbeiten wird auch sichtbar, daß manche der jüdischen Künstler in Deutschland noch einer besonderen Form der Identitätssuche unterliegen: Sie gelangen hier sogleich in einen »Sog aus der Vergangenheit«, in eine »intensive bis hermetische Auseinandersetzung. Sie gleicht einer Spurensicherung, um die Erinnerung an das Geschehene nicht versiegen zu lassen.«[56]

Ein solcher intellektuell-analytischer Ansatz läßt sich bei manchen jungen Künstlern auch im Umgang mit den Elementen der jüdischen Tradition weiterverfolgen – und im Bewußtsein, sich in einer eigenen Welt zu befinden, wird dieser künstlerische Umgang manchmal auch begleitet von einem neuen spielerisch-ironischen Moment. So geraten etwa die klischeehaften Vorstellungen und Verwendungen jüdischer Symbole ins Blickfeld: Anna Adam aus der Berliner Künstlergruppe Meshulash ironisiert und banalisiert z.B. in ihrer Shop-Installation ›Feinkost Adam‹ (2002) jüdische Kult- und Ritualgeräte oder spezielle Speiseprodukte durch eine Verfremdung zu einfachen Haushaltsartikeln[57] – fast wie ein krasses Gegenbild zu Tobi Kahn, der in New York an der künstlerischen Modernisierung jüdischer Kultgeräte arbeitet. Weitere aktuelle Beispiele zeigt die jüngste Wanderausstellung ›Chilufim‹ (2002/03): Wenn Zoya Cherkassky ihre Kunst als ein großes Sammlungsprojekt, als eine moderne ›collectio judaica‹ auffaßt, verwischen sich hier die Identitäten der Gegenstände: Vielfach als antisemitische Symbole und Karikaturen entstanden, werden sie trotz ihrer negativen Besetzung allmählich als jüdische Identifikationsmuster übernommen und normalisiert. Cherkassky treibt durch das Erforschen und ästhetische Aufbereiten (d.h. Entwerten) solcher Gegenstände den Widerspruch, der aus dem traditionellen Fehlen jüdischer Bildsymbolik bzw. der daraus folgenden Selbstidentifikation mittels entschärfter »Feindbilder« entsteht, noch auf die Spitze. Bei ihr kann das alte Sofakissen mit der gestickten Karikatur des »Ewigen Juden« zum angenehmen Wohnungs-Requisit werden, oder der Judenstern wird als neuer, blitzender Silberschmuck präsentiert. Ihr ebenso aus Rußland stammender Künstlerkollege Vadim Zakharov greift die Rezeptionsstrukturen gewohnter Bilder und Begriffe auf und verändert sie: ›Apokryphe Zufallsbilder‹ einer in der Grabeskirche herumgewirbelten Videokamera fixiert er auf einer Thorarolle und durchbricht damit die schon ritualhaft begründeten Zuständigkeiten für bestimmte Gegenstände wie die Verbindlichkeiten für bestimmte Sichtweisen auf Gegenstände.

Abschließend sei noch erwähnt, daß die Tendenzen der ›Spurensicherung‹ auch ein zentrales Thema im Bereich des Films[58] und der neuen Medien sind. Hierzu zählen neben den sozialkritischen Filmen und Installationen des in Paris lebenden Israelis Eyal Sivan sicherlich auch Arnold Dreyblatts Konzepte zu einer Provenienzenforschung (z.B. von jüdischen Kunstwerken); letztere stellen sich als wertneutrale, am Computer ablesbare Statistiken dar, deren Sinnzusammenhänge erst von Betrachter herauszulesen sind.

Allgemein gesagt ist das defensive Auftreten der Kunst, die Skepsis gegenüber einer Normalisierung, einer Integration der Bilder ins alltägliche (Kunst-)Leben aber noch nicht vollständig aufgegeben: Der Notwendigkeit, klischeehaften Vorstellungen von der israelischen Kunst entgegentreten zu müssen (z.B. mittels Ausstellungen wie ›Desert Cliché‹)[59], stehen ein starkes Weiterwirken der kulturellen Äußerungen und Marktmechanismen eines konservativen Judentums entgegen, was eine Säkularisierung der Kunst und den Wunsch nach einer nichtinstrumentalisierten Eingliederung in die internationale Moderne behindert. Insofern haben die Kritik und die Satire über erstarrte Rituale auch heute noch immer ihre aktuelle Berechtigung.

Blickpunkt Jerusalem Für die Suche nach künstlerischer Identität blieb Jerusalem immer noch eine zentrale Stadt – ein Ort, in dem für die Künstler aus Ost und West historische Entwicklungen, reale und imaginäre Grenzerfahrungen, religiöse Fragestellungen und heutige Friedenssehnsüchte unter den Bevölkerungsgruppen kulminierten – und dies jenseits nationaler und religiöser Zugehörigkeiten. Schon Igael Tumarkin führte in seinem Bild von Jerusalem (1978, Privatsammlung) die drei Religionssymbole über einer Art Eingangstor programmatisch wieder zusammen und unterschrieb seine Arbeit mit Grundbegriffen wie »Die Erzählung des Steins«, »Die Kuppel«, »WasserZeichen«, »Wüste«, »Licht« etc. Dagegen waren für den Palästinenser Khaled Rabah, wie oben gesehen, Konfrontation und Bedrohung die charakteristische Botschaft aus seiner Vaterstadt. Auch der Spanier Josep Guinovart sieht in seinem ›Retablo de Jerusalem‹ (2001) mehr den blutigen Kampf und die Zerrissenheit der Stadt. Von verschiedenen Fotografen wiederum gibt es ganze Zyklen über Jerusalem, sein Umland und seine Menschen.[60]

Eindrucksvolle Zeugnisse der politischen Situation sind auch die zahlreichen Graffitis in der Stadt: Sie kehren auf den Bildern von Sliman Mansour und den Fotos von Aliza Olmert wieder – bei letzterer fast als eine Bestandsaufnahme der kulturellen Äußerungen in den verschiedenen Stadtvierteln zu werten.[61] Eine andere, distanziertere Ästhetik prägt Roland Fuhrmanns Fotografien von den nächtlichen, geisterhaft unbelebten Straßen der einzelnen Stadtviertel; sie sind Teil einer begehbaren Licht-Ton-Installation über Jerusalem in Form eines Davidsterns (2000).

In einer sehr verschlüsselten Form der ›Spurensicherung‹ präsentiert sich die Stadt schließlich bei Zwi Goldstein: In seinem Tableau ›Reconstructed Memories‹ (1996) sind Tabellen mit Ortsnamen und Zahlencodes zu sehen – Stätten mit besonderer religiöser Bedeutung – daneben eine stilisierte orientalische Faltkuppel, und schließlich eine schematisierte dreiblättrige Landkarte. Sie geht auf eine ältere Karte zurück, die in der Mitte Jerusalem, und angrenzend die Kontinente Asien, Afrika und Europa zeigte. Im Gegensatz zu seinen eher distanzierten, die kulturelle Entfremdung manifestierenden Arbeiten sieht der Künstler hier »ein Schlüsselwerk für den Versuch, mich ins Zentrum meiner Umgebung, in eine hermetische, reiche und komplexe vor-moderne Welt zu setzen.«[62] Ein weiteres Werk von Goldstein sind die ›Deep Mythologies‹ (1992), eine skulpturale Auseinandersetzung mit Symbolen der heimischen Landschaft und ihren Naturelementen: Berg, Sand und Wasser. Goldsteins ›Jüdische Chronologie‹ (1996) präsentiert da-

59 Kat. Desert cliché, 1997 (ausgestellt waren u.a. Arrangements mit Multiple-Produkten des »Holy Land« (A. Littmann-Cohen), Kitsch-Fotos von gestylten Soldatinnen (Nir Hod), ironisierte Bilder von Gedenkfeiern etc.). Vgl. auch das Internet-Interview mit Rafi Gamzou (von Daniel Rothbart). ■ **60** Z.B. bei Guy Raz (vgl. seine Tunnelfotos im Kat. Re-Thinking. Neue Kunst aus Israel, Ifa 2001, der mehrere israelische Fotografen vorstellt). Der Moloch Großstadt zwischen Beton und Slums dominiert dagegen in den Fotos über Tel Aviv (z.B. bei Efrat Shvily oder im Kat. Contemporary Cityscapes, Tel Aviv 1999). ■ **61** Jewish Art, a.a.O. (Anm. 32), S. 581 und 596f. ■ **62** Zit. Kat. Zwi Goldstein, Nürnberg/Krefeld 1998, S. 80. ■ **63** Jewish Art, a.a.O. (Anm. 32), S. 597 ■

Igael Tumarkin, Jerusalem, 1978, Gouache (Privatsammlung)

gegen ganz asketisch eine Konkordanztabelle der jüdischen und der christlichen Zeitrechnung, stellt aber zugleich die weitergehende Frage, ob die engen kulturellen Verflechtungen, die hier in einer beiderseitigen Ausrichtung auf einen »bemessenen« Lebensablauf sichtbar sind, nicht über eine rein schematisierte Gegenüberstellung hinausgelangen sollten.

Wie aus der bereits früher besprochenen Installation von Sigalit Landau ersichtlich ist, bedeutet Jerusalem zu guter Letzt nicht nur ein künstlerisches Arbeitsfeld, welches lediglich aus den Quellen der überall sichtbaren Vergangenheit schöpft: Eine der interessantesten stadträumlichen Arbeiten entwickelte Ariane Littmann-Cohen, die in der Jerusalemer Vorstadt eine Art imaginärer Aussichtsstation einrichtete. Dazu verkleidete sie einen Brückengang im Grenzgebiet zwischen Altstadt und arabischer Siedlung mit einer blauen Abdeckung und richtete zwei »Stationen« ein: Zunächst einen Fernrohrstand, der die Position des distanzierten, unbeteiligten (Grenz-)Beobachters markierte, daneben dann ein Arrangement mit einem Damespiel, das auf einer türkisfarbenen Kreisscheibe lag. Die Spielsteine waren durch rote und weiße Ampullen mit allerlei Substanzen aus dem »Holy Land« ersetzt; während der Kreis die alte Idealform Jerusalems als Stadt der drei Religionen repräsentierte, war die Farbe Türkis nach alter Überlieferung ein Mittel gegen den bösen Blick. In ganz unterschiedlichen, verschlüsselten Begriffen und Bildmedien formulierte die Künstlerin hier Idee und Wirklichkeit einer Stadt, die zwischen Mythen und Konflikten, Grenzverletzungen und Verständigungversuchen hin und her pendelt, und in der die Wirklichkeit nur durchs Fernrohr betrachtet wird. Vielleicht könnte allein in der Kunst die Chance verborgen sein, eine neue blaue Brücke als Hoffnung für die Zukunft auszubilden.[63]

Epilog: Bilderlosigkeit in Religion und Geschichte? Mit der Einschätzung, daß der Begriff des ›Bilderstreits‹ wohl den größten möglichen Nenner in der Kunstrezeption bildet – umgreifend vom Disput über das Verbot bis hin zur Vernichtung von Bildern – erweitert sich das Feld bestimmter historischer Ikonoklasmus-Phänomene auf eine Diskussion über den Stellenwert der Bilddarstellung überhaupt – und erlaubt in dieser Debatte dann jedem Anteilseigner von der Religion über die Politik bis hin zur modernen Kunsttheorie,[64] seinen Beitrag einzubringen. Im Sinn des Themas ist es jedoch sinnvoller, einige der bereits angeklungenen Positionen der Kunst in einen konkreten historischen Kontext zu stellen.

Nach den schrecklichen Erfahrungen des 2. Weltkriegs stand die Kunst wieder einmal vor der Frage, ob das Grauen des Terrors in bildhaften Kategorien faßbar sei – und es gab damals die Stimmen im Sinne einer negativen Begründung des alten Bilderverbots, die eine ästhetische Sinngebung eines nicht zu verdinglichenden Existierenden verhindern wollte. Bekanntermaßen hatte Adorno bereits 1951 die »Totalverweigerung der Kunst nach Auschwitz« formuliert und zu einer »barbarischen Askese« aufgefordert, die sich allen Verfügbarmachungen und zeitgenössischen Kompensationsmechanismen widersetzen sollte. In der Verweigerung, in den Leerstellen in Literatur und Musik offenbare sich eine »negative Wahrheit« – und »dieselbe Ausdruckskraft, welche Adorno den ›Löchern‹ des Kunstwerks als Fermenten der Wahrheit zuschreibt«.[65] Was Adorno und Celan als Vergewaltigung und Beschädigung der Sprache beschrieben haben, läßt sich wohl auch in der Kunst auf die Nichtverwendung vieler belasteter Bildthemen und Symbole übertragen. Konkret gesprochen: Es unterblieb zunächst fast jegliche bildhafte Auseinandersetzung mit der schwer belasteten jüngsten deutschen Geschichte.

Nach dem Pendelausschlag in die Gegenrichtung, dem Überfluß an harmlos-unbedarften Bildern der Konsum- und Populärkultur konnte sich erstmals bei Jochen Gerz in den 70er Jahren wieder eine Parteinahme für die Begrenzung einer allgemeinen Verbildlichung bemerkbar machen – jetzt allerdings in rein kunsttheoretisch-konzeptionellem Sinne: Gerz hatte sich selbst ein Bilder- und Schreibverbot auferlegt, Bilder überdeckt, Texte und Schriften verunklärt. »Der Blick, den wir über Bilder und Worte auf die Wirklichkeit werfen, hat zur Folge, daß wir sie verlieren. Alle Kunst ist nach seiner Meinung Reproduktion, ein Buch des Todes, der Beginn der Auflösung«, sagt Marie Louise Syring.[66] Gerz' Ausweg waren Bilder, die nichts berichteten und ihrer eigenen Intention widersprachen. So formulierte er z.B. in einer Installation, die u.a. auf Mussorgskis Musikstück Bezug nahm, zehn Bilderverbote als reine Schrifttafeln: Unter anderem war dort »Do not look at me« oder »Do not give me a name« oder als letztes »Do not make an image of me« zu lesen.

Einen genau umgekehrten Weg schlug Anselm Kiefer ein: Sein malerisches, von Betroffenheit freies Aufgreifen tabuisierter, durch den Nationalsozialismus korrumpierter Themen bewirkte vielerorts noch Zweifel und schockhafte Irritationen (eine später auch von Adorno wieder zugestandene Ausdrucksmöglichkeit) – und wies zumindest den Weg zu einer Annäherung an die so schwer aussprechbare unmittelbare Vergangenheit: Es ist ein Befreien der Bilder aus den Fesseln ihres Verwertet-Worden-Seins durch die Mittel der Kunst. Und es ist ein Wiedergewinnen interpretierbarer Geschichte in Deutschland durch eine dezidiert subjektive Stellungnahme, die sich gegen das bisherige Primat der scheinbar neutralen Reportage behauptet.

Aufschlußreich ist in diesem Zusammenhang auch Kiefers künstlerischer Ferndialog mit Ronald B. Kitaj, der in einem vergleichbaren malerischen Befreiungsakt tabuisierte Darstellungsbereiche – bei ihm die Bilddarstellung jüdischer Geschich-

64 »Die in den kunsttheoretischen Reflexionen sowie in den Kunstwerken der Moderne forcierte Frage nach dem Selbstverständnis der Kunst und nach ihrer Autonomie, die in den Tendenzen der Gegenstandslosigkeit eine entscheidende Zuspitzung erfährt, rückt in eine Beziehung zu einem der ältesten kunsttheoretischen Dokumente der jüdisch-christlichen Welt« (zit. Hoeps, Würzburg 1987, S. 200) ■ 65 Zit. Lentzen, Darmstadt 1994, S. 195. ■ 66 Zit. in: Kat. Bilder sind nicht verboten, 1982, S. 238 (Schrifttafeln Abb. S. 126/7) ■ 67 M. R. Deppner, Kunstforum, 111, Jan./Febr. 1991, S. 148ff. Erwähnenswert im Zusammenhang von ›Ex Oriente‹ sind auch seine Einkleidungen von lebenden Figuren in historisch-ethnografische oder psychologische Rollen (u.a. The Arabist, 1975/76; The Orientalist, 1976/77), vgl. Kat. Kitaj, 1998, Nr. 20, 23. ■ 68 Vgl. Zweite, Kiefer, 1989, S. 96f. Fließend oxydiertes Blei, getrockneter Ton und eine die Ewigkeit symbolisierende Anthurie-Pflanze sind die Bestandteile einer weiteren Arbeit Kiefers (›Euphrat‹, 1987), welche ebenso auf die alten Lebensmythen des Zweistromlandes anspielt (ebda, S. 96). ■ 69 ›Die Gehäuse‹, 1993/94. vgl. Ausst.Kat. J.B. Köln 1996. ■

te und Rituale – überwindet: So widmet er sich in seinem Germania-Zyklus aus den 80er Jahren der deutsch-jüdischen Geschichte, entwirft ein modernes Bild vom wandernden Juden im Zugabteil, oder zeigt im Gemälde der ›Judenschule (Ein Golem wird gezeichnet)‹ von 1980, wie eine antisemitische Schmäh-Illustration aus dem 19. Jahrhundert zu neuem Selbstbewußtsein umgedeutet werden kann.[67]

Neben den Themen aus der deutschen Geschichte beschäftigten Kiefer aber auch allgemeinere kulturgeschichtliche Phänomene – vor allem die Fragen nach der Bedeutung von Bild und Buch, bzw. der Schrift, die ihn zwangsläufig wieder in den Orient zurückführten. In seinen Künstlerbüchern und Gemälden zum Thema ›Bilderstreit‹ (um 1977–80) schlägt er einen Bogen von den streitenden Personen und Mächten des 8. Jahrhunderts in die Gegenwart, zeigt den ewigen Kampf der herrschenden Mächte gegen die Mächtigkeit der Bilder produzierenden Kunst. Panzer vor der Malerpalette sind neuzeitliche Konfrontationen, die auch an den Terror und die Vernichtung von Bildern erinnern. Kiefers Buchobjekte zum Thema ›Bilderstreit‹ kulminieren in der riesigen, mit über 200 Folianten aus Blei gefüllten Stellage mit dem Titel ›Zweistromland‹ (Euphrat und Tigris, 1985ff) – ein Kompendium des Wissens mit Seiten voller verblichener, überarbeiteter Fotografien oder auch leerer Blätter, symbolisch eingespannt zwischen Blei und Tonerde (für einen Foto-Kommentarband montierte Kiefer die Stellage in ein altes Ziegeleiwerk). ›Zweistromland‹ erscheint wie eine Reverenz an die Ursprungsorte des Wissens mit ihren früheren Bibliotheken in Ninive oder Babylon.[68]

Mit Kiefer und Gerz sind die beiden unterschiedlichen Positionen des modernen Bedeutungsstreites um die Bilder bereits programmatisch fixiert – die bildhafte Darstellung als eine Auseinandersetzung um die Macht und das Eingreifen der Kunst versus Hinterfragung ihres substantiellen Wirklichkeitsgehaltes. Sicherlich ist unter dem Blickwinkel der gesellschaftlichen Relevanz die erstgenannte Position immer ergiebiger und spektakulärer, denn es gehört zu den Schutzmechanismen der menschlichen Existenz, einerseits für alle Katastrophen und Widrigkeiten des Lebens den kathartischen Spiegel vorgehalten zu bekommen, und ihnen zugleich mit Hilfe von verbalen oder bildlichen Erklärungsversuchen wieder entgegen treten zu können.

Bezogen auf das eingangs genannte moderne Problem einer (Nicht-)Darstellbarkeit der jüngsten Geschichte des Judentums hat das ursprünglich ausgesprochene Verbot heute in obiger Dualität von Anklagen und Erläutern eine gewisse Versöhnung durch die Kunst gefunden. Während einerseits die jüdischen Künstler, wie bereits andernorts dargestellt, aus dem Kontext einer eigenen ›Spurensicherung‹ heraus eine spezifische Bildsprache zu ihrer Geschichte und ihrer Identität entwickelt haben, bleibt die nicht minder interessante Frage zu beantworten, ob es gleichermaßen von Seiten der europäischen bzw. insbesondere der deutschen Künstler möglich gewesen ist, aus ihren künstlerischen Konzepten heraus zu einer würdigen Darstellung der gemeinsamen deutsch-jüdischen Vergangenheit zu gelangen. Bemerkenswerte Annäherungen vollzogen sich hier weniger in der öffentlichen Kunst als in freien, individuellen künstlerischen Bereichen: Die jüdische Bezugnahme kann, wie in Joachim Bandaus Skulpturen, durchaus im Verborgenen existieren[69]; sie kann sich aber auch wie in Heribert Ottersbachs Bildern in einer malerischen Analyse realisieren, die ihre Inhalte aus einer Konfrontation originaler Bildvorlagen, Dokumente oder historischer Realien herleitet.

Schließlich hat Rebecca Horn mit ihrer Installation des »Jüdischen Koffers« (›Berlin Earthbound‹, 1994) eine bemerkenswerte und – im entsprechenden spirituellen Raum angebracht – ergreifende Arbeit zum Thema geschaffen, die sich letztlich aber einer historisierenden Eindeutigkeit entzieht. Zu sehen ist ein still und langsam an einer Stange hinauffahrender Koffer, der mit einem inwendig angebrachten, gestickten roten Judenstern versehen ist und der sich in einem lautlosen, beklemmenden Rhythmus öffnet und schließt. »Der Koffer ist die Geschichte derjenigen, die die Geschichte gezeichnet hat; der Koffer existiert noch, sein Besitzer ist wahrscheinlich in einer Gaskammer umgekommen. Der Koffer ist wie ein paar ausgetretener Schuhe, der Körper der Person lebt im Koffer weiter. Dies ist seine eigentliche Kraft.«[70] Er erinnert zwar an die bekannten Fotografien mit Kofferstapeln aus dem Holocaust, faßt die Grundaussage aber viel weiter: Auf das unaufhörliche, mühsame Aufsteigen – »wie ein müder Schmetterling« (R. Horn), auf das Öffnen, Darbieten und Wiederverbergen seiner jüdischen Identität folgt regelmäßig kurz vor dem scheinbaren Ziel ein zusammensackendes Verschließen und lähmendes Absinken; die selbstquälerische Wanderschaft gerät hier kurz vor dem Erreichen der Spitze wieder zum Scheitern, zur Umkehr und zum ewigen Neubeginn, so als wäre nicht Jesus, der im Tod das Leid überwunden hatte, sondern Sisyphus, der im ewigen Kreislauf keine Erlösung finden kann, die wahre Symbolfigur für die jüdische Identität.[71]

Bei Rebecca Horn ist schon ein Hinweis auf eine der Grundbefindlichkeiten jüdischer Identität gegeben: die Situation des ewigen Unterwegs-Seins – ein Thema, in dem allerdings die westliche Kunst kaum ihre Aufgabe gesehen hat. Während ein Maler wie Ronald B. Kitaj aus seiner jüdischer Herkunft heraus hier als Intellektueller ganz freizügig und bildhaft interpretierend vorgehen konnte[72], bietet sich demgegenüber die Installation von Jan Carlier ›De wandelende Jood‹ (Der Ewige Jude, 1989) sehr viel bildloser, abstrahierender, aber zugleich hintergründiger und symbolbezogener dar. Die Bestandteile des Werks von Carlier sind einfach – ein auf die Schmalseite gekippter Tisch, darauf ein Küchenstuhl, auf dem wiederum ein Brot und ein Glas Wasser zu sehen sind, seitlich daran befestigt ein Spazierstock. Die karge Ding-Symbolik des Wanderns, des Rastens und des Essen und Trinkens wird überformt durch die starke Schräglage des fast schon anthropomorphen Gebildes. Der schwankende Zustand zwischen Vertikalität und einem Zur-Seite-Fallen wird noch verstärkt durch das von der Stuhllehne herabhängende Senkblei, das gegenüber der kippenden Figur allein sein aufrechtes Maß behält. Vor der Arbeit ist auf dem Boden ein breites Kreuz ausgelegt, wie eine Wegespur, die einerseits in ein Zentrum führen kann, umgekehrt aber auch von einer Zerstreuung in alle vier Himmelsrichtung kündet. Für den stark in philosophischen und geschichtlichen Bildern denkenden Künstler markierte diese kippende Situation auch einen Grenzbereich zwischen Leben und Tod[73], eine Konfrontation, die zusammen mit der Richtungslosigkeit hier zu einer Charakterisierung des jüdischen Volkes auf der Wanderschaft benutzt worden ist. Bemerkenswert ist, daß Carlier sich dabei einer verweisenden, reale Bilder ersetzenden künstlerischen Sprache bedient, was nicht zuletzt ein Charakteristikum der jüdischen Geisteswelt ist. Vielleicht haben hier – was der Bild-

70 Zit. Rebecca Horn, in: Kat. R. Horn, 1997, S. 254. Der Titel verweist auf die Installation in Berlin, d.h. den Dialog mit jener Stadt, die als Organisationszentrum der Judenvernichtung fungierte. Eine ähnliche Kofferinstallation in London galt dagegen dem »Kolonialkoffer« (Malerei und Kultur nur im Koffer stattfindend), ebda., S. 252f. Die erstgenannte Arbeit von Rebecca Horn soll mit der baldigen Neueröffnung des Kölner Diözesan-Museums erstmals wieder dem Publikum zugänglich gemacht werden. Die andere Seite der Vernichtung, die moderne Apokalypse der unberechenbaren technischen Kriegsführung, hatte Horn bereits 1991 in Berlin mit der sehr verschlüsselten Installation ›Chor der Heuschrecken‹ thematisiert; sie war unter dem Eindruck des Golfkrieges entstanden und übersetzt die biblischen Plagen aus der Geheimen Offenbarung in eine moderne Symbolik, ebda. S. 17. ■ 71 Der Jesus-Sisyphus-Vergleich rekurriert auf einen ähnlichen Bildbegriff, mit dem Doreet Harten Motti Mizraghis ›Via Dolorosa‹-Aktion charakterisiert hatte (vgl. Kat. Bilder sind nicht verboten 1982, S. 255, Kat. 131). Rebecca Horn schließt an das zitierte Bild des alten, müden Schmetterling selbst das Motiv des Sisyphus an. ■ 72 Kitaj transponierte in seinen Bildern ›The Jew etc.‹ (1976–79) und ›The Jewish Rider‹ (1984/85) das Motiv der Wanderschaft zeitgemäß in ein modernes Zugabteil (Abbn in: Kat. Kitaj, 1998). Neben dem Zugabteil erscheint in der jüdischen Moderne auch das Schiff als Symbol der Wanderschaft (vgl. Gideon Ofrat, Der ewige Israeli, in: Kat. Israelische Kunst 1991/92). ■ 73 Vgl. Kat. Fuente, Amsterdam 1991, S. 132ff., Abb. S. 135 (SMAK Gent). ■ 74 Kat. Apokalypse, 1985. Vgl. auch Horn, Anm. 70. Es ist nicht auszuschließen, daß auch die USA-Propaganda mit Begriffen wie der »Achse des Bösen« bewußt mit jenen biblischen Mythen operiert. ■ 75 Zit. Jan Thorn-Prikker, in: Kat. Museum und Kirche. 1991, S. 96 – bezogen auf einen durchlöcherten Holzturm, den Klaus Simon 1987 im Kirchenraum von St. Peter in Köln errichtete (Abb. S. 95). Im Anti-Atomkraftplakat von Pierre Brauchli, 1979 wird die Brueghel-Version mit dem Kühlturm eines Atomkraftwerks bekrönt (in: Ausst.Kat. Der Weltuntergang, Zürich 1999, S. 245). ■ 76 ›Der Schrecken der Medusa‹ (GB/F 1978) mit Richard Burton, Lino Ventura und Lee Remick. ■ 77 Sie haben damit die Cathedral Towers von Kuala Lumpur im moslemischen Malaysia hinter sich gelassen; unter den abassidischen Kalifen durften umgekehrt die Christen wenigstens keine höheren Häuser als die Moslems bauen. ■

Günther Uecker, Zeichen und Schriften, Dialog, 2001, Installation (Besitz des Künstlers)

vergleich zwischen Kitaj und Carlier nahelegt – Freiheit oder Respekt als zwei unterschiedliche Konditionierungen gegenüber einem brisanten jüdischen Thema zu einer Umwandlung typischer künstlerischer Zuordnungen geführt.

Es war in verschiedenen Bemerkungen bereits darauf verwiesen worden, daß die heutigen säkularisierten Gesellschaften nicht allein wegen der Bindung an traditionelle Bilderverbote das Gottesbild bzw. die Darstellung religiöser Themen weitgehend aus ihrem alltäglichen Vokabular entfernt haben. Dennoch ist es ein Zeitphänomen, daß angesichts großer Katastrophen spezifische, religiös vermittelte Bilder positiver oder negativer Art wieder ihre Auferstehung erleben. Zu den bekanntesten letzterer Art gehört Babylon, das in der Bibel weniger als eine der Wiegen der Kultur, sondern vielmehr als ein Ort der Hybris und des Untergangs der Menschheit dargestellt wurde. Die apokalyptische Vision vom »Sünden-Babel« ist noch in der heutigen Kunst des Westens lebendig geblieben[74] und als bekanntes Einzelmotiv gewann sogar der »Turm zu Babel« als Symbol menschlicher Überheblichkeit neue aktuelle Darstellungsfelder, die den rein profitorientierten Umgang mit den Ressourcen unserer Natur geißeln: »Wir sind Barbaren des Opferns – Verschwender.«[75]

Es wird aber kaum darüber nachgedacht, daß sich die Verwendung der alten apokalyptischen Bilder in der heutigen Situation des weltweiten Terrors in nichts weiter als in ein beliebig verfügbares Medieninstrument verwandelt hat. Erstmals seit 1945 entstand wieder die Situation, daß eine reale Katastrophe, die Zerstörung der Twin Towers am 11. September, auch eine partielle Beschädigung unseres Bilderschatzes bedeutete – sowohl, was die spielerisch-virtuelle Konstruktion apokalyptischer Visionen betrifft, denn der Flugzeugangriff auf ein Hochhaus war schon einige Zeit vorher in einem Spielfilm vorgestellt worden[76], als auch, was die nachfolgende Bewältigung des Ereignisses auf der Ebene der künstlerischen Darstellung betrifft. Geradezu entlarvend sind neben den eher peinlichen Versuchen malerischer Bewältigungen vor allem die architektonischen Rekonstruktionsansätze. Sie führen nur den politischen Stellvertreterkrieg um die gebauten Symbole, die heutigen Türme von Babel, in eine neue Runde im Machtkampf zwischen dem Westen und dem Orient; Libeskinds Siegerentwurf wird bereits jetzt als das höchste Gebäude der Welt gefeiert.[77] Ein dem wahren Geschehen eher entsprechendes und zum Nachdenken anregendes Kunstwerk ist vielmehr das beschädigt aus den Trümmern geborgene Weltkugel-Monument von Fritz König – oder vielleicht auch nur jene kleine Multiple-Postkarte von Joseph Beuys (1974), in welcher er, fast visionär, auf die Abbildung der beiden World Trade Center-Türme die Namen der kleinasiatischen, als Patrone des Heilwesens verehrten Zwillinge Cosmas und Damian schrieb.[78]

Es blieb wenigen Künstlern vorbehalten, auf die Spirale der Gewalt und die nachfolgende Diffamierung fremder Religionen eine überzeugende Antwort gefunden zu haben. Schon seit Jahren ist das Werk von Günther Uecker von einer politischen Komponente begleitet gewesen, und so markiert auch seine große Installation ›Dialog. Zeichen und Schriften‹ einerseits eine Weiterführung seines Engagements, wie zum anderen eine Zuspitzung der Aussage auf das konkrete Ereignis des 11. September. Ein handschriftlicher Text von Uecker erläutert die Arbeit: »Leinwände, beschrieben mit den Friedensgeboten des ›Alten Testaments‹ und des ›Korans‹, – diese sind im Gegenüber auf zwei Wände gehängt. Leinwandstreifen sind wie Binden um zersplitterte und vernagelte Holzpfähle gewickelt und mit schwarzer Farbe mit den Händen aufgetragen, wie ein Wundversorgungsversuch anzusehen. Diese Schmerzensstelen, wie ich sie bezeichne, sind zwischen die gegenüberhängenden Tücher aufgestellt und mit Sandsäcken beschwert. Die vergleichbaren fundamentalen Aussagen im Judentum – Christentum und in muslimischer Glaubenswelt bilden hier einen lesbaren Dialog« (2001).[79] Das verbreitete Mißtrauen gegenüber der Wirksamkeit künstlerischer Symbolik wird bei Uecker aufgehoben durch die unmißverständliche Realität der Texte, deren grundlegender Botschaft sich niemand entziehen kann, wie auch durch die ungeheure Intensität, mit der der Künstler selbst sich geistig und körperlich in die Gestaltung vertieft hat. Ueckers Werk ist nicht der Ausdruck eines künstlerischen Kommentars zu einem Terror-Ereignis, sondern siedelt im Zentrum einer persönlicher Betroffenheit, die sich der Ursachen und der Folgen bewußt ist, und die vor der Subjektivität einer Entäußerung nicht zurükkscheut. Auf die Wahrnehmungsdifferenzen in Ost und West bezogen ist allerdings festzustellen, daß sich für Uecker über die persönliche künstlerische Interpretation hinaus der religiös-kulturelle Konsens nicht mehr bildhaft, sondern nur noch über die Brücke der vergleichbaren Texte vermitteln konnte.

Bei aller singulären Wiedergewinnung einer künstlerischen Gestaltungsfähigkeit zur politischen Aussage wie zur geschichtlichen Interpretation – so wie sie etwa in den Arbeiten von Kiefer, Uecker oder Rebecca Horn aufzeigbar ist – bleibt doch ein gewisses Maß an Skepsis bestehen, ob auf diese Erneuerungen nicht doch nur ein erweitertes Anknüpfen an den engen Kanon nationaler Traditionen folgen wird. Sicherlich bringen, wie gesehen, die älteren, erfahrenen Künstler eine oft vorbildhafte Sicht von Humanität und Toleranz in die Kunst ein, doch ebenso müßte es für die jüngste Künstlergeneration eine neue Herausforderung sein, über die beliebten theoretischen Beschäftigungen mit kunstimmanenten Fragen hinaus das weite, offene Feld des Fremden, der unbeschränkten Phantasie und der unentdeckten Sinnlichkeit zu erobern. Insofern ist es heute weniger denn je überholt, den Blick gen Osten zu wenden, um von der dortigen Künstlerschaft mit ihren neugierigen, flexiblen und erfahrungsbereiten Einstellungen noch zu lernen: »Der westlichen Technologie und deren funktionalen Interessen setzt der Orient entgegen, daß sich Kunst nicht im Konsum von Dekor und Unterhaltung erschöpft, sondern um Aspekte, wie dem der Schönheit und der gesellschaftlichen Relevanz bereichert.«[80]

78 Abb. in: Beuys, Multiplizierte Kunst, 1977, Kat. 113, 121, 136. Nicht bekannt ist, ob Beuys in seinem antiökonomisch-therapeutischen Modell auch davon wußte, daß die Twintowers auf den geräumten Wohngebieten der arabischen Dockarbeiter gebaut wurden. ■ 79 Text (29.10.01) zur Erstausstellung auf der ›Art Cologne‹ Okt. 2001. Weitere Ausstellungen im Paul-Löbe-Haus Berlin (Abgeordnetenhaus) und im Museum moderner Kunst Passau. ■ 80 Zit. Hubert Salden anläßlich seiner (leider ohne Katalog präsentierten) Ausstellung ›Ex Lux (Der Orient als ornamentale Ordnung)‹ in der Kunsthalle zu Hall in Tirol, 2000, wo erstmals zeitgenössische orientalische und westliche Künstler gemeinsam präsentiert wurden, und wo (meist in größeren, stark die Sinne ansprechenden Installationen) der »Prozeß der Umwertung von Bildern aus einer anderen Kultur« dargestellt werden sollte. ■

Rebecca Horn, Berlin Earthbound, 1994, Koffer, Metallkonstruktionen (Erzbischöfliches Diözesan-Museum Köln)

BIBLIOGRAPHIE
BAGDAD

■ **Abduh, M.,** al-Islam wa-n-nasraniya ma'a l-'ilm wa-l-madaniya, Islam und Christentum in ihrem Verhältnis zu Wissenschaft und Zivilisation, hg. von R. Rida, Kairo: al-manar 1341, 1923/24. ■ **Abū l-Farağ** al-Iṣfahānī, Kitāb al-Aġānī, Das Buch der Lieder, 24 Bde., Kairo 1927–1974. ■ **Abū l-Farağ,** Und der Kalif beschenkte ihn reichlich. Auszüge aus dem »Buch der Lieder«, aus dem Arabischen übertragen und bearbeitet von G. Rotter, Tübingen/Basel 1977. ■ **Abū l-ʿAtāhiya,** ašʿāruhū wa-aḫbāruhū, ed. Šukrī Faiṣal, Damaskus 1965. ■ **Abu-Rabiʿ,** I. M., Globalization: A Contemporary Islamic Response? American Journal of Islamic Social Sciences 15,5 1998, S. 15–44. ■ **Adam, A.,** Texte zum Manichäismus, Berlin 1954. ■ **Adam, A.,** Das Fortwirken des Manichäismus bei Augustin, in: Zeitschrift für Kirchengeschichte 69 1958, S. 1–25. ■ **Afšar, A.** und Taqizadeh S. H. (Hg.), Manī wa Dīn-ê-ū, Mani and his Religion, Teheran 1956. ■ **Ahsan, M.,** Social Life under the Abbasids, London/New York 1979. ■ **Alkuin,** Epistolae, MGH Epp., hg. von E. Dümmler, Bd. 4, Hannover 1895, Nachdruck München 1974, S. 18–481. ■ **Alkuin,** Propositiones ad acuendos iuvenes, hg. und übersetzt von M. Folkerts und H. Gericke, in: Science, S. 283–362. ■ **Al Yaʿqūbī,** Le Livre des Pays, ed. M. J. de Goeje. Leiden, 1861. Trans. G. Wiet, Cairo 1937. ■ **Al-e Ahmad, J.,** Occidentalism, Gharbzadeghi, Teheran 1974. ■ **Al-Ğāḥiẓ/C. Pellat,** Ausgewählte und übersetzte Texte von W. W. Müller, Zürich/Stuttgart 1967. ■ **Alföldi, A.,** La corporation des Transalpini et Cisalpini à Avenches, Ur-Schweiz 16 1952, S. 3–9. ■ **Al-Gazarī,** Bedi üz-Zaman Ebū'l-Iz Ismail b. ar-Razzaz el Cezeri, Olaganüstü mekanik araçlarin bilgisi hakkinda kitap, The Book of Knowledge of Ingenious Mechanical Devices. Tipkibasim, Facsimile, 1. baski, Topkapi Sarayi Kütüphanesi No. 3472, Türkiye / Kültür Bakanligi: Kültür Bakanligi yayinlari; 1207, Ankara 1990. ■ **Allan, J. W.** und Creswell, K. A. C., A short account on early Muslim architecture, Aldershot 1989. ■ **Allen, T.,** Five Essays on Islamic Art, 1988. ■ **Almagro, M.,** et al., Qusayr 'Amra, Residencia y Banos Omeyas en el Dsierto de Jordania, Madrid 1975. ■ **Al-Masʿūdī,** Murūğ aḏ-ḏahab, ed. Ch. Pellai, 7 Bde., Beirut 1965–1979. ■ **Al-Qaddumi, G.,** Book of gifts and rarities = Kitab al-hadaya wa al-tuhaf. Selections compiled in the fifteenth century from an eleventh-century manuscript on gifts and treasures, Harvard 1996. ■ **Al-Tabari,** Annales, hg. von M. J. de Goeje, M. Th. Houtsma und S. Guyard, III. Series, Leiden 1879–1880. ■ **Al-Tabari,** The early Abbaside empire, Bd. 2, The son and grandsons of al-Mansur, the reigns of al-Mahdi, al-Hadi and Harun al-Rashid, übertragen von J. A. Williams, Cambridge 1989. ■ **Al-Tahtawi, R.,** Ein Muslim entdeckt Europa. Die Reise eines Ägypters im 19. Jahrhundert nach Paris, hg. von K. Stowasser, München 1989. ■ **Altheim, F.** und Stiehl, R., Die Araber in der Alten Welt, Bd. III, Berlin 1966. ■ **Altmann, H.,** Die Pfarre St. Foillan in der Aachener Stadt- und Kirchengeschichte, 2 Bde., Aachen 1997. ■ **Al-ʿUmarī,** Masālik al-abṣār, Facsimile-Ausgabe, Frankfurt a. M. 1988. ■ **Annalis libellus** von 793, teilweise gedruckt in: Florilegium Casinense, S. 80–89 und 96. ■ **Annales regni Francorum** inde ab a. 741 usque ad a. 829, qui dicuntur annales Laurissenses maiores et Einhardi, hg. von F. Kurze, MGH SS rer. germ., Bd. 6, Hannover 1895. ■ **Andrae, T.,** Der Ursprung des Islams und das Christentum, Uppsala 1926. ■ **Anglade, E.,** Catalogue des boiseries de la section islamique, Paris 1988. ■ **An-Nadīm,** al-Fihrist 336, 8–15, übers. Klíma 1962, S. 405–407. ■ **An-Nadīm,** Fihrist, ed. G. Flügel und J. Roediger, Bd. I, Leipzig 1871, S. 337. ■ Annales regni Francorum, qui dicuntur Annales Laurissenses maiores et Einhardi, MGH SS rer. Germ. 6., ed. F. Kurze, Hannover 1895. ■ **Annales regni Francorum** – Die Reichsannalen, in: Quellen zur Karolingischen Reichsgeschichte. Ausgewählte Quellen zur Geschichte des Mittelalters, hg. von R. Büchner, Bd. 5, Darmstadt 1955. ■ **Aquitanien,** V. von, Calculus, hg. von G. Friedlein, Bulletino di bibliografia e di storia delle scienze matematiche e fisiche 4 1871, S. 445–463. ■ **Aquitanien,** V. von, Cursus paschalis, hg. von Krusch, Zeitrechnung, S. 16–52. ■ **Aratea.** Kommentar zum Aratus des Germanicus. Ms. Voss. Lat. Q. 79. Bibliotheek der Rijksuniversiteit Leiden, hg. von B. Bischoff u. a., Leiden 1989. ■ **Architekturbilder im Koran,** Pantheon 45 1987, S. 4–20. ■ **Arend, W.,** Geschichte in Quellen, Bd. I, Altertum, München 1978[3]. ■ **Arnold, Th. W.,** Painting in Islam, A Study of the Place of Pictorial Art in Muslim Culture, New York 1965. ■ **Asmussen, J. P.,** Der Manichäismus als Vermittler literarischen Gutes, in: Temenos II 1966, S. 5–21. ■ **Asmussen, J. P.,** Manichaean Literature. Representative Texts, chiefly from Middle Persian and Parthian Writings, New York 1977[2]. ■ **As-Safaʿ,** I., as-Safaʿ, R., 1376 H Beirut 1957. ■ **Atil, E.,** Islamic Art and Patronage. Treasures from Kuwait, Veröffentlicht anläßlich einer Wanderausstellung der al-Sabah Sammlung, rust for Museum Exhibitions, Washington, (D. C.) 1990. ■ **Atti,** I. degli, Kat. Piero della Francesca à Rimini, Sala delle Colonne, Rimini 1984. ■ **Atti,** I. degli, Kat. Sigismondo Pandolfo Malatesta e il suo tempo, Palazzo dell'Arengo, Rimini 1970. ■ **Audisio, G.,** La vie de Haroun-al-Raschid, Paris 1930. Auf den Römerstraßen ins Mittelalter. Beiträge zur Verkehrsgeschichte zwischen Maas und Rhein von der Spätantike bis ins 19. Jahrhundert, hg. von F. Burgard und A. Haverkamp, Trierer historische Forschungen 30, Mainz 1997. ■ **Avrin, L.,** The Illuminations of the Ben Asher Codex of 895 C. E., Ph. D. Dissertation, University of Michigan, Ann Arbor, 1974. ■ **7-Bücher-Computus** von 809–812, karolingische Fachenzyklopädie zu Astronomie und Zeitrechnung, im ganzen ungedruckt. ■ **3-Bücher-Computus** von 818, karolingische Fachenzyklopädie zu Astronomie und Zeitrechnung, im ganzen ungedruckt. ■ **Baker, C. M.,** Hair, in: Encyclopedia of Women and World Religion, hg. von S. Young, Bd. 1, New York 1999. ■ **Balādhurī,** Kitab futūh al-buldān, Leyden 1886. Balty-Guesdon, M. G., Le bayt al-hikma de Bagdad, Arabica 39 1992, S. 131–150. ■ **Barloewen, C. von,** Gibt es ein Weltdorf? Die Globalisierung ist nur die Oberfläche der Wirklichkeit, FAZ 1996. ■ **Bauer, T.,** Al-ʿAbbās ibn al-Aĭnaf. Ein literaturgeschichtlicher Sonderfall und seine Rezeption Wiener Zeitschrift für die Kunde des Morgenlandes 88 1998, S. 65–107. (zitiert als Bauer 1998a) ■ **Bauer, T.,** Liebe und Liebesdichtung in der arabischen Welt des 9. und 10. Jahrhunderts. Eine literatur- und mentalitätsgeschichtliche Studie des arabischen Ġazal, Wiesbaden 1998. (zitiert als Bauer 1998b) ■ **Beaumont, D.,** Slave of desire. Sex, love and death in the 1001 Nights, London 2002. ■ **Becher, M.,** Eid und Herrschaft. Untersuchungen zum Herrschaftsethos Karls des Großen, Sonderband 39 der Vorträge und Forschungen, Sigmaringen 1993. ■ **Becher, M.,** Die Reise Papst Leos III. zu Karl dem Großen, in: Am Vorabend der Kaiserkrönung, hg. von P. Goodman; J. Jarnut und P. Johanek, Berlin 2002, S. 87–112. ■ **Becher, M.,** Karl der Große, München 1999. ■ **Beck, H.-G.,** Vom Umgang mit Ketzern, München 1993. ■ **Beck, U.,** Was ist Globalisierung? Irrtümer des Globalismus – Antworten auf Globalisierung, Frankfurt a. M. 1997. ■ **Beck, U.,** Perspektiven der Weltgesellschaft, Frankfurt a. M. 1998. ■ **Beck, U.,** Politik der Globalisierung, Frankfurt a. M. 1998. ■ **Beda Venerabilis,** De locis sanctis, in: Itinera et alia Geographica. Corpus Christianorum, Series latina 175–176, 2 Bde., Turnhout 1965, S. 247–280. ■ **Beda Venerabilis,** De natura rerum und De temporum ratione, hg. von Ch. W. Jones, Corpus Christianorum, Series latina 123 AB, Turnhout 1975–1977. ■ **Bedae** venerabilis de temporum ratione, hg. von C. W. Jones, zuerst in: J. Beda, S. 173–291. (zitiert: Beda, De temporum ratione). ■ **Bein, P.** von, Lippeham – eine fränkische Siedlung im Ortskern von Bislich, in: Mitteilungen aus dem Schloßarchiv Diersfordt und vom Niederrhein 5 1994. ■ **Bél, M.,** Notitia Hungariae novae historico-geographica, Wien 1735–1742. Bencheikh, J. E., Poétique arabe. Essai sur les voies d'une création, Paris 1975. ■ **Bergmann, W.,** Innovationen im Quadrivium des 10. und 11. Jahrhunderts. Studien zur Einführung von Astrolab und Abakus im lateinischen Mittelalter, Sudhoffs Archiv, Beiheft 26, Stuttgart 1985. ■ **Bergmann, W.,** Dicuils De mensura orbis terrae, in: Science in Western and Eastern Civilization in Carolingian Times, hg. von P. L. Butzer und D. Lohrmann, Basel 1993, S. 525–537. ■ **Bianca, S.,** Urban Form in the Arab World. Past and Present, Zürich 2000. ■ **Bis zu den Grenzen der Erde**. Auszüge aus dem »Buch der Goldwäschen«, Al-Masʿūdī, aus dem Arabischen übertragen und bearbeitet von G. Rotter, Bibliothek arabischer Klassiker, Bd. 3, Tübingen/Basel 1978. ■ **Björkmann, W.,** Karl der Große und die Juden, in: Karl der Große – Lebenswerk und Nachleben, hg. von W. Braunfels, 5 Bde., Düsseldorf 1965–68, Bd. 1. ■ **Blachère, R.,** Extraits des principaux géographes arabes au Moyen Age, Paris 1932. ■ **Blair, S.** und Bloom, J., Die Architektur der Abbasiden, in: Islam, Kunst und Architektur, hg. von M. Hattstein und P. Delius, Köln 2000, S. 94–117. ■ **Blair, S.** und Bloom, J., Islamic Arts, London 1997. ■ **Blazquez, J. M.,** Las pinturas helenisticas de Qusayr 'Amra (Jordania) y su fuentes I, Archivo Espanol de Arqueologia 54 1981, S. 157–202. ■ **Blois, F. C. de,** Zindī, in: Encyclopedia of Islam, Bd. XI 2002, S. 510–513. ■ **Blois, F. C. de,** The Sabians in pre-Islamic Arabia, in: AO 56 1995, S. 39–61. (zitiert als de Blois 1995b) ■ **Blois, F. C. de,** Who is King Amarō? in: Arab. Arch. And Epigr. VI 1995, S. 196–198. (zitiert als de Blois 1995a.) ■ **Böhling, H.,** Die Gnosis, Ed. III, Der Manichäismus, Zürich/München 1980, S. 99. ■ **Boethius,** De institutione arithmetica libri duo, hg. von J.-Y. Guillaumin, Boèce, Institution arithmètique, Collection des universites de France, Paris 1995. ■ **Borgolte, M.,** Der Gesandtenaustausch der Karolinger mit den Abbasiden und mit den Patriarchen von Jerusalem, Münchener Beiträge zur Mediävistik und Renaissance-Forschung 25, München 1976. ■ **Borst, A.,** Astrolab und Klosterreform an der Jahrtausendwende, Heidelberg 1989. ■ **Borst, A.,** Computus. Zahl und Zeit in der Geschichte Europas, Kleine Kulturwissenschaftliche Bibliothek 28, Berlin 1991. ■ **Borst, A.,** Das Buch der Naturgeschichte. Plinius und seine Leser im Zeitalter des Pergaments, Abhandlungen der Heidelberger Akademie der Wissenschaften, Philosophisch-historische Klasse, Jahrgang 1994/1, Heidelberg 1994. ■ **Borst, A.,** Die karolingische Kalenderreform, MGH Schriften Bd. 46, Hannover 1998. ■ **Borst, A.,** Der Karolingische Reichskalender und seine Überlieferung bis ins 12. Jahrhundert, Teile I–III, MGH Libri

Memoriales II., Hannover 2001. ■ **Boschen, L.,** Die Annales Prumienses. Ihre nähere und ihre weitere Verwandtschaft, Düsseldorf 1972. ■ **Bothmer, Graf H.-C. von.,** Kunst und Antiquitäten, Vol. 1, 1986. ■ **Bothmer,** Kunst und Antiquitäten, 1988, S. 22–23. ■ **Bourdigné, J. de,** Chroniques d'-Anjou et du Maine, Angers 1842. ■ **Bourdon, F.** und Lavagno, E., Das Heilige Land, Vercelli 2000. Boyce, M., A Reader in Manichaean Middle Persian and Parthian, Texts with Notes, Leiden 1975. Brandenburg, D., Islamic Miniature Painting in Medical Manuscripts, Basel 1982. ■ **Braunfels, W.,** Der Aachener Hof und seine Kultur, in: Karl der Große. Werk und Wirkung, Katalog der Ausstellung in Aachen vom 26. Juni bis zum 19. September 1965, hg. von W. Braunfels, Aachen 1965. ■ **Breyer, L.** (Übers.), Bilderstreit und Arabersturm in Byzanz, Byzantinische Geschichtsschreiber VI, Graz 1964. ■ **Brinken, A.-D. v. d.,** Mappa mundi und Chronographica, Deutsches Archiv für Erforschung des Mittelalters 24 1968, S. 118–186. ■ **Brinken, A.-D. v. d.,** Die Kugelgestalt der Erde in der Kartographie des Mittelalters, Archiv für Kulturgeschichte 58 1976, S. 77–95. ■ **Brincken, A.-D. v. d.,** Fines Terrae. Die Enden der Erde und der vierte Kontinent auf mittelalterlichen Weltkarten, MGH Schriften Bd. 36, Hannover 1992. ■ **Browder, M. H.,** Al-Bīrūnī's manichean Sources, in: P. Bryder (Hg.), Manichaean Studies, Lund 1988, S. 19–28. ■ **Browder, M. H.,** The Formulation of Manichaeism in Late Ummayad Islam, in: G. Wießner und H.-J. Klimkeit, (Hg.), Studia Manichaica. II., S. 328–333. ■ **Browder, M. H.,** The Formulation of Manichaeism in Late Ummayad Islam, in: G. Wiessner und H.-J. Klimkeit (Hg.), Studia Manichaica, II, Internationaler Kongreß zum Manichäismus, 6.–10. August 1989, St. Augustin/Bonn, Wiesbaden 1992, S. 328–333. ■ **Brown, P.,** The Diffusion of Manicheism in the Roman Empire, Journal of Roman Studies 59 1969, S. 92–103. ■ **Bruand, O.,** Voyageurs et marchandises aux temps carolingiens. Les réseaux de communication entre Loire et Meuse aux VIIIe et Ixe siècles, Brüssel 2002. ■ **Brumlik, M.,** Schrift, Wort und Ikone, Frankfurt a. M. 1994. ■ **Brzezinski, Z.,** Das Modell Demokratie scheint weltweit zu triumphieren. Über Amerikas derzeit »unverzichtbare« globale Macht und die Gefährdungen, die sich daraus ergeben, Frankfurter Rundschau, Pfingsten 1999. ■ **Bullough, D.,** Karl der Große und seine Zeit, Wiesbaden 1966. ■ **Bußmann, K.** (Hg.), 1648. Krieg und Frieden in Europa, Ausstellungskatalog, Münster/Osnabrück 1999. ■ **Butrus al-Bustani,** khitab fi l-hay'a al-idjtima'iya wa-l-muqabala bayna l-awa'id al 'arabiya wa-l-ifrandjiya, Beirut 1869, S. 9. ■ **Butzer, P. L.,** Mathematics and Astronomy at the Court School of Charlemagne and its Mediterranean Roots, Cahiers de Recherches Médiévales (XIIIe–XVe s.), Vol. V 1998, S. 203–244. ■ **Butzer, P. L;** Kerner, M. und Oberschelp, W., Karl der Große und sein Nachwirken. 1200 Jahre Kultur und Wissenschaft in Europa, Bd. 1 und 2, Turnhout 1997. (Band 1 zitiert: Karl, Nachwirken) ■ **Butzer, P. L.** und Lohrmann, D. (Hg.), Science in Western and Eastern Civilization in Carolingian Times, Basel/Boston/Berlin 1993. ■ **Canarino, M.,** Traduzioni e traduttori arabi dall'VIII al XI secolo, Rom 1988. ■ **Carswell, J.,** Six Tiles, in: Islamic Art in the Metropolitan Museum of Art, ed. R. Ettinghausen, New York 1972, S. 99–124. ■ **Centrum voor Kunst en Cultuur, Sint-Pietersabdij,** (Hg.) Aux confins du Moyen-Age, Ausstellungskatalog, Gent 1991. ■ **Charlston, R.** (Hg.), World of Ceramics, Tokyo 1968. ■ **Chateaubriand, F. R.,** Génie du christianisme et defense du génie du christianisme, avec notes et éclaircissements, Nouv. ed. revue avec soin sur les ed. originales, 2 Bde., Paris 1897. ■ **Itineraire de Paris à Jerusalem,** Edition critique en deux volumes avec un avant-propos, une bibliographie, des notes par E. Malakis, Baltimore (Md.) 1946. ■ **Chevallier, R.,** Roman Roads, London 1976. ■ **Chevallier, R.,** Voyages et déplacements dans l'empire Romain, Paris 1988. ■ **Chokr, M.,** Zandaqa et zindiqs en Islam au second siècle de l'Hégire, Damaskus 1993. ■ **Chomsky, N.,** Year 501. The Conquest Continues, Boston 1993. ■ **Chomsky, N.,** Haben und Nichthaben. Gespräche mit David Barsamian, Bodenheim 1998. ■ **Classen, P.,** Karl der Große, das Papsttum und Byzanz – Die Begründung des karolingischen Kaisertums, Sigmaringen 1985. ■ **Claude, D.,** Aspekte des Binnenhandels im Merowingerreich auf Grund der Schriftquellen, in: Untersuchungen zu Handel und Verkehr der vor- und frühgeschichtlichen Zeit in Mittel- und Nordeuropa, Teil 3, der Handel des frühen Mittelalters, Abhandlungen der Akademie der Wissenschaften in Göttingen, Phil.-hist. Klasse, 3. Folge, Nr. 150, Göttingen 1985, S. 9–99. ■ **Colpe, C.,** Der Manichäismus in der arabischen Überlieferung, Diss., Göttingen 1954. ■ **Colpe, C.,** Anpassung des Manichäismus an den Islam, Zeitschrift der Deutschen Morgenländischen Gesellschaft 109 1959. ■ **Colpe, C.,** Das Siegel derPropheten, Orientalia Suecana XXXIII–XXXV 1986, S. 71–83. ■ **Conrad, L. I.,** The Arab-Islamic medical tradition, in: The Western medical tradition, 800 B.C. to A.D. 1800, hg. von L. I. Conrad; I. Neve et al., Cambridge 1995. ■ **Costa, P. M.,** La moschea grande di San'a. Institute Orientale die Napoli. Annali 34 (NS 24), 1974, S. 487–506. ■ **Creswell, K. A. C.** Early Muslim Architecture I, 2 Oxford 1969. ■ **Cres-**

well, K. A. C., Muslim Architecture of Egypt, Vol 1, New York 1978. ■ Creswell, K. A. C. Early Muslim Architecture, 2 Bde., Oxford 1932/1940, Reprint, 1979. ■ Creswell, K. A. C. and Allen, J. W., A Short Account of Early Muslim Architecture, Aldershot 1989. ■ Croisades et pèlerinages, Récits, chroniques et voyages en Terre Sainte, XIIe – XVIe siècle, hg. von D. Régnier-Bohler, Paris 1997. ■ Cuntz, O. von (Hg.), Itineraria Romana I. Itineraria Antonini Augusti et Burdigalense, Leipzig 1929 (Neudruck 1990). ■ Cuttler, C. D., Exotics in Post-Medieval European Art. Giraffes and Centaurs, Artibus et historiae 33 1981. ■ D'Angel, A., Les comptes du roi René publiés d'après les originaux inédits conservés aux Archives des Bouches-du-Rhône, Paris 1908. ■ Dahijat, I. M., Avicenna's Commentary on the Poetics of Aristotle. A Critical Study with an Annotated Translation of the Text, Leiden 1974. ■ Davies, W., Jemen: 300 Jahre Kunst und Kultur des glücklichen Arabien, Innsbruck/Frankfurt 1987. ■ Davis, W. S., Readings in Ancient History. Illustrative Extracts from the Sources, 2 Bde. Boston 1912/1913. ■ Decret, F., L'Afrique manichéenne, IVe et Ve siècles, Étude historique et doctrinale, Bd. I, Paris 1978. ■ Der Dīwān des Abū Nuwās, hg. von E. Wagner, Wiesbaden 1972. ■ Der Koran, übersetzt von A. Th. Khoury, Gütersloh 1987. ■ Der Koran, übersetzt von R. Paret, Stuttgart/Berlin u. a. 1979. ■ Destombes, M., Monumenta cartographica vetustioris aevi, A.D. 1200–1500, Amersterdam 1964. ■ Devğria, M. G., Musulmans et manichéens chinois, Journal Asiatique X 1897, 445–484. ■ Dicuili liber de mensura orbis terrae, hg. von J. J. Tierney, Scriptores latini Hiberniae 6, Dublin 1967. ■ Die Erzählungen aus den Tausendundein Nächten. Vollständige deutsche Ausgabe in 6 Bden. zum ersten Mal nach dem arabischen Urtext der Calcuttaer Ausgabe aus dem Jahre 1830 übertr. von E. Littmann, Wiesbaden 1953. ■ Die Kosmographie des Aethicus, hg. von O. Prinz, Monumenta Germaniae historica, Quellen zur Geistesgeschichte 14, München 1993. ■ Die Maqāmen des Hamadānī Rescher, aus dem Arabischen übersetzt von O. Rescher, Beiträge zur Maqāmen-Literatur 5, Leonberg 1913 (Nachdruck Osnabrück 1980). ■ Die Verwandlungen des Abu Seid von Serug, aus dem Arab. übertragen und hg. von W. Walther, Leipzig 1989. ■ Die Verwandlungen des Abu Seid von Serug. 24 Makamen, aus dem Arabischen übertragen von F. Rückert, hg. von A. Schimmel, Stuttgart 1966. ■ Diels, H. A., Über die von Prokop beschriebene Kunstuhr von Gaza. Mit einem Anhang enthaltend Text und Übersetzung der Ekphrasis orologiu des Prokopius von Gaza, Abhandlungen der Preussischen Akademie der Wissenschaften, Jg. 1917, Philosophisch-historische Klasse, Nr. 7, Berlin 1917. ■ Dodge, B., The Fihrist of al-Nadim. A Tenth-Century Survey of Muslim Culture, Bd. I und II, New York 1970. ■ Dos Santos, R., A Torreão da Ribeira, Coimbra 1922. ■ Downey, S. B., The Excavation at Dura Europos, The Stone and Plaster Sculpture, Final Report III, 1, 2 Monumenta Archaeologica 5, 1977. ■ Drachmann, A. G., Ktesibios, Philon and Heron. A study in Ancient Pneumatics, Acta Historica Scientiarum Naturalium et Medicinalium IV, København 1948, S. 17–41. ■ Drogos astronomischer Kalender und komputistisches Handbuch, Der Sternbilder-Codex von Metz, entstanden um 825, Vollständige Faksimile-Ausgabe der Handschrift 3307, in der Biblioteca Nacional Madrid, Text von Sánchez M., Colección Sriptorium 2, Bibliotheca Rara, Düsseldorf 1993. ■ Eastwood, B. S., Origins and Contents of the Leiden Planetary Configuration, Ms. Voss. Q. 79, f. 93v, An Artistic Astronomical Schema of the Early Middle Ages, in: Viator 14, Los Angelos 1983, S. 1–40. ■ Eastwood, B. S., Plinian Astronomy in the Middle Ages and Renaissance, in: Science in the Early Roman Empire, Pliny the Elder, his Sources and Influence, hg. von R. French and F. Greenaway, London 1986, S. 197–251. ■ Eastwood, B. S., Plinian Astronomical Diagrams in the Early Middle Ages, in: Mathematics and its applications to science and natural philosophy in the Middle Ages, in: Honor of Marshall Clagett, hg. von E. Grant und J. E. Murdoch, Cambridge 1987, S. 141–172. ■ Eastwood, B. S., The Astronomies of Pliny, Martianus Capella and Isidore of Sevilla in the Carolingian World, Science, S. 162–180. ■ Einhard, Vita Karoli Magni, Lateinisch-deutsche Ausgabe, Stuttgart 1971. ■ Einhardi vita Karoli Magni – Einhard, Leben Karls des Großen, in: Quellen zur Karolingischen Reichsgeschichte. Ausgewählte Quellen zur Geschichte des Mittelalters, hg. von R. Büchner, Bd. 5, Darmstadt 1955. ■ Ekrem Ahurgal, Orient und Okzident. Die Geburt der griechischen Kunst, Baden-Baden 1996. ■ El Guindi, F., Veil. Modesty, Privacy, Resistance, Oxford/New York 1999. ■ El Kafrawy, M. A. A. und Latham, J. D., Perspective of Abū al-ʿatāhiya, The Islamic Quarterly 17 1973, S. 160–176. ■ Ellmers, D., Frühmittelalterliche Handelsschiffahrt in Mittel- und Nordeuropa, Neumünster l972. ■ Ellmers, D., Die Bedeutung der Friesen für die Handelsverbindungen des Ostseeraumes bis zur Wikingerzeit, in: Acta Visbyensia 7, Visby 1985, S. 7–54. (leicht überarbeitet in: Jahrbuch der Gesellschaft für bildende Kunst und vaterländische Altertümer zu Emden 66, 1986, S. 5–64.) ■ Ellmers, D., Zeugnisse für römische Küsten- und Binnenschiffahrt ins freie Germanien, in: Römer und Germanen – Nachbarn über Jahrhunderte, hg. von C. Bridger und C. von Carnap-Bornheim, BAR International Series 678, Oxford 1997, S. 1–6. ■ **Ellmers, D.**, Welche Schiffstypen stellen die Haithabu-Münzen des frühen 9. Jahrhunderts dar? Offa 56 1999, S. 367–373. ■ **Ellmers, D.**, Zur Herkunft des spätmittelalterlichen Schiffstyps Holk, Zeitschrift für Archäologie des Mittelalters 27/28 1999/2000, S. 119–128. ■ **Emmerick, R. E.**; Sundermann, W. und Zieme, P. (Hg.), Studia Manichaica IV, Internationaler Kongreß zum Manichäismus, Berlin, 14.–18. Juli 1997, Berlin 2000. ■ **Encyclopedia of Arabic Literature,** hg. von J. S. Meisami und P. Starkey, 2 Bde., London/New York 1998. ■ **Encyclopedia of the History of Arabic Science,** hg. von R. Rashed, London 1996. ■ **Enderlein, V.** und Meinecke, M., Graben-Forschen-Präsentieren, Probleme der Darstellung vergangener Kulturen am Beispiel der Mschatta-Fassade, Jahrbuch der Berliner Museen, 34. Bd., 1992/1993. ■ **Enderwitz, S.,** Liebe als Beruf, Stuttgart 1995. Endress, G., Die wissenschaftliche Literatur, in: Grundriß der Arabischen Philologie, hg. von H. Gätje und W. Fischer, Bd. 2–3, Wiesbaden 1987. ■ **Engelbert, P.,** Papstreisen ins Frankenreich, Römische Quartalschrift für christliche Altertumskunde 88 1993, S. 77–113. ■ **Englisch, B.,** Zeiterfassung und Kalenderproblematik in der frühen Karolingerzeit, das Kalendarium der Hs. Köln DB 83–2 und die Synode von Soissons 744, Instrumenta 8, Stuttgart 2001. ■ **EOTHEN,** Jahresheft der Gesellschaft der Freunde Islamischer Kunst und Kultur, München 1990. ■ **Erbstösser, M.,** Ketzer im Mittelalter, Leipzig 1984. ■ **Es, W. A. van** und Verwers, W. H. J., Excavations at Dorestad 1. The Harbour: Hoogstraat I, Amersfoort 1980. ■ **Ess, J. van,** Theologie und Gesellschaft im 2. und 3. Jahrhundert Hiğra. Eine Geschichte des religiösen Denkens im frühen Islam, 6 Bde., Berlin/New York 1991–1997. ■ **Ettinghausen, R.** und Grabar, O., The Art and Architecture of Islam 650–1250, Harmondsworth 1987. ■ **Ettinghausen, R.** und Grabar, O. u. Jenkins-Madina, M., Islamic Art and Architecture, Singapore 2001. ■ **Ettinghausen, R.,** Arabische Malerei, Genf 1962. ■ **Ettinghausen, R.,** From Byzantium to Sasanian Iran and the Islamic World, Leiden 1972. ■ **Etzioni, A.,** Die Verantwortungsgesellschaft. Individualismus und Moral in der heutigen Demokratie, Frankfurt a. M 1998. ■ **EÜK** – Europäisches Übersetzer-Kollegium, Warum ich so oft nach Straelen fahre, Festschrift, Straelen 2003. ■ **Euw, A. van,** Aratea, Sternenhimmel in Antike und Mittelalter, Katalog zur Ausstellung im Schnütgen-Museum Köln, 4. Aug. – 27. Sept. 1987. ■ **Euw, A. van,** Die künstlerische Gestaltung der astronomischen und komputistischen Handschriften des Westens, 1993. Science, S. 251–269. ■ **Facsimile,** Bedi üz-Zaman Ebū'l-Iz Ismail b. ar-Razzaz el Cezeri, Olaganüstü mekanik araçlarin bilgisi hakkinda kitap. The Book of Knowledge of Ingenious Mechanical Devices. Tipkibasim, Facsimile, 1. baski, Topkapi Sarayi Kütüphanesi No. 3472, Türkiye/Kültür Bakanligi: Kültür Bakanligi yayinlari, 1207, Ankara 1990. ■ **Farmer, H. G.,** A History of Arabian Music to the XIIIth Century, London 1929. ■ **Farmer, H. G.,** The Organ of the Ancients from Eastern Sources. Hebrew, Syriac and Arabic, London 1931. ■ **Farmer, H. G.,** The Minstrelsy of »The Arabian Nights«, London 1945. ■ **Farmer, H. G.,** The Sources of Arabian Music, Leiden 1965. ■ **Featherstone, M.,** Global Culture. Nationalism, Globalization and Modernity, London 1990. ■ **Featherstone, M.,** Undoing Culture. Globalization, Postmodernism and Identity, London 1995. ■ **Featherstone, M.,** Global Modernities, hg. von S. Lash and R. Robertson, London 1996. ■ **Feldmann, E.,** Christus-Frömmigkeit der Mani-Jünger. Der suchende Student Augustinus in ihrem »Netz«, in: E. Dassmann und K. S. Frank (Hg.), Pietas. Festschrift B. Kötting, Münster 1980, S. 198–216. ■ **Feldmann, E.,** Der Übertritt Augustins zu den Manichäern, in: A. Tongerloo und J. van Oort (Hg.), Manichaean Studies II, Louvain 1995, 103–128. ■ **Fensterbusch, C.** (Hg.), Vitruvii de architectura libri decem – Vitruv, zehn Bücher über Architektur, Übersetzt und mit Anmerkungen versehen von Dr. C. Fensterbusch, Darmstadt 1976, S. 446–449. ■ **Ferrand, G.,** Relations de voyages et textes géographiques arabes, persans et turks relatifs à l'Extrême Orient du VIIIe au XVIIIe siècle. Traduits, revus et annotés, Bd. I, Paris 1913. ■ **Figueiredo, F. de,** A épica portuguesa no século XVI, São Paulo 1950. ■ **Finster, B.,** Probleme der Antikenrezeption in der umayyadischen Kunst, in: Die Gegenwart des Altertums. Formen und Funktionen des Altertumsbezugs in den Hochkulturen der Alten Welt, hg. von D. Kuhn und H. Stahl, Heidelberg 2001, S. 373–389. ■ **Flavius Magnus Aurelius** Cassiodorus, Variarum I, 45 und 46, MGH AA 12, Cassiodori Senatoris Variae, hg. von Th. Mommsen, Berlin 1894. ■ **Folkerts, M.,** und Gericke, H. (Hg.), Die Alkuin zugeschriebenen Propositiones ad acuendos iuvenes, Science, S. 283–362. ■ **Folkerts, M.,** Die Alkuin zugeschriebenen Propositiones ad acuendos iuvenes, Science, S. 273–281. ■ **Folkerts, M.,** Die älteste Aufgabensammlung in lateinischer Sprache. Die Alkuin zugeschriebenen Propositiones ad acuendos iuvenes, Denkschriften der Österreichischen Akademie der Wissenschaften, Mathematisch-Naturwissenschaftliche Klasse, 116. Bd., 6. Abhandlung, Wien 1978. ■ **Franke, D.,** Musikinstrumente, Museum des Institutes für Geschichte der Arabisch-Islamischen Wissenschaften, Beschreibung der Exponate, Teil 1, Frankfurt 2000. ■ **Franz, H. G.,** Von Bagdad bis Cordoba. Ausbreitung und Entfaltung der islamischen Kunst, Graz 1984. ■ **Fritze, W. H.,** Geographus Bavarus, in: Lexikon des Mittelalters, Bd. 4, Sp. 1211–1212. ■ **From bear pit to Zoo,** British Archaeology 68 2002. ■ **Fück, J.,** The Role of Manicheism under the early Abbasids, in: Arabische Kultur und Islam im Mittelalter, Ausgewählte Schriften, hg. von M. Fleischhammer, Weimar 1981. ■ Gaborit-Chopin, D. (Hg.), Le trésor de Saint Denis, Ausstellungskatalog, Paris 1991. ■ **Gabrieli, F.,** La zandaqa au 1er siècle 'abbaside, in: L'élaboration de l'Islam. Colloque de Strasbourg, 12–14 juin 1959, hg. Centre d'Études supérieures spécialisés d'Histoire des Religions de Strasbourg, Paris 1961. ■ **Gardet, L.,** Les zanādiqa et le kulām mu'tazilite, in: L'élaboration de l'Islam. Colloque de Strasbourg, 12–14 juin 1959, hg. Centre d'Études supérieures spécialisés d'Histoire des Religions de Strasbourg, Paris 1961, S. 45–49. ■ **Gautier-Dalché, P.,** Note sur la »carte de Théodose II« et sur la »mappemonde de Théodulf d'Orléans«, in: Geographia antiqua, Rivista di geografia antica 3–4, Florenz 1994–95, S. 91–108. ■ **Geerlings, W.,** Zur Frage des Nachwirkens des Manichäismus in der Theologie Augustins, in: Zeitschrift für katholische Theologie 93 1971, 45–60. ■ **Gent, R. H. van,** The portable Universe. Beschreibung zweier Astrolabien, Museum Boerhaave, Leiden 1994. ■ **Gerhardt, M.,** The art of story-telling. A literary study of The Thousand and One Nights, Leiden 1963. ■ **Ghazi, M. F.,** Un groupe social: les »raffinés« (ẓurafā), Studia Islamica 11 1959, S. 39–71. ■ **Ghirshman, R.,** Iran, Parther und Sasaniden, München 1962. ■ **Gibb, H. A. R.** und Landau, J. M., Arabische Literaturgeschichte, Zürich 1968. ■ **Giddens, A.,** Konsequenzen der Moderne, Frankfurt a. M. 1995. ■ **Gignoux, Ph.,** Les quatre inscriptions du mage Kirdīr, Paris 1991. ■ **Gimaret, D.** und Monnot G. (Hg.), Shahrastani, Livre des religions et des sectes, Louvain/Paris 1986. ■ **Ginzel, F. K.,** Handbuch der mathematischen und technischen Chronologie. Das Zeitrechnungswesen der Völker, Bd. III, Leipzig 1914. (zitiert: Ginzel, Zeitrechnungswesen) ■ **Giorgi, J.-M.,** Pour une histoire de la zandaka, Florenz 1989. ■ **Giovio, P.,** Elogia virorum bellica virtute illustrium, Basel 1575. ■ **Glassé, C.,** Crypto-Manicheism in the Abbasid Empire, in: Atti del Terzo Congresso Internazionale di Studi »Manicheismo e Oriente Cristiano Antico«, Arcavata di Rende, 31. August–5. September, Louvain 1997, S. 105–123. ■ **Göckenjan,** H., Post. islamischer Bereich, Lexikon des Mittelalters, Bd. 7, München 1995, Sp. 127–28. ■ **Godarad, A.,** L'origine de la madrasa, de la mosquée et du caravanserail à quatre iwans, Ars Islamica, Bd. 15–16, 1951. ■ **Goitein, S. D. A.,** Mediterranean Society, Vol. I, Berkeley 1967. ■ **Goldziher, I.,** Muhammedanische Studien, 2. Theil, Halle a. S. 1890. ■ **Gorbatschow, M.,** Gorbatschow fühlt sich am Ende, Aachener Nachrichten 1999. ■ **Gorz, A.,** Arbeit zwischen Elend und Utopie, Frankfurt a. M. 1999. ■ **Gotha,** Universitäts-Bibliothek, Codex Gotha 1348, Buch über die Herstellung der Uhr und über deren Benutzung von Riḍwān ibn Muhammed al Churasānī Riḍwān ibn Muhammed ibn 'Alī al Churasānī, Kopie vom 2.7.1554, f 109v–124r. ■ **Grabar, A.,** L'iconoclasme byzantin, Paris 1959. ■ **Grabar, O.,** The Painting of the Six kings at Qusayr 'Amrah, Ars Orientalis 1 1954, S. 185–187. ■ **Grabar, O.,** The World of Islam, London 1959. ■ **Grabar, O.,** The Earliest Islamic Commemorative Structures, Ars Orientalis VI 1966 ■ **Grabar, O.,** The Art and Architecture of Islam. 650–1250, Harmondsworth 1987. ■ **Grassis, P. de,** Diarium, Rom 1884. ■ **Grewe, K.,** Die Römerstraßen zwischen Köln und Trier im Forschungsprojekt Römerstraßen im Rheinland, Archäologisches Korrespondenzblatt 25 1995, S. 217–220. ■ **Großmann, G. U.** (Hg.), Führer durch die Sammlungen, Ausstellungskatalog, Nürnberg 2001. ■ **Guerlain, P.,** The Ironies and Dilemmas of America's Cultural Dominance. a Transcultural Approach, in: American Studies International, Vol. 35.2, 1997. ■ **Guidi, M.,** La lotta tra l'Islam e il Manicheismo, Rom 1927. ■ **Gutas, D.,** Greek Thought, Arabic Culture. the Graeco-Arabic translation movement in Baghdad and early 'Abbāsid society, 2nd–4th/8th–10th c., London 1998. ■ **Haarmann, U.** (Hg.), Geschichte der arabischen Welt, 3. erweiterte Aufl., München 1994. ■ **Habermas, J.,** Die Einbeziehung des Anderen. Studien zur politischen Theorie, Frankfurt a. M. 1998. ■ **Habermas, J.,** Die postnationale Konstellation, Politische Essays, Frankfurt a. M 1998. ■ **Hagen, J.,** Römerstraßen der Rheinprovinz, Bonn 1931. ■ **Hamilton, R. W.,** Khirbat al-Mafjar, A Mansion in the Jordan Valley, 1959. ■ **Hamori, A.,** On the Art of Medieval Arabic Literature, Princeton 1974. ■ **Harenberg,** Schlüsseldaten Astronomie, Paturi, F. R. (Hg.), Harenberg Lexikon Verlag, Dortmund 1996. ■ **Harper, O.,** Silver Vessels of the Sassanian Period, New York 1981. ■ **Hattstein, M.** (Hg.), Islam. Kunst und Architektur, Köln 2000. ■ **Heimann, H.-D.,** Verkehrswege und Reisen im frühen Mittelalter, in: 799. Kunst und Kultur der Karolingerzeit, Karl der Große und Papst Leo III. in Paderborn,

Beiträge zum Katalog der Ausstellung Paderborn 1999, hg. von Ch. Stiegemann und M. Wemhoff, Mainz 1999, S. 417–423. ■ **Heine, P.,** Weinstudien. Untersuchungen zu Anbau, Produktion und Konsum des Weins im arabisch-islamischen Mittelalter, Wiesbaden 1982. ■ **Heinrichs, W.,** Muslim b. al-Walīd und badīʿ, in: Festschrift Ewald Wagner zum 65. Geburtstag, hg. von W. Heinrichs und G. Schoeler, Beirut 1994, S. 211–245. ■ **Heinz, W.,** Reisewege der Antike. Unterwegs im römischen Reich, Darmstadt 2003. ■ **Hell, J.,** Al-ʿAbbās Ibn al-Aḥnaf, der Minnesänger am Hofe Hārūn ar-Rašīds, Islamica 2 1926, S. 271–307. ■ **Hengstbach, F.,** Globalisierung aus wirtschaftsethischer Sicht, Aus Politik und Zeitgeschichte, Beilage zur Wochenzeitung Das Parlament B 21/97 1997, S. 3–12. ■ **Herder, J. G.,** Ideen zur Philosophie der Geschichte der Menschheit, Dritter Theil 1784, in Sämmtliche Werke, Bd. XIV, Berlin 1909. ■ **Herder, J. G.,** Zerstreute Blätter 2 (1786), in: Sämtliche Werke, Bd. XV, Berlin 1888. ■ **Herzfeld, E.** und Hourani, A. H., Geschichte der Stadt Samarra, Hamburg 1948. ■ **Herzfeld, E.** und Sarre, F., Archäologishe Reise im Euphrat und Tigris-Gebiet, 4 Bde., Berlin 1911–20. ■ **Herzfeld, E.,** Der Wandschmuck der Bauten von Samarra und seine Ornamentik, Forschungen zur Islamischen Kunst II, Die Ausgrabungen von Samarra, Bd. I, Berlin 1923. ■ **Herzfeld, E.,** Geschichte der Stadt Samarra, Hamburg 1948. ■ **Herzog, R.,** Maximen der Verantwortung. Perspektiven der Außenpolitik im 21. Jahrhundert, SZ 1999. ■ **Hilāl aṣ-Ṣābiʾ,** Rusūm dār al-Ḫilāfa, Bagdad 1964. ■ **Hill, D. R.,** The Book of Knowledge of Ingenious Mechanical Devices (Kitab fi ma'rifat al-hiyal al-handasiyya) by Ibn al-Razzaz al-Jazari, Übers. und Anm. von D. R. Hill, Dordrecht/ Boston 1974. ■ **Hill, D. R.,** A Treatise on Machines by Ibn Mu'ādh Abū ʿAbdallah al-Jayyānī, Journal for the History of Arabic Science 1 1976, S. 33–44. (zitiert als Hill 1976a) ■ **Hill, D. R.,** On the Construction of Water Clocks – Kitāb Arshimīdas fi 'amal al-binkamāt, hg. und übersetzt von D. R. Hill, Turner & Devereux Occasional Paper No.4, London 1976. (zitiert als Hill 1976b) ■ **Hill D. R.**, Arabic Mechanical Engineering. Survey of the Historical Sources, in: Arabic Sciences and Philosophy, Vol. 1, Nr. 2, Cambridge 1991. ■ **Hill, D. R.,** The Toledo Water-Clocks of c.1075, in: History of Technology, Bd. 16, London 1994, S. 62–72. ■ **Hillenbrand, R.,** Islamic Art at the Crossroads. East versus West at Mshatta, Essays in Islamic Art and Architecture in Honor of Katharina Otto-Dorn, hg. von A. Daneshvari, Malibu 1981. ■ **Hillenbrand, R.,** Islamic Art and Architecture, London 1999. ■ **Hirschfeld, H.,** New Researches into the Composition and Exegesis of the Qoran, London 1902. ■ **Hirst, P.** and Graham Th., Globalization in Question: The International Economy and the Possibilities of Governance, Cambridge 1996. ■ **Hodges, R.,** Charlemagne's Elephant, History Today 12.01. 2002. ■ **Höffe, O.,** Demokratie im Zeitalter der Globalisierung, München 1999. ■ **Holm, H.-H.** and Sorensen G., Whose World Order? Uneven Globalization and the End of the Cold War, Boulder 1996. ■ **Huntington, S.,** The Clash of Civilizations? in: Foreign Affairs 1993, S. 22–49. ■ **Hutten, U. von,** Epistolae obscororum virorum, Leipzig 1858. ■ **Ibn al Faqāh** A. b. Muhm K., Al-buldān, ed. M. J. de Goeje, Leiden 1855. BGA 5. ■ **Ibn al-Ǧauzī,** Aḥkām an-Nisāʾ, ed. 'Alī b. Muḥammad Yūsuf al-Maḥmadī, Kairo 1988. ■ **Ibn al-Muʿtazz,** Ṭabaqāt aš-šuʿarāʾ, ed. ʿAbdassattār Aḥmad Farrāǧ, Kairo 1976. ■ **Ibn Ḫallikān,** Wafajāt al-aʿjān, hg. von I. ʿAbbās, Beirut 1978. ■ **Ibn Ḥanbal,** Aḥkām an-Nisāʾ, ed. ʿAbd al-Qādir Aḥmad ʿAṭāʾ, Kairo 1980. ■ **Ibn Khordādbeh,** Kitāb al Masālik waʾl Mamālik, Liber viarum et regnorum, hg. von M. J. de Goeje, Bibliotheca Geographicorum Arabica 6, Leiden 1889 (Neudruck 1967, mit französischer Übersetzung). ■ **Irwin, R.,** The Arabian nights. A companion, London 1994. ■ **Irwin, R.,** Islamische Kunst, Köln 1999. ■ **Islamische Kunst.** Verborgene Städte, in: Ausstellung des Museums für Islamische Kunst, Berlin 1986. ■ **Itinera et alia Geographica.** Corpus Christianorum, Series latina 175–176, 2 Bde., Turnhout 1965. ■ **Jackson, A. V. W.,** The Personality of Manī, the Founder of Manicheism, Journal of the American Oriental Society 58 1938, S. 235–240. ■ **Jacobi, R.,** Abbasidische Dichtung, in: Grundriß der Arabischen Philologie, hg. von H. Gätje, Bd. 2, Literaturwissenschaft, Wiesbaden 1987, S. 41–63. ■ **Jacoby, J.,** Die Rādāniyya, Der Islam 47 1971, S. 252–264. ■ **Jacquart, D.,** The influence of Arabic medicine in the medieval West, in: Encyclopedia of the History of Arabic Science, hg. von R. Rashed, London 1996. ■ **Jones, C. W.** (Hg.), Bedae opera de temporibus, The Mediaeval Academy of America, Publication 41, Cambridge 1943. (zitiert: Jones, Beda) ■ **Jones, C. W.** (Hg.), Bedae Opera didascalia, Corpus Christianorum, Series Latina 123 A, B und C, Turnhout 1975, 1977 und 1980. (zitiert: Jones, CC SL, 123 A, B oder C) ■ **Kaiser, R.,** Churrätien im frühen Mittelalter, Basel 1998. ■ **Kant, I.,** Zum ewigen Frieden, firstly published in 1795, Stuttgart 1976. ■ **Kat. Aux confins du Moyen-Age,** Centrum voor Kunst en Cultur Sint Pietersabdij, Gent 1991. ■ **Kat. Circa 1492**. Art in the Age of Exploration, National Gallery of Art, Washington/Yale 1991. ■ **Kat. Die Portugiesen in Indien,** Kunsthistorisches Museum, Wien 1993. ■ **Kat.**

De Bagdad á Ispahan. Manuscrits islamiques de l'Institut d'Etudes orientales, Filiale de Saint Petersburg, Paris 1995. ■ **Kat. Earthly Beauty – Heavenly Art.** Art of Islam, Amsterdam 1999/2000. ■ **Kat. Eredita dell'Islam.** Arte islamica in Italia, Venedig 1993/94. ■ **Kat. Europa und der Orient. 800–1900,** zur Ausstellung des 4. Festivals der Weltkulturen Horizonte '89, Berlin 1989. ■ **Kat. Exotica,** Portugals Entdeckungen im Spiegel fürstlicher Kunst- und Wunderkammern der Renaissance, Kunsthistorisches Museum, Wien 2000. ■ **Kat. Federico II,** Immagine e potere, C. Svevo, Bari 1995, S. 46–48. ■ **Kat. Führer durch die Sammlungen,** Germanisches Nationalmuseum, Nürnberg 2001. ■ **Kat. Glaube und Wissenschaft im Mittelalter,** Kölner Dombibliothek und Erzbischöfliches Diözesanmuseum, Köln 1998. ■ **Kat. Jeronimos 4 séculos de pintura Mosteiro dos Jeronimos,** Lisboa 1992. ■ **Kat. Islamic Art,** The David Collection, Kopenhaben 1990. ■ **Kat. Islamische Keramik,** Hetjens Museum Düsseldorf / Museum für islamische Kunst, Berlin 1973. ■ **Kat. Islamische Kunst** aus privaten Sammlungen in Deutschland, München 2000. ■ **Kat. L'Art du livre arabe,** Bibliothèque Nationale de France, Paris 2001/2002. ■ **Kat. L'Etrange et le Merveilleux en terres d'Islam,** Musée du Louvre, Paris 2001. ■ **Kat. L'Europe gothique XIIe–XIVe siècles,** Musée du Louvre, Paris 1968. ■ **Kat. Le trésor de Saint Denis,** Musée du Louvre, Paris 1991. ■ **Kat. Morgenländische Pracht.** Islamische Kunst aus deutschem Privatbesitz. Museum für Kunst und Gewerbe, Hamburg 1993. ■ **Kat. Museum für Islamische Kunst,** Berlin 1979. ■ **Kat. Orientalische Buchkunst in Gotha** 1997. ■ **Kat. Os descobrimentos portugueses e a Europa do Renascimento XVII,** Exposição de Arte Ciência e Cultura, Casa dos Bicos, Lisboa 1983. ■ **Kat. Piero della Francesca à Rimini,** Sala delle Colonne, Bologna 1984. ■ **Kat. Prag um 1600.** Kunst und Kultur am Hofe Rudolfs II., Essen 1988. ■ **Kat. Schätze aus dem Irak von der Frühzeit bis zum Islam,** Rautenstrauch-Joest-Museum, Köln 1964. ■ **Kat. Science and Technology in Islam,** Science Museum London 1976. ■ **Kat. Sultan, Shah and Great Mughal,** The History and Culture of the Islamic World, National Museum, Kopenhagen 1996. ■ **Kat. Sumer – Assur – Babylon.** Schätze aus dem Irakischen Nationalmuseum Bagdad, Aachen u. a. 1979. ■ **Kat. The Arts of Islam,** Hayward Gallery London, The Arts Council of Great Britain, London 1976. ■ **Kat. The Nasser D. Khalil Collection of Islamic Art,** London 1992 ff. ■ **Kat. Treasures of Islam,** Genua u. Genf 1985. ■ **Keller, H.-U.,** Kosmos Himmelsjahr 1999. Sonne, Mond und Sterne im Jahreslauf, Stuttgart 1989. ■ **Kennedy, P.,** The Wine Song in Classical Arabic Poetry, Oxford 1997. ■ **Kettermann, G.,** Atlas zur Geschichte des Islam, Mit einer Einleitung von A. Theodor Khoury, Darmstadt 2001. ■ **Khadduri, M.** (Übers.), The Islamic Law of Nations. Shaybani's Siyar, Baltimore 1964. ■ **Kilpatrick, H.,** Making the Great Book of Songs, Compilation and the author's craft in Abū l-Faraj al-Isbahānī's Kitāb al-aghānī, London/New York 2003. ■ **King, D. A.,** Culture, Globalization and the World-System. Contemporary Conditions for the Representation of Identity, Houndsmills, London 1993. ■ **King, D. A.,** Astronomie et société musulmane, in: Rashed, Bd. 1, S. 173–215. ■ **Kitāb** al-Aġānī al-kabīr ta'līf Abī 'l-Farağ al-Isbahānī, Bd. 1–16, Dār al-kutub al-miṣrīya 1927–1961, Bd. 17–24, Al-Hai'a al- miṣrīya al-'āmma lit-t-ta'līf wa-n-našr, Kairo 1970–1974. ■ **Kitāb** Arschimīdas fi 'amal al-binkāmāt, Abschriften in: London, BL, Additional Manuscript 23391, New York, Public Library, Spencer Collection. Indo-Persian, Ms 2, Oxford, Bodleian Library, Codex 954, Paris, BNF, Catalogue de G. de Slane, No.2468, p.437. erstmals erwähnt von ibn al-Nadim im ›Kitāb al-Fihrist‹ (987–988). ■ **Kitāb** fī ma'arifat al hiyal al handasīya, Werk über die Kenntnis der geometrischen sinnreichen (mechanischen) Anordnungen. Topkapi Sarayi Müzesi Müdürlüğü, Topkapi Sarayi Kütüphanesi 3472. ■ **Klein, A.,** Islamische Keramik, Baden-Baden 1976. ■ **Klein, W.,** Mani, in: Antes, P. (Hg.), Große Religionsstifter, München 1992, S. 72–90. ■ **Knieps, C.,** Geschichte der Verschleierung der Frau im Islam, Würzburg 1993. ■ **Koenen, L.** und Römer, L., Der Kölner Mani-Kodex. Über das Werden seines Leibes, Opladen 1988. ■ **König-Lein, S.,** Simile ala Natura. Die Darstellung exotischer Tiere in der Florentiner Malerei des Quattrocento, Weimar 1997. ■ **Kosmographie des Aethicus,** hg. von O. Prinz, Monumenta Germaniae historica, Quellen zur Geistesgeschichte 14, München 1993. ■ **Kraus, Th.,** Das Römische Weltreich, Propyläen Kunstgeschichte, Bd. 2, Berlin 1967. ■ **Kremer, A. von,** Kulturgeschichte des Orients unter den Chalifen, Bd. 2, Neudruck der Ausgabe Wien 1875, Aalen 1966. ■ **Kröger, J.,** Sasanidischer Stuckdekor, Mainz 1982. ■ **Küchler, M.,** Schweigen, Schmuck und Schleier, Göttingen 1986. ■ **Kuhoff, W.,** Diokletian und die Epoche der Tetrarchie, Frankfurt a. M. 2001. ■ **Küng, H.,** Global Responsability. In Search of a New World Ethic, New York/London 1991 (arab. Beirut 1998). ■ **Küng, H.,** Yes to a Global Ethic, New York 1996. ■ **Kunitzsch, P.,** Arabische Astronomie im 8. bis 10. Jahrhundert, Science, S. 205–220. ■ **Kunst- und Ausstellungshalle der Bundesrepublik** (Hg.), Hochrenaissance im Vatikan. Kunst und Kultur im Rom der Päpste I, 1503–1534, Bonn 1999. ■ **Kunsthistorisches Museum Wien** (Hg.), Die Portugiesen in Indien. Die Eroberungen Dom João de Castros auf Tapisserien, 1538 – 1548, Ausstellungskatalog, Wien 1993. ■ **Labarte, J.,** Inventaire du mobilier de Charles V, roi de France, Paris 1879. ■ **Labarte, J.,** Six chandeliers d´argent, à maniere d´un oliphant portant un chastel, assis sur une terrasse esmaillée de vert, Inventaire du mobilier de Charles V, roi de France, Paris, 1879, no. 1574. ■ **Lamm, C. J.,** Das Glas von Samarra, Forschungen zur Islamischen Kunst II, Die Ausgrabungen von Samarra, Bd. IV, Berlin 1928. ■ **Lassner J.,** The Topography of Baghdad in the Early Middle Ages, Detroit 1970. (zitiert als Lassner 1970a) ■ **Lassner, J.,** The Caliph´s Personal Domain. The City Plan of Bagdad Re Examined, in: The Islamic City, A Colloquium. (zitiert als Lassner 1970b) ■ **Lassner, J.,** The Shaping of Abbasid Rule, Princeton 1980. ■ **Le Coq, A.** von, Manichaica, Bd. III, Berlin 1922. ■ **Le Strange, G.,** Baghdad during the Abbbasid Caliphate, London 1900. ■ **Lehmann, P.,** Die mittelalterliche Dombibliothek zu Speyer, in: Lehmann P., Erforschung des Mittelalters II, Stuttgart 1959. ■ **Levenson, J. A.** (Hg.), Circa 1492. Art in the Age of Exploration, Ausstellungskatalog, Washington 1991. ■ **Lexikon der Astrologie,** Hg. Becker, U., Freiburg 1997. ■ **Lexikon des Mittelalters,** 9 Bde., Stuttgart/Weimar 1999f. ■ **Lieu, S. N. C.,** Manichaeism in the Later Roman Empire and Medieval China, Leiden/New York/Köln 1992. ■ **Lieu, S. N. C.,** Manicheism in Central Asia and China, Leiden/Boston/Köln 1998. ■ **Lieu, S. N. C.,** Manichaeism in Mesopotamia and the Roman East, Leiden/New York/Köln 19992. ■ **Lilie, R.-J.,** Byzanz, Kaiser und Reich, Köln 1994. ■ **Lindgren, U.,** Alpenübergänge von Bayern nach Italien, München 1986. ■ **Lings, M.** und Safadi, Y. H., The Qur'an, Eine Ausstellung der British Library, World of Islam Festival 1976. ■ **Lüneburg, H.,** Leonardo Pisani Liber Abbaci oder Lesevergnügen eines Mathematikers, Mannheim 1993. ■ **M. Grunnius Corocotta porcellus,** Petronii Satirae et Liber Priapeorum, hg. von Bücheler, Weidmann, Berlin 1871, S. 231–232. ■ **Maalouf, A.,** The Crusades through Arab Eyes, New York 1985. ■ **MacKenzie, D. N.,** Mani's Šabuhragān, in: Bulletin of the School of Oriental and African Studies 42 1979, S. 500–534; 43 1980, S. 288–310. ■ **McKitterick, R. M.** in: H. J. Westra (Hg.), From Athens to Chartres, Neoplatinism and Medieval Thought, Studies in Honour of Edourard Jeauneau, Leiden/New York/Köln 1992, S. 86ff. ■ **Macrobius,** Commentarium in Somnium Scipionis, hg. von J. Willis, Bibliotheca Scriptorum graecorum et romanorum Teubneriana, Leipzig 1970. ■ **Maddison, F.,** Observatoires portatifs. Les instruments arabes à usage pratique, in: Rashed, Bd. 1, S. 139–172. ■ **Magen, Y.,** Batei Knesset Shomronim, Die Synagogen von Shomronim, Qadmoniot 25, Nr. 3–4 (99–100), 1992, S. 82. ■ **Mahdi, M.,** The Thousand and One Nights, Leiden 1995. ■ **Mander, K. van III,** Hillerød, Frederiksborgmuseet, in: Kat. 1648 Krieg und Frieden in Europa, Münster/Osnabrück 1999. ■ **Mango, C.,** Antique Statuary and the Byzantine Beholder, Dumbarton Oaks Papers 17, 1963. ■ **Manik, L.,** Das arabische Tonsystem im Mittelalter, Leiden 1969. ■ **Manitius, M.,** Geschichte der lateinischen Literatur des Mittelalters, München 1911f. ■ **Marche, O. de la,** Mémoires, hg. von H. Beaume und J. D'Arbaumont, Paris 1884. ■ **Markl, D.,** Livro de Horas de D. Manuel, Lissabon 1983. ■ **Marrou, H.-I.,** Saint Augustin et la fin de la culture antique, Paris 19584. ■ **Martianus Capella,** De nuptiis Mercurii et Philologiae, hg. von J. Willis, Bibliotheca Scriptorum graecorum et romanorum Teubneriana, Leipzig 1983. ■ **Masʿudi,** Historical Encyclopaedia. Meadows of Gold and Mines of Gems, 943, übersetzt von Sprenger, A., London 1841. ■ **Masʿūdī,** Murūǧ al-Ḏahab, ed. P. de Courteille and B. de Meynard, Paris 1861–1877. ■ **Matthäus Parisiensis,** Chronica majora, Corpus Christi College Library, Cambridge, ms. 16. ■ **Mazal, O.,** Die Sternenwelt des Mittelalters, Graz 1993. ■ **Mazrui, A. A.,** Globalization, Islam, and the West. Between Homogenization and Hegemonization, American Journal of Islamic Social Sciences 15,5 1998, S. 1–13. ■ **McCormick, M.,** Origins of European Economy, Communications and commerce, AD 300–900, Cambridge 2001. ■ **Meier, A.,** Der politische Auftrag des Islam. Programme und Kritik zwischen Fundamentalismus und Reformen, Originalstimmen aus der islamischen Welt, Wuppertal 1994. ■ **Meinecke, M.,** Die mamlukische Architektur in Ägypten und Syrien. 648/1250 bis 923/ 1517, Anhandlungen des Deutschen Archäologischen Instituts Kairo , Islam R.5, Glückstadt 1992. ■ **Meinecke, M.,** Die Residenz des Harun al Raschid in Raqqa am Euphrat, EOTHEN 1990. ■ **Meinecke, M.,** Rakka, in: Encyclopaedia of Islam, vol. VIII, Leiden 1995, S. 410–414. ■ **Meinecke, M.,** Patterns of Stylistic Changes in Islamic Architecture, New York/London 1996. ■ **Menninger, K.,** Zahlwort und Ziffer. Eine Kulturgeschichte der Zahl, Bd. 2, Göttingen 1958. ■ **Menzel, U.,** Globalisierung versus Fragmentierung, Frankfurt a. M. 1998. ■ **Meyvaert, Paul,** Discovering the Calendar (annalis libellus) attached to Bede's own copy of De temporum ratione, in: Analecta Bollandiana 120 (2002), S. 5–64. ■

Mez, A., Die Renaissance des Islâms, Heidelberg 1922. ■ **Micheau, F.,** The scientific institutions in the medieval Near East, in: Encyclopedia of the History of Arabic Science, hg. von R. Rashed, London 1996. ■ **Michell, G.,** Architekture of the Islamic World, London 1978. ■ **Mikkelsen, G. B.,** Bibliographia Manichaica. Corpus Fontium Manichaeorum, Turnhout 1997. ■ **Miller, K.,** Mappae arabicae, Beihefte auszugsweise hg. von H. Gaube, Wiesbaden 1986. ■ **Miller, K.,** Mappae mundi. Die ältesten Weltkarten, 6 Bde., Stuttgart 1895–1898. ■ **Minc, A.,** Globalisierung – Chance der Zukunft, Wien 1998. ■ **Ministère d' État Affaires Culturelles** (Hg.), L'Europe gothique XIIe–XIVe siècles, Ausstellungskatalog, Paris 1968. ■ **Miquel, A.,** La géographie humaine du monde musulman, Bd. 1, Paris/La Hague 1967. ■ **Mitchell T.,** Colonizing Egypt, Cambridge 1987, S. 169. ■ **Mittelman, J. H.,** Globalization. Critical Reflections, Boulder 1996. ■ **Mochiri, M. I.,** Arab-Sasanian Civil War Coinage. Manichaeans, Yazīdīya and other Khawārj, Louvain/Leiden 1987. ■ **Mohagegh, M.** (Hg.), Al Bīrūnī, Risāla fī fihrist kutub Muhammad ibn Zakarīya' ar-Rāzī, Teheran 1987. ■ **Monneret de Villard, U.,** , Le pitture musulmane al soffitto della Cappella Palatina in Palermo, Rom 1950. ■ **Monnot, H.,** L'écho musulman aux religions d'Iran, in: Islamochristiana III 1977, S. 85–98. (zitiert als Monnot 1977a) ■ **Monnot, H.,** Mâtorīdī et le manichéisme, MIDEO XIII 1977, S. 39–66. (zitiert als Monnot 1977b) ■ **Montesquieu-Fêzensac, B. de** und Gaborit-Chopin, D., in Kat. Le trésor de Saint-Denis, Paris Biblothèque Nationale, Cabinet des Médailles, Paris 1973–1977. ■ **Moreira, R., A** Arguitectura Militar, História da Arte em Portugal, Heft 12–16. ■ **Moreira, R., A** Arquitectura do Renascimento no Sul de Portugal, Diss., Universidade Nova, Biblioteca Nacional de Lisboa, Lissabon o. J. ■ **Morelon, R.,** Panorama général de l'histoire de l'astronomie arabe; L'astronomie arabe orientale entre le VIIIe et le IXe siècle. in: Rashed, Bd. 1, S. 17–69. ■ **Moritz, B.,** Arabic Paleographi, Kairo 1905. ■ **Morony, M.,** Commerce in Early Islamic Iraq. Asien, Afrika, Lateinamerika 20 1993, S. 699–720. ■ **Mostert, R.** und Mostert, M., Using astronomy as an aid to dating manuscripts, The example of the Leiden Aratea planetarium, Quaerendo 20/4, Amsterdam 1990, S. 248–261. (zitiert: Mostert, Leiden Aratea planetarium) ■ **Mottahedeh, R.,** ʿAja'ib in The Thousand and One Nights, in: The Thousand and One Nights in Arabic literature and society, hg. von R. Hovannisian und G. Sabagh, Cambridge 1997, S. 29–39. ■ **Muhammad ibn Tāwīt aṭ-Tamǧī,** aṭ-Ṭarā` iq wa-l-alḥān al-mūsīqīya fī Ifrīqīya wa-l-Andalus, in: Maǧallat al-Abḥāṯ, Bd. 21, Beirut 1968, S. 93–116. ■ **Müller, A.,** Der Islam im Morgen- und Abendland, Bd. 1, Allgemeine Geschichte in Einzeldarstellungen, 2. Hauptabt., 4. Theil, Berlin 1885. ■ **Müller-Wille, M.,** Ribe – Reric – Haithabu. Zur frühen Urbanisierung im südskandinavischen und westslawischem Gebiet, in: Haithabu und die frühe Stadtentwicklung im nördlichen Europa, hg. von K. Brandt; M. Müller-Wille und C. Radtke, Neumünster 2002, S. 321–337. ■ **Münch, R.,** Globale Dynamik, lokale Lebenswelten. Der schwierige Weg in die Weltgesellschaft, Frankfurt a. M. 1998. ■ **Musée du Louvre** (Hg.), Le Danemark ses trésors, son art, Ausstellungskatalog, Paris 1965. ■ **Museum für Islamische Kunst,** Staatliche Museen zu Berlin Preußischer Kulturbesitz, Verlag Philipp von Zabern, Mainz a. R. 2001. ■ **Musil, A.,** Kusejr ʿAmra, Wien 1907. ■ **Muṭṭaharī, M.,** Islam and Iran. A historical study of mutual services, Part 4, The religious scene in pre-Islamic Iran, in: Al-Tawhīd VII 1989, S. 157–171. ■ **Muzzaffar, Ch.,** Dominance and Civilizational Dialogue, in: Inter-Civilizational Dialogue, Islamic Revolution Cultural Documentation Organization, Tehran 1999, S. 1–8. ■ **Nagel, T.,** Rechtleitung und Kalifat, Bonner orientalische Studien Bd. 27/2, Bonn 1975. ■ **Nagel, T.,** Staat und Glaubensgemeinschaft im Islam, Zürich/München 1981. ■ **Nagel, T.,** Das Kalifat der Abbassiden, in: Geschichte der arabischen Welt, hg. von U. Haemann, München 1987. ■ **Nagel, T.,** Timur der Eroberer, München 1993. ■ **Nagel, T.,** Geschichte der islamischen Theologie, München 1994. ■ **Narkiss, B.,** Illuminations from Hebrew Bibles of Leningrad, hg. von Baron D. Gunzburg und V. Stassoff, Jerusalem 1990. ■ **Neubauer, E.,** Musiker am Hof der frühen ʿAbbāsiden, Frankfurt 1965. ■ **Neubauer, E.,** Eine musikalische Soirée am Hof von Hārūn ar-Rashīd, , Heft 1, Bustan/Wien 1969, S. 27–33. ■ **Neubauer, E.,** Der Bau der Laute und ihre Besaitung nach arabischen, persischen und türkischen Quellen des 9. bis 15. Jahrhunderts, Zeitschrift für Geschichte der arabisch-islamischen Wissenschaften 8 1993, S. 279–378. ■ **Neubauer, E.,** Die acht Wege der arabischen Musiklehre und der Oktoechos, Zeitschrift für Geschichte der arabisch-islamischen Wissenschaften 9 1994, S. 373–414. ■ **Neubauer, E.,** Al-Ḫalīl ibn Aḥmad und die Frühgeschichte der arabischen Lehre von den »Tönen und den musikalischen Metren, Zeitschrift für Geschichte der arabisch-islamischen Wissenschaften 10 1995/96, S. 255–323. ■ **Neubauer, E.,** Zur Bedeutung der Begriffe Komponist und Komposition in der Musikgeschichte der islamischen Welt, Zeitschrift für Geschichte der arabisch-islamischen Wissenschaften 11 1997, S. 307–363. ■ **Neuburger, M.,** Die

Medizin bei den Arabern, in: Neuburger, M., Geschichte der Medizin, Bd. 2, 1. Teil, Stuttgart 1911. ■ **Niebuhr, C.,** Entdeckungen im Orient. Reise nach Arabien und anderen Ländern 1761–1767, hg. von Erdmann, first edition 1774–1837, Tübingen/Basel 1973. ■ **Nietzsche, F.,** Unzeitgemässe Betrachtungen III, Schopenhauer als Erzieher I, in: Die Geburt der Tragödie, Kritische Studienausgabe I, München 19882, S. 339. ■ **Northedge, A.,** Samarra, Ausstellungskatalog, Tübingen 1990. ■ **Novák, M.,** Die Orientalische Residenzstadt, Funktion, Entwicklung und Form, in: Wilhelm G. (Hg), 1997, S. 169- 197. ■ **Ohler, N.,** Reisen im Mittelalter, Zürich/München 1986. ■ **Olearius, A.,** Moskowitische und Persische Reise, first and second extended edition 1647 and 1656, Stuttgart 1986. ■ **Olivier de la Marche,** Mémoires, hg. von H. Beaume, Paris 1883. ■ **Olsson, T.,** The Manichaean Background of Eschatology in the Koran, in: Bryder, P. (Hg.), Manichaean Studies, Proceedings of the first international conference on Manichaeism, Lund 1988, S. 273–282. ■ **Oort, J. van;** Wermelinger, O. und Wurst, G. (Hg.), Augustine and Manichaeism in the Latin West, Proceedings of the Fribourg-Utrecht Symposium of the International Association of Manichaean Studies, Leiden/Boston/Köln 2001. ■ **Orsucci, A.,** Orient – Okzident. Nietzsches Versuch einer Loslösung vom europäischen Weltbild, Berlin 1996. ■ **Osman, M. F.,** The Children of Adam. An Islamic Perspective on Pluralism, Georgetown University, Center for Muslim-Christian Understanding, Washington D.C. 1996. ■ **Pachymeres, G.,** Histoire, Paris 1673. ■ **Palazzo dell'Arengo** (Hg.), Sigismondo Pandolfo Malatesta e il suo tempo, Ausstellungskatalog, Vincenza 1970. ■ **Palladius,** De agricultura, hg. von R. H. Rodgers, Bibliotheca Scriptorum graecorum et romanorum Teubneriana, Leipzig 1975. ■ **Papadopoulo, A.,** Islamische Kunst, Freiburg/Basel/Wien 1977. ■ **Paret, R.,** Textbelege zum islamischen Bilderverbot, in: Festschrift Hubert Schrade, Das Werk des Künstlers, Stuttgart 1969, S. 36ff. ■ **Paret, R.,** Das islamische Bilderverbot und die Schia, ZDMG 120 1970, S. 271 ff. ■ **Pauly, L.,** Die Alpen in Frühneuzeit und Mittelalter, München 1980. ■ **Pellat, C.,** al-Rādhāniyya, Encyclopédie de l'Islam, Bd. 8, Paris 1995. ■ **Pellat, C.,** Le Témoignage d'al-Jâhiz sur les Manichéens, in: C. E. Bosworth et al. (Hg.), The Islamic World, Essays in Honor of Bernard Lewis, Princeton 1989, S. 269–279. ■ **Pennell, J. A.,** Globalization, Myth or Reality?, Review Essay, American Journal of Islamic Social Sciences 15,5 1998, S. 108–117. ■ **Penrice, J.,** Dictionnary and Glossary of the Koran 1837, ND 1971. ■ **Petruccioli, A.,** Der islamische Garten, Stuttgart 1995. ■ **Pinder-Wilson, R. H.,** The Illuminations in the Cairo Moshe b. Asher Codex of the Prophets completed in Tiberias in 895 A.D., mit Beiträgen von R. Ettinghausen, in: P. Kahle, Der hebräische Bibeltext seit F. Delitsch, Stuttgart 1961, S. 95–98. ■ **Pinn, I.,** Dialogue of Cultures and the Obstacles of Ethnocentrism, in: Inter-Civilization, Islamic Revolution Cultural Documentation Organization, Tehran 1999, S. 9–18. ■ **Platen, A. von,** Gesammelte Werke II, Stuttgart 1853, S. 5. ■ **Plinius Secundus der Ältere,** Naturalis historiae, libri I–XXXVII, hg. und ins Deutsche übersetzt von R. König, Darmstadt 1973. ■ **Polotsky, H. J.,** Manichäismus, in: RE Suppl. VI, 1935, S. 240–271. ■ **Prawer, J., A** History of the Latin Kingdom of Jerusalem, Bd. 2, Jerusalem 1971. ■ **Prenner, K.,** Der empirische Hintergrund von Licht und Finsternis im Rahmen der Widerlegung der manichäischen Prinzipienlehre durch al-Qâsim, in: B. Scholz (Hg.), Der orientalische Mensch und seine Beziehungen zur Umwelt, Graz 1989, S. 111–122. ■ **Prenner, K.,** Wider die Ewigkeit von Licht und Finsternis. Aspekte zur Widerlegung der manichäischen Prinzipienlehre durch al-Qâsim und an-Nazzâm, in: K. M. Woschitz; M. Hutter und K. Prenner (Hg.), Das manichäische Urdrama des Lichtes. Studien zu koptischen, mitteliranischen und arabischen Texten, Wien 1989, S. 239–304. ■ **Presidência do Conselho de Ministros** (Hg.), Os descobrimentos portugueses e a Europa do Renascimento XVII, Exposição de Arte Ciência e Cultura, Ausstellungskatalog, Lissabon 1983. ■ **Pseudo-al-Ǧāhiz,** Kitāb at-Tāǧ f ahlāq al-mulūk, Kairo 1914, französische Übersetzung von Ch. Pellat, Le livre de la couronne, Paris 1954. ■ **Radke, G.,** Itineraria, in: Der Kleine Pauly, Lexikon der Antike, Bd. 2, München 1975, Sp. 1488–1490. ■ **Rashed, R.** (Hg.), Histoire des Sciences Arabes, Bd. 1, Astronomie, théorique et appliquée, Bd. 2, Mathématiques et physique, Ed. du Seuil, Paris 1997. ■ **Rau, R.** (Hg.), Annales regni francorum, in: Derselbe, Quellen zur karolingischen Reichsgeschichte I, ausgewählte Quellen zur Geschichte des Mittelalters, Darmstadt 1955. (zitiert: Rau, Reichsannalen) ■ **Rauch, A.,** Quellen zur Geschichte der Diözese Eichstätt I. Biographien der Gründerzeit. Texte, Übersetzung und Erläuterung, Eichstätt 1962. ■ **Reitemeyer, E.,** Die Städtegründungen der Araber im Islam, Heidelberg 1912. ■ **Rescher, O.,** Der Dīwān des Abū 'l-ʿatāhija, Teil 1, Stuttgart 1928. ■ **Richter, E.,** Der Zerfall der Welteinheit. Vernunft und Globalisierung in der Moderne, Frankfurt a. M/New York 1992. ■ **Ringel, I. H.,** Die Bündner Pässe Julier und Septimer von der Antike bis ins Mittelalter, in: Auf den Römerstraßen ins Mittelalter, hg. von F. Burgard und A. Haverkamp, Mainz

1997, S. 211–295. ■ **Rogers, M.,** The Spread of Islam, 1976. ■ **Rose, V.,** Anecdota Graeca et Graecolatina. Mitteilungen aus Handschriften zur Geschichte der griechischen Wissenschaft von Dr. V. Rose, Heft II, Berlin 1870. ■ **Rosenborg, S.,** in: Kat. Le Danemark ses tresors son Art, Paris 1965. ■ **Rosenthal, F.,** Das Fortleben der Antike im Islam, Zürich 1965. ■ **Rotter, G.** (Hg.), Und der Kalif beschenkte ihn reichlich. Auszug aus dem »Buch der Lieder«, Tübingen/Basel 1976. ■ **Rotter, G.** (Hg.), Vernunft ist nichts als Narretei. Die Māqamen, Stuttgart 1982. ■ **Rückert, F.,** Hamasa oder die ältesten arabischen Volkslieder, Bd. 2, 10. Buch Wiesbaden 1969. ■ **Rückert, F.,** Werke, hg von C. Beyer, 6 Bde., Leipzig o. J. ■ **Runciman, S.,** The Medieval Manichee. A Study of the Christian Dualist Heresy, Cambridge 1955. ■ **Runciman, S.,** A History of the Crusades, Bd. 3, Harmondsworth 1985. ■ **Runciman, S.,** Häresie und Christentum. Der mittelalterliche Manichäismus, Cambridge 1947, Übers. H. Jatho, München 1988. ■ **Sack, D.,** Damaskus, Entwicklung und Struktur einer orientalisch-islamischen Stadt, Mainz 1989. ■ **Said, E.,** Orientalism, New York 1979. ■ **Saidan, A. S.,** Numération et arithmétique, in Rashed, Bd. 2, S. 11–29. ■ **Salameh, K.,** The Qur'an Manuscripts in the Al-Haram Al-Sharif Islamic Museum, Jerusalem 2001. ■ **Saltzwedel, J.,** Weltbürger in der Drehtür, Der Spiegel 1999. ■ **Sāmī ad-Dahhān,** Šarḥ Dīwān Ṣarīʿ al-Ġawānī Muslim ibn al-Walīd, Kairo 1970. ■ **Santos, R. dos,** A Torreão da Ribeira, Coimbra, 1922. ■ **Sanudo, M.,** Diarii, Venedig 1879. ■ **Sarre, F.,** Archäologische Reise im Euphrat und Tigris-Gebiet, 4 Bde., Berlin 1911–20. ■ **Sarre, F.,** Die Keramik von Samarra, Forschungen zur Islamischen Kunst II, Die Ausgrabungen von Samarra, Bd. II, Berlin 1925. ■ **Sauvaget, J.,** Relation de la Chine et de l'Inde, Paris 1948. ■ **Schaeder, H.,** Der Mensch in Orient und Okzident. Grundzüge einer eurasiatischen Geschichte, München 1960. ■ **Schariati, A.,** Zivilisation und Modernismus, hg. von der Botschaft der Islamischen Republik Iran, Islamische Renaissance Nr. 1, Bonn 1981. ■ **Schimmel, A.,** Mystische Dimensionen des Islam. Die Geschichte des Sufismus, Köln 1985. ■ **Schlegel, F.,** Vorlesungen über die universelle Geschichte (1805–1806), Kritische Friedrich-Schlegel-Ausgabe, Bd. XIV, Paderborn 1960, S. 168. ■ **Schlegel, F.,** Gespräch über die Poesie, in: Kritische Friedrich-Schlegel-Ausgabe, Bd. II, Paderborn 1967, S. 32. ■ **Schlosser, W.** und Cierny, J., Sterne und Steine, Darmstadt 1996. ■ **Schlumberger, D.** und Sourdel-Thomine, J., Lashkari Bazar. Une résidence royale ghaznévide et ghoride, Mémoires de la Délégation Archéologique Francaise en Afghanistan Tome XVIII, Paris 1978. ■ **Schlumberger, D.,** Les Fouilles de Qasr El-Heir El-Gharbi (1936–1938), Syria XX 1939. ■ **Schlumberger, D.,** Qasr El-Heir El Gharbi, Institut Francais D'Archéologie du Proche -Orient Beyrouth-Damas-Amman, Bibliothèque Archéologique et Historique T. CXX, Paris 1986. ■ **Schmidt, W.,** Herons von Alexandria Druckwerke und Automatentheater, griechisch und deutsch, hg. von W. Schmidt, Volumen I, Leipzig 1899. ■ **Schnetz, J. von** (Hg.), Itineraria Romana II. Ravennatis Anonimi Cosmographia et Guidonis geographica, Leipzig 1940 (Neudruck 1990). ■ **Schoeler, G.,** Bashshār b. Burd, Abū 'l-ʿAtāhiyah and Abū Nuwās, in: The Cambridge History of Arabic Literature, ʿAbbasid Belles-Lettres, Cambridge 1990, S. 275–299. ■ **Schreiner, P.,** Byzanz, Oldenbourg-Grundriß der Geschichte, hg. J. Bleicken, Bd. 22, München 1986. ■ **Schulze, R.,** Männerbilder und Männertypen in den Erzählungen aus Tausendundeiner Nacht, Saeculum 39 1988, S. 340–349. ■ **Seipel, W.** (Hg.), Exotica. Portugals Entdeckungen im Spiegel fürstlicher Kunst- und Wunderkammern der Rennaissance, Ausstellungskatalog, Kunsthistorisches Museum, Wien 2000. ■ **Sennett, R.,** Der flexible Mensch. Die Kultur des neuen Kapitalismus, Berlin 1998. ■ **Serjeant, R. B.,** Mihrab, Bulletin of the School of Oriental and African Studies XXII. 1959. ■ **Seston, W.,** Beitrag zu ʿAmr und dem Großkönig Narses, in: Mélanges syriens offerts à René Dussaud, Paris 1939, S. 227–234. ■ **Seston, W.,** De l'authenticité et de la date de l'édit de Dioclétien contre les Manichéens, in: Mélanges A. Ernout, Paris 1940, S. 345–354. ■ **Sevilla, I. von,** De natura rerum, hg. und ins Französische übersetzt von J. Fontaine, Isidore de Seville, Traité de la nature, Bibliothèque de l'école des hautes études hispanique 28, Bordeaux 1960. ■ **Sezgin, F.,** Geschichte des arabischen Schrifttums, Bd. II, Poesie bis ca. 430 H, Leiden 1975. ■ **Sezgin, F.,** Geschichte des arabischen Schrifttums, Band VI, Leiden 1978. ■ **Sezgin, F.,** Der Kalif al-Maʾmūn und sein Beitrag zur Weltkarte. Arabischer Ursprung europäischer Karten, in: Forschung Frankfurt 18/4 2000, S. 22–31. (zitiert als Sezgin 2000a) ■ **Sezgin, F.,** Mathematische Geographie und Kartographie im Islam und ihr Fortleben im Abendland, 3 Bde., Geschichte des arabischen Schrifttums 10–12, Frankfurt 2000. (zitiert als Sezgin 2000b) ■ **Sezgin, F.,** Geschichte des arabischen Schrifttums, Bd. 6, Astronomie, o.O., o.J. ■ **Sh. Sami,** qamus-i turki, Istanbul 1315 (1890). ■ **Shahid, I.,** Byzantium and the Arabs in the Sixth Century, Vol. 2,1, Washington 2002. ■ **Shaked, S.,** From Iran to Islam, in: JSAI IV 1984, S. 31–67. ■ **Shalem, A.,** Islam Christianized. Islamic portable objects in the medieval church treasuries of the

Latin West, Frankfurt 1996. ■ **Shibâboddīn Yaya Sohravardī,** Le Livre de la sagesse orientale – kitâb hikmat al-Ishrâq, trad. par Henry Corbin, Paris 1986. ■ **Sims, E.,** Peerless Images, Persian Painting and its Sources, New Haven/London 2002. ■ **Šiʿr Manṣūr an-Namarī,** ed. aṭ-Ṭaiyib al-ʿaššāš, Damaskus 1981. ■ **Soden, W.,** Das Gilgamesch-Epos, Stuttgart 1988. ■ **Sourdel, D.,** Barīd, in: Encyclopédie de l'Islam, Bd. 1, Paris 1960, S. 1077–1078. ■ **Sourdel, D.,** Le vizirat abbaside de 746 à 936, Damaskus 1960. ■ **Sousa Viterbo, F. M. de,** Diccionário histórico e documental dos architectos, engenheiros e constructores portugueses, ou a serviço de Portugal, 1904. ■ **Sprenger, A.,** Die Post- und Reiserouten des Orients, Leipzig 1864. ■ **Springberg-Hinsen, M.,** Die Hil'a. Studien zur Geschichte des geschenkten Gewandes im islamischen Kulturkreis, MISK, Bd. 7, Würzburg 2000. ■ **Springsfeld, K.,** Alkuins Einfluß auf die Komputistik zur Zeit Karls des Großen, Sudhoffs Archiv, Beiheft 48, Stuttgart 2002. ■ **Stern, S. M.,** The Islamic City. A Colloquium, Oxford/Pennsylvania 1970. ■ **Stevens, W.,** The figure of the earth in Isidore's De natura rerum, Isis. An International Review Devoted to the History of Science and its Cultural Influences 71 1980, S. 268–277. ■ **Stevens, W.,** Bede's Scientific Achievement, Jarrow Lecture 1985, Newcastle u. T. 1985. ■ **Stevens, W.,** Astronomy in Carolingian Schools, in: Karl der Große und sein Nachwirken. 1200 Jahre Kultur und Wissenschaft in Europa, Bd. 1 und 2, Turnhout 1997, S. 417–487. ■ **Strohmair, G.,** Al-Bīrūnī. In den Gärten der Wissenschaft. Ausgewählte Texte aus den Werken des muslimischen Universalgelehrten, Leipzig 1991[2]. ■ **Strohmaier, G.,** Die Rezeption und die Vermittlung. die Medizin in der byzantinischen und in der arabischen Welt, in: Die Geschichte des medizinischen Denkens, Antike und Mittelalter, hg. von M. D. Grmek, München 1996. ■ **Strohmair, G.,** Die harrânischen Sabier Ibn an-Nadīm und al-Bīrūnī, in: Ibn an-Nadīm und die mittelalterliche arabische Literatur, Beiträge zum 1. Johann-Wilhelm-Fück-Kolloquium ■ **Strohmair, G.,** Al-Bīrūnī (973–1048) über Mani und die Manichäer, in: R. E. Emmerick (Hg.), Studia Manichaica IV, Berlin 2000, S. 591–600. ■ **Stroumsa, G. G.,** Seal of the Prophets, the nature of Manichaean metaphor, in: JSAI VII 1986, S. 61–74. ■ **Strube, Ch.,** Die Toten Städte. Stadt und Land in Nordsyrien während der Spätantike, Mainz 1996. ■ **Sundermann, W.,** Probleme der Interpretation manichäisch-soghdischer Briefe, in: J. Harmatta (Hg.), From Hectaeus to al-Huwârizmī, Budapest 1984, S. 289–316. ■ **Tabarī,** 915, Tārik al-rusūl wa'l-mulūk, Leyden 1879–1901. ■ **Tabula Peutingeriana –** Codex Vindobonensis 324, Graz 1976. ■ **Tagebuch eines Mekkapilgers. Ibn Dschubair,** Aus dem Arabischen übertragen und bearbeitet von R. Günther, Stuttgart 1985. ■ **Talbi, M.,** L'émirat aghlabide 184–296, 800–909, Histoire politique, Publication de la Faculté des Lettres Tunis, Paris 1966. ■ **Tanabe, K.,** Sculptures of Palmyra I, Tolya 1980. ■ **Tardieu, M.,** L'arrivée des manichéens à al-Hīra, in: P. Canivet, J.-P. Rey-Coquais (Hg.), La Syrie de Byzance à l'Islam, Damaskus 1992. ■ **Tardieu, M.,** L'Arabie du nord-est d'après les documents manichéens, in: Stud. Ir. XXIII 1994, S. 59–75. ■ **The Encyclopaedia of Arabic Literature,** hg. von J. S. Meisami und P. Starkey, Bd. 1,2, London/New York 1998. ■ **The Encyclopaedia of Islam,** New Edition, 11 Bde., Leiden u. a. 1960–2002. ■ **Theodulf von Orléans,** Carmina, hg. von E. Dümmler, MGH Poetae aevi karolini I, Berlin 1881. ■ **Theophanes Confessor,** Theophanis Chronographia, hg. von C. de Boor, Leipzig 1883–1885. ■ **Tibbets, G. R.,** The Beginning of a Cartographic Tradition, in: The History of Cartography II, hg. von J. B. Harley and D. Woodwand, Chicago/London 1992, S. 90–107. ■ **Tobler, T.,** Descriptiones terrae sanctae ex saeculo VII, IX, XII et XV, Leipzig 1874. (Französische Übersetzung in: Croisades et pèlerinages, hg. von D. Régnier-Bohler, Paris 1997, S. 916–927.) ■ **Tongerloo, A. van** und Giversen, S. (Hg.), Manichaica Selecta,. Festschrift Julien Ries, Louvain 1991. ■ **Tongerloo, A. van** und Oort, J. van (Hg.), Manichaean Studies II, Louvain 1995. ■ **Touati, H.,** Islam et voyage au Moyen Age, Paris 2000. ■ **Trümpelmann, L.,** Die Skulpturen von Mschatta, Archäologischer Anzeiger 1965, S. 235–275. ■ **Tuckerman, B.,** Planetary, Lunar and Solar Positions, Bd. 2, A.D. 2 to A.D. 1649 to Five-day and Ten-day Intervals, Memoirs of the American Society 59, Philadelphia 1964. ■ **Ullmann, M.,** Die Medizin im Islam, Handbuch der Orientalistik, 1. Abtlg., Ergänzungsbd. VI,1, Leiden/Köln 1970. ■ **Ullmann, M.,** Islamic medicine, Islamic Surveys 11, Edinburgh 1978. ■ **Vaissière, E. de la,** Histoire des marchands sogdiens, Paris 2002. ■ **Vajda, G.,** Les zindīqs en pays d'Islam au début de la période abbaside, in: RSO, rivista degli Studi Orientali 17 1938, S. 173–229. ■ **Valeriano, P.,** Hieroglyphica, Basel 1556. ■ **Vergote, J. A. L.,** Het Manicheisme in Egypte, in: Ders., Jaarbericht van het Vooraziatisch-Egyptische Genootschap, »Ex oriente lux« 9 1944, S. 77–83. ■ **Verhulst, A.,** Der Handel im Merowingerreich. Gesamtdarstellung nach schriftlichen Quellen mit einem Quellenanhang, zusammengestellt von W. Blockmans, in: Early Medieval Studies 2, Stockholm 1970, S. 2–54. ■ **Vidier, A.,** La mappemonde de Théodulfe et la mappemonde de Ripoll, Comité des travaux historiques et scientifiques, Bulletin de géographie historique 26 1911, S. 285–313. ■ **Villuendas, M. V.,** A further note on a mechanical treatise contained in Codex Medicea-Laurenziana OR 152, Journal for the History of Arabic Science 2,2 1978, S. 395–396. ■ **Viollet, H.,** Description du palais de Al-Montasim, fils d'Harun-al-Raschid, à Samarra, et de quelques monuments arabes peu connus de la Mesopatamie, 1909. ■ **Vitruvius,** De architectura, liber IX, 8, hg. von C. Fensterbusch, Darmstadt 1976. ■ **Vogel, K.,** M. I. M. AlChwarizmi's Algorismus, Faksimile-Ausgabe mit Transkription und Kommentar, Aalen 1963. ■ **Vorbrüggen, J. F.,** L'armée et la strategie de Charlemagne, in: Karl der Große – Lebenswerk und Nachleben, hg. von W. Braunfels, 5 Bde., Düsseldorf 1965–68. ■ **Wagner, E.,** Abū Nuwās. Eine Studie zur arabischen Literatur der frühen ʿAbbāsidenzeit, Wiesbaden 1965. ■ **Wagner, E.,** Grundzüge der klassischen arabischen Dichtung, 2 Bde., Darmstadt 1987–1988. ■ **Wallis, F.,** The reckoning of time, Bede, Translation with introduction, notes and commentary, Translated texts for historians 29, Liverpool 1999. ■ **Walther, W.,** Die Frau im Islam, Leipzig/Stuttgart/Berlin 1980–1983. ■ **Walther, W.,** Das Bild der Frau in Tausendundeiner Nacht, Hallesche Beiträge zur Orientwissenschaft 4 1982, S. 69–92. ■ **Walther, W.,** Tausendundeine Nacht. Eine Einführung, Artemis Einführungen, München/Zürich 1987. ■ **Walther, W.,** Die Frau im Islam, in: Antes, P. u. a., Islam. Religion – Ethik – Politik, Stuttgart/Berlin u. a. 1991, S. 98–124. ■ **Walther, W.,** Die Frau im Islam heute, in: Der Islam in der Gegenwart, hg. von W. Ende und U. Steinbach, 4. neubearbeitete Auflage, München 1996, S. 604–629. ■ **Walther, W.,** Die Frau im Islam, 3. neubearbeitete Auflage, Leipzig 1997. ■ **Walther, W.,** Eure List ist sehr groß! Über weibliche List, Klugheit und Weisheit im Islam, in: Ein Hauch der Kraft Gottes. Weibliche Weisheit in den Weltreligionen, hg. von S. H. Lee-Linke, Frankfurt a. M. 1999, S. 73–92. ■ **Walther, W.,** Die Stellung der Frau im Islam, in: Islam in Deutschland, hg. von der Landeszentrale für Politische Bildung Baden-Württemberg, Der Bürger im Staat 51 2001, S. 212–220. ■ **Waszink, J. H.** (Hg.), Timaeos a Calcidio translatus commentarioque instructus, London/Leiden 1972. ■ **Waters, M.,** Globalization, London/ Routledge 1995. ■ **Watt, W. M.,** Companion to the Qur'ân, London 1967. ■ **Webb, G.** (Hg.), Windows of Faith, Syracuse 2000. ■ **Weitzmann, K.,** Age of Spirituality. Late Antique and Early Christian Art, Third to Seventh Century, New York 1979. ■ **Weitzmann, K.,** Studies in the arts at Sinai, Princeton 1982. ■ **Werner, K. F.,** Bedeutende Adelsfamilien im Reich Karls des Großen, in: Karl der Große – Lebenswerk und Nachleben, hg. v. W. Braunfels, 5 Bde., Düsseldorf 1965–68, Bd. 1. ■ **Wetzel, H.,** Vier Dollar täglich, UN-Studie: Marktwirtschaft hat Menschen im Osten ins Elend gestürzt, FAZ 1999. ■ **Whelan, E.,** Writing the Word of God. Some Early Qur'an Manuscripts and their Milieux, Part I, Ars Orientalis 20 1990, S. 120–124. ■ **Widengren, G.,** Mani und der Manichäismus, Stuttgart 1961. ■ **Widengren, G.,** Der Manichäismus, Wege der Forschung CLXVIII, Darmstadt 1977. ■ **Wiedemann, E.** und Hauser, F., Über die Uhren im Bereich der islamischen Kultur, in: Nova Acta, Abhandlungen der Kaiserlich Leopoldinisch-Carolinischen Deutschen Akademie der Naturforscher, Band C, Nr. 5, Halle/Leipzig 1915, S. 165–266. ■ **Wiedemann, E.** und Hauser, F., Uhr des Archimedes und zwei andere Vorrichtungen, Nova Acta, Abhandlungen der Kaiserlich Leopoldinisch-Carolinischen Deutschen Akademie der Naturforscher, Bd. CIII, Nr. 2, Halle/Leipzig 1918, S. 164–202. ■ **Wiedemann, E.** und Hauser, F., Über die Uhren im Bereich der islamischen Kultur, engl. Übersetzung von Hill D. R., The Book of Knowledge of Ingenious Mechanical Devices, Kitab fi ma'rifat al-hiyal al-handasiyya, by Ibn al-Razzaz al-Jazari, Translated and annotated by D. R. Hill, Chartered Engineer, B. Sc., M. Litt., Ph. D., Dordrecht/Boston 1974, S.42–164. ■ **Wiesenbach, J.,** Pacificus von Verona als Erfinder einer Sternenuhr, Science, S. 229–250. ■ **Wießner, G.** und Klimkeit H.-J. (Hg.), Studia Manichaica, II, Internationaler Kongreß zum Manichäismus, 6.–10. August 1989, St. Augustin/Bonn, Wiesbaden 1992. ■ **Wilhelm, G.,** Die Orientalische Stadt. Kontinuität, Wandel, Bruch, Saarbrücken 1997. ■ **Windgren, G.,** Die Religionen Irans, Stuttgart 1965. ■ **Winkler-Horacek, L.,** Dionysos i Qusayr ʿAmra – Ein hellenistisches Bildmotiv im Frühislam, Damaszener Mitteilungen 10, 1998, S. 26–289. ■ **Wirth, P.,** Grundzüge der byzantinischen Geschichte, Darmstadt 1976. ■ **Wittstein, A.,** Ueber die Wasseruhr und das Astrolabium des Arzachel, in: Zeitschrift für Mathematik und Physik – Historisch-literarische Abtheilung 39, Leipzig 1894, S. 41–94. ■ **Wright, J. W. Jr.** und Rowson, E. K. (Hg.), Homoeroticism in Classical Arabic Literature, New York 1997. ■ **Wright, O.,** Music and Verse, in: Arabic Literature to the End of the Umayyad Period, hg. von A. F. L. Beeston u. a., Cambridge u. a. 1983. ■ **Yāʿqūt,** 1225 Yāqūt al Rūmī. Muʿjam al-Budān. hg. von F. Wüstenfeld, Leipzig 1866–73, 6 vols. ■ **Ye'or, B.,** Der Niedergang des orientalischen Christentums unter dem Islam, Gräfelfing 2002. ■

BIBLIOGRAPHIE JERUSALEM

■ **Abu Maʿali,** Fada'il Bayt al-Maqdis wa'l-Khalil wa Fada'il al-Sham, Einführung und hg. von O. Livne-Kafri, n.p. 1995, S. 89. ■ **Agobard von Lyon,** Briefe, ed. E. Dümmler, MHG, Epistolae karoli Aevi, Bd. III, Berlin 1899. ■ **Al-Asad, K.;** Stepniowski, L. und Franciszek M., The Umayyad Suq in Palmyra, in: Damaszener Mitteilungen 4 1989, S. 205–223. ■ **Albert d'Aix,** Recueil des Historiens des Croisades. Historiens Occidentaux, Bd. III, S. 520–521. ■ **Al-Bukhari,** Sahih, Buch 2, n. 39; Ibn Ishaq, Muhammad, übers. von ʿAbdurrahman Badawi, Bd. 1, Beirut 2001, S. 455–456. ■ **Al-H. al-Sayeh A.,** La Position de Jérusalem dans l'Islam, übers. von I. El-Mouelhy und hg. von A. Rachad, Kairo 1968, S. 5. ■ **Al-Hamadhani,** Abrégé du Livre des Pays, übers. von H. Massé, Damaskus 1973, S. 115. ■ **Al-Maqdisi** (d. 643/1245), Fada'il Bayt al-Maqdis, hg. von M. M. al-Hafiz, Damaskus 1405/1985. ■ **Al-Nawawi,** Riyad al-Salihin. Le Jardin des Saints Serviteur, übers. von F. Chaaban, Bd. 2, Beirut n.d, S. 186. ■ **Al-Rabʿi,** Fada'il al-Sham wa Dimashq, hg. von S. al-D. al-Munajjid, Damaskus 1950, S. 28–29. ■ **Al-Sayeh,** A. al-H., La Position de Jérusalem dans l'Islam, übers. von I. El-Mouelhy, hg. von A. Rachad, Kairo 1968. ■ **Al-Tabarī,** Chronique de Tabarī. Histoire des Envoyés de Dieu et des Rois, übers. von M.H. Zotenberg, hg. von Mohamad Hamadé, Paris 2002, S. 526. ■ **Al-Yaʿqubi,** Kitab al-Buldan, hg. von M. A. ḥannawi, Beirut, 2002, S. 166. ■ **Amico, F. B.,** Trattato delle Piante et Imagini die Sacri Edifici di Terra Santa, Rom 1619. Nachdruck und englische Übersetzung von Fra Theophilus Bellorini OFM, Franciscan Press, Jerusalem 1973. ■ **Angel R.,** Les Juifs de France, Paris 1946, S. 101. ■ **Annales regni Francorum,** qui dicuntur Annales Laurissenses maiores et Einhardi, MGH SS rer. Germ. 6., ed. F. Kurze, Hannover 1895. ■ **Aronius J.,** Regesten zur Geschichte der Juden im fränkischen und deutschen Reiche bis zum Jahre 1273, Berlin 1887. ■ **Aronius J.,** Karl der Große und Kalonymos aus Lucca, Zeitschrift für die Geschichte der Juden in Deutschland II 1888, S. 82–87. ■ **Aymeri de Narbonne,** hg. L. Demaison, Société des Anciens Textes Francais, 1887, Bd. II, S. 690 ff. ■ **Baeumer, M. L.** (Hg.), Toposforschung, Darmstadt 1973. ■ **Bahat, D.** und Rubinstein, Ch. T., The Illustrated Atlas of Jerusalem, Jerusalem 1990. ■ **Baron, S. W.,** A Social and religious History of the Jews, Bd. IV, Philadelphia 1957[2], S. 44–53. ■ **Baumstark, A.,** Die modestianischen und konstantinischen Bauten am Heiligen Grabe zu Jerusalem, Paderborn 1915. ■ **Bédier, J.,** Les Légendes épiques, Bd. I, Paris 1926[3], S. 9ff. ■ **Belperron, P.,** La Croisade contre les Albigeois, Paris, 1945, S. 382 ff. ■ **Ben Arieh,** Jerusalem in the 19th Century. Emergence of the New City, New York 1986. ■ **ben David, A.,** Buch der Überlieferung (um 1160), hg. von A. Neubauer, Medieval Jewish Chronicles, Bd. I, Oxford 1887, S 71–72. ■ **Ben Gurion,** The Revolt, New York 1951. ■ **Bendavid, L.,** Ueber den Glauben der Juden an einen künftigen Messias. Nach Maimonides und den Kabbalisten, Zeitschrift für die Wissenschaft des Judenthums, Bd. 1, H. 1, Berlin 1823. ■ **Benjamin, W.,** Über den Begriff der Geschichte. Anmerkungen, in: Gesammelte Schriften, Bd. I.3, Frankfurt a.M. 1974. ■ **Biale, D.,** Kommt der Erlöser? Kommt die Erlösung? Zum Verhältnis von Messianismus und Orthodoxie, in: Jüdische Lebenswelten. Essays, hg. von A. Nachama, J. H. Schoeps und E. van Voolen, Frankfurt a.M. 1992. ■ **Biddle, M.,** Das Grab Christi. Neutestamentliche Quellen, historische und archäologische Forschungen, überraschende Erkenntnisse, Biblische Archäologie und Zeitgeschichte 5, Giessen 1998. ■ **Bieberstein, K.** und Bloedhorn, H., Jerusalem. Grundzüge der Baugeschichte vom Chalkolithikum bis zur Frühzeit der osmanischen Herrschaft, Beihefte zum Tübinger Atlas des Vorderen Orients, Reihe B, 100, 3 Bde. Wiesbaden 1994. ■ **Bieberstein, K.,** Der Gesandtenaustausch zwischen Karl dem Großen und Harun-ar-Raschid und seine Bedeutung für die Kirchen Jerusalems, in: Zeitschrift des Deutschen Palästinavereins 109 1993, S. 152–173. ■ **Bieberstein, K.,** Sancta Maria latina. Ein Erbe, das verpflichtet, in: Dem Erlöser der Welt zur Ehre. Festschrift zum hundertjährigen Jubiläum der Erlöserkirche in Jerusalem, hg. von Karl-Heinz Ronecker; Leipzig 1998, S. 17–36. ■ **Blaauw, S. de,** Met het oog op het licht. Een vergeten principe in de orientie van het vroegchristelijk kerkgebouw, Nijmegen 2000. ■ **Brenk, B.,** Der Kultort, seine Zugänglichkeit und seine Besucher, in: Akten des XII. Internationalen Kongresses für Christliche Archäologie, Bonn 1991, Jahrbuch für Antike und Christentum, Erg.bd. 20, Bd. 1, Münster 1995, S. 69–122. ■ **Briefe von Hrabanus Maurus an Ludwig den Frommen,** MGH Epistolae Karoli Aevi, V. ■ **Buckler, F. W.,** Harunu'l Rashid and Charlemagne, Cambridge/Mass 1931. ■ **Busse, H.** und Kretschmar, G. (Hg.), Jerusalemer Heiligtumstraditionen in altkirchlicher und frühislamischer Zeit, Wiesbaden 1987. ■ **Busse, H.,** Die arabischen Inschriften im und am Felsendom in Jerusalem, in: Das Heilige Land 109 1977, S. 8–24. ■ **Busse, H.,** Monotheismus und islamische Christologie in der Bauinschrift des Felsendoms in Jerusalem, in: Theologische Quartalschrift 161 1981, S. 168–178. ■ **Busse, H.,** Tempel, Grabeskirche und Haram As-Sarif. Drei Heiligtümer und ihre gegenseitigen Beziehungen in Legende und Wirklichkeit, in:

Jerusalemer Heiligtumstraditionen in altkirchlicher und frühislamischer Zeit, hg. v. H. Busse und G. Kretschmar, Wiesbaden 1987, S. 1–27. ■ **Busse, H.,** Jerusalem in the Story of Muhammad's Night Journey and Ascension, Jerusalem Studies in Arabic and Islam 14 1991, S. 1–40. ■ **Busse, H.,** Die 'Umar-Moschee im östlichen Atrium der Grabeskirche, in: Zeitschrift des Deutschen Palästinavereins 109 1993, S. 73–82. ■ **Busse, H.,** Geschichte und Bedeutung der Kaaba im Licht der Bibel, in: Zion – Ort der Begegnung. Festschrift für Laurentius Klein zur Vollendung des 65. Lebensjahres, Bonner Biblische Beiträge 90 1993, S. 169–185. ■ **Çagman, F.** und Tanindi, Z., The Topkapi Saray Museum, The Albums and Illustrated Manuscripts, übers. von J. M. Rogers, London 1986. Cattan, H., The Status of Jerusalem under International Law and United Nations Resolutions, in: Journal of Palestine Studies 10,3 1981, S. 3–15. ■ **Cattan, H.,** The Palestine Question, London u. a. 1988. ■ **Centlivres, P.** und Centlivres-Demont, M., Imageries populaires en Islam, Genf 1997. ■ **Centlivres, P.** und Centlivres-Demont, M., Une présence absente: symboles et images populaires du prophète Mahomet, Derrière les Images, Neuchâtel 1998, S. 139–170. ■ **Chen, D.,** Dating the Cardo Maximus in Jerusalem, Palestine Exploration Quarterly 114 1982, S. 43–45. ■ **Cohn-Wiener, E.,** Die jüdische Kunst, Geschichte von den Anfängen bis zur Gegenwart, Nachdruck Berlin 1995. ■ **Collins, L.** und Lapierre, D., O Jerusalem, New York 1972. ■ **Corbo, V. C.,** Il Santo Sepolcro di Gerusalemme. Aspetti archeologici dalle origini al periodo crociato, Studium Biblicum Franciscanum. Coll. Maior, 29, 3 Bde., Jerusalem 1981/82. ■ **Coüasnon, Ch.,** The Church of the Holy Sepulchre in Jerusalem, The Schweich Lectures of the British Academy 1972, London 1974. ■ **Cullmann, O.,** Heil als Geschichte. Heilsgeschichtliche Existenz im Neuen Testament, Tübingen 1965. Curtius, E. R., Europäische Literatur und Lateinisches Mittelalter (1948), Bern und München 1984[10]. ■ **Dalman, G.,** Das Grab Christi in Deutschland, Leipzig 1922. ■ **Davidowicz. K. S.,** Jakob Frank, der Messias aus dem Ghetto, Frankfurt a.M. 1998. ■ **Davis, R.,** Ottoman Jerusalem. The Growth of the City outside the Walls, in: Die Zeit vom 14. Okt. 1999, S. 12. ■ **Denkwürdigkeiten der Glückel von Hameln,** aus dem Jüdisch-Deutschen übersetzt mit Erläuterungen versehen und hg. von Dr. A. Feilchenfeld, Berlin 1923. ■ **Der Koran.** Übersetzung von A. Th. Khoury, unter Mitwirkung von M. S. Abdullah. Mit einem Geleitwort von I. Khan, Gütersloh 2001. ■ **Dictionnaire d'histoire et de géographie ecclésiastique,** Bd. IV, sub verbo Arnaud de Lévezon, S. 430–432 ■ **Die dreizehn Grundsätze des Glaubens,** in: Rabbi Mosche ben Maimon. Ein systematischer Querschnitt durch sein Werk, ausgew., übertragen und eingeleitet von N. N. Glatzer, Berlin 1935. ■ **Dölger, F. J.,** Die Sonne der Gerechtigkeit und der Schwarze. Eine religionsgeschichtliche Studie zum Taufgelöbnis, Münster 1918. ■ **Dölger, F. J.,** Sol salutis. Gebet und Gesang im christlichen Altertum, Mit besonderer Rücksicht auf die Ostung in Gebet und Liturgie, Münster 1925. ■ **Donner, H.,** Pilgerfahrt ins Heilige Land. Die ältesten Berichte christlicher Palästinapilger (4.–7. Jh.), 2. durchgesehene und ergänzte Aufl., Stuttgart 2002. ■ **Dov, J.,** The Faithfull City. The Siege of Jerusalem 1948, New York 1960. ■ **Ducket E. S.,** Alcuin, Friend of Charlemagne, New-York, 1951, S. 260 ff. ■ **Dumper, M.,** Israeli Settlement in the Old City of Jerusalem, Journal of Palestine Studies 21,4 1992, S. 32. ■ **Dupont A.,** Les Cités de la Narbonnaise première depuis les invasions germaniques jusqu'à la fin du XIIIe siècle, Nimes 1942, S. 553–556. ■ **Ecochard, M.,** Filiation de monuments grecs, byzantins et islamiques. Une question de géométrie, Paris 1977. ■ **Ein Wort über Jakob Frank.** Nach polnischen Schriften seiner Zeitgenossen, in: Das Buch von den polnischen Juden, hg. von S. J. Agnon und A. Eliasberg, Berlin 1916. ■ **el-Bokhâri,** Les Traditions Islamiques, übers. von O. Houdas und W. Marçais, Paris 1977. ■ **Emek Ha-Bakha,** Wien 1852, S. 12–13 ■ **Ettinghausen, R.,** Persian Ascension Miniatures of the Fourteenth Century, Convegno di Scienze Morali Storiche e Filologiche, Symposium »Der Orient und Okzident im Mittelalter«, 27. Mai – 1. Juni 1956, Rom 1957, S. 360–383. ■ **Eydoux, H. P.,** Monuments curieux et sites étranges Paris 1974. Fada'il Bayt al-Maqdis, hg. von M. M. al-Hafiz, Damaskus, 1405/1985, S. 59. ■ **Ferrua, A.,** Le pitture della nuova catacomba di via Latina, Città del Vaticano 1960. ■ **Fine, St.,** On the Sanctity of the Synagogue during the Graeco-Roman Period, Notre Dame 1997. ■ **Flesher, P. V. M.,** Rereading the Reredos, David, Orpheus and Messianism in the Dura Europos Synagogue, in: D. Urman und P. V. M. Flesher, Ancient Synagogues, Bd. 2, Leiden 1995, S. 346–366. ■ **Folz, R.,** Le Souvenir de la Légende de Charlemagne dans l'Empire Germanique Médiéval, Paris 1950, S. 15, 16 ff. ■ **Frenkel, Y.,** Muslim Pilgrimage to Jerusalem in the Mamluk Period, in: Pilgrims & Travellers to the Holy Land, Proceedings of the Seventh Annual Symposium of the Philip M. and Ethel Klutznick Chair in Jewish Civilization, 2–3 October 1994, hg. von. B. Le Beau und M. Mor, Omaha/NE 1996, S. 63–87. ■ **Frey, J. B.,** Corpus Inscriptionum Judaicarum I, Citta' del Vaticano 1936, I, 76, Nr. 109. ■

Funkenstein, A., Jüdische Geschichte und ihre Deutungen, Frankfurt a. M. 1993. ■ **Geirnaert, N.** und Vandewalle, A. (Hg.), Adornes en Jeruzalem. Internationaal leven in het 15e en 16e eeuwse, Kat. der Ausstellung in Brügge vom 9.–25.9. 1983. ■ **Gerhards, A.,** Versus orientem – versus populum. Zum gegenwärtigen Diskussionsstand einer alten Streitfrage, Theologische Revue 98 2002, S. 15–22. ■ **Gesta Karoli** Magni ad Carcassonam et Narbonam, hg. von F. E. Schneegans, Romanische Bibliothek, Bd. XV, Halle 1898, S. 178–181. ■ **Geva, H.,** The camps of the Tenth Legion in Jerusalem. An archaeological Reconsideration, in: Israel Exploration Journal 34 1984, S. 239–254. Gil, M., A History of Palestine, 634–1099, Cambridge 1992 (Pb. 1997). ■ **Gilliot, C.,** Coran 17, Israel dans la recherche occidentale: de la critique des traditions au Coran comme texte, in: Le Voyage Initiatique en Terre d'Islam: Ascensions Célestes et Itinéraires Spirituels , hg. von M. A. Amir-Moezzi, Paris 1996, S. 1–26. ■ **Glatzer, N. N.,** Anfänge des Judentums. Eine Einführung, Gütersloh 1966. Goodenough, E. R., Jewish Symbols in Graeco Roman Period, 12 Bde., New York 1953–1965. ■ **Grabar, A.,** Ampoules de Terre sainte (Monza – Bobbio), Paris 1958. ■ **Grabar, O.-N.,** The Dome of the Rock, London 1996. ■ **Grunebaum, G. E. von,** The Sacred Character of Islamic Cities, hg. von A. Badawi, Mélanges Taha Husain, Kairo, 1962, S. 25–37. ■ **Gutmann, J.,** No graven images, New York 1971. ■ **Gutmann, J.,** The Dura Europos Synagogue – A ReEvaluation (1932–1972), Missoula 1973. ■ **Gutman, J.,** Buchmalerei in hebräischen Handschriften, München 1978. ■ **Luchaire, A.,** Catalogue des actes de Louis VII, No. 387. ■ **Habermann A. M.** (Hg.), Recueil des persécutions en Allemagne et en France, Sefer g'zeiroth Ashkénaz ve-Tsarfath, Jerusalem 1945. ■ **Hachlili, R.,** Ancient Jewish Art and Archaeology in the Diaspora, Leiden 1998. ■ **Hagemann, L.,** Der Kur'an in Verständnis und Kritik bei Nikolaus von Kues, Frankfurt 1976. ■ **Halphen, L.,** Charlemagne et l'Empire carolingien, Paris 1949. ■ **Heisenberg, A.,** Grabeskirche und Apostelkirche. Zwei Basiliken Konstantins, 2 Bde., Leipzig 1908. ■ **Herzl, T.,** The Complete Diaries, New York 1960. ■ **Hess, M.,** Mein Messiasglaube. Erwiderung an Immanuel Löw, in: Jüdische Schriften, hg. von Theodor Zlocisti, Berlin 1905. ■ **Hess, M.,** Rom und Jerusalem, die letzte Nationalitätsfrage, in: M. Hess, Ausgewählte Schriften, ausgew. und eingeleitet von H. Lademacher, Köln 1962. ■ **Hess, M.,** Die heilige Geschichte der Menschheit, Stuttgart 1837, Nachdruck Hildesheim 1980. ■ **Heydenreich, L.,** Die Cappella Rucellai von San Pancrazio in Florenz, in: De Artibus Opuscula XL. Essays in the Honour of Erwin Panofsky, New York 1961, S. 219–229. ■ **Higounet, Ch.,** Un gran chapitre de l'-histoire du XIIe siècle: La rivalité des maisons de Toulouse et de Barcelone pour la prépondérance méridionale, Mélanges Halphen, Paris 1951, S. 313–322. ■ **Hilali,** Kitab Shah va Darvish, BnF Sup. Pers. 1519, fol. 2v, Zeile 6. ■ **Hillenbrand, R.:** Anjar and Early Islamic Urbanism, in: Brogiolo, G. P. und Ward-Perkins, B. (Hg.), The idea and ideal of the town between Late Antiquity and the Early Middle Ages, The transormation of the Roman World 4, Leiden 1999, 59–98. ■ **Histoire du languedoc,** V, preuves 445, col.831–833, 1112. ■ **Hitler, A.,** Mein Kampf, Bd. 2, München 1933. ■ **Ibn al-Firkah,** Kitab Ba'ith al-Nufus ila Ziyarat al-Quds al-Mahrus, Book of Arousing Souls to Visit Jerusalem, the Protected, in: C. Matthews, Palestine – Mohammedan Holy Land, New Haven, 1949, S. 5. ■ **Ibn Faqih al-Hamadhani,** Abrégé du Livre des Pays, übers. von H. Massé, Damaskus 1973. ■ **Ibn Ishaq,** The Life of Muhammad. A Translation of Ishaq's Sirat Rasul Allah, übers. von A. Guillaume, Oxford 1955. ■ **Ibn Ishaq,** Muhammad, übersetzt und eingeleitet von A. Badawi, 2 Bde., Beirut 2001. ■ **Ir Shalem,** East Jerusalem, the Current Planning Situation. A Survey of Municipal Plans and Planning Policy, Jerusalem 1998. ■ **Israel Statistical Yearbook of Jerusalem,** div. Jahrgänge, hier 1999 und 2001. ■ **Palumbo, M.,** The Palestinian Catastrophe, London 1987, S. 48. ■ **Josephus Flavius,** Antiquitates Iudaicae. Des Flavius Josephus jüdische Altertümer / übers. und mit Einl. und Anm. vers. von Heinrich Clementz, Wiesbaden 199311, I, 13, 2 (I, 226). ■ **Judentum im Mittelalter,** Katalog der burgenländischen Landesausstellung vom 4. Mai bis 26. Oktober 1978, Eisenstadt 1978. ■ **Kahlidi, W.,** All that remains: The Palestinian Villages Occupied ad Depopulated by Israel in 1948, The Institute for Palestine Studies, Washington 1992. ■ **Kark, R.** und Landman, S., The Establishment of Muslim Neighbourhoods in Jerusalem, Outside the Old City, during the Late Ottoman Period, Palestine Exploration Quaterly July-December 1980, S. 113–135. ■ **Kat. Die Reise nach Jerusalem,** Berlin 1995/1996. ■ **Kat. Jüdische Lebenswelten,** 2 Bde., Berlin 1992. ■ **Kat. L'Art du livre arabe,** Paris, Bibl. nat. de France, 2001/02. ■ **Kat. Monumenta Judaica.** 2000 Jahre Geschichte und Kultur der Juden am Rhein, Köln 1964. ■ **Kat. Wallfahrt kennt keine Grenzen,** Bayr. Nationalmuseum München 1984. ■ **Kellermann, A.,** Society and Settlement. Jewish Land of Israel in the Twentieth Century, New York 1996. ■ **Kellner, H.,** Heortologie oder die geschichtliche Entwicklung des Kirchenjahres und der Heiligenfeste, Freiburg 1906. ■ **Kep-**

pel A., Creswell C., Early Muslim Architecture, vol. I, Oxford 1969². ■ **King, D. A.,** Kibla: ii. Astronomical Aspects, The Encyclopaedia of Islam, CD-Rom Edition v. 1.1, Leiden 2001. ■ **Kisch, G.,** The Jews in Medieval Germany, Chicago 1949. ■ **Klauser, Th.,** Kleine abendländische Liturgiegeschichte. Bericht und Besinnung, Bonn 1965. ■ **Kogmann Appel, K.,** Die alttestamentlichen Szenen im Langhaus von Santa Maria Maggiore und ihr Verhältnis zu jüdischen Vorlagen, Kairos 32/33 1990/91, S. 27–52. ■ **Kohler, K.,** Grundriß einer systematischen Theologie des Judentums auf geschichtlicher Grundlage, Leipzig 1919, Nachdruck Hildesheim/New York 1979. ■ **Kohn, H.,** Die politische Idee des Judentums, München 1924. ■ **Konzelmann, G.,** Dies Land will ich deinen Kindern geben. Die Wurzeln der Tragödie im Nahen Osten, München 2002. ■ **Kötzsche-Breitenbruch, L.,** Die neue Katakombe in der Via Latina, Jahrbuch für Antike und Christentum, Ergänzungsband 4, Rom/Münster 1976. ■ **Kraabel, A. T.,** The Diaspora Synagogue, in Aufstieg und Niedergang der römischen Welt, II/19.1, hg. von H. Temporini und W. Haase, Berlin 1979, S. 477–510. ■ **Kraeling, C. H.,** The Synagogue, The Excavations of Dura Europos, Final Report VIII, Part I, New Haven 1967. ■ **Kroyanker, D.,** Jerusalem. Planning and Development 1970–1982, in: The Jerusalem Institute for Israel Studies for the Jerusalem Committee, Jerusalem 1982. ■ **Krüger, J.,** Der Abendmahlssaal in Jerusalem zur Zeit der Kreuzzüge, in: Römische Quartalschrift 92 1997, S. 229–247. ■ **Krüger, J.,** Die Grabeskirche zu Jerusalem. Geschichte, Gestalt, Bedeutung, Regensburg 2000. ■ **Krystall, N.,** The Fall of the New City 1947–1950, in: S. Tamari, Jerusalem 1999, S. 92 f. ■ **Kühnel, B.,** From the Earthly to the Heavenly Jerusalem. Representations of the Holy City in Christian Art of the First Millennium, Römische Quartalschrift für christliche Altertumskunde und Kirchengeschichte 42, Supplementheft, Rom/Freiburg i. Br./Wien 1987. ■ **Kühnel, B.,** Geography and Geometry of Jerusalem, in: City of the Great King. Jerusalem from David to the Present, hg. von N. Rosovsky, Cambridge (Mass.) 1996, S. 288–332. ■ **Kühnel, B.,** The Real and Ideal Jerusalem in Jewish, Christian, and Islamic Art, Jewish Art, 23/24 1997/1998. ■ **Kühnel, B.,** The End of Time in the Order of Things. Science and Eschatology in Early Medieval Art, Regensburg 2003. ■ **L'Histoire Littéraire de France,** Bd. XXVII, S. 561. ■ **Landmann, M.,** Das Judentum bei Ernst Bloch und seine messianische Metaphorik, in: Jüdische Miniaturen, Bd. 1, Messianische Metaphysik, Bonn 1982. ■ **Le Strange, G.,** Description of the Noble Sanctuary of Jerusalem in 1470 A.D. by Kamâl (or Shams) ad Dīn as Suyūti, Journal of the Royal Asiatic Society 19 1887, S. 247–305. ■ **Leipoldt, J.,** Sterbende und auferstehende Götter, Leipzig 1923. ■ **Lenzen, V.,** Jüdisches Leben und Sterben im Namen Gottes. Studien über die Heiligung des göttlichen Namens, München 1995. ■ **Léonard, E.,** Catalogue des actes de Raimond V, compte de Toulouse, Nimes 1932. ■ **Lévi, I.,** Le roi juif de Narbonne et le Philomène, Revue des Etudes Juives XLVIII 1904, S. 197–203. ■ **Lévin, B. N.** (Hg.), Der Brief des Chérira, Haifa 1926, S. 104. ■ **Lévinas, E.,** Messianische Texte, in: Schwierige Freiheit. Versuch über das Judentum, Frankfurt a. M. 1992. ■ **Levy, R.,** Zacuto's Astronomical Activity, Jewish Quaterly Review 1935–1936, S. 385 ff. ■ **Löw, L.,** Rom und Jerusalem, die letzte Nationalitäts-Frage, Rez., in: Gesammelte Schriften, hg. von I. Löw, Bd. 1, Szegedin 1889, Nachdruck Hildesheim/New York 1979. ■ **Magnes, J. L.,** Wie alle Völker …? Aufsätze zur zionistischen Politik, Jerusalem 1930. ■ **Marmardji A.-S.,** Textes Géographiques Arabes sur la Palestine, Paris 1951, S. 29. ■ **Martin, J.-H.,** Altäre. Kunst zum Niederknien. Museum Kunst Palast Düsseldorf 2.9. 2001–6.1. 2002, Ostfildern-Ruit 2001. ■ **Matthews, C.,** Palestine – Mohammedan Holy Land, New Haven 1949. ■ **Mazal, O.,** Kommentar zur Wiener Genesis, Faksimile Ausgabe, Frankfurt a. M. 1980. ■ **Meinecke, F.,** Weltbürgertum und Nationalstaat, München/Berlin 1915. ■ **Mémoires de la Société Royale des Antiquaires de France,** vol. VIII 1829, S. 340. ■ **Mendelssohn, M.,** Jerusalem oder über religiöse Macht und Judenthum, in: Moses Mendelssohn's Schriften zur Philosophie, Aesthetik und Apologetik, hg. von M Brasch, Bd. 2, neue Titelaufl., Breslau 1892. ■ **Morris, B.,** Birth of the Palestine Refugee Problem, Cambridge 1987. ■ **Mosès, S.,** Zur Aktualität Franz Rosenzweigs, in: Der Philosoph Franz Rosenzweig (1886 – 1929), Internationaler Kongreß – Kassel 1986, hg. von W. Schmied-Kowarzik, Bd. 2, München 1988. ■ **Naredi-Rainer, P. von,** Salomos Tempel und das Abendland. Monumentale Folgen historischer Irrtümer, Köln 1994. ■ **Jerusalem.** Einflüsse einer ethnisch-differenzierenden Ideologie auf die Stadtentwicklung, Augsburg 1996. ■ **Neubauer, A.,** Documents sur Narbonne, Revue des Etudes Juives X 1885, S. 98–99. ■ **Niewöhner, F.,** Die große Reise nach Jerusalem, in: FAZ vom 2.10.1992. ■ **Nötscher, F.,** Altorientalischer und alttestamentarischer Auferstehungsglauben, Würzburg 1926. ■ **Ohm, Th.,** Die Gebetsgebärden der Völker und das Christentum, Leiden 1948. ■ **Otto, W. F.,** »Die Manen« oder »Von den Urformen des Totenglaubens«, Nd. Darmstadt 1983. ■ **Paret, R.,** Encyclopaedia of Islam, new series, Bd. 1, S. 1310–1311. ■ **Paris, G.**, Histoire poétique de Charlemagne, Paris 1863, S. 90–91. ■ **Passia,** Palestinian Academic Society for the Study of International Affairs Jerusalem-al Quds, Jerusalem 1999/2001/2003. ■ **Pcbs,** Palestian Central Buereau of Statistics, Palestinian Population, Housing and Establishment Census 1997. Final Results. Summary, 30. Nov. 1998, verschiedene Reports, 2000. ■ **Picard, M.**, Hitler in uns selbst, Erlenbach/Zürich/Stuttgart 1946. ■ **Pippal, M.,** Kunst des Mittelalters. Eine Einführung, Wien 2002. ■ **Pixner, B.,** Wege des Messias und Stätten der Urkirche. Jesus und das Judenchristentum im Licht neuer archäologischer Erkenntnisse, Studien zur Biblischen Archäologie und Zeitgeschichte 2, hg. von Riesner, Gießen 1991, S. 275–286. ■ **Rauschning, H.,** Gespräche mit Hitler, Zürich/New York 1946. ■ Régné J., Etude sur la condition des Juifs de Narbonne. V- XIV siècles, Narbonne 1910. ■ **Rempel, T.,** Dispossession and Resititution in 1948 Jerusalem, in: S. Tamari, Jerusalem 1999, Bethlehem 1999, S. 189–235. ■ **Responsa de Rabbi Salomon Louria** (le »Maharchal«), 1786, No. 29. ■ **Responsa du Rachi,** hg. von I. Elfenbein, New York 1943. ■ **Richard, F.,** Hilali's Kitab Shah va Darvish, Sup. Pers. 1519, in: Splendeurs Persanes. Manuscrits du XIIe au XVIIe siècle, Paris 1997, S. 154, n. 107. ■ **Rickerts, F.,** Studien zum Ashburnham Pentateuch, Bonn 1986. ■ **Rigord,** Gesta Philippi Augusti Regis, hg. F. Delaborde, Société d'Histoire de France I 1882, S. 24–25. ■ **Robert, L.,** Nouvelles inscriptions des Sardes, Paris 1964. ■ **Röhricht, R.,** Bibliotheca Geographica Palaestinae. Chronologisches Verzeichnis der von 333 bis 1878 verfaßten Literatur über das Heilige Land, verbesserte und vermehrte Neuausgabe mit einem Vorwort von D.H.K. Amiran, London 1963. ■ **Rosenzweig, F.,** Der Mensch und sein Werk, Gesammelte Schriften, Den Haag u. a. 1976ff.. ■ **Röwekamp, G.,** Egeria. Itinerarium / Reisebericht, Mit Auszügen aus Petrus Diaconus: De locis sanctis / Die heiligen Stätten, Fontes Christiani 20, Freiburg 1995. ■ **Röwekamp, G.,** Jerusalem. Ein Reisebegleiter in die heilige Stadt von Judentum, Christentum und Islam, Freiburg 1997. ■ **Rubaschoff, S.,** Erstlinge, in: Der Jüdische Wille, Zeitschrift des Kartells jüdischer Verbindungen, Jg. I. ■ **Savin, E.,** Le charactère sacré de Jerusalem dans l'Islam aux 12–3è siècles, Studia Islamica 27 1967, S. 149–82. ■ **Savin, E.,** L'Islam et la croisade: idéologie et propagande dans les reactions musulmanes aux croisades, Paris 1968. ■ **Savin, E.,** The Beginning of the Fada'il al-Quds Literature, Israel Oriental Studies 1 1971, S. 263–271. ■ **Schein, S.,** Between Mount Moriah and the Holy Sepulchre. The Changing Traditions of the Temple Mount in the Central Middle Ages, Traditio 40 1984, S. 175–195. ■ **Schiller, F.,** Deutsche Größe (1797), in: Sämtliche Werke, hg. von G. Fricke und H. G. Göpfert, Bd. 1, München 1960. ■ **Schlegel, F.,** Fragmente (Athenäum), in: Jugendschriften 1794–1802, hg. von J. Minor, Wien 1906. ■ **Schmaltz, K.,** Mater Ecclesiarum. Die Grabeskirche in Jerusalem, Straßburg 1918. ■ **Scholem, G.,** Zum Verständnis der messianischen Idee im Judentum, in: Über einige Grundbegriffe des Judentums, Frankfurt a. M. 1970. ■ **Schubert, K.** und Schreckenberg, H., Jewish Historiography and Iconography in Early and Medieval Christianity, Assen 1992, S. 139–260. ■ **Schubert, K.,** Das Problem der Entstehung einer jüdischen Kunst im Lichte der literarischen Quellen des Judentums, Kairos 16 1974, S. 1–18. ■ **Schubert, K.,** Das Judentum in der Umwelt des christlichen Mittelalters, Kairos 17 1975, S. 161–217. (zitiert als Schubert 1975a) ■ **Schubert, K.,** Die Bedeutung des Bildes für die Ausstattung spätantiker Synagogen – dargestellt am Beispiel der Toraschreinnische der Synagoge von Dura Europos, Kairos 17 1975, S. 11–23. (zitiert als Schubert 1975b) ■ **Schubert, K.,** Die Miniaturen des Ashburnham Pentateuch im Licht der rabbinischen Tradition, Kairos 18 1976, S. 191–212. ■ **Schubert, K.,** Sacra Sinagoga – Zur Heiligkeit der Synagoge in der Spätantike, Bibel und Liturgie 54 1981, S. 27–34. ■ **Schubert, K.,** Die Illustrationen der Wiener Genesis im Licht rabbinischer Tradition, Kairos 25 1983, S. 1–17. Schubert, K., Religion des Judentums, Leipzig 1992, S. 93–103. ■ **Schubert, K.,** Jüdische Kultur als Bildkultur, in: Kunst und Kirche 4/10/96, S. 222–225. ■ **Schubert, K.,** Messianismus – Hoffnung für die Glaubenden, Utopie für die Zweifler, in: Eden, Zion, Utopie. Zur Geschichte der Zukunft im Judentum, hg. von W. Hauk, Wien 1999, S. 83–95. ■ **Schubert, K.,** Das Österreichische Jüdische Museum in Eisenstadt – ein Zentrum der Erforschung der jüdischen figuralen Kunst und ihrer Bedeutung für die frühchristliche Ikonographie, in: Forscher – Gestalter – Vermittler, Festschrift für Gerald Schlag, hg. von W. Gürtler und G. J. Winkler, Eisenstadt 2001, S. 269–373. ■ **Schubert, K.** und Schubert, U., Marginalien zur »Sinai Szene« in der Katakombe der Via Latina in Rom, Kairos 17 1975, S. 300–302. (zitiert als Schubert 1975c) ■ **Schubert, U.,** Die Erschaffung Adams in einer spanischen Pesach Haggadah-Handschrift des 14. Jh's (Or 2884) und ihre spätantike jüdische Bildvorlage, Kairos 18 1976, S. 213–217. ■ **Schubert, U.,** Strukturelemente der frühchristlichen Bildkunst, Kairos 19 1977, S. 187–202. ■ **Schubert, U.,** Eine jüdische Darstellungsweise der Wesensgegenwart Gottes auf christlichen Kunstwerken, Bibel und Liturgie 56 1983, S. 24–28. (zitiert als Schubert, U. 1983a) ■ **Schubert, U.,** Spätantikes Judentum und frühchristliche Kunst, Eisenstadt 1974; dies. Jüdische Buchkunst, I, Graz 1983, S. 37–67. (zitiert als Schubert, U. 1983b) ■ **Schwarz-Fuchs, S.,** Etudes sur l'origine et le développement du Rabbinat au Moyen Age, Paris 1957, S. 7–16. Séguy, M.-R., The Miraculous Journey of Mahomet: Mirâj Nâmeh, BNF, Paris, mss. Supl. Turc 190, übers. von R. Pevear, New York 1977. ■ **Seidemann, D.,** Interview: Ehud Olmert's Hebronization of Jerusalem? in: Institute of Jerusalem Studies, Jerusalem Quarterly File 1 1998, S. 31ff. ■ **Siddiqi, M.,** Hadith Literature: its Origin, Development, and Special Features, Cambridge 1993. ■ **Splendeurs Persanes.** Manuscrits du XIIe au XVIIe siècle, Paris 1997. ■ **Sternberger, G.,** Die Patriarchenbilder in der Via Latina im Lichte der jüdischen Tradition, Kairos 16 1974, S. 19–78. ■ **Stichel, R.,** Der Name Noes, seines Bruders und seiner Frau. Ein Beitrag zum Nachleben jüdischer Überlieferungen, Göttingen 1979. ■ **Sukenik, E.L.,** Die alte Synagoge in Bet Alpha, Jerusalem 1932. ■ **Su-Min Ri,** Mosesmotive in den Fresken der Katakombe der Via Latina im Lichte der rabbinischen Tradition, Kairos 17 1975, S. 57–80. ■ **Suntrup, R.,** Die Bedeutung der liturgischen Gebärden und Bewegungen in lateinischen und deutschen Auslegungen des 9. bis 13. Jahrhunderts, München 1978. ■ **Tamari, S.,** Jerusalem 1948, Jerusalem/Bethlehem 1999. ■ **Taubes, J.,** Abendländische Eschatologie, Bern 1947, Nachdruck München 1991. ■ **The Closure of Jerusalem, 1999:** March 30, 1993 – March 30, 1999, Jerusalem, inoffizieller Bericht aus dem Orient-Haus, Planungsabteilung. ■ **The Encyclopaedia of Islam,** New Edition, 11 Bde., Leiden u. a. 160–2002. The Jerusalem Institute for Israel Studies for the Jerusalem Committee: Jerusalem Planning and Development 1979–1982, Jerusalem 1982. ■ **The Jerusalem Institute for Israel Studies for the Jerusalem Committee:** Jerusalem Planning and Development 1982–1985. New Trends 1985, Jerusalem 1985. ■ **The Palestine Arab Refugee Office,** 801, 2nd Avenue, Room 801, New York 17 N.Y. 1946, map. ■ **The Palestinian Expert Conference on Permanent Status Issues,** Miftah Conference, Ramallah 16.–18. Sept. 1999. ■ **Thietmari Merseburgensis episcopi Chronicon,** SS rer. germ. 54, hg. von F. Kurze, Hannover 1889. ■ **Tleel, J.,** I am Jerusalem. Life in the Old City from the Mandate Period to the Present, Jerusalem Quaterly 4 1999, S. 30ff. ■ **Tobler, T.** (Hg.), Descriptiones Terrae Sanctae ex saeculo VIII., IX., XII. et XV., Leipzig 1874, Reprint Hildesheim 1974. ■ **Tronzo, W.,** The Via Latina Catacomb, Pensilvania 1986. ■ **Urbach, E. E.,** The Rabbinical Laws of Idolatry in the Second and Third Centuries in the Light of Archaeological and Historical Facts, Israel Exploration Journal 9 1959, S. 149–165; 229–245. ■ **Voigts, M.,** Jüdischer Messianismus und Geschichte. Ein Grundriß, Berlin 1994. ■ **Voigts, V.,** Auschwitz und/oder Hiroshima, Dritter Weg. Journal für eine solidarische Welt, für die Initiative christliche Linke 3. Jg. Nr. 4, Dez. 1993. ■ **Wallraff, M.,** Die Ursprünge der christlichen Gebetsostung, Zeitschrift für Kirchengeschichte 111 2000, S. 169–184. ■ **Walter, W.,** Meinen Bund habe ich mit dir geschlossen. Jüdische Religion in Fest, Gebet und Brauch, Mainz 1993. ■ **Waltz, V.** und Zschiesche, J., Die Erde habt ihr uns genommen. 100 Jahre zionistische Siedlungspolitik in Palästina, Berlin 1986. ■ **Waltz, V.,** Jerusalem heute. Ergebnisse der dreißig Jahre währenden Planungshoheit Israels über die Stadt und ihr Umfeld, Dortmund 1996. ■ **Weiss, Z.** und Netzer, E., Promise and Redemption. A Synagogue Mosaik from Sepphoris, Jerusalem 1996. ■ **Weitzmann, K.** und Kessler, H. L., The Frescos of the Dura Synagogue and Christian Art, Washington D.C. 1990. ■ **Wiechmann, D.,** Der Traum vom Frieden. Das bi-nationale Konzept des Brith Schalom, Schwalbach/Ts. 1998. ■ **Wilkinson, J.,** The Streets of Jerusalem, in: Levant 7 1975, S. 118–136. ■ **Wilkinson, J.,** Christian Pilgrims in Jerusalem during the Byzantine Period, in: Palestine Exploration Quarterly 108 1976, S. 75–101. ■ Wilkinson, J., Jerusalem Pilgrims Before the Crusades, Warminster 1977. ■ **Wisniewski, R.,** Kreuzzugsdichtung, Darmstadt 1984. ■ **Wilkinson, J.,** From Synagogue to Church. The Traditional Design, London 2002. ■ **Ye'or, B.,** The Dhimmi. Jews and Christians under Islam, London 1985. ■ **Yokhassin,** hg. von P. Filipowski, London 1875, S. 84. ■

BIBLIOGRAPHIE AACHEN

■ **Adenaw, E.,** Archäologische Funde in Aachen bis zum Jahre 1898. Zeitschrift des Aachener Geschichtsvereins 20 1898, S. 179–228. ■ **Admonitio generalis,** MGH LL Capitularia regum Francorum 1, ed. A. Boretius, Hannover 1883, S. 52–62. ■ **Agobard von Lyon,** Briefe, ed. E. Dümmler, MGH, Epistolae karoli Aevi, Bd. III, Berlin 1899. ■ **Ahbar magma** (=»Gesammelte Nachrichten«), hg. von E. Lafuente y Alcantara, Madrid 1876. ■ **Albert, B.-S.,** Adversus Iudaeos in the Carolingian Empire, in: Contra Iudaeos. Ancient and Medieval Polemics between Christians and Jews, hg. von O. Limor und G. G. Stroumsa, Tübingen 1996, S. 119–142. ■ **Alcvini** sive Albini epistolae, MGH Epp.

Karol. 4,2, ed. E. Dümmler u. a., München 1895, S. 1–481. ■ **Alkuini** carmen. 26, MGH Poet. lat. 1.1, ed. E. Dümmler, Hannover 1881. ■ **Alavares, F.,** Verdadeira Imformação das Terras do Preste João das Indias, hg. von M. Martins, Lisboa 1989. ■ **Amery, C.,** Katholizismus und Faschismus. Analyse einer Nachbarschaft, Düsseldorf 1970. ■ **Angel, R.,** Les Juifs de France, Paris 1946. ■ **Angilberti carmen de Karolo Magno,** MGH SS 2, ed. G. H. Pertz, Hannover 1829, S. 391 – 403. ■ **Ankori, G.,** Behind the Walls, in: The Real and Ideal Jerusalem in Jewish, Christian and Islamic Art, Jewish Art, Vol. 23/24, 1997/98, S. 583ff. ■ **Annales Mettenses Priores,** MGH SS rer. germ. 10, ed. B. Simson, Hannover 1905. ■ **Annales qui dicuntur Einhardi,** MGH SS rer. germ. 6, ed. F. Kurze, Hannover 1895, S. 3–115. ■ **Annales regni Francorum,** qui dicuntur Annales Laurissenses maiores et Einhardi, MGH SS rer. germ. 6., ed. F. Kurze, Hannover 1895. ■ **Annales regni Francorum –** Die Reichsannalen, in: Quellen zur Karolingischen Reichsgeschichte. Ausgewählte Quellen zur Geschichte des Mittelalters, hg. von R. Büchner, Bd. 5, Darmstadt 1955. ■ **Annales Tiliani,** MGH SS 1, ed. G. H. Pertz, Hannover 1826, S. 219–224. ■ **Aronius, J.,** Karl der Große und Kalonymos aus Lucca, Zeitschrift für die Geschichte der Juden in Deutschland II 1888, S. 82–87. ■ **Aronius, J.,** Regesten zur Geschichte der Juden im fränkischen und deutschen Reiche bis zum Jahre 1273, Berlin 1887. ■ **Auzias, L.,** L'Aquitaine carolingienne (778–987), Nachdruck Pau 2003, Toulouse/Paris 1937. ■ **Bachrach, B.,** Military organization in Aquitane under the early Carolingians, in: Speculum 49 1974, S. 1–33. ■ **Bahat, D.,** The Illustrated Atlas of Jerusalem, Jerusalem 1990. ■ **Balañà i Abadia, P.,** Els Musulmans a Catalunya (713–1153). Assaig de síntesi orientativa, Sabadell 1993. ■ **Bandmann, G.,** Die Vorbilder der Aachener Pfalzkapelle, in: Karl der Große – Lebenswerk und Nachleben, hg. von W. Braunfels, 5 Bde., Düsseldorf 1965–68, Bd. 3, S. 424–462. ■ **Baring, A.,** Außenpolitik in Adenauers Kanzlerdemokratie, Bonns Beitrag zur EVG, München 1969. ■ **Baron, S. W.,** A Social and religious History of the Jews, Bd. IV, Philadelphia 19572. ■ **Battenberg, F.,** Das europäische Zeitalter der Juden. Zur Entwicklung einer Minderheit in der nichtjüdischen Umwelt Europas, Darmstadt 1990. ■ **Bedini, S. A.,** The Pope's Elephant, Manchester 1997. ■ **Beccaria, A.,** I codici di medicina del periodo presalernitano. Secoli IX, X e XI, Roma 1956. ■ **Becher, M.,** Karl der Große, München 1999. ■ **Bédier, J.,** Les Légendes épiques, Paris 1926[3]. ■ **Belperron, P.,** La Croisade contre les Albigeois, Paris 1945, S. 382 ff. ■ **Belting, H.,** Bild und Kult, München 2000. ■ **Ben-Sasson, M. Ch. H.,** Jerusalem 1962, in: Kongressband des Congrès de la Société Historique Israelienne 1961, S. 29–49 ■ **Bergengruen, W.,** Der ewige Kaiser, Graz 1950. ■ **Berschin, W.,** Die Ost-West-Gesandtschaften am Hof Karls des Großen und Ludwigs des Frommen (768–840), in: Karl der Große und sein Nachwirken. 1200 Jahre Kultur und Wissenschaft in Europa, Bd. 1, hg. von P. Butzer u. a., Turnout 1997, S. 157–171. ■ **Beumann, H.,** Das Paderborner Epos und die Kaiseridee Karls des Großen, in: Verein für Geschichte und Altertumskunde Westfalens, Studien und Quellen zur Westfälischen Geschichte, Bd. 8, Paderborn 1966. ■ **Bezold, F. von,** Kaiserin Judith und ihr Dichter Wahlafrid Strabo, Historische Zeitschrift 130 1924, S. 25–439. ■ **Bie, R.,** Das katholische Europa, Leipzig 1931. ■ **Bieberstein, K.,** Der Gesandtenaustausch zwischen Karl dem Großen und Harun-ar-Rashid und seine Bedeutung für die Kirchen Jerusalems, in: Zeitschrift des Deutschen Palästina-Vereins 109 1993, S. 152–173. ■ **Binding, G.,** Köln – Aachen – Reichenau. Bemerkungen zum St. Galler Klosterplan, in: Kölner Universitätsreden 58, Köln 1981. ■ **Binding, G.,** Deutsche Königspfalzen von Karl dem Großen bis Friedrich II. (765–1240), Darmstadt 1996. (zitiert als Binding 1996a) ■ **Binding, G.,** Multis arte fuit utilis. Einhard als Organisator am Aachener Hof und als Bauherr in Steinbach und Seligenstadt, Mittellateinisches Jahrbuch 30 1996. (zitiert als Binding 1996b) ■ **Binding, G.,** Die Aachener Pfalz Karls des Grossen als archäologisch-baugeschichtliches Problem, Zeitschrift für Archäologie des Mittelalters 25/26 1997/98, S. 63–85. ■ **Binding, G.,** Zur Ikonologie der Aachener Pfalzkapelle nach den Schriftquellen, in: Mönchtum – Kirche – Herrschaft 750–1000, hg. von D. R. Bauer, Sigmaringen 1998, S. 187–211. ■ **Bischoff, B.,** Die Abtei Lorsch im Spiegel ihrer Handschriften, Lorsch 1989. ■ **Björkman, W.,** Karl und der Islam, in: Karl der Große – Lebenswerk und Nachleben, hg. von W. Braunfels, 5 Bde., Düsseldorf 1965–68, Bd. 1, S. 672–682. ■ **Bloch, E.,** Atheismus im Christentum. Zur Religion des Exodus und des Reichs, Frankfurt a. M. 1968. ■ **Blumenkranz, M. B.,** Juifs et Chrétiens dans le monde occidental (395–1096), Paris 1960. ■ **Bock, C. P.,** Über die Parkanlagen bei dem Pallaste Karl des Großen zu Aachen, in: Beschreibung und Geschichte der ehemaligen Stifts-, jetzigen Pfarrkirche zum Heiligen Adalbert in Aachen und des daran bestandenen Collegial-Stiftes, hg. von J. J. Kreutzer, Aachen/Köln 1839. ■ **Bock, F.,** Karl's des Großen Pfalzkapelle und ihre Kunstschätze. Kunstgeschichtliche Beschreibung des Karolingischen Octogons zu Aachen, der späteren gothischen

Anbauten und sämtlicher im Schatze daselbst befindlichen Kunstwerke des Mittelalters, Köln/Neuss 1865. ■ **Bopp, P.,** Fern-gesehen. Französische Bildexpeditionen in den Orient 1865–1893, Marburg 1995. ■ **Borgolte, M.**, Der Gesandtenaustausch der Karolinger mit den Abbasiden und mit den Patriarchen von Jerusalem, Münchener Beiträge zur Mediävistik und Renaissance-Forschung 25, München 1976. ■ **Borgolte, M.,** Papst Leo III., Karl der Große und der Filioque-Streit von Jerusalem, in: Byzantina, 10 1980, S. 403–427. ■ **Born, W.,** Some Eastern Objects from Habsburg Collections, Burlington Magazine 69 1936. ■ **Bosel, K.,** Pfalzen und Forsten, in: Veröffentlichungen des Max-Planck-Instituts für Geschichte, Bd. 11/1, Deutsche Königspfalzen. Beiträge zu historischen und archäologischen Erforschung. Bd. 1, Göttingen 1963, S. 1–29. ■ **Boshof, E.,** Ludwig der Fromme, Darmstadt 1993. ■ **Brandi, C.,** Il Tempio Malatestiano, Torino 1956. ■ **Braunfels, W.** Karl der Große. Lebenswerk und Nachleben 5 Bde., Düsseldorf 1965–1968. ■ **Braunfels, W.,** Abendländische Klosterkunst, Köln 1969. ■ **Briefwechsel Martin Buber** – Ludwig Strauß, Frankfurt a. M. 1990. ■ **Brito, G. de,** Os pachidermes do estado d'el-rei D. Manuel, Revista de educação e ensino, 1894, S. 79–86. ■ **Brockelmann, C.,** Geschichte der islamischen Völker und Staaten, New York 1977. ■ **Brunhölzl, F.,** Der Bildungsauftrag der Hofschule, in: Karl der Große – Lebenswerk und Nachleben, hg. von W. Braunfels, 5 Bde., Düsseldorf 1965–68, Bd. 2, S. 28–41. ■ **Buchkremer, J.,** Atrium am Karolinger-Münster zu Aachen, Bonner Jahrbücher 103 1898, S. 176–181. (zitiert als Buchkremer 1898a) ■ **Buchkremer, J.,** Das Atrium der karolingischen Pfalzkapelle zu Aachen, Zeitschrift des Aachener Geschichtsvereines 20 1898, S. 247–264. (zitiert als Buchkremer 1898b) ■ **Buchkremer, J.** und Mayer, O. E., Altertumsfunde Aachen, Zeitschrift des Aachener Geschichtsvereins 48/49 1926/27, S. 273–284. ■ **Buchkremer, J.,** Archäologische Funde in der Aachener Münsterkirche, Nachrichten-Blatt für Rheinische Heimatpflege 2 1930/31, S. 174–176. ■ **Buchkremer, J.,** Die karolingische Porticus der Aachener Pfalz, Bonner Jahrbücher 149 1949, S. 212–238. (zitiert als Buchkremer 1949a) ■ **Buchkremer, J.,** Die Taufkapelle am Aachener Dom. Eine vorkarolingische Gründung, Bonner Jahrbücher 149 1949, S. 197–211. (zitiert als Buchkremer 1949b) ■ **Buchkremer, J.** und Mayer, O. E., Altertumsfunde Aachen, Zeitschrift des Aachener Geschichtsvereins 46 1924, S. 312–313. ■ **Buck, A.,** Gab es einen Humanismus im Mittelalter?, Romanische Forschungen 75 1963, S. 220. ■ **Buckler, F. W.,** Harunu'l Rashid and Charles the Great, Monographs of the Mediaeval Academy of America in Cambridge 2, Massachusetts 1931. ■ **Bülau,** Deutsche Geschichte in Bildern, 1856. ■ **Busse, H.,** Tempel, Grabeskirche und Haram As-Sharif. Drei Heiligtümer und ihre gegenseitigen Beziehungen in Legende und Wirklichkeit, in: Abhandlungen des deutschen Palästinavereins, hg. von O. Harrassowitz, Wiesbaden 1987. ■ **Capitula de Iudaeis,** MGH LL Capit. 1, ed. A. Boretius, Hannover 1883, S. 258f. ■ **Capitulare de villis,** MGH LL Capit. I, ed. A. Boretius, Hannover 1883, S. 83–91. ■ **Capitulare Haristallense ad 779,** MGH LL Capit. 1, ed. A. Boretius, Hannover 1883, S. 46–51. ■ **Capitulare missorum Aquisgranense alterum ad 809,** MGH LL Capit. 1, ed. A. Boretius, Hannover 1883. ■ **Capitulare missorum Aquisgranense primum ad 810,** MGH LL Capit. 1, ed. A. Boretius, Hannover 1883. ■ **Capitulare missorum generale ad 802,** MGH LL Capit. 1, ed. A. Boretius, Hannover 1883, S. 91–99. ■ **Capitulare missorum Niumagae datum ad 806,** MGH LL Capit. 1, ed. A. Boretius, Hannover 1883, S. 130–132. ■ **Capitulare Monasticum. 817. Iul. 10.** MGH LL Capit. 1, ed. A. Boretius, Hannover 1883. ■ **Capitularia regum Francorum,** MGH LL Capit. 1, ed. A. Boretius, Hannover 1883. Nachdruck 1984. ■ **Caro, G.,** Sozial- und Wirtschaftsgeschichte der Juden im Mittelalter und in der Neuzeit, in: Das frühere und das hohe Mittelalter, Bd. 1, Hildesheim 1964. ■ **Cassanelli, R.** und Carbonell, E., Von Mohammed zu Karl dem Großen, Stuttgart 2001. ■ **Christ, H.,** Die Kapelle des pippinischen Königshofes in Aachen. Erweiterter Sonderdruck aus H. Schiffers, Karls des Großen Reliquienschatz und die Anfänge der Aachenfahrt, Veröffentlichungen des Bischöflichen Diözesanarchivs Aachen 10, Aachen 1965. ■ **Chronicon Moissiacense,** MGH SS 1, ed. G. H. Pertz, Hannover 1826, S. 280–313. ■ **Clarke, T. H.,** The Rhinoceros from Dürer to Stubbs 1515–1799, London 1986. ■ **Classen, P.,** Karl der Große, das Papsttum und Byzanz. Die Begründung des karolingischen Kaisertums, in: Beiträge zur Geschichte und Quellenkunde des Mittelalters 9, Sigmaringen 1985. ■ **Clemen, P.,** Fouilles et explorations dans l'enceinte du palais impérial carolingien et de la cathédrale d'Aix-la-Chapelle, Revue de l'art chrétien 62 1912. ■ **Clot, A.,** Al Andalus. Das maurische Spanien, Düsseldorf/Zürich 2002. ■ **Codex Carolinus,** MGH Epp. Karol. 3, 1, ed. W. Gundlach, 1, Hannover 1892, S. 469–657. ■ **Collins, R.,** The Arab Conquest of Spain, Oxford 1989. ■ **Collins, R.,** Pippin I and the Kingdom of Aquitaine, in: Charlemagne's Heir. New Perspectives on the Reign of Louis the Pious (814–840), hg. v. P. Godman und R. Collins, Oxford 1990, S. 363–389.

■ **Concilia Rispacense,** Frisingense, Salisburgense ad 800, MGH LL Concilia 2,1, ed. A. Werminghoff, Hannover 1906, S. 205–219. ■ **Concilii Nicaeni secundi continuatio,** Sacrorum conciliorum nova et amplissima collectio 13, ed. Johannes Dominicus Mansi, Graz 1960, Sp. 1–810. ■ **Concilium Aquisgranense a. 836,** MGH LL Conc. 2,2, ed. A. Werminghoff, Hannover 1908. ■ **Concilium Aquisgranense a. 817.** Mense Iulio, MGH LL Concilia 2,1, ed. A. Werminghoff., Hannover 1906. ■ **Concilium Foroiuliense ad 796/797,** MGH LL Concilia 2,1, ed. A. Werminghoff, Hannover 1906. ■ **Costa, A. F.** da, Les déambulations du rhinocéros de Modofar, Roi de Cambaye de 1514 à 1516, Lisboa 1937. ■ **Coudenhove-Kalergi,** R. N., Pan-Europa, Wien-Leipzig 1924 (3. Aufl.). ■ **Coudenhove-Kalergi, R. N.,** Weltmacht Europa, Stuttgart 1971. ■ **Craemer, U.,** Das Hospital als Bautyp des Mittelalters, Köln 1963. ■ **Cruz Hernández, M.,** El Islam de Al-Andalus. Historia y estructura de su realidad social, Madrid 1992. ■ **Cüppers, H.,** Beiträge zur Geschichte des römischen Kur- und Badeortes Aachen, in: Aquae Granni. Beiträge zur Archäologie von Aachen, Rheinische Ausgrabungen 22, Köln/Bonn 1982, S. 1–75. ■ **Curtius, A.,** Albrecht Dürer in Aachen 1520, Zeitschrift des Aachener Geschichtsvereins 9 1887, S. 144–169. ■ **d'Abadal i de Vinyals, R.,** Catalunya Carolíngia I, El domini carolíngi a Catalunya, hg. von J. Sobrequés i Callicó, Barcelona 1986. ■ **d'Aix, A.,** Recueil des Historiens des Croisades. Historiens Occidentaux, Bd. III, S. 520–521. ■ **Däntl, A.,** Walahfrid Strabos Widmungsgedicht an die Kaiserin Judith und die Theoderichstatue vor der Kaiserpfalz zu Aachen, Zeitschrift des Aachener Geschichtsvereins 52 1930, S. 1–38. ■ **Delassus, J.-F.,** »Das Zeitalter Karls des Großen – Ich, Karl der Große«, in: TV-Programm »arte« 2002. ■ **Depping G.-B.,** Pièces inédites des XIIIe XIVe XVe siècles provenant de l'ancienne Chambre des comptes de Paris, Mémoires de la Société royale des Antiquaires de Paris, Bd. XVIII, (2e série), 1846. ■ **Deswarte, S.,** Il »Perfetto Corteggiano« D. Miguel da Silva, Rom 1989. ■ **Deswarte, S.,** Ideias e imagens em Portugal na época dos descobrimentos, Lissabon 1992. ■ **Dicuili liber de mensura orbis terrae,** hg. von J. J. Tierney, Scriptores latini Hiberniae 6, Dublin 1967. ■ **Die Ausgrabungen im Münster-Inneren,** Berichte des Karlsvereines 67 1914, S. 30–41. ■ **Donner, H.,** Pilgerfahrt ins Heilige Land, Stuttgart 1979. ■ **Drews, W.,** Juden und Judentum bei Isidor von Sevilla. Studien zum Traktat De fide catholica contra Judaeos, Berlin 2001. ■ **Ducket, E. S.,** Alcuin, Friend of Charlemagne, New-York 1951. ■ **Duft, J.,** (Hg.), Studien zum St. Galler Klosterplan, in: Mitteilungen zur Vaterländischen Geschichte 42, St. Gallen 1962. ■ **Duft, J.,** Notker der Arzt. Klostermedizin und Mönchsarzt im frühmittelalterlichen St. Gallen, St. Gallen 1972. ■ **Duft, J.,** Der karolingische Klosterplan in der Stiftsbibliothek St. Gallen, Rosschach 1998. ■ **Dupont, A.,** Les Cités de la Narbonnaise première depuis les invasions germaniques jusqu'à la fin du XIIIe siecle, Nimes 1942. ■ **Durliat, M.,** Die Kunst des frühen Mittelalters, Freiburg 1987. ■ **Ebert, A.,** Allgemeine Geschichte der Literatur des Mittelalters im Abendlande, Bd. 2, Graz 1971. ■ **Einhardi Vita Karoli Magni,** Das Leben Karls des Großen. Lateinisch / deutsch, übers. v. E. Scherabon Firchow, Stuttgart 1995. ■ **Epistolae Karolini aevi,** MGH Epp. IV, ed. E. Dümmler und E. Perels, Hannover 1902–1925, Nachdruck 1995. ■ **Erdmann, C.,** Das Ottonische Reich als Imperium Romanum, Deutsches Archiv 6 1943, S. 412–442. ■ **Erdmann, C.,** Forschungen zur politischen Ideenwelt des Frühmittelalters. Aus dem Nachlaß des Verfassers, hg. v. F. Baethgen, Berlin 1951. ■ **Erkens, F.-R.,** Karolus Magnus – Pater Europae?, in: 799 – Kunst und Kultur der Karolingerzeit, Bd. I, Paderborn 1999, S. 2ff. ■ **Ermoldus Nigellus,** Carmen in honorem Hludowici, MGH Poet. Lat. 2, ed. E. Dümmler, Berlin 1884, S. 5–79. ■ **Faber, R.,** Politische Idyllik. Zur sozialen Mythologie Arkadiens, Stuttgart 1977. ■ **Faber, R.,** Von Aachen nach Jerusalem – und nicht wieder zurück. Zum 100. Geburtstag von Ludwig Strauß, Zeitschrift für Religions- und Geistesgeschichte 45 1993, S. 152–67. ■ **Falkenstein, L.,** Der »Lateran« der karolingischen Pfalz zu Aachen, Kölner Historische Abhandlungen 13, Köln/Graz 1966. ■ **Falkenstein, L.,** Zwischenbilanz zur Aachener Pfalzenforschung. Kritische Bemerkungen zu Forschungsberichten über die Aachener Pfalz im Sammelwerk »Karl der Große – Lebenswerk und Nachleben«, Zeitschrift des Aachener Geschichtsvereins 80 1970, S. 7–71. ■ **Favier, J.,** Charlemagne, Paris 1999. ■ **Faymonville, K.,** Die Kunstdenkmäler der Stadt Aachen 1. Das Münster zu Aachen, Kunstdenkmäler der Rheinprovinz X,1, Düsseldorf 1916. ■ **Faymonville, K.;** Laurent, J.; Pick, R. und Schmid-Burgk, M., Die Kunstdenkmäler der Stadt Aachen 3. Die profanen Denkmäler und die Sammlungen der Stadt Aachen, Kunstdenkmäler der Rheinprovinz X, Düsseldorf 1924. ■ **Ferronha, A. L.,** A Fauna exotica dos descobrimentos, Lissabon 1993. ■ **Festschrift** Deutsch-arabische Gesellschaft 1966–1996, Berlin 1996. ■ **Feuster, G.,** Das Aachener Karlsepos – ein Epos auf Karl den Kaiser, in: Der verschleierte Karl, hg. von M. Kerner, Aachen 1999, S. 91–113. ■ **Fischer, B.,** Bibeltext und Bibelreform unter Karl dem Großen, in: Karl der

Große – Lebenswerk und Nachleben, hg. von W. Braunfels, 5 Bde., Düsseldorf 1965–68, Bd. 2, S. 156–216. ■ **Flach, D.,** Untersuchungen zur Verfassung und Verwaltung des Aachener Reichsgutes von der Karlingerzeit bis zur Mitte des 14. Jahrhunderts, Veröffentlichungen des Max-Planck-Instituts für Geschichte, Bd. 46, Göttingen 1976. ■ **Fleckenstein, J.,** Die Bildungsreform Karls des Großen als Verwirklichung der »norma rectitudinis«, Freiburg i. Br. 1953. ■ **Fleckenstein, J.,** Die Hofkapelle der deutschen Könige. Grundlegung. Die karolingische Hofkapelle, Schriften der Monumenta Germaniae Historia 16.1, Bd. 1, Stuttgart 1959. ■ **Fleckenstein, J.,** Karl der Große und sein Hof, in: Karl der Große – Lebenswerk und Nachleben, hg. von W. Braunfels, 5 Bde., Düsseldorf 1965–68, Bd. 1, S. 24–50. ■ **Folz, R.,** Le Souvenir et la Légende de Charlemagne dans l'Empire germanique médiéval, Genf 1973. (Paris 1950) ■ **Franzen, J.** und Päffgen, B., Untersuchungen im Nordwestbereich des Aachener Domhofes, Archäologie im Rheinland 1989, Köln/Bonn 1990, S. 98–101. ■ **Fumagalli, V.,** Wenn der Himmel sich verdunkelt. Lebensgefühl im Mittelalter, Berlin 1987. ■ **Fusenig, A.,** Der verschleierte Karl der Große zwischen Mythos und deutscher Revolution – Die Rethelfresken, in: Der verschleierte Karl, hg. von M. Kerner, Aachen 1999, S. 379–396. ■ **Fusenig, A.,** Karl der Große zwischen »Historie« und »Nationalmythos« – Das Karlsbild des 19. Jahrhunderts am Beispiel der Karlsfresken im Aachener Rathaus (1839 – 61), M.A., Aachen 1999. ■ **Gaon, I. S.,** Der Brief des Chérira, hg. von B. N. Lévin, Haifa 1926. ■ **Gedichte Theodulfs von Orléans,** hg. von E. Dümmler, Monumenta Germaniae historica, Poetae aevi karo ini I, Berlin 1881. ■ **Geisel, Ch.,** Die Juden im Frankenreich. Von den Merowingern bis zum Tode Ludwigs des Frommen, in: Freiburger Beiträge zur Mittelalterlichen Geschichte 10, Frankfurt a. M. 1998. ■ **George, S.,** Das neue Reich, Berlin 1928. ■ **Gerhards, A.,** Die Chance im Konflikt. Der Maler Herbert Falken und die Theologie, Regensburg 1999. ■ **Gesta Karoli Magni** ad Carcassonam et Narbonam, hg. von F. E. Schneegans, Romanische Bibliothek, Bd. XV, Halle 1898, S. 179 ■ **Gois, D. de,** Crónica do felicissimo Rei D. Manuel, Coimbra 1955. ■ **Goldzieher, I.,** Az iszlám története, Geschichte des Islams, Budapest 2000. ■ **Grabois, A.,** Charlemagne, Rome and Jerusalem, in: Revue belge de philologie et d'histoire LIX 1981, S. 793–809. ■ **Graetz, H.,** Geschichte der Juden, Bd. 5, Vom Abschluss des Talmuds (500) bis zum Aufblühen der jüdisch-spanischen Kultur (1027), Leipzig 1909, Nachdruck Berlin 1998. ■ **Gröning, K.** und Saller, M., Der Elefant in Natur und Kulturgeschichte, Köln 1998. ■ **Grossman, G.-C.,** Jewish Art, New York 1995. ■ **Günther, E.,** Die Faszination des Fremden. Der malerische Orientalismus in Deutschland, Münster 1990. ■ **Gussone, N.,** Ritus, Recht und Geschichtsbewußtsein. Thron und Krone in der Tradition Karls des Großen, in: Krönungen, Könige in Aachen – Geschichte und Mythos. Ausstellungskatalog, hg. von M. Kramp, Mainz 2000. ■ **Haagen, F.,** Karls des Großen letzte Tage und Grab, Aachen 1866. ■ **Habermann, A. M.,** Sefer g'zeiroth Ashkénaz ve-Tsarfath, Jerusalem 1945. ■ **Habsburg, O.,** Idee Europa – Angebot der Freiheit, München 1977[2]. ■ **Haecker, Th.,** Werke 2, München 1959. ■ **Haecker, Th.,** Werke 5, München 1967. ■ **Haeser, H.,** Geschichte der christlichen Krankenpflege und der Pflegegesellschaften, Berlin 1857. ■ **Hägermann, D.,** Karl der Grosse. Herrscher des Abendlandes Berlin/München 2000. ■ **Ha-kabalah, S.,** Das Buch der Überlieferung, von Abraham ben David aus Toledo ■ **Halphen, L.,** Charlemagne et l'Empire carolingien, Paris 1949. ■ **Harten, D.,** Die Wortbrüchigkeit der Bilder. in: Kat. Israelische Kunst um 1990, Düsseldorf/Moskau/Jerusalem 1991/92. ■ **Hattstein, M.** und **Delius, P.,** Islam. Kunst und Architektur, Köln 2000. ■ **Hauck, K.,** Tiergärten im Pfalzbreich, in: Veröffentlichungen des Max-Planck-Instituts für Geschichte, Bd. 11/1, Deutsche Königspfalzen, Beiträge zu historischen und archäologischen Erforschung, Bd. 1, Göttingen 1963, S. 30–74. ■ **Hausenstein, W.,** Pariser Erinnerungen aus fünf Jahren diplomatischen Dienstes 1950–1955, München 1961. ■ **Hecht, K.,** St. Galler Kosterplan und Vogelschau-Rekonstruktion des Planklosters (nach Lasius 1876), Wiesbaden 1997. ■ **Heckner, U.** und Schaab, Ch., Die Außenfassung der Pfalzkapelle: historische Quellen und neue Befunde, Denkmalpflege Rheinland 16 1999, S. 74–80. ■ **Heckscher, W. S.,** Bernini's Elephant and Obelisk, The Art Bulletin, September 1947, S. 155–182. ■ **Heer, Fr.,** Der Aufgang Europas. Eine Studie zu den Zusammenhängen zwischen politischer Religiosität, Frömmigkeitsstil und dem Werden Europas im 12. Jahrhundert, Wien-Zürich 1949. (zitiert mit Heer 1949a) ■ **Heer, Fr.,** Gespräch der Feinde, Wien 1949. (zitiert mit Heer 1949b) ■ **Heer, Fr.,** Das Experiment Europa. Tausend Jahre Christenheit, Einsiedeln 1952[2]. ■ **Heer, Fr.,** Das Heilige Römische Reich, Bern/München/Wien 1967. ■ **Heer, Fr.,** Der Glaube des Adolf Hitler. Anatomie einer politischen Religiosität, München/Esslingen 1968. ■ **Heil, W.,** Der Adoptianismus. Alkuin und Spanien, in: Karl der Große – Lebenswerk und Nachleben, hg. von W. Braunfels, 5 Bde., Düsseldorf 1965–68, Bd. 2, S. 96–155. ■ **Herbers, K.,** Karl der Große und Spanien – Realität und Fiktion, in: Karl der Große und sein Schrein in Aachen, hg. von H. Müllejans, Aachen 1988, S. 47–55. ■ **Herbers, K.,** Die Stadt Rom und die Päpste von der Spätantike bis zum 9. Jahrhundert, in: 799 – Kunst und Kultur der Karolingerzeit, Bd. II, Paderborn 1999, S. 594ff. ■ **Hielscher, Fr.,** Fünfzig Jahre unter Deutschen, Hamburg 1954. ■ **Higounet, Ch.,** Un gran chapitre de l'histoire du XIIe siècle. La rivalité des maisons de Toulouse et de Barcelone pour la prépondérance méridionale, in: Mélanges Halphen, Paris 1951, S. 313–322. ■ **Hoeps, R.,** Bild und Ikonoklasmus, in: ... kein Bildnis machen, hg. von Ch. Dohmen und T. Sternberg, Würzburg 1987. ■ **Hoffmann, H.,** Die Aachener Theoderichstatue, in: Das erste Jahrtausend. Kultur und Kunst im werdenden Abendland an Rhein und Ruhr, hg. von V. H. Elbern, Bd. 1, Düsseldorf 1965, S. 318–335. ■ **Hollstein, E.,** Mitteleuropäische Eichenringchronologie, Trierer Grabungen und Forschungen 11, Trier 1980. ■ **Horch, H. O.,** Ungleiche Welten. Ludwig Strauß im Briefwechsel mit Hans Carossa, in: Jüdischer Almanach 1993, Frankfurt a.M. 1992. ■ **Hrabanus Maurus** an Ludwig den Frommen, MGH Epistolae Karoli Aevi V, S. 403. ■ **Hrabanus Maurus,** De institutione clericorum, Migne PL 107, Paris 1864. ■ **Hugot, L.,** Die Königshalle Karls des Großen in Aachen, Aachener Kunstblätter 30 1965, S. 38–48. (zitiert als Hugot 1965a) ■ **Hugot, L.,** Die Pfalz Karls des Großen in Aachen, in: Karl der Große – Lebenswerk und Nachleben, hg. von W. Braunfels, 5 Bde., Düsseldorf 1965–68, Bd. 3, S. 534–574. (zitiert als Hugot 1965b) ■ **Hugot, L.,** Der Wohnbau Karls des Großen in der Kaiserpfalz zu Aachen, Das Rheinische Landesmuseum 1,69 1969, S. 9–11. ■ **Hugot, L.,** Bautätigkeit und archäologische Beobachtungen am Dom vom 1.4.1974 bis 31.12.1975, Berichte des Karlsvereins 127/128 1974/75, S. 5–48. ■ **Hugot, L.,** Ein römischer Figurentorso, Aachener Kunstblätter 49 1980/81, S. 7–13. ■ **Hugot L.** und Oellers, A. C., Die karolingische Pfalzanlage von Aachen, Aachen im Bild IX, Museum Burg Frankenberg, Aachen 1981. ■ **Hugot, L.,** Baugeschichtliches zum Grab Karls des Großen, Aachener Kunstblätter 52 1984, S. 13–28. ■ **Huyskens, A.,** Aachen zur Karolingerzeit. Aachen zum Jahre 1951, Rheinischer Verein für Denkmalpflege und Heimatschutz 1951, S. 27–44. ■ **Jacob, E. G.,** Grundzüge der Geschichte Portugals und seiner Übersee-Provinzen, Darmstadt 1969. ■ **Jacobsen, W.,** Der Plan von St. Gallen und die karolingische Architektur. Entwicklung und Wandel von Form und Bedeutung im fränkischen Kirchenbau zwischen 751 und 840, Berlin 1992. ■ **Jacobsen, W.,** Schaefer, L. und Sennhauser, H. R., Vorromanische Kirchenbauten, Nachtragsband, Veröffentlichungen des Zentralinstituts für Kunstgeschichte München III/2, München 1991. ■ **Jetter, D.,** Die ersten Einrichtungen für Arme und Kranke in Westeuropa. Hospitäler aus der Zeit der Merowinger und Karolinger (481–751–987), Sudhoffs Arch. Gesch. Med. Naturw. 55 1971. ■ **Jost, D.,** Ludwig Derleth. Gestalt und Leistung, Stuttgart 1965. ■ **Julius, A.,** Idolizing pictures. Idolatry, iconoclasm and Jewish art, London 2001. ■ **Jung, J.,** Das Infirmarium im Bauriß des Klosters von St. Gallen, Generus 6 1949. ■ **Kaemmerer, W.,** Die Aachener Pfalz Karls des Großen, in: Karl der Große – Lebenswerk und Nachleben, hg. von W. Braunfels, 5 Bde., Düsseldorf 1965–68, Bd. 1, S. 321–348. ■ **Kaemmerer, W.,** Aachener Quellentexte, in: Veröffentlichungen des Stadtarchivs Aachen, Bd. 1, Aachen 1980. ■ **Käntzeler, P. St.,** Die neuesten Nachgrabungen in der Aachener Münsterkirche zur Auffindung der Gruft Karls des Großen, Bonner Jahrbücher 33/34 1863, S. 206–223. ■ **Käntzeler, P. St.,** von Quast und Cremer, Der angebliche Grabstein Carls des Großen, Bonner Jahrbücher 42 1867, S. 143–167. ■ **Karolus Magnus et Leo papa.** Ein Paderborner Epos vom Jahr 799, hg. und übers. von F. Brunhölzl, in: Studien und Quellen zur westfälischen Geschichte, Bd. 8, Paderborn 1966. ■ **Kat. 799 – Kunst und Kultur der Karolingerzeit,** 3 Bde., Paderborn 1999. ■ **Kat. Ambivalenzen.** Zeitgenössische jüdische Künstlerinnen in Deutschland, frauenmuseum Bonn 2002. ■ **Kat. Apokalypse,** Ludwigshafen 1985. ■ **Kat. Arte Islamico en Granada** – Propuesta para un Museo de la Alhambra, Granada 1995. ■ **Kat. Bilder sind nicht verboten,** Düsseldorf 1982. ■ **Kat. Chilufim,** Jerusalem, Bonn, Krefeld 2002/3. ■ **Kat. Desert cliché,** Israel Now-Local Images, The Bass Museum of Art Miami/Grey Art Gallery, New York 1997. ■ **Kat. Die Aachener Heiligtumsfahrt,** Museum Burg Frankenberg, Aachen 1993. ■ **Kat. Die Künste am Hofe Karls des Großen,** Aachen 2000. ■ **Kat. Die Reise nach Jerusalem,** Berlin 1995/1996. ■ **Kat. DisORIENTation,** Haus der Kulturen der Welt, Berlin 2003. ■ **Kat. Ecclesia und Synagoge.** Judentum in der christlichen Kunst, Essen/Saarbrücken 1993. ■ **Kat. El legado cientifico andalusi,** Mardid 1992. ■ **Kat. El esplendor de los Omeyas cordobeses,** 2 Bde., Granada 2001. ■ **Kat. Entre le Tigre et l'Euphrate,** Paris 1989. ■ **Kat. Exotische Welten – europäische Phantasien,** Stuttgart 1987. ■ **Kat. Fuente, Juan de la Cruz 1542–1591.** Bildende Künstler zu Ehren Johannes vom Kreuz, Amsterdam 1991. ■ **Kat. Glaube und Wissen im Mittelalter,** Dom- und Diözesanbibliothek Köln 1998. ■ **Kat. Heimat-**

Kunst, Haus der Kulturen der Welt, Berlin 2000. ■ **Kat. Hochrenaissance im Vatikan,** Kunst- und Ausstellungshalle der Bundesrepublik, Bonn 1999. ■ **Kat. Iconoclash,** ZKM Karlsruhe 2002. ■ **Kat. Israelische Kunst um 1990,** Düsseldorf/Moskau/Jerusalem 1991/92 ■ **Kat. Karl der Große. Werk und Wirkung,** Aachen 1965. ■ **Kat. Krönungen. Könige in Aachen.** Geschichte und Mythos, 2 Bde., Aachen 2000. ■ **Kat. Monumenta Judaica.** 2000 Jahre Geschichte und Kultur der Juden am Rhein, Köln 1964. ■ **Kat. Museum und Kirche.** Religiöse Aspekte moderner Kunst, Duisburg 1991. ■ **Kat. Neue palästinensische Kunst,** fa 2002. ■ **Kat. Oekonomie der Zeit,** Berlin/Köln 2002. ■ **Kat. Orientalismos, Una aproximación contemporánea,** San Sebastian 1998. ■ **Kat. Ornament und Abstraktion,** Fondation Beyeler, Basel 2001. ■ **Kat. Piero della Francesca à Rimini,** Sala delle Colonne, Bologna 1984. ■ **Kat. Re-Thinking.** Neue Kunst aus Israel, Ifa 2001. ■ **Kat. Rhein und Maas.** Kunst und Kultur 800–1400, Köln 1972/73. ■ **Kat. Ronald B. Kitaj,** Hannover 1998. ■ **Kat. Sigismondo Pandolfo Malatesta e il suo tempo,** Palazzo dell'Arengo, Rimini 1970. ■ **Kat. WegZiehen.** Der weibliche Blick auf Migration in Kunst und Wissenschaft, frauenmuseum, Bonn 2001/02. ■ **Kat. Werdendes Abendland an Rhein und Ruhr,** Essen 1956. ■ **Keil, G.,** Möglichkeiten und Grenzen frühmittelalterlicher Medizin, in: Das Lorscher Arzneibuch und die frühmittelalterliche Medizin, hg. v. G. Keil und P. Schnitzer, Lorsch 1991, S. 219–252. ■ **Kelleter, H.,** Vorkarolingische Bauten zu Aachen, Korrespondenzblatt der Westdeutschen Zeitschrift 14 1895, S. 6–12. ■ **Kennedy, H.,** The early abbasid caliphate, Kent 1981. ■ **Keppels, J.** und Murken, A. H., Das Hospital zur Karolingerzeit, in: Die Künste am Hof Karls des Großen, Artes liberales et artes mechanicae, hg. von M. Jansen und F. Pohle, Aachen 2000. ■ **Keppels, J.,** Ein Hospital am Aachener Dom zur Zeit Karls des Großen? Vortragsmanuskript, Aachen 2002. ■ **Kerner, M.,** Karl der Große und Spanien – Zur Geschichte einer Legende. in: Die Säule am Rande des Kontinents. Die europäische Bedeutung spanischer Geschichte, Kultur und Politik, Aachen 1993, S. 57–83. ■ **Kerner, M.,** Karl der Große. Entschleierung eines Mythos, Köln/Weimar/Wien 2000. ■ **Khatibi, A.,** Die Kunst der islamischen Kalligraphie. Köln 1995. ■ **Kisch, G.,** The Jews in Medieval Germany, Chicago 1949. ■ **Kleinbauer, W. E.,** The Anastasis Rotunda and Christian Architectural Invention, in: Jewish Art, Vol. 23/24, 1997/98. ■ **Kloft, M. Th.,** Der spanische Adoptianismus, in: 794 – Karl der Große in Frankfurt am Main, Ein König bei der Arbeit, hg. von J. Fried, Sigmaringen 1994, S. 56–57. ■ **Koch, W. M.,** Aachen – erste Ergebnisse einer Stadtarchäologie, in: Dörfer und Städte, Ausgrabungen im Rheinland 85/86, Köln/Bonn 1987, S. 95–104. ■ **Koch, W. M.,** Archäologischer Bericht für die Jahre 1985/86 im Gebiet der Stadt Aachen, Zeitschrift des Aachener Geschichtsvereins 93 1986, S. 191–223. ■ **Kötzsche, L.,** Das heilige Grab in Jerusalem und seine Nachfolge, in: Kat. Reise nach Jerusalem, S. 64ff. ■ **Kováks, E.,** L'orfèvrerie parisenne aux 14e et 15ve siècles Le mécanisme du luxe à la cour des Valois, Kapitel XI. ■ **Kraft, W.,** Ludwig Strauß, in: Rheinische Lebensbilder, Bd. 4, Düsseldorf 1970, S. 296. ■ **Kreusch, F.,** Wiederaufbau des Domes und geschichtliche Funde, Zeitschrift des Rheinischen Vereins Denkmalpflege und Heimatschutz 1951, S. 106–115. ■ **Kreusch, F.,** Die neue Bischofsgruft am Aachener Dom. Mit Beiträgen von W. Lehmbruck und L. Hugot, Zeitschrift des Aachener Geschichtsvereins 68 1956, S. 413–433. ■ **Kreusch, F.,** Über Pfalzkapelle und Atrium zur Zeit Karls des Großen. Dom zu Aachen, Beiträge zur Baugeschichte 4, Aachen 1958. ■ **Kreusch, F.,** Die Archäologie am Aachener Dom, in: Kirche und Burg in der Archäologie des Rheinlandes. Katalog zur Ausstellung im Rheinischen Landesmuseum Bonn, Kunst u. Altertum Rheinland 8, Düsseldorf 1962, S. 27–44. ■ **Kreusch, F.,** Kirche, Atrium und Portikus der Aachener Pfalz, in: Karl der Große – Lebenswerk und Nachleben, hg. von W. Braunfels, 5 Bde., Düsseldorf 1965–68, Bd. 3, S. 463–533. ■ **Kreusch, F.,** Im Louvre wiedergefundene Kapitelle und Bronzebasen aus der Pfalzkirche Karls des Großen zu Aachen, Cahiers Archéologiques 18 1968, S. 71–98. ■ **Kreusch, F.,** Wiederherstellungsarbeiten und baugeschichtliche Beobachtungen am Dom in den Jahren 1969–1970, Berichte des Karlsvereins 122/123 1969/70, S. 5–27. ■ **Kreusch, F.,** Wiederherstellungsarbeiten und baugeschichtliche Beobachtungen am Dom 1973–31.3.1974, Berichte des Karlsvereins 126/127 1973/74, S. 3–36. ■ **Krüger, J.,** Die Grabeskirche zu Jerusalem, Regensburg 2000. ■ **Kubach, H. E.** und Verbeek, A., Romanische Baukunst an Rhein und Maas, Berlin 1976f. ■ **Kühnel, G.,** Aachen, Byzanz und die frühislamische Architektur im heiligen Land, in: Studien zur byzantinischen Kunstgeschichte, Festschrift für Horst Hallensleben, hg. von B. Borkopp; B. Schellewald und L. Theis, Amsterdam 1995. ■ **L'Histoire Littéraire de France,** Bd. XXVII, S. 561. ■ **Laborde, J.,** Notice des émaux, bijoux et objets divers, exposés dans les galeries du Musée du Louvre Ière partie, Documents et glossaire, IIe partie, Paris 1953. ■ **Lach, D. F.,** Asia in the making of Europe, Chicago 1965.

■ **Langosch, K.,** Die Deutsche Literatur des Mittelalters, Berlin 1953. ■ **Langosch, K.,** Mittellatein und Europa. Einführung in die Hauptliteratur des Mittelalters, Darmstadt 1990. ■ **Laurent, J.,** Baugeschichte des Rathauses vom Jahre 1840 bis zu seiner Vollendung 1901, in: R. Pick und J. Laurent, Das Rathaus zu Aachen, Geschichte und Baugeschichte, Aachen 1914, S. 141–221. ■ **Le Fort, G. von,** Hymnen an Deutschland, München 1932. ■ **Lehmann, P.,** Das literarische Bild Karls des Großen vornehmlich im lateinischen Schrifttum des Mittelalters, in: Lehmann, P., Erforschung des Mittelalters. Ausgewählte Abhandlungen und Aufsätze, Bd. 1, unveränderter Nachdruck von 1941, Stuttgart 1959, S. 154–207. ■ **Lehmbruck, W.,** Erste Hinweise auf jüngste archäologische Funde in Aachen, Zeitschrift des Aachener Geschichtsvereins 66/67 1954/55, S. 390–393. ■ **Lentzen, V.,** Sprache und Schweigen nach Auschwitz, in: W. Lesch, Theologie und ästhetische Erfahrung, Darmstadt 1994. ■ **Léonard, E.,** Catalogue des actes de Raimond V. compte de Toulouse, Nimes 1932. ■ **Lévezon de, A.,** Dictionnaire d'histoire et de géographie ecclésiastique, Bd. IV, S. 430–432. ■ **Lévi, I.,** Le roi juif de Narbonne et le Philomène, Revue des Etudes Juives XLVIII 1904, S. 197 – 203. ■ **Levy, R.,** Zacuto's Astronomical Activity, Jewish Quaterly Review 1935–1936, S. 385 ff. ■ **Lewis, B.,** Die Juden in der islamischen Welt. Vom frühen Mittelalter bis ins 20. Jahrhundert, München 1987. ■ **Lightbown, R. W.,** Medieval European Jewellery, London 1992. ■ **Linder, A.,** The Jews in Legal Sources of the Early Middle Ages, Detroit/Jerusalem 1997. ■ **Lindgren, U.,** Europäische Technik im Mittelalter 800–1200, Berlin 1996. ■ **Lindner, K.,** Die Jagd im frühen Mittelalter, Berlin 1940. ■ **Loisel, G.,** Histoire des ménageries, Paris 1912. ■ **Lot, F.,** Etudes sur les Légendes épiques, Paris 1958. ■ **Lotter, F.,** Die Juden in ihrer mittelalterlichen Umwelt, Aschkenas 4 1994, S. 175–190. ■ **Lucas, C.,** The Hidden Imam, in: Kat. Iconoclash, ZKM Karlsruhe 2002, S. 224ff. ■ **Luchaire, A.,** preuves 618, in: Catalogue des actes de Louis VII, No. 387. ■ **Lutz, H.,** Kirchliche Erneuerung und deutsche Schicksale, Burgbrief 1, 1970, S. 23. ■ **MacKinney, L. C.,** Early medieval Medicine, Baltimore 1987. ■ **Makki, M.,** The Political History of al-Andalus 92/711–897/1492, in: The Legacy of Muslim Spain, hg. von S. K. Jayyusi, Vol. I, Leyden/New York/Köln 1994, S. 3–87. ■ **Manitius, M.,** Geschichte der lateinischen Literatur des Mittelalters. Von Justinian bis zur Mitte des zehnten Jahrhunderts, München 1951. ■ **Mann, A.,** Vicus Aquensis. Der karolingische Ort Aachen, in: Bau- u. kunstgeschichtliche Lehrstoffe 3, Aachen 1984. ■ **Martin, J.-H.,** Visuelle Schocks als Katalysator. Vorgespräch zur Ausstellung Magiciens de la terre, in: Kunstforum 118, 1992. ■ **Mayer, O. E.,** Beiträge zur Frühgeschichte Aachens, Nachrichten-Blatt für Rheinische Heimatpflege 2 1930/31, S. 5–7. ■ **Meckseper, C.,** Das »Tor- und Gerichtsgebäude« der Pfalz Karls d. Gr. in Aachen, in: Architektur und Kunst im Abendland, hg. von M. Jansen und K. Winands, Festschrift G. Urban, Rom 1992, S. 105–113. ■ **Medieval Jewish Chronicles,** hg. von A. Neubauer, Bd. I, Oxford 1887. ■ **Meffert, F.,** Caritas und Krankenwesen bis zum Ausgang des Mittelalters, 2 Bde., Freiburg i. Br. 1925–1927. ■ **Mège du,** Mémoire sur quelques inscriptions hébraiques à Narbonne, in: Mémoires de la Société royale des Antiquaires de France, VIII 1829, S. 340. ■ **Mège du,** Mémoires de la Société Royale des Antiquaires de France, VIII, 1829. ■ **Metz, W.,** Die Agrarwirtschaft im karolingischen Reiche, in: Karl der Große – Lebenswerk und Nachleben, hg. von W. Braunfels, 5 Bde., Düsseldorf 1965–68, Bd. 1, S. 489–500. ■ **Metz, W.,** Zur Erforschung des karolingischen Reichsgutes, Darmstadt 1971. ■ **Meyer, L.-H.,** Karolingische Gerüstlöcher im Mauerwerk des Rathauses, Denkmalpflege Rheinland 17 2000, S. 186. ■ **Moenius, G.,** Der neue Weltmonarch, Westheim bei Augsburg 1948. ■ **Mohr, W.,** Christlich-alttestamentarisches Gedankengut in der Entwicklung des karolingischen Kaisertums, in: Judentum im Mittelalter. Beiträge zum christlich-jüdischen Gespräch, hg. von P. Wilpert, Miscellanea Mediaevalia 4, Berlin 1966, S. 382–409. ■ **Müller, S.,** Defensor et Patronus Ecclesiae – Karl der Große im Spiegel der Aachener Karlslegende, in: Der verschleierte Karl, hg. von M. Kerner, Aachen 1999, S. 277–286. ■ **Münzer,** Relacion del viaje, in: Viajes de extranjeros por España y Portugal, hg. von G. Mercadal, Madrid, 1952. ■ **Munter, F.,** Recherches sur l'origine des Ordres de Chevalerie du royaume Dannemarc, Kopenhagen 1822. ■ **Murken, A. H.,** Die bauliche Entwicklung des deutschen Allgemeinen Krankenhauses im 19. Jahrhundert, Göttingen 1979. ■ **Murken, A. H.,** Die Geschichte des Leprosoriums Melaten in Aachen vom Mittelalter bis zum Beginn der Neuzeit. 300 Jahre geschlossene Anstaltspflege für die Aussätzigen, in: Lepra – Gestern und Heute. 15 wissenschaftliche Essays zur Geschichte und Gegenwart einer Menschheitsseuche, hg. von R. Toellner, Münster 1992. ■ **Murken, A. H.,** Krankenpflege unter dem Banner des Malteserkreuzes. Zur Geschichte des Johanniter- und Malteserordens (1099–1798) und ihrer Hospitäler, in: Historia Hospitalium 20, hg. von A. H. Murken 1995–97. ■ **Nagel, H.,** Karl der Große und die theologischen Herausforderungen seiner Zeit. Zur

Wechselwirkung zwischen Theologie und Politik im Zeitalter des großen Frankenherrschers, in: Freiburger Beiträge zur mittelalterlichen Geschichte 12, Frankfurt a. M. 1998. ■ **Nagel, T.,** Die islamische Welt bis 1500, OGG 24, München 1998. ■ **Narbonne A. de,** Société des Anciens Textes Francais, hg. von L. Demaison, Bd. II, 1887, S. 690 ff. ■ **Naredi-Rainer, P. von,** Salomos Tempel und das Abendland, Köln 1994. ■ **Neubauer, A.,** Documents sur Narbonne, Revue des Etudes Juives X 1885, S. 98–99. ■ **Newman, N. A.,** The early christian-muslim dialogue. A collection of documents from the first three islamic century (632–900 A.D.), Translations with commentary, Hatfield (Pennsylvania) 1993. ■ **Niehoff, F.,** Umbilicus mundi – Der Nabel der Welt. Jerusalem und das Heilige Grab im Spiegel von Pilgerberichten und -karten, Kreuzzügen und Reliquiaren, in: Kat. Ornamenta Ecclesiae. Kunst und Künstler der Romanik, Bd. 3, Köln 1985, S. 53ff. ■ **Noethlichs, K. L.,** Die Juden im christlichen Imperium Romanum (4.–6. Jh.), Berlin 2001. ■ **Notkeri Balbuli Gesta Karoli Magni imperatoris,** in: Quellen zur Karolingischen Reichsgeschichte. Ausgewählte Quellen zur Geschichte des Mittelalters, hg. von R. Büchner, Bd. 7, Darmstadt 1975. ■ **Oellers, A. C.,** Die Aachener Heiligtumsfahrt. Ein Rundgang durch die Sammlungen des stadtgeschichtlichen Museums Burg Frankenberg, Aachen 1986. ■ **Oellers, A. C.,** Uebergaenge – Beiträge zur Kunst und Architektur im Rheinland, Alfter 1993. ■ **Oettermann, S.,** Die Elephantographia curiosa, Frankfurt a. M. 1982. ■ **Orlandi, E.,** Karl der Große, Verona/Wiesbaden 1968. ■ **Osman, N.,** Kleines Lexikon deutscher Wörter arabischer Herkunft, München 2002. ■ **Österreich, O. von** (O. Habsburg), Donau-Europa und Rhein-Europa, Neues Abendland 11 1956, S. 321. ■ **Oswald, F.;** Schaefer, L. und Sennhauser, H. R., Vorromanische Kirchenbauten. Katalog bis zum Ausgang der Ottonen, Veröffentlichungen des Zentralinstuts für Kunstgeschichte München III, München 1966. ■ **Pannwitz, R.,** Flugblätter 1–8, Flugblatt 3, Nürnberg 1919/20. ■ **Paris, G.,** Histoire poétique de Charlemagne, Paris 1863. ■ **Peters F. E.,** Jerusalem. The Holy City in the Eyes of Chroniclers, Visitors, Pilgrims and Prophets from the Days of Abraham to the Beginning of Modern Times, Princeton 1985. ■ **Peterson, E.,** Kaiser Augustus im Urteil des antiken Christentums. Ein Beitrag zur Geschichte der politischen Theologie, Hochland 30 1933, S. 289ff. ■ **Petrasch, J.,** Die Ausgrabung im Kreuzgang des Aachener Doms, Archäologie im Rheinland 1991, Köln/Bonn 1992, S. 56–58. ■ **Pick, R.,** Die Aachener Pfalzen, Aachen 1920. ■ **Pirenne, H.,** Mohammed und Karl der Große, Frankfurt a. M. 1985. ■ **Platz, H.,** Um Rhein und Abendland, Rothenfels 1924. ■ **Prawer, J.,** The History of Jerusalem. The Early Muslim Period 638–1099, Jerusalem 1996. ■ **Przywara, E.,** Alter und neuer Bund. Theologie der Stunde, Wien/München 1956. ■ **Rappmann, R.,** Im Jahre 1914. Lebende Bilder zu Ehren Karls des Großen, in: Geschichtswissenschaften, Aachen: RWTH Aachen 2000, RWTH-Themen 2000, H. 1, S. 31–33. ■ **Ratkowitsch, Ch.,** Karolus Magnus – Alter Aeneas, alter Martinus, alter Iustinus. Zu Intention und Datierung des »Aachener Karlsepos«, in: Wiener Studien 24, Wien 1997. ■ **Rauschen, G.,** Die Legende Karls des Großen im 11. und 12. Jahrhundert, Leipzig 1890. ■ **Régné, J.,** Etude sur la condition des Juifs de Narbonne. V- XIV siècles, Revue des Etudes Juives LV 1908, Narbonne 1910, S. 1–36. ■ **Reicke, S.,** Das deutsche Spital und sein Recht im Mittelalter, Stuttgart 1932. ■ **Reinhardt, H.,** Der St. Galler Klosterplan vom Jahr 820, in: Der St. Galler Klosterplan, hg. von H. Reinhardt, St. Gallen 1952. ■ **Repertorium Fontium Historiae Medii Aevi,** Bd. 4, Rom 1976. ■ **Resende, G. de,** Crónica de D. João II e Miscelânea, Lissabon 1973. ■ **Responsa du Rachi,** hg. von I. Elfenbein, Consultation, No. 41, New York 1943. ■ **Rhoen, C.,** Die Kapelle der karolingischen Pfalz zu Aachen, Zeitschrift des Aachener Geschichtsvereins 8 1886, S. 15–96. ■ **Rhoen, C.,** Die Kapelle der karolingischen Pfalz zu Aachen, Aachen 1887. ■ **Rhoen, C.,** Zur Baugeschichte der karolingischen Pfalz zu Aachen, Aachen 1897. ■ **Ricci, C.,** Il Tempio Malatestiano, Milano 1925. ■ **Riché, P.,** Die Welt der Karolinger, Stuttgart 1981. ■ **Rigord,** Gesta Philippi Augusti Regis, in: Société d'Histoire de France, I, hg. von F. Delaborde 1882, S. 24–25. ■ **Röntgen, M.,** Das gotische Rathaus zu Aachen, in: Das alte Aachen. Seine Zerstörung und sein Wiederaufbau, hg. von A. Huyskens und B. Poll, Aachener Beiträge Baugeschichte und Heimatkunst 3, Aachen 1953, S. 106–155. ■ **Rosenthal, E.,** Der Plan eines Bündnisses zwischen Karl dem Großen und Abdurrahman in der arabischen Überlieferung, Neues Archiv der Gesellschaft für ältere deutsche Geschichtskunde 48 1930, S. 441–445. ■ **Rossi, V.,** Un elefante famoso, in: Dal Rinascimento al Rissorgimento, Firenze 1930, S. 223–242. ■ **Roth, K.,** Zwei Gedichte über die Hofjagd aus den Zeiten Karls des Großen und Ludwig des Frommen, Forstwissenschaftliches Centralblatt, Berlin 1881, S. 64–69. ■ **Rouche, M.,** L'Aquitaine des Wisigoths aux Arabes 418–781, Paris 1979. ■ **Rougemont, D. de,** Europa. Vom Mythos zur Wirklichkeit, München 1962. ■ **Sachwörterbuch der Mediävistik,** hg. von P. Dinzelbacher, Stuttgart 1992. ■ **Sage, W.,** Ausgrabungen und Funde der

Jahre 1962 bis 1965 im Stadtgebiet von Aachen, Zeitschrift des Aachener Geschichtsvereins 77 1965, S. 239–251. (zitiert als Sage 1965a) ■ **Sage, W.**, Zur archäologischen Untersuchung karolingischer Pfalzen in Deutschland, in: Karl der Große – Lebenswerk und Nachleben, hg. von W. Braunfels, 5 Bde., Düsseldorf 1965–68, Bd. 3 S. 323–335. (zitiert als Sage 1965b) ■ **Sage, W.**, Stadtkerngrabungen in Aachen 1962–1964, in: Aquae Granni. Beiträge zur Archäologie von Aachen, Rheinische Ausgrabungen 22, Köln/Bonn 1982, S. 77–89. ■ **Schaller, D.**, Vortrags- und Zirkulardichtung am Hof Karls des Großen, Mittellateinisches Jahrbuch 6 1970, S. 14–36. ■ **Schaller, D.**, Interpretationsprobleme im Aachener Karlsepos, Rheinische Vierteljahresblätter 41 1977, S. 160–179. ■ **Schaller, D.**, De Karolo rege et Leo papa. Aachener Karlsepos, in: Die deutsche Literatur des Mittelalters, hg. von W. Stammler und K. Langosch, Verfasserlexikon, Bd. 4, Berlin/New York 1983. ■ **Schefers, H.**, Einhard. Ein Lebensbild aus karolingischer Zeit, Michelstadt 1993. (zitiert als 1993a) ■ **Schefers, H.**, Iste est laudabilis ordo. Ein Beitrag zum Stellenwert der Medizin am Hof Karls des Großen und zum Problem der karolingischen »Hofschule«, Würzburger medizinhistorische Mitteilungen 11 1993, S. 175–203. (zitiert als 1993b) ■ **Schieffer, R.**, Die Karolinger, Stuttgart/Berlin/Köln 1992. ■ **Schiffers, H.**, Aachener Heiligtumsfahrt, Aachen 1937. ■ **Schiffers, H.**, Der Reliquienschatz Karls des Großen und die Anfänge der Aachenfahrt, Aachen 1951. ■ **Schipperges, H.**, Die Benediktiner in der Medizin des frühen Mittelalters, Leipzig 1964. ■ **Schlesinger, W.**, Beobachtungen zur Geschichte und Gestalt der Aachener Pfalz, in: Studien zur europäischen Vor- und Frühgeschichte, hg. von M. Claus, W. Haarnagel und K. Raddatz, Festschrift H. Jankuhn, Neumünster 1968, S. 258–281. ■ **Schmid, K.**, Aachen und Jerusalem, in: Das Einhardskreuz, hg. von K. Hauck, Göttingen 1974, S. 122ff. ■ **Schmied, W.**, Zur Frage einer genuin jüdischen Kunst im 20. Jahrhundert, in: Kunst und Kirche 4 1996, S. 231ff. ■ **Schmitt, C.**, Neutralität und Neutralisierung. Zu Christoph Steding »Das Reich und die Krankheit der europäischen Kultur«, Deutsche Rechtswissenschaft IV 1939, H. 2, S. 97–118. ■ **Schmitt, C.**, Positionen und Begriffe im Kampf mit Weimar, Genf/Versailles 1923–1939, Hamburg 1940. ■ **Schmitz-Cliever, E.**, Die Heilkunde in Aachen, Zeitschrift des Aachener Geschichtsvereins 74/75, Aachen 1963. ■ **Schnabel, Fr.**, Deutsche Geschichte im 19. Jahrhundert. Die Grundlagen der neueren Geschichte, Freiburg u. a. 1964. ■ **Schneede, U. M.**, Kat. C. Boltanski. Inventar, Hamburg 1991. ■ **Schneider, R.**, Christ und Antichrist, Weiße Blätter 5 1936, S. 292. ■ **Schneider, R.** und Ziegler, L., Briefwechsel, München 1960. ■ **Schneider, R.**, Das Kreuz im Osten, in: Tausend Jahre Abendland, Augsburg/Basel 1995. ■ **Schnock, H.**, Zur Frage der Freilegung des Granusturmes, Aus Aachens Vorzeit 11 1898, S. 78–80. ■ **Scholz, S.**, Die Inschriften des Landkreises Bergstraße. Die Deutschen Inschriften 38, Mainzer Reihe, Bd. 4, Wiesbaden 1994. ■ **Schönfeld, W.**, Die Xenodochien in Italien und Frankreich im frühen Mittelalter, Zeitschrift der Savigny-Stiftung für Rechtsgeschichte 43 1922. ■ **Schreckenberg, H.**, Die christlichen Adversus-Judaeos-Texte und ihr literarisches und historisches Umfeld (1.–11. Jh.), in: Europäische Hochschulschriften, Reihe 13, Theologie, Bd.172, Frankfurt a. M. 1999. ■ **Schreiber, A.**, Teutschland und die Teutschen, Bd. 4, Karlsruhe 1823. ■ **Schützeichel, R.**, Bezeichnungen für »Forst« und »Wald« im frühen Mittelalter, Zeitschrift für deutsches Altertum und deutsche Literatur 87 1956/57, S. 105–124. ■ **Schultz, A.**, Das Höfische Leben zur Zeit der Minnesänger, Osnabrück 1965. ■ **Schwarz-Fuchs, S.**, Etudes sur l'origine et le développement du Rabbinat au Moyen Age, Paris 1957, S. 7–16. ■ **Sénac, P.**, Les Carolingiens et al-Andalus (VIIIe–IXe siècles), Paris 2002. ■ **Setton, K.**, New Views of Medieval Europe, in: National Geographic 1962. ■ **Siemes, H.**, Beiträge zum literarischen Bild Kaiser Ludwigs des Frommen in der Karolingerzeit, Freiburg 1966. ■ **Singer, H.-R.**, Der Maghreb und die Pyrenäenhalbinsel bis zum Ausgang des Mittelalters, in: Geschichte der arabischen Welt, hg. von U. Haarmann, München 1987, S. 264–322. ■ **Southern, R.**, Das Islambild des Mittelalters, Stuttgart 1982. ■ **Spies, O.**, Orientalische Kultureinflüsse im Abendland, Braunschweig 1949. ■ **Steding, C.**, Das Reich und die Krankheit der europäischen Kultur, Hamburg 1938. ■ **Steidle, B.** (Hg.), Die Benedictus-Regel, Lateinisch-deutsch, Beuron 1978[3]. ■ **Steinen, W.** von den, Karl und die Dichter, in: Karl der Große – Lebenswerk und Nachleben, hg. von W. Braunfels, 5 Bde., Düsseldorf 1965–68, Bd. 2. ■ **Stephani papae VI. epistola II.**, Migne PL 129, Paris 1879, Sp. 857. ■ **Steymitz, J. von**, Hospitäler und ärztlicher Stand im Mittelalter, Deutsches Ärzteblatt 66 1969. ■ **Stoll, U.**, Das »Lorscher Arzneibuch«. Ein medizinisches Kompendium des 8. Jahrhunderts, Codex Bambergensis Medicinalis, 1. Text, Übersetzung und Fachglossar, Sudhoffs Archiv, Beiheft 28, Stuttgart 1992. ■ **Strauß, L.**, Kleine Nachtwachen. Sprüche in Versen, Berlin 1937. ■ **Strauß, L.**, Dichtungen und Schriften, hg. von W. Kraft, München 1963. ■ **Sudhoff, K.**, Aus der Geschichte des Krankenhauswesens im frühen Mittelalter im Morgenland und Abendland, Archiv für Geschichte der Medizin 21 1929, S. 164–203. ■ **Svevo, C.** (Hg.), Federico II. Immagine e potere, Ausstellungskatalog, Venedig 1995. ■ **Szövérffy, J.**, Weltliche Dichtungen des lateinischen Mittelalters. Ein Handbuch, Bd. I, Von den Anfängen bis zum Ende der Karolingerzeit, Berlin 1970. ■ **Taufiq, S.**, Zeitgenössische arabische Kunst zwischen kulturellem Erbe und westlicher Moderne, in: Kat. »5/U.A.E.«, Ludwig Forum Aachen 2002, S. 22ff. ■ **The Real and Ideal Jerusalem in Jewish,** Christian and Islamic Art, in: Jewish Art, Vol. 23/24 1997/98. ■ **Thibaut, M.**, L'éléphant dans le sculpture romaine, Bulletin Monumental 105 1947, S. 183–195. ■ **Thietmari Merseburgensis episcopi Chronicon,** in: Scriptores Rerum Germanicarum in usum scholarum, hg. von F. Kurze, 1889. ■ **Thordeman, B.**, Die karolingische Palastanlage zu Aachen, Acta Archaeologica 35 1964, S. 171–187. ■ **Toch, M.**, Die Juden im mittelalterlichen Reich, in: Enzyklopädie deutscher Geschichte 44, München 1998. ■ **Tremp, E.**, Zwischen Paderborn und Barcelona. König Ludwig von Aquitanien und die Auseinandersetzung des Karlsreichs mit dem Islam, in: Am Vorabend der Kaiserkrönung. Das Epos »Karolus Magnus et Leo papa« und der Papstbesuch in Paderborn 799, hg. von P. Godman u. a., Berlin 2002, S. 283–299. ■ **Untermann, M.**, »opere mirabili constructa«. Die Aachener ›Residenz‹ Karls des Großen, in: 799 – Kunst und Kultur der Karolingerzeit 3, Beiträge zum Katalog der Ausstellung Paderborn 1999, hg. von Ch. Stiegemann und M. Wemhoff, Mainz 1999, S. 152–164. ■ **Untermann, M.**, Der Zentralbau im Mittelalter, Darmstadt 1989. ■ **Urkundenbuch für die Geschichte des Niederrheins** oder des Erzstifts Cöln, der Fürstenthümer Jülich und Berg, Geldern, Meurs, Cleve und Mark, und der Reichsstifte Elten, Essen und Werden, hg. von Th. J. Lacomblet, Düsseldorf 1840. ■ **Vasari, G.**, Le vite di piu celebri pittori, scultori e architetti, Firenze 1896. ■ **Vic, C. de** u. Vaissete, J. Histoire du Languedoc, Preuves, hg. von Molinier, Bd. II, col 211. ■ **Vicente, G.**, Exortação da Guerra, eingeführt von M. dos Santos Alves, Lissabon 1979. ■ **Waitz, G.**, Deutsche Verfassungsgeschichte. Die Verfassung des fränkischen Reichs, Bd. 4, Berlin 1885. ■ **Walahfrid Strabo,** Versus in Aquisgrani palatio editi anno Hludovici imperatoris XVI de imagine Tetrici, MGH Poet. lat. aevi Carolini 2, Nr. 23, ed. E. Dümmler, Berlin und Weimar 1884, S. 370 – 378. ■ **Wattenbach, W.** und Levison, W., Deutschlands Geschichtsquellen im Mittelalter. Vorzeit und Karolinger, Die Karolinger vom Anfang des 8. Jahrhunderts bis zum Tod Karls des Großen, Bd. 2., Weimar 1953. ■ **Weinzierl, H.**, Herr von Papen proklamiert das sacrum imperium, Allgemeine Rundschau XXIX 1932, S. 640–645. ■ **Werminghoff, A.**, Die Beschlüsse des Aachener Konzils 816, Neues Archiv 27 1902. ■ **Westphal, O.**, Das Reich. Aufgang und Vollendung, Bd. I, Germanentum und Kaisertum, Stuttgart/Berlin 1941. ■ **Westphal, O.**, Weltgeschichte der Neuzeit 1750–1950, Stuttgart 1953. ■ **Winner, M.**, Raffael malt einen Elefanten, Mitteilungen des Kunsthistorischen Institutes in Florenz, Ed. XI, Hefte I–IV, Dez. 1963-Sept. 1965. ■ **Winner, M.**, Raffael als Elefantenzeichner, in: Stil und Überlieferung in der Kunst des Abendlandes, Akten des 21. Internationalen Kongress für Kunstgeschichte in Bonn, 1964, Bd. III, Berlin 1967, S. 164–166. ■ **Wirth, P.**, Grundzüge der byzantinischen Geschichte, Darmstadt 1976. ■ **Wolff, P.**, L'Aquitaine et ses marges, in: Karl der Große. Lebenswerk und Nachleben, Bd. I, hg. von W. Braunfels, Persönlichkeit und Geschichte, Düsseldorf 1967[3], S. 269–306. ■ **Wolters, F.**, Stefan George und die Blätter für die Kunst, Berlin 1930. ■ **Würdtwein, S. A.**, Nova Subsidia diplomatica IV, Heidelberg 1784. ■ **Zayyad, T.**, Begrabt eure Toten und steht auf! Gedichte aus Palästina, Berlin 1977. ■ **Ziegler, L.**, Das Heilige Reich der Deutschen, Drei Bücher in 2 Bd., Darmstadt 1925. ■ **Zweite, A.**, Anselm Kiefer, Zweistromland, Köln 1989. ■

BD. I BAGDAD S. **29** Bibliothèque nationale de France, Paris ■ S. **57** Länsmuseet på Gotland, Visby ■ S. **61** Axel Peiß, Bonn ■ S. **69** Prof. Dr. Bernhard Steinauer, Institut für Straßenbauwesen der RWTH Aachen ■ S. **77** Werner Gartung, Bremen ■ S. **78/79** Benaki Museum, Athen ■ S. **81** Musée Georges-Labit, Toulouse ■ S. **83** Linden-Museum, Stuttgart ■ S. **84** Linden-Museum, Stuttgart ■ S. **86/87** Staatliche Museen zu Berlin Preußischer Kulturbesitz, Museum für Islamische Kunst ■ S. **91** Kunsthistorisches Museum Wien, Antikensammlung ■ S. **94/95** Staatliche Museen zu Berlin Preußischer Kulturbesitz, Museum für Islamische Kunst ■ S. **97** Staatliche Museen zu Berlin Preußischer Kulturbesitz, Museum für Islamische Kunst ■ S. **98** Staatliche Museen zu Berlin Preußischer Kulturbesitz, Museum für Islamische Kunst ■ S. **99** Staatliche Museen zu Berlin Preußischer Kulturbesitz, Museum für Islamische Kunst ■ S. **100/101** Staatliche Museen zu Berlin Preußischer Kulturbesitz, Museum für Islamische Kunst ■ S. **103** Staatliche Museen zu Berlin Preußischer Kulturbesitz, Museum für Islamische Kunst ■ S. **107** Staatliche Museen zu Berlin Preußischer Kulturbesitz, Museum für Islamische Kunst ■ S. **108/109** Staatliche Museen zu Berlin Preußischer Kulturbesitz, Museum für Islamische Kunst ■ S. **111** Linden-Museum, Stuttgart ■ S. **117** Staatliche Museen zu Berlin Preußischer Kulturbesitz, Museum für Islamische Kunst ■ S. **118** Staatliche Museen zu Berlin Preußischer Kulturbesitz, Museum für Islamische Kunst ■ S. **120/121** Staatliche Museen zu Berlin Preußischer Kulturbesitz, Museum für Islamische Kunst ■ S. **123** entnommen aus: Robert Irwin, Islamische Kunst, Köln, 1998 ■ S. **124** Bibliothèque nationale de France, Paris ■ S. **127** Staatliche Museen zu Berlin Preußischer Kulturbesitz, Museum für Islamische Kunst ■ S. **129** entnommen aus: Ettinghausen, R., Arabische Malerei, Genf 1962 ■ S. **135** Chester Beatty Library, Dublin ■ S. **137** Werner Gartung, Bremen ■ S. **138/139** Staatliche Museen zu Berlin Preußischer Kulturbesitz, Museum für Islamische Kunst ■ S. **141** Stiftung Maximilianeum, München ■ S. **144/145** British Museum, London ■ S. **151** entnommen aus: Sindbad der Seefahrer, illustriert von Edmund Dulac, München 1985. ■ S. **153** Staatsbibliothek zu Berlin Preußischer Kulturbesitz, Orientabteilung ■ S. **169** Biblioteca Apostolica Vaticana, Rom ■ S. **172** Staatliche Museen zu Berlin Preußischer Kulturbesitz, Museum für Islamische Kunst ■ S. **175** Bayerische Staatsbibliothek, München ■ S. **182–187** Bayerische Staatsbibliothek, München ■ S. **189** Staatsbibliothek zu Berlin Preußischer Kulturbesitz, Orientabteilung ■ S. **193** Staatsbibliothek zu Berlin Preußischer Kulturbesitz, Orientabteilung ■ S. **195** Biblioteca Nationale Marciana, Venedig ■ S. **196/197** Dom- und Diözesanbibliothek, Köln ■ S. **200/203** entnommen aus: De Hemmel in de Hand. Twee astrolaben van het Museum Boerhaave, Leiden 1994 ■ S. **205** Bibliothèque de l'Arsenal, Paris ■ S. **209** Kestner-Museum, Hannover ■ S. **210–213** Dom- und Diösesanbibliothek, Köln ■ S. **221** Staatsbibliothek zu Berlin Preußischer Kulturbesitz ■ S. **223** Staatliche Museen zu Berlin Preußischer Kulturbesitz, Museum für Islamische Kunst ■ S. **227/229/233** entnommen aus: Menninger, K., Eine Kulturgeschichte der Zahl, Berlin 1958 ■ S. **235–237, 239** entnommen aus: Al-Gazari, The Book of Knowledge of Ingenious Mechanical Devices, Facsimile Ankara 1990 ■ S. **240–243, 246** Dr. Ulrich Alertz, RWTH Aachen ■ S. **251** entnommen aus: Ettinghausen, R., Arabische Malerei, Genf 1962 ■ S. **255** Staatsbibliothek zu Berlin Preußischer Kulturbesitz, Orientabteilung ■ S. **257** Staatliche Museen zu Berlin Preußischer Kulturbesitz, Museum für Islamische Kunst ■ S. **267** Staatliche Museen zu Berlin Preußischer Kulturbesitz, Museum für Islamische Kunst ■ S. **269** Staatliche Museen zu Berlin Preußischer Kulturbesitz, Museum für Indische Kunst ■ S. **274/275** Staatliche Museen zu Berlin Preußischer Kulturbesitz, Museum für Indische Kunst ■ S. **277** Staatliche Museen zu Berlin Preußischer Kulturbesitz, Museum für Islamische Kunst ■ S. **282/283** Werner Gartung, Bremen ■

Einband Museumsausgabe Getty Images; Staatliche Museen zu Berlin Preußischer Kulturbesitz, Museum für Islamische Kunst ■ **Einband Buchhandelsausgabe** Schatzkammer der Pfarrkirche St. Servatius Siegburg; Städtische Museen Aachen; Prof. Dr. Wolfgang Dreßen, Düsseldorf; Die Gärten des Islam, Stuttgart 1993; Foto Reschke, Steffens & Kruse, Berlin ■

BD. II JERUSALEM S. **8–9** entnommen aus: Israel. Das Heilige Land, Erlangen 1995 ■ S. **11** entnommen aus: Israel. Das Heilige Land, Erlangen 1995 ■ S. **14/15** Musées Royaux d'Art et d'Histoire, Brüssel ■ S. **16/17** Staatsbibliothek zu Berlin Preußischer Kulturbesitz, Orientabteilung ■ S. **20** Badische Landesbibliothek Karlsruhe; August Kümmel 1906 ■ S. **21, 24–25, 28–29** Prof. Dr. Jürgen Krüger, Karlsruhe ■ S. **32/33** Staatliche Museen zu Berlin Preußischer Kulturbesitz, Antikensammlung ■ S. **35** Staatliche Museen zu Berlin Preußischer Kulturbesitz, Museum für Islamische Kunst ■ S. **38/39** Deutscher Verein vom Heiligen Lande aus Jerusalem ■ S. **49–51** entnommen aus: Metzer, Th. und

M., Jüdisches Leben im Mittelalter, Würzburg 1983 ■ S. **55** Linden-Museum, Stuttgart ■ S. **58/59** Prof. Dr. Kurt Schubert, Wien ■ S. **62/63, 66/67** Österreichisches Jüdisches Museum, Eisenstadt ■ S. **70/71** entnommen aus: Ferrua, A., Katakomben. Unbekannte Bilder des frühen Christentums unter der Via Latina, Stuttgart 1991 ■ S. **72/73** The Keir Collection, London ■ S. **89/90** Prof. Dr. Axel Hinrich Murken, Aachen ■ S. **91** entnommen aus: Jelter, D., Geschichte des Hospitals, Wiesbaden 1966 ■ S. **92** Biblioteca Laurenziana, Florenz ■ S. **93** Württembergisches Landesmuseum, Stuttgart ■ S. **97** Forschungsbibliothek Gotha ■ S. **103** Königliche Bibliothek, Kopenhagen ■ S. **104** Städtische Kunstsammlung Augsburg ■ S. **108/109** Staatsbibliothek zu Berlin Preußischer Kulturbesitz, Orientabteilung ■ S. **110/111** Forschungsbibliothek Gotha ■ S. **115/129** Huda Iman, Jerusalem ■ S. **117/125/132/133** Victoria Waltz, Bochum ■ S. **135** Jerusalem. In 3000 Years/In 3000 Jahren, Köln 1995 ■ S. **142/143** Staatliche Museen zu Berlin Preußischer Kulturbesitz, Museum für Islamische Kunst ■

Einband Museumsausgabe Städtische Museen Aachen; Prof. Dr. Wolfgang Dreßen, Düsseldorf ■

BD. III AACHEN

S. **6/7** Christoph Keller, Bonn ■ S. **9–11, 17** Stadtarchiv Aachen ■ S. **13–15** Rheinisches Amt für Bodendenkmalpflege, Bonn ■ S. **24/25** Museum Het Catharijneconvent, Utrecht ■ S. **26/27** Kunsthistorisches Museum Wien ■ S. **29/30** Domkapitel Aachen ■ S. **33** Kunsthistorisches Museum Wien, Kunstkammer ■ S. **35** Burgerbibliothek Bern ■ S. **37–39** Domkapitel Aachen (Pit Siebigs) ■ S. **38, 43** Musée Royaux d'Art et d'Histoire, Brüssel ■ S. **44** Museum Het Catharijneconvent, Utrecht ■ S. **47** Domkapitel Aachen (Pit Siebigs) ■ S. **48/49** Schweizerisches Landesmuseum Zürich ■ S. **50** Istanbul, Topkapi Sarayi, Müzesi Müdürlügü, Kütüphanesi 3472 ■ S. **51** Kerkfabriek Onze-Lieve-Vrouw, St. Truiden ■ S. **53** Domkapitel Aachen (Pit Siebigs) ■ S. **56/57** entnommen aus: Israel. Das Heilige Land, Erlangen 1995 ■ S. **59** Domkapitel Aachen (Pit Siebigs) ■ S. **61–63, 67** Stadt Aachen ■ S. **75** Wetterau-Museum der Stadt Friedberg ■ S. **76/77** Mittelrhein-Museum Koblenz ■ S. **79** entnommen aus Kat. 799 – Kunst und Kultur der Karolingerzeit, Paderborn 1999 ■ S. **80/81/84/85** Staatliche Museum zu Berlin Preußischer Kulturbesitz, Münzkabinett ■ S. **98/99** Domkapitel Aachen ■ S. **101** Musée des Beaux-Arts, Chartres ■ S. **103/105** Domkapitel Aachen ■ S. **106/107** Staatliche Museen zu Berlin Preußischer Kulturbesitz, Museum für Islamische Kunst ■ S. **109** Universitäts- und öffentliche Bibliothek der Stadt Basel ■ S. **113** entnommen aus Kat. 799 – Kunst und Kultur der Karolingerzeit, Paderborn 1999 ■ S. **118/119** Stiftung Pro Müstair ■ S. **140** Kunsthistorisches Museum Wien, Kunstkammer ■ S. **141** St. Ursula, Köln ■ S. **142** Biblioteca Nacional, Lissabon ■ S. **143** Pierpont Morgan Library, New York ■ S. **145** Burgerbibliothek Bern ■ S. **159** AKG Berlin ■ S. **160/161** Stiftung Maximilianeum, München ■ S. **205** entnommen aus: Kat. M. Buthe, Düsseldorf 1999 (© VG Bild-Kunst, Bonn 2003) ■ S. **207** Felix Droese (© VG Bild-Kunst, Bonn 2003) ■ S. **211** Lisa Lukas (© VG Bild-Kunst, Bonn 2003) ■ S. **213** Galerie Kaes-Weiss Stuttgart (© VG Bild-Kunst, Bonn 2003) ■ S. **214/215** Archiv Sammlung Olbricht ■ S. **221/225** Dr. Adam C. Oellers, Aachen ■ S. **229** Archiv Rainer ■ S. **231** Bildarchiv Rebecca Horn, Berlin (© VG Bild-Kunst, Bonn 2003) ■

Einband Museumsausgabe Pit Siebigs; Domkapitel Aachen (Pit Siebigs) ■